Mikis Theodorakis
Die Wege des Erzengels
Autobiographie 1925-1949

Herausgegeben und
aus dem Griechischen übersetzt
von Asteris Kutulas

Insel Verlag

Titel der Originalausgabe: *Oi dromoi tu archangelu*

Vom Übersetzer mit Zustimmung des Autors
gekürzte und überarbeitete Fassung der in den
éditions phi (Echternach, Luxemburg)
erschienenen Ausgabe in drei Bänden

Erste Auflage 1995
Insel Verlag Frankfurt am Main und Leipzig
Mit freundlicher Genehmigung der éditions phi

Druck: Offizin Andersen Nexö, Leipzig
Printed in Germany

Die Wege des Erzengels

Inhalt

Vorwort

Ich gehöre einer Generation an, die sich einem extremen Idealismus verschrieben hatte. Mein ganzes Leben war ein endloser Kampf zwischen dem Idealischen und dem Wirklichen, dem Alltäglichen und der Vision. Solange dieser Kampf innerhalb der Grenzen meines persönlichen Lebens verlief, interessierte er die anderen nicht. Sie waren mir genauso gleichgültig wie ich ihnen. Das blieb so bis 1960, bis zu meinem fünfunddreißigsten Lebensjahr. Der Leser dieses Berichts wird feststellen, daß ich ein einsamer Mensch in einer bewegten Zeit war, der versuchte, so gut er konnte, seine innere Welt mit dem, was um ihn herum geschah, in Übereinstimmung zu bringen. Bis zu dem Augenblick, da meine Musik in ganz Griechenland, ja in der Welt des Griechentums bekannt wurde, was mich, statt mich mit der Wirklichkeit auszusöhnen, noch mehr zum Idealischen hintrieb. Der Strudel der Ereignisse riß große Teile der griechischen Bevölkerung und vor allem der Jugend mit. Es formierte sich eine einmalige Prozession, ein phantastischer Triumphzug, in dem das Volk, »singend und träumend«, glaubte, ins Paradies des Griechentums gelangen zu können ... Das währte nur wenige Jahre. Bis 1967 die Junta kam. In dieser Zeit, da die Häßlichkeit oberstes Lebensprinzip wurde, verließen langsam alle den Weg des Visionären, um sich in den neuen Lebensumständen einzurichten, die im Wesen die Fortführung der alten waren: Metaxas-Diktatur (1936-40), Okkupation (1940-44), Bürgerkrieg (1944-49), ultrarechte Regierung in den fünfziger Jahren usw. Ich konnte mich nicht anpassen – und wurde bestraft. 1974, nach dem Fall der Junta, hatten die anderen aus ihrem Opportunismus Gewinn gezogen. Die Kluft zwischen uns wurde immer größer. Und dabei könnte ich heute einer der zufriedensten und etabliertesten Menschen sein: Befindet sich nicht die tausendmal verfluchte Rechte in der Opposition? Sind nicht die »demokratischen Kräfte« unter Führung der PASOK-Sozialisten an der Macht? Haben nicht Tausende von Demokraten, Linken, ehemaligen Lambrakiden, Kommunisten Schlüsselpositionen im Staatsapparat inne? Was will ich mehr?

Meine Erlebnisse, für die ich einen zu hohen Preis zahlte, und die Kraft zur Genügsamkeit machten aus mir einen unabhängigen, absoluten, kompromißlosen Menschen. Heute kann ich sagen, daß die Träume verraten und den Ideen Masken übergestreift worden sind. Dieser Niedergang führte keineswegs zu einer Einsicht, die helfen könnte, die Häßlichkeit im nationalen Leben zu beseitigen, sondern zur Unterwerfung unter die Macht der Häßlichkeit, die Schönheit getauft wurde. Wenn du unter solchen Umständen aufrecht und ehrlich sein willst, müssen deine Gedanken, deine Werke, deine Handlungen »verwerflich« sein – so gerecht wie die von Aristides, daß dir nur noch die Verbannung aus dem Land der Ungerechtigkeit bleibt. Aber wieso willst du dein Land nicht, wie früher, verändern? Weil dich nun keiner mehr braucht. Weil du keine Freunde mehr hast. Und schließlich, weil der Kreis deines Lebens sich langsam schließen muß. Genauso wie er einst begann. Du warst allein. Bist unter die Menschen gegangen. Hast gegeben und genommen. Hast gelernt. Du bist jetzt klug genug, wieder allein sein zu wollen. Nicht ganz allein ... Denn sicher ist, daß du nicht das Privileg der Einzigartigkeit für dich beanspruchen kannst. Tausende, vielleicht Millionen Mitmenschen gingen einen ähnlichen Weg.

Für sie habe ich meine Musik komponiert – und auch dieses Buch geschrieben. Der deutsche Leser muß noch wissen, daß es mir, als die Junta putschte, gelang, der sofortigen Verhaftung zu entgehen. Ich lebte von April bis August des Jahres 1967 in der Illegalität in Athen. Zusammen mit anderen bauten wir die erste antifaschistische Organisation auf, die gegen die Diktatur kämpfte – die Patriotische Front. Dann wurde ich verhaftet und verbannt. In jenen kritischen Jahren konnten mein Leben und mein Werk nur dem Kampf für Freiheit und Demokratie gewidmet sein. Der Leser dieses Buches wird feststellen können, daß meine Teilnahme am Nationalen Widerstand gegen die deutsch-italienisch-bulgarischen Okkupanten, meine Verfolgung im darauffolgenden Bürgerkrieg und meine aktive politisch-kulturelle Tätigkeit bis in die sechziger Jahre hinein mir geholfen haben zu begreifen, was in meinem Land tatsächlich geschieht. Mit jenem Teil dieses Buches, für den ich die Überschrift »Der Alptraum« wählte und in dem ich mit Hilfe des Erzengels dem Kreml in meiner Phantasie einen Besuch abstatte, lege ich den Finger auf die Wunde unserer Nation. Der Bürgerkrieg war nicht einfach eine Auseinandersetzung zwischen Kommunisten und Nationalisten. Zumindest wir, die damals Zwanzigjährigen, die am meisten für das Geschehene büßen mußten, waren davon überzeugt, daß es um das Schicksal des Griechentums schlechthin ging. Aber die Wirklichkeit sah anders aus. Damals wurde die Wahrheit verschwiegen. Keiner versuchte die Wunde zu reinigen.

Das Seltsame ist, daß es kaum einen meiner Landsleute gibt, der nicht mit mir übereinstimmen wird. Zumindest im Hinblick auf meine wesentlichen Gedankengänge. Die Verantwortung meinem Land gegenüber machte aus einem Träumer einen Realisten. Obwohl die meisten meiner Prognosen und Analysen durch die Ereignisse bestätigt wurden, sahen die verschiedenen Kreise genau in jener Haltung des Träumers, mit deren Hilfe ich meine Wurzeln tief im griechischen Volk verankern konnte, eine große Gefahr. So begann für mich von 1974 bis zu dem Tag, da ich 1992 beschloß, mein Parlamentsmandat erneut niederzulegen, ein neues Golgatha. Mein Rücktritt trug den Charakter einer offenen Erklärung an meine Landsleute: »Verzeiht mir! Ich werde euch in Zukunft nicht mehr mit meinen Visionen behelligen.«

Sprach ich etwa allein? Oder sprach ich im Namen all jener, die ich in der Illegalität, auf der Flucht, in den Gefängnissen, in den Makronisos-Lagern kennenlernte? Aber ich komponierte bereits 1984, gleichsam als Negation dieser Negation, die Oper »Kostas Karyotakis« mit einem eigenen Libretto. Und Mitte bis Ende der achtziger Jahre entstand dieses Buch, das, so hoffe ich, den Leser in die Lage versetzen wird, wie der Dichter Elytis zu sagen: »Die Träume übten Rache.«

Mikis Theodorakis — Dezember 1994

Chios – Mitilini – Siros – Athen – Ianena – Argostoli

1925-1936

Im Griechenland der letzten fünfzig Jahre existierten keinerlei Voraussetzungen für die Entwicklung einer Musikkultur: Sinfonieorchester, Chöre, Konzerte, Konservatorien, Musikverlage – unbekannte Dinge in der griechischen Provinz. Es gab auch noch keinen Rundfunk, daß man, wie heute, verschiedene Musikrichtungen hätte hören können. Ich bin ein Kind dieser unbekannten Gegend, dieses mythischen Landes, das griechische Provinz heißt.

Ich wurde 1925 auf Chios geboren. Dann: Mitilini 1925-1928, Siros und Athen 1929, Ianena 1930-1932, Argostoli 1933-1937, Patra 1937-1939, Pirgos 1939-1940, Tripolis 1940-1943, Athen 1943. Nur einer Laune – sollte ich »der Natur« hinzusetzen? – mag der Umstand zu verdanken sein, daß ein Kind, das seine ersten achtzehn Jahre zwischen Chios und Athen verlebte, zur Musik fand . . . Erste Feststellung: Mein Fall ist von soziologischem Interesse. Wohin wir auch kamen, wir hatten keinerlei Beziehung zu den »Kompanien«, die »laizistische Musik« spielten – Gott allein weiß, wer ihre Musik damals kannte –, ich jedenfalls kannte kein einziges Instrument der laizistischen Musik, kein Buzuki, keinen Baglama, keine Violine. Ein Sinfonieorchester, ja, das habe ich 1942 gesehen, auf einer Filmleinwand, und da »änderten wir unser Leben« – doch davon später. Heute findet man kein griechisches Dorf, das nicht ein besseres Niveau als eine griechische Stadt um 1930 oder 1940 aufzuweisen hätte. Nur in Afrika, Asien oder Südamerika gibt es noch abgelegene Dörfer, die mit Ianena von 1932 oder mit Tripolis von 1942 vergleichbar sind . . .

Als ich in die Volksschule von Ianena kam, rannten alle Kinder barfuß herum, und obwohl alle Glatze hatten, tummelten sich auf ihren Köpfen die Läuse in Scharen. Die plebejischen Viertel, die Machalades, versanken in Schlamm und Kot, denn Kanalisation war damals völlig unbekannt. Man möge sich vorstellen, wie es in einem griechischen Dorf aussah. Mein Vater, Generalsekretär der Allgemeinen Verwaltung von Ipiros, verbrachte die meiste Zeit auf dem Lande. Er war sehr empfindsam, gutherzig, wie man sagt, und hatte es sich zum Lebensziel gemacht, Straßen zu bauen, »damit die Zivilisation überall hinkommt«, Wasserleitungen, Bewässerungsanlagen und, seltener, Elektrizität installieren zu lassen. Er nahm mich mit nach Vissani, Paramithia, Metsovo. Wir fuhren mit dem einzigen Auto von ganz Ipiros, einem Ford Coupé, mit Wanja, unserem Chauffeur, und wenn wir in ein Dorf kamen, legte sich eine tiefe Stille über den Ort. Die Erwachsenen bekamen riesige Augen, und die Kinder rannten weg, um sich zu verstecken. Was war das für ein Ungeheuer! Sie staunten genauso wie das fünfzehnjährige Mädchen, das wir nach Patra mitnahmen – es hütete Ziegen – und das zu schreien begann, als es zum erstenmal im Leben ein Schiff auf dem Meer sah ...

So sehr ich auch suche, finde ich aus der Zeit zwischen Chios und Patra nichts anderes im »Archiv meines Gedächtnisses« als vor Schmutz starrende Machalades, in denen das Leben stillstand, das wie ein ungewaschenes Hemd über der dunklen Stadt hing. In Argostoli hellen sich die Dinge etwas auf. Dort lebte ich vom achten bis zum zehnten Lebensjahr. Die Stadt liegt am Meer. Die Natur ringsherum ist wunderschön. Die Hauptstraßen gepflastert, die Nebenstraßen sauber. Unsere Schule, die 1. Volksschule, am Fuße des Hügels, über der Stadt, war fast neu, und ihr gegenüber stand das verwunschene Haus mit dem paradiesischen Garten. Vor zwei Jahren schnitt ich einen Zapfen von der Pinie ab, die noch immer an der Mauerecke steht. Das Haus ist gut erhalten, obwohl ganz Argostoli vom Erdbeben stark zerstört wurde. Es ist eben verwunschen. Im Sommer gingen wir zum Metelas-Platz baden. Die Badekabinen – links für Männer, rechts für Frauen – stanken nach verfaultem Holz. Ich holte meinen Vater mittags von der Präfektur ab, und wir nahmen immer dieselbe Kabine – die letzte rechts. Während wir uns auszogen, zeigte er mir seine Wunde an der Brust und drehte sich dann um, um mir die Stelle hinten zu zeigen, aus der die Kugel wieder herausgeflogen war. Manchmal stellte ich mir die Frage: »Und wenn sie hinten rein ist und vorne raus?« Als würde er die bösen Gedanken erraten, erzählte er mir jedesmal die gleiche Geschichte: »Plötzlich sah ich den Türken direkt über meinem Kopf. Bevor ich ausweichen konnte, fühlte ich, wie die Kugel in meine Brust eindrang. Ich stürzte zu Boden und war wie tot. Zum Glück, denn die Türken erschossen die Verwundeten. Später kamen die Unseren und schleppten mich auf einem Karren nach Prevesa.« Dann liefen wir zum schmalen Steg. Mein Vater ließ sich immer ins Wasser fallen. Er hielt sich die Nase zu, und – plumps – öffnete sich das Meer und schlug große Wellen. Damals wog er bestimmt über hundert Kilo. Den täglichen Unterricht in Heimatkunde verdauend, sprang auch ich ins Wasser, mit dem Kopf zuerst. Ich schwamm neben meinem Vater und fühlte mich leicht und glücklich. Wenn wir weit weg vom Ufer waren, fast am Leuchtturm, tauchten wir oder machten andere Spiele. Zum Beispiel, der eine kletterte auf den anderen und versenkte ihn. Ich öffnete die Augen und sah eine gläserne Welt. Den Sand und die Pflanzen der Meerestiefe. Fische. Über mir den Schatten meines Vaters, der darauf wartete, seinerseits hinabgestoßen zu werden.

Als wir im Haus von Herrn Olimpidis wohnten, hatten wir einen weiten Weg, fast eine halbe Stunde. Mein Vater war sehr gewissenhaft. Wenn er sein Büro verließ, ordnete er alle Gegenstände und Papiere auf seinem Schreibtisch. Mit kleinen, ruckartigen Bewegungen korrigierte er mehrmals die Lage des Federhalters, des Bleistifts, des Lineals, des Stempelkissens. Wir liefen immer den gleichen Weg nach Hause, gingen in die gleichen Geschäfte. Weil der Ort zwei gute Lebensmittelläden hatte – von Kunadis und von Pefanis –, kauften wir abwechselnd mal in dem einen, mal in dem anderen ein. Vater probierte den Käse und die Sardellen, bestellte immer dieselbe Menge, eine Oka – etwa tausenddreihundert Gramm –, holte sein Rechnungsbuch heraus, ließ sich den Preis eintragen und verabschiedete sich mit tausend Komplimenten. Er schmeichelte den Leuten gern. »Heute sind Sie so schön wie nie!« sagte er den Frauen; »Du siehst heute blendend aus!« den Männern, vor allem den kränklichen und fahlgesichtigen. Und natürlich: »Herrliches Wetter!« – »Wunderbar das

Meer!« – »Die hellen Sachen stehen Ihnen aber sehr!« – »Die grünen Sachen stehen Ihnen außerordentlich!« – alles im Superlativ, alles optimistisch, stets mit etwas Ironie, wie es in Galata auf Kreta üblich ist, wo er geboren wurde und aufwuchs. Nach unseren Einkäufen in den Lebensmittelgeschäften erreichten wir die gepflasterte Straße. Dort kauften wir in einem anderen Laden kleine Fische, ganz frisch, Marida oder Sardella, der Fischer wikkelte sie in eine Zeitung, eine Drachme die Oka, und kurz vor dem Dom bogen wir rechts ein, auf die andere gepflasterte Straße, die bergauf führte – ein schöner Anstieg, man kam völlig außer Atem! Mein Vater, dick und vollbepackt, schnaufte, erzählte mir aber ununterbrochen Geschichten. Über seine Großmutter, über die kretische Revolution und wieder über die Zeit in Bisani und in Vurla, wo er meine Mutter kennengelernt hatte, die pummelig und blaß war – er habe sofort um ihre Hand angehalten bei ihrem Bruder, Onkel Andonis, dem Direktor der Sparkasse von Vurla. Er selbst war stellvertretender Gouverneur! Nur der Name Venizelos fiel damals nicht. Vielleicht sah er die Wolken der Diktatur voraus und fürchtete sich. An der Straßenecke bei der Valianos-Bibliothek suchte er im Obstgeschäft eine Melone aus. Er hob sie an sein Ohr und preßte sie. »Es muß krak machen, dann ist sie süß.« Von da an mußten wir noch etwa zweihundert Meter den Berg hochlaufen. Rechts war unser Haus, und gewöhnlich erwartete uns mein jüngerer Bruder Jannakis auf der Terrasse. Schon unten, an der Haustreppe, fing Vater mit den Komplimenten, den Liebesworten und Liedern für meine Mutter an. Hatte er im Laden noch ein Gläschen getrunken, sang er bestimmt das Lied »Sag doch deiner Mutter, sie soll wieder gebären«. Und meine Mutter schimpfte sehr neckisch mit ihm, als wären sie erst sechzehn und frisch verliebt. Dann duftete es aus der Küche. Die Jauchzer von Jannakis tönten durch das Haus, wenn Vater ihn hochhob. Wir streckten uns gemeinsam auf den Decken aus. Das war offenbar ein kleinasiatischer Brauch, denn alle Sommer, die ich auf Chios verbracht habe, breiteten meine Tanten, allesamt Flüchtlinge, mittags Decken und Laken auf dem Boden aus. Das war kühler, und wir legten uns nebeneinander hin. Von den vier Jahren, die wir in Argostoli waren, verbrachte ich zwei Sommer zusammen mit meiner Mutter und meinem Bruder auf Chios. Dort lebten ihre Mutter, ihre Schwester Froso und deren Mann – Manos Mastromanolis – sowie die unverheirateten Schwestern ihrer Mutter, Mariechen und Erofili. Letztere war Lehrerin, hatte aber ihren Beruf aufgegeben, weil sie Krebs hatte und immerzu unter Schmerzen litt.

Gleich zu Beginn der Schulferien verstaute uns Vater zusammen mit den Koffern und Körben auf dem kleinen Lastwagen, dem einzigen von ganz Kefalonia, und ab ging es nach Sami. Dort warteten wir am Strand auf das Linienschiff nach Prevesa. Ich erinnere mich, daß auf beiden Reisen das Meer stürmisch war und die vollbeladenen Lastkähne und Boote mit den Reisenden und ihrem Gepäck hin und her geworfen wurden. Andere waren leer und warteten auf Fracht, die sie vom Schiff zu übernehmen hofften. Wir saßen im Kafenion am Strand und bestellten wie üblich ein »Unterseeboot«, das heißt einen Löffel Vanillecreme in Wasser. Mein Vater hatte als Direktor der Präfektur Anspruch auf das beste Boot mit dem geschicktesten Bootsmann, der das Vertrauen der Behörden besaß. Sobald das Linienschiff seinen Ankerplatz erreicht hatte, tutete es fröhlich, spie wie ein Untier Rauch aus seinem geraden, hohen und dünnen Schornstein. Der Bootsmann half uns, in sein Boot zu steigen. Das Problem waren meine Mutter, die das Meer fürchtete, und natürlich mein Bruder, den jemand an der Hand halten mußte. Für mich war alles ein schöner Spaß. Mir gefielen das Meer, die Boote, der Sturm, aber vor allem bewunderte ich die großen Schiffe. Noch heute fühle ich jene sonderbare Erregung in mir, wenn ich sie – besonders die alten – sehe. Andere Kinder verlieben sich in eine Märchenfee. Ich verliebte mich in die Linienschiffe mit den weißen Brücken, den bunten Schornsteinen, den Ventilatoren, den runden Fensterchen in den Kabinen, den Winden und Masten mit den blinkenden stählernen Wanten. Als kleiner Junge malte ich nur solche Schiffe, und darum faßte ich in Argostoli den Entschluß, bei einem Ehepaar Zeichenunterricht zu nehmen. Ich hatte gehört, daß der Mann nur Linienschiffe malte. Unglücklicherweise kam ich zu seiner Frau, bei der ich europäische Landschaften malen mußte. Als Andenken an ihr Atelier blieben mir aber die betörenden

Gerüche der Farben in Erinnerung. Ich malte nicht, ich roch. Und jede Tube hatte ihren eigenen Geruch. Mit geschlossenen Augen vermochte ich tiefblau von gelb oder weiß zu unterscheiden. Während wir uns also dem mythischen Schiff außerhalb des Hafens von Sami näherten, hatte ich bereits meinen Vater vergessen, der am Ufer stand und uns zuwinkte.

Die Wellen spielten mit unserem Boot wie mit einer Nußschale, das Schiff aber, eisern, geheimnisvoll, stolz, aus einer andern Welt, verharrte regungslos, als würde es sich über das Meer lustig machen, das es umspülte und das zürnte, weil man es mißachtete. Ich sah zur Insel zurück, die plötzlich zum Himmel emporflog. Mein Vater erbsengroß. Und dann das Geschrei der Menschen, während die Bootsleute versuchten, ihre lebende Fracht auf die Strickleiter zu hieven. Als unser Boot am Schiff anlegte, dicht am schwarzen Stahlrumpf, sahen wir die untere Sprosse der Leiter mal zwei Meter unter und mal zwei Meter über uns. Meine arme Mutter umklammerte mit beiden Händen Jannakis und schrie mir zu: »Paß auf, du ertrinkst!« und wurde im nächsten Augenblick von drei Männern auf die Leiter gehoben. Für mich war es ein leichtes. Ich schwang mich auf die Leiter und kletterte mit bebendem Herzen dem Wunderbaren entgegen, das ich sogleich erblicken würde! Der Schiffssalon, die Treppen im Schiff, die Kabine mit dem Bullauge, das Gefäß, wenn man sich übergeben mußte, die Doppelstockbetten. Meine Mutter fiel sofort ins untere Bett und hatte, noch bevor das Schiff auslief, schon zweimal erbrochen. Jannakis, neben ihr, lachte oder weinte. Und ich, überglücklich und frei, begann mit der Erkundung des Schiffes. Wir ließen Sami hinter uns.

Links Ithaka, und sobald das Schiff die offene See erreichte, hinter dem letzten Kap von Kefalonia, umbrauste uns der Sturm des Meeres, der saubere, frische, starke, und erfaßte plötzlich das Schiff, daß man dachte, oben sei unten und links sei rechts. Bei Anbruch der Nacht näherten wir uns Patra, ich erinnere mich nur an die Lichter – zu viele und zu verschiedene für einen, der, so wie ich, nur in kleinen Orten mit wenigen Laternen an den Straßen gewohnt hatte. Dann schlief ich ein. Beide Male verpaßte ich den Isthmus von Korinth. Wir wachten in Pireas auf. Wir bemerkten sofort die große Stille des Meeres und den ruhigen Gang der Maschine. Ich rannte aufs Deck, um den großen Hafen zu sehen. Mir wurde schwindlig vom Geheul der Schiffssirenen und angesichts der vielen Schiffe, Boote, Lastkähne. Dann der riesige Kai mit den gewaltigen Gebäuden, die Uhr, die Straßenbahnen, die Busse, die Wagen, die Karren, die Leute, die eilig auf den Bürgersteigen hin und her liefen wie Ameisen. Das Schiff legte an, und wir warteten im Salon, daß Onkel Andonis Pulakis, der Bruder meiner Mutter, ein höherer Beamter am Rechnungshof des Staates, uns abholen käme. Er brachte zwei oder drei Gepäckträger mit, und auf dem Kai stand das Taxi bereit. »Stell dir vor, Stasa«, sagte er mittags zu seiner Frau, »der Chauffeur ist heute fünfzig gefahren!« Die Fahrt von Pireas nach Athen, die Pireasstraße entlang, war sehr spannend für mich. Unser Taxi glitt zwischen Karren, Autobussen, Fußgängern, Mauleseln, Lastträgern und Straßenbahnen hindurch. Ein buntes Gewimmel, und dennoch muß die Straße hinter dem Sindagmaplatz sehr leer gewesen sein, so daß wir wie ein Komet fünfzig Stundenkilometer erreichten. Damals bauten die Pulakis ihr Einfamilienhaus in Nea Smirni und wohnten darum bei Jannis Isigonis, dem Bruder von Tante Stasa. Er arbeitete als Ingenieur bei der Nationalbank. Sein Haus war nur von Äckern umgeben und befand sich in der Gegend des heutigen Filotheiviertels. Vor dem Haus machte immer das Ungeheuer halt, das heißt der Zug, der die Strecke Lavrion – Kifisia fuhr. Die Athener Villa war doch etwas anderes als die Türkenhütten der Provinz. Zum erstenmal in meinem Leben sah ich Bad, Kühlschrank, Parkettfußboden und anderen Luxus, so daß ich mich schämte und mich an die Rockschöße der Mutter klammerte. Ich fühlte mich nicht wohl. Das war nicht meine Welt, und darum wurde ich mit der Zeit immer ungezogener und liederlicher. Ich streifte barfuß durch die umliegenden Felder und aß ohne jeden Appetit, als würde mir das teure Besteck zuflüstern: »Wir sind nicht für dich, dreckiger Provinzler . . .« Ich war erleichtert, als wir nach einigen Tagen – meine Mutter hatte sich etwas erholt – wieder Richtung Pireas aufbrachen.

Ein Linienschiff aus jener Zeit ist mir in Erinnerung geblieben, die »Alberta«. Auf jeden Fall waren die Dampfer, die nach Chios und Mitilini fuhren, viel größer als die von Kefalonia. Vielleicht hatten jene beim Durchqueren eines ganzen Meeres, der Ägäis, schwerere Unwetter zu überstehen. Wir begaben uns alle aufs Schiff und setzten uns in den Salon. Bald kam der Matrose mit dem Glöckchen, der alle Besucher aufforderte, das Schiff zu verlassen. Als Onkel und Tante weg waren, gingen wir in die Kabine, wo sich Mutter sofort ins Bett verkroch. Das Schiff legte sanft ab. Es stieß ein paar fröhliche Pfiffe aus. Grüßte. Wurde gegrüßt. Dann schwoll das Beben an. Die Maschinen liefen auf vollen Touren. Wir erreichten den Saronischen Golf. Das war alles noch harmlos. Mutter sagte mir, ich solle den Kleinen füttern und selber auch etwas essen. Speisen waren im Korb. Wir tranken Wasser aus der Kanne, die zum Kabineninventar gehörte. Ich ging mit Jannakis auf die Toilette. Dann kletterten wir beide ins obere Bett, und ich wartete, bis er und Mutter einschliefen, um abzuhauen. Ich ging hinauf in den Salon und aufs Deck. Ich näherte mich dem Schornstein, der in meinen Augen etwas Mysteriöses an sich hatte, als wäre er nichts Wirkliches, sondern etwas wie ein Gott oder ein Drache. Ich steckte den Kopf in den Maschinenraum. Ich sah die fast nackten, schweißglänzenden Arbeiter Kohle in die Feuerung unter dem Kessel schippen. Dann rannte ich zum Bug, hielt mich an der Reling fest und schaute abwechselnd auf Meer und Himmel. Ich wiegte mich im Rhythmus des Schiffes, das die großen Wellen teilte, und redete mir ein, daß ich es führte, wie der Reiter sein Pferd. Wer weiß, welche Gedanken mir dabei durch den Kopf schossen. Und plötzlich war er wieder da, der Sturm, frisch, schnell, allmächtig! Wir hatten endlich die Ägäis erreicht. Der berüchtigte Kavondoros-Wind ließ die »Alberta« tanzen wie eine Nußschale. Oft bin ich von den Matrosen zurückgeholt und verprügelt worden. Einmal mußte sich meine verzweifelte Mutter in den Salon schleppen, rief »Rettet mein Kind!« und übergab sich. Sofort rannte ein Dutzend Matrosen los, um mich zu suchen und in die Kabine einzuschließen, dabei handfeste Lektionen erteilend.

Wir reisten nachts. Als es Tag wurde, waren wir mitten auf der Ägäis. Nachmittags erreichten wir Chios. Mein Gott, welch herrlicher Hafen! Tausende kunterbunte Boote. Linien- und Postschiffe, aber auch Lastkähne mit riesigen Kränen. Die »Alberta« legte an, die Leiter wurde hinabgelassen. Menschen, sehr viele Menschen. Geschäfte, Kaffeehäuser, fliegende Händler. Ein wahres Festtreiben. Am Kai warteten Verwandte. Küsse, Umarmungen, Rufe: »Er ist aber gewachsen«, »Er ist aber schön geworden.« Wir stiegen auf die Ein- oder Zweispänner, deren harte Sitze uns die große Kraft der Pferde spüren ließen. Das riesige alte Haus. Die Süßigkeiten zum Empfang. Das reiche Essen. Das Obst und der nachmittägliche Schlaf auf der Erde. In Chios blieben wir zwei Monate. Sie hatten mir Rollschuhe gekauft, das machte mich eher stolz als glücklich, weil ich mich von den anderen Kindern des Machalas unterschied. Ich war außerdem der »Fremde«. Der Weitgereiste. Der Athen gesehen hatte. Der in einem Auto und auf einem Schiff gewesen war.

Auf Chios gefiel mir am meisten der Hafen. Vor allem die Werft. Ein Schiff wurde gerade gebaut, und wir, ein Haufen Kinder, beobachteten die letzten Arbeiten. Wie süßlich rochen der Teer und die anderen Materialien, die die Arbeiter über dem Feuer erwärmten. Und wie eifersüchtig war ich auf dieses Boot, das bald stolz und frei über die Meere segeln würde. Und außerdem gefiel mir meine Cousine Poli sehr, die Tochter von Tante Froso. Poli war im gleichen Alter wie Jannakis. Weil ich keine Schwester hatte, verspürte ich mehr als nur Neugier, als ich zum erstenmal sah, wie sie Pipi machte. Ich wußte nicht, warum mich das so erregte und nahm sie zum Pullern mit auf den Hof, um dieses Geheimnis zu ergründen. Eines Tages sah uns ihr Vater, Onkel Manos, und schlug mich mit seinem Gürtel. Ich begriff, daß dieses schöne Gefühl Sünde war und daß ich es verbergen mußte. Im Jahr darauf, als die Frauen Jannakis in der Badewanne wuschen und Poli seinen Puller sah, schlug ich ihr mit einem Besen auf den Kopf, wobei sie fast ein Auge verloren hätte. Warum denn galt die Sünde nur für eine Seite, fragte ich mich, während ich die Schläge für mein Tun einsteckte.

Zu Hause sprachen sie nur über Tschesme. Tante Erofili – wenn sie nicht im Bett lag – trug schöne lange Kleider mit Spitze um den Hals. Sie war schmal, groß, mit traurigen Augen, immer streng, bewahrte die Schlüssel für die Truhe auf, wo die »Papiere«

lagen. Die fünf Frauen setzten sich regelmäßig drumherum, und wenn Tante Erofili sie öffnete und die »Eigentumsrechte« herausholte, begannen alle leise zu weinen. Sie beklagten das verlorene Paradies. Die eine erzählte vom Haus, die andere vom Gemüsegarten und die dritte vom schönen Leben ... Dann öffneten sie das Fenster, das sie sonst verschlossen hielten, und schauten der Reihe nach hinüber nach Kleinasien, nur zwei Schritt von Chios entfernt, und rechts unten Tschesme. »Mikis, komm her, ich zeig dir die Heimat!« sagte Großmutter Stamatia.

»Siehst du die Häuser da? Dort, am Rand, ist unser Haus. Über dem Meer. Wer wird jetzt das Boot deines seligen Großvaters rudern?« Da klagte Tante Froso, die eine Sopranstimme hatte, etwas lauter. Sie schlugen gemeinsam ihr Kreuz. Großmutter begann mit den Bußgebeten und jammerte, bis sie auf dem Boden lag. Maria brachte das Gefäß mit dem Weihrauch. Sie gingen zum Ikonostasion, und zwischen den Klagen und Schreien sangen sie auch ein Troparion für die Gottesmutter. Seltsame Dinge. Unverständliche. Ich schaute abwechselnd zu den Ikonen, zur Truhe mit den Papieren, zu den fünf Frauen, die zusammen weinten und sangen und manchmal aus dem Fenster auf ihr Haus und ihren Gemüsegarten in der Türkei sahen.

Als ich später einmal erkrankte, erfuhr ich, was es mit der »wundertätigen« Ikone des Erzengels Michail auf sich hatte. Man erzählte sich, daß sie während der türkischen Herrschaft im Hafen von Chios gefunden wurde. Ein Wunder! Auch damals wußte Gott sie zu schützen und segnete denjenigen, der sie fand und rettete. Wenn ich Fieber hatte, zwangen mich die Frauen, die Ikone zu küssen, die immer unter meinem Kopfkissen liegen mußte. Seitdem retteten mich bei jeder Krankheit weder der Arzt noch die Medikamente, sondern der Erzengel Michail mit seinen goldenen Flügeln und dem melancholischen Blick. Tante Maria blieb bis ins hohe Alter bei uns, ebenso Großmutter Stamatia mit dem Erzengel Michail und den anderen – ebenfalls wundertätigen – Ikonen. Aber um mich kümmerte sich ausschließlich mein Namensvetter. Bis zum heutigen Tag, wo er neben dem Kamin meines Hauses steht.

Mein Großvater starb auf tragische Weise. Als wir auf Lesbos wohnten, verbrachten wir die Sommer in Varia, einem ländlichen Vorort südlich von Mitilini. Dort mieteten wir ein zweistöckiges Haus am Meer. Außer unserer Familie wohnten noch andere Verwandte bei uns. Alle stammten aus Kleinasien und gehörten zur Familie meiner Mutter. Die Isigonis aus Smirni und die Antowik. Letztere waren österreichischer Herkunft. Ein Offizier der österreichischen Marine blieb während der Türkenherrschaft auf Chios und heiratete eine Griechin. Es war eine Familie mit großen Reichtümern, die aber alles verlor. Der letzte, Onkel Antowik, fuhr in den fünfziger Jahren den Wagen des amerikanischen Direktors des Athener College. Sein Bruder, Dozent für Musik in Mitilini, ein sonderbarer Mensch, wie alle, die ihn kannten, sagen, starb arm, völlig in Vergessenheit geraten. Viele behaupteten, er sei ein großer Pianist gewesen, wie Farandatos, mit dem er studiert hatte. Der Bruder meiner Mutter, Onkel Andonis, heiratete Tante Stasa, geborene Isigoni – und so kam es zur Verwandtschaft zwischen den zwei Familien.

Die Ferien waren für uns ein immerwährendes Fest: Essen, Tanz, Ausflüge, Baden, und abends streckten wir uns zusammen auf den Decken aus, die auf dem Rasen ausgebreitet waren, neben den Feldern, unter den Sternen. Während wir alle zum Juli- oder Augusthimmel schauten, drehte sich das Gespräch immer um die Sternbilder. Der Polarstern, Wega, Venus, Mars, Sternbildnamen und Geschichten aus der griechischen Mythologie wiegten mich jeden Abend in den Schlaf, zusammen mit dem Zirpen der Grillen, dem Kuckucksruf und dem Rauschen des Meeres. Wir wachten auf, wenn die Sonne hinter den Bergen der Türkei hervorkam, und sprangen sofort ins Meer. Inzwischen hatten unsere Dienerinnen das Frühstück vorbereitet. Damals wurden in den bürgerlichen Häusern die Dienerinnen wie Sklavinnen behandelt, deren Lohn nur das – oft sehr karge – Essen war. Die Herrschaften schlugen oder sperrten sie in den kalten Keller, »damit sie lernen, nicht zu stehlen«, »nicht heimlich zu naschen«, »nicht insgeheim auf die Straße zu sehen«. Auch wir hatten »Dienerinnen«. Aber meine Mutter, die Emigrantin, behandelte sie wie Töchter. Damals lebte Stamatia bei uns, die mich aufzog und mir eine zweite Mutter war.

Eines Abends, als alle eingeschlafen waren, erschien über den Halmen des Feldes das »Ding«. Besser gesagt, ich wurde von ihm »überwältigt«. Seitdem begleitet es mich überallhin. Während der faschistischen Okkupation, in Tripolis, fühlte ich ständig seine bedrohliche Nähe. Nachdem ich es entdeckt hatte, legte ich mich früh schlafen, löschte das Talglicht und wiegte mich, halb phantasierend, halb träumend, in seiner Umarmung. Je größer meine Erregung wurde, um so mehr verwandelte sich mein Nervensystem in einen »Empfänger« für elektrische Wellen, wie beispielsweise für die Morsezeichen der Schiffe, die durchs Mittelmeer fuhren, oder für andere Signale. Das Tüüt-tüüt tönte zauberhaft in meinem Gehirn, und wenn sich die Sensibilität meiner Nerven veränderte, veränderte sich automatisch auch die Wellenlänge, also der Klang und der Rhythmus, des Senders oder der Sender selbst. Manchmal empfing ich statt der Morsezeichen Musikklänge. Nach solchen schlaflosen Nächten bekam ich stets Fieber. Sofort legte meine Mutter die Ikone des Erzengels Michail unter mein Kopfkissen. Aber auf Lesbos geschah folgendes: Die Meinen wachten nachts auf, und weil ich von meiner Schlafstelle verschwunden war, suchten sie mich überall. Als sie mich zwischen den Halmen entdeckten, rief jemand mit verstellter Stimme, um mich zu erschrecken: »Hier ist das Gespenst.« Seitdem beherrscht mich eine unerklärliche Furcht, sobald ich in einem dunklen Raum allein bin. Ich erblickte nie mehr das »Ding« in jener wunderbaren »Gestalt«. Es hatte inzwischen etwas Bedrohliches angenommen und war, wenn es auftauchte, ekelhaft anzusehen, so 1939 vor Chrisowitsi in Arkadien, als es plötzlich nachts vor mir im Wald stand und wie Frankenstein aussah.

Das »Ding« half mir nachts, schwerelos zu werden. Es verlieh mir die Kraft abzuheben. Ich erinnere mich, daß ich sehr erstaunt war, von oben meine Eltern und Verwandten gleichmäßig atmen zu sehen, aber bewegungslos und mit geschlossenen Augen. Ich beobachtete sie aus einer Höhe von, sagen wir, zehn Metern, die aber ausreichte, die Kluft zwischen den Sternen und der Erde zu überbrücken. Tagsüber tummelte ich mich im Meer. Ich erforschte vor allem die Felsen, die mit Meerespflanzen, Austern und anderen Muschelsorten überwuchert waren. In den Löchern nisteten Krabben, die manchmal riesige und gefährliche Greifer hatten. Hier fühlte ich mich heimisch, hatte vor nichts Angst. Zudem war ich fast immer allein. Am Strand paßte entweder meine Mutter, eine Dienerin oder Großvater auf mich auf; sie taten es aber sehr diskret. Wenn »Alberta« vorbeifuhr, war mir ganz anders zumute. Das blaue Meer bis weit hinaus zur türkischen Küste und dieses zauberhafte Schiff, hellweiß, das plötzlich im Süden sichtbar wurde und mit voller Kraft den Hafen von Mitilini ansteuerte. Manchmal begleiteten es Kutter mit weißen Segeln, was den Zauber des Augenblicks noch erhöhte. Nachts hatte ich die Sterne, das Halmefeld und das »Ding«, am Tag das Meer, die Felsen, eine endlose Landschaft im kristallenen Wasser und einmal in der Woche das weiße Schiff mitten im Meer, ein harmonischer Gegensatz zum Tiefblau des Wassers. Es war nur natürlich, daß mich das Leben der Erwachsenen nicht interessierte. Ich war das einzige Kind, und ich lebte eingeschlossen in meiner eigenen Welt.

Eines Nachmittags mietete sich die Familie einen kleinen »Lastwagen« aus der Stadt, um eine Spazierfahrt zu unternehmen. Auf dem Rückweg nach Mitilini erwarteten uns Räuber in einem Hinterhalt. Kurze Zeit vorher war das Lindbergh-Baby in den USA gekidnappt worden, und das kam nun auch auf Lesbos in Mode. Ich sah sie von weitem, wie sie mit ihren Gewehren in den Händen auf das Auto lauerten. Ihre Gesichter waren mit schwarzer Farbe beschmiert, so daß ihre Augen elektrischen Glühbirnen glichen. Jemand sagte, »Versteck das Kind«, und im nächsten Moment befand ich mich zwischen den Schenkeln von Tante Erofili. Am Anfang roch es nach Lavendel. Langsam überwog jedoch ein anderer, seltsamer Geruch, der mir zuerst gefiel, mir dann aber Brechreiz verursachte. Ich wollte schon schreien, doch Tante Erofili quetschte mich zwischen ihre Schenkel und drückte mit der Hand meinen Kopf nach unten. Die Räuber wollten den Wagen durchsuchen. Sie wußten, wahrscheinlich durch Informanten, daß im Auto ein Kind war, und wollten es als Geisel mitnehmen. Die Meinen boten ihnen Geld und Goldschmuck an, um sie daran zu hindern. Vater gab ihnen seine Brieftasche. Sie nahmen zwar alles an sich, suchten aber weiter. Als ich gerade losschreien wollte, weil die Schenkel und der Geruch von Tante Erofili mich zu ersticken drohten, hörte ich einen Schuß. Das Auto fuhr los, erreichte eine dämonische Geschwindigkeit. Was war passiert? Der mutige Chauffeur wollte die Räuber überraschen. Er fuhr einfach los. Da schossen sie auf ihn. Die Kugel traf seine Hand. Und obwohl er stark blutete, fuhr er uns noch bis in die Stadt. Dort fand auch mein Martyrium ein Ende, und ein neues begann, weil mich alle streicheln und küssen wollten. »Das arme Kind ist gerettet«, sagten sie und dachten nicht an den Chauffeur, der viel Blut verlor. Da wurde er bewußtlos. Man brachte ihn ins Krankenhaus. Die Gendarmerie verfolgte die Räuber und nahm sie fest. Ich erinnere mich sogar an die Gerichtsverhandlung. Nur, die Räuber erschienen mir sympathisch und gut. Man hatte sie außerdem schrecklich verprügelt, wie sie mir viel später erzählten, als ich erwachsen war.

Damals glaubte ich wie die Vögel fliegen oder mich wie die Fische im Wasser tummeln zu können. Niemand vermochte mich vom Gegenteil zu überzeugen. Ich wunderte mich selbst, daß ich in der Felsspalte im Meer nicht so lange bleiben konnte wie meine Freundin, die rote Krabbe. Ich mußte immer wieder mit dem Kopf an die Luft, und ich fühlte mich wirklich unwohl, wenn mich die Krabbe mit ihren runden Augen so ironisch ansah. Die Meinen hatten wahrscheinlich von alledem Wind bekommen, denn ihre Aufsicht wurde mit der Zeit immer strenger. Eines Nachmittags saß ich mit meinem Großvater Ioanis auf der Terrasse über der Mauer, und wir sahen aufs Meer, wo die anderen badeten. Da erwachte in mir plötzlich der Wunsch, wie ein Vogel zu fliegen. Die Bedingungen waren ideal: die Mauer zwei Meter hoch, dann die Straße, und von dort auf den Strand noch mal zwei Meter. Insgesamt vier Meter Höhe und eine Entfernung von etwa zehn Metern. »Großvater«, rief ich, »komm, fliegen wir bis zum Meer«, und noch bevor er mich zu fassen bekam, breitete ich meine Arme wie Flügel aus und stürzte in die Leere. Ich brach mir die rechte Hand, und Großvater, der mir offenbar hinterhergesprungen war, brach sich das rechte Bein. Ich wurde ins Krankenhaus gebracht und bekam Gips um meine Hand. Großvater lag in einem kleinen Haus, nahe dem unsrigen, und quälte sich mit Selbstvorwürfen. Ich mußte ihn bitten, etwas zu essen, ein wenig Milch zu trinken. Er aber schaute mich mit aufgerissenen Augen an und weinte immerzu, geplagt von Gewissensbissen, weil er meinen »Flug« und meinen Sturz nicht verhindert hatte. Außer Wasser nahm er nichts zu sich, und eines Tages hauchte er ganz ruhig sein Leben aus wie ein Vogel, er hieß ja mit Nachnamen Pulakis, und es begannen die Totenklagen und Schmerzensschreie. »Was hat Großvater?« fragte ich beunruhigt. Da sprach jemand das geheimnisvolle Wort aus: »Er ist gestorben.« Im Grunde war ich, ohne es zu wollen, ein kleiner Mörder. Und ich glaube, daß sich damals eine Kälte, ein Reif über die Beziehung der Familie zu mir legte. So starb der Vater meiner Mutter. Er war wohl gerade sechzig Jahre alt.

Onkel Andonis hatte inzwischen eine Stelle im Konsulat von Alexandrien, in Ägypten, erhalten. Als er 1929, nach einem Jahr, zurückkehrte, ordnete er zuallererst an, daß man mich nicht mehr Michalis oder Michalakis rufen sollte, denn dieser Name klänge sehr grob, bäurisch und plebejisch. Es wäre besser, mir einen zivilisierten Namen zu geben. Einen europäischen. Er schlug Mikis vor. So blieb dieser Name an mir haften, was auch immer ich später, als ich größer war, dagegen tat. Um wie vieles schöner klingt Michail! Und dabei bin ich mit dem Erzengel Michail unter meinem Kopfkissen aufgewachsen. Die andere Neuheit, die uns Onkel Andonis aus Ägypten mitbrachte, war ein Grammophon! Ein erstaunliches Grammophon, das man mit der Hand aufziehen konnte und dessen Lautsprecher im Gerät eingebaut war. Das Ganze aus Holz, bezogen mit dünnem grauen Leder. Zum Grammophon gehörten drei Alben, zwei kleine mit gewöhnlichen und ein großes mit Riesen-Schallplatten. Alle natürlich für 78 Umdrehungen. Die Schallplatten waren schwer, dick und zerbrachen leicht. In der Mitte das rote Etikett mit dem Hündchen, das die Musik hört, die aus dem Schalltrichter kommt. His master's voice. Es gab auch Schallplatten mit grünem und blauem Etikett. Alles ein wahrer Zauber. Die Nadeln mußten oft ausgewechselt werden, weil sich sonst der Klang veränderte. Das war schlimm, wenn die Nadel zu kratzen anfing und dann das Orchester und die Stimme krächzten. Als wir den Donauwalzer auflegten und die Violinen mit ihren magischen Flügeln die Luft überschwemmten, griff mein Vater Mutter um die Taille und begann, sich mit ihr auf der Terrasse der Villa herumzudrehen. Schnell wurde ich der alleinige Vorführer des diabolischen Instruments. Ich putzte ständig die Schallplatten, zog das Gerät auf, legte vorsichtig die Nadel in die Rille, damit sie nicht kratzte, und los ging's. Die Paare vor mir gehorchten willig den Rhythmen. Wenn es sich um Foxtrott oder Charleston handelte, kam es zu Exzessen. Sie sprangen, schwenkten die Füße, schrien alle zusammen. Ein Volksfest. Beim Walzer war alles ganz anders. Da herrschte eine gewisse Höflichkeit, obwohl, wie ich schon sagte, mein Vater sogar beim Walzer seine schwungvollen Tanzfiguren machte und seiner Dame Schwindelgefühle verursachte, so daß sie hauchte: »Giorgos, du bist verrückt . . .« Beim Tango wurde es still. Die Paare drückten sich. Nur wenn mein Vater sich hervortun wollte, also sein Knie tief zwischen die Schenkel meiner Mutter preßte, sagte sie wieder: »Giorgos, du bist verrückt . . .« Nach dem Essen wurde gesungen. Ich erinnere mich noch an ein schnelles Lied, das so ging: »Hallo, hallo – bitte – Mister, sagen Sie mir, wer sind Sie. Mit dem Hörer in der Hand wartet eine Dame – hallo, hallo, hallo, bitte.« Oder das andere: »Ach, meine Barbe, du.« Von den langsamen Liedern behielt ich natürlich in Erinnerung »Mein Junge, komm steh auf und komm in meine Arme«, das alle zusammen am Tisch begleiteten. In dem einen Album war nur Tanzmusik. Lauter Hits, Jazzmusik jener Epoche. Das andere enthielt Wiener Musik, »Die lustige Witwe«, »Csàrdàsfürstin«, Walzer von Strauß und griechische Lieder. Das dritte vereinigte Arien aus italienischen Opern. Die »Norma« von Bellini. Zwischen 1929 und 1943 hörte ich ständig diese Musik. Während der Okkupation bereicherte ich meine Sammlung mit der »Ouvertüre« zu »Cavalleria Rusticana« und dem »Konzert für zwei Violinen« von Bach. Ein Verwandter von Elli aus Tripolis bat mich später in Athen um das Album mit den Jazzplatten für eine Party. Nachdem viel Zeit vergangen war, beschloß ich, ihn aufzusuchen – er wohnte in Sepolia –, um zu erfahren, warum er die Platten noch nicht zurückgebracht hatte. Es war der Tag seiner Beerdigung. Der Junge war Chitis, was ich nicht wußte. Während eines Gefechts hatten ihn ELAS-Kämpfer seines Viertels getötet. Ein seltsamer Zufall, denn ich selbst gehörte damals zur ELAS. Als ich die Geschichte erfuhr, ihn aufgebahrt mitten im Zimmer sah und um ihn seine wehklagenden Verwandten, war ich nicht in der Lage, nach den Platten zu fragen. So verlor ich mit dem Toten eine seltene Sammlung, die mich, was sehr wichtig ist, fünfzehn Jahre lang erzogen hatte. Wer weiß, was ich ihr verdanke.

Ich hatte in meiner frühen Kindheit keinerlei Beziehung zur Wirklichkeit. Man könnte einwenden, daß ich erst vier, fünf Jahre alt war. Richtig. Aber es wird sich zeigen, daß ich aus objektiven Gründen auch weiterhin nicht erfuhr, was außerhalb meines Familienkreises geschah. Das Entscheidende war, daß mein Vater laufend von einer Stadt in die andere versetzt wurde. Bevor ich also richtig fassen konnte, wo ich mich befand, schickte man uns in eine neue Gegend. Ein anderes Milieu, fremde Kinder, fremde Menschen, andere Bräuche und Sitten, ein anderes Haus, eine andere Schule, neue Erzieher und Lehrer und so weiter. So war mein Zuhause, meine Familie gleichzeitig mein Fluchtort, meine Höhle, meine einzige Welt. Am Anfang hatte ich das Grammophon. Dann die Geschichten meines Vaters und meiner Mutter. Sie sprach fast ausschließlich über Tschesme und das Leben in Kleinasien. Vater wiederum erzählte von Kreta, Galata, seiner Mutter und Großmutter, und jeden Morgen, wenn ich zu den Eltern ins Bett kletterte und mich zwischen sie legte, erzählte er von dem großen Teppich, der daheim in Galata an der Wand hing, gegenüber dem Bett, auf den mit verschiedenen Farben ein mittelalterlicher Turm gestickt war, davor ein Prinz, der die Prinzessin grüßte, weil er in den Krieg zog oder auf die Jagd ging, und um ihn herum Begleiter, Krieger, Diener, Pferde, Hunde, Trompeter. Vater erzählte mir jeden Morgen eine neue Geschichte über den Prinzen, über seine Beziehungen, Probleme, seine familiäre Situation, seine Pläne. Ins Bett meiner Eltern schlüpfte ich noch, als wir in Patra wohnten, und ich erinnere mich, daß ich in Pirgos, also in der dritten Klasse des Gymnasiums, in Vaters Bett schlief, neben Mutter, wenn er auf Reisen war. In Tripolis, als ich ein richtiger

Mann geworden war, stellte ich endlich meine Morgenbesuche ein.

Ich liebte die Möbel sehr: die Kommode, das Büffet, die Saloneinrichtung, den Tisch, den Nachtschrank (ich habe ihn noch, er verfault hier in Vrachati neben den Fässern) und besonders den Bücherschrank mit den vier Glastüren. All das und außerdem Küchenutensilien, Decken, Kleider, Bücher, Gardinen wurden bei jeder Versetzung des Vaters in große Holzkisten verstaut, die der Vater selbst angefertigt und numeriert hatte, damit immer dieselben Sachen in die gleichen Kisten kamen, dann nagelte er sie selbst zu – das Ganze dauerte fast einen Monat – und am Morgen des Abreisetags kamen die Gepäckträger, die die Kisten auf den Lastwagen stapelten, dann wurden sie zum Hafen transportiert – von Mitilini, Siros, Pireas, Prevesa, Argostoli, Patra – neben das Schiff, und wir sahen den Kran mal die Kommode, mal den Salon anheben, und unser Herz krampfte sich zusammen. Wenn die Kiste, von Stricken in der Höhe gehalten, knarrte, zerbrach etwas in meinem Innern, weil es mir vorkam, als litten gute Freunde. Dann im Laderaum. Und wieder der Kran, der sie hinausbeförderte und auf den Lastwagen hievte. Dann kam die Strecke von Prevesa nach Ianena. Eine Straße, doch was heißt hier Straße, ein Weg mit unzähligen Löchern. Vor uns der Lastwagen, und wir, im Auto dahinter, dachten, daß sich jetzt alles in seine Bestandteile auflösen würde. Aber wieder zog Vater im neuen Haus die Nägel heraus und verstaute vorsichtig die numerierten Kistenbretter im Keller für die nächste Versetzung. Wie groß war meine Freude, als jedes Möbelstück wieder seinen angestammten Platz erhielt. Natürlich trugen alle Möbelstücke leichte Verwundungen davon, die mit der Zeit immer schwerer wurden. Aber da, der Bücherschrank stand wieder, und dann holten wir die Bücher aus den Holzkisten und stellten sie an ihren Platz. In die Mitte, an den schönsten Fleck, die Große Enzyklopädie Eleftherudakis, gebunden in rotes Leder, mit goldenen Lettern auf dem Buchrücken, ich weiß nicht, wie viele Bände. Die Reihe mit den schönen bunten Pappeinbänden: *Die großen Mystiker*, *Faust*, *Die Geschichte der Musik* von Landormy, ein gewisser Renan. Der ganze Shakespeare. Die hellen Bände der Papyros-Reihe mit den klassischen

Texten. Die Klassiker, übersetzt von Griparis. Der rote Band von Dionisios Solomos mit dem Vorwort von Polilas. Der große blaue Palamas. In Tripolis besaßen wir zweitausend Bände. Dort hatte ich ein Heft, in das ich die Bücher eintrug, die sich meine Freunde ausborgten.

Das Heft habe ich noch. Die Bücher nicht mehr. Entweder gingen sie verloren, weil ich zu großzügig war oder weil sie aus unserem Haus in Galata gestohlen wurden, als es in Trümmern lag und die Meinen, gezwungenermaßen, woanders schlafen mußten. Jetzt sind uns nur noch wenige Bände der Enzyklopädie geblieben und ein, zwei Bücher aus der wertvollen Sammlung meines Großvaters Michail, mit den Gedichten von Lord Byron und eines über die Französische Revolution. Von solchen riesigen Ausgaben, Editionen aus dem vergangenen Jahrhundert, besaßen wir sehr viele, und wir lasen sie vor allem im Winter, wenn es schnell dunkel wurde, unter der Lampe – während der Okkupation – neben dem Ofen mit dem brennenden Holz.

Dann gefielen mir noch die Briefmarken. Vor allem ihre Farben, die seltsamen Buchstaben, die verschiedenen Darstellungen, Fotos, Zeichnungen. Ich löste sie vorsichtig ab, wusch sie, trocknete sie und klebte sie nach Land und Reihe geordnet wieder auf. Sehr früh las ich Jules Verne. *Mit fünfzehn Kapitän*, *Reise um die Erde in 80 Tagen* und *Zwanzigtausend Meilen unter dem Meer*, alles mit hervorragenden Kupferstichen ausgestattet, so daß ich in meiner Phantasie in alle Ecken der Welt reiste. Ich besaß einen Atlas, der zusammen mit den Briefmarken und der Enzyklopädie die Sehnsucht stillte, die das »Ding« in mir wachgerufen hatte, die Sehnsucht, hinauf und in die Ferne zu fliegen. Langsam begann ich auch im Viertel mit den Kindern zu spielen, es war der natürliche Wunsch, zu rennen, mich zu üben, zu schlagen, müde zu werden. Und manchmal hörte ich mitten im Spiel plötzlich auf, die Proteste der anderen Kinder überhaupt nicht beachtend, und rannte zu meinen Briefmarken. Mutter oder eine Dienerin brachten mir das nachmittägliche süße Brot oder Brot mit Öl, und ich versank in der Arbeit und den Träumen. Ich wartete auf Vater, der mir die Wunden verband, die ich immer an beiden Knien und an den Knöcheln rechts und links hatte. Er behandelte sie mit Wasserstoffperoxid, Jod und einer weißen Salbe, die angenehm roch, und dann fragte ich ihn über Neukaledonien aus, ein Land mit ungewöhnlich langen und schmalen Briefmarken, oder über Tanganjika mit den wilden Tieren.

In der Regel begegneten mir die Kinder der Nachbarschaft feindlich. Ich war ein Fremder, hatte eine für ihre Ohren seltsame Aussprache (die Leute aus Ianena lachen, wenn sie den Dialekt aus Mitilini hören, die Leute aus Kefalonia lachen, wenn sie Leute aus Ianena sprechen hören, und die aus Patra, wenn sie welche aus Kefalonia hören und so weiter). Hinzu kam: Mein Vater war »Jemand« – Direktor einer Präfektur! –, meine Mutter gab acht, daß meine Kleidung immer sauber blieb – in den Augen der Kinder waren das negative Zeichen. Aber auch ich hatte mit ihnen Probleme, weil ich nicht verstand, wie sie sprachen und dachten. Jede Stadt, sogar jedes Viertel hatte eigene Bräuche, die Kinder ihre eigenen Spiele, Späße, Verhaltensregeln. So fühlte ich mich mehr als nur unsicher: ich kam mir lächerlich vor. Die anderen begriffen das und lachten mich aus. Sie machten sich über alles, was ich tat, lustig. Schließlich, nach zwei, drei Wochen, ließen sie mich mitspielen, ärgerten mich aber weiter. Ich sprach niemals mit meinen Eltern darüber, weil ich mich vor ihnen schämte. Ich dachte, ich sei dumm, häßlich und ungeschickt im Vergleich zu den Kindern des Viertels, die hier das Sagen hatten. Das Viertel gehörte ihnen, genauso wie die Sprache, die Spiele und Späße. Ich blieb immer der Fremde. In Ianena der Athener. In Argostoli der Ipirote. In Patra der Kefalonite ... Als wir im Athener Viertel Michail Voda wohnten, war ich fünf Jahre alt. Ich entdeckte die Nachbarschaft. Die Kinder hatten hier ein hauptstädtisches Auftreten. Wehe mir, dem doppelten Provinzler, der, nach einem kurzen Zwischenaufenthalt auf Siros, von Lesbos kam. Ein Junge mit einem Riesenkopf, der frechste und angriffslustigste, führte die ganze Bande von Kindern an. Wenn ich ihn beim Wettrennen überholte, stieß er mich mit dem Ellenbogen beiseite oder stellte mir ein Bein. Er putschte die anderen gegen mich auf. Da bekam ich Zustände, schlug um mich, schämte mich und rannte nach Hause. Aber besonders störte mich, wenn er vor mir her rannte und wie ein Automat seinen riesigen Kopf bewegte, mal nach rechts, mal nach links. Diese Bewegung stimmte überhaupt nicht mit dem Rhythmus seines Rennens überein, und das, ich weiß auch nicht warum, regte mich sehr auf. Ich haßte diesen Jungen, aber vor allem haßte ich seinen Kopf, den er so ungleichmäßig bewegte. Ich hatte ihn oft gewarnt, nicht so vor mir herzulaufen. Aber er wandte die verschiedensten Kniffe an, um mich zu überholen, und rannte stolz vor mir her, seinen Kopf unrhythmisch vor meiner Nase bewegend. Eines Tages hielt ich es nicht länger aus. Sein Kopf machte mich rasend. Ich nahm einen großen Stein und schlug einfach zu. Ich sah das Blut hervorschießen und den Stein, meine Hand, seine Haare sich rot färben. Er brach zusammen. Ich ging nach Hause, schloß mich im Eßzimmer ein, kletterte auf das Büffet und legte mich hin. Bis mein Vater mit der Polizei kam, seinen Gürtel abschnallte und mir damit drohte. Kurz, ich erhielt eine Tracht Prügel, der Junge kam ins Krankenhaus und wurde schließlich gerettet. Zum Glück versetzte das Ministerium meinen Vater nach Ipiros.

Die Versetzung war günstig für unsere Familie. Seit 1928 herrschte in Athen Venizelos. Wahrscheinlich kannte ein Regierungsbeamter die politischen Ansichten meines Vaters und setzte sich für ihn ein, so daß er den höchsten Posten seiner Beamtenlaufbahn erhielt: stellvertretender Gouverneur von Ipiros. Entsprechend war auch sein Gehalt. Unser Haus, unser Essen, unsere Kleidung, die Empfänge, die Feste, die Ausflüge und das Flair der Macht! Die Ereignisse in Ianena waren von entscheidender Bedeutung für mich: die Begegnung mit meinem Großvater Michail aus Kreta, die Geburt meines Bruders 1932, der Besuch von Eleftherios Venizelos bei uns zu Hause und wie ich ihn, den Ministerpräsidenten des Landes, vollpullerte. Weitere nachhaltige Eindrücke: die Volksschule und der Katechismusunterricht, die Juden, der See und die Insel, der Winter mit seinem Schnee und dem gefrorenen See, die Jagd, der gebratene Aal, die Begegnung mit den Bergen, den Dörfern und Bauern von Ipiros. Mein Vater, der damals, wie ich schon sagte, sehr viel aß, war nicht nur dick, sondern auch groß. Er maß eins achtzig und hatte einen fetten schwarzen Schnurrbart. In meinen Augen war er ein richtiger Riese, und wenn ich bei ihm war, hatte ich vor nichts Angst. Ich glaubte, daß es keinen anderen Mann wie ihn gab. Doch eines Tages erblickte ich in unserem Salon einen noch größeren Giganten. Nur daß er einen imposanten weißen Schnurrbart hatte, eine Weste trug, an der die goldene Kette einer Uhr baumelte, und daß graue Gamaschen seine Schuhe zierten. »Ist das Michalis«, fragte er mit einer liedhaften kretischen Aussprache. Und meine Mutter beeilte sich, mir zu befehlen: »Küß die Hand deines Großvaters, Mikis!« – »Was soll das heißen«, fragte er böse, »Michalis habt ihr ihn getauft, Michalis werde ich ihn rufen. Komm mal her, Michalis!« Ich schaute ihn angsterfüllt an, denn der Großvater, den ich kannte, sah anders aus. Er war kleiner. Er hatte zwar auch einen langen weißen Schnurrbart, aber dessen Spitzen fielen ab, während sich diejenigen des Großvaters, der vor mir stand, in die Höhe schraubten, zur Decke, wie Haken. Noch bevor ich mich vom Schreck erholen konnte, hatte er schon nach mir gefaßt, mich über seinen Kopf gehoben und sagte: »Wollen doch mal sehen, ob du unserem Geschlecht Ehre machst! Bist du ein Kreter?«

Erstmals sah ich meinen Vater vor einem anderen Menschen strammstehen. Ihn umsorgen. Er, der wie ein Schlot rauchte, sagte zur Mutter: »Versteck die Aschenbecher! Vater verbietet mir, vor seinen Augen zu rauchen.« Kaum kam Großvater herein, sprang Vater auf und fragte: »Möchten Sie etwas haben, Vater?« Der war stets streng, finster, schweigsam und hatte Gewohnheiten, die wir alle respektieren mußten. Er stand früh auf, wusch sich, kämmte seinen Schnurrbart vor dem Spiegel, dazu brauchte er ewig; zog sich an, reinigte Hose, Weste, Jacke; die Dienerinnen – in Ianena erlaubten Stellung und Gehalt zwei Haushaltshilfen – putzten seine Schuhe blank; dann trank er im Eßzimmer seinen Kaffee, immer ohne Zucker, setzte die graue Schirmmütze auf, stellte sich wieder vor den Spiegel am Eingang, nahm seinen schweren braunroten Stock in die Hand, lief die Treppe hinunter, alles, ohne ein Wort zu sagen. Wir wohnten damals gegenüber der Zosimos-Schule, im Zentrum der Stadt, und meinem Großvater gefiel es, durch die Straßen zu gehen, die Bekannten zu grüßen, höflich die Schirmmütze lüftend, immer im gleichen Kafenion zu sitzen, gegenüber der Präfektur, und die regionale sowie nationale Presse zu studieren. Jetzt, da Großvater bei uns wohnte, kam Vater immer pünktlich nach Hause. Wenn er das Gefühl hatte, Großvater sei im Eßzimmer, sprach er leise. Einmal ging er sogar in die Küche zu meiner Mutter und sagte ihr, sie solle auf dem Kartoffelbrei mit der Gabel Kreta einzeichnen. »Das wird ihm gefallen«, flüsterte er und küßte sie diskret. Es ist nur zu verständlich, daß mir diese Situation überhaupt nicht paßte. Dieser Großvater stahl mir nacheinander alle Privilegien. Ihm wurde zuerst serviert, man kümmerte sich um ihn, als wäre er ein kleines Kind. Hinzu kam, daß er, außer seinem ewigen »Wie geht es dir heute, Michalis?«, überhaupt nicht mit mir sprach. Und wenn er nach dem Mittagessen im Sessel einschlief und schnarchte, ging Vater auf Zehenspitzen und »Psst!« hier, »Psst!« da, als wäre unser Haus zu einem Friedhof geworden. Bis Großvater aufwachte, auf die Zeiger seiner Taschenuhr schaute und immer dasselbe sagte: »Ich habe mich verspätet«, in die Küche ging, um sich zu waschen, wobei meine Mutter ihm hinterherrannte und das Handtuch reichte. Anschließend machte er seinen Spaziergang durch die Stadt. Kaum war er weg, zog das normale Leben bei uns wieder ein, laute Stimmen hallten durch die Zimmer, meistens die Schreie der Hausmädchen, die ich gern in ihre schönen Hintern kniff.

Aus den Zeitungen, die er las, konnten alle ersehen, daß Herr Michail Theodorakis, Vater des Herrn Stellvertreters, ein politischer Gegner von Venizelos war. Er stand bald im Mittelpunkt der politischen Feinde von Venizelos, die, je näher die Wahlen heranrückten, um so provozierender und aktiver auftraten. »Er kompromittiert mich«, sagte Vater zu Mutter, »aber wie soll ich mit ihm reden? Er wird mit seinem Geschrei das ganze Haus zum Einstürzen bringen.« Tatsächlich, eines Mittags begriff ich, was das bedeutet: ein Großvater aus Kreta. »Hör zu, Giorgos«, schrie er, außer sich, auf meinen Vater ein, der den Kopf einzog, »dieser Beelzebub ist die Katastrophe Griechenlands. Er ist eine Schande für die Nation und eine Beleidigung für unsere ruhmreiche Heimat, für Kreta. Und ich werde dich für ewig verfluchen, wenn du es wagen solltest, entgegen allen Traditionen unserer Familie, aus Angst oder kleinlichem Ehrgeiz für diesen Ehrlosen zu stimmen, dessen Namen ich nicht einmal aussprechen möchte.« – »Ich versichere Ihnen, Vater«, antwortete der andere sehr versöhnlich, »daß ich nur meinen beruflichen Pflichten nachgehe. Doch wir müssen wenigstens zugeben, daß heute eine Regierung Venizelos herrscht ...« – »Sprich diesen Namen nicht noch einmal aus! Ich will ihn nicht hören. Du beschmutzt meine Ohren ...« Und so ging das weiter. Ich vergaß zu sagen, daß beide in der reinsten Katharevusa miteinander sprachen.

Die Türken hatten den Vater meines Großvaters umgebracht. Die Mutter blieb mit ihren Kindern allein zurück. Theodoromanolis, der berühmte Lyraspieler und Sänger aus dem 19. Jahrhundert, ist der Stammvater des Geschlechts der Theodorakis. Einst wurde er eingeladen, bei einem Fest im Haus des Agas von Sfakia zu spielen. Während der Feier kamen auch griechische Mädchen herein und tanzten vor dem Aga. Der schmiß ihnen Kichererbsen zwischen die Füße, so daß sie ausrutschten und hinfielen. Der Aga sah ihre Unterwäsche und amüsierte sich riesig. Am selben Abend lauerte ihm Theodoromanolis auf und brachte ihn um. Auf seiner Flucht verlor er aber einen Schuh, der ihn verriet. Die Türken nahmen seine Frau und seine Kinder gefangen und sperrten sie in der Festung von Chania ein. Sie gaben bekannt: »Wenn du dich nicht ergibst, töten wir deine Familie.« Was sollte er machen? Theodoromanolis ergab sich dem Pascha in Chania, und der befahl, ihn zu köpfen. Einer seiner Söhne, auch er ein Flüchtling, zog von Sfakia nach Kambos und sagte den ersten Einheimischen, auf die er stieß und die sich wegen seines Aussehens fürchteten: »Das Land hier gehört mir.« So ließ er sich in Kambos nieder.

Als mein Großvater aus der Polis zurückkehrte, setzte er sich im Wahlkampf für die Nominierung seines Neffen in das Parlament von Kreta ein. Er schrieb den Wählern, ritt auf seinem Pferd von einem Dorf zum anderen, hielt Reden. Er war gebildet und besaß eine große Bibliothek. Er studierte und gebrauchte das geschriebene Wort mit großer Eleganz, Ausdrucksstärke und Phantasie. Um leben zu können, war er gezwungen, eine Schneiderei in Chania zu eröffnen. Die erste für europäische Mode, für fränkische, wie man sie nannte. Natürlich wurden alle europäisierenden Kreter seine Kunden. Zu ihnen gehörte auch Venizelos, mit dem er sogar verwandt war. »Cousin Michalakis«, rief der eine, »Cousin Lefterakis«, erwiderte der andere. Die Verwandtschaft rührte von seiner Frau her, von meiner Großmutter Ekaterina, einer Enkelin der Chalis, also der Generäle der kretischen Revolution Mitte des letzten Jahrhunderts. Von den Chalis stammte auch die Mutter von Venizelos ab. Aber es war eine doppelte Verwandtschaft, weil die Schwester von Venizelos den Bruder meiner Großmutter geheiratet hatte.

Als Venizelos 1909 zum erstenmal Ministerpräsident wurde, schneiderte ihm mein Großvater den Frack. Doch wenig später erschlugen, warum, weiß ich auch nicht, fanatisierte Venizelos-Anhänger den geliebten Neffen meines Großvaters. Seitdem verwandelten sich Liebe und Verwandtschaft in unlöschbaren Haß. Mein Onkel Petros, der Bruder meines Vaters, hatte mir oft erzählt, wie es zum letzten Bruch kam: Venizelos, gerade Ministerpräsident geworden, besuchte die Schneiderei, die sich in der Straße befand, die zum Regierungsgebaude fuhrte, gegenüber seinem Rechtsanwaltsbüro. Er erwartete Gratulationen und Umarmungen, aber Großvater schaute ihn grimmig an. Venizelos tat so, als ob nichts wäre, und sagte: »Grüß dich, Michalakis, ich bin gekommen, um bei dir einige Anzüge zu bestellen.« – »Ich kann auf dein Geld und deine Anwesenheit verzichten.« – »Aber Michalakis, laß doch die Politik.« – »Ich bitte dich, verschwinde und setz nicht noch einmal deinen Fuß über diese Schwelle.« Venizelos ließ den Kopf hängen und ging fort. Bald darauf war der Teufel los und die Kunden, zumeist Venizelos-Anhänger, boykottierten das Geschäft meines Großvaters. Die Familie verarmte und mußte sogar hungern. Das geschah um 1911.

Mein Vater diente damals als Freiwilliger im Balkankrieg. Er war sechzehn Jahre alt. Er wurde in Bisani verwundet und studierte dann Jura. Nach Beendigung des Studiums trat er in die staatliche Verwaltung ein, bekam seine erste Berufung nach Drama und anschließend nach Ipiros. Dort lernte er Stergiadis kennen, der 1920 zum Gouverneur von Smirni mit Sitz in Vurla ernannt wurde und ihn als Stellvertreter zu sich holte. Bis zu diesem Zeitpunkt gab er sich, beeinflußt von seinem Vater, als Monarchist aus. Als er aus Smirni zurückkehrte, war er zu einem fanatischen Venizelos-Anhänger geworden, weil er in Kleinasien den Verrat aus der Sicht eines Regierungsbeamten erlebt hatte. Aber er machte seinem Vater gegenüber ein Geheimnis daraus, weil er ihn verehrte und nicht betrüben wollte.

Nach einiger Zeit verließ Großvater Ianena, er kehrte nach Kreta zurück, und es besuchte uns – Venizelos! Wir wohnten damals in einem anderen Haus, nahe dem See. Eines Tages bemerkte ich, daß im Haus eine große Geschäftigkeit herrschte. Es wurde gewaschen, geputzt, eingekauft, gekocht. Die Gendarmerie stellte Wachen vor unserem Haus auf. Sehr früh kamen auch die Freundinnen der Mutter, die Frau Gendarmerievorsteher, die Frau Staatskassenverwalter und die Frau Staatsanwalt, die Spezialistinnen im Zubereiten von Kurambiedes und Chalva waren. Dieses Durcheinander machte mich ganz konfus, ich sprang über den Zaun hinter unserem Haus – wir hatten einen kleinen Garten – und ging zum See, um mit den Kindern, die in der alten Festung wohnten, zu spielen. Damit es keinem auffiel, ließ ich meine Schuhe zu Hause und lief barfuß. Als ich mittags zurückkehrte, fand ich eine völlig veränderte Stadt vor. An den Fenstern der Geschäfte waren Fahnen angebracht worden. Die meisten Geschäfte hatten geschlossen. Die Menschen standen auf den Bürgersteigen. Da sah ich den Wagen von Wanja mit abmontiertem Dach und auf dem Hintersitz meinen Herrn Vater und einen Alten mit weißem Bärtchen und Schnurrbart. Sie lachten und grüßten die Leute. Das Auto fuhr in die Richtung unseres Hauses. Ich folgte ihm. Als ich ankam, standen eine große Menschenmenge und viele Gendarmen davor. Einige Leute riefen sogar. Ich drängelte mich hinein, ohne daß es jemand bemerkte, und lief schnell die Treppe hinauf. Ich wollte in den Salon gehen, doch ein Herr hielt mich zurück: »Wohin willst du? Weißt du nicht, wer im Zimmer ist?« Da kam Mutter aus dem Schlafzimmer. Sie hielt den Puderkasten in den Händen und machte sich schön; in solchen Augenblicken war sie immer sehr nervös: »Barfuß! Herumstreuner! Schämst du dich nicht! Wenn dich der Herr Präsident sieht, wird er denken, wir wüßten nicht, was Erziehung heißt! Schnell, wasch dich und zieh deine guten Sachen an!« – »Schon wieder ein neuer Großvater«, dachte ich, »der meinen Tagesablauf durcheinanderbringt, meinen Platz einnimmt, meinen Vater beansprucht, meine Mutter ganz kaputt macht; und bestimmt werde ich seinetwegen in der Küche essen müssen.« Doch ich wusch mich und war sogar bereit, jenen lächerlichen Matrosenanzug anzuziehen, nur um zu sehen, was sich tun würde.

Ich ging in den Salon und sah sie in den Sesseln sitzen. Vater benahm sich ebenso wie damals, als Großvater hier war. Umsorgte ihn ständig. »Hier, Herr Präsident, mein Nachkomme, Michail Theodorakis. Er hat den Namen Ihres Freundes«, sagte er bedeutsam und lächelte ihm zu. Venizelos faßte meine Hände und sagte, was mich sehr an Großvater erinnerte: »Mal sehen, ob du ein richtiger Kreter bist!«, tätschelte mit seiner Hand meine Wange und fügte hinzu: »Wirklich, haßt mich Michalakis immer noch?« – »Aber nein, wo denken Sie hin, Herr Venizelos! Er war vor kurzem hier! Ich würde sagen, daß er ein Anhänger von Ihnen geworden ist.« Mein Gott, dachte ich, was für Lügen erzählt Vater! Denn als der Name Venizelos fiel, erinnerte ich mich sofort an Großvater, der geschrien hatte: »Ich will diesen Namen nicht hören!« Das war er also! »Mikis, ich meine Michalis«, sagte Vater, »du wirst jetzt ein liebes Kind sein, essen gehen und dann deine Hausaufgaben machen. Verabschiede dich, bevor du gehst!« Da wurde ich wirklich böse auf all diese Fremden, und wie ich es immer tat, wenn ich im Recht zu sein glaubte, begann ich laut zu schreien und die Stühle und alles, was mir in die Quere kam, umzuschmeißen. Es entstand ein heilloses Durcheinander. Venizelos griff ein: »Was will denn das Kind?« – »Er will bei uns bleiben.« – »Warum erfüllen wir ihm nicht den Wunsch?« – »Was sagen Sie, Herr Präsident, ich werde ihn windelweich schlagen!« Und tatsächlich, er griff mich bei den Ohren. Da stand Venizelos auf und nahm mich auf seinen Schoß. Doch es war zu spät. Denn in solchen außerordentlichen Situationen, wenn ich begriff, daß ich verloren war und in Gefahr, wurde es stets warm und feucht an meinen Schenkeln, einfacher gesagt, ich pullerte. Wahrscheinlich spürte auch der Herr Ministerpräsident sehr bald die Nässe durch seine Hose dringen und hob mich ein wenig hoch, um zu sehen, was geschehen war, fort war ich. Von allen verlassen und beschämt, rannte ich in den Garten, verbarg mich in meinem Versteck, im Hühnerstall, und harrte des Weltuntergangs.

Mein Bruder Jannakis wurde in unserem ersten Haus in Ianena geboren, im Zentrum der Stadt. Es war nicht das erstemal, daß sie meine Mutter im Schlafzimmer einsperrten. Mich nahm die Dienerin, und wir mußten uns in Entfernung halten, im Garten, im andern Zimmer, manchmal im Keller, und plötzlich schrie Mutter, als würde man sie abschlachten, und die Dienerin sagte mir: »Es ist nichts, wird bald vorbei sein.« (Auf Mitilini hatte sie schon zwei Totgeburten gehabt, beides Jungen, darum auch dieser große Altersunterschied von sieben Jahren zwischen mir und meinem Bruder.) Dann wurde mir gesagt, ein kleiner Bruder sei da, den ein Vogel ins Bett neben die Mutter gelegt habe, daß jetzt jemand da sei, der mit mir im Haus spielen würde. Aber ich merkte nur, daß sich keiner mehr um mich kümmerte. Wo waren die Späße und Liebkosungen des Vaters geblieben, der sich jeden Augenblick, wenn er zu Hause war, über die Wiege beugte, in der das Baby lag, das aufgedunsen und häßlich aussah. Ich begriff nicht, daß alle, ausnahmslos alle, schrien: »Was für ein schönes Baby, ganz der Vater.« Es war ein schwerer Schlag für mich. Außerhalb des Hauses war die Lage sehr schwierig für mich, im Haus wurde ich vom Protagonisten zum Komparsen. Bis er groß geworden war und mir aus einer Position der Stärke begegnen konnte, machte der arme Jannakis die Hölle durch. Dabei war er gut, lieb, lächelte immer und verehrte mich. Auch ich muß ihn geliebt haben. Aber ich verzieh ihm nie, daß er mir ein Stück von der Liebe meiner Eltern weggenommen hatte. Es scheint, daß ich sie sehr dringend brauchte.

Jedenfalls, langsam ging alles wieder seinen gewohnten Gang. Die Schulen öffneten ihre Pforten. Ich kam in die zweite Klasse. Schon am ersten Tag spielte sich folgende Szene vor der Schule ab: Gendarmen hielten ein paar Bauern und Arbeiter fest, die mit Stricken gebunden waren, und schlugen ihnen mit langen, von Blut geröteten Brettern auf die Köpfe. Ich fühlte einen großen Ekel und Abscheu gegenüber diesen schmutzigen Gefangenen. Ich dachte damals nicht einen Augenblick daran, daß der Gendarm etwas Böses tat. Im Gegenteil, für mich symbolisierte er unsere eigene Welt. Begleiteten uns die Polizisten nicht überallhin? Paßten sie nicht auf mich auf? Erfüllten sie nicht unsere Wünsche und vertrieben mit Fußtritten die Bettler und anderes Lumpengesindel, das auf störende Weise um Brot bettelte? Begleiteten sie nicht den Herrn Gendarmerievorsteher, der mich so sehr liebte, weil ich ihm die Tangoplatte, die er mochte, auf den wöchentlichen Partys, die wir zu Hause veranstalteten, auflegte? Ich haßte alle Einheimischen, Kinder wie Erwachsene, besonders die Kinder, die barfüßigen, schmutzigen, die schneller rennen und weiter steinwerfen konnten als ich, die Schleudern bauten und gut im Zielen waren, die sich über mich lustig machten, weil ich immer sauber gekleidet war, Schuhe trug und weiße, neue Athener Kleidung. Ich teilte die Welt in Gut und Böse. Auf der einen Seite unsere Welt, die Welt der Beamten und Reichen, auf der anderen Seite die Welt der Schmutzigen, die in den Machalades wohnten und die Augen senkten, sobald sie einen Polizisten sahen.

Die ersten beiden Schuljahre waren für mich verlorene Zeit. Zusammengepfercht hockten wir einer auf dem anderen in drekkigen Zimmern. Die Lehrerin wußte am Ende des Schuljahres noch immer nicht die Namen der einzelnen Schüler. Deren Köpfe waren ratzekahl geschoren. Die meisten Kinder kamen barfuß, waren verrotzt und verlaust. Das führte dazu, daß ich entweder gar nicht zur Schule ging oder nicht gehen durfte oder krank war mit dem Erzengel Michail unter dem Kopfkissen und mit der Großmutter Stamatia, die in ihrem Kämmerlein vor den heiligen Ikonen kniend den Psalm sang: Alala ta chili ton asevon. Von alldem ist mir nur noch die Katechese in Erinnerung, und das, weil ich erstmals viele Leute zusammen singen hörte. Kaum begannen jedoch das Vaterunser und das gemeinsame Gebet, fühlte ich eine tiefe Melancholie, einen Schmerz. Ich lief vom Unterricht weg und ging nie wieder hin. Warum dieser Schmerz? Vielleicht weil die Lehrerin für Katechese einen Ausdruck annahm, der uns weismachen sollte, daß sie gerade mit Gott kommuniziere. Ich empfand es unnatürlich und verlogen, daß sie vortäuschte, anders zu sein, als sie wirklich war. Darum gefiel es mir auch nie, mich während des Karnevals zu verkleiden oder bei schulischen Feiern Fustanellen, eine »Maske« oder andere Trachten anzulegen. Ich wollte kein anderer werden, mich nicht über die Leute lustig machen. »Ich bin nicht ich. Wer bin ich?« Mich nervten die Maskeraden wirklich, und wenn man mich dazu zwingen wollte, setzte ich mich in eine Ecke und schwieg.

Wie sehr mochte ich den Schnee, der alles reinigte und verschönte! Verschwunden die schmutzigen Machalades und die Lehmhütten. Alles schien plötzlich einem Märchen entsprungen (gleich dem Turm auf dem Wandteppich im Schlafzimmer), so daß Häuser und Menschen wie in einem Kristall leuchteten und dessen bunte Spiegelungen annahmen. Von den Bäumen hingen Stalaktiten, die blinkten, wenn die Strahlen der Wintersonne sie trafen. Die Moschee, stolzer als vorher, denn zu ihren Füßen erstreckte sich der gefrorene See, in dem sie sich spiegelte! Die Stadt Ianena rief: »Adieu Armut, adieu Elend, adieu Schmutz! Jetzt bin ich ein zauberhafter Ort. Ich wohne in den Träumen, in denen, die der kleine fremde Junge träumt, den ich, das ist wahr, nicht geliebt habe . . .« In dieser Zeit brachten die Freunde meines Vaters erjagtes Wild mit. Wildgänse mit buntem Gefieder, daß man dachte, sie seien dem Paradies entflogen – ein anderer Zauber das. Mittags gab Mutter mit melodischer Stimme bekannt: »Heute werden wir Aal essen, gebraten auf einem Ziegelstein.«

Die zwei Sommer verbrachte ich fast vollständig außerhalb von Ianena. Im zweiten Jahr ließ mich Vater zusammen mit dem Bezirksingenieur in einem Zelt übernachten. Es war eine unwirtliche und hochgelegene Gegend unweit von Metsovo. Am Tage half ich beim Vermessen der Straße, ich hielt den Stab oder schleppte irgendein Gerät. Die Natur war wildwüchsig, nur Felsen, Gebüsch, Schluchten. Wohin man sah, Wald. Man drohte zu ersticken. Ich weiß nicht, aber ich, der ich bis dahin am Meer gelebt hatte, fühlte (und fühle) mich immer seltsam, wenn ich inmitten von Bergen gefangen war. Darum durchströmte mich das Gefühl einer unbeschreiblichen Freude und Erlösung, als Wanjas Auto 1933 von Ianena nach Prevesa zurückfuhr. Ich wußte, daß das Meer nahte. Daß ich bald wieder frei sein würde. Mir war zum Schreien zumute. Wenn in den Bergen die Dunkelheit hereinbrach, entfachten die Arbeiter das Feuer. Stellten die Töpfe mit dem Essen darauf und unterhielten sich über Dinge, die mich nicht interessierten. Ich wollte weggehen, davonlaufen, doch der Bezirksingenieur und seine Lehrlinge paßten auf mich auf. Ich gewann den Eindruck, daß sie alle den Befehl erhalten hatten, mich nicht aus den Augen zu lassen. Im Grunde gefiel es mir, eine so bedeutende Persönlichkeit zu sein. Zudem war ich auch der einzige, der einen Tropenhelm gegen die Sonne besaß, wie die adligen Engländer in Indien. Die zweite Besonderheit an mir waren meine geographischen Kenntnisse, zum Beispiel über Kenia, Kongo, Argentinien, Belgien. Ich kannte diese Länder von den Briefmarken. So sagte ich plötzlich: »Im Kongo kochen sie nicht auf Feuer wie hier«, und sofort sahen mich alle an, einige zweifelnd, andere bewundernd. Noch mehr natürlich, wenn ich ihnen offenbarte, daß »in Jamaika die Kinder Flügel haben und wie Heuschrecken springen«. – »Und wenn sie erwachsen werden?« fragte jemand. »Sie werden nie erwachsen«, erwiderte ich schnell, um mich nicht zu verraten. »Und woher weißt du das?« fragte eines jener barfüßigen Dorfkinder, die immer den Klugen spielten. »Ich war da und habe sie gesehen!« gab ich zurück, meiner Stimme Verachtung und Geringschätzung verleihend. Ich überlegte den ganzen Tag, während ich herumlief oder bei der Arbeit half, was ich ihnen am Abend auftischen könnte, um bewundert zu werden. Eines Tages entdeckte ich ihre schwache Stelle: das Meer! Keiner von den Einheimischen konnte sich auch nur vorstellen, wie es aussah: »Soviel Wasser? Und wieso läuft es nicht über?« war ihre erste Reaktion. Wenn ich ihnen von eisernen Schiffen erzählte, begannen sie zu lachen. Eines Tages nahm ich mir vor, ihnen zu sagen, daß ich solch ein Schiff besäße und befehligte. Aber schließlich scheute ich vor diesem Gedanken zurück. Ich erzählte ihnen nur, daß ich am Bug des Schiffes sitzen und es mit meiner Kraft nach oben oder nach unten reißen könne und ihm so helfe, durch die Wellen zu brechen und voranzukommen. Ich kam in Schwierigkeiten, aber der Bezirksingenieur hatte Mitleid mit mir und bestätigte, »daß es keine Frage des Alters oder der Kraft, sondern des Könnens ist. Diese Schiffsführer – so nennt man sie – werden dazu geboren. Man wählt sie schon aus, wenn sie noch kleine Kinder sind. Sie besitzen diese göttliche Gabe und werden für ein Schiff angeheuert.« Dann sah er mich ernst an, weil ich nicht merken sollte, daß er sich über mich lustig machte, und sagte mir: »Heute hast du dich sehr angestrengt und mußt früh schlafen gehen.« Während ich mich entfernte, fragte ein Arbeiter: »Was hat er dann hier in den Bergen verloren?« – »Er wird zum Meer zurückkehren«, antwortete der Ingenieur und schloß das Gesprächsthema ab. Ich wurde sehr traurig. Etwas war schiefgelaufen. Vielleicht hatte ich den Bogen überspannt, und die anderen würden sich jetzt über mich lustig machen, wie in Ianena.

Was konnte ich tun? Ich beschloß, sie zu schockieren, aber nicht durch Worte, sondern durch Taten. Früh am Morgen setzte ich mich auf das größte Muli und ritt unbemerkt fort. Ich ließ das Tier mich führen, denn ich selbst hatte ja kein Ziel. Ich wollte nur, daß die anderen mich vermissen, vor Angst alles liegen lassen und mich wie verrückt suchen sollten. Das wird ihnen eine Lehre sein, dachte ich. Wohin gehen wir, fragte mich das Muli. – Geh, wohin du willst, ich habe nichts Bestimmtes vor. – Weißt du, was dein Problem ist, es ließ nicht locker. – Ich habe kein Problem, antwortete ich, ziemlich aufgebracht ob seiner Zudringlichkeit. – Hör mal, sagte es, mich kannst du nicht für dumm verkaufen wie die unwissenden Bauern, denen du von Kindern erzählst, die wie Heuschrecken springen oder mit Schiffen übers Meer fahren. Ich bin ein Muli und habe die Weisheit mit dem Löffel gefressen. Weißt du, was dir fehlt? – Was fehlt mir denn? – Dir fehlt, daß du nicht der Erzengel Michail bist und keine Flügel hast.

Das Muli durchschaute mich also. Es war wirklich gescheit, und ich konnte es nicht hinters Licht führen wie die anderen. Ich sagte ihm die Wahrheit. Es dachte ein wenig nach und fragte vertraulich: Warum hat Gott dir das angetan? – Welcher Gott?, fragte ich. – Na Gott! Es gibt doch nur einen! Hast du ihn nicht gesehen? – Wo denn? – Seltsam! Du hast ihn weder gesehen noch gesprochen ... Wir überquerten schweigend einen Berghang. Rechts ein tausend Meter hoher Berg, links eine tausend Meter tiefe Schlucht. Unten blinkte, einer Schlange gleich, der Fluß. Das dichte Gebüsch machte den Weg fast unpassierbar. Aber das Muli schien das nicht zu stören. Zum Teufel, konnten seine Füße sehen, daß sie so sicher und fest auftraten? Ich bewunderte es. Weißt du, was ich denke, nahm es gegen Mittag das Gespräch wieder auf. Ich bringe dich auf die Bergspitze und lasse dich dort. Nachts mußt du dich auf den Rücken legen und aufmerksam den Himmel betrachten. Vielleicht siehst du ihn. – Wen? Gott? – Natürlich! Wen sonst? – Wo wohnt er? – Such zwischen den Sternen! Wenn du seinen Thron siehst, mußt du laut nach ihm rufen. – Wird er mich hören? – Klar! Gott hört alles! – Was soll ich ihm sagen? – Sag ihm, daß er deine Flügel vergessen hat.

Abends erreichten wir tatsächlich die Bergspitze, und ich stieg ab. Ich bedankte mich bei dem Muli, verabschiedete mich und suchte einen Platz zum Schlafen. Ich sah von hier oben ganz Ipiros, den See, und weiter hinten glaubte ich Kenia, Argentinien und andere mythische Länder zu erkennen, deren Namen ich auswendig gelernt hatte, aber durcheinanderbrachte. Das Muli verschwand hinter einem Felsen. Es zog sich zurück, um mich allein zu lassen mit Gott. Bald wurde es Nacht, und Donner folgte den Blitzen, die alle Berge erhellten bis ans Ende der Welt. Ich legte mich hin und begann aufmerksam den pechschwarzen Himmel zu studieren. Ich sah mir, wie früher auf Lesvos, die Sternbilder an. Nur, daß sich die leuchtenden Sterne und vor allem die Wega, die mich sehr beeindruckte, woanders befanden, als würden sie sich der Erde zuwenden. Plötzlich fiel ein sterniger, heller Regen, und da sagte ich mir: Ein gutes Zeichen. Wahrscheinlich wird Gott bald erscheinen. Ich starrte gespannt in ein schwarzes Loch. Vielleicht ist das der Korridor, durch den er kommt, dachte ich und wartete, daß er sich mir zeigte. Dabei schlief ich ein. Am nächsten Morgen weckte mich zusammen mit den ersten Sonnenstrahlen das Muli: Also? – Nichts. Ich hab ihn nicht gesehen. – Es ist auch, sagte es hintersinnig, nicht leicht. Du mußt Geduld haben und es wieder versuchen! Wir sollten jetzt etwas essen und trinken, sonst werden wir vor Hunger umfallen. Ich stieg auf seinen Rücken, und bald erreichten wir einen Wasserfall. Erst da merkte ich, wie durstig ich war. Du kannst auch baden, sagte es. Aber du mußt aufpassen, das Wasser ist eiskalt. Ich gehe nach dir hinein, damit die Schmeißfliegen, die mich verrückt machen, nicht aufgescheucht werden und dann über dich herfallen. Wir bekamen Hunger. Für das Muli war natürlich reichlich Gras vorhanden. Nachdem es zwei-, dreimal gekaut hatte, hielt es inne, als würde es meinen Gedanken erraten, und sagte: Komm, ich bringe dich zu einem wilden Birnbaum. Dort kannst du deinen Hunger stillen.

Wir kamen auf eine Lichtung, wo Eichen und Büsche standen, in der Mitte ein wilder Birnbaum mit vielen Früchten. Nur, im Baum schlängelten sich Dutzende Vipern in ihren Nestern. Ich kann nicht hinaufklettern, sagte ich zum Muli, sie beißen mich doch! – Du darfst nur nicht auf sie treten. Warum sollten sie dir etwas tun? Das sind doch keine Menschen! – Ich nahm meinen Mut zusammen und kletterte hinauf. Die Schlangen interessierten sich nicht für mich. Nur die größte sah herüber, beobachtete, wohin ich trat. Ich versuchte, ihre Siesta nicht zu stören. Der Tag war zudem so herrlich, daß er zum Ausruhen und Träumen geradezu einlud. Als ich oben angekommen war, begann ich, die säuerlichen Früchte zu essen. Da tauchten plötzlich die Bauern auf, Jagdflinten oder Hirtenstöcke in den Händen. Sie sahen mich auf dem Baum sitzen und in aller Ruhe kauen. Unter mir eine Unmenge von Schlangen. »Paß auf«, schrien sie, »sie werden dich beißen, verschlingen, vergiften! Du wirst sterben! Beweg dich nicht!« Sie warfen mit Steinen nach den Vipern, und einer erschlug alle, die nach oben fliehen wollten, mit dem Hirtenstock. Es kamen noch mehr Bauern. Sie töteten viele Schlangen, und wir, ich und das Muli, sahen uns während dieses ganzen Treibens in die Augen, als würden wir sagen: Die armen Schlagen, die sich ganz friedlich in der Sonne badeten, müssen sterben, Mutti, Vati, Kind, vielleicht ein Neugeborenes, wie mein Bruder in Ianena, und vorbei ist es mit Gott, mit den Flügeln, was steht mir nur für ein Leben bevor – mit zwei Stümpfen an meinen Schultern, die, bei jedem Flugversuch – krak! – brechen wie Glas, so daß ich auf die Erde plumpse.

Nach Vissani fuhren wir mit Vater und anderen Beamten von der Generalverwaltung. Gegen Abend versammelte sich das ganze Dorf auf dem Dorfplatz, und aus einer Seitengasse kamen etwa zehn Mädchen, das älteste war höchstens zwanzig. Wie man uns sagte, hatten sie die Hüte an ihrer Kopfhaut angenäht. Sie trugen lange schwarze Kleider aus dickem Stoff und darüber Schürzen mit bunten Stickereien. Auf Stirn und Brust klimperten Münzen. Sie stellten sich in einer Reihe uns gegenüber auf, die Pipiza erklang, schrill wie ein Huhn, das man schlachtet, und das Dauli, das den Rhythmus gab, sobald man es mit einem Stock prügelte. Die Mädchen hielten sich an den Händen fest, eins begann mit hoher Stimme zu singen, die anderen antworteten in einem anderen Ton, und alle fingen an, sich ähnlich Würmern zu krümmen. Mein Vater war in Stimmung, und den Einheimischen fiel ein Stein vom Herzen, als sie sahen, daß sich der Herr Stellvertretende Generalgouverneur über ihr Programm freute. Ich wunderte mich über seine gute Laune, weil ich sowohl von dem, was ich sah, aber vor allem von dem, was ich hörte, vollkommen enttäuscht war. Monotone Rhythmen, falsche Töne, das war gar nichts, verglichen mit meinem Grammophon! Mir gingen gerade diese trüben Gedanken durch den Kopf, und meine Stimmung war nicht die beste, als ich bemerkte, daß mir ein etwas älteres Mädchen, so um die zehn, dauernd in die Augen sah. Sie trug zerlumpte Kleider, war natürlich barfuß, aber ihr Blick klar und seltsam freundlich. Ich schaute sie an, woraufhin sie zu mir kam. Niemand bemerkte sie, weil alle mit dem Tanz beschäftigt waren. Sie sagte: »Kommst du mit mir?« Ich folgte ihr, ohne weiter zu überlegen, und bald waren wir auf einem Feld außerhalb des Dorfes. Wir standen uns gegenüber. Sie schlug hastig vor: »Tauschen wir unsere Sachen?« Ich stak in jenem verfluchten Matrosenanzug, also weiße Hose und eine weiße Jacke mit blauem Kragen. Ohne zu überlegen, begann ich mich auszuziehen. Auch sie zog ihre Fetzen aus, und darunter war sie völlig nackt. »Zieh alles aus«, sagte sie zu mir, »das will ich auch haben.« So zog ich alles aus. Sie nahm meine Sachen und packte sie vorsichtig ein. Ich bemerkte den Unterschied zwischen uns und fragte sie: »Hast du keinen Pullermann?« – »Ich bin ein Mädchen.« – »Und wie pullerst du?« – »Komm, ich zeig es dir.« Sie nahm meine Hand. »Siehst du dieses kleine Loch? Da kommt es raus.« Sie faßte meinen Puller an und sagte: »Mein Bruder hat auch sowas. Nur daß seiner wächst.« – »Wie wächst er?« – »Er faßt ihn an, und er wird so groß.« – »Auch meiner wird wachsen, wenn ich so groß wie Vati bin.« – »Hat dein Vater einen großen?« – »Ja, so«, und zeigte ihr etwa zwanzig Zentimeter »Und deiner?« fragte ich. – »Oh, mein Vati hat so einen!«, und sie zeigte mir das Doppelte. Die Barfüßigen und Bauern sind eben doch gerissener, und ihnen ist nicht beizukommen, dachte ich, alles ist bei ihnen größer und besser. Da hörten wir Schritte, und das Mädchen wollte wegrennen. »Wie heißt du?« fragte ich sie. »Pagona, und du?« – »Mikis, ich meine Michalis, Michail . . .« Sie klemmte die Sachen unter den Arm und verschwand. Ich blieb allein zurück und hörte von weitem Dauli und Pipiza. Ich folgte ihrem Klang und war bald wieder auf dem Dorfplatz. Die Mädchen tanzten noch immer im Reigen, brachen aber ihren Tanz ab, als ich nackt wie eine Schnekke auftauchte. Ich ging langsam einmal um den Platz, um meinen Vater zu finden, da hörte ich über mir den Flügelschlag. »Reich mir deine Hände«, flüsterte mir der Erzengel Michail zu und hob mich in den Himmel.

Nach der Wahlniederlage von Venizelos und dem Sieg der Volkspartei wurde mein Vater auf einen niedrigeren Posten versetzt. Er hatte sich durch den Empfang von Venizelos in Ianena, vor allem während des Wahlkampfes, kompromittiert und zu sehr mit einer politischen Karierre geliebäugelt, die ihm im Falle eines Sieges von Venizelos einen Ministerposten eingebracht hätte. Bereits im Dezember 1932 besuchte eine zwölfköpfige Delegation der Volkspartei von Ianena den verantwortlichen Minister in Athen, um die Entlassung meines Vaters zu fordern.

Im Juni 1933 brachen wir mit all unseren Möbeln nach Prevesa auf. Wir nahmen das Linienschiff, überquerten den Isthmus von Lefkada, machten im Hafen von Ithaka halt und fuhren dann weiter nach Sami. Eine schlechte Versetzung bedeutete in der Welt der Zahlen, daß Vaters Gehalt von zwölftausend Drachmen in Ianena auf viertausend in Argostoli schrumpfte. »Wir überlebten, weil uns der Gendarm aus Galata einen Kredit gewährte . . .« Wie oft würde er das später wiederholen, der ehemalige stellvertretende Minister und Direktor der Präfektur Kefalonia. Sein Vorgesetzter war Herr Georgiu und sein Abteilungsleiter der eigene Bruder, Petros Theodorakis. Wir mieteten das Erdgeschoß des Einfamilienhauses von Fräulein Lagusi, einer fünfzigjährigen Lehrerin für französische Sprache. Das Haus stand gegenüber der Präfektur, die sich an der Kreuzung zwischen Valianosplatz und Gefängnis befand. Auf der anderen Seite des Platzes wohnten in einem Einfamilienhaus mit Garten Onkel Petros und Tante Marika. Sicher, mein Vater war sein Vorgesetzter, aber gegenüber seinem etwa zehn Jahre älteren Bruder legte er fast dasselbe Verhalten an den Tag wie bei seinem Vater. Onkel Petros sah zudem aus wie der Großvater selbst. Von etwas niedrigerem und schmalerem Wuchs, aber der gleiche Schnurrbart – er hatte einen schwarzen –, die Weste, die Uhrkette, die Gamaschen, der Stock. Genauso schweigsam, streng, finster, grundlos schlechtgelaunt. Das alles nur, um seine Männlichkeit herauszustellen! Das Gegenteil von meinem Vater. Aber hinter dieser Maske verbarg sich ein netter und sympathischer Mensch, der abends, wenn er sicher war, daß ihn keiner beobachtete, die Küchenschürze überstreifte und unter der Aufsicht von Tante Marika das Geschirr abwusch.

Michail Theodorakis heiratete Ekaterina Spiridaki und ließ sich in Galata nieder, sieben Kilometer westlich von Chania. Das Dorf ist auf einem Hügel gebaut, mit Olivenbäumen und Gärten, ungefähr ein Kilometer vom Meer entfernt. Unser Haus, eines der ersten Häuser des Dorfes, befindet sich links hinter dem Haus von Kapetanakis; nach fünfzig Metern stößt man auf unseren Garten. Etwas weiter hinten, an der Hauptstraße, liegen die Spiridakis-Güter, ein ganzer Machalas, was beweist, daß im Dorf viele Spiridakis wohnten und daß mein Großvater nach Galata einheiratete. So läßt sich auch der Umstand erklären, daß die Großmutter meiner Großmutter diese riesigen Zypressen pflanzte, die unser Familiengrab auf dem Friedhof von Galata überschatten. Man erzählt sich, daß sie selbst diesen Platz ausgesucht hatte, weil von hier aus das Meer bei Suda zu erkennen ist, hinter dem die Sonne aufsteigt. Jemand hat gesagt, wir bestünden aus Teilchen, jener Substanz, die den Kosmos ausmacht. Und diese Teilchen leben weiter ... Es ist nicht wenig, wenn sie ein Millionstel zum Geschmack des Olivenöls, der Orange, des Weines beitragen.

Michail und Ekaterina hatten drei Söhne und eine Tochter. Petros, Chrisi, Giorgos, also mein Vater, und zuletzt kam Jannis, der früh starb. Alle sagen, daß Tante Chrisi in ihrer Jugend eine große Schönheit gewesen sei. Der Sohn einer großen Familie, ein gewisser Tsepetis, der aus Paris zurückgekehrt war, verliebte sich in sie. Er hielt offiziell um ihre Hand an. Aber die Meinen hatten erfahren, daß er ein großer Frauenheld war, und wiesen seinen Antrag zurück. Tsepetis organisierte daraufhin eine ganze Armee, etwa fünfzig bewaffnete Reiter, sie drangen in Galata ein, fanden die Frauen allein und raubten Chrisi. Sofort, wie es der Brauch ist, wurde oben in den Bergen Hochzeit gefeiert. Das aber hinderte Onkel Petros nicht daran, eine eigene Reiterei aufzustellen und die Verfolgung aufzunehmen. Ich weiß nicht, ob es eine Auseinandersetzung oder eine Schlacht gab, ob Blut geflossen ist. Wichtig war, daß die Theodorakis diese Heirat niemals anerkannt haben und in den Tsepetis ihre Todfeinde sahen. Neun Monate später wurde Epaminondas geboren, Chrisi wohnte bei den Tsepetis, aber stets in einem Versteck, aus Angst vor einem erneuten Raub, während ihr in Frankreich erzogener Mann die Freundinnen wie die Hemden wechselte. Dabei nutzte er seinen Arztberuf aus, der ihm alle Türen öffnete. Es kam, wie es kommen mußte. Eine Tages fand man ihn erstochen an einem abgelegenen Strand. Es wurden nicht einmal Untersuchungen angestellt, weil die Zahl der in Frage kommenden Männer die Hundert überstieg. Das Schlimmste von allem aber war, daß der junge Arzt mit Syphilis infiziert war und seine Frau Chrisi angesteckt hatte. Bei Epaminondas stellten sich, als er in die Pubertät kam, Anzeichen von Schizophrenie ein. Da nahm die Familie Tochter und Enkel wieder in ihren Schoß auf, Opfer einer romantischen Geschichte, die einen glücklichen Verlauf hätte nehmen können.

Die Großmutter Ekaterina und Epaminondas wohnten ein Jahr lang, 1928, bei uns in Mitilini. Es war ein hochgewachsener Jüngling, dunkelhäutig, mit riesigen Augen, die Wärme ausstrahlten und eine unbegreifliche Trauer. Wenig später begannen die ersten Krisen. Mein Vater brachte ihn in einer Athener Klinik unter und besuchte ihn oft. Doch 1941, während der großen Hungerszeit, versuchte er vergeblich, von der Besatzungsmacht die Erlaubnis zu erhalten, aus Tripolis nach Athen zu fahren. Die Italiener gestatteten es ihm 1942. Als er in der Klinik ankam, erfuhr er, daß Epaminondas hungers gestorben war und daß die Leute seine Leiche von der Straße aufgelesen hatten, was in jenem Winter üblich war.

Tante Chrisi ernährte sich von Stickereien. Wahre Kunstwerke, die sie für ein Stück Brot verkaufte. Sie wohnte 1938 in Patra bei uns. Dann kehrte sie nach Galata zurück, um ihren Vater zu pflegen, der zwei Jahre später während des Albanienkrieges starb. Die Okkupation kam, und in den folgenden Jahren wurde Chrisi verrückt. Sie glaubte felsenfest daran, daß der Admiral Baubaden sie heiraten würde; darum verbrachte sie Stunden am Kretischen Meer und wartete auf die englische Flotte. Das ganze Dorf lachte über sie. Vor allem die Jugendlichen konnten sich hervorragend die Zeit vertreiben. Sie rannten ihr manchmal hinterher oder schlugen nachts Lärm vor ihrem halbeingestürzten Haus, in dem sie, einsam und allein, mit den Erscheinungen ihres ermordeten Mannes und ihres toten Sohnes lebte.

1949 zogen meine Eltern und Jannis endgültig nach Galata, um sich dort niederzulassen. Chrisi war nur noch ein Wrack. Sie bewegte sich kaum noch, vegetierte inmitten unbeschreiblichen Schmutzes und Elends dahin. Das Dorf lachte nicht mehr. Das Vergnügen war zu Ende. Nur daß die arme Frau nicht mehr in der Lage war, ihren eigenen Bruder zu erkennen. Sie lehnte es ab, auch nur das geringste zu essen, und starb sehr bald. Das Bild ihrer einst herausragenden Schönheit, die die Ursache für soviel Leid geworden war, nahm sie mit ins Grab.

Ich kenne keine Stadt auf der Welt, die Argostoli gleicht. Die Einwohner bauten auf der einen Seite der engen Meeresbucht die Stadt der Lebenden und auf der anderen Drepanos, die Stadt der Toten. Die beiden Orte – und damit Leben und Tod – trennt und vereint eine weiße Steinbrücke. Die lebenden Einwohner der einen Seite sehen von morgens bis abends, ob sie nun wollen oder nicht, ihre letzte Wohnstatt gegenüber. Hilft ihnen das, die Grenzen des Menschen richtig zu erfassen? Natürlich hatte ich als Kind keine solche philosophischen Gedankengänge. Nur daß Drepanos, die Stadt der Toten, einen seltsamen Zauber auf meine Seele ausübte. Der Ort selbst war idyllisch, grün, mit hohen Zypressen. Ich stellte mir vor, wie die einander gleichenden Toten, eingehüllt in weiße Leichentücher, in den Nächten herumspazieren, sich auf die Bänke oder Steinkanten der Gräber setzen, wahrscheinlich streng, hieratisch, würde ich sagen, wie auf einer Bühne, wo jeder seine Rolle hat und vorherbestimmte Bewegungen ausführen muß, erhaben, denn der Tote ist ein ernster Mensch, der nicht schwatzt, gestikuliert und dessen Erstarrung anzeigt, daß er einen hohen Grad an Wissen und Verständnis aufbringt, weswegen ihm auch diese Ehrerbietung gezollt wird und jeder sich verneigt und bekreuzigt, wenn er vorbeigeht.

In den Kinderbanden, die es in jener Nachbarschaft gab, erzählte man sich, einer sei nachts über die Brücke gegangen, habe sie gesehen, sie hätten ihn gesehen und ihn zu sich gerufen. Wenn man fragte: »Haben sie ein Gesicht?«, stimmten die Antworten nicht überein. Der eine sagte: »Ja, sie haben«, der andere behauptete: »Nein, da ist ein Leichentuch oder so was wie weiße Binden . . .« – »Sprechen sie? Können sie sehen? Können sie trinken?« Viele solcher Fragen wurden gestellt. Man mußte also selbst hingehen und sich an Ort und Stelle von der Wahrheit überzeugen, doch wer traute sich schon, nachts die Brücke zu überqueren?

Man kann sich vorstellen, was es für einen aus Ianena bedeutet, nach Kefalonia zu kommen! Die ungehobelte Aussprache aus Ipiros ergab einen grellen Gegensatz zum fast gesungenen »italienischen« Redefluß, wie die Bevölkerung der Ionischen Inseln ihn hat. Zu Recht wurde ich mit dem Augenblick unserer Ankunft auf der Insel von Laskaratos zum Gespött aller gleichaltrigen Kinder. Ich war aber inzwischen etwas älter und entschlossen, meinen Platz innerhalb der Gemeinschaft der Kinder um jeden Preis zu erkämpfen. Leider gibt es in solchen Fällen nur eine Möglichkeit, um allgemein anerkannt zu werden, und die ist, den Weg der Gewalt zu gehen. Der Anführer der mich tyrannisierenden Kinder war zweifellos Pondikakis. Jeden Tag dachte er sich auf meine Kosten einen neuen Spaß aus, damit die anderen Kinder über mich lachen konnten. Ich stieg zu Hause in den Keller, wo ich Käfer gefangenhielt, die ich mit Zucker fütterte und an einer Schnur festgebunden, fliegen ließ. Danach steckte ich sie wieder in die Schachteln, Zigarettenpackungen oder Streichholzschachteln mit Löchern zum Atmen. Damals stieg ich vor allem in den Keller, um nachzudenken, mich zu konzentrieren. Ich mochte mich nicht im Haus einschließen oder im Garten spielen, auf den Mispelbaum oder den Aprikosenbaum klettern oder den Kater von Fräulein Lagusi quälen. Manchmal ging ich noch ins Nachbarhaus – es trennte uns ein schmaler Weg –, wo Frau Pana wohnte, ihr Mann war Kapitän und ständig unterwegs, zusammen mit ihren beiden Töchtern, Anula, im Alter von Jannakis, und Bebitsa, die in meinem Alter war. Dort stand ein seltsames Möbelstück herum, das Klavier, das zu nichts nütze war.

Jeden Sonnabend wuschen uns unsere Mütter im großen Bottich paarweise, zuerst die Kleinen, dann die Großen. Als bekannt wurde, daß ich nackt mit einem Mädchen zusammen badete, lästerten die Kinder der Nachbarschaft über mich. Ich mußte also um jeden Preis Pondikakis, der sie täglich gegen mich aufputschte, unschädlich machen. Ich versuchte vergeblich, ihm mit Worten beizukommen. Die Kinder brachen schon beim ersten Wort, das ich in meiner schwerfälligen ipirotischen Aussprache von mir gab, in schallendes Gelächter aus, und so hatte ich die Schlacht verloren, bevor sie eröffnet war. Die Gelegenheit kam, als mir Pondikakis einen Tausch vorschlug. Ich würde ihm Zweige aus dem Garten der Präfektur geben und er mir zwei große Käfer. Ich rannte los wie ein Blöder, um ihm die Zweige zu holen. Er aß die Früchte, die daran hingen, sofort auf, gab mir eine Streichholzschachtel und sagte: »Öffne sie ganz langsam, damit sie nicht wegfliegen.« Ich machte sie ganz langsam auf, und die Kinder sahen gespannt zu; aber Käfer waren nicht zu sehen. Sie war leer. Da brachen sie in Gelächter aus, am meisten Pondikakis. Ich entdeckte auf der Straße einen spitzen Ziegelstein, nahm ihn in die Hand, Pondikakis sah meinen Blick, erschrak und floh. Wieder bewegte sich ein geschorener Kopf direkt vor meiner Nase, mal links, mal rechts, und wieder schlug ich zu. Mit einem Ruck stürzte er zu Boden und begann zu schreien. Die anderen Kinder bekamen es mit der Angst und flohen. Ich verkroch mich im Loch der Gartenmauer unter dem ausgebreiteten Teppich. Dort fand mich Vater spät in der Nacht, schlug mich mit dem Riemen und sperrte mich in den Keller.

Schon am nächsten Tag schauten mich die Kinder voller Achtung an. Pondikakis hatte eine Binde um den Kopf. Er sprach schließlich mit mir und bot mir an, in die Bande einzutreten. Am ersten Abend klauten wir Tomaten und Gurken aus dem Gemüsegarten neben der Schule. An einem anderen Abend schlugen wir im Gemüseladen zu. Die Hälfte von uns schob den Gemüsehändler laut schreiend herum, und die übrigen klauten, was sie nur erwischen konnten. Ich entpuppte mich als ausgezeichneter Schmieresteher und allgemein als guter Dieb. So wurde ich eines Mittags, während der Siesta, an einen Ort bestellt, um den Chef kennenzulernen. Das war ein Großer. So um die siebzehn herum. Es gebe, sagte er, die Ilias von Homer, die ich auswendig lernen müsse, um wirklich Mitglied der Bande werden zu können. Das Epos begann folgendermaßen: »Nimm die Votze, nenn sie Li, und den Schwanz, den nenn Luli – Nimm die Votze, nenn sie Luzi, und den Schwanz, den nenn Garuzi . . .« Dann gingen wir alle zusammen zu den Nutten außerhalb der Stadt. Sie lebten in den Hanen, hinter dem Krankenhaus, auf dem Weg, der zum Leuchtturm führte. Wir kamen an, als sie sich gerade sonnten, die eine auf einem Felsen, die andere auf der Wiese. »Holt ihn alle heraus, mal sehen, wer den größten hat! Der kriegt fünf Groschen.« Pondikakis, der Erfahrenste von uns, holte ihn schnell raus und rieb ihn. So gewann er die fünf Groschen. Wie er sie jedesmal gewann.

Das andere war, daß man ein neugeborenes Kätzchen umbringen mußte. Es wurde auf einen Stein gelegt und mit einem zweiten zermalmt. Perakakis, der Sohn des Staatsanwalts, schaffte es mit dem ersten Schlag und wurde darum verdient Anführer der Bande der oberen Nachbarschaft. Einmal im Jahr, so um den Himmelfahrtstag, fand der Steinkrieg statt. Die eine Bande mußte die andere vernichten. Wir schlugen uns die Köpfe ein, und einige brachen sich die Hand, während wir ihre Stellung stürmten. Der Steinkrieg dauerte eine Woche. Steine mußten gesammelt, Schleudern, Speere, Schilde, hölzerne Schwerter angefertigt werden. Die Schlachten waren wild, und wo man hinkam, jammerten die Verprügelten. Unmöglich, einen Jungen ohne Loch im Kopf zu finden. Aber die meisten Kinder bezogen die größte Tracht Prügel, wenn sie abends nach Hause kamen, um sich ihre Verletzungen verbinden zu lassen. Ihre Väter schlugen sie mit Ruten, Holzleisten und Riemen, bis sie ohnmächtig wurden. Dasselbe tat auch mein Vater, weil er Angst hatte, daß ich eines Tages bei einem dieser furchtbaren Steinkriege umkommen würde. Dann waren da noch die streunenden Hunde. Bevor sich der Hundefänger ihrer erbarmte, um sie mitten in der Meeresbucht zu ertränken, mußten sie schrecklich gefoltert werden. Wir banden ihnen Blechbüchsen an die Schwänze und warfen anschließend mit Steinen nach ihnen oder stachen sie mit Hölzern und Halmen. Pondikakis hatte eine Technik entwickelt, ihnen mit einem Nagel die Augen herauszureißen. Sie heulten vor Schmerz und jagten wie wahnsinnig durch die Gegend.

Ich besuchte die vierte Klasse. Eines Tages sagte uns unser Lehrer, Herr Stamatatos, wir sollten am nächsten Tag sauber und ordentlich angezogen in die Schule kommen, weil uns der Metropolit besuchen würde. Ich erinnere mich, es war ein sonniger Morgen, der Metropolit, einfach gekleidet, saß am Lehrertisch, neben ihm standen Herr Stamatatos, Frau Anna, die anderen Lehrer, die Reinemachefrauen und der »Henker« – der mit einer Peitsche in der Hand nachmittags auf uns aufpaßte, wenn wir auf dem Platz spielten. Alle Schüler mußten sich nacheinander vor dem Metropoliten hinstellen und »Kenn dich aus der bluthellen Schneide ...« singen. Er nahm die Kinder mit schöner Stimme und einem guten Gehör beiseite. Ich gehörte dazu. Er sagte, wir sollten uns am nächsten Tag abends in der Kapelle des Doms einfinden, gegenüber von seinem Haus. Es war eine winzige Kirche, die stark nach Weihrauch, Rosenwasser und anderen Aromen von frischen Blüten, die die Ikonen schmückten, duftete. Der Metropolit saß in einem Sessel vor der heiligen Pforte. Er forderte uns zehn Kinder auf, rings um seinen Sessel auf dem Boden Platz zu nehmen. Nur Jungen. Er erklärte uns genau, was am Karfreitag passiert war, wie sie Jesus Christus vorsichtig vom Kreuz abnahmen, die Nägel herauszogen, wie seine Mutter, die Heilige Jungfrau, seine Wunden mit Blütenwasser auswusch, wie ihn die

Frauen mit Salben einrieben und auf eine provisorische Holztrage legten, wie ihn seine Jünger trugen und ihn schweigend zum Grab brachten, das sie fest verschlossen. Die Hymne *Das Leben im Grab* bedeute genau dies: Unser Christus sei das Leben, und das Böse auf der Welt habe versucht, ihn zu töten und ins Grab zu sperren. Aus dem werde er aber schon am nächsten Tag ausbrechen und auferstehen. Denn zwei Erzengel werden die Felsbrokken beiseite räumen, die den Eingang zum Grab verschließen, und Gott werde eine lange Leiter hinabwerfen, damit Christus in den Himmel hinaufklettern könne. Der Metropolit sang uns dann das entsprechende Troparion vor, dann jede Phrase einzeln, bis wir es auswendig konnten. Das war die erste Unterichtsstunde. Wir gingen dann regelmäßig dorthin, zwei- bis dreimal in der Woche – wir hatten dafür von der Schule eine Freistellung erhalten –, der Metropolit gab jedem von uns ein winziges Buch mit einem roten Pappeinband und byzantinischer Schrift, in dem die heiligen Texte abgedruckt waren. Mit der Zeit verlor ich meine Hemmungen und ließ meiner hohen ausdrucksstarken Stimme freien Lauf, so daß der Metropolit auf mich aufmerksam werden mußte. Die anderen platzten vor Neid, schauten mich böse an oder kniffen mich, und kaum verließen wir die Kirche, gaben sie mir Tritte oder schlugen mich mit der Faust – sie traktierten mich alle zusammen, und ich rannte, um der Prügel zu entkommen. Bald ging ich nicht mehr zu den Stunden. Das fiel aber dem Metropoliten auf, der inzwischen auch meinen Vater aufmerksam gemacht hatte: »Er singt sehr schön«, so daß mich Herr Stamatatos in der Schule zu sich rief und mir sagte: »Komm mal her! Warum gehst du nicht zum Unterricht? Du schwänzt wohl?« Er befahl mir, meine beiden Hände abwechselnd auszustrecken, und bearbeitete sie kunstgerecht mit der Rute, die wir ihm jeden Morgen von der Weide neben der Schule mitbringen mußten, und von den Schlägen schwollen meine Hände rot an, daß ich zwei Tage nicht mal die Gabel anfassen konnte. Ein Jahr später kam wieder der Metropolit in unsere Klasse. Herr Stamatatos rief mich nicht zum Vorsingen auf, weil ich ihn so blamiert hatte, er schämte sich wegen des im vergangenen Jahr Geschehenen.

Wir waren inzwischen umgezogen und hatten ein Haus im

oberen Stadtviertel gemietet, wo ich in die Bande von Perakakis kam, die aus weiteren fünf Jungen bestand. Dazu gehörte Kanetakis, der Sohn des Gendarmerievorstehers. Die meisten von uns stammten aus Kreta, und wir waren entschlossen, unsere Rechnung mit den Kefaloniten ein für allemal zu begleichen. Unsere Eltern waren befreundet. Jeden Nachmittag spielten unsere Väter Billard im Kafenion, und abends gesellten sich unsere Mütter dazu, alle setzten sich um einen großen Tisch am Hauptplatz, die Frauen bestellten eine Süßigkeit, die Männer Ouzo, und wenn es ans Bezahlen ging, sagten alle drei: »Laß, ich bezahle heute!«, wußten aber, wer dran war, und ließen denjenigen bezahlen. Dann standen sie auf und suchten uns dort, wo wir immer spielten. Wir mußten essen und anschließend ins Bett. Im unteren Stadtviertel wohnten wir gegenüber von Kanetakis, im oberen in der Nähe von Perakakis. Wir waren alle sechs starke Jungen, strotzten vor Gesundheit und Kraft. Wir veranstalteten vor dem Gerichtsgebäude Wettkämpfe, Kreter gegen Kefaloniten, vor allem im Ringen und Rennen. Ich war gut im Ringen. Doch wenn ich einen Jungen besiegte, stürzten sich alle Kefaloniten auf mich. Jetzt war die Perakakis-Bande bei mir, und wenn die andern Kinder wagten, mich anzugreifen, bekamen sie eine fürchterliche Abreibung. Wir fochten harte Kämpfe aus, die wir nicht nur dank unserer Kraft gewannen. Unsere Gegener waren klug und vor allem schlau. Ihre Pläne beruhten auf Dummheit und Einfalt ihrer Feinde. Die Leute in Ianena gelten als gutmütig und ehrlich. Sie sagen geradeheraus, was sie denken. Ich mußte viel durchmachen, um aus dem Ipiroten, der ich war, einen Kefaloniten zu machen. Dasselbe galt auch für die anderen Kinder. Man gewöhnt sich an alles. Und wehe dem Schlauen, der einen Gegner hatte, der seine Schläue durchschaute. Aus diesem Grund errangen wir auch einen Sieg nach dem anderen, und die Kefaloniten erlitten eine Niederlage nach der anderen: Wir kannten ihre Tricks und bauten unsere auf ihren auf. Sie täuschten vor, uns vom Garten her anzugreifen, sammelten Steine, konzentrierten Kräfte, schickten »Überläufer« mit Informationen herüber. In Wirklichkeit aber planten sie, uns von woanders her anzugreifen, sagen wir vom Haus mit den Bäumen und Gräben. Wir taten so, als würden wir sie am Garten erwarten, fielen ihnen mit unseren Leuten in den Rücken und verdroschen sie schrecklich. Schließlich banden wir ihnen Glöckchen und Blechbüchsen um den Hals und trieben sie zum Hauptplatz, damit ganz Argostoli unseren Sieg bewundern konnte. Da griff der »Henker« mit der Peitsche ein, um die Gefangenen zu beschützen, und wir johlten, weil sie solch eines Schutzes bedurften.

Als der Metropolit zum drittenmal in die Schule kam, war ich gerade in einer solchen Siegerstimmung, daß ich einfach vorging und zu singen begann, bevor mich Herr Stamatatos daran hindern konnte. Ich sang das Lied »Jetzt, da du weggehst und in die Fremde ziehst«, das wir zu Hause mit meiner Mutter zweistimmig sangen und bei dem meiner Tante die Tränen liefen, denn ich sang es mit Timbre in der Stimme, um die entsprechende Erregung zu erzeugen. Als ich mit dem Lied fertig war, sagte der Metropolit: »Kannst du eine zweite Stimme singen?« – »Natürlich«, antwortete ich. Daraufhin stimmte er das Lied »Ein Felsen auf dem Berg« an. Wir sangen es immer, wenn wir von unseren Ausflügen zurückkehrten und die Sonne gerade hinter dem Ionischen Meer unterging. Ich wußte genau, wann ich die erste, die zweite Stimme und wann ich Terz zu singen hatte. Wenn ich die Tonlage ändern mußte, schaute mich der Metropolit listig an, um zu sehen, ob ich den richtigen Ton treffen würde, und da ich ihn immer erwischte, lächelte er bedeutungsvoll, und seine Augen leuchteten voller Begeisterung. (Ob sich Herr Stamatatos an diese Szene erinnert hat, als wir uns als Gefangene 1949 in der 1. Abteilung von Makronisos wiedertrafen? Als ich ihn zwischen seinen beiden Söhnen gehen sah – einer davon war ein Mitschüler von mir –, gefiel er mir sehr, und in jenem Augenblick verzieh ich ihm nicht nur seine Schläge, sondern segnete sie sogar.) Der Metropolit erhob sich fröhlich von seinem Platz und gab dort, vor der ganzen Klasse, vor Freund und Feind, bekannt, daß ich am nächsten Karfreitag, begleitet von den anderen, das Solo singen würde.

In jener Zeit verliebte ich mich zum ersten Mal. Eines Mittags erklärte mir Vater, er wolle mich am Abend ins städtische Theater – er hatte eine eigene Loge – mitnehmen, damit ich Musik hören könne. Auf der Bühne stand das nutzlose Instrument von Frau Pana. Bald kam ein kleiner Mann mittleren Alters heraus, um den Hals einen Papillon, der dem nicht zahlreichen Publikum verschiedene Komplimente machte. »Die Elenden«, sagte Vater, »nicht mal Attik begeistert sie.« Nach jedem Lied, wozu sich der Solist am Klavier selbst begleitete, applaudierte mein Vater laut und rief »Bravo! Bravo!«, so daß Attik sich zum Schluß ausschließlich unserer Loge zuwandte, sich verneigte und voller Rührung die Hand aufs Herz legte. Als wir aus dem Theater traten, stieß ich beinah mit einer Dame zusammen, die an die dreißig sein mochte. Ich schaute in ihre Augen, sie sah mich an, und es war um mich geschehen. Ich verlor sie aus den Augen und entdeckte sie erst am nächsten Tag wieder, als sie auf der Hauptstraße die Schaufenster betrachtete, und von da an wurde ich ihr Schatten. Ich sprach auch mit meinem Vater darüber. Ich wollte erfahren, was das war, was ich fühlte, und fragte ihn, was ich tun könne, um mit ihr zusammen zu sein, und ob sie bei uns wohnen dürfe. »Zeig sie mir«, sagte er, und seitdem sprach ich nie wieder mit ihm darüber. Ich wurde melancholisch, spielte nicht, wollte allein sein. Ich begegnete ihr, schaute sie an. Und sie warf mir einen Blick zu, als wollte sie sagen: »Wer ist nur dieser Kleine? Wem gehört er? Wo hab ich ihn schon mal gesehen?« Elf Jahre ich, dreißig sie. Wie konnte ich ihr klarmachen, daß ich durchaus ernste Absichten hegte, sie liebte und mit ihr zusammen sein wollte, so wie mit Mama und Papa. Ich erfuhr, wo sie wohnte. Ein zweistöckiges Einfamilienhaus. Sie lebte allein. Möglich, daß ihr Mann Kapitän auf einem Schiff war, wie alle Kefaloniten. Eines Abends, als alle schliefen, lief ich von zu Hause weg. Es war Vollmond. Ich stellte mich auf die Treppe der Valianos-Bibliothek, gegenüber ihrem Balkon. Bald erhellte der Mond ihr Fenster; ich weiß nicht, wie ich auf die Idee kam, doch völlig spontan, aus der Tiefe meines Herzens, kam über meine Lippen *Das Leben im Grab, o Christus*. Am Anfang leise, doch immer lauter werdend, beherrschte meine Stimme die Stille der Nacht und harmonierte so gut mit der silbrigen Farbe des Mondes, der immer stärker schien, als hielte der Erzengel einen großen Scheinwerfer, um das Haus zu beleuchten. Plötzlich bewegte sich im Zimmer ein Schatten. In einem langen hauchdünn gewebten Nachtkleid, mit gelöstem Haar, trat sie auf den Balkon, kam langsam vor, bis weit an die Brüstung, sich leicht auf das schwarze, feingearbeitete Geländer stützend. Zu Beginn schaute sie in die Ferne, dann entdeckte sie mich. Sie sah mir lange in die Augen, und meine Stimme wurde mal laut, mal leise vor Rührung. Mein Herz schlug stark, mein Atem ging schnell, und das führte zu einem leichten Tremolo der Stimme. »Wie du dein Leben lebst, so wohnst du in deinem Grabe . . .« Das war alles von so großer Bedeutung, als hätte ich Gott auf seinem Thron in Gestalt dieser Frau entdeckt. Aber alles wurde überschattet, tauchte in völlige Dunkelheit, verschwand wie durch Zauberei. Ich erinnerte mich an nichts mehr. Wie kam ich in mein Bett? Als ich am nächsten Tag an ihrem Haus vorbeiging, waren alle Fensterläden geschlossen, ein Zeichen dafür, daß die Mieter es verlassen hatten – ohne daß jemand wußte, wohin sie gegangen waren und ob sie jemals zurückkehren würden.

In meiner Kindheit herrschte ein völliges kulturelles, geistiges, künstlerisches und besonders musikalisches Chaos. Denn im Gegensatz zu dem Kind, das im Dorf oder in der Stadt wohnt und dort ein Zuhause hat – sei das noch so ärmlich und bescheiden –, vermag das Kind, das ständig entwurzelt wird, nichts zu verarbeiten. Darum spreche ich von Chaos. Wenn es weder Zeit genug noch die Möglichkeit gibt, eine künstlerische Ausdrucksweise kennenzulernen, dann kommt es zu keiner Aneignung von Kenntnissen. Ich spreche hier von den originären Musikformen, die damals ein Kind auf Lesbos, in Ipiros oder Kefalonia kennenlernte, also über die demotische Musik – das demotische Lied und den demotischen Tanz in ihrer Originalität. Zweifellos verinnerlichte vor allem das Kind des Dorfes das gesamte traditionelle Kulturerbe: Lieder, Tänze, Märchen, Malerei. Ich kannte von alldem nichts. Ich entsinne mich nicht der Volksmusik von Lesbos oder Ipiros. Natürlich hörte ich verschiedenes. Aber davon hat sich mir nichts oder fast nichts eingeprägt. Was erreichte mich? Das damalige Athener Stadtlied im europäischen Kantatenstil, das unsere Verwandten, die Emigranten aus Smirni und Tschesme, sehr liebten. Äußerst selten hörte ich die sogenannten smirneischen Lieder, wie wir sie heute nennen. Vielleicht, weil sie von den »Armen« in den Nachbarschaften von Smirni sowie von Vertretern der »Subkultur« gesungen wurden und für uns der Inbegriff der Sünde waren. Dann die byzantinischen und byzantinisierenden Melodien zu Hause und später in der Kirche. Die Kantaten in Argostoli. Und, wie ich schon sagte, die Musik von meinen Schallplatten, von der mich am meisten die Walzer von Strauß und die europäischen und griechischen Lieder im Kantatenstil beeindruckten, so zum Beispiel das Lied »Es ist Mitternacht, und die Natur kommt zur Ruh, und ein Junge verzweifelt«.

Aber auch dieser Musik begegnete ich nur wenige Male. Den größten Teil meiner schulfreien Zeit widmete ich dem Spiel, später den Banden und ihren gefährlichen Kämpfen. Ich glaube nicht, daß die Diebe und Gendarmen, die uns zum Diebstahl erzogen, die gereimten Zoten und der Umgang mit den Prostituierten, der Steinkrieg, der ein richtiger Krieg war, und schließlich das Quälen wehrloser Tiere als Beweis für die Zugehörigkeit zur Gemeinschaft der Kinder – ich glaube nicht, daß das alles nur Sitten und Bräuche eines bestimmten Augenblicks waren, sondern, im Gegenteil, sie spiegelten eine Gesellschaft des Dschungels, der wir schon als Kinder völlig ausgeliefert waren.

Ich muß weiterhin feststellen, daß ich durch diesen langjährigen Zwangsaufenthalt innerhalb einer so beschädigten Umwelt zu einem antisozialen Element geworden war. Meine pathologische Hinwendung zur Musik, meine Beschäftigung mit ihr, einige Jahre später, 1939-1940 in Pirgos, war im Grunde meine Antwort – eine Art Flucht aus den geistigen Mauern, die ich um mich errichtet hatte, weil ich nichts mehr von der Gesellschaft der Menschen wissen wollte. Ich schloß mich in unserem Haus ein und öffnete die Fensterläden nur noch nachts. Einen ganzen Sommer lang klammerte ich mich, wie ein Ertrinkender an einer Planke, an der Musik fest, denn nur so, glaubte ich, könnte ich mich an der Oberfläche halten und überleben. Im Gegensatz zum privilegierten Komponisten in Zentraleuropa, der auf der musikalischen Tradition, also auch auf den Voraussetzungen, den Möglichkeiten, die das gesellschaftliche Umfeld zur Verfügung stellt, regelrecht schwimmt, fühlte ich, abgesehen vom Bildungschaos, das mich umgab, eine tiefe Ablehnung gegenüber der Gesellschaft der Menschen (und Kinder) und erkannte in der Musik, die ich vollkommen allein entdecken mußte, den einzigen Rettungsring, wenn ich weiterleben und meinen aufrechten Gang beibehalten wollte. Aber mit welchen Grundlagen und Kenntnissen? Mit wessen Hilfe? Welcher Voraussetzung, Hörgewohnheit, ästhetischen und musikalischen Ausbildung?

Für mich war die Musik von Anfang an eine Lebensweise, die ich ganz allein erringen mußte, ohne die geringste Hilfe eines anderen: weder der Gesellschaft noch des Staates, weder der Schule noch der Familie und auch nicht der Freunde (die es nicht gab, und als es sie gab, hatten sie natürlich keine Ahnung von Musik). Warum aber gerade die Musik? Seit Argostoli empfand ich beim Hören der Chöre oder des philharmonischen Orchesters – also einer Melodie, die harmonisiert war, was letztendlich ein Werk der Kunstmusik ausmacht – eine unbegreifliche Anziehung; es durchströmte mich eine Art süßer Melancholie und manchmal eine Art Schmerz. Wenn ich an einem Gebäude, wo geprobt wurde, vorbeiging, blieb ich stehen. So verlangte ich immer drängender von meinen Eltern eine Violine. Ich wollte eine Violine haben, aber unsere finanzielle Lage erlaubte uns einen solchen Kauf nicht. Einmal erhielt ich beim Kalanda-Singen viel Geld, es reichte aber nicht mal für ein billiges Instrument. Und dabei war ich den ganzen Tag von Tür zu Tür gegangen und hatte gesungen, ständig an die Violine denkend. Meine Eltern hatten eine schlimme Grippe. Wir zählten das Geld an ihrem Bett, und als wir feststellten, daß es nicht ausreicht, fing Mutter an zu weinen, und Vater drehte seinen Kopf zur Seite, um seine Trauer vor mir zu verbergen. Da ging ich in die Geschäfte, kaufte für uns alle teure Geschenke und für mich einen richtigen Fußball zum Spielen. Ein wenig später, in Patra, verbesserte sich unsere finanzielle Lage, und ich bekam endlich die lang ersehnte erste Violine! Und es stellte sich eine ungeahnte Anziehung, Erregung und Liebe ein. So fing für mich dieses atemberaubende Abenteuer an, das die Entdeckung der Musik ist; und meine vielleicht einzige Voraussetzung war: die Musik, die ich kannte; die Neigung zur Musik – wie im Falle von Theodoromanolis, der wahrscheinlich zu den Schöpfern rizitischer Lieder und Tänze in Westkreta gehörte – und allgemein der Vorrat an Musik und künstlerischem Gefühl in der Seele und im Denken meiner Vorfahren. Von beiden Familien her. Meine Vorfahren mütterlicherseits waren künstlerisch tätig. Der Bruder meiner Mutter spielte in seiner Freizeit – er war Beamter – Klavier, Harmonium, Gitarre, komponierte Modelieder und war ein hervorragender Interpret moderner Tänze. In meiner Ballettsuite *Griechischer Karneval* verwendete ich eines seiner Themen, um ihm damit eine Freude zu bereiten. Der Pianist Antowik, Cousin meiner Mutter, hätte international Karriere machen können, wenn er nicht im bürgerlichen Sumpf von Mitilini der dreißiger Jahre untergegangen wäre. Darum war ich immer der Meinung, daß ich von meiner Mutter die künstlerische Ader und vom Vater die patriotische, kämpferische und politische Natur geerbt habe. Aber die Existenz von Theodoromanolis, dem Begründer unseres Geschlechts, eines in seiner Epoche berühmten Lyraspielers und Liedersängers, zwang mich, meine etwas mechanische, aber plausible Ansicht von den zwei Welten, die sich in meinem Innern bekämpften, zu revidieren.

Die Jazzmusik wirkte jedes Jahr anders auf mich. Am Anfang war sie der Zündstoff, der die tanzenden Paare elektrisierte. Sie hatte auch etwas Komisches an sich, diese Art der Posaunen mit ihren Glissandi oder wenn alle Trompeten zusammen gackerten wie Hühner, die Schluckauf hatten (das waren die »Synkopen«), und zugleich etwas Fröhliches, Unbeschwertes, Improvisiertes. Es war so, als würde jemand sagen: »Kinder, spielen wir einfach drauflos, was uns gerade einfällt?« Ich glaube, ich habe niemals bis jetzt nicht – das Wesen des Jazz, seine verschlungene harmonische Sprache, begriffen. Etwas Ähnliches kann man auch in der brasilianischen Musik finden. Wir haben es in beiden Fällen mit einer *Abweichung* von der klassischen Harmonie zu tun, wie sie sich besonders in den letzten drei, vier Jahrhunderten in Zentraleuropa auf der Grundlage natürlicher akustischer Gesetze herausgebildet hat. Die byzantinische Musik stützte sich auf die verschiedenen Tonleitern, um ein ausschließlich melodisches Material zu bilden und die Harmonie auf den Isokrates – das Pedal –

zu beschränken. Dasselbe geschah auch in unserer demotischen Musik, die in ihrer Gesamtheit melodisch-einstimmig ist. Zu den Ausnahmen gehören die Volkslieder aus Ipiros, in denen es eine zweite Stimme gibt, wodurch die Bildung einer Harmonie ermöglicht wird. Die Einstimmigkeit – ohne harmonische Stütze – macht somit das Wesen unserer musikalischen Tradition aus. Und so erklärt sich auch der Umstand, daß die Entdeckung der Harmonie in mir eine große Erschütterung auslöste. Sie stieß mich nackt und schutzlos in eine große unbekannte Welt – die der Kunstmusik –, wo sich mir etwas Neues und Unerklärliches eröffnete. Gab es Gesetze, und wenn ja, welche? Wesentlich aber war, daß ich, der zwölfjährige ungebildete Grieche, 1937 die neue Klangwelt erst einmal erleben mußte, eine Klangwelt, die keinerlei Beziehung zu der Tradition meiner Eltern oder zum Alltag der Provinz hatte, in der ich aufwuchs.

Die Jazzmusik gründete sich zuerst auf die klassische Harmonie, von der sie später abwich. Ich verwende bewußt das Wort »Abweichung«, weil ich glaube, daß die schwarzen Musiker ihre Musik offensiv benutzten – gegen die weiße Unterdrückung. Sie versuchten eine vollkommen eigene Sprache zu entwickeln, mit der sie sich abgrenzen und eine eigene schwarze Identität schaffen wollten. Darum stellte diese neue Identität so viele Errungenschaften der Weißen in Frage. Und in der Musik war zweifellos die größte Errungenschaft die Entdeckung der Harmonie, also der Grundlage eines jeden Werkes der Kunstmusik. Beim Jazz hat man manchmal das Gefühl, daß die zweite und dritte Stimme, die die erste begleiten, »falsch« klingen, die akustischen Regeln verletzen; daß sie die Hauptmelodie ironisieren, »verspotten«, sich über sie lustig machen; daß sie klanglich provozieren. Aber nach welchen Regeln tun sie das? Nach jenen, die die großen Klassiker der Musik durchsetzten, die allesamt, und das ist eine Tatsache, Weiße waren.

In der brasilianischen Musik kann man etwas Ähnliches beobachten. Der einzige Unterschied besteht darin, daß in ihr Poly- oder Diatonie vorherrschen. Das Lied baut sich auf einem Ton auf, auf einem anderen aber seine harmonische Begleitung. Diese Reibung macht seltsamerweise den großen Zauber der brasilianischen Musik aus. Man hat immer das Gefühl, irgendwo auszurutschen, das Gleichgewicht, das die »goldenen« Regeln vorgeben, zu verlieren. Denn letztendlich entwickeln sich die Gesetze der Harmonik in Abhängigkeit vom menschlichen Gehör. Auch die »Weißen« legten den gleichen Weg zurück, benutzten aber andere Mittel. Darum bezeichne ich als Entwicklung auch den Weg der harmonischen Sprache, die in der atonalen und polytonalen Musik mündet und die zu Klangergebnissen kommt, die denen der Jazzmusik sehr verwandt sind. Die harmonische Sprache des Jazz befand sich genauso wie die Sprache der Wiener Schule, aber auch der »Sechs« in Frankreich und der sowjetischen Schule, sowie der zeitgenössischen amerikanischen, englischen und europäischen Komponisten am Schlußpunkt dieser Entwicklung, während ich damals gerade den Buchstaben A des musikalischen Alphabets entdeckte.

Seit 1936 herrschte in unserem Land eine Diktatur. Ich persönlich bekam davon nichts mit. Wahlen, politische Bewegungen, Diktaturen, das alles fand in Athen statt, in die Provinz drang ein ferner Widerhall, den nur die Erwachsenen, und zwar die interessierten und betroffenen, registrierten. Meine Familie war bereits vor der Diktatur von der Rechten – der Volkspartei – bestraft worden. Ich weiß nicht, was Vater zu dieser Zeit dachte, aber weil ich klein war, gefangen und eingeschlossen in meiner eigenen Welt, sprach er über diese Dinge niemals mit mir. Was Regierung, Partei, Wahlen bedeuteten, davon hatten weder ich noch die gleichaltrigen Kinder eine Ahnung. Wir kannten die Behörden der Gegend, den Klerus, den Gendarmen; die Vertreter der Staatsmacht empfanden wir als notwendige Ordnungshüter. Genauso akzeptierten wir die großen und schönen Häuser mit den reichen Möbeln im Zentrum der Stadt und die Lehmhütten in Vierteln ohne Straßen, elektrisches Licht und fließendes Wasser. Ein jeder nahm sein Schicksal an. Nur daß der Staatsbeamte nicht das Recht hatte, seine finanziellen Probleme öffentlich kundzutun. Heimlich traf Vater den Gendarmen, der aus dem gleichen Dorf stammte wie er, um die monatliche Geldanleihe in Empfang zu nehmen, und genauso heimlich, wenigstens vor mir, schloß er sich ins Wohnzimmer ein, um die Ausgaben auf die Drachme genau auszurechnen. Jetzt begreife ich, daß die Meinen terrorisiert wurden. Sie zitterten bereits bei dem Gedanken, daß die rachsüchtige Staatsmacht sie noch tiefer, unter dieses Existenzminimum von monatlich viertausend Drachmen, fallen lassen würde; sie ernährten immerhin zwei Kinder und zwei Großmütter, so daß der Hunger uns ständig auflauerte. 1936, kurz vor der Diktatur, gab es wieder einen kleinen Machtwechsel in Athen, und wir kehrten nach Ianena zurück. Wir nahmen keine Möbel mit, mieteten kein Haus, sondern wohnten im Hotel »Averof«, dort, wo sich heute der zentrale Platz der Stadt befindet. Eine günstige Versetzung, die wir aber nur wenige Monate genießen konnten. Die Metaxas-Diktatur schickte uns nach Argostoli zurück, und während wir auf das Schlimmste gefaßt waren, kam der Bescheid, daß Vater nach Patra versetzt werde. Vielleicht war der Posten gerade frei geworden. Vielleicht reichten die vier Jahre in Kefalonia. Vielleicht mochte ein höhere Beamter im Ministerium meinen Vater. Ich weiß es nicht. Ich weiß nur, daß die Versetzung nach Patra für uns etwas Gutes bedeutete. Das Gehalt stieg auf siebentausend Drachmen, und die Präfektur von Patra verfügte über Gelder für Projekte außerhalb der Stadt, so daß Vater bedeutende Gehaltszulagen erhielt, wenn er im äußerst gebirgigen Achaia-Distrikt in die Berge und Dörfer ging, um zu arbeiten.

Noch bevor wir Argostoli verließen, sah ich den Diktator. Eines Mittags sagte jemand: »Metaxas ißt in der Gaststätte.« Davor wartete der kleine Jeep auf ihn. Ich kannte den Chauffeur und fing ein Gespräch mit ihm an. Metaxas kam aus der Gaststätte mit einer erstaunlich kleinen Begleitung. Er stattete seinem Dorf einen Privatbesuch ab. Ich glaube, das Dorf hieß Metaxata. Wie denn sonst? Er war sehr klein, rosarot im Gesicht, trug eine dicke Brille. Gut gelaunt und ruhig. Er kletterte in den Wagen und machte es sich auf dem hinteren Sitz bequem, um das Essen zu verdauen. Ein alter Bettler näherte sich ihm, griff nach seiner Hand und küßte sie. Metaxas, ganz ruhig, ohne böse zu werden, gab ihm eine Ohrfeige, so kräftig, daß der Alte das Gleichgewicht verlor und auf die Straße stürzte. Die Gendarmen, begeistert von der Tat ihres Chefs, rannten zum Alten, um ihn an den Händen zu packen und von der Straße zu schleifen, während der Jeep mit seiner glücklichen und scheinbar fröhlichen Gesellschaft losfuhr. Wenig später saß unsere Familie im gleichen Auto, das uns von der Stadt der Lebenden in die Stadt der Toten und von dort, am Fuße des stolzen Ainos vorbei, nach Sami brachte.

Patra
1937-1939

Patra war die Stadt. Und die Stadt atmet, schläft, erwacht, zieht den Mantel an, hält den Regenschirm über den Kopf, läßt im Sommer am Strand ihre Hüllen fallen. Im Juni 1937 war es sehr heiß, und die Leute gingen abends auf den Uferstraßen spazieren. Auf der Hauptpromenade, die in einen kleinen runden Platz mitten im Hafen mündete, erhob sich der Leuchtturm, und unten, um ihn herum, hatte man eine Konditorei gebaut. Wenn man dort saß, glitten, nur zwei Schritt entfernt, die Passagierschiffe so langsam vorbei, daß man die Reisenden in ihren Kabinen erkennen konnte. Meine Familie mietete ein Zimmer in einem Hotel auf der König-Georg-Straße am Kai. Ich mußte jeden Tag lernen, um die Aufnahmeprüfung fürs Gymnasium zu bestehen. Diese ernsthafte Beschäftigung nahm meine ganze Zeit in Anspruch. Zugleich bewunderte ich die Stadt, denn ich entdeckte ständig neue Straßen, Plätze, Gärten, Wäldchen, Betriebe, Wohnviertel. Endlose, gerade Straßen, parallel, horizontal und vertikal, geometrisch genau angeordnet, daß man den Eindruck gewann, Mitglied einer höheren Gesellschaft zu sein, die die Kraft besaß, ihre eigene Ordnung aus der Anordnung und aus dem Aussehen der Häuser zu gestalten. So mußten die Häuser im unteren Stadtteil unbedingt über Arkaden verfügen, die im Sommer Schatten spendeten und im Winter vor Regen schützten. Wo mochte das allmächtige Hirn dieser Gesellschaft residieren, das den Gang der Stadt bestimmte, als wäre sie eine Uhr?

In Patra gab es viele Autos. Taxis, Autobusse, Lastkraftwagen. Und natürlich Pferdewagen und Karren. Oft erklang das Pfeifen des Zuges, der aus Pirgos oder Athen kam, und kündigte den Reisenden und Gepäckträgern die Abfahrt an. Nach einem Monat mieteten meine Eltern das erste Stockwerk eines weißen

Einfamilienhauses mit kleinem Garten an der Ecke Asimakis Fotilas- und Londosstraße, neben dem Vudplatz in der oberen Stadt. Das Haus grenzte auf der einen Seite an die Textilfabrik »Veso« und auf der anderen an die riesige Taverne eines Italieners. Ich erkundete von den Fenstern und Balkonen aus die Nachbarschaft. Abends sah ich die Kinder, Jungen und Mädchen zusammen – das gab es in Argostoli nicht – auf der Straße spielen oder, um einen Elektrizitätsmast sitzend, sich unterhalten. Ich blieb zu Hause, weil ich niemanden kannte. Ich las den ganzen Tag, ging auf die Terrasse, besprengte meinen Körper mit Wasser, sonnte mich oder spielte mit meinem Bruder, der jetzt fünf Jahre alt war. Abends begleitete ich oft meine Eltern auf ihren Spaziergängen, hinauf zum Hügel oder am Ufer entlang, zum Eisessen. Einmal in der Woche gingen wir ins Freilichtkino. Damals waren gerade die Musicals aus Hollywood große Mode, mit Martha Eggerth und Jan Kiepura – ich glaube, sie spielten auch in den ebenfalls sehr erfolgreichen deutschen Musikfilmen – sowie Deanna Durbin, Mickey Rooney und Shirley Temple. Vor Filmbeginn und in den Pausen hörten wir aus den Lautsprechern griechische Lieder mit Danai, Sofia Vembo und Kakia Mendri. Lieder von Attik hörte ich erstmals 1936 im Kino von Ianena, und ich erinnere mich, daß die Mohnblume mich sehr beeindruckte, tagelang summte die Melodie in meinen Ohren.

Vater verdiente jetzt gut, und die Partys und Tanzabende begannen von neuem in unserem Haus, das, wie in Ianena, geräumig war, mit seinen Schlafzimmern, der großen Küche, dem Speisezimmer und den Salons. Wenn wir einen Tanzabend veranstalteten, öffneten wir die Türen, die die Zimmer trennten, und hatten dadurch einen großen Saal, so daß den Paaren genügend Platz für ihre Tanzfiguren und die verrückten Nummern beim Charleston blieb. Ich gab wieder den Ton an, wechselte die Schallplatten und zog das Grammophon auf, das zu neuen Ehren kam.

Noch bevor wir uns völlig eingerichtet hatten, nahm mich Mutter zur Siedlung mit, um Landsleute aus Tschesme ausfindig zu machen. Die Emigranten saßen in den winzigen Gärten voller Blumentöpfe vor ihren Lehmhäusern, die von frischer Asbestfarbe leuchteten, beobachteten jede unserer Bewegungen und kommentierten unser Kommen. Meine Mutter, bürgerlich gekleidet, mit Hut, Schleier und modischen Schuhen. Ich, sauber, mit kurzer blauer Hose, weißem Hemd und braunen Sandalen. Sicher fragten sich die Emigranten, von denen viele der Männer Pluderhosen und viele der Frauen schwarze Kopftücher trugen: »Was suchen diese Reichen in unserem Machala? Haben sie sich verlaufen? Oder sind sie gekommen, um sich über unsere Armut lustig zu machen?« Wir blieben vor einem Haus stehen. Mutter fragte: »Ich suche irgendeine Familie aus Tschesme. Wissen Sie, auch ich bin Emigrant. Mein Geburtsname ist Pulaki. Aspasia Pulaki.« Als sie begriffen, daß wir Emigranten waren, änderten sie sofort ihre Haltung. Sie brachten uns Stühle, boten uns Wasser und Süßigkeiten an. Von einem Haus zum anderen erscholl der Ruf: »Es sind unsere! Aus Tschesme! Sag Frau Rini Bescheid!« Bald kam die Frau aus Tschesme mit ihrem Mann, dessen Pluderhose mal nach rechts und mal nach links schlug. Frau Rini und Meister Nikolas waren in Tschesme Nachbarn meiner Mutter gewesen, so alt wie meine Großeltern. Ihre Kinder, zwei Söhne, starben bei Sangario als Soldaten der griechischen Armee, von der sie rekrutiert worden waren. Meine Mutter, Frau Rini und Herr Nikolas fielen sich in die Arme. Sie weinten, und das Weinen ergriff schnell auch die anderen schwarzbetuchten Frauen. Bald beruhigte sich der Schmerz, die bitteren Erinnerungen verflogen, und man begann sich auszufragen. »Die Frau des Direktors der Präfektur!« sagten alle voller Bewunderung und streichelten meine Mutter. So wuchs unsere Beziehung zu der Siedlung, und es verging kaum eine Woche, in der wir nicht das ärmliche Haus von Frau Rini aufsuchten. Während eines Essens, das wir zu Hause gaben, sprach Mutter beim Kaffee mit dem Bürgermeister, Herrn Rufos, der Meister Nikolas daraufhin als Straßenkehrer einstellte. Mit der Zeit verschaffte meine Mutter, die ihre Position ausnutzte, verschiedenen Leuten aus der Siedlung eine Anstellung. Die meisten Emigrantenfamilien standen vor dem Problem der Arbeitslosigkeit und damit des Überlebens. Sie hielten sich durch Gelegenheitsarbeiten oder durch die Hilfe des Nachbarn über Wasser.

So erfuhr ich durch meine Mutter, daß wir Fremde waren. Bis

ins hohe Alter hinein blieb sie ihrer »gelobten Erde« treu. Sie lebte sich nie im alten Griechenland ein – wie sie es nannte. In Galata auf Kreta erkannten die Bettler, die Kinder von Emigranten, sehr schnell ihre schwache Stelle und kamen aus allen Ecken der Insel ins Dorf. Sie gab ihnen alles. Bis nichts mehr übrig war von den Kleidern, Stoffen, Teppichen, kleinen Möbelstücken, Bildern, Vasen. Dasselbe geschah in Patra. Sie stopfte alles mögliche in eine große Stofftasche: Speise, Kleidung, Schuhe, und wir brachten es jede Woche in die Siedlung. Obwohl die soziale Stellung unserer Familie Mutter verpflichtete, mit Damen aus der gleichen Gesellschaftsschicht zu verkehren, wählte sie ihre wirklichen Freundinnen unter den Emigrantenfrauen aus. Und es war lustig, wenn sich auf der Treppe unseres Hauses der Bürgermeister, der gerade kam, und der Straßenkehrer, der gerade ging, trafen. Der eine mit Pluderhosen, der andere mit einem Anzug der allerneusten europäischen Mode. Vergeblich versuchte Vater, sie über ihren Umgang zu belehren. Sie gab stets dieselbe Antwort: »Das sind die Meinen. Sie sind aus der gleichen Gegend wie wir.« – »Und was ist hier?« – »Hier sind wir in der Fremde . . .« Aber auch Vater fühlte sich halb als Fremder, obwohl er es sich nicht eingestand. Besonders auf Peloponnes herrschte ein fanatischer Antivenizelismus und damit eine Antipathie gegenüber allen Kretern. Die Auseinandersetzung zwischen den Liberalen und der Volkspartei hatte tiefe Spuren hinterlassen. Und jetzt unter Metaxas war man als Kreter ohnehin äußerst verdächtig.

Ich fühlte mich – in all den Jahren – dreifach fremd. Als Provinzler, Emigrant und Kreter. Sehr bald würde mich noch etwas anderes von den übrigen unterscheiden: meine besonders in jener Zeit und für mein Alter ungewöhnliche Größe! Meine körperlichen Proportionen veränderten sich grundlegend seit der achten Klasse, also seit meinem dreizehnten Lebensjahr. Je größer ich wurde, desto mehr nahm ich ab. Ich muß ein sehr komisches Bild abgegeben haben, so daß mich alle, sobald ich auftauchte, auslachten oder anstarrten, als wäre ich vom Mond gefallen. Aber trotzdem, diese zwei Jahre in Patra kann ich als Zeit der Unbekümmertheit charakterisieren, vielleicht war es mein Staunen über die Stadt, vielleicht des Vaters gutes Gehalt, das uns erlaubte, etwas großzügiger zu leben, vielleicht mein Alter, die Prüfungen, der sich anschließende Gymnasiumsbesuch.

Ich legte die Prüfungen ab und kam in die sogenannte Mittelschule, das sechsklassige Gymnasium. Die Schulgebäude, gerade erbaut, befanden sich in der Nähe unseres Hauses. Außer den großen und hellen Räumen verfügte die Schule auch über für damalige Verhältnisse ideale Sportanlagen. Unser Sportlehrer, Herr Panagopulos, gehörte zu den guten Pädagogen. Außer mit Gymnastik beschäftigten wir uns jeden Tag mit klassischen Sportarten, mit Volley- und Basketball. In der zweiten Klasse des Gymnasiums, als alle Schüler in die EON eintreten mußten, übten wir in der Uniform der Metaxas-Jugend eine neue Art von Gymnastik: marschieren. Auch hierbei angeleitet von Herrn Panagopulos, der sogar einen Dienstgrad bekommen hatte. Darin erschöpfte sich der ganze Unterricht in »Nationaler Erziehung«, wie er genannt wurde. Möglich, daß auch eine Rede gehalten wurde, aber wir in unserer Klasse interessierten uns nicht für so was. Wenn die Jugendlichen heute den Begriff »Metaxas-Jugend« hören, denken sie an die politischen Jugendverbände, wie sie sich seit der EPON herausgebildet haben. Aber die EON war eine Organisation mit zwei wesentlichen Merkmalen: der Uniform und dem faschistischen Gruß. Wir dürfen nicht vergessen, daß Hitler und Mussolini von einer großen Anzahl Griechen als bedeutende Persönlichkeiten akzeptiert und verehrt wurden. Deutschland war in den Augen vieler ein »sozialistisches« Land! Daß es sich zudem die Bezeichnung »national« gab, verlieh ihm einen noch größeren Reiz! Und als Hitler unser Land überfiel, waren fünfzig Prozent der Leute deutschlandfreundlich.

In keiner Klasse waren mehr als zwanzig Schüler. So konnten die Lehrer nicht nur richtig lehren, sondern sich auch mit uns unterhalten, was uns sehr half: Die Schule verkam nicht zu einer Zwangsanstalt. Das Lernen machte mir Freude. Und ebenso meinen Mitschülern. Wie findet man in diesem Alter Freunde? Ich hatte bald zwei gefunden; Tilemachos, Nikos und ich waren unzertrennlich, in der Schule, während der Pausen, bei den Sportspielen und vor allem in unserer Freizeit, an den Wochenenden. Wir liefen zum Hügel, der sich über der Stadt erhob, am Sonntagvormittag, danach der obligatorische Kirchenbesuch, abends die endlosen Spaziergänge. Nach einiger Zeit ging auch ich in die Nachbarschaft und spielte mit den Kindern. Straßenfußball, stundenweises Fahren auf gemietetem Rad, Verstecken mit Varvara, der Tochter des Italieners, auf die wir uns alle stürzten, um ihr unter den Rock zu fassen, abends Gruppensingen unter dem Mast mit der elektrischen Laterne. *Hartes Herz*, *Alte Nachbarschaft*, die großen Erfolge jener Zeit, wieviel tausendmal gesungen in den Vierteln von Patra und später in Pirgos, Tripolis, Athen. Wir gründeten einen Schülerklub, um gemeinsame Ausflüge zu organisieren, und verfaßten ein Statut mit Teilnahmebedingungen und Verhaltensregeln. Hatten wir Mittwoch und samstagnachmittags nichts zu tun, gingen wir aus der Stadt hinaus, zu den grünen Hügeln am Fuße des Berges Panachaikos. Dort spielten, musizierten und unterhielten wir uns. Wir entdeckten die Mundharmonika »Hohner« und gründeten ein kleines Orchester. Die großen Erfolge auf der Mundharmonika waren zweifellos Paloma (»Wenn ich fort von dir gehe, Mutter, in die Fremde«) und *Grüß dich, Dimitrula.* Im Sommer wohnten wir in Ities, im Holzhaus »Folea«, das uns Herr Pandasis, Vorsitzender der Ratskammer und Freund meines Vaters, zweimal im Jahr zur Verfügung stellte. Es lag direkt am Meer, in das wir morgens hineingingen und aus dem wir abends herauskamen.

Schließlich die Musik. Zuerst das Musiklehrbuch mit dieser seltsamen Schrift, den Notenzeilen ... Während Dmitri Schostakowitschs Mutters, wie sie selbst schreibt, ihren Sohn mit neun zum Klavierunterricht gab, der mit zwölf Schüler von Glasunow wurde, sah ein zukünftiger griechischer Komponist mit zwölf Jahren zum erstenmal in seinem Leben gedruckte Noten. Dann gab es noch den Schulchor von Herrn Papavasiliu, dem Musiklehrer. Gleich am ersten Tag wurde ich Mitglied. Ich sang zusammen mit anderen die erste Stimme. Der Chor führte einige Werke vierstimmig auf! Jeden Morgen versammelten sich alle Schüler des Gymnasiums auf den Fluren zum Morgengebet. Zum Glück war es eine Komposition von Joseph Haydn: »Zu dir, mein Schöpfer und mein Gott, erhebe ich mit Herz und Verstand die heiße Bitte«, dann kam mein Solo: »Vater, wirf auf deine Geschöpfe einen segnenden Blick ...« Diese zwei Wendungen versüßten mir jeden Morgen den Schultag. Manchmal wurde ich ins Lehrerzimmer gerufen, um diese Melodien vorzusingen. Wahrscheinlich sang ich mit sehr viel Gefühl. Ich hatte eine gute Stimme, die sich langsam veränderte und die sich später verlor. Hinzu kam der Kauf der Violine. Vielleicht wollte Herr Papavasiliu aus finanziellen Gründen eine Violine verkaufen. Auf jeden Fall überzeugte er meine Eltern davon, daß ich Talent hatte. Und schließlich, der Höhepunkt aller Wunder jener Zeit: Ich schrieb mich in die Violinklasse des Konservatoriums von Patra ein und begann mit dem theoretischen Unterricht bei Herrn Sinuris. Darum glaube ich, daß Patra für mich die große Entscheidung brachte, denn seither bin ich der Musik treu geblieben.

In Ities, auf der Veranda des Ferienhauses, gab ich mein erstes Konzert. Ich spielte Violine mit einem Mitschüler aus dem Konservatorium, sang anschließend mit meiner Mutter, und von den Einnahmen kaufte ich vier gasgefüllte Blechkanister, Bretter, Nägel, Seile und konstruierte ein herrliches Floß. Ich entwendete noch ein Laken und segelte in die Bucht von Patra, hinaus aufs Meer, das meine andere große Liebe neben der Musik war.

Die Chorlieder des Gymnasiums teilten sich in zwei Gruppen: Lieder griechischer Komponisten, besonders von Kalomiris, im demotischen Stil, und klassische Lieder von Beethoven, Mozart, Haydn, Verdi und anderen. Das war meine erste Begegnung mit Werken der Kunstmusik. Im Notenbuch für Mundharmonika fanden sich ebenfalls verschiedene klassische Stücke für zwei oder drei Stimmen. Das Wiegenlied von Brahms und ein Lied von Beethoven (»Komm, die Nacht wartet auf jede schmerzende Brust«), das, wie ich später feststellte, eine Bearbeitung des zweiten Satzes der Apassionata war, hinterließen einen tiefen Eindruck in mir. Ebenso die seitdem unvergessenen Melodien der *Serenade* von Schubert und *Hoffmanns Märchen*, die mich stets in Erregung versetzten. Aber ein sinfonisches Werk hörte ich zum erstenmal 1942, fünf Jahre später, im Kino: in einem deutschen Musikfilm mit dem Titel *Die Neunte von Beethoven*. Aus dieser Zeit sind zwei Musikhefte übriggeblieben. Meine ersten Versuche, Musik zu schreiben. Warum? Was trieb mich? Nicht nur die

Notwendigkeit, unserem kleinen Mundharmonikaorchester ein Repertoire zu geben. Da war mehr. Ein Bedürfnis und ein Genuß. Ich schrieb einfach meine paar Noten auf, um Klänge entstehen zu lassen. Ich schuf aus dem Nichts ein kleine Welt aus Klängen. Das begeisterte mich. Ich hatte damals ein eigenes Motiv für Violine komponiert, das ich immer spielte, wenn unter meinem Fenster das Mädchen aus der Nachbarschaft vorbeilief, in das ich mich verliebt hatte. Ich wünschte sehr, daß sie diese Melodie hörte. Vor allem diese. Ich wartete also am Fenster und fiedelte los, sobald ich sie erblickte. Das geschah jeden Tag. Da ich niemals wagte, sie anzusprechen, ja, ihr auf der Straße zu begegnen, war das die einzige Art, mit der ich ihr gesagt habe, daß ich sie liebte.

Vor mir liegt das erste Musikheft mit dem Datum 1937. Auf den ersten Seiten abgeschriebene Solfeggien-Übungen. Dann ein byzantinischer Text, »Die drei großen Lichter, die dreisonnige Gottheit . . .«, der deutlich macht, daß wir entweder in der Schule oder in der Kirche byzantinische Troparien gesungen haben. Es folgt eine Seite, auf der mit großen Buchstaben steht: »Liedauswahl, komponiert von Mich. G. Theodorakis.« Das erste Lied ist »Nr. 1 Romanze B für Harmonika«. Das zweite »Nr. 1 Romanze A« mit der französischen Unterschrift Michel Theodorakis. Dann kommt ein satirisches Lied, das ich auf den Französischlehrer geschrieben hatte. Die anderen Seiten sind mit einer Schere herausgeschnitten worden. Ein Jahr später faßte ich meine ersten eigenen Lieder »ZU RELIGION UND HEIMAT« wiederum in einem kleinen Notenheft zusammen.

Diese ersten Kompositionen offenbaren meine Schwierigkeiten mit der Niederschrift, besonders mit der richtigen rhythmischen Formulierung. Ich hatte gerade mit dem Solfeggien-Unterricht im Konservatorium und im Gymnasium begonnen. Die ersten Stunden auf der Violine bestehen bekanntlich nur aus stupiden und langweiligen Übungen und haben nichts mit dem zu tun, was wir Musik nennen. Darum bin ich wahrscheinlich weder Geiger noch später Pianist geworden. Ich beeilte mich, »Musik zu machen«, und hatte keine Geduld, mich tagtäglich viele Stunden lang mit den notwendigen technischen Übungen zu befassen. Sobald ich die Violine in die Hand nahm, versuchte ich zu üben, aber kaum hörte ich den ersten Ton, überschwemmten musikalische Einfälle meinen Kopf, und ich begann zu improvisieren. Dasselbe geschah später auf dem Klavier. Natürlich dachte ich damals keinen Augenblick daran, das Komponieren beruflich zu betreiben. Wir wußten ja nicht mal, daß es einen solchen Beruf gab. Oder solch eine Beschäftigung. Weil wir mittags und abends nach dem Essen immer am Tisch sangen, egal ob wir allein waren oder Besuch hatten, begann ich mit der Zeit, meine eigenen Lieder vorzustellen. Meine Eltern sagten dazu nichts. Vielleicht beschäftigte sie dieser Umstand insgeheim. Wenn ich aber dabei war, taten sie so, als sei es das Selbstverständlichste auf der Welt, daß jedes Kind in jeder Familie nach dem Essen ein neues Lied vorstellt.

Pirgos
1939-1940

Im Sommer 1939 wurde mein Vater nach Pirgos versetzt. Ein ungünstiger Wechsel, sowohl hinsichtlich des Gehalts als auch, was die Bedeutung des Beamtenpostens betraf. Obwohl er sich ganz den beruflichen Verpflichtungen gewidmet hatte, die er sehr korrekt erfüllte, und trotz seiner Abneigung gegen jedwedes Politisieren – eingedenk der katastrophalen Folgen des politischen Pathos seines Vaters für dessen Familie –, war es ihm wahrscheinlich nicht gelungen, die wachen Hüter der Diktatur zu besänftigen, für die ohnehin die Existenz eines bekannten Venizelos-Anhängers aus Kreta auf solch hohem Posten wie dem von Patra eine Beleidigung ihrer nationalen Gefühle darstellte. Die Präfektur von Pirgos gehörte zur zweiten Kategorie. Und dieser Degradierung fiel alles zum Opfer: das Haus, in dem wir wohnten, das Essen, die Kleidung, das Vergnügen, also die Konditoreibesuche und die Feiern zu Hause. Das schlimmste für mich war, daß wir im Sommer umzogen, also während der Ferienzeit, wenn man als Jugendlicher nur sehr schwer neue Freunde finden kann. Und als wir unseren ersten Spaziergang auf dem Hauptplatz der Stadt machten, verschlug es den Einwohnern von Pirgos angesichts dieses Phänomens die Sprache: Ich ging zwischen meinen Eltern, eins neunzig groß und siebzig Kilo schwer, also Haut und Knochen. Die Nachricht, daß ich aus Patra kam, verbreitete sich schnell in den Seitenstraßen rings um den Platz, was für jeden Pirgioten, der etwas auf sich hielt, bedeutete, ich sei etwas Abscheulicheres als ein Leprakranker und Verbrecher zusammen. Das Haus, das wir gemietet hatten, stand etwas unterhalb des Platzes. Als ich am nächsten Tag aus dem Haus ging, um die Stadt zu erkunden, hörte ich plötzlich einen riesigen Krach: Alle Kinder aus der Nachbarschaft saßen auf dem Abhang des Platzes, schlugen Kanister gegeneinander, bewarfen mich mit Steinen und riefen dazu mit viel Lokalpatriotismus in der Stimme: »Patrinos, raus!« Ich wendete meinen Blick zum Fahrradgeschäft SOFOS, von wo einige Erwachsene herübersahen, von denen ich mir Hilfe erhoffte. Aber mit Entsetzen stellte ich fest, daß sie den Pogrom als etwas sehr Normales empfanden; ich hatte eben als »Patrinos« nichts auf der heiligen Erde von Pirgos zu suchen. Was sollte ich tun? Ich kehrte um, ging ins Haus, schloß mich in mein Zimmer ein, um erst wieder in Begleitung meines Vaters zum Gymnasium zu gehen. Also etwa Mitte September. Unsere Wohnung im ersten Stock eines Einfamilienhauses teilte ein schmaler Gang: rechts der Salon, das Schlafzimmer meiner Eltern und die Küche mit der Toilette (das gehörte damals zusammen). Links das Speisezimmer, mein Schlafzimmer, dann das meines Bruders und das des Dienstmädchens. Die beiden Fenster in meinem Eckzimmer gingen nach Südosten. Mir gegenüber wohnten die schöne Titika und der reiche »Kommunist«, ich glaube, er hieß Papanastasiu. Vielleicht verdankte er die Bezeichnung »Kommunist« dem Lied *Der Wolgaschiffer*, das oft aus seinem Garten erklang, gesungen im Chor und mit Gitarrenbegleitung. In meinem Zimmer stand außer dem Bett ein Tisch, den ich als Schreibtisch benutzte und auf dem immer Briefmarken lagen.

Ich litt unter dem Eingeschlossensein und unter der Hitze. Meine Eltern und mein Bruder fuhren fast jeden Morgen mit der Stadtbahn nach Katakolo zum Baden. Ohne mich. Erst gegen Abend öffnete ich die Fensterläden ein wenig, um von weitem die Leute zu beobachten, und nachts sperrte ich die Läden weit auf, um das weltfremde Licht der Sterne hereinzulassen. Oft machten die jungen Leute vor unserem Balkon halt, um ein Ständchen zu singen. Vom übernächsten Zimmer sah ihnen die fünfzehnjährige Andriani heimlich durch die Fensterläden zu. Sie war schön, hatte dunkles Haar, rote Wangen, rosige Haut und tiefschwarze Augen. Eines Nachts, als alle anderen schliefen, kam sie in mein Zimmer, blieb vor dem offenen Fenster stehen und begann ihre langen schwarzen Haare zu kämmen. Ich lag in meinem Bett und starrte sie mit aufgerissenen Augen an. Mein Atem ging immer schneller, und meinen Körper durchströmte ein neues Gefühl, das mich zum erstenmal beherrschte: die Sehnsucht. Ich glaubte, ganz still sein zu müssen. Was hätte ich auch tun sollen? Vor allem aber wollte ich verhindern, daß Andriani erfuhr, was in meinem Innern vorging. Sie ist die Unschuld in Person, dachte ich, und dich plagt der Teufel, reiß dich zusammen, daß sie nichts mitkriegt! Ich tat so, als schliefe ich, und dabei war alles in mir in Aufruhr; Augen, Sinne, mein ganzer Körper bewegte sich auf sie zu, ich wollte das wellige Haar küssen, den zarten Körper, der unter dem durchsichtigen Nachtkleid hervortrat, umarmen. Andriani half mir dabei, sie achtete nicht auf mich. Sie schaute aus dem Fenster, als würde sie mich nicht sehen, als glaubte sie, ich schliefe. Nachdem sie fast eine halbe Stunde am Fenster gestanden hatte, verschwand sie genauso lautlos, wie sie hereingekommen war. Eines Nachts spielte sie die Verblüffte, als sie entdeckte, daß ich nicht schlief. »Warum schläfst du nicht?« fragte sie und setzte sich auf den Rand meines Bettes. Sie fühlte bestimmt meine Erregung, meinen zitternden Körper. Sie berührte mich flüchtig, unmerklich, wie aus Versehen, mal hier, mal da, stand plötzlich auf und ging. Andriani suchte auch das Zimmer von Jannis auf, der damals sieben Jahre alt war. Wie mir mein Bruder später erzählte, verhielt sie sich ihm gegenüber noch direkter. Sie zog ihn aus und streichelte ihn. Manchmal legte sie sich nackt neben ihn. Nachdem die schöne Andriani bei uns ihren Appetit angeregt hatte und wir, vergehend vor Sehnsucht, mehr schlecht als recht einschliefen, rannte sie zur Wendeltreppe gegenüber der Küche, ließ eine Strickleiter hinab und huschte ins Haus mit den russischen Liedern. Sie vergnügte sich in jeder Hinsicht. Später, als ich mich mit den Kindern der Nachbarschaft angefreundet hatte, erfuhr ich von ihren nächtlichen Abenteuern. Das gab mir den Mut, mich ihr gegenüber anders zu verhalten. Wie weggeblasen waren Scham, Schüchternheit und die Angst, sie zu verletzen. Meine Mutter machte ihre Einkäufe oder besuchte gerade jemanden. Jannis spielte draußen mit seinen Freunden. Andriani bügelte, stopfte oder langweilte sich. Ich sagte zu ihr: »Mach mir Brot mit Öl«, und im Augenblick, da sie zur Küche gehen wollte, stürzte ich mich auf sie. Sie stöhnte, rang mit mir, um zu entkommen. Ich warf sie auf den Fußboden, hob ihr den Rock hoch, zerriß ihre

Bluse, und je mehr sie schrie, um so brutaler reagierte ich. Ich schlug sie mit all meiner Kraft, und sie zahlte es mir mit gleicher Münze heim. Wir wälzten uns auf der Erde wie wilde Tiere. Unter dem Tisch, dem Bett, den Stühlen. Wir bluteten. Ich weiß immer noch nicht genau, ob das ein erotisches Spiel war oder ein urzeitlicher tierischer Kampf, der ein erotisches Spiel in sich barg. Ich erinnere mich nur, daß sie eines Tages, als sie bügelte und mich schon erregt kommen sah, langsam ihren Schlüpfer auszog, sich auf den Bauch legte und mir ihren Hintern entgegenstreckte. So wartete sie geduldig. Ich blieb völlig entgeistert stehen. Das war eine ganz neue Situation, die ich zwar verstand, der ich aber nicht gewachsen war. Die andere Andriani, die widerspenstige, war mir lieber, während sich diese hier wie ein kleines Tier verhielt, dem man Befehle gab, die es befolgte. Ich stand auf und ging fort, und seitdem war die Sehnsucht, die ich in mir gespürt hatte, wie weggeblasen. Außerdem kamen bald darauf ihr Vater und ihre Brüder. Andriani hatte ihnen von ihren nächtlichen Besuchen erzählt, und ihre Angehörigen waren entschlossen, sie mit dem »Kommunisten« zu verheiraten. Doch er kam aus einer bürgerlichen Familie, die unter keinen Umständen eine Bäuerin, die noch dazu als Dienstmagd arbeitete, als Braut akzeptierte. Es kam zu einem Prozeß. Mehr als zehn gekaufte Zeugen schworen, mit Andriani eine sexuelle Beziehung gehabt zu haben. Und der einzige Zeuge, der sie unterstützte, mein Vater, wurde vom Verteidiger des Angeklagten mit der Bemerkung abgefertigt: »Zu den zahlreichen Liebhabern der Klägerin gehörte ja auch der Sohn des Zeugen.« Also ich. Kampf ja. Aber sexuelle Beziehungen? Wenn sich Andriani nicht gerade vor dem Spiegel kämmte oder jene wilden und erschöpfenden Kämpfe mit mir austrug, war sie meine Muse und mein Publikum.

In der Zeit jener endlosen Einsamkeit waren die Musik und die Violine mein einziger Halt. Ich komponierte, spielte und sang den ganzen Tag. Ich entdeckte viele Dinge. An erster Stelle die Tonleitern. Dann die Alterationen. Ich verbesserte meine Kenntnisse der Notenschrift, vor allem in rhythmischer Hinsicht. Ich begann für Solo-Violine zu komponieren, vertonte weiterhin Gedichte, die ich in unserer Bibliothek und in den Schulbüchern fand, und komponierte meinen ersten Tango, das Lied Verschwinde, Trauer, das während unserer Familienkonzerte große Erfolge feierte. Ich spielte aber nicht nur für Andriani. Ich entdeckte Titika mit den seltsam dunkelblauen, vielleicht auch grünen Augen. Wie sollte man das aber auch genau erkennen? Ihr Fenster lag meinem genau gegenüber, etwas tiefer, aber fast dreißig Meter entfernt. Dort saß sie stundenlang. Ich hatte mich in sie verliebt, wie in das unbekannte Mädchen aus Patra, und spielte ihr mit Leidenschaft meine neuen Kompositionen vor. Zu den vielleicht schönsten Melodien jener Zeit zählt das Lied *Zerstörte Kapelle*, das ich auf ein Gedicht von Georgios Drosinis gemacht hatte.

In Pirgos begann ich, die Violine wie eine Mandoline zu spielen. Das half mir beim Musikstudium, besonders beim Herausfinden von Tonleitern und beim zweistimmigen Komponieren, ich sang die eine Stimme und spielte die andere. Den Bogen nahm ich für die Walzer. So zum Beispiel für den *Walzer der Nacht* (genau 147 Takte), den *Walzer des Karnevals*, den *Walzer Trioletto* (gewidmet meinem Vater, komponiert 1939), den *Walzer Nr.* 4 und den Walzer *Die erste Auferstehung*. Das »Duett für Violine« aus dem *Walzer der Auferstehung*. Außer den Walzern finde ich in meinen Papieren eine *Serenata* sowie ein *Duetto Nr. 1* (Werk für Violinen). Die Musik bestimmte mein Leben in immer größerem Maße. Dieser Sommer meiner ersten freiwilligen Selbsteinsperrung öffnete mir den Weg zur Musik, was mir damals natürlich nicht bewußt war.

Ab Mitte September besuchte ich das Gymnasium und das Konservatorium. Dort lernte ich Jugendliche meines Alters kennen. Die dritte Klasse des Gymnasiums war für mich von Bedeutung. Ich mußte mich stärker anstrengen, was ich gern tat, weil mich die Unterrichtsfächer interessierten. Mehr und mehr begeisterte mich Mathematik.

Im Nachbarhaus wohnte die Familie Malevitis. Dort versammelten sich viele Jungen und Mädchen, die einen für damalige Verhältnisse ausgezeichneten Chor bildeten. Es wurde alles mögliche gesungen. Aber am besten klangen die bekannten deutschen Balladen und Lieder von Schubert und anderen. Das Lied *Am*

Brunnen vor dem Tore war unsere Nationalhymne. Noch beliebter war das Lied *Drei Freunde gingen fort*, das von der Tochter eines Gastwirtes erzählt, die, obwohl sie gestorben ist, gesucht wird, um den drei Freunden den weißen Rheinwein einzuschenken. Auch in Pirgos gründeten wir einen Klub für Wanderungen und Weiterbildung. Ich glaube, daß die Voraussetzungen für die heutige Stadtbibliothek damals geschaffen wurden. So begann die ernsthafte Beschäftigung mit der griechischen und internationalen Literatur, die für mich im wesentlichen zur Entdeckung zweier großer griechischer Dichter führte, Solomos und Palamas.

Ich verliebte mich in Tasia, ein Mädchen aus der Nachbarschaft. Diese Beziehung erschöpfte sich aber in zwei kurzen Begegnungen in der Dunkelheit einer verschlammten Nebenstraße und möglicherweise mit einem flüchtigen Kuß – meinem ersten – auf einem Bahnhofsgelände. Furcht und Schrecken herrschten damals hinsichtlich der Liebesbeziehungen. Nicht nur die Eltern, die Brüder und Verwandten, sondern auch die »öffentliche Meinung«, also Freundeskreise Achtzehnjähriger, bestraften durch Prügel oder manchmal mit Messerstechereien das gemeinsame öffentliche Auftreten eines Liebespaares. Auch ich wurde wegen Tasia von Jugendlichen, die ich nicht kannte, vor einer Kirche mit Taschenmessern überfallen. Glücklicherweise geschah es im Winter, als ich einen dicken Mantel trug, so daß die Wunden nicht sehr tief waren. Mit Tasia ging es auseinander.

Hinzu kam, daß zu Hause jemand anders mein erotisches Interesse auf sich zog. Eines Morgens, als ich die Tür öffnete, stand ein höchstens achtzehnjähriges Mädchen vor mir. Es war groß, zart gebaut, blond, mit blauen Augen und heller Haut. Es fragte mich:

– Ist hier das Haus von Herrn Theodorakis?

– Jawohl!

– Ich bin mit Frau Theodorakis verabredet.

– Kommen Sie herein.

Ich trat beiseite, um sie hereinzulassen, zog an der Klingel und ging fort. Als ich mittags aus dem Gymnasium wiederkam, hatte ich die morgendliche Begegnung vergessen. Nachdem ich meine Bücher und Hefte auf das Bett geworfen hatte, lief ich in die

Küche, um etwas zu essen und mit meiner Mutter, während sie kochte, ein paar Lieder zweistimmig zu singen. Das gehörte zu meinen täglichen Gewohnheiten. Doch was sah ich! Die Schönheit von heute morgen stand mit umgebundener Schürze folgsam neben meiner Mutter und senkte, als ich kam, den Blick. Ich merkte, daß ich sie durcheinanderbrachte. Sie errötete und war aufgeregt.

– Mikis, sagte Mutter, ich möchte dir Fräulein Aglaia vorstellen. Sie wird ab heute bei uns wohnen.

– Ich freu mich sehr, Fräulein, sagte ich.

– Ich mich auch, flüsterte sie.

Ein beklemmendes Schweigen breitete sich aus. Meine Mutter strahlte vor Glück, während sie in ihren Töpfen rührte und ihrer neuen Schülerin erklärte, wie das und wie jenes zu machen sei. Aber an diesem Tag freute sie sich bestimmt am meisten über ihren Sohn mit den langen Hosen und dem Flaum über den Lippen, der langsam zum Mann wurde und achtzehnjährige Mädchen zum Erröten brachte. Ich ging schnell aus der Küche und schloß mich in mein Zimmer ein. Mein Blick fiel auf die Violine. Das ist es, dachte ich. Jetzt spiele ich das schönste Liebeslied für jenes exotische Wesen, für dieses göttliche Geschenk. Kein Phantom mehr, sondern ein Mädchen mit Körper, Gesicht, Augen, Haaren und Stimme, die zittert. Ich begann zu improvisieren, und meine Musik nahm die Form einer Liebeserklärung an. Meine Mutter, die auf alles achtete, fragte mich lächelnd am Mittagstisch: »Heute war deine Musik etwas anders. War es ein Stück von dir?« »Natürlich von mir«, erwiderte ich aufgebracht, weil mir das Gespräch überhaupt nicht paßte. »Warum wirst du gleich böse?« Aglaia bückte sich neben mir, die Suppenschüssel haltend, und für eine Sekunde waren ihre Brüste zu sehen. Mir wurde schwindlig, ich sagte, daß ich keinen Hunger hätte, ging in den Salon und schloß hinter mir ab. Die erste Nacht ließ mich ihre Anwesenheit, nur wenige Meter von meinem Bett entfernt, nicht schlafen. Am Mittwoch waren meine Eltern den ganzen Nachmittag nicht zu Hause. Jannis ging immer zu einem Freund. Ich spielte sonst in der Nachbarschaft oder ging zum Haus von Malevitis. Als alle weggegangen und wir allein waren, erfaßte mich eine seltsame wollüstige Angst. Ich versuchte, meine Erregung zu zähmen und schnelle Entscheidungen zu fällen. Sollte ich musizieren? Singen? Sie auffordern, mir irgendwas zuzubereiten? Oder zu ihr hingehen und ihr alles offenbaren? Die Tür ging auf, und Aglaia trat ohne anzuklopfen ein. Sie blieb an der Schwelle stehen, bewegte sich nicht und schaute mich an. Ich klebte auf dem Stuhl beim Schreibtisch fest, ohne mich rühren zu können. Dann sage ich zu ihr, um ihr überhaupt etwas zu sagen und sie zu warnen: »Die Meinen kommen erst sehr spät zurück ...« Sie antwortete nicht. Fuhr sich nur für einen Augenblick mit der Zunge über die Lippen, als hätte sie Durst. Ihr Körper schien einer Zeitung entsprungen zu sein, wo gewöhnlich Prinzessinnen abgebildet sind. Wie kommt nur so eine aristokratische Person nach Pirgos, fragte ich mich, und sogar aus einem Dorf! Oder ist das alles gar nicht wahr? »Bist du ein Wahngebilde?« fragte ich sie. »Was ist denn das?« fragte sie neckisch. »Ich meine, du hast keinen Körper, bist nicht aus Fleisch. Bist reine Luft?« – »Und du«, fragte sie. »Willst du sehen?« – »Ja.« Es war klar, daß sie mich wollte. Was hatte ich also zu tun? Ich stand auf und ging zu ihr. Ich blieb kurz vor ihr stehen und bückte mich, um sie zu küssen. Da schrie sie ganz plötzlich laut auf, schob mich mit aller Kraft zurück und rannte aus dem Zimmer. Ich hinterher. Eine dämonische Jagd durch das ganze Haus begann. Sie lachte und schrie abwechselnd. Manchmal berührte ich sie, manchmal berührte sie mich, flüchtig. Es war ein Spiel, das Aglaia mit Lust und Leidenschaft betrieb. Nach einiger Zeit wälzten wir uns schließlich auf dem Fußboden. Aber im entscheidenden Augenblick entfloh sie mir. Nach über zwei Stunden Rennen, Schreien und Kampf blieb sie unter dem Bett liegen und wurde nun auch aktiv. Sie umarmte und küßte mich, weinte, lachte, schob mich plötzlich wieder weg, kniff und biß mich. Ich hatte überall blaue Flecken. Sie wollte nur nicht, daß wir uns ausziehen. Nur das allernotwendigste. Gepackt von einer verzehrenden Leidenschaft, fast schäumend, überwältigte mich das Gefühl, auf einem stürmischen Meer zu schwimmen, einem Meer, aus ungekannten Wollustschauern und Gefühlswellen, die meinen ganzen Körper erzittern ließen. Aber über alledem leuchteten die dunkelblauen

Augen Aglaias, die ebenfalls immer größer wurden vor Sehnsucht, Ausdruck und Farbe wechselten, hellblau auf einmal mit einem kleinen leuchtenden Kreis in der Mitte, gleich einer Sonne, voller Zärtlichkeit und Gewährung, in der ich Liebe erkannte. Seitdem wiederholte sich jeden Mittwoch die gleiche Geschichte, als würden wir immer wieder von neuem beginnen. An den anderen Tagen wechselten wir nur Blicke und manchmal eine heimliche flüchtige Liebkosung. Meinen Eltern war die Veränderung aufgefallen. Man sah es uns an. Der Unterschied im Verhalten. Mein Vater fand immer wieder Gründe, spät abends in mein Zimmer zu kommen, um zu kontrollieren. Eines Nachts ging ich zu weit fortgeschrittener Stunde in ihr Zimmer. Sie schreckte hoch, eingewickelt in ihre Bettlaken. Ich sah sofort, daß sie Angst hatte, und verstand, daß es sinnlos war. So begnügte ich mich mit dem, was mir der Mittwoch bot. Kurz bevor wir von Pirgos nach Tripolis zogen, 1940, kehrte sie in ihr Dorf zurück, wo die Ihren einen Bräutigam für sie gefunden hatten. Sie verabschiedete sich nicht einmal. Sie ging fort und hinterließ in mir eine tiefe Wunde, die niemals verheilen wird.

Wenn wir im Sommer mit unseren Freundesgruppen nach Katakolo baden fuhren, hielten einige Gleichaltrige in den engen Waggons der Stadtbahn die Fläschchen mit Vaseline in der Hand und schüttelten sie, bis die kleinen Jungen darauf aufmerksam wurden. Das war der Köder. Der »Vaseliner« sagte laut: »Ich werde in der Kabine sein. Ich erwarte Besuch.« Jede Kabine hatte eine separate Leiter, über die man ins Wasser steigen konnte. Kostas stellte vorsichtig das Fläschchen auf den Sitz und fragte mich: »Warum versuchst du es nicht? Wie kommst du denn ohne klar?« Damals gab es drei Möglichkeiten, das sexuelle Bedürfnis zu befriedigen: Nutten, Onanie, Jungen. Ich tauchte ins Meer, und während ich versuchte, den Feuerquallen auszuweichen, beobachtete ich, wie die kleinen Jungen die Leiter zu unserer Kabine hinauf- und hinabstiegen.

Mein Vater wurde politisch terrorisiert. »Mich umlauern«, sagte er heimlich zu Mutter, »Metaxas-Spitzel. Der Präfekt übt Druck auf mich aus, daß ich mich für den Diktator erkläre, aber das kommt nicht in Frage. Dann lieber hungern.« Und später: »Sei vorsichtig wegen Mikis. Er ist in der Lage, uns ins Verderben zu stürzen.« Ich verstand aber von alldem nichts, weil keiner meiner Freunde oder Bekannten über die Regierung oder allgemein über die politische Situation sprach. Weder für noch gegen sie. Überhaupt nicht. Als gäbe es das alles nicht. Metaxas, die Embleme, die Marschlieder der Diktatur waren natürlich allgegenwärtig. Sie tangierten aber nicht unser Leben, unser Denken, unsere Freundeskreise. Ich jedenfalls erinnere mich an kein einziges Gespräch mit meinen Freunden über die Regierung, die Parteien, über das Regime, die Ideologien. EON bedeutete für mich Klubs mit Tischtennisplatten oder die wöchentliche Demonstration in Uniform, die mit jedem Tag unordentlicher aussah; ungebügelt, zerknittert. Wir Schüler freuten uns, weil der Unterricht ausfiel und wir uns auf dem Hof die Zeit mit Späßen vertreiben konnten. Dann gab es noch den Unterricht in »Nationaler Erziehung«. Das nur, damit es ihn gab. Eines Tages übertrug mir Herr Varelas, Physiklehrer und verantwortlich für diese Stunden, folgende Aufgabe: »Morgen wirst du über den Kommunismus sprechen.« Auf dem Nachhauseweg fragte ich verschiedene Leute, was das sei. Keiner antwortete. Keiner wußte es. Mutter kochte wie immer in der Küche. »Mutter was ist das, der Kommunismus? Ist das was Böses oder was Gutes?« – »Er ist böse.« – »Was macht er?« – »Erinnerst du dich an die Juden in Ianena?« – »Ich hab sie nie gesehen.« – »Das ist auch besser so. Du würdest jetzt nicht mehr leben. Erinnerst du dich, daß ich dich in der Osterwoche nicht in den Machalas der Juden gehen ließ?« – »Ja, weil sie mit Fässern, die voller Nägel waren, auf die Straße gingen.« – »Und dort stekken sie die Kinder rein.« – »Und dann trinken sie ihr Blut.« – »Das machen auch die Kommunisten.« – »Wo machen die das? Haben sie ihren eigenen Machalas? Und der Kommunist von Andriani?« – »Vielleicht auch der, ich weiß es nicht.« Ich schrieb also diese wissenschaftlichen Dinge auf und brachte sie am nächsten Tag Herrn Varelas. Er las alles genau durch und vertagte meine Rede über den Kommunismus. Er sagte mir auch nicht warum. An jenem Tag sprach er über das große Opfer, das Athanasios Diakos für die Nation gebracht hatte. Das hörten wir nun zum hundertsten Mal. Dann sangen wir das Lied *Schwarz ist die Nacht im*

Gebirge, und noch bevor es richtig zu Ende war, stürzte ich hinaus und rannte nach Hause zu unserem Dienstmädchen Aglaia, in das ich damals verliebt war.

Die Entdeckung der westeuropäischen Harmonie beschäftigte mich sehr. Ich entdeckte sie in den Walzern von Strauß, der Musik von Lehàr, in den Opernausschnitten, den ersten Liedern der Klassiker, den Kantaten und Schlagern. Einmal ging ich zum »Kommunisten«. Zu seinem Freundeskreis gehörten Jungen, lauter Absolventen des Gymnasiums, die Schnurrbart trugen und in Lackschuhen gingen. Einer spielte Gitarre, ein anderer Mandoline. Sie sangen dreistimmig, und wenn der Baß das Kontra-C sang, versuchte er es unter Aufbietung aller Kräfte zu halten. Langsam kam ich hinter das Geheimnis der dritten Stimme, des Basses, der der ersten und zweiten Stimme eine neue Dimension verlieh, sie immer anders erhellte oder färbte. Bei der kleinsten Veränderung der Baßstimme verlagerte sich auch das Gewicht der beiden anderen Stimmen, es wurde erschüttert oder verharrte einen Augenblick lang unschlüssig. Wie würden sie sich entscheiden? Alles hängt vom Baß ab. Schließlich kommt er wieder auf den Ausgangston zurück. So entdeckte ich die harmonischen Kadenzen, also die Übergänge mit Hilfe von Alterationen von einem Ton zum anderen. Ich ging nicht mehr ins Konservatorium, weil es mir nicht weiterhalf. Die Violine wurde immer mehr zu einem Kompositionsinstrument. Aber ein einstimmiges eben.

Mir fehlte die Harmonie sehr, wie ich sie in den Chorstunden bei der Familie Malevitis und im Freundeskreis des »Kommunisten« fand. Dort hörte ich außer dem Lied *Der Wolgaschiffer* noch andere Volkslieder. Das Lied *Die Weste* gehört zu den leichtesten. Andere Lieder waren von ungewöhnlicher Schwere und Dunkelheit. Sie kamen nicht aus der europäischen Tradition. Zu später Stunde wurden dann Kantaten gesungen. *Wach auf, wach auf*, also Lieder, die ich gut kannte.

Jetzt, da ich das melodische Material von Pirgos untersuche, also meiner ersten Lieder, fällt mir auf, daß diese Zeit dem melodischen Idiom der Periode von 1960 und später am nächsten kommt. Das bedeutet, daß meine Inspiration in einer anderen musikalischen Umwelt sich dieser angepaßt hätte und ich zu einem Liedermacher geworden wäre, entweder von laizistischer Musik oder von Schlagern jener Zeit, entsprechend meinem Publikum und dem, was ich an Musik gehört hätte. Aber Pirgos war eine von solchen künstlerischen Einflüssen abgeschnittene Gegend – wie die ganze griechische Provinz. So ist die Musik für mich eine Form des künstlerischen Ausdrucks gewesen, die nie über den privaten Rahmen hinausging. (Genauso verhielt es sich mit dem Briefmarkensammeln, der Holzplastik und dem Karagiosis-Schattenspieltheater, womit sich damals viele Jugendliche beschäftigten.) Ich komponierte also für mich, für zu Hause, für meine Familie und meine Freunde, ohne mir jemals zu überlegen, das könnte später meine Arbeit, mein Beruf werden. Der einzige und der größte Traum der damaligen Jugendlichen war es, den Beruf eines Wissenschaftlers zu ergreifen: Rechtsanwalt, Arzt, Ingenieur. Diesem Zweck diente ja auch der gesamte Schulunterricht. Als wichtig für meine musikalische Entwicklung erwies sich der Umstand, daß ich als zukünftiger Liedermacher und Komponist keinen Gesprächspartner hatte, kein Publikum mit musikalischen oder gar höheren kunstmusikalischen Interessen. In meinem Bekanntenkreis gab es nicht einen Menschen, der etwas über Kunstmusik wußte, über Sinfonien, Oratorien, Konzerte. Etwas mehr war über die Oper bekannt, aber nur vom Hörensagen. Die musikalische Kommunikation mit der Gesellschaft erschöpfte sich in den Auftritten der verschiedenen Chöre – die von Freundeskreisen oder Kantatoren gegründet wurden –, der Kirchenchöre während der Cheretizmi und der Osterwoche, des Mundharmonikaorchesters, das ich in Pirgos gegründet hatte und das in einem zentralen Kino ein öffentliches Konzert gab.

Tripolis
1940-1943

Im Sommer 1940 erfolgte die nächste Versetzung meines Vaters, diesmal nach Tripolis. Wir fuhren mit der Eisenbahn von Patras über Korinth und Argos. Als wir mit unseren Holzkisten, Koffern und Körben ankamen, mieteten wir sofort eine Parterrewohnung nahe der Präfektur. Am selben Tag machte unsere Familie, wie immer, den ersten Abendspaziergang. Jetzt war ich schon eins fünfundneunzig groß. Mein Kopf überragte weit die Köpfe der anderen. Wieder machten sich alle lustig über mich. Danach verließ ich nicht mehr das Haus – diese dunkle Parterrewohnung mit einem noch dunkleren Gärtchen, zwischen die hohen Wände der Nachbarhäuser gezwängt. Ich verfiel in einen apathischen Zustand und verlor sogar die Lust, mich mit Musik zu beschäftigen. Ich fühlte mich maßlos einsam, gleich einem Schiffbrüchigen mitten im Meer, und wollte niemanden sehen, auch meine Familie nicht. Ich begann intensiv zu studieren und zu lesen, übersetzte aus dem Altgriechischen, schrieb Epen, Dramen, poetische Dialoge und natürlich Gedichte, von denen ich einige 1942 unter der Überschrift *Siao* veröffentlichte. Es war mein erster und letzter Gedichtband, den ich in Griechenland herausgab.

Ich glaube, es ist wichtig, meine geistige und psychische Befindlichkeit jener Zeit, die sich im geschriebenen Wort offenbarte, zu kennen, weil sich auf ihrer Grundlage die nächste Phase meiner musikalischen Entwicklung vollzog, die mich – technisch wie ausdrucksmäßig – einen Schritt weiterbrachte. Meine einzigen Gefährten damals waren Platon, Aischylos, Sophokles, Shakespeare, Goethe, Andrejew, Hamsun, Nietzsche, Schopenhauer, Solomos, Palamas und Kariotakis – um die wichtigsten zu nennen –, zugleich aber auch das Alte Testament mit Hiob, den Psalmen von David und Salomon. Das und meine innere Verschlossenheit, die mich zu ersticken drohte, führten zur Suche nach dem Idealischen, also dem eigentlichen Zentrum, das sich in meinem damaligen Verständnis gleichermaßen tief in uns und fern von uns befindet, da es das Gesetz der Welt ist – das Gesetz vom Anfang und vom Ende. So gelangte ich von einer sinnlichen Triebhaftigkeit – die sich in meiner Gier nach den Mädchen, die ich kennengelernt hatte, zeigte – zur totalen Verinnerlichung eines extremen Idealismus. Meine Symbole und Geliebten: die »Unsterblichen und Schönen«. Ich schrieb in einem Schulaufsatz, daß sich »aus den Umarmungen und Kämpfen der Schatten einige Seelen lösen, hinaufsteigen und sich phosphoreszierend im Bewußtsein des Unendlichen verflüchtigen, eins werdend mit dem All«. Wenn das Lärmen der Stadt abflaute, ließ ich meinen Gedanken freien Lauf.

Den Sommer darauf schloß ich mich wieder in mein Zimmer ein; wir wohnten jetzt in einem anderen, schönen Haus neben der Mühle von Mavrojannis, an der breiten Straße mit den hohen Pappeln, die zur Kirche des Sankt Giorgis führte. Ich wollte niemanden sehen. Meine Eltern stellten das Tablett mit dem Essen vor meine Tür, und wenn sie mich riefen, antwortete ich nicht. Ich übersetzte damals Platon, schrieb einen Liebesroman à la *Victoria* von Knut Hamsun und erarbeitete mir eine Lebensphilosophie: »Alles, was sich im All befindet und um das Heilige Zentrum der Welt kreist, bildet eine sich herauskristallisierende Harmonie.« Damals dachte ich, der Mensch fände seine Vollendung, sobald er sich mit diesem Zentrum identifiziert. Doch daran hindert ihn nicht, seltsam genug, sein Körper, sondern seine Seele, die »ein zerstörtes All« ist. Weil »der Atem der Unordnung, der Verwirrung und des Chaos sie paralysiert und abtötet«. So beschreibt die Seele »ständig aufgelöste Formen, runde oder eckige«. Inzwischen »ruft uns das Heilige Zentrum. Es zieht uns an wie ein großer Magnet. Wenn wir unser eigenes Ich kennenlernen, fühlen wir diese ungebändigte Anziehung.« Und weiter behauptete ich, daß »das wesentliche und zugleich erlösende Merkmal der Seele die Widerspiegelung ist. Wenn ein dynamisches Phänomen, das eine unmittelbare Beziehung zu den Gesetzen hat, die sie regieren, der Seele in aller Lebendigkeit entgegentritt, dann geschieht die Widerspiegelung des dynamischen Phänomens nicht nur passiv, sondern die Seele ahmt es dynamisch nach, formt sich nach seinem Bilde und folgt ihm in seinen Bewegungen.« Aus diesem Grund »müssen wir der Seele eine andere Harmonische Welt entgegenstellen«. Wer formt diese Welt? »Die Phantasie und das Denken.« So entsteht als Pol zur Harmonie des »Makrokosmos« der »Mikrokosmos«. Aber im Augenblick der Identifikation dieser zwei Zentren tritt das Denken, aus dem der Mikrokosmos entstand, dazwischen. Denn das Denken verbindet sich mit dem Gedächtnis und das Gedächtnis mit dem Vergehen . . . Im Anschluß daran versuchte ich zu analysieren, warum uns sowohl die Ethik als auch die Wissenschaft im Augenblick der Identifikation im Stich lassen und warum das Christentum »als Religion und als Verflechtung, die uns zur Vollendung führen will, innerhalb der heute herrschenden materiellen Ordnung der Gesellschaft sein Ziel ganz verfehlt«. »Die heutigen moralischen Helden werden geboren, leben und sterben, ohne daß sie ihre harmonische Bewegung anderen Seelen vermitteln können, indem sie zum Beispiel die anderen Menschen mit der Harmonie ihres eigenen Kleinkosmos konfrontieren, der durch die Spiegelung der Weltharmonie entsteht.« Ich stellte fest, daß »der Kunst heute die Funktion zukommt, den erschöpften Werktätigen zu unterhalten, ihn die Hast der Arbeit vergessen zu lassen. Darum blieb die hohe Kunst einem engen Kreis von Eingeweihten und Verehrern vorbehalten, die für sie ihr Leben riskieren würden . . . Das sind wenige, und sie vergraben sich in ihrem Ich.« Daraus ergab sich für mich die Frage, was zu tun sei und ob es noch Hoffnung gebe. Ja, antwortete ich, es gibt sie. Die Antwort kann nur lauten: »Jedes Individuum muß die Harmonie des Alls erfahren.« Wie? Wer wird ihm dabei helfen? »Die Einheit aller Künste.« Auf der Grundlage dieser Weltanschauung schrieb ich meine »Evangelien«, die ich natürlich keinem zeigte.

Die Dichtung jener Zeit offenbart am deutlichsten meine psychische und geistige Welt, den Charakter eines von der Welt abgeschnittenen und einsamen Fremden, der die menschliche Gesellschaft mied, weil sie ihn ständig unterdrückte und verwundete. Darum schien ihm die Identifikation mit der Natur der einzige Ausweg zu sein.

Im panharmonischen herbstlichen Sonnenuntergang
in einem sonnendurchtränkten Augenblick der Wonne
will ich eins mit dir werden, o Natur!

Ich versuchte, einen stubstantiellen Grund für meine Existenz zu finden. Außer meiner Familie und einer Handvoll Freunde war für mich das, was wir menschliche Gesellschaft nennen, ein trüber Fluß, wild, feindlich, sinnentleert, nur Bedrohung und Angst. Mit fünfzehn Jahren wollte ich:

Meine glühende Seele hingeben / dem Wogen des himmlischen Ozeans. / Mich aufsaugen lassen, auflösen / in den Harmonien der Farben / wie der Traum eines höflichen Epheben . . . / Höre ich die schweigsamen Stimmen des Himmels, / durchdringt Zauber mich und Trunkenheit! / Mich wollüstig wälzen / im Laub der Sterne und der Sonnen!

Ich wurde beherrscht vom Gefühl der Selbstauflösung, der Selbstzerstörung. Das trieb mich zwei Jahre später, am 25. März 1942, dazu, einen italienischen Offizier zu schlagen, und zwar auf der ersten Kundgebung, an der ich teilnahm – mit dem Ziel, die vernichtenden Schläge auf mich zu ziehen. Gleichzeitig jedoch artikulierte ich das tiefe Bedürfnis nach einer aktiven Distanzierung von einer Welt, die mich belagerte, die mir ein bestimmtes Verhalten und Denken aufzwingen wollte, die im völligen Gegensatz zu meiner Sensibilität, meiner Lebensauffassung und meiner Vorstellung über die zwischenmenschlichen Beziehungen stand.

Ich fühle tief in mir den Geier / mich zerfleischen und errichten! / Und bin bereit, meine Stirn zu erheben / mich zu erheben / auf die Höhe der Götter! / Und bin bereit zu sagen: / Götter! Götter! / Euer Gott ist geboren! / Ich fühle tief in mir den übergöttlichen Atem / der euch unterwerfen wird!

Aber die »heroische« Revolte gegen die Okkupanten konnte nicht allein die Wahrheit des Wortes Wirklichkeit werden lassen. So holte ich mir zwei Packungen Aspirin und eine mit Chinin und ging zu einer einsamen kleinen Kirche außerhalb der Stadt, entschlossen, mir das Leben zu nehmen. Ich setzte mich unter die Bäume und schrieb schließlich ein Lied, »Es vergeht das Leben, es vergeht die Freude«, in dem auch der obligatorische Dialog mit dem Tod nicht fehlt. In einem anderen Text mit der Überschrift *Sokrates im Gefängnis* erklärte ich: »Jedes Boot, das sich gegen die Wellen wirft, muß zerschellen. Aber stets bedeutet solch eine Vernichtung auch einen Sieg. Du mußt dich auflösen, um ungeteilt im Äon der Äonen aufzugehen.«

Die Ursache für meine Hinwendung zum Marxismus, die 1942 begann, war die Suche nach einem neuen Bezugspunkt, der mir näher und verwandter sein mußte als das abstrakte und idealische Zentrum des Alls, woran ich zuvor geglaubt hatte. Er mußte aber zugleich der Befriedigung meines Bedürfnisses nach Harmonie mit meinem eigenen Ich, nach Aussöhnung mit dem Leben und den Menschen auf andere Art und Weise dienen. In dieser neuen Phase entstanden zwei langatmige Werke: die unvollendete »Hymne an Gott für vierstimmigen gemischten Chor, begleitet von einer Orgel«, deren Textgrundlage, ein Gedicht, von Grigoris Konstandinopulos, einem Freund aus Tripolis, stammte, und die *Sinfonia Nr. 1*, die ich erst Ende Januar 1945 abschloß. In ihr endet die Suche nach Gott, also nach dem Zentrum des Alls, mit der Entdeckung Gottes in der Person des Arbeiters. Eine einfache Lösung, werden diejenigen sagen, die sich über den sozialistischen Realismus lustig machen. Mich kostete diese Erkenntnis immerhin fünf Jahre leidvoller und leidenschaftlicher Suche. Schließlich gelang es mir, ein abgeschlossenes Werk für einen gemischten vierstimmigen Chor und ein doppeltes Streichorchester zu komponieren, das ich bis jetzt noch nie gehört habe. Die Sinfonie sollte vom Staatlichen Orchester Athen und dem Athener Chor unter der Leitung meines Lehrers Filoktitis Ikonomidis aufgeführt werden, der sich aber nach den Dezemberereignissen – an deren Kämpfen hatte ich teilgenommen und »wollte« trotzdem »nicht bereuen« – weigerte, sie zu dirigieren. So wurde die

Sinfonia Nr. 1 das erste Opfer der antikommunistischen Hysterie, die meine künstlerische Laufbahn bis zum heutigen Tag begleitet.

Meine existenziellen, philosophischen und musikalischen Fragen fielen mit erschütternden geschichtlichen Ereignissen zusammen. Meine Selbsteinsperrung im Sommer 1940, gleich nach der im Sommer 1939, beunruhigte meine Eltern. Deshalb schlug mir Vater im September vor, in ein Zeltlager der EON in den Bergen Arkadiens zu fahren. Nach anfänglichem Widerstreben fügte ich mich schließlich. Ich tröstete mich mit dem Gedanken an die Natur, die ich so sehr brauchte. Das Hindernis waren natürlich »die anderen«. Es handelte sich um ausgesuchte Schüler, die zu ranghöheren Kadern der Jugendorganisation ausgebildet werden sollten. Eines Morgens stieg ich mit meinem Rucksack auf einen alten klapprigen Lastwagen voller Halbwüchsiger. Die Reise verband uns schnell, und bald diskutierten wir oder sangen miteinander. Wir übernachteten in der Volksschule eines Bergdorfes, und am nächsten Morgen brachen wir auf zur Vogelquelle, in etwa 1600 m Höhe, mitten im Menalos-Gebirge. In den dichtstehenden Tannen entdeckten wir eine Lichtung und schlugen die Zelte auf. Unser Anführer, Aris Papanikolau, war ein junger Rechtsanwalt, und wir anderen etwa zwanzig Jungen, zwischen 15 und 17 Jahre alt. Bald bekamen wir eine Feldküche und einen Koch. Der Gruppenführer gab das Programm bekannt und bestimmte die Wachen, die rund um das Lager Posten bezogen. Ich war zwischen 22 und 24 Uhr an der Reihe, an einem sehr tief im Wald gelegenen Platz, und hatte zu tun, nicht vor Angst wegzulaufen. Bei jedem Geräusch sah ich Gespenster, und kalte Schauer liefen mir über den Rücken. Unser Tag war ausgefüllt mit körperlichen und militärischen Übungen. Als Waffen benutzten wir Floberts, die ganz laut knallten. Das Ganze dauerte insgesamt drei bis vier Stunden, dann waschen, sauber machen, essen, Wache stehen und schlafen. Am dritten Tag zog ein Unwetter herauf. Das Lager wurde überschwemmt. Wir sammelten, so gut es ging, unser Hab und Gut sowie die Zelte ein, stiegen auf die Lastwagen und erreichten abends Chrisowitsi auf der anderen Seite des Berges. Dort übernachteten wir in der Schule und errichteten am frühen Morgen unser Lager außerhalb des Dorfes an einem Berghang in der Nähe einer großen schönen Quelle, wo sich vor allem die Dorfmädchen trafen. Dort wuschen und kämmten auch wir uns regelmäßig, um die Mädchen zu sehen und uns ihnen zu zeigen. Am 16. August kam mein Vater ins Dorf und fand uns im Kafenion. Er sagte, daß das Schiff »Elli« bei Tinos torpediert worden sei, wahrscheinlich von den Italienern, und daß sich die Situation zuspitze.

Als am 28. Oktober der Krieg ausbrach, hatten wir mit dem Unterricht schon begonnen. Ich besuchte gerade die vierte Klasse des Ersten Gymnasiums von Tripolis, das in einem Gebäude nahe dem Friedhof untergebracht war. Bald darauf beschlagnahmten die Italiener das Haus, und wir zogen in ein Gebäude am Gerichtsplatz, aber auch das nahmen sie uns 1943 weg, so daß wir unsere Schulbänke in verschiedenen Gärten aufstellten. Wir waren fünfzig Schüler in der Klasse, von denen ich zwei, drei von Chrisowitsi her kannte. Die Räume klein und verdreckt, es gab sehr viele Schüler und wenige Lehrer. Ein totales Durcheinander. Erst nach Monaten, als sich der Sturm etwas gelegt hatte, lernten wir unsere Mitschüler und Lehrer besser kennen. Ich begann langsam, Tripolis zu entdecken; die Stadt gefiel mir immer mehr.

Tripolis liegt in 700 Meter Höhe in einem Gebirgstal, umgeben von Bergen. Einige dieser Berge sind etwas weiter entfernt in Richtung Sparta, andere erheben sich genau über der Stadt, im Norden, Richtung Vitina. Die Wohnviertel, wie in Ianena auch, türkische Machalades. Aber ein wunderschön gebautes Stadtzentrum. Der Platz des Heiligen Vasilis mit der riesigen Platane, die ein Offizier während des Bürgerkriegs fällte, einfach so, weil sie ihm nicht gefiel. Der Gerichtsplatz mit dem Ehrenmal von Theodoros Kolokotronis, den Gärten, dem Pinienwald, dem Gerichtshof und dem damals neu erbauten Hotel »Menalos«. Am östlichen Ausgang der Stadt gab es einen kleinen Park und am westlichen den Heiligen Giorgis, einen Wald mit Pinien, und mittendrin den Platz mit der Kirche und dem Kafenion. Beide Orte, vor allem letzterer, waren bei den Einwohnern und besonders bei der Jugend beliebte Ausflugsziele. Im Süden die Ebene von Tegea mit ihren vielen Dörfern. Im Westen, nach Mandinia zu, die Anwesen mit den Weingärten und den »Türmen«. So nannte man die Gebäude dort. Sogar die Hütten. Vor Mandinia die Weinfabrik Kambas. Dann verzweigt sich die Straße, links geht es nach Levidi, Vlacherna, Vitina, Dimitsana, Zatuna.

Langsam fühlte ich mich freier. Die neue Stadt und die neue Situation weckten immer mehr mein Interesse. Der Patriotismus, tief in mir verwurzelt, fand jetzt genügend Nahrung. Es war so, als würde sich mit dem Angriff der Italiener in Ipiros eine fest verschlossene Tür öffnen und die Seele des Volkes befreien. Vier Jahre lang hatte die Diktatur den Faschismus, die Achsenmächte, Hitler und Mussolini gepriesen. Das Ganze platzte wie eine Seifenblase. Der Diktator selbst mußte auf das Telegramm des Duce mit NEIN antworten. Auf diese Weise bildete sich eine noch nie dagewesene nationale Einmütigkeit. Volk, Armee, Regierung, Junge, Alte, Frauen, Männer, alle zusammen, vereint – die Menschen wurden trunken von dieser Euphorie. Die Glocken schlugen fröhlich. Die Soldaten liefen mit den Ihren umarmt zum Bahnhof, und viele Leute, die sie begleiteten, tanzten und sangen. Auf den Balkonen wehten Fahnen, und die Frauen riefen einander zu: »Wir werden sie besiegen, wir werden sie vernichten.« Wenn abends die Zeitungen mit den Frontnachrichten kamen, fanden regelrechte Kundgebungen statt. Wir gingen in die Schule nur, um zu diskutieren, zu singen, zu schreien und – auf dem Höhepunkt unserer patriotischen Begeisterung – zu tanzen. Manchmal hielt ein Lehrer eine Rede, erklärte uns die Lage, das Kräftepotential der Italiener und das der Griechen. Die Reaktion der Deutschen, Engländer, Jugoslawen. Eines Mittags hörten wir Flugzeuggedröhn, und noch bevor wir wußten, was los war, erbebte die Stadt. Panik brach aus. Die Leute rannten hin und her. Dann plötzliche Stille. Italienische Flugzeuge hatten unsere Stadt überflogen, erfuhren wir bald darauf, und eine Bombe abgeworfen. Ich rannte zum Unglücksort und sah die eingestürzte Ecke eines kleinen Hauses. Eine Frau war umgekommen. Das erste Opfer, zufällig die Mutter von Grigoris, der wenig später mein Freund wurde. Sein Vater, Herr Konstandinopulos, arbeitete als Lehrer und als linker Psaltis im Dom. Sie hinterließ ihm fünf Kinder.

Langsam begriffen wir, was Krieg bedeutet. Wir mußten die Fenster mit Papier verdunkeln. Nachts durfte kein Licht brennen. Unterstände wurden ausgehoben zum provisorischen Schutz vor den Bombardements. Geeignete Keller verwandelten sich in Schutzbunker. Man bildete die ersten Luftschutzeinheiten. Zugleich veränderte der Krieg den Alltag in der Provinz. Die neue Situation belebte die Seelen der Menschen, die plötzlich aufrecht gingen und schön aussahen. Die Augen leuchteten. Die Lippen lachten.

Ohne lange zu überlegen, entschloß ich mich, an die Front zu gehen. Ich hatte die Aufzeichnungen meines Vaters aus dem Krieg gelesen, der darin voller Stolz seine – vor der Familie verheimlichte – Flucht aus Kreta an die Front beschreibt, die damals zufällig durch Ipiros verlief. Also folgte auch ich dem Zug der Soldaten zum Bahnhof und stieg in einen der Waggons. Ich hatte weder Gepäck noch Proviant mitgenommen, um zu Hause keinen Verdacht zu wecken. Zur Essenszeit breiteten die anderen ihre Tücher aus, und wir aßen alle gemeinsam. Wir stiegen in Athen, auf dem Peloponnes-Bahnhof, aus und erreichten knapp noch den Zug, der vom Larissa-Bahnhof abfuhr. Von Larissa aus sollten wir mit Lastwagen oder zu Fuß nach Ianena gelangen, links am Metsovo-Gebirge vorbei. Erschöpft von der Reise schlief ich ein, zusammengekauert auf der Holzbank des Zuges. Gendarmen weckten mich. Ich begriff sofort, daß meine Reise zu Ende war. Wir wechselten ohne viel Worte den Zug und traten die Rückfahrt an. Ich war enttäuscht und verletzt und lehnte es ab, zu essen oder auch nur Wasser zu trinken. Ich haßte meinen Vater und sehnte mich nach dem Augenblick, ihm meine Meinung zu sagen. Er erwartete mich am Bahnsteig in Tripolis. Vor den anderen sprachen wir kein einziges Wort. Wir liefen schweigend bis zu unserem Haus, wo mich meine Mutter und mein Bruder weinend umarmten. Nachdem sich der erste Sturm etwas gelegt hatte, sagte ich ganz ruhig zu meinem Vater: »Du bist ein Schwindler, weil du über Patriotismus redest und mich daran hinderst, meine Pflicht zu tun, so wie du sie erfüllt hast.« Er fand kein anderes Argument, als daß er damals 16 war und ich erst 15 sei. Das empfand ich als lächerlich. Ich erklärte ihnen, daß ich keinen

Platz mehr in diesem Hause habe, drehte mich um und rannte hinaus.

Ich ging zum Hauptquartier der EON, wo ein Rundfunkgerät stand und viele Leute den ganzen Tag Nachrichten und Musik hörten. Manche blieben sogar die Nacht über wach. Ich setzte mich zu ihnen und trank warmen Kaffee. Dann ging ich ins Büro nebenan und schlief auf einem Tisch. Ich erhielt den Auftrag, geheime Schriftstücke in die umliegenden Dörfer zu bringen. Ich bekam ein Fahrrad, einen Rucksack, eine Feldflasche mit Wasser und Brot mit Käse. Der erste Auftrag führte mich nach Levidi. Ich machte an den Quellen halt, um den Staub und den Schweiß abzuwaschen, legte mich unter den wilden Kastanienbäumen hin, aß an den Bächen, die von den verschneiten Gipfeln mit kristallklarem Wasser gespeist wurden. Ich vernahm allmählich die Geräusche der Ebene, der Berge, des Waldes. Selten, daß ein Auto, ein Karren oder Fahrrad vorbeifuhr. Die Stille störten nur die Mauleselkarawanen, mal beladen, mal ohne Last im schnelleren Schritt. Selten ein Hirt oder ein Wanderer, die stets grüßten: »Guten Tag!« oder »Guten Abend!« Ging es bergauf, stieg ich ab und ging zu Fuß. Den Abhang jedoch raste ich mit der höchsten Geschwindigkeit hinunter; ich liebte diese Gefühl des Abhebens – obwohl ich oft lebensgefährlich stürzte. Ich übergab die Schriftstücke und erhielt die Unterschrift des Empfängers. In meiner Phantasie erfüllte ich eine bedeutende militärische Aufgabe. Ich war mir sicher, daß auf dem Papier, das ich bei mir trug, Geheimnisse standen, die den Verlauf des Krieges bestimmten. Ich war ein militärischer Bote, und irgendwo dort, verborgen im Wald, beobachtete mich mit seinen Ferngläsern der Feind – Spione oder ähnliche Leute – und überlegte, wie er mich liquidieren könnte.

Später übertrug mir unser Gruppenführer neue Aufgaben. Ich mußte die Volksverpflegung überwachen, die wir in den Wohnvierteln für die Familien der Frontsoldaten organisierten. Bald kamen die ersten Verwundeten. Die Hotels, eins nach dem andern, verwandelten sich in Lazarette. Der Winter stand bevor. Da erfuhr ich zufällig, daß die Verwundeten aus einem gerade angekommenen Zug auf die Bahnsteige hinausgetragen worden waren. Sie lagen jetzt auf dem kalten Beton und konnten sich nicht rühren. Ich lief zum Bahnhof und half ihnen, in den Warteraum zu gehen. Dann stützte ich einen Krüppel und forderte die anderen, die gehen konnten, auf, mir zu folgen. Es war dunkel, ein Schneesturm tobte, und der Weg war voller Pfützen und schlammig. Ich schleppte den Krüppel, der nur ein Bein hatte, und wies mit einer Taschenlampe den Weg bis zum nächsten Hotel, dem »Semiramis«-Hotel. Wir legten diesen Weg mehrmals zurück und brauchten jeweils bis zu einer Stunde. In der hell erleuchteten Hotelhalle und in den Salons unterhielten sich mit Drinks in den Händen frisch rasierte Offiziere, Politiker und höhere Beamte. Die Verwundeten, dreckig, verschlammt, drückten sich an die Wände, setzten sich hin, wo sie Platz fanden, total erschöpft, halb ohnmächtig. Der Hotelbesitzer blickte mich erbost an, als ich mit meiner ersten Fracht ankam, und sagte mit lauter Stimme, um mich einzuschüchtern: »Es sind keine freien Zimmer da.« Keiner der Anwesenden zeigte Mitleid. Nun war ich aber ein ranghöheres Mitglied der EON, war mit speziellen Befehlen ausgestattet und fühlte das Recht auf meiner Seite. »Gibst du uns freiwillig die Zimmer oder möchtes du etwa, daß wir dich zwingen?« Seitdem wurde ich jeden Abend, wenn der Zug Verwundete brachte, zum Alptraum der Hotelbesitzer. Ich zwang sie, uns die besten Hotelzimmer zu geben, saubere Laken, Decken, Seife, Handtücher, Service. Die meisten waren feindlich eingestellt, weil sie durch die Verwundeten Geld einbüßten und weil ihre Zimmer verkamen. Schmutz, Läuse, Blut . . . Wer dachte daran, daß diese Jungen für die Heimat ein Bein, ein Auge oder eine Hand geopfert hatten?

Nachdem die erste Euphorie abgeflaut war, begann man wieder, sich nur noch um den eigenen Kram zu kümmern; der Schwarzmarkt blühte. In dieser Zeit lebte ich allein, entweder als Bote, Organisator oder nächtlicher Verwundetentransporteur. Ich hatte keine Freunde und Bekannten und, nachdem ich von zu Hause weggelaufen war, nicht einmal einen Menschen, mit dem ich sprechen konnte, außer den Verwundeten und Hotelbesitzern. Mich beeindruckte der Umstand, daß fast alle Verwundeten junge Männer vom Dorfe waren, während alle Offiziere der rückwärtigen Dienste und besonders die Funktionäre der EON aus reichen Familien stammten. Fast alle ranghöheren Mitglieder der Nationalen Organisation waren in Tripolis geblieben, betraut mit Büroaufgaben. Eines Tages überraschte ich einen der Funktionäre und »Volksgenossen« der EON, wie er eine Mitkämpferin auf einem Schreibtisch beglückte. Er trug noch die Feldmütze, hatte aber keine Hose an. Ich grüßte ihn, wie es sich gehörte, mit dem faschistischen Gruß, und er riß automatisch die Hand hoch.

Das Weihnachtsfest stand vor der Tür, und ich schlug vor, mit Mitgliedern der Organisation einen Chor zu gründen, dann könnte man Kalanda singen, Geld sammeln, Pakete packen, sie in die Lazarettstadt nach Lutraki bringen, an die Verwundeten verteilen und ihnen die Kalanda vorsingen. So begannen unter meiner Leitung die Proben. Ich studierte mit dem Chor bekannte Melodien und ein eigenes Lied ein. Für Tripolis war dieser Chor ein Ereignis. Wir waren über fünfzig Sänger. Zu unseren Auftritten kamen Hunderte von Menschen, um uns zuzuhören und Beifall zu spenden. Ich dirigierte zum ersten Mal in meinem Leben. Während der Auftritte gingen ein paar Jungen mit ausgebreiteten Decken herum, und die Leute warfen Geld, Lebensmittel, Geschenke hinein. Danach arbeiteten wir Tag und Nacht, schnürten Hunderte Pakete. Am Weihnachtsabend fuhren wir mit zwei gemieteten Bussen nach Lutraki. Dort sangen wir in den Hotelsälen, gingen dann von einem Bett zum anderen und verteilten die Geschenke an die Verwundeten. Nachdem wir auch auf der Straße ein Konzert gegeben hatten, stiegen wir in die Busse ein und kamen nachts in Tripolis an. Am selben Tag kehrte ich nach Hause zurück. Unsere Armee siegte in den Bergen Albaniens. Mein Vater hatte eine große Karte angefertigt, auf der wir alle Kriegshandlungen der feindlichen Lager in allen Einzelheiten verfolgten. Am Tage, als unsere Truppen in Koritsa einmarschierten, erreichte uns aus Kreta die Nachricht vom Tode des Großvaters. Als die Mutter meines Vaters gestorben war, wohnten wir in Argostoli. Da hatte Vater sich drei Tage und drei Nächte im Salon eingeschlossen und geweint. Diesmal eilte er hinaus und kehrte erst spät am Abend wieder, weinte die ganze Nacht und ging am nächsten Morgen in sein Büro. Schnell heilten die Siege unserer Armee seine Wunde. Das allgemeine psychische Barometer stand gerade auf Enthusiasmus, und dies riß alles und alle mit.

Der Zusammenbruch kam überraschend. Ausländische Militärkolonnen, Engländer und Jugoslawen, alle in Lastwagen oder Autos – aber auch mit Kanonen und anderen schweren Waffen –, fuhren durch die Stadt Richtung Kalamata. Keiner sprach. Kein Beifall oder irgendeine andere Geste. Sie sahen niedergeschlagen aus, vielleicht auch beschämt; wir mit einem bedrückenden Gefühl auf der Brust, wie Verlorene. Einen Augenblick lang wollten wir, ich zusammen mit einigen Jungen, alle fort. Ein paar Engländer nahmen uns in ihrem Wagen mit. Aber an der Stadtgrenze holte ihre Armeepolizei alle Griechen aus dem Konvoi. Bald tauchten auch die ersten feindlichen Flugzeuge auf. Sie jagten die Militärkolonnen, eröffneten das Feuer und warfen manchmal eine Bombe ab. Die Menschen rannten unter die Bäume oder in die Felder, um sich zu verstecken. Dann bombardierten die Flugzeuge auch die Stadt. Meine Mutter und Jannis schrien und rasten vor Angst. Wir brachten sie zum gegenüberliegenden Schutzbunker, der voll mit Leuten war. Ich ging hinaus und lief durch die ausgestorbene Stadt. Zwischen so vielen Trümmern, Toten und Verwundeten saß ein Mitschüler, dem ein Splitter ganz säuberlich den oberen Teil des Schädels abgetrennt hatte. Er lehnte mit dem Rücken an einer Wand, seine Augen offen und ausdrucksvoll, als wollte er mir sagen: »Grüß dich! Was machst du denn hier?« Von der ganzen Luftschutzgruppe blieben nur noch Nikos Delivorias und ich zurück. Wir suchten zwischen den rauchenden Trümmern nach Überlebenden. Der allgemeine Befehl lautete ohnehin: »Verlaßt die Stadt! Alle in die Berge!«

Nachdem die letzten Bombardements verhallt waren und der letzte Engländer sich in Kalamata eingeschifft hatte, legte sich eine seltsame Stille über das Land. Wir hatten im Kloster von Apano Chrepa Unterschlupf gefunden und wickelten uns in die Decken ein, die wir überallhin mitschleppten. Unten lag die tote Stadt. In der Ferne die stumme Ebene. Reglos. Nach einiger Zeit tauchte aus der Richtung von Achladokambos ein Gefährt auf, durchquerte die Enge und erreichte die weiße, kerzengerade Straße. Das war der erste Deutsche auf einem Motorrad. Der Präfekt und der Bürgermeister hatten gesagt: »Jeder soll weiße Laken aus seinem Fenster hängen.« In einer Vitrine war »Heil Hitler« zu lesen. Das Motorrad mit Beiwagen wirbelte eine große weiße Staubwolke auf. Einen halben Kilometer dahinter folgte die Militärkolonne. Man spürte die Erleichterung der Leute: Die Barbaren sind endlich da. Auch das ist eine gewisse Lösung. Wir rannten alle in die Stadt, um uns die Fremdlinge aus der Nähe anzusehen. Sie fuhren bereits durch das Stadtzentrum und hielten in den Wohnvierteln, die am Fuße des Berges lagen. Auf einem Panzer saßen Kinder in unserem Alter, die rauchten und lachten. Die größeren Jungen tauschten schon mit ihnen Zigaretten, Grüße und erste Worte aus. Nix, nix und kaputt, die ersten Wörter, die ich hörte. Sie sprachen über ein englisches Flugzeug, das neben der Straße abgestürzt und dessen Pilot umgekommen war. Sie bauten kleine Zelte auf dem Gerichtsplatz auf und füllten das Becken für die Wasserspiele mit sauberem Wasser. Die ersten Tage badeten sie, wuschen sich mit Seife, putzten ihre Zähne, rieben ihre nackten Körper mit Öl ein und sonnten sich. Sie aßen, auf ihren Motorrädern sitzend, machten abends Lagerfeuer und sangen, begleitet von einem Akkordeon, nostalgische Lieder ihrer Heimat. Am dritten Tag erwachten wir von abgehackt gesungenen Märschen, olaria-olara, und dem Rhythmus der böse auf die Erde stampfenden Stiefel. Sie marschierten zu Übungen außerhalb der Stadt, in Richtung der Kirche des Heiligen Giorgis.

Eines Tages klopften sie an unsere Tür. Militärpolizei mit einem Dolmetscher. Sie sahen sich das Haus an. Dann zeigten sie auf den Salon und sagten, daß der konfisziert sei und zwei Oberste hier wohnen würden. Aber bald darauf verließen die Deutschen die Stadt und die Italiener kamen. Nun begann für uns die eigentliche Besatzungszeit: Sperrstunde. Nachts Stromabschaltung. Sondergenehmigungen, um die Stadt verlassen zu dürfen. Militärpatrouillen. Italienische Geheimpolizei in Zivil. Ausweise von den Carabinieri. Lebensmittelmangel. Hunger. Zerschlissene Kleidung. Geflickte Schuhe mit eisernen Beschlägen an den Sohlen, damit sie sich nicht so schnell abnutzten.

Neuer Präfekt wurde Herr Vugiuklakis. Unsere Familien freundeten sich an, und die kleine Aliki gehörte zu den ersten Hörern meiner Lieder. Im Erdgeschoß wohnte Herr Livadeas, Chef der Gendarmerie, dessen Sohn Kostis später ein bekannter Theaterregisseur wurde. Damals begann meine Freundschaft, die bis heute anhält, mit Grigoris Konstandinopulos, der sich vor allem auf Rhodos als fähiger Archäologe erwies und Direktor des Archäologischen Museums Athen wurde; mit Giorgos Kulukis, dem späteren Lehrer, dessen Gedicht *Unsere Schwester Athina* ich in meiner *Siebenten Sinfonie* verwendete (ich vertonte damals einige ihrer Gedichte); mit Takis Dimitrakopulos, der immer noch in Tripolis lebt; mit Vasilis Kutsugeras, dem späteren Professor, mit dem ich in Dafni auf Ikaria zusammen in der Verbannung war; und schließlich mit Makis Karlis.

Karlis sah ich 1948 zum letzten Mal. Damals lebte ich in der Illegalität. Er diente als Unteroffizier in der Gegend von Pilion. Er hatte einige Tage Ausgang und besuchte meine Mutter in Athen. »Ich habe ein Vorgefühl, daß ich euch nicht wiedersehen werde«, sagte er zu ihr. Er wohnte in der Nähe unseres Hauses in einem Zimmer, das wir einst zusammen gemietet hatten. Ich ging hin, um ihn zu sehen. Ich erzählte ihm, daß ich in der Illegalität lebe und daß ich von einem Augenblick zum andern gefaßt werden könne. »Sie werden mich foltern und hinrichten. Darum nimm mich bitte nach Pilion mit. Wir werden schon einen Unterschlupf finden.« – »Unmöglich«, erwiderte er nach einer langen Unterhaltung. »Und zwar, weil mich schon der Gedanke quält, daß du auf der anderen Seite stehen und ich dich töten könnte.« – »Aber wenn ich hierbleibe, bringen sie mich auf jeden Fall um.« – »Das ist etwas anderes. Ich werde es jedenfalls nicht tun.« – »Und woher willst du wissen, daß gerade du mich in Pilion umbringen wirst?« – »Die Wahrscheinlichkeit ist dann größer . . .« Er war nicht umzustimmen. Wir trennten uns nachts auf einer Straße von Nea Smirni. Einige Monate später, als ich mich als Verbannter in Dafni befand, erfuhr ich von seinem Tod. Der Jeep, der ihn zu seiner Einheit bringen sollte, fuhr über eine Mine, und es blieb nichts übrig. Makis wurde zum Regen, wie ich in den *Balladen* schrieb. Und in Tripolis befindet sich auf dem Friedhof, unter der

Platte mit seinem Namen, der Schatten seiner Augen. Ich widmete ihm meine *Erste Sinfonie*, denn ich denke noch immer, daß bis 1941, als ich ihn kennenlernte, kein Mensch so zu mir gesprochen hat wie er. Aber da trug er schon das Stigma des Todes auf seiner Stirn. Und auf dieser endlosen Reise des Lebens, die mir immer schwerfiel, fand sich nach ihm kein einziger Mensch, der meiner furchtsamen und mißtrauischen Seele so nahegekommen ist. So blieb ich nach seinem Tod wieder allein.

Doch zurück zu Tripolis. In meiner Klasse gab es drei Kategorien von Schülern. Zur ersten gehörten die, die hungerten und in der Schule bewußtlos wurden, zur zweiten die, die hungerten, ohne in Ohnmacht zu fallen, zur dritten die, die wie noch nie in ihrem Leben aßen, weil ihre Väter Bauern, Schwarzhändler oder beides waren. Wir Hungernden der ersten und zweiten Kategorie beschlossen, diesen Zustand nicht länger zu dulden. Wir erklärten, es sei unannehmbar, daß einige immer fetter würden und andere bald verhungerten. Die vor Gesundheit strotzenden Dorfkinder protestierten lauthals. Aber wir waren in der Überzahl und zu allem bereit. Wir erklärten, daß wir keinen Vermögenden in den Klassenraum lassen würden, der nicht irgendwelche Lebensmittel an uns abgäbe, zum Beispiel Kartoffeln, Eier, Mehl, Rosinen. Am nächsten Tag brachten ein paar Kinder Nahrungsmittel mit. Andere versuchten, gewaltsam ins Klassenzimmer einzudringen. Es kam zu Prügeleien. Als die Lehrer davon erfuhren, verhielten sie sich, aus Angst vor den Italienern, neutral. Schließlich »bezahlten« alle die »Zollgebühren«. Wir verteilten die Lebensmittel unter die völlig abgemagerten Schüler. Bald setzten alle Klassen des Gymnasiums dieses System durch. Darum gab es in diesem Jahr noch keine Opfer. Damit sind nicht nur Tote gemeint, sondern auch die durch Nahrungsmangel Erkrankten. Der Schwarzhandel blühte. In den Geschäften und auf dem Markt gab es nichts. Unsere Familie begann, alles mögliche zu verkaufen. Silbersachen, Schmuck, Möbel, Kleidung. Sogar den Frack meines Vaters, den ein Bauer aus Kerasitsa für einen halben Sack Kartoffeln bekam. Mit meinen Freunden Grigoris, Giorgos, Takis und Makis ging ich oft nach Tegea. Der Bruder von Grigoris stellte Tinte her. Wir warteten vor den Schulen und riefen: »Eine

Kartoffel gegen ein Röhrchen Tinte«, und die Kinder strömten herbei und füllten unsere Säcke. Wir verkauften auch andere Dinge. Alles, was wir auftreiben konnten. Abends nahmen wir den dreißig oder vierzig Kilogramm schweren Sack auf die Schulter. Unsere völlig zerfledderten Schuhe gingen noch mehr auseinander, die Nägel drangen durch die Sohle nach oben und scheuerten unsere Füße. Wir waren zu Kartoffelessern geworden, was uns vor dem Hungertod rettete. Auf dem Bahnhof ein heilloses Durcheinander. Schwarzhändler aus Kalamata, Tegea, Megalopolis, Tripolis, vollbepackt mit Lebensmitteln, besetzten die Züge und die Dächer der Waggons. Für einen Sitzplatz konnte es bis zum Totschlag kommen. Streitigkeiten, Rufe, Schlägereien, Schreie, Messerstechereien für »einen Platz an der Sonne«, eine Fahrt ins hungernde Athen. Dort konnte man einen Koffer Kartoffeln gegen ein Einfamilienhaus tauschen, wie es meinem Schwiegervater erging, der sein Haus für einen Kanister mit Olivenöl hergab. Fünf, sechs Reisen nach Athen reichten aus, um Besitzer eines Mehrfamilienhauses zu werden, denn im Herbst 1941 brach in Athen die große Hungersnot aus.

Wer erinnerte sich noch an den Enthusiasmus während des Albanien-Krieges! Wo waren die Helden geblieben? Den ganzen Sommer 1941 liefen in Lumpen gehüllte Soldaten an unserem Haus vorbei. Unrasiert, verdreckt, barfuß, erschöpft, böse um sich schauend, bettelten sie um ein wenig Wasser und Brot. Die Helden von Albanien. Nur wenige von ihnen wußten, wohin sie gehen sollten. Die meisten irrten ziellos umher. Mein Vater beobachtete vom Balkon aus die Soldaten und fragte: »Ist jemand aus Kreta unter euch?« – und das nur, um ihnen zu sagen, was die meisten nicht wußten, daß es keine Hoffnung mehr gab, auf die Insel zu kommen. Aus einer dieser Gruppen meldete sich jemand: »Giorgos, erkennst du mich? Ich bin Vasilis Tsekuras, dein Mitschüler.« Er kam herauf, trank Wasser und ruhte sich aus. »Ich bin Major, das heißt, ich war. Bin jetzt nach Kreta unterwegs.« Wir nahmen ihn bei uns auf. Später holte er noch seine Frau und seine Hündin Alba zu uns, einen Schäferhund, der mein treuester Freund wurde. Alba verstand alles, was man ihr sagte, sie brachte sogar den Schuh zum Schuhmacher. Eines Tages nahmen deutsche Soldaten sie mit und gaben ihr viel zu fressen, um sie zu verwöhnen. Alba fraß sich satt, und als sie genug hatte, lief sie weg. Sie kehrte zu uns zurück. Wir sagten ihr, sie solle sich verstecken, und zeigten ihr den Wald des Heiligen Giorgis. Sie verstand, lief in den Wald. Die Deutschen kamen. Sie ahnten etwas. Wir schickten Freunde in den Wald, um ihr Hundefutter zu bringen.

Ein andermal waren unter den Soldaten Bekannte des Vaters aus seinem Dorf, aus Galata. Er kümmerte sich um sie, vermittelte ihnen eine Arbeitsstelle. Sie organisierten unter der Leitung des ehemaligen Majors die öffentliche Essensversorgung, die vielen Menschen das Leben rettete.

Als wir eines Abends gerade mit unseren vollbepackten Säcken aus einem Dorf von Tegea nach Tripolis aufbrechen wollten, wurden wir von einem Gewitter überrascht. Wir rannten unter die Platane mitten auf dem Dorfplatz und sprangen herum, weil uns die eisige Novemberkälte zu schaffen machte. Da fuhr ein Lastwagen mit Kindern aus Athen auf den Platz. Sie waren völlig abgemagert und halbnackt, drängten sich wie Küken aneinander, um sich zu wärmen, und schauten sich ängstlich um. Der Chauffeur rannte ins Kafenion, zu dem auch eine Herberge gehörte. »Wer ist hier der Chef?« fragte er. Keine Antwort. »Wer ist der Vorsitzende?« Jemand sagte: »Was willst du von ihm?« – »Ich brauche seine Unterschrift. Ich will ihm diese Kinder übergeben.« – »Und was sollen wir mit ihnen anfangen?« – »In Athen kratzen sie sowieso ab.« – »Und uns bleibt wohl noch Essen übrig?« – »Das weiß ich nicht. Ich habe nur diese Anweisung.« – »Nimm sie wieder mit, und mach mit ihnen was du willst!« sagte jemand böse. »Ich bringe sie nirgendwo mehr hin«, erwiderte trotzig der Chauffeur. Er ging zu seinem Wagen, öffnete die hintere Klappe und schrie: »Runter mit euch! Los, springt alle herunter! Euer Fahrgeld reicht nur bis hier.« Die Kinder, was sollten sie machen, sprangen vom Wagen ab und flohen wie ein Bienenschwarm unter einen Baum, genau uns gegenüber. Dort blieben sie, starr vor Kälte, stehen. Der Lastwagen fuhr fort. Der Herr Vorsitzende und die anderen Dorfbewohner riefen den Kinder zu: »Weg mit euch! Los! Macht, daß ihr fortkommt!« Die Kinder eine zähe Masse. Es regnete in Strömen. Wir zu dritt, die Dorfbewohner über ein

Dutzend. Sie ergriffen Steine, Holzstangen, fielen über die Kinder her, jagten sie weg. Die verstanden endlich und verloren sich in der gerade einsetzenden Dunkelheit des weiten Tals. Auf dem Nachhauseweg dachten wir über das Geschehene nach. Meine zwei Begleiter gehörten zu den Schülern der ersten Kategorie; ihre Eltern litten sehr unter dem Hunger. Später, im Frühjahr 1942, gehörten wir drei zur Leitung der ersten Grundorganisation der Kommunistischen Partei Griechenlands unseres Gymnasiums. Damals planten wir auch die Aktion »Nationale Bestrafung«. Die Flamme des Widerstands entfachte in uns zuerst der rückgratlose Schwarzhändler und erst dann der fremde Okkupant. Einer meiner beiden Kameraden gab mir ein dickes, vielbenutztes Buch, rot eingebunden; darauf stand mit schwarzen Buchstaben *Lenin. Biographie*. Es war in Tücher eingewickelt und lag in einem Korb mit Kartoffeln. »Wenn du es nicht liest, dann vergrabe es in deinem Garten«, sagte er und klopfte mir freundschaftlich auf die Schulter, als wünsche er mir »Viel Glück!«.

Direktor der Pädagogischen Akademie von Tripolis war Evangelos Papanutsos. Mein Freund Grigoris studierte damals gerade Pädagogik. Er holte sich von seinem Lehrer die Erlaubnis, daß auch wir an bestimmten Seminaren teilnehmen durften. So lernte ich Papanutsos kennen. Unser Freundeskreis beschäftigte sich mit Fragen der Kunst, die wir ihm dann stellten und von ihm erklärt haben wollten. Ich glaube, daß uns die Nähe eines so bedeutenden Denkers stimulierte. Er hörte auch meine Musik und unterstützte mich moralisch bei diesen ersten Versuchen. Als Freunde von mir das erste Konzert mit meinen Werken organisierten, hielt er eine kleine Rede über die soeben erklungene Musik. Als wir den Gedichtband *Frühlingssinfonie* von Jannis Ritsos in einem Zeitungsdepot fanden, brachten wir ihm das Buch und wollten seine Meinung hören. »In ihr sind Körnchen aus Gold«, sagte er zu uns. Seltsamerweise wußten wir nichts von Seferis oder Elytis, die zur damaligen neueren Dichtung gehörten. Wir hatten von Embirikos und Engonopulos einiges gehört und mit Leidenschaft die *Grimasse des Menschen* von Nikiforos Vrettakos gelesen. Und jetzt entdeckten wir Jannis Ritsos. Wir kannten uns sehr gut in der neugriechischen Dichtung aus: Die Schule der Eptanisia, Mavilis, Malakasis, Eftaliotis, Polemis, Drosinis, Palamas, Lambros Porfiras, Varnalis, Sikelianos, Kazantzakis, Kavafis, Kariotakis. Ich konnte zum Beispiel den ganzen *Dodekalog des Zigeuners* auswendig und lernte in jener Zeit die *Frühlingssinfonie*. Unser Freundeskreis wurde immer mehr zu einer geistig-kulturellen Gemeinschaft.

Der Erfolg beim Kalanda-Singen festigte meinen Ruf, eine Autorität auf dem Gebiet der Musik zu sein! Das beeinflußte meine Kleidung, meinen Haarschnitt, meine Gewohnheiten. Der Schneider kürzte den zerschlissenen Mantel meines Vaters und machte mir eine Patatuka daraus, etwas zwischen Mantel und Jacke. Man nannte sie den »musikalischen Mantel«. Noch während des Albanienkrieges stellte mir der Präfekt ein Haus zur Verfügung und bat mich, meine Arbeit mit dem Chor fortzusetzen. Ich gründete noch ein Mundharmonikaorchester; Grigoris, der Psaltis in der Kirche des Propheten Ilias war, lehrte byzantinische Hymnen; Giorgos unterrichtete Kunstgeschichte. Und so weiter. Während der Besatzungszeit versuchte unser Freundeskreis eine literarische Zeitschrift herauszugeben, was wir aber nicht durchsetzen konnten. Wir veröffentlichten nur im »Verlag der Fünf« meinen Gedichtzyklus *Siao*, der unter einem Pseudonym erschien und mit dem falschen Erscheinungsjahr 1939 (weil die Italiener keinen Druck ohne vorherige Erlaubnis zuließen).

Um öfter wandern zu können, suchte ich mir weitere Freunde: Argiris Petronitis und Giorgos Saris. Wir brachen am Samstagabend auf, um Sonntag in aller Frühe weit oben auf dem Berg zu sein. Unser Ziel war immer wieder die Spitze des Menalos, der Heilige Dinis. Nur einmal erreichten wir sie so früh, der Frühnebel und die Wolken lagen noch sehr tief, daß wir ringsherum alle Meere sehen konnten, die die Peloponnes umspülten. Als wir von einem unserer Ausflüge zurückkehrten und in die Nähe eines Bergdorfes kamen, empfingen uns Gewehrsalven. Die Dorfbewohner hielten uns für Deutsche. Nachdem wir mit viel Mühe den Dorfplatz erreicht hatten und von Mitschülern erkannt wurden, feierten wir unsere Rettung. »Ihr greift die Deutschen also mit Waffen an?« Das war für uns etwas völlig Neues. Wir beschlossen, auf unseren Exkursionen Sabotageakte zu verüben, indem wir Leitungen durchschnitten, die deutsche oder italienische Truppen gelegt hatten. Aber das Bedeutende war, daß in unserem Kopf die Vorstellung von jener Bewegung, die in die Geschichte als »Widerstand« einging, zu arbeiten begann.

Mit dem anderen, dem literarischen Freundeskreis, organisierte ich kurze Ausflüge, zum Beispiel zur Fabrik Kambas, wo sich auch der sogenannte »Turm von Makis Karlis« befand. Auf dem Weg dorthin sangen wir und aßen an den Quellen. Ich spielte mit Kulukis – ich Geige, er Mandoline – klassische Musik oder eine meiner Kompositionen. Anschließend trugen wir Gedichte vor. Nahe dem Haus von Makis befand sich ein Felsbrocken, dem wir den Namen »Ritsos-Felsen« gaben, weil wir hier *Das Lied meiner Schwester* und den *Marsch des Ozeans* für uns entdeckt hatten, die wir jeden Tag wenigstens einmal lesen mußten. In dieser Zeit organisierten meine Freunde, angeführt vom Rechtsanwalt Delivorias, der nach der Befreiung »roter Bürgermeister« wurde, das erste Konzert mit meiner Musik.

In Tripolis spielte Dora Apostolatu, ein Mädchen in meinem Alter, Klavier. Sie gehörte zu den guten Pianistinnen, die mit der Zeit Karriere machten. Ihr Programm umfaßte das klassische Repertoire, das ich auf diese Weise kennenlernte: Schumann, Beethoven, Mozart, Chopin, Schubert – ich notiere die Namen in der Reihenfolge, in der ich sie hörte. So begann ich, nach meinen Kompositionen für Geige auch für Klavier zu schreiben: Sonatinen, Studien, Walzer sowie Lieder für Stimme und konzertantes Klavier. Ich mietete ein Harmonium und begleitete darauf die ersten Teile der *Hymne an Gott*.

Das Konzert mit Werken fur Kammer- und Chormusik fand im Haus der Familie Meidani statt. Außer Dora Apostolatu wirkte die Musikgemeinde Tripolis unter der Leitung von Herrn Tsandilas mit, dem Besitzer des bekannten Kaffeegeschäfts auf dem Platz des Heiligen Vasilis, der später auch die *Kassiani* dirigierte. Danach wandte sich Papanutsos an das kleine Publikum, sprach über die soeben gehörte Musik und wagte sogar eine Prognose für die Zukunft.

Papanutsos war als Persönlichkeit eher konservativ. Als Denker versuchte er, einen Gegenstand von allen Seiten zu erhellen, ohne aber eine eigene Theorie zu riskieren. Er half einem beim selbständigen Herausfinden der Wahrheit. Doch inzwischen beeinflußte er diese Wahrheit, ohne daß man es merkte, in einer ihm genehmen Richtung. Ein aufgeklärter Bürger, dafür hielt ich ihn, seitdem ich ihn auf seinen allabendlichen Spaziergängen traf, wenn er versuchte, den Gang seiner Füße mit dem schnellen Schritt seiner Frau in Übereinstimmung zu bringen. Er hielt sie untergehakt und sprang fast, wenn er den Gleichschritt verlor, gleichzeitig nach links und rechts grüßend: »Guten Tag!«, »Wie geht es Ihnen?«

Herr Papastathopulos, Musiklehrer am Gymnasium, unterrichtete Klavier und Theorie. Ich ging an zwei Tagen in der Woche zu ihm nach Hause. Vor jeder Unterrichtsstunde übte ich – gegen Bezahlung – eine Stunde lang bei ihm Klavier. Nach den ersten theoretischen Lektionen begannen wir mit Harmonielehre. Ich holte mir von der Familie Meidani die Erlaubnis, jeden Sonntag während sie den Gottesdienst besuchte, auf ihrem Klavier zu üben. Ich hielt es ohne Klavier kaum noch aus. Die Geige genügte mir nicht mehr. Mein Kopf war voller Klänge, die ich aber nicht, wie später, sofort auf dem Papier festhalten konnte (obwohl das Klavier eine notwendige Hilfe blieb). Wutentbrannt wegen des fehlenden Klaviers, lief ich aus dem Haus in den kalten Regen. Jeden Tag, meist abends, wenn der Reif fiel, ging ich mit Alba in den Wald des Heiligen Giorgis, fühlte, wie mir der Regen entgegenschlug, fühlte, wie der eiskalte Wind durch meinen Mantel, mein Hemd, meine Haut, mein Fleisch drang, bis ins Mark. Das war die Strafe dafür, daß ich in dieser Stadt lebte, ohne an die drei, vier Klaviere heranzukommen, die in den Häusern der Reichen vor Langeweile und Einsamkeit dahinsiechten. Ich empfand einen ursprünglichen Haß gegen die gesellschaftliche Ungerechtigkeit. Für mich bedeutete ein Klavier vielleicht noch mehr als für den Proletarier der Tagelohn. Als wir ein kleines Harmonium entdeckten und mieteten, beruhigte ich mich ein wenig. Das Bedeutendste in jener Epoche war geschehen. Ich konnte jede Harmonie, die ich wollte, hören und spielen.

Am Osterdienstag war ganz Tripolis wegen der »Schlacht der drei Kassianes«, wie sie genannt wurde, in Aufruhr. Das Drucken und Verteilen von Werbeprospekten, eine Aktion, durch die sich die Besatzungsmacht zum Eingreifen gezwungen sah, und die Exkommunikation von Jannis Kuros durch den Bischof, verbunden mit dem Verbot, dessen *Kassiani* im Dom zu singen, erzeugten eine gespannte Atmosphäre. Außer Kuros hatte mein Lehrer, Herr Papastathopulos, eine Kassiani geschrieben, die die MOT (Musikgemeinde Tripolis) in der Kirche des Propheten Ilias aufführte. Schließlich fand sich auch eine Kirche, die bereit war, Kuros' Komposition vorzustellen. Sein Werk stützte sich auf die Arkadische Musik, also eine – in Kuros' Verständnis – vereinfachte Variante der byzantinischen Musiktradition. Er selbst war Zeichenlehrer im Gymnasium, rechter Psaltis in der Kirche des Heiligen Vasilis, dem Dom, und ein großer Sänger von Tischliedern, den sogenannten »Kolokotronis-Gesängen«. Ein sehr großer Mann, hager, ernsthaft und klug, witzig, trinkfest, ein Mythos schon zu Lebzeiten. In seiner *Kassiani* setzte er während der Wendung »hier im Paradies« Stimmen ein, die »piep-piep« singen mußten, die Vögel des Paradieses sehr bildhaft nachahmend, möglicherweise der Grund für die Exkommunikation durch den Bischof. Denn die byzantinische Kunst lehnt alle götzendienerischen Tricks ab, zu denen auch die »Vögelchen« gehören oder die Musikinstrumente oder neue musikalische Auffassungen, die mit den heiligen Vorbildern und der Tradition der Kirche nicht konform gehen.

Ich komponierte meine *Kassiani* Anfang 1942. Damals konnte ich für den liturgischen Teil meinen eigenen vierstimmigen Chor der Kirche der Heiligen Varvara einsetzen. Ich schrieb *Cheruvika, Se imnumen* und anderes und begann sofort mit den Proben, die ich nach Stimmen getrennt durchführte. Ich arbeitete jeden Tag vier Stunden nur mit den einzelnen Stimmen. Als ich einen phantastischen Baritonsänger entdeckte, einen ehemaligen Feldwebel, komponierte ich für ihn ein großes Solo. Dank meines Vaters kamen zu unserer Vorstellung in die Kirche der Heiligen Varvara die Honoratioren der Stadt. Papanutsos brachte uns die Intelligenzia. Die Kirche war brechend voll. Wir sangen tief bewegt vom Frauengestühl aus. Ich erinnere mich noch an den falschen Ton von Takis, der wie immer etwas zu tief sang. Ich sah ihn, wie er seinen Hals reckte, und dachte: Jetzt singt er falsch, und prompt sang er falsch. Das störte ein wenig den Zauber des Augenblicks. Anschließend kam Papanutsos auf dem Kirchhof freudestrahlend zu uns und drückte uns die Hand. Am Abend vereinten sich die drei Chöre in einer Taverne. Wir aßen, tranken und, wir Gottlosen, sangen nacheinander alle drei Kassianes.

Bald darauf wurde das Konzert, das im Hause Meidani stattgefunden hatte, in einem zentralen Kino wiederholt. Außer dem griechischen Publikum waren fast alle italienischen Offiziere gekommen, von denen mich ein Musiker und Dirigent näher kennenlernen wollten und die Proben des Kirchenchores besuchten. Zur gleichen Zeit wurde im selben Kino ein deutscher Film gespielt, mit der Neunten von Beethoven als Untermalung. Ich erinnere mich noch an das Bühnenbild. Eine große Halle mit weißen marmornen Treppen voll Frauen und Männer, die sangen. Nach diesem Film war ich wie verwandelt. Am nächsten Tag stand ich in der Schule auf und erklärte Herrn Likakis, meinem Mathematiklehrer, der mich besonders schätzte, weil ich mich bis dahin sehr engagiert für Algebra und Trigonometrie interessiert und mit ihm oft sogar über Wahrscheinlichkeitsrechnung unterhalten hatte: »Weil ich Sie nicht betrügen möchte, setze ich Sie davon in Kenntnis, daß ich mich ab jetzt nur noch mit Musik beschäftigen werde. Dieses Buch, das ich in den Händen halte, ist ein Musikbuch. Ich werde jetzt in allen Fächern nur solche Bücher lesen. Die anderen Schulfächer interessieren mich nicht. Auch Mathematik nicht. Ich komme zum Unterricht, weil ich kommen muß. Wenn Sie möchten, können Sie mich rausschmeißen . . .« Es war idiotisch. Das sagten mir alle Mitschüler. Ich wußte es auch. Aber warum tat ich es dann? Um vielleicht die Musik mit einem »Zauber« zu umgeben? Es war paradox und doch wahr.

Die nächsten zwei Schuljahre wurden zu einer schwierigen Angelegenheit für mich, weil ich auf die Fragen während der Leistungskontrollen nicht antwortete und nur schlechte Zensuren bekam. Nachdem meine Freunde und mein Vater Druck auf mich ausgeübt hatten, willigte ich ein, das Minimum für die Schule zu tun, um wenigstens das Gymnasium absolvieren zu können. Dabei halfen mir auch meine Lehrer. Im Grunde entsprach meine

Handlungsweise völlig der psychischen und geistigen Situation jener Epoche, die sich für mich im »Alles oder Nichts« von Brand und im Zarathustra von Nietzsche spiegelte. Das Absolute und die ideale geistige Reinheit, unsere großen Ideale, galt es zu verwirklichen. Das »große JA und das große NEIN« von Kavafis zusammen mit dem Kafenion, also dem Bewußtsein, daß die Zeit schnell vergeht und daß du das, was du schaffen willst, jetzt verwirklichen mußt. Und natürlich der Ausspruch »Jugend, die du mir sagtest, daß ich anders werden würde«, von Varnalis. Ich wollte kein anderer werden. Ich wollte der werden, der ich war. Jeden Augenblick. So verwundert es nicht, daß ich im Alter von fünfzehn Jahren um ein Treffen mit meiner Mutter und der Tante von Elli bat, weil ich mir vorgenommen hatte, ihre Nichte zu heiraten. »Wo und wovon werdet ihr leben?« Mein einziges Problem bestand darin, daß ich nichts heimlich machen wollte, nichts unter dem Druck der Gesellschaft. So auch mit dem Rauchen. Ich zündete mir nach dem Essen eine Zigarette an und erklärte meinen Eltern: »Ich werde nicht heimlich rauchen. Ich werde nur eine Zigarette rauchen, aber vor auch.« Sie versuchten etwas zu entgegnen, aber ich kam ihnen zuvor: »Es ist idiotisch, unsere Moral in ein bißchen Kraut zu stecken. Es ist ungesund, ja. Aber unmoralisch?«

Elli, die Liebe meines fünfzehnten Lebensjahrs, brachte mich zurück in die Zeit, als ich mich in Phantasmen verliebte, in die Zeit von Argostoli und Patra. Zudem war ich ständig überreizt und entfremdete mich immer mehr der alltäglichen Wirklichkeit. Ich hörte, spielte und schrieb Musik. Ich las Bücher und vor allem Gedichte. Es gab nichts Wichtigeres für mich als Musik und Bücher. Elli beflügelte meine Inspiration und mein Schaffen. Meine Beziehung zu ihr war rein platonisch, ich schämte mich sogar, an etwas anderes zu denken. Als sie eines Tages an uns vorbeilief, sagte mir mein Freund, der Schuster Aristidis Kunas: »Was für ein Weib, mein Gott. Die könnte man glatt vernaschen . . .«, und seitdem verabscheute ich ihn. Ich lief fünfmal am Tag an ihrem Haus vorbei. Wenn wir mit den anderen Jungs Kantaten sangen, blieben wir eine halbe Stunde auch vor ihrem Fenster stehen. Ich bat sie um ein Rendezvous. Wir trafen uns an einer Kreuzung.

»Also, was wollen Sie?« fragte sie selbstbewußt. Ich flüsterte: »Ich möchte Sie sehen.« – »Bitte! Sie sehen mich doch.« – »An einem anderen Tag.« – »Warum?« – »Woanders.« – »Wo?« – »Hier. Morgen um die gleiche Zeit.« – »Morgen kann ich nicht. Übermorgen.« Das wiederholte sich oft. »Ich möchte Ihnen etwas sagen« – ich. »Sagen Sie es mir doch« – sie. Bis meine Freunde eine Begegnung im Buchgeschäft von Athanasopulos arrangierten. Ich versteckte mich in einem kleinen Büro, und als Elli ins Geschäft hereinkam, ging der »Typ« sofort hinaus und schloß hinter sich die Tür. Ich sprach mit ihr, und sie kam ins Büro. Wir hatten fünf Minuten Zeit. Ich küßte sie auf die Lippen und hatte einen salzigen Geschmack im Mund. Wahrscheinlich wollte ich damals nicht wahrhaben, daß Elli aus Fleisch wie alle Frauen war. Aber die anderen übten Druck auf mich aus. Meine Freunde, die an der Straßenecke warteten, auch Elli, die, so fürchtete ich, meine rein platonische Liebe mißverstehen könnte.

1945 kam sie nach Athen. Sie hatte erfahren, daß ich während der Dezemberereignisse umgekommen sei, und freute sich, daß ich noch lebte. Wir verbrachten einen Nachmittag miteinander, gingen zum Zappio und zum Filopapus-Hügel, endlose Stunden, bis ich den Mut fand, ihr zu sagen, daß ich ein anderes Mädchen mit Namen Mirto liebe. Seit diesem Tag sah ich sie nie wieder.

Es war nicht nur die fremde Besatzungsmacht, die uns tyrannisierte. An allen Frontabschnitten siegten die faschistischen Armeen. Nachdem fast ganz Europa besetzt worden war, rückte nun die Wehrmacht weit in die Sowjetunion vor. Mein Vater kam kaum noch nach, die Fähnchen auf der Karte Rußlands umzustecken. General Rommel operierte erfolgreich in Afrika. Als Tobruk fiel, schlossen wir uns alle in unsere Häuser ein. Spontan, ohne daß es verabredet gewesen wäre. Wir schlossen uns ein, um allein zu bleiben mit unserer Verzweiflung. Die Italiener liefen singend und schreiend durch die Straßen. Ab und zu schossen sie auch in die Luft, um uns an den Triumph der Achsenmächte zu erinnern. Tobruk bedeutete Alexandrien, Kairo, Naher Osten, Erdöl und alles mögliche. Auch die Japaner traten in den Krieg ein mit der beeindruckenden Zerstörung von Pearl Harbor. Dann folgten ihre Angriffe und ihre Siege. Vor diesem düsteren Hintergrund reisten Anfang 1942 Repräsentanten der »Geheimorganisation« aus Athen an. Verschiedene Einwohner der Stadt, meistens Absolventen des Gymnasiums und Studenten, schauten immer ernster drein. Ein Zeichen dafür, daß sie eingeweiht waren und jetzt eine große Verantwortung trugen. Einige setzten Schirmmützen auf. Sie gingen zu zweit auf dem Platz des Heiligen Vasilis spazieren und unterhielten sich leise miteinander; und alle, die auf dem Platz saßen und sie beobachteten, glaubten, daß dort große Entscheidungen getroffen wurden. Ich wundere mich, daß die griechische oder italienische Sicherheitspolizei sie nicht entdeckte. Nacheinander nahmen alle meine Freunde Kontakt mit der geheimnisvollen und zugleich erkennbaren Führung auf. Ich möchte die Namen nicht nennen, weil sich die meisten von ihnen später zu konservativen, reaktionären Leuten, ja zu »Kommunistenfressern« entwickelten. Aber zu jener Zeit war alles anders, und es gab den gemeinsamen Willen sich zu widersetzen. Alle zusammen. Der 25. März stand kurz bevor, und der einzige, der noch nichts wußte, war ich. Der Grund dafür lag in dem jugendlichen Konkurrenzgehabe. Denn meine Aktivitäten und mein Einfluß auf meinen Freundeskreis waren so, daß man mich gleich zu Beginn hätte ansprechen müssen. Oder ignorierten sie mich gerade darum? Von Anfang an zeichnete sich meine Zukunft ab. Denn innerhalb der progressiven Bewegung würde man mich immer wieder aus diesen oder jenen Gründen »bestrafen«, vor allem dann, wenn mich meine Aktivitäten in den Augen derer, die hinter den Kulissen saßen und das Geschehen dirigierten, unbeliebt machten. Was rieten die Repräsentanten der »Geheimorganisation« meinen engsten Freunden? »Erzählt ihm nichts, er ist verdächtig! Sein Vater ist Direktor der Präfektur.«

Anfang März wurde die Situation unerträglich. Jetzt gingen mir sogar meine besten Freunde aus dem Weg. Schließlich erfuhr ich, daß die »Geheimorganisation« das Volk aufrief, am 25. März, genau um zehn Uhr vormittags zum Grab von Kolokotronis zu gehen. An diesem Tag fuhr mein Vater nach Athen, und meine Mutter lag krank im Bett. Ich hatte mich innerlich mit den mythischen Helden identifiziert, die sich, bevor sie sich für die Heimat opfern, waschen und mit aromatischen Ölen einreiben. So stand ich an unserem Nationalfeiertag sehr früh auf, wusch mich in der Wanne, zog saubere Kleidung an, küßte Mutter und Bruder und ging auf die Straße, meinem sicheren Tod entgegen. Ich sah die Bäume, die Häuser, die Hunde, die Menschen mit anderen Augen. Als die Glocken vom Heiligen Vasilis die zehnte Stunde einläuteten, kam auch ich auf den Gerichtsplatz. Zwei, drei Leute aus der Führung schauten mich mißtrauisch und zweifelnd an. Nun hielten sie mich auch noch für einen Spitzel und Verräter. Ich ging zum Ehrengrab. Als die griechische Gendarmerie und wenig später italienische Soldaten mit aufgepflanztem Bajonett hinter dem Gericht erschienen, bemerkte ich, wie die um mich stehenden Menschen sowohl von Patriotismus und Aufruhr als auch von Angst ergriffen wurden. Jemand stimmte die Nationalhymne an. Ein anderer, wahrscheinlich ein Psaltis, holte eine Stimmgabel raus und summte den Ton a. Wir begannen zu singen. Völlig falsch natürlich. Inzwischen näherten sich die Bewaffneten. Viele flüchteten in den Pinienwald. Andere rannten nach hinten weg. Mich trieben ganz andere Gründe, persönliche, existenzielle. In jenem Augenblick beherrschten mich keine patriotischen Gefühle, sondern eine tiefe Verachtung und das Bedürfnis, meine Bestrafer zu strafen. Darum entschloß ich mich auch, den italienischen Offizier zu schlagen, an dessen Hut eine Feder steckte und der eine Pistole in der rechten Hand trug. Meine Freunde schrien: »Nicht! Nicht! Renn weg! Hau ab!« Aber ich, der Hochmütige, unterhielt mich bereits mit den Schatten von Achill und Leonidas. Die Gendarmen verprügelten mich furchtbar. Mir gelang es, gerade noch zu rufen: »Es lebe die Sowjetunion!«, als höchste Form der Herausforderung, beeinflußt von Lenins Biographie, aber auch vom heroischen Kampf der Roten Armee, den ich in allen Einzelheiten mitverfolgte. Ich wurde in ein Freiluftkino geschleppt, wo sie mich wieder schlugen. Und da die Italiener den Pomp liebten, versammelten sie die Leute auf den Bürgersteigen, legten mir und meinem Mitschüler Botopulos Ketten an und führten uns durch die Straßen, um uns in die Karabineria einzusperren. Ich hob stolz meinen Kopf während dieses unerwarteten griechischen Triumphes und dankte den Besatzern für die Prügel und die Ketten, die mich in den Himmel hoben.

Im italienischen Gefängnis fand ich wieder zu mir. Dort folterten sie mich systematisch, ritzten meine Haut auf und streuten Salz hinein. Herr Vugiuklakis intervenierte und rettete mich, so daß ich ins griechische Gefängnis kam. Dort traf ich mit Mitgliedern von EAM und KPG zusammen, die mir die Ziele ihres Kampfes erklärten und mich zum Mitglied der Organisation machten. Nach meiner Entlassung aus dem Gefängnis wurde ich erster Sekretär der Grundorganisation unseres Gymnasiums. Ohne es selbst zu merken, riß mich der Sog der Zeit mit. Alles, was ich um mich herum und in meinem Innern als unerschütterliche Grundfesten angesehen hatte, angefangen bei Gott, über den Anführer der EON und die Gendarmen bis hin zum Bischof, wurde nichtig. Zugleich fegte der Wind des alltäglichen Lebens und der Ereignisse alle bislang überlieferten Werte, Begriffe, Ideale und selbst den Glauben hinweg. Denn diese Ereignisse blieben nicht mehr allein auf die Provinz beschränkt. Das, was in unserer kleinen, vergessenen Stadt geschah, geschah genauso in den Städten Norwegens, Polens, der Donauebene, des südöstlichen Asiens, Nordafrikas. Die Welt rückte enger zusammen. Überall wurde die Forderung nach Freiheit laut. Die Erlösung war, wenn überhaupt, nur auf der ganzen Welt, zur gleichen Zeit, mit dem gleichen Ziel zu erringen. So dachten wir damals, was konkret nichts anderes bedeutete, als unsere Hoffnung nicht aufzugeben. Wir mußten also das Böse an der Wurzel packen.

Die ersten bewaffneten Auseinandersetzungen fanden zwischen Italienern und Banden von Kriminellen statt. Einige von ihnen wurden festgenommen, geschlagen und in Ketten durch die Stadt geführt. Dann hörte man ihre Schreie aus den Kellern der Karabineria, die sich gegenüber dem Zentralen Markt befand. Wir waren erschüttert von dem, was wir hörten und sahen. Dann erfuhren wir, daß man einige von ihnen hingerichtet hatte. Das erste Blut. Langsam legte sich über die Stadt der Schatten des Terrors. Bespitzelung, Verhaftung, Verhöre, Folter, Gefängnis. Der Hunger wuchs, und man hatte den Eindruck, daß sogar die Winter kälter wurden – der Frost setzte im November ein und dauerte bis Anfang April. Brennholz war kaum aufzutreiben. Wir heizten den Ofen nur, um nicht im eiskalten Zimmer essen zu müssen, und legten uns anschließend schnell ins Bett. Die Stromabschaltungen zwangen uns, nachts Kerzen und Petroleumlampen zu benutzen. Auf den Straßen vertrieben sich die Patrouillen, wenn sie nicht gerade Jagd auf jemanden machten, die Zeit damit, daß sie Hunde abknallten. Unter den italienischen Soldaten gab es einige gute Kerle, doch sie fürchteten, wie wir, die Faschisten und ihre Geheimpolizei. Einer dieser Italiener, Mavrakis, brachte uns jeden Mittag in die Schusterei von Fotis, die heute noch steht, Suppe in seinem Kochgeschirr. Wir aßen mit demselben Löffel, Makis, der Schuster und ich, und der Italiener schaute in unsere Gesichter. Er freute sich über die dankbaren Esser. Warum half er uns? Es gab keinen anderen Grund, außer dem, daß er helfen wollte. Vielleicht war er ein Antifaschist, vielleicht einfach eine gute Seele. Er riskierte Kopf und Kragen. Aber die meisten Italiener gehörten zu diesem Schlag von Menschen. Darum liebten wir sie. Besonders unsere Mädchen. Denn die Italiener waren nicht nur gute Liebhaber, sondern kümmerten sich auch um ihre Freundinnen. »Nicht so wie ihr, die ihr gleich aufsteht und geht, sobald die Sache erledigt ist. Sie umsorgen und streicheln uns danach.« Erotische Ausbildung für unsere Mädchen, eine ganz anders geartete Ausbildung für unsere Sicherheitspolizisten: italienische und deutsche Schule, dann englische und amerikanische, kein Wunder, daß wir die besten Folterer der Welt haben. Unsere königliche Gendarmerie arbeitete Hand in Hand mit den italienischen Faschisten und Polizisten. Zusammen nahmen sie die Leute fest, zusammen verprügelten sie die Gefangenen. Auf der Demonstration vom 25. März führte der griechische Hauptmann der Gendarmerie in Galauniform und mit dem Revolver in der Hand die Militärs. Sein Sohn, ein Mitschüler von uns, schämte sich für den Auftritt seines Vaters. Auf der Seite der Gendarmen waren auch die griechischen Machthaber, die griechische »Aristokratie«, die Schwarzmarkthändler, die sehr schnell in ihrer gesellschaftlichen Stellung stiegen. Sogar einige Mönche wurden zu Denunzianten, und einen von ihnen fand man im Park, an einem Draht erhängt.

Mein Vater mußte einmal im Monat unseren Verwandten in Athen Lebensmittel bringen. In Nea Smirni wohnte noch immer der Bruder der Mutter, Andonis Pulakis, mit seiner Frau, seiner Tochter Elma und der Großmutter Stamatia. Ohne den monatlichen Koffer, den meine Mutter mit zäher Beharrlichkeit füllte, wären sie verhungert. Vater erzählte uns, daß er und sein Schwager jeden Abend das »Haus der drei Mädchen«, wie er es nannte, besuchten. Diese Familie besaß ein verstecktes Radio und hörte BBC London. Es scheint aber, daß sie dort schöne Abende verbrachten, weil mein Vater immer öfter nach Athen reisen wollte. Nach den Nachrichten wurde ein Grammophon aufgestellt und getanzt. Außer den drei Töchtern, Stasa, Mimosa und Mirto, versorgte der Hausherr Ilias Altinoglu, Physiklehrer und Gymnasiumsdirektor, noch zwei weitere Frauen, Margarita, seine Frau, und Urania, seine Schwiegermutter. Letztere war eine reiche Frau aus Smirni, sie stammte aber aus Naxos, und ihre Vorfahren gehörten zur Familie der Conti de Varotsi aus Venedig. Sie war »modern«, das heißt, sie rauchte und schrieb Hörspiele für den Rundfunk in französischer Sprache. Mein Vater hatte zwei große Leidenschaften: Tanz und Französisch. Er tanzte mit Frau Urania, und sie unterhielten sich wie zwei französische Adlige vor der Revolution. Wenn er nach Tripolis zurückkehrte, schwärmte er mir von den drei Töchtern vor, die so wunderbar und höflich seien und von denen die kleinste immerzu lache. Das einzige, was mich erstaunte, war, wie er es mit diesem Koffer schaffte, nach Athen zu kommen.

1943, als ich in Athen die Untergrundbahn vom Omoniaplatz nach Kalithea nehmen wollte, umringten mich plötzlich etwa dreizehn kleine Jungen, von denen der älteste zwölf Jahre alt war. Sie kreisten mich ein und starrten auf meinen Koffer, den ich, um ihn zu schützen, unter meine Achsel geklemmt hatte. Die Passanten gingen vorbei oder sahen der Szene gleichgültig zu. Das gehörte hier wahrscheinlich zum Alltag. Ich tat so, als würde ich auf sie losgehen und schrie sie an, um sie einzuschüchtern. Sie waren aber routiniert. Noch bevor ich reagieren konnte, griffen sie mich an und hatten innerhalb einer Minute den Koffer mit ihren Rasierklingen, die sie drohend in den Händen hielten, völlig zerschnitten. Den herausfallenden Sachen gaben sie Tritte, und sie verstauten sie schnell in ihren großen Taschen oder in Tüten, die an ihren Lumpen hingen, und rannten weg. Ich sammelte noch ein Brot und ein paar Kartoffeln von der Straße auf, und dachte, als ich in die U-Bahn stieg: Hier sieht die Sache anders aus ...

Oberst Festuccio war der Oberbefehlshaber von Tripolis. Ihm unterstand die Carabinieri (Karabineria), also die Militärpolizei. Er war verantwortlich für Ordnung und Gesetz, das Gesetz des Stärkeren. Am Anfang machte er Jagd auf die Banditen in den Bergen, später auf die Partisanen. Wenn er Tripolis verließ, atmete die Stadt auf. Seine Rückkehr erkannten wir an den Feiern in seinem Haus, wo er etliche Nutten untergebracht hatte. Die Feiern dauerten zwei, drei Tage, und die Eingeweihten wußten zu berichten, daß dort der Teufel los war. Man mußte sich aber nicht sehr anstrengen, um das herauszubekommen. Die Rufe, die Lieder, die Schreie der Frauen ließen uns nachts nicht schlafen. Wenn er von seinen Orgien genug hatte, zog er die Uniform an und machte seine berüchtigten Spaziergänge. Wehe dem, der ihm in die Quere kam. Er schlug ihn mit der Peitsche, drückte ihn auf die Knie, faßte ihn an der Nase und zwang ihn, in dieser Haltung mit ihm spazierenzugehen. Ehrenhafte Rechtsanwälte, Ärzte, ehemalige Offiziere mußten sich diese öffentliche Erniedrigung gefallen lassen. Die ihn begleitenden Offiziere lachten und schauten nach allen Seiten, um jeden mißbilligenden Blick der Passanten zu bestrafen.

Später stellte ich fest, daß Festuccio eine paranoide Persönlichkeit war. Als nämlich ein höherer Offizier aus seiner Umgebung desertierte – ein Agent des Intelligence Service –, berichtete er, daß auch Festuccio zu seinen Informanten gehört hatte. Zu meinem öffentlichen Konzert im Kino kam auch der Chef der Karabineria, und er war offensichtlich beeindruckt oder verblüfft, daß es in dieser vergessenen Stadt einen jungen Komponisten gab.

Im Frühjahr 1943 – ich stand vor dem Abschluß des Gymnasiums – beschloß unsere Organisation, sich einen Drucker zu besorgen. Wir brauchten Geld, also organisierten wir eine Malereiausstellung, vorwiegend mit Werken von Schülern. Da erhielten wir die Information, daß unsere Verhaftung bevorstünde. Noch ehe ich die Nachricht richtig verdaut hatte, stand ich bereits auf dem Gerichtsplatz Festuccio gegenüber. Er kam auf mich zu und hakte sich bei mir ein. Zu zweit gingen wir jetzt weiter. Die Einwohner von Tripolis trauten ihren Augen nicht, er sang mir leise die Melodie *La donna e mobile* vor. Nachdem wir zweimal die Straße auf und ab gegangen waren, führte er mich ins Hotel »Menalos«, das die Italiener als Armeelazarett benutzten. Er ließ mich durchsuchen. Bald kam mein Vater, dem Festuccio auf französisch sagte: »Nehmen Sie ihn, und kommen Sie morgen in mein Büro.« Es war eine Warnung. Immerhin gingen schon Gerüchte um, daß Tripolis an die Deutschen übergeben werden sollte. Vom »Menalos«-Hotel bis zu unserem Haus waren es dreihundert Meter. Meine Mutter erwartete uns unruhig auf dem Balkon. Plötzlich umringte uns eine Gruppe von Sicherheitspolizisten in Zivil und nahm mich fest. Meinen Vater, der sich beschweren wollte, streckten sie mit zwei Schlägen zu Boden. Mutter schrie auf, aber die Polizisten zielten von unten mit ihren Waffen auf sie, und sie verschloß ihren Mund mit der Hand. Die Polizisten legten mir Handschellen an. Wir fuhren auf der Straße Richtung Kalamata. Der Mond leuchtete, und ich sah die Häuser der Stadt hinter den Bergen verschwinden. Wir hielten an. Ich mußte absteigen. Vor uns stand eine kleine deutsche Einheit. Drei Motorräder mit Beiwagen, ein deutscher Jeep und ein kleiner Lastwagen voller Soldaten. Auch drei Griechen, die Hände auf den Rücken gebunden. Man hatte sie geschlagen, und ihnen war weder nach Sehen noch nach Hören zumute. Sie ließen den Kopf hängen und harrten auf das unausweichliche Ende. Die italienischen Faschisten übergaben mich an die Gestapo-Leute. Sie prügelten auf mich ein. Ich hatte große Schmerzen und brach zusammen. Sie traten mich mit den Füßen, und als sie mich hochzerrten, um mich zu fesseln, zog mich der eine an den Haaren, und ein anderer drückte seine zwei Finger tief in meine Augen, um mich zu blenden. Schließlich hatten sie sich abreagiert und stießen mich auf den Wagen zu den anderen. Die Deutschen rissen einen Witz in ihrer Sprache. Lachten zufrieden. Ich bückte mich, um den anderen in die Augen zu sehen. Auch sie betrachteten mich heimlich. Gab es noch Hoffnung?

Wir fuhren los, Richtung Kalamata. Machten irgendwo halt. Die Soldaten sprangen ab und ließen eine Wache zurück. Bald ging es weiter. Wir kamen in ein verlassenes Dorf. Nur Hunde und Hühner auf den Straßen. Wir hielten auf dem Dorfplatz. Die Soldaten liefen in die Kafenions und Geschäfte. Sie plünderten, soffen, schrien, schossen auf die Hühner und Hunde. Der Offizier rief sie zusammen und gab ihnen einen Befehl. Sie zündeten vier Häuser an. Wir fuhren weiter. Mittags, fünfzig Grad in der Sonne, mußten wir vom Wagen runter. Sie nahmen uns die Fesseln ab und gaben jedem von uns eine kleine Schaufel. Wir begriffen. Einer sagte: »Kaputt!« und zeigte auf die Stelle, an der wir unser Grab schaufeln sollten.

Wir hatten gerade einen halben Meter gegraben, als eine Bombe, wahrscheinlich eine Granate, neben dem Jeep detonierte und den Offizier, der sich vor einem Spiegel auf der Motorhaube rasierte, in Stücke riß. Panik brach unter den Gestapo-Leuten aus. Sie schrien alle durcheinander. Einer zeigte auf den Berg, ein anderer auf uns, ein dritter auf die Straße. Der Fahrer des kleinen Lastwagens setzte sich ins Fahrerhaus. Da detonierten zwei Granaten gleichzeitig, die eine, in unserer Nähe, überschüttete uns mit Erde. Vom Berg aus hörte man Maschinengewehrfeuer. Noch bevor wir in Deckung gehen konnten, schoß ein deutscher Soldat auf uns. Einer starb sofort, ein zweiter wurde verwundet, der dritte und ich ließen uns hinter die aufgeschüttete Erde fallen. Das war alles sehr schnell gegangen. Wir hörten, wie die Deutschen wegfuhren. Dann Stille. Wir meinten, von weitem Italienisch zu hören, trugen den Verwundeten zu einem Wäldchen zweihundert Meter in Richtung des Berges und legten ihn unter eine riesige Eiche. Der andere schaute sich um. Ruhe. Es wurde dunkel. »Wasser«, flüsterte der Verwundete. Wir knöpften sein Hemd auf; sein Blut sprudelte, während er atmete. Er hatte mehrere Verwundungen. Einen Bauchdurchschuß und eine Kugel im Handgelenk, so daß die Hand herunterhing. »Ich gehe Wasser holen«, sagte der andere. Ich blieb bei dem Verwundeten und streichelte seine Stirn.

Plötzlich sprangen uns von allen Seiten tollwütige Hunde mit schäumenden Mäulern an. Ich versuchte sie wegzuscheuchen, während ich krampfhaft überlegte, was ich machen könnte. Ich griff den Verwundeten an seiner noch gesunden Hand, richtete ihn auf und lehnte ihn an einen Baum, kletterte hinauf und zog ihn von zwei Meter Höhe nach oben. Er stöhnte. Er war sehr schwer. Ich setzte meine ganze Kraft ein. Als er fünfzig Zentimeter über der Erde schwebte, sprang ein großer Hund hoch und verbiß sich in seinem Fuß. Ich zog beide hinauf, den Verwundeten und den Hund. Der Hund fiel, mit einem Stück Fleisch zwischen den Zähnen, auf die Erde. Ich legte den Verwundeten in eine Baumaushöhlung. Zuerst gab er furchtbare Laute von sich. Aber mit der Zeit wurde seine Stimme immer schwächer. Er hatte keine Kraft mehr zu stöhnen. Das Blut rann an seinem Körper hinab, und sein Fuß sah schrecklich aus. Die Hunde leckten das Blut, heulten wie Wölfe. Was war aus dem anderen geworden? Wie hätte er das Wasser bringen sollen, vorausgesetzt, er hätte welches gefunden?

Der Morgen kam. Die Sonne ging auf. Es wurde heiß. Die Fliegen, ein ganzer Schwarm, bedeckten seine Wunden, seinen Mund, seine Augen. Alles. Er lebte noch. Er öffnete die Augen, sah mich an, wunderte sich und starb. Besser so, dachte ich, du mußt nicht mehr leiden. Ich hatte Durst und Schmerzen, vor meinen Augen flirrte es. Ich beobachtete die Hunde, die unruhig umherliefen. Ab und zu versuchte einer hinaufzuspringen. Ich schlief, den Toten in meinen Armen. Die Nacht brach herein. Am nächsten Tag tauchte der andere mit dem Wasser auf. Mit ihm eine kleine Maultierkarawane, die nach Tripolis unterwegs war, irgendwelches Gepäck abzuholen. Die Leute, ziemlich viele, verjagten die Hunde und begruben den Toten. Ich war in Ohnmacht gefallen. Sie banden mich auf einem Maultier fest. Wir erreichten eine Herberge. Sie legten mich hin. Ich kam zu mir, schaute mich um, wollte mich orientieren. Langsam erinnerte ich mich. Ich erblickte einen Bauern, der mich scharf ansah. Das gefiel mir nicht. Ich wollte abhauen, war aber zu schwach. Wohin sollte ich auch gehen? Nachts kam die italienische Polizei und brachte mich in die Karabineria. Sie sperrten mich in eine enge, dunkle Zelle. Als meine Augen sich an die Dunkelheit gewöhnt hatten, sah ich hinten in einer Ecke einen fast leblosen Menschen. Er lag auf dem

Bauch. Sein Oberkörper war nackt, die Haut auf seinem Rücken von Rasierklingen zerfetzt, geschwollen vom Salz, vielleicht auch von heißem Öl. Er bewegte sich nicht. Möglich, daß er gar nicht mehr lebte. Seine rechte Hand lag unter seinem Kopf. Die linke Hand neben seinem Körper, eine einzige Wunde. Die Fingernägel hatten ihm die Folterer herausgezogen. Seine Hose war aus derbem Stoff, ein Zeichen dafür, daß er Bauer aus einem Dorf war. Bestimmt ein Partisan. Die Faschisten wollten aus ihm die Standorte der Partisanenlager und die Marschrouten herauspressen. Der Schlüssel drehte sich schnell im Schloß. Ich dachte: Jetzt bist du an der Reihe! und sah unwillkürlich auf meine Fingernägel. Die Italiener wendeten ein eigenes System an: Sie steckten ein dünnes Rohrstückchen tief unter die Fingernägel und dann noch eins und noch eins ... Ich stand auf, obwohl ich noch nicht gerufen worden war. Ein Offizier wartete vor der Zelle. Ich folgte ihm. Er brachte mich in ein leeres Büro und zeigte auf einen Stuhl. Ich ließ mich fallen, und mein Kopf schlug auf die Tischkante. Ich konnte meinen Körper nicht kontrollieren. Die Tür ging wieder auf. Derselbe Offizier, diesmal mit Mütze, und zwei Carabinieri kamen herein und schleppten mich hinaus. Sie hoben mich auf einen Lastwagen mit grüner Plane. Wir stiegen vor dem Gerichtsgebäude aus. Es war dunkle Nacht. Sie trugen mich die Treppe hoch. In der Empfangshalle wartete mein Vater. Das war seine erste große Prüfung, die er meinetwegen durchmachen mußte. Seitdem wurde er ständig mit solchen Situationen konfrontiert. Als er das Blut sah, schaute er mich fragend an. »Das ist nicht meins«, sagte ich ihm. Er öffnete die Tür, und wir traten ins Büro von Festuccio. Ein großer, pompöser Raum. Er stand auf und grüßte uns militärisch. Er sprach mit meinem Vater auf französisch, weil er keine Zeugen haben wollte. Er befahl den Italienern, uns eine Ecke frei zu machen. Sie hatten mich auf einen Stuhl ihm gegenüber hingesetzt. »Ich grüße den Patrioten, ich hasse den Kommunisten. Genauso wie ich den Faschismus hasse. Ich bin Demokrat, ich will Ihren Sohn retten, weil er ein mutiger Mensch ist. Ja, er kämpfte gegen uns. Aber ich schätze den tapferen Feind. Außerdem hat er Talent. Man darf es nicht zerstören. Ich weiß alles. Diesmal ist er noch davongekommen. Aber morgen wird alles zu spät sein. Ich übergebe die Stadt den Deutschen. Und die spaßen nicht. Herr Theodorakis«, sagte er mit Nachdruck, »ich werde ihn mit Begleitung nach Athen schicken. Ich nehme ihn fest, um ihn zu retten, glauben Sie mir!« So in etwa sprach der eigenwillige Oberst der Karabineria Festuccio. Er stand auf und grüßte mich, wieder etwas melodramatisch, und am nächsten Tag zog er seine Felduniform an, ging in die Berge und kam bei einer Auseinandersetzung mit den Partisanen um.

Am übernächsten Tag sahen die Einwohner von Tripolis, als sie aufwachten, an ihren Balkonen Erhängte. Die Deutschen hatten die Verwaltung der Stadt übernommen. »Laß uns nicht verzweifeln, gib auf dein Leben acht! Deine Mutter leidet. Sie weint Tag und Nacht. Hab Mitleid mit ihr! Hab Mitleid mit uns!« Worte, die einen verwunden. Ich hätte Schläge und Prügel diesen Sätzen vorgezogen. Seitdem war das Schlimmste in allen ähnlichen Situationen, daß ich das Leben meiner Eltern vergiftete. Das war das eigentliche Martyrium. Schuld daran trug aber auch mein Vater, der mir mit seinen Aufzeichnungen über den Krieg den Willen stärkte, »das zu tun, was ich nicht kann«, wie Kazantzakis sagen würde. Und wirklich, ich konnte es nicht. In jedem schwierigen Augenblick meines Lebens sagte ich mir: »Was willst du eigentlich hier? Was hast du mit all dem zu tun?« Tatsächlich, in welchem Zusammenhang standen die militärischen Aktionen und mein wichtigstes existenzielles Problem, die Suche nach der Harmonie – in der Kunst, im Denken, im Bewußtsein, im Leben? Die Göttin Tyche und der Erzengel Michail ließen mich seltsame und gefährliche Wege gehen, damit ich mein eigenes Ich finde, also den Sinn meiner Existenz. Und dann dies: Festuccio, dieses Symbol der Gewalt und der Schrecken der besetzten Stadt, rettete mich. Warum? Weil er mein Konzert gehört oder weil ich den italienischen Offizier geschlagen hatte? Irgendwie fühlte er sich durch mich herausgefordert, daß er mich, einen kleinen Jungen, militärisch grüßte, einen Jungen, der nicht wußte, warum und wie das geschah (und der es niemals erfahren würde). Paolo und Ernesto waren meine zwei Begleiter, Vertraute von Festuccio. Sie verfügten über offizielle Papiere, wonach sie mich in der Zentrale der italienischen Polizei von Athen übergeben mußten. Ich begriff, daß wir jeden Augenblick Gefahr liefen, in die Arme der Faschisten, der Geheimpolizei oder der Deutschen zu laufen. Sie führten mich zuallererst in die Toilette und sagten mir in einem Kauderwelschgriechisch: »So mußt du waschen Gesicht, Hände. Sauber. Kapito?« Wir stiegen in einen Lastwagen und gelangten auf die Straße nach Athen ohne böse Überraschungen. Dann mußten wir anhalten. Unsere Papiere wurden kontrolliert, die Ernesto, der sich neben den Fahrer gesetzt hatte, bei sich trug. Die Plane wurde aufgeschlagen, ein Soldat warf Paolo die Taschenlampe zu und grüßte uns mit einem »Ciao!«. Er ließ die eiserne Stufe herunter, und italienische Soldaten stiegen zu, mit Waffen und Patronengurten. Komplette Ausrüstung. Wir rückten zusammen, mußten noch eine halbe Stunde warten und fuhren dann los. Wir gehörten zu einem langen Konvoi, was die Worte Festuccios bestätigte: Die Italiener verließen Tripolis. Ich schlief auf Knien, und manchmal fühlte ich die Hand von Paolo mich stützen, wenn ich mein Gleichgewicht verlor, oder manchmal sanft meine Stirn streicheln. Er gab mir oft Wasser zu trinken, und als wir eine Rast machten, brachte er mir in seinem Kochgeschirr warme Suppe. Die Italiener führten sogar im Konvoi eine Feldküche mit.

Am andern Tag hielt der Konvoi, als wir in Athen angekommen waren, in Dafni. Die Soldaten stiegen aus, und ich blieb allein mit Paolo. Unser Auto fuhr weiter. Wir stiegen vor der deutschen Kontrolle an den Bahngleisen aus. »Du nach Hause«, sagte mir Ernesto. Wir nahmen in Monastiraki die Metro und stiegen in Kalithea aus. Von dort liefen wir zu Fuß, bogen aber vor der Singruallee, wo eine weitere deutsche Straßensperre war, links ab, Richtung Charokopos, um auf der Höhe der Klinik die Singruallee zu überqueren. Genau hinter dem Haus, das die Italiener beschlagnahmt hatten, lag das Haus meines Onkels Andonis, Smirnistraße 39. »Du nach Hause, wir Karabineria . . . Attenzione tedeschi und fascisti!«

In Italien überstürzten sich die Ereignisse. Mussolini bat um den Schutz Hitlers. Im Süden wurde der Aufstand von Badoglio vorbereitet. Als dieser losbrach, lief ich gerade die Panepistimiustraße entlang und sah, wie deutsche Soldaten italienische Offiziere mitten auf der Straße festnahmen. Ein italienischer Soldat versteckte sich unter der Treppe des Kinos REX und zog seine Soldatenkleidung aus. Die Fußgänger reichten ihm ein Hemd oder eine Jacke, um ihn zu retten. Auf der Benakistraße rannten zwei Italiener auf mich zu und riefen: »Prego! Prego! Bitte!« Zum Glück war die Tür des Gebäudes, wo der Athener Chor probte, geöffnet. Ich schob die beiden hinein. Sie küßten mir die Hände. Am nächsten Tag liefen Tausende von italienischen Gefangenen die Singruallee hinab. Links und rechts deutsche Wachsoldaten mit schußbereiten Maschinenpistolen. Sie verfrachteten die Italiener auf Flöße und in Boote und versenkten diese im Saronischen Golf. Andere trieben sie zu Hunderten in Waggons, die den Isthmus von Korinth hinuntergestürzt wurden, um ihn zu sperren. Am selben Abend fand ich auch Paolo und Ernesto, die sich hinter den Büschen unseres Hauses versteckt hielten. Wir hatten einen sehr niedrigen Keller voller Koffer und Kisten. Ich versteckte sie dort, bis der Sturm vorüber war. Dann besorgte ich ihnen Zivilkleidung. Sie bekamen Arbeit als Träger bei Psiris, einem meiner Bekannten aus Tripolis, einem Schwarzhändler, der viel Geld mit Olivenöl machte.

Mein Pech war, daß sich mein Denken viel schneller entwickelte als meine musikalischen Fähigkeiten. Sicher war auch das damalige musikalische Material viel ärmer als die Bedeutung, die ich ihm beimaß. Ich beschäftigte mich, wie gesagt, mit verschiedenen Kompositionen für Klavier, die alle Kennzeichen von Erstlingswerken tragen. Sie sind ein ferner Widerhall der Meisterwerke der großen Komponisten, die das Fräulein Apostolatu mit großem Eifer interpretierte. Ich machte Fortschritte in Harmonielehre, nicht so sehr dank des pedantischen Unterrichts meines Lehrers, als vielmehr dank der Analyse der Werke selbst und dank zweier Bücher: von Kalomiris und später von Solonas Michailidis. Mit meinen Chorwerken, die in jener Zeit entstanden, hatte ich im Gegensatz dazu mehr Glück. Und zwar, weil ich mit dem vierstimmigen Männerchor arbeiten konnte und weil es eine lebendige einheimische Tradition sowohl der kirchlichen als auch der weltlichen Chormusik gab. Polikratis war mein Vorbild für die Hymnen der Liturgie, Cheruviko, Se imnumen usw. Aber wenn ich an meine ungenügenden technischen Fähigkeiten und an das bißchen Musik, das ich damals hörte, denke, ist mir unbegreiflich, wie ich ein solches Werk wie die *Kassiani* überhaupt schreiben konnte. Es ist die einzige Komposition dieser Zeit, die ich neben meinen späteren Werken gelten lassen würde. In meinem Archiv befinden sich alle Skizzen, die meine verzweifelten Versuche zur Formung einer Melodie oder einer musikalischen Phrase belegen. Dutzende Male folge ich demselben Motiv, bis es seine endgültige Gestalt annimmt. Nach den Werken für Klavier und Violine sowie für Chor kommen die Lieder. Damals war die Diskussion noch in vollem Gange, ob die Dichtung vertont werden dürfe oder nicht. Wirklich, ein großes Thema und ein großes Problem. Ich bewies nicht erst mit dem *Epitafios* meine Vorliebe für dieses musikalische Genre. Seit ich mich überhaupt mit Musik beschäftige, tue ich nichts anderes, als Gedichte, die ich gern lese und rezitiere, zu vertonen. Wenn ich ein Gedicht lese, »höre« ich entweder seine Musik oder eben nicht. Ich verehre Kavafis, doch niemals vernahm ich den leisesten melodischen Ton, trotz der emotionalen, psychischen und geistigen Erregung, die ich beim Lesen seiner Gedichte spüre. Während der Verbannung auf Ikaria und Makronisos trug ich einen Band mit Gedichten von Kavafis immer bei mir. Natürlich beschäftigte ich mich als Musiker mit seiner Dichtung, vertonte aber keines seiner Gedichte. Ich vertonte auch 99 Prozent der Gedichte nicht, die ich las und lese. Jene, die ich damals vertonte, Gedichte von Drosinis, Valaoritis, Palamas oder Griparis, sangen wir zu Hause oder in unserem Freundeskreis. Meine damaligen Freunde erinnern sich noch heute an die Lieder und singen sie.

Meine Mutter brachte mir die Liebe zu einer verlorenen Heimat nah, die ich niemals kennenlernen sollte, und durch meinen Vater bekam ich zwei Vaterländer: ein mythisches, Kreta, und ein wirkliches, Griechenland. Das Griechenland der Schulen war zum Heulen; das Griechenland der Provinz konnte man nur bemitleiden; und das Griechenland als Staatsmacht fürchten. Welches sollte ich wählen? Anfangs hatte das Vaterland unserer kleinen Stadt mit den Kindern aus der Nachbarschaft ein für mich feindliches und wildes Gesicht, das mich abschreckte. Kaum erschien es mir etwas vertrauter, zog meine Familie in die nächste Stadt, und alles begann von vorn. Schließlich gewöhnte ich mich daran. Meine Heimat war mein Zuhause, die Meinen, alle die, die uns liebten, Geld liehen oder an uns auf Kredit verkauften, so daß mein Vater sagte, »eine gute Seele, der Schneider«, »ein gutes Herz, der Krämer«. Aber das waren wenige. Über unserer Familie schwebte stets eine unsichtbare Gefahr. Der Beamtenstatus brachte Angst und Unsicherheit mit sich. Der Beamte muß sich stets unterwerfen und darf seine Armut und seine Gedanken niemals verraten. Er muß seinen Vorgesetzten angenehm sein und seinen Untergebenen Furcht und Achtung einflößen.

Meine Mutter besuchte niemals die Kirche, weil sie glaubte, selbst ein Herz, wie Christus es hatte, zu besitzen. Mein Vater schwankte zwischen den Sprüchen von Mark Aurel und der Nörgelei des Predigers: »Es ist alles ganz eitel, ganz eitel.« Darum identifizierten sie sich ebenso fanatisch wie ich mit der »Entdekkung« und »Apokalypse« der Musik. Sie erkannten innerhalb der falschen eine wahre Wirklichkeit. Was die Vaterländer und die Gedanken anbetraf – mein Vater hatte sie längst überwunden, schämte sich aber, mir das einzugestehen.

Der Albanienkrieg überrumpelte uns alle. Er blendete uns für kurze Zeit. Aber mein Vater wußte durch seine Arbeit Bescheid. Ihm war klar, daß der Verrat »weit oben« im Staatsapparat auf seine Stunde lauerte. Hätte er an die Sache geglaubt, hätte er mich, wie sein Vater ihn, sofort an die Front geschickt. Ich vergaß zu erzählen, daß mein Vater 1912 verraten wurde, als er sich in einem Lastkahn im Hafen von Chania versteckte, um an die Front zu kommen. Sein Vater kaufte ein Brot, ging zum Hafen und fand ihn. Er gab ihm das Brot, einen Taler und sagte: »Da du dich allein dazu entschlossen hast, so geh nur. Paß aber auf, daß du deinen Mann stehst und uns nicht blamierst!« Dagegen wollte mein Vater wahrscheinlich nicht mich, seinen Sohn, auf dem Altar der Tragikomödie opfern, bei der die Regierenden, ausländische Botschafter, Militärs und andere einflußreiche Kreise als Protagonisten auftraten.

Genauso skeptisch begegnete er dem Widerstand. Irgendwas gefiel ihm nicht. Das Ganze war ihm suspekt. Als er erfuhr, wie und warum man mich von der ersten nationalen Demonstration auszuschließen versucht und auf welche weise ich mich schließlich an ihr beteiligt hatte, mit den für mich geschilderten Konsequenzen, erstarrte er. Dieser Held von Bisani, der Verehrer Griechenlands, der Kreter, der seine Größe an dem Blut maß, das seine Vorfahren für die Freiheit vergossen (»Er gab einen Eimer Blut«, »Bei der Revolution spendeten wir zwei Eimer Blut«), wurde verdächtigt! Seltsam ist nur, daß ich mit ihm einer Meinung war. Aber mein Egoismus ließ mich nicht offen mit ihm darüber reden. Vielleicht, weil ich glauben wollte, daß ich alles mit ganzem Herzen tue. Dabei führte ich mich selbst hinters Licht, denn in allen schwierigen Augenblicken saß ich mir selbst gegenüber, und wirklich, wir lachten lauthals über das Geschehene. Als mir die Italiener einen Fingernagel herauszogen, kam der »andere«, setzte sich mir gegenüber und fragte mich: »Was wollen wir hier? Das ist doch alles so absurd.« Ich sah sie mir zweifelnd an, alle um mich herum, jenen, der mich verhörte, den Dolmetscher aus Patra, die drei, die mich von hinten festhielten, und die anderen zwei, die mit meinem Fingernagel kämpften. Das Ganze war unbegreiflich. Völlig im Gegensatz zu dem, was man uns über den Menschen beigebracht hatte, der ja von Gott nach seinem Bild geschaffen worden war . . . Seitdem bewahrte ich diese Distanz zu mir.

Welche also war meine Heimat? Sicher, wenn wir nicht den Krieg und die Okkupation gehabt hätten, wäre meine äußere Biographie anders verlaufen. Denn die Gewalt, die ich fühlte, aber in unseren alltäglichen Verhältnissen nicht sehen konnte, beherrschte seit dem Beginn der Okkupation die Straßen. Meine Reaktion auf die Gewalt war, sofort zurückzuschlagen, denn der Gewalttätige machte keinen Unterschied zwischen groß und klein. Wer sich ihm in den Weg stellte, wurde vernichtet. Und meine spontane Reaktion auf die Gewalt führte dazu, daß ich mich stets gegen sie auflehnte, unabhängig davon, wer sie ausübte.

Die Ereignisse, über die ich berichtete und über die ich noch berichten werde, erlebte ich als ein Außenstehender, ein Dritter, ein Beobachter, der das traurige Privileg besaß, körperlich das Schicksal des Menschen zu erfahren. Von außen besehen, verlief mein Leben sehr unruhig, aber in meinem Innern verfolgte ich einen geraden Weg, was auch geschah, ob nun Krieg und Okkupation war oder nicht.

Zum Leben brauchte ich die Musik. Aber welche Musik? Die Harmonik etwa, die eine Errungenschaft fremder Musiker war, die in weiter Ferne wohnten, in verregneten Ländern mit märchenhaften Häusern, mit warmen Zimmern voller Musikinstrumente und mit lebendigen, klugen Personen, fähig, die Botschaft der Künstler aufzunehmen und zu beurteilen? Ich glaube, daß meine Hinwendung zur sinfonischen (klassischen) Musik damals – inmitten der kulturellen Wüste der griechischen Provinz – einen spontanen Akt darstellte, der meine Ablehnung der griechischen Wirklichkeit mit ihrem für mich abstoßenden Gesicht einschloß. Ich wählte keine laizistischen, keine demotischen Lieder und auch keine Schlager, um mich auszudrücken, sondern: die KLASSISCHE LIEDFORM. Und wo das alles? Im Pirgos von 1939 und im Tripolis von 1940!

Drei meiner Freunde in Tripolis verfügten über ein für die damalige Zeit herausragendes Wissen: Konstandinopulos, Kulukis und Vasilis Kutsugeras. Das Wirken von Papanutsos spornte uns an. Manchmal, während wir uns an den Wasserspielen, neben dem Grab des Alten von Morias über Philosophie, Ästhetik, Literatur unterhielten, bildeten wir uns ein, wir seien auf der antiken Agora oder dem Pnyx-Hügel. Ich kaufte oder borgte mir neue Bücher, um den Gesprächen folgen zu können. Oft waren die Bedeutungen vage und die Wörter neu. Kutsugeras aus Vlacherna hatte, wie es schien, in seinem Dorf die halbe Nationalbibliothek verschlungen. Doch wichtiger als das faktische Wissen war der Gebrauch der Sprache, die kunstvolle Verflechtung der Wörter, um Wendungen zu konstruieren, die wie Diamanten leuchteten und den Verstand durch ihr Licht blendeten. Ebenso wichtig war das »Argument«, das »Spiel« mit dem Gegner, um ihn in das eigene Fahrwasser zu ziehen und ihm dort durch die Offenbarung der »eigenen« überlegenen Wahrheit den endgültigen Schlag zu versetzen.

Eines Tages kam zu unseren Gesprächen bei den Wasserspielen ein gewisser Alekos Grivas aus Pireas, der uns übertrumpfte. Sein Wissen war diabolisch, ebenso die Art und Weise, es umzusetzen und seine Zuhörerschaft für sich einzunehmen. Er machte einige für uns feststehende Wahrheiten zunichte oder lehnte sie ironisch ab. Lambis Papadopulos, ein geübter Gesprächspartner, versuchte ihm beizukommen, doch Grivas erklärte uns mit sehr geschmeidiger Zunge, was ein »Sophist« ist, und ließ uns verstummen. So sahen wir mit großem Bangen der Begegnung von Grivas und Kutsugeras entgegen. Wie zwei geübte Ringer prüfte der eine die Kraft des anderen. Das Gespräch führte von Platon zu Kant und natürlich zu Hegel und immer wieder zu Hegel. Als Vasilis die Schwachpunkte des Gegners entdeckt hatte, beschloß er anzugreifen. Schließlich ging er zum offenen Sarkasmus über und behandelte sein Gegenüber wie der Torero einen verzweifelt schnaufenden Stier. Wir klatschten nach jedem neuen Schlag, so daß Grivas am Ende in ritterlicher Manier die Überlegenheit der Philosophen aus Tripolis anerkannte!

Wenige Jahre später, und zwar 1948, während des Bürgerkrieges, in der Zeit der strengen Illegalität, wie wir sie nannten, waren immer weniger Leute bereit, uns nachts in ihren Häusern Unterschlupf zu gewähren. Es drohten große Strafen, und die Konsequenzen waren in jeder Hinsicht furchtbar, die Menschen aber, die ihre Sicherheit riskierten, wurden immer weniger. Wir mußten immer öfter auf Baustellen oder in öffentlichen Parks übernachten, und das im Januar und Februar, wenn einen die Kälte umbringen kann. Unsere Organisation beschloß, daß wir uns auch an rechte Leute, auch wenn sie uns offiziell bekämpften, wenden sollten, wenn wir sicher waren, daß sie uns nicht verraten würden. Wir boten ihnen dafür eine Gegenleistung an: Heute versteckst du mich, morgen verstecke ich dich. Da fiel mir Grivas ein, der Neffe des Despoten von Pireas, eines bekannten Kommunistenfressers. Grivas selbst hielt antikommunistische Reden vor den Einheiten der Nationalisten, um sie gegen uns zu fanatisieren. Ein idealer Fall.

Ich besorgte mir seine Telefonnummer und Adresse. Er empfing mich äußerst herzlich! Er wohnte an der Tzelepi-Küste, hinter dem Pasalimani. Am Telefon erklärte er mir, welche Straßenbahn ich nehmen und wo ich aussteigen mußte. Das weiße zweistöckige Haus mit dem schmalen Grundriß befand sich auf einer engen und langgezogenen Straße, parallel zum Strand. Die Tür wurde automatisch geöffnet, ich kam in den kleinen Flur, von dem aus eine sehr steile braune Holztreppe, mit Teppich ausgelegt und mit vergoldetem Geländer, nach oben führte. Alekos wartete oben an der Treppe auf mich und begrüßte mich mit großer Freude. Als wir in den Salon eintraten, flüsterte er mir zu: »Am besten, wir sagen meiner Mutter nicht, wer du bist . . .« Draußen war es schon dunkel. Vor den Fenstern hingen die tief karmesinroten Samtgardinen, im Zimmer leuchtete nur eine kleine Lampe, bedeckt von einem ebenfalls roten Schirm, von der ein gelbliches Licht ausging, das auf den kleinen Tisch und die Sessel ringsum fiel. Ich konnte einen forschenden Blick nicht unterdrükken. »Hier bist du in hundertprozentiger Sicherheit«, bemerkte er daraufhin. »Morgen halte ich außerdem eine Rede in der Marineschule mit dem Thema ›Die verbrecherische Natur des Kommunisten‹. Also ruhe dich aus. Hast du vielleicht Hunger? Nein? Dann laß uns Whisky trinken.« Ich hatte seit zwei Tagen nichts gegessen, und mein Magen stülpte sich um vor Hunger. Aber in solchen Situationen aßen wir nie, um die Haushalte, die uns aufnahmen, nicht noch mehr zu belasten. Ich glaube, es war das erstemal in meinem Leben, daß ich Whisky trank, der, bedingt durch meinen Hunger, noch abscheulicher schmeckte. Alekos genoß ihn. Er fragte mich nicht, was ich so mache, sondern sagte: »Wie wollen wir die Nacht verbringen? Willst du, daß ich dir etwas aus meinem neuen Roman vorlese?« Ich fühlte mich so, als würde ich vor Erschöpfung, Müdigkeit und Hunger sterben. Was sollte ich tun? Ich zeigte mich von der Idee begeistert. »Natürlich«, antwortete ich ihm, »ich würde sehr gern was hören.« Er stand auf und kehrte mit einem Stapel Manuskriptblätter zurück. Hinter den dicken Brillengläsern glänzten seine Augen. »Weißt du«, ich hielt die Zeit für gekommen, ihm das zu sagen, »meine Organisation garantiert in einer ähnlichen Situation mit umgekehrten Vorzeichen das gleiche Entgegenkommen.« – »Wann soll denn das sein?« fragte er ironisch. »Sehr bald«, erwiderte ich ruhig und sicher, »in diesem Jahr noch werden wir die Macht übernehmen.« – »Warten wir's ab ... Jedenfalls achte ich sehr, daß du mir vertraust. Ich mache das aus Freundschaft, aus reiner Freundschaft. Ich habe viel über dein Talent gehört. Deine Ideen interessieren mich genausowenig wie meine eigenen. Das ganze amüsiert mich irgendwie. Und ich danke meinem Oheim, dem Despoten. Ich muß nicht mal zur Armee. Und mache mich über alle lustig ... Also, soll ich anfangen?« Ich legte mich so gemütlich wie nur möglich hin. Er ordnete seine Papiere und las mir, mit einer Stimme, die immer keuchender wurde, einen Text vor, der sexuelle Akte in allen Einzelheiten beschrieb. Nur daß diese Beschreibung sehr poetisch gehalten war, was den Darstellungen eine größere Emotionalität verlieh. Mir war elend zumute, aber ich riß mich zusammen. Man merkte, daß er unbedingt jemanden brauchte, dem er sein Werk vorlesen konnte, und vielleicht war das der eigentliche Grund, weshalb er meinen Vorschlag angenommen hatte. Wo würde er einen besseren und folgsameren Zuhörer finden? Nach zwei Stunden kam seine Mutter herein. Ich stand auf und stellte mich vor. »Aus Tripolis?« sagte sie in einem singenden Tonfall und führte mich ins Schlafzimmer. Kaum hatte ich mich mit den wunderbaren dünnen Decken zugedeckt, schlief ich schon. Als ich eine Woche später wieder hinging, wiederholte sich das Ganze. Vielleicht vervielfachte die Entdeckung eines so aufmerksamen Zuhörers seinen künstlerischen Ehrgeiz. So mußten wir unsere Literaturabende öfter wiederholen, was eines meiner größten damaligen Probleme löste.

Als ich eines Abends wieder zum Haus von Grivas ging und mich schon in seiner Straße befand, hörte ich plötzlich über meinem Kopf eine leise Stimme, die mir befahl: »Bleib stehen!« Ich verharrte instinktiv und wollte gerade meinen Kopf nach oben wenden. Ich erkannte ein leeres Fenster alten Stils im ersten Stock. »Nicht hersehen! Tu so, als würdest du deinen Schnürsenkel binden. Ich bin Dora Apostolatu. Das Haus, wohin du gehst, ist umzingelt. Paß auf! Viel Glück!« Als ich zum Haus von Grivas hinaufschaute – ich hatte mich inzwischen hingekniet –, sah ich niemanden. Alles still. Ich stand auf, und mein Gehirn arbeitete. Als erstes muß ich weitergehen, als wäre nichts, dachte ich. Die erste Seitenstraße links führte zum Meer. Auf der dritten fuhr die Straßenbahn. Ich durfte nicht geradeaus rennen, sondern mußte durch die verwinkelten Straßen zu entkommen versuchen. Welche Straßenbahn sollte ich nehmen? In welche Richtung, wenn überhaupt eine vorbeifahren würde? Richtung Pireas kam gleich eine Haltestelle, in die andere Richtung würde ich ihnen direkt in die Arme laufen. Wie weiter? Das würde sich schon finden. An der ersten Straßenecke erkannte ich im Hauseingang gegenüber jemanden, der sich versteckte. Da drehte ich mich um und rannte die Straße hinunter. Ich bog in die erste Straße links ein und hörte den ersten Schuß an mir vorbeipfeifen. Nach vier Häusern rechts rein. Den einen war ich los. Plötzlich ein Schuß von der anderen Seite. Entweder sie wollten mich einschüchtern oder sich verständigen. Also rannte ich die nächste Straße nicht nach links, sondern wieder nach rechts. Ich sah niemanden. Dann links. Ich erblickte die Straßenbahn, die in Richtung der Tzelepi-Küste fuhr, und rannte auf die Hauptstraße. Die Leute liefen erschrokken auseinander. Ich erreichte die Bahn, sprang auf und schaute mich um. Drei rannten mir hinterher. Aber sie konnten wegen der vielen Passanten nicht schießen. Sie schrien, vielleicht um andere Kollegen oder Faschisten zu rufen. Ein Fahrgast, der neben den Stufen stand, schaute mich an. Seine Augen leuchteten. Er bewunderte mich. Sagte aber kein Wort. Die anderen flüchteten ins Innere des Wagens. Was sollte ich tun? Draußen wurde es dunkel. »Lauf ins Viertel«, flüsterte mir der Typ neben mir zu, »man wird dich verstecken.«

An erster Stelle stand immer mein Haß auf die Gewalt und erst an zweiter der Versuch, mich mit den anderen, die die Gewalt ebeno haßten und bekämpften wie ich, zu verbünden. Denn mein größter Wunsch war, in mir selbst verschlossen zu bleiben – mit meiner Musik, meinen Gedanken und Büchern allein. Aber immer wieder störte mich diese abscheuliche Gestalt der Gewalt auf und ließ mir keine Ruhe. Was aber war die Quelle von Gewalt? Gewalt ist Macht. Der Mensch rettet und zerstört. Es scheint, als könnten in seinem Gehirn, diesem wunderbaren Instrument, die gegensätzlichsten Dinge koexistieren. Und das schlimmste und gefährlichste von allen ist der unheilbare Durst nach Kraft, Herrschaft, Macht. Der Mensch ist das einzige unter den Raubtieren, das tötet, um zu töten; aus reiner Lust. Der Mensch ist das zoon dolofonos, das mordende Tier. Damit meine ich nicht den einzelnen, der, wenn er von sich aus mordet, krank ist. Ich meine Macht und Gewalt als gesellschaftliche Phänomene; denn in der Regel schöpft der einzelne Mensch, der schwach und feige ist – nackt –, das einzige Tier ohne Fell, seine Kraft aus der Gruppe. Die menschliche Gesellschaft ist von ihm erschaffen worden, damit er überlebt, doch er benutzt sie, um zu unterdrücken, zu herrschen, zu morden.

Heute weiß ich, daß die Macht ein besonderes gesellschaftliches Wesen mit einem ganz spezifischen Verhalten hervorbringt: den Opportunisten. Ohne die Tausende von Opportunisten könnte sich die Macht nicht halten. Die Opportunisten stützen sie, gestatten ihr, zu existieren und zu funktionieren. Hinzu kommt, daß der Opportunist keine Ideologie besitzt. Seine Ideologie ist die Macht – egal welche Macht: schwarze, grüne, rote, blaue. Aber auch die Macht (ich bin nicht so naiv, alle existierenden Machtformen gleichsetzen zu wollen; nur ist hier nicht der Augenblick, darüber zu sprechen), die nur überleben und funktionieren will, interessiert nicht, wer ihr dient. Darum kann man behaupten, daß die Funktionäre der Macht – die Opportunisten – überall die gleichen sind, daß sie also überall die gleiche Ideologie besitzen: der Macht zu dienen. Auch die »linken« Opportunisten hielten während der Okkupation nur so lange zur Bewegung, wie die Ereignisse auf eine kommunistische Machtübernahme nach der Befreiung hindeuteten. Sie schadeten der EAM und der Kommunistischen Partei mehr als die Gestapo und die griechische Sicherheitspolizei zusammen: durch billige Kraftmeierei, durch ungerechte und voreilige Hinrichtungen, die keinen Sinn hatten, durch arrogantes Auftreten, nur weil sie Waffen besaßen und glaubten, das tun zu können, was ihnen paßte. Im allgemeinen war die Lage durch eine große Unreife charakterisiert. Das führte dazu, daß die Volksbewegung in Verruf kam.

Ich erwartete von der Kunst sehr viel. Doch was sollte ich tun, damit sich diese Erwartung erfüllte? Meine technischen Mittel waren begrenzt. Im Konservatorium studierte ich seit Herbst 1943. Das gab mir die Möglichkeit, meine erste richtige Komposition, die *Sinfonia Nr. 1*, Anfang 1945 zu beenden. Aber die musikalischen Skizzen und der Text der Sinfonie stammen aus den Jahren 1942 und 1943. Die Kunst hatte nach meinem Dafürhalten eine Mission zu erfüllen, die über die ästhetische Befriedigung, die sie uns gewährt, hinausging. Sie mußte den Menschen Botschaft sein. Diese Botschaft sah ich in der Suche nach Gott, also nach dem Gesetz der Harmonie des Alls.

Neben Palamas war Dionisios Solomos mein anderer großer Lehrer in Tripolis. Vater und Großvater verwiesen immer mit Stolz auf die kretische Herkunft des Dichters. »Wir sind denselben Weg wie die Solomos-Familie gegangen«, sagte Michail Theodorakis in Ianena während der winterlichen Gespräche am Ofen. »Damals, zur Zeit der ersten Revolution, lebten unsere Vorfahren auf Siros, während der zweiten auf Zakinthos. Die Türken verbrannten unsere Häuser, die Bäume, die Felder. Dann kehrten wir wieder zurück und bauten neu auf.« Als 1669 die Türken sich gegen die Venezianer durchsetzten und Kreta eroberten, ging die Familie von Solomos nach Zakinthos ins Exil. Mein Großvater kannte die *Erofili* und den *Erotokritos* auswendig. Stundenlang sang er die Verse mit jener bekannten monotonen Musik leise vor sich hin. Mein Vater glaubte, daß die Dichtung von Solomos ihren Ursprung in den kretischen Epen hätte. Er sagte mir aber niemals, daß Dionisios ein unehcliches Kind war. Das war tatsächlich eine historische Lehre und eine Art sozialer Revanche: unser Nationaldichter – Sohn einer Dienerin. Seine Mutter hieß Angeliki; eine wunderschöne und sehr kluge Frau. Ihr Herr – der Vater von Dionisios – heiratete sie einen Tag vor seinem Tod. Welch eigenwilliges Schicksal, daß Solomos seine Mutter wegen Erbstreitigkeiten vor Gericht stellen ließ und sie mit größter Härte behandelte. Er sprach bis zu ihrem Tod nie wieder mit ihr. Derart in seinem Innern zerrissen, beschritt der Dichter die Pfade seines Lebens. Väterlicherseits Aristokrat. Mütterlicherseits ein Kind aus dem Volke. Ein aristokratisches Denken, ein plebejisches Herz. Wenn ich am Sonntag meinen Vater in die Kirche begleiten sollte, war sein größtes Argument, daß der kleine Solomos die göttliche Liturgie nicht nur hörte, sondern sogar mitsang. Ich mußte ihm also gezwungenermaßen nacheifern und Mitglied des argostolischen Kirchenchores in Lithostroto – ich hielt den Ison – werden. Solomos sang in hervorragender Weise das Vaterunser und las das Evangelium. Mit zehn Jahren schickten ihn die Seinen nach Venedig. Ein anderes schlagendes Argument meines Vaters, der sich wünschte, daß ich seinen Beruf wähle: »Solomos hat Jura studiert«. – »Aber er war niemals als Rechtsanwalt tätig.« – »Studiere zuerst, und mach dann, was du willst ...« Als ich in Tripolis die Neunte hörte, verstand ich die Bedeutung der Verse: »Erhelle o Licht, und lerne dich selber kennen, Geist.« Die Sämtlichen Werke von Solomos, in rotes Leinen eingebunden, mit der Einleitung von Polilas, wurden meine Lieblingslektüre. Jemand fragte den Dichter auf Zakinthos, als er noch ein kleines Kind war: »Wo befandest du dich vor deiner Geburt?«, und er antwortete: »Im Denken Gottes.«

Unser literarischer Freundeskreis entdeckte damals Goethe, Schiller, Hegel. Also die deutsche Philosophie. Die Beziehung zwischen Ästhetik und Ethik, zwischen Kunst und Erkenntnis. Solomos verfocht die Idee des Absoluten genauso wie die Einheit des Schönen, Guten und Wahren. Hegel zufolge stützt sich die höchste Form des Schönen auf das Absolute und Idealische. Darum drücke sich auch in der Kunst das Wesen der Idee aus und im Schönen die Einheit von Geist und Natur. »Das ganze Gedicht hat zwar eine bestimmte Bedeutung, es existiert aber als eine selbständige Welt, die vielfältig, tiefgründig und mathematisch genau berechnet ist«, schreibt Solomos über die *Freien Belagerten*.

In den Schriften von Hegel und Solomos fand ich genau jene idealistische Grundstimmung und Tendenz, die ich damals in mir spürte. Hegel glaubte, daß die Idee das Absolute und ihre materielle Erscheinung das Ideal, das Schöne sei. Das Sein als vergöttlichtes menschliches Denken. Setzt man das Absolute mit dem Geist gleich, dann ist alles ein Denken, ein Syllogismus, der die Metaphysik mit der Wirklichkeit verbindet. Die Religion und die

Kunst gehören nach Hegel zur absoluten geistigen Region. Die Kunst erschafft die Dinge noch einmal, befreit sie aber von ihren materiellen Elementen. Und sie tut es, weil die wirkliche Welt unvollkommen ist. Andererseits strebt der Geist danach, sich im Ideal zu finden. Und daraus entspringt die Notwendigkeit des »künstlerisch Schönen«. Auch Solomos glaubte an die Idee des Absoluten: Das Absolute kann im künstlerischen Schaffensprozeß Ideal und Wirklichkeit vermitteln. Dieser extreme Idealismus entsprach nicht nur meiner geistigen Situation, sondern half mir grundlegend, jene eisige Dunkelheit der Okkupation zu überleben. In einer Umwelt, in der alle traditionellen Werte zu »schönen Trümmern« verkommen waren und in der der Mensch das letzte Stadium seiner Erniedrigung erreicht hatte: auf der einen Seite die Henker/Okkupanten, auf der anderen die Opfer/Untertanen. Wen sollte man mehr bemitleiden in dieser Misere, in der sich das menschliche Geschlecht befand?

Ich schrieb, daß Handeln für mich einen instinktiven Widerstand gegen die Gewalt bedeutete. Die Gewalt ist eine Schlange. Sie gleitet über die Erde. Um gegen sie anzugehen, muß man selber auf der Erde kriechen. Damit hatte ich keine Probleme. Doch hinter meinen organischen Augen befanden sich zwei geistige, die alles, was ich tat, beobachteten. Diese Distanz mir selbst gegenüber rettete mich. Denn unsere profanen Handlungen, vor allem jene, die vom Prinzip Gewalt gegen Gewalt (also dem Prinzip der Politik) bestimmt sind, gehören in die Region der flüchtigen Wirklichkeit und damit zum Relativen, Vergänglichen, Zufälligen, während unsere geistige Aktivität Teil unserer Anstrengung ist, das Absolute zu erkennen und zu erringen. Auf einen Nenner gebracht, heißt das: Im Tun war ich Marxist, im Denken Idealist.

Was Solomos über die Religion und die Existenz Gottes äußerte, entsprach ganz meinen Ansichten über das Leben, über Dichtung und Musik. Damals hatte ich zu viele Fragen, um eine allgemeingültige Antwort zu finden, die dann in meiner Lebenshaltung und den Oratorien *Gott* und *Sinfonia Nr. 1* zum Ausdruck kam. Solomos war von klein auf gottesfürchtig: Er glaubte, schreibt Marinos Siguros, daß der Mensch von Natur aus religiös sei; ein geheimnisvolles Gefühl dränge ihn, sich einer unbekannten höheren Macht zu unterwerfen, die er fürchte und vergöttere. Der Glaube sei die größte Kraft und Weisheit des Lebens. »Der Glaube und die Kunst entstanden im selben Atemzuge.« Für Solomos bedeutet der Glaube »Licht, das fröhlich über Hades und Charon hinwegschreitet«. Er empfindet Gott, gleich der Liebe und der Schönheit, als eine unbestreitbare Wahrheit. Im größten Teil seines dichterischen Werks wird das menschliche Bewußtsein eins mit Gott. Die Freiheit soll »kommen aus der Pflicht«, also aus allem, was die Ethik, die Religion, das Vaterland, die Politik beinhalten.

Jetzt, da ich diese Zeilen schreibe, glaube ich nicht, daß die intensive geistige Aktivität jener Zeit eine Flucht aus der Wirklichkeit war. Das Gegenteil trifft zu: Je mehr ich die Wirklichkeit erlebte, desto mehr hatte ich das Bedürfnis, sie zu erklären und ihr einen Sinn zu geben, der mit der Idee des Menschen, die ich mir aus den Büchern erworben hatte, übereinstimmen sollte. Dieser Anthropozentrismus – die Achse meines Lebens und meines Werks – konnte nur durch einen extremen Idealismus gerechtfertigt werden. Wir haben nun mal eine Persönlichkeit zum Nationaldichter erklärt, die den Schlachtlärm von Mesolongi nur von weitem hörte. Er weinte zwar, beteiligte sich aber nicht an der Schlacht wie zum Beispiel Lord Byron. Wie läßt sich das erklären? Eins ist sicher, Solomos idealisierte die Wirklichkeit. Es ist etwas ganz anderes, wenn in bestimmten historischen Augenblicken die Wirklicheit Zustände produziert, die die höchsten Ideale und Wertvorstellungen bereits in sich enthalten. Ich versuchte, vielleicht im Gegensatz zur Haltung von Solomos, die ich nicht ablehnte, an den geschichtlichen Ereignissen teilzunehmen, auch auf die Gefahr hin, mein Leben zu verlieren. Immerhin peinigten diese aufeinanderfolgenden Prüfungen, angefangen vom Albanienkrieg, vier Jahrzehnte lang meine Heimat. Das hinderte mich aber nicht, Solomos zu bewundern und mir von ihm all das zu nehmen, was ich als Nahrung für meinen Geist dringend brauchte.

Heute mutet es seltsam an, aber von Schiller beeinflußt, wie auch Solomos, glaubte ich damals – und verfocht es mit Taten, nicht mit Worten –, daß das Höchste der Sieg des Geistes über die natürlichen Widerstände sei. Vielleicht half mir dieser Glaube, die Wirklichkeit zu idealisieren, was mich zu politischen Überlegungen und ideologischen Forderungen führte, die oft das Maß des Möglichen überschritten. Natürlich ist dieser Begriff des »Möglichen« eine Falle. Vor allem, wenn man bedenkt, daß der Mensch selbst dieses Maß festlegt. Wenn ich also von »Möglichkeiten« und »Wirklichkeit« spreche, meine ich in erster Linie den subjektiven Faktor, den Menschen. Das bedeutet, daß ich mich in meinen »politischen Träumen« nur insofern irrte, als es deren Feind gelang, das Volk zu verführen, indem er dessen niedrigste Instinkte ausnutzte. Diese Instinkte sind natürlich die stärksten, weil sie einerseits mit den elementaren materiellen Bedürfnissen zusammenhängen, und andererseits, bedingt durch die lange feudale Herrschaft, tief im Menschen verankert sind. Diese feudale Tradition stützt sich vor allem auf die Angst, die Unsicherheit, das Fehlen von Phantasie und Mut, was zur Unterwerfung unter die Gewalt der fremden – nicht der eigenen – Macht führt. Denn die eigene Macht beruht vor allem auf der Erkenntnis seiner selbst, auf geschichtlichem Gedächtnis, auf der Fähigkeit, die Fesseln des Alltags zu sprengen und sich am Wein des großen Pan, des Dionysos, des Denkens und der Kunst zu berauschen.

Etwa so muß ich in Tripolis gedacht haben. Und unter diesen mir heute noch gültig erscheinenden Aspekten betrachtet, sehe ich das Wesen des Niedergangs der gesellschaftlichen Kultur Griechenlands darin, daß das Individuum zu einem Wesen gemacht wird, das nichts mehr bewundern, sich innerlich nicht mehr bereichern und nicht mehr träumen kann, das nichts »Eigenes« mehr auszuprägen vermag. Das sich aber anderen unterwirft und alles, was es vorgesetzt bekommt, widerstandslos hinnimmt. Das bedeutet einen Stillstand geschichtlichen Fortschreitens, ein Ausbleiben des schöpferischen Impulses. Ein Kreuzweg? Vielleicht. Ich will aber an dieser Stelle nicht die griechische und internationale Wirklichkeit analysieren, sondern über meine Musik sprechen, ihre Ursprünge und ihre Beziehungen zu unserem Volk.

Die Zeit in Tripolis war von grundlegender Bedeutung. Marinos Siguros schreibt, daß die Dichtung für Solomos der Gedanke sei, der zur Musik wird, und daß er in der poetischen Kunst einen ständigen Zweikampf zwischen Musik und Gedanken zu erkennen glaubte. Hegel stellt in seiner Ästhetik fest, daß das grundlegende Merkmal der Dichtung ihr musikalisches Element sei. Die Musik sei die metaphysische Sprache in nuce, wenn wir in Tönen denken könnten, wie wir in Begriffen denken. Und dem Philosophen Schopenhauer galt die Musik sogar als eine Form der Metaphysik. Ich glaube, daß Solomos die Musik in seinem Vers »einfing«. Seine ganze Dichtung zeugt von seinem Kampf, Musik mit Hilfe von Gedanken und Wörtern zu schreiben. Und vielleicht scheinen uns darum seine poetischen Entwürfe so »schwierig« zu sein. Ein Entwurf folgte dem anderen. Er suchte nach der Vollkommenheit. Welcher aber? Versuchte er das Unmögliche? Das Wort in Musik zu verwandeln? Als ich 1940 die Zeilen »Jetzt, da die sternklare Nacht uns allein traf, / war ich voller Erwartung, und an den Felsen dort / teilte sich sanft das Meer«, las, berührte mich das Wort »sanft« in meinem Innersten, und eine seltsame Harmonie erfüllte mich. Diese Verse waren voller Musik. Eine verborgene Musik, die ich notierte. Von da an entdeckte ich in seinen Versen jeden Tag eine neue Musik. Bis ich die *Dritte Sinfonie* schrieb, vergingen über vierzig Jahre ununterbrochener Auseinandersetzung und Suche nach dem »Klang« in Solomos' Vers.

Als ich beschloß, mich der Musik zu widmen, lehnte ich kategorisch jeden weiteren Besuch des Gymnasiums ab. Natürlich gab es einen riesengroßen Krach zu Hause. Ich kehrte schließlich ins Gymnasium zurück, erklärte den Lehrern aber sofort, daß das Abschlußzeugnis des Gymnasiums in meinen Augen eine rein bürokratische Angelegenheit darstelle und daß ich am Unterricht nur noch teilnähme, weil ich meine Familie nicht betrüben wollte. Mein Vater, ganz aufgebracht, erkundigte sich in Athen, welche Laufbahn ein angehender Komponist überhaupt einschlagen könnte. Kurz zuvor hatte mein Onkel Andonis zufällig von seinem Ministerium den Auftrag erhalten, Untersuchungen im Athener Konservatorium durchzuführen, gegen dessen Direktor,

Filoktitis Ikonomidis, Beschuldigungen vorgebracht worden waren. Die Anzeige kam aus den Reihen des Rates des Konservatoriums, der sich aus Athener Honoratioren zusammensetzte, mit den Brüdern Kiros von der Zeitung *Estia* an der Spitze. Der eigentliche Grund für die Auseinandersetzung war die Verstaatlichung des vorher fast privaten Orchesters des Athener Konservatoriums durch Filoktitis Ikonomidis. Mein Onkel akzeptierte alle Erklärungen von Ikonomidis. Die beanstandeten Mehrausgaben waren durch Konzerte entstanden, zumal das Orchester damals die bedeutendsten Koryphäen zu Konzerten einlud. So entstand eine Freundschaft zwischen den beiden Männern. Als mein Vater das Problem meines Berufswunsches ansprach, wurde beschlossen, Ikonomidis während eines gemeinsamen Essens in Nea Smirni meine Kompositionen zu zeigen. Sein erster Eindruck war positiv, doch er wollte mich sehen, mich kennenlernen, mich prüfen, um einen endgültigen Eindruck zu gewinnen. Das geschah 1942. Aber wir hatten kein Geld, das mir gestattet hätte, nach Athen zu reisen. Diese Reise fand ein Jahr später, nach meiner Errettung durch Festuccio, statt. Die Reisekosten übernahmen die Okkupanten. So verließ ich im Sommer 1943 Tripolis und zog nach Athen ins Haus von Andonis Pulakis in Nea Smirni, Smirnistraße 39.

Athen
1943-1947

In der ersten Woche nach meiner Ankunft in Athen fand das Treffen mit Ikonomidis statt. Damals war er noch Direktor des Athener Konservatoriums. Er bat uns, Onkel Andonis und mich, dorthin zu kommen. Ehrfurchtsvoll setzte ich meinen Fuß auf die Stufen des alten Gebäudes an der Pireasstraße. In der Pförtnerloge saßen Panagiotis, Nikitas und Christos, Beamte und enge Mitarbeiter von Ikonomidis. Wir blieben kurz bei ihnen sitzen und gingen dann die hölzerne Treppe hinauf. Im ersten Stock erwartete uns Ikonomidis. Ein dicker Schnurrbart zierte sein Gesicht. Ikonomidis war groß, lebhaft, aristokratisch und dabei herzlich; während er mit meinem Onkel sprach, musterte er mich unerwartet mit kurzen Blicken, als wollte er mich ganz durchschauen. Ein paarmal sahen wir uns in die Augen und dann sofort woandershin. Er bat uns, in den Raum Nummer fünf zu kommen, auf der rechten Seite des Korridors, gegenüber den Verwaltungs- und Direktionszimmern. Der Raum war überflutet von Licht, das durch das große Fenster fiel. Man konnte in den Innenhof sehen. Mitten im Zimmer ein riesiger schwarzer Flügel, Steinway. Drumherum Stühle. »Wie heißt du?« Ich überlegte kurz und sagte: »Mikis.« – »Also, was willst du uns vorspielen?« Ich nahm die Noten aus der Papphülle und setzte mich ans Klavier. »Spiel uns vor, was du möchtest.« Ich spielte und sang, während mich Ikonomidis, die eine Hand auf dem Flügel gestützt, weiterhin forschend betrachtete. Er wollte meine Seele und Gedanken ergründen, meinen Charakter erfassen, überall eindringen. Ich spürte, daß sich etwas sehr Bedeutendes ereignete, was ich noch nicht ermessen konnte. Während einer kurzen Pause, in der ich mich ausruhte, sagte er zu meinem Onkel: »Er ist ein geborener Musiker. Ich behalte ihn.« Ich traute meinen Ohren nicht. Im Blick dieses Menschen lag etwas sehr Kaltes, das mir Angst eingeflößt und jede Hoffnung genommen hatte. Dann fragte er mich: »Ich habe gehört, daß du verschiedene harmonische Themen entwickelt hast. Kannst du sie mir zeigen?« Er nahm das Heft, setzte sich ans Klavier und begann zu spielen. Wenn ihm etwas nicht paßte, zeichnete er mit seinem Bleistift an den Notenrand ein großes X. Er blätterte das ganze Heft durch und sagte: »Ja. Das kannst du alles vergessen. Wir fangen von vorn an. Einverstanden?« – »Einverstanden.« – »Im Oktober finden die Prüfungen statt. Er muß«, sagte er meinem Onkel, »in die erste Klasse für Solfeggio. Er kann aber Aufnahmeprüfungen für die ersten beiden Studienjahre ablegen ... Also, bis zum Oktober!«, stand auf und verabschiedete sich.

Die Situation in Athen war besser geworden. Zwar hungerten die Menschen noch, aber es gab keine Hungertoten, jedenfalls wußten wir nichts davon. Die erste Schlacht der EAM, die Organisation von Volksküchen, richtete sich gegen den Hunger, galt dem Überleben. Natürlich florierte der Schwarzmarkt. Aber auch der wurde schnell zu einer Routine. Wenn man Geld oder Waren zum Tauschen hatte, Kleider und Schmuck zum Beispiel, bekam man alles. Auf den Bürgersteigen herrschte reger Verkehr. Griechen, Deutsche und Italiener. Auf den Straßen vor allem Armeefahrzeuge und Motorräder, dazwischen die einheimischen braunen gasbetriebenen Autobusse. Privatfahrzeuge gab es nicht. Im Haus bekam ich ein Zimmer genau gegenüber dem Fenster von Mirto. Das zweistöckige Haus ihrer Familie, zu dem auch ein Garten gehörte, befand sich an der nächsten Parallelstraße, Konstantinupoleos 39. Die finanzielle Situation meines Onkels hatte sich gebessert. Er konnte trotzdem keinen zusätzlichen Esser ernähren. Darum kam mein Vater alle zwanzig Tage aus Tripolis mit seinem Koffer voller Lebensmittel. Er gab mir etwas Taschengeld, das aber nicht einmal für Bus oder Straßenbahn reichte, so daß ich jeden Tag ins Zentrum laufen mußte.

Im Familienrat erörterten wir ausführlich den Satz von Ikonomidis: »Er ist ein geborener Musiker.« Mein konservativer Onkel riet uns, auf dem Teppich zu bleiben. »Musiker ist etwas ganz anderes als Komponist. Wir haben hier nur einen Kalomiris. Es kann nicht jeder Kalomiris werden. Das sollten wir uns aus dem

Kopf schlagen.« – »Was heißt das?« fragte mein Vater, davon überzeugt, daß ich mindestens ein Schumann wäre. (Ich hatte ihm ein Werk von Schumann und eins von mir vorgespielt, und er konnte keinen Unterschied feststellen.) »Das heißt«, antwortete mein Onkel, »daß er mit ein wenig Glück Musiklehrer im Gymnasium werden kann. Nichts weiter ...« Darum beschlossen wir, daß ich Prüfungen für die juristische Fakultät ablegen sollte, um später ein sicheres Einkommen zu haben als Rechtsanwalt oder Beamter an einer Präfektur wie mein Vater.

Onkel Andonis und Onkel Isigonis, der mit seiner Frau Virginia im Erdgeschoß des Hauses wohnte, gingen fast jeden Abend hinüber zu Ilias Altinoglu. Dort verbanden sie das Nützliche mit dem Angenehmen, denn sie hörten die griechische BBC-Sendung. Viele mutige Leute mißachteten das Gesetz der Okkupanten und entsiegelten ihre Rundfunkgeräte. Bis zum Beginn der Sendung verbrachten meine Onkel und Herr Altinoglou ihre Zeit entweder auf der vorderen Veranda oder im Garten hinter dem Haus mit Gesprächen. Manchmal spielte Frau Margarita Arien aus bekannten italienischen Opern auf dem Klavier. Auch ich beschloß eines Tages, meine zwei Onkel zu begleiten. Außer dem Hausherrn und seiner Frau Margarita lebten im Haus die Mutter von Margarita, Frau Urania, und die drei Töchter Stasa, Mimosa und Mirto. Stasa war Zahnärztin und hatte ihre Praxis im vorderen Zimmer des Hauses. Bereits 1938 hatte sie mir bei einem Aufenthalt in Athen einen Zahn gezogen. Das war meine erste Begegnung mit der Familie Altinoglu gewesen.

Bei meinem ersten Besuch, in Begleitung der Onkel, wurden wir im Salon empfangen. Die ganze Familie war dort, außer der jüngsten Tochter. Plötzlich hörte man schnelle Schritte auf der Treppe, und ein Mädchen trat herein, über das ich staunte, weil es trotz seiner Schmächtigkeit, nur Haut und Knochen, sich auf den Beinen halten und sich so lebhaft bewegen konnte. Als ich aufstand, um mich vorzustellen, musterte mich das Mädchen von Fuß bis Kopf. Das war Mirto. Sie sagte nichts, nur ihr Blick wurde ironisch. Wie sie mir später erzählte, hatte sie dieser große und dürre Mann erstaunt. Sie entschuldigte sich und lief hinaus zu ihren Freunden.

Auf derselben Straße wie wir wohnte Professor Kakridis. Seine Frau, die Direktorin an einem Gymnasium war, leitete eine Abendschule. Ich meldete mich dort an und absolvierte die Fächer Altgriechisch, Latein, Aufsatz. Dorthin ging ich drei Tage in der Woche. An den anderen Tagen studierte ich in meinem Zimmer Musik. Unten im Haus stand ein Klavier, auf dem ich übte oder improvisierte. Onkel Andonis besaß ein herrliches Harmonium mit vielen Registern. Darauf spielte er uns ab und zu seine Kompositionen oder neuesten Schlager vor. Zuerst ließ er mich nicht an das Harmonium heran, doch wenig später durfte ich darauf üben, aber jeweils nur eine halbe Stunde, weil es nicht kaputtgehen sollte.

Jeden Mittag ging ich zu einem Bäcker in Palio Faliro. Ich lief sehr schnell unter der brennenden Sonne durch die Gärten. Hier standen nur vereinzelt Häuser. In dieser Gegend versteckten wir 1944 Munition und Waffen. Auch zogen wir, die Reserveeinheiten der ELAS, uns hierhin zurück, und manchmal, wenn wir einen deutschen oder griechischen Gefangenen hatten, mußten wir ihn an diesem Ort hinrichten und begraben. Ich schreibe das Wort »mußten«, weil es für uns jedesmal ein großes Problem war, denn keiner wollte einen Menschen töten. Wir losten aus. Was sollten wir mit einem gefangenen SS-Mann machen? Laufenlassen konnten wir ihn nicht. Aber der Gefangene ändert sich. Er wird ein Mensch. Hinzu kam, daß die meisten in unserem Alter waren. Das Schicksal wollte es, daß auch ich diese bittere Erfahrung machen mußte, die eine tiefe Spur in mir hinterließ.

Ende September legte ich fast zur gleichen Zeit beide Prüfungen ab. Im großen Saal der Universität waren wir über tausend Bewerber, von denen nur dreihundert angenommen wurden. Ich bestand und besuchte eine Zeitlang die Juravorlesungen.

Am Athener Konservatorium verliefen die Prüfungen ganz anders. Dort stand der Prüfling der Kommission allein gegenüber. Im Hof des Gebäudes vor der Bibliothek drängten sich die Bewerber und ihre Familienangehörigen. Ich hatte eine gewöhnliche Bewerbung für die theoretischen Fächer ausgefüllt. Auf die Frage »Für welches Studienjahr möchten Sie geprüft werden?« hatte ich geantwortet: »Für das 1., 2., 3., 4. und 5.«, also für alle. Um das

Spezialfach Harmonie studieren zu können, mußte man die ersten drei Studienjahre der theoretischen Fächer und des Solfeggio absolviert haben. Ich hatte mich sehr intensiv vorbereitet; sogar wenn wir nach Faliro zum Baden fuhren, fragte mich mein Vater ab. Wenn ich gerade tauchen wollte, fragte er mich: »Nenne mir das Intervall einer übermäßigen Quarte.« Und nachdem ich aufgetaucht war, antwortete ich: »f-h.«

Die Kommission bestand aus Ikonomidis, Sklavos, Farandatos, Likudis, Bustindui, Vavajannis, Kidoniatis und Menelaos Palandios, der am Klavier saß. Wahrscheinlich hatte Ikonomidis von mir erzählt, denn als ich hereinkam und mich wie ein Angeklagter auf den einzigen Stuhl an dem Tisch, den Anklägern gegenüber, setzte, sagte er: »Das ist er«, und fuhr fort: »Ich sehe, daß du die Prüfungen für alle fünf Jahre ablegen möchtest.« Die anderen lächelten. »Du hast es sehr eilig«, meinte Farandatos, dessen Kopf wegen eines nervösen Leidens zuckte. »Leg doch die Prüfung im Spezialfach Harmonie ab, dann in Fuge, und du kannst gehen.« Jetzt lachten alle los. Ikonomidis wurde ernst und sah mir in die Augen, etwas drohend, böse. Aber zugleich lag auf seinen Lippen ein Lächeln, als wollte er mir Mut machen: Vorwärts! Zeig, was du kannst! Blamiere mich nicht! »Fangen wir mit der dritten Klasse an? Willst du?« Ich nickte. Zuerst kamen die Fragen, dann das Solfeggieren. Bestanden. »Machen wir weiter?« fragte Ikonomidis. »Ja«, antwortete ich. Dasselbe noch einmal. Wieder bestanden. »Was meinen Sie«, fragte er die anderen, »machen wir an der Stelle Schluß?« Jemand sagte: »Wenn er weitermachen will, warum sollen wir ihn daran hindern? Versuchen wir es!« Mit den theoretischen Fragen hatte ich keine Probleme. Auch nicht mit dem Solfeggieren. Das Problem begann beim primavista –, also Vom-Blatt-singen. Und zwar von einem handgeschriebenen Manuskript. Ikonomidis sagte zu Sklavos: »Giorgos, bring bitte eine schwierige prima vista.« Ich sah mir die Partitur an. »Nimm dir Zeit«, sagten sie zu mir, »du mußt es probieren.« Palandios gab nur den ersten Ton auf dem Klavier vor und verschränkte dann die Arme. Ich begann nach meinem System zu singen, das eine Variante des byzantinischen war. Die byzantinische Musik hat eine einzige Tonleiter – das heißt die gleichen

Töne –, die sie in allen Tonarten benutzt. Darum standen mir auch nur zwei Leitern zur Verfügung, eine Moll- und eine Dur-Tonleiter. Ich verwendete in allen Tonarten die gleichen Töne. Für mich war c die erste Stufe für alle Dur-Tonleitern, d die zweite, e die dritte usw. Anders gesagt, ich las die Partituren in Stufen und nicht in Tönen. Das bedeutet aber, daß man immer, wenn im Solfeggio eine Modulation erfolgt, also der Übergang von einer Tonart in eine andere, die entsprechenden Stufen verändert. So änderte ich beim Singen ständig die Tonhöhe der Noten. Wenn auf dem Notenblatt h notiert war, sang ich in G-Dur ein e, in D-Dur ein a, in E-Dur ein f usw. Da rief jemand: »Was singst du uns denn da für Noten vor?« – »Aber es klingt doch richtig?« – »Ja, richtig klingt es. Seltsam. Aber warum machst du das?« Ich versuchte ihnen zu erklären, daß ich für mich die Tonleitern entdeckt hatte und darum Leitern »hörte«. Jemand sagte »Sehr interessant!«, ein anderer »Unmöglich!«. Sie tauten auf, erhoben sich und begannen, alle durcheinander, mich auszufragen. Dann mußte ich vor dem Raum warten. Nach einer Weile riefen sie mich wieder herein und gaben bekannt, daß ich für das fünfte Studienjahr in Theorie und gleichzeitig zur Spezialklasse für Harmonie zugelassen sei. Ikonomidis war glücklich. »Wir haben einstimmig beschlossen, dir ein Stipendium zu geben.« Ich bedankte mich tief bewegt und ging hinaus.

Auf dem Hof wartete Vater auf mich. Wir beschlossen, zu Fuß nach Nea Smirni zu gehen. Auf dem Sindagmaplatz kaufte er ein Rosinenbrot, schnitt eine kleine Ecke für sich ab, überreichte mir das übrige wie einen Myrtenkranz und sagte in einem offiziellen Ton: »Heute errangen wir unseren ersten großen Sieg!« Dann lief er schnell die Filelinonstraße hinunter, um so bald wie möglich die umwerfende Neuigkeit der Familie mitzuteilen, die gespannt auf uns wartete.

In dieser Zeit setzten die ersten Regengüsse ein. Ich stand mit einem ehemaligen Mitschüler aus Tripolis vor der Akademie, als es zu regnen begann. Es war das erstemal, daß ich Athen bewölkt sah. Immer war ich nur im Sommer in dieser Stadt gewesen. Dieses regnerische Wetter erfüllte mich mit einem unbegreiflichen

Glücksgefühl. Als würde Athen zum ersten Mal mein. Wir rannten und sprangen auf die grüne Straßenbahn auf, die die Panepistimiustraße hinunterfuhr und mit ihren Rädern den Asphalt erschütterte. Es gab nichts, das mir an Athen nicht gefiel. Und als braver Provinzler besuchte ich all seine antiken Denkmäler. Auf die Akropolis stieg ich mindestens einmal in der Woche.

Der Unterricht bei Ikonomidis fand jeden Montag und Donnerstag um zwei Uhr im Konservatorium statt. Die anderen Fächer, Solfeggio, Musikgeschichte, Klavier, Formenlehre, Orchestrierung usw., waren über die ganze Woche verteilt. Nach der ersten Stunde fragte mich mein Lehrer, ob ich nicht Mitglied des Athener Chors werden möchte. So folgte ich ihm nach dem Unterricht. Wir liefen die Pireasstraße hinunter, überquerten den Omoniaplatz, bogen rechts in die Stadiustraße ein, und dort links, auf der Benakistraße, zwischen Stadiu- und Panepistimiustraße, befand sich das Gebäude, in dem der Chor probte. Am Montag und Donnerstag arbeitete Ikonomidis mit den Frauen (Sopran und Alt). Dienstag und Mittwoch mit den Männern. Ich schrieb mich bei den Baritonbässen ein, und am nächsten Tag ging ich zur Probe des *Messias* von Händel. Zu Weihnachten und zu Ostern führte der Chor in Zusammenarbeit mit dem Staatlichen Orchester ein klassisches Oratorium auf: die *Johannes-Passion* von Bach und die Requiems von Mozart, Berlioz und Fauré. Im Sommer führten wir die Neunte auf, den *David* von Honegger und ein sehr schwieriges Werk von Palandios. Für jedes dieser Werke probten wir ununterbrochen fünf bis sechs Monate. Natürlich ohne Entlohnung, freiwillig und erschöpft vor Hunger. Das Staatliche Orchester hatte damals seinen Sitz im Museum. Die Statuen waren in den Keller gebracht worden. Der Raum schien endlos. Rechts vom Eingang waren die Büros, und in einem eigens hierfür eingerichteten, ebenfalls großen Raum probten wir dreimal in der Woche. Ständige Dirigenten damals waren, außer Ikonomidis, Likudis und Vavajannis. Die Konzerte fanden jeden Sonntagmorgen im Pallas-Kino, später im Orfeas-Filmpalast statt. Zum erstenmal erlebte ich den natürlichen Klang eines Orchesters – eine für mich erschütternde Erfahrung. Ich erhielt die Erlaubnis und besuchte nacheinander alle Proben. Zugleich entdeckte ich im Athener Chor die Bibliothek mit allen Werken der Musikliteratur in großen Partituren. Als ich erfuhr, daß ich sie einsehen durfte, verbrachte ich Stunden mit dem Studieren und Abschreiben von Noten. Nach dem Unterricht und den Proben begleitete ich Filoktitis Ikonomidis vom Konservatorium zum Chor, vom Museum zum Konservatorium und vom Chor zu seinem Haus. Er erzählte gern, hatte ein ausgezeichnetes Gedächtnis und kannte die Geschichte jedes bedeutenden Atheners und jedes Künstlers. Seine Gedanken waren konservativ. Er verehrte die deutsche Kultur. Er schrieb Musikbücher – theoretische und solche mit Solfeggien-Übungen – nur, um vom verdienten Geld ab und zu nach Deutschland reisen und Orchesterkonzerte hören zu können. Aber in der Praxis, im täglichen Leben war er progressiv. Ich meine damit, daß er ein Werk schuf, ohne Mühen und Schwierigkeiten zu scheuen.

Er war schon sehr lange, vielleicht seit 1910, Professor am Athener Konservatorium, und alle bedeutenden Komponisten – Vavajannis, Kidoniatis, Palandios – hatten bei ihm studiert. Ich kann nicht behaupten, daß er ein inspirierter Musiker war, im Sinne eines Talents wie beispielsweise Mitropoulos, sein ehemaliger Mitschüler und Freund, den er heimlich beneidete, was er niemals zugab. Ikonomidis war vor allem der große Lehrer der Musik und der große Organisator. Ihm ist zu verdanken, daß das Athener Konservatorium, das Athener Orchester und der Athener Chor berühmt wurden. 1942 gründete er das Staatliche Orchester und führte es zu großen Erfolgen. Zur Musik entwickelte er eine sehr innige Beziehung. Er vermochte, die musikalische Struktur eines Werks in jedem Augenblick logisch zu analysieren. Wenn er dirigierte – was er am liebsten tat –, hatte man den Eindruck, daß sein Verstand stets das Gefühl beherrschte und sich nicht vom Taumel der Wiedererschaffung hinreißen ließ. Das Wichtigste, was mir Ikonomidis vermittelte, war seine Auffassung von den ausgewogenen Beziehungen zwischen den einzelnen Stimmen. »Die ganze Musik beruht auf der Vierstimmigkeit. Wenn du die vier Stimmen gut beherrschst, dann kannst du komponieren.« Tatsächlich, wie unterschiedlich hört sich derselbe Akkord an, wenn die einzelnen Stimmen in unterschiedlicher

Tonhöhe erklingen. Das, was wir als »Klingen« bezeichnen, findet sich in diesen Beziehungen. Ikonomidis lehrte mich aber auch: »Du mußt die Regeln der Musik so perfekt beherrschen, daß du eines Tages in der Lage bist, sie zu überwinden und, wenn nötig, neue zu schaffen.« Diese »Schule«, die peripatetische, erwies sich für mich als äußerst lehrreich, als eine Art zweiter Schule, die jeden Tag mein Wissen bereicherte und mir besonders half, mein Urteilsvermögen in bezug auf Werke und Menschen zu schärfen. Eine echte Schüler-Lehrer-Beziehung bildete sich in jener Zeit heraus. Ikonomidis liebte mich und glaubte an mich, darum war er immer sehr streng zu mir. Er lobte mich selten. Er forderte von mir und von seinen anderen Schülern stets das Beste. Es gingen Gerüchte um, daß er mich zu seinem Nachfolger am Konservatorium und im Staatlichen Orchester machen wollte. Aber als ich mich nach der Befreiung fast ausschließlich mit Politik beschäftigte, das heißt mit dem Kampf, wie wir es nannten, erledigte sich diese Sache von selbst.

Nach und nach lernte ich meine Kommilitonen am Konservatorium kennen. Argiris Kunadis, Giorgos Sisilianos, Jannis Chronopulos, Jannis Vatikiotis, Christos Michalakakos, Sotiris Tachiatis, Spiros Tombras und seine spätere Frau Chara, Tatsis Apostolidis und seine Frau Ersi, Nikos Ginos, Stelios Kafandaris, Aliki Vatikioti und Michalis Semsis. Später kamen noch Jannis Ioanidis und Giorgos Tsugiopulos in die Seminare für Komposition. Wir organisierten Musikabende in verschiedenen Häusern oder besuchten manchmal abends nach dem Unterricht im Konservatorium einen Puff auf der Sokrates- oder Phidiasstraße und gaben Konzerte mit Werken von Bach vor dem ausgesuchten Publikum der Nutten und ihrer Kunden. Ich wurde zum Parteiverantwortlichen für das Konservatorium gewählt. Wir gründeten den Verband Junger Musiker mit Giorgos Sisilianos als stellvertretendem Präsidenten, Argiris Kunadis als Generalsekretär und mit mir als Präsidenten.

Die Meinen hielten es ohne mich in Tripolis nicht aus. Unsere Familienbande waren sehr stark. Mein Vater bemühte sich um eine Versetzung nach Athen. Er bekam im Innenministerium den Posten des Verantwortlichen für Fragen der Staatsangehörigkeit.

Zugleich sammelte er alle geheimen Unterlagen über die Verbrechen der Wehrmacht und der SS. Diese wertvollen Dokumente hüteten wir bei uns zu Hause, bis mein Vater sie nach der Befreiung seiner Behörde übergab, die sie rasch verschwinden ließ. Das Haus in Nea Smirni war sehr klein. Unsere Verwandten gaben uns den Salon, wo unsere ganze Familie wohnte. In einem Doppelbett schliefen die Eltern, auf dem Kanapee ich und unten auf Decken Jannis. Eine Heizung gab es nicht. Ebensowenig Lebensmittel. In Tripolis konnte man wenigstens Kartoffeln und Käse auftreiben. Das Gehalt meines Vaters reichte gerade für zehn Tage. In der übrigen Zeit mußten wir uns irgendwie durchschlagen. Mein Bruder hatte Schwäche- und Ohnmachtsanfälle. Er konnte sich nicht auf den Beinen halten und litt an Nahrungs- und Vitaminmangel.

Als auch ich beim Warten auf die Straßenbahn auf dem Sindagmaplatz vor Schwäche umkippte und mich die Passanten auf einer Bank im Schneeregen liegenließen, und da mein Blutdruck extrem gesunken war, was zu permanenten Müdigkeitserscheinungen führte, beschlossen wir, unbedingt eine Arbeit für mich zu finden. Nach vielen Schwierigkeiten verschaffte mir mein Onkel eine Stelle in einer neu eingerichteten Behörde, die ihren Sitz auf der Filelinonstraße neben der anglikanischen Kirche hatte, bei der Vereinigung der Tabakindustrie Griechenlands. Als ich mich dort meldete, gab es noch keine Büroräume, und man schickte mich nach Kokinia zum Lager Saporta, um Tabakpakete ab- und aufzuladen. Ich stand nachts auf, lief zu Fuß nach Kokinia, arbeitete acht Stunden und kehrte zu Fuß zurück.

Manchmal machte ich einen Umweg über Pireas, um im Hafen einen Sack Rosinen auf Rechnung meines Onkels abzuholen. Der Sack wog bis zu 45 Kilo, und ich schleppte ihn von Pireas nach Nea Smirni auf dem Rücken. Abends versuchte ich im Schein einer Lampe Aufgaben in Harmonielehre zu lösen, aber es war aussichtslos. Unter diesen Umständen konnte ich nicht am Unterricht im Konservatorium teilnehmen. Etwas später fand sich bei derselben Vereinigung eine Stelle in Athen. Ich mußte das Sitzungsprotokoll des Vorstands abschreiben und es dann von den einzelnen Vorstandsmitgliedern unterzeichnen lassen, von

Papastratos, Keranis, Karavasilis, Karelias. Das, was uns damals gerettet hat, war nicht mein Gehalt, sondern die teilweise Entlohnung in Naturalien. Jede Woche bekamen wir, entsprechend unserer Position, ein paar Zigarettenstangen. Ich traf mich mit Vater in einem Kafenion in der Nähe meiner Arbeitsstelle, und wir gingen sofort, die Zigaretten unter dem Arm, zur Pireasstraße, wo die Verwundeten von Albanien, die auf den Bürgersteigen lagen, das Monopol des Zigarettenhandels hatten. Dort verkauften wir unsere Ware nicht zum Preis des Tages, sondern zum Preis der Stunde (weil die Preise von Stunde zu Stunde stiegen), rannten in die Aristidisstraße, wo deutsche Konserven gehandelt wurden, und deckten uns vor allem mit Blutwurst ein, die zwar ekelhaft schmeckte, aber genau das Richtige für mich und meinen Bruder war. Auf diese Weise kamen wir wieder zu Kräften. Zu Winter, Kälte und Nahrungsmangel kam noch der Mangel an Bekleidung, sie bestand nur aus Lumpen, unsere Schuhe aus Flicken. So faßten unsere Eltern den für sie großen Entschluß, ihre Trauringe zu verkaufen, um uns einzukleiden. Das wurde ihnen sehr schwer. Mutter saß gebeugt da, wenn sie gerade keine Arbeit hatte und allein war. Sie schaute auf ihre Hände und weinte. Wer weiß, welche Erinnerungen mit ihrem Ehering verbunden waren. Sie sah Vater ständig an und streichelte ihn, als hätte sie ihn verloren oder als würde sie ihn bald verlieren.

Im Sommer 1944 brach die große Inflation aus. Aus dem Tausender wurde sehr schnell eine Million, aus der einen Milliarde und aus der, kurz vor der Befreiung, eine Billion. Mein Gehalt für zehn Tage betrug fünfzig Milliarden Drachmen. Der Transport des Geldes wurde damit zu einem großen Problem. Nachdem die Preise jeden Tag stiegen, mußten wir auch täglich entlohnt werden. Eine Gruppe von Angestellten, zu der auch ich gehörte, ging jeden Morgen zur Griechischen Bank und stellte sich an der Kasse an. Wir stopften das Geld in Säcke, die wir zur Filelinonstraße schleppten. Gleich nachdem wir zwischen zwei und drei Uhr mittags unseren Lohn ausgezahlt bekommen hatten, eilten wir auf den Markt, um einzukaufen, bevor die Lebensmittel teurer wurden. So ging das jeden Tag. Während des stundenlangen Wartens im Keller der Bank nutzte ich die Zeit und löste Aufgaben in Harmonielehre. Um mich herum tobte alles. Aber ich hatte gelernt, mich in jeder Situation zu konzentrieren.

Eines Tages, während wir warteten, forderte mich ein Kollege auf, ihm zu folgen. Wir stiegen in den ersten Stock, er öffnete die Tür zur Toilette und sagte: »Hier ist es sauber und gemütlich. Es ist die Toilette des Direktors. Du kannst in Ruhe sitzen und schreiben; öffne nur, wenn du mein Klopfzeichen hörst: zwei, dann drei und wieder zwei Schläge.« Dieses Klopfzeichen benutzte ich später in der Illegalität als Erkennungszeichen und machte auch ein Lied daraus. Auf diese Weise arbeitete ich wieder intensiv und kam in Harmonielehre sehr schnell voran, was meinen Lehrer verblüffte. »Wie schaffst du denn das?« fragte er mich. »Ich denke, du arbeitest den ganzen Tag!« Nach der Arbeit ging ich direkt ins Konservatorium und von dort zur Chorprobe. Ikonomidis und ich waren immer die ersten. Wir stellten die Gefäße mit unserem Essen auf das Klavier, aßen im Stehen und unterhielten uns dabei. Ich besaß einen kleinen Koffer, in den meine Mutter ein Einweckglas mit Grütze oder Bohnengerichten packte und weiterhin einen silbernen Löffel von ihrem guten Bestecksatz, der fast schon vollständig verkauft war. Ikonomidis schlürfte seine dünne Brühe aus einem in ein Handtuch gewickelten Blechbehälter. Ich schämte mich, daß mein Essen besser war. Aber mein Lehrer lehnte meine Angebote, das Essen zu teilen, ab und wurde böse, so daß ich schließlich Angst hatte, ihn zu fragen. Er war völlig abgemagert. Er arbeitete den ganzen Vormittag im Staatlichen Orchester, mittags im Konservatorium und abends im Chor. Und zwar im Prinzip unentgeltlich. Zu Hause erwarte ihn, sagte er mir, viel Arbeit. Partituren studieren, Material korrigieren. Wie freute ich mich, als er endlich bereit war, manchmal meine Hilfe in Anspruch zu nehmen. Ich setzte mich an seinen mit Papieren überhäuften Schreibtisch und arbeitete, ohne ein Wort zu sagen, versuchte, die große Freude und Erregung zu verbergen, die ich fühlte, weil mir der Lehrer die Korrektur von Orchester- oder Chormaterial, die im Grunde ja Routinearbeit war, anvertraute.

Auch Mirto hatte die Aufnahmeprüfungen für das Medizinstudium bestanden und studierte nun an der Universität. Im Herbst 1943 trafen wir uns hinter dem Hauptgebäude der Universität. Wir blieben mitten auf der Akademiasstraße stehen und unterhielten uns. Es war das erstemal in meinem Leben, daß ich mich frei auf offener Straße mit einem gleichaltrigen Mädchen unterhielt. Sie gehörte der EPON-Organisation von Nea Smirni an, wechselte aber jetzt in ihre Studiengruppe über. Der Hörsaal verwandelte sich nicht selten in ein Schlachtfeld, und es gehörte schon sehr viel Mut dazu, sich offen zur EAM, KPG und EPON zu bekennen. Nachdem wir uns verabschiedet hatten, blieb ein angenehmes Gefühl in mir zurück, an das ich mich gern erinnerte. Während der Besuche im Hause Altinoglu, die nach wie vor, nur etwas seltener, stattfanden, setzten wir uns immer öfter abseits, um allein unsere Unterhaltungen zu führen. Wir sprachen stundenlang miteinander, auch über unsere Gefühle. Ich erzählte ihr von Elli und sie mir von Fedonas. Bei den großen Themen waren wir stets unterschiedlicher Meinung. Ich litt unter dem Komplex des Provinzlers angesichts der Unbeschwertheit und Offenheit der emanzipierten Athenerin. So verging der Winter.

Im Sommer 1944 liefen wir an den Wochenenden mit vielen Freunden zum Meer, nach Kalamaki. Einige kamen von der Patisionstraße; wir – die Familien Altinoglu, Isigonis und Theodorakis – schlossen uns in Nea Smirni an. Immer mehr Freundeskreise gesellten sich zu uns, je näher wir nach Ano Nea Smirni kamen. Wenn wir in Vurlopotamos zum Meer hinunterliefen, waren wir manchmal an die hundert. In Kalamaki besetzten wir die ganze Gaststätte und stellten die mitgebrachten Speisen und Wasserbehälter auf die Tische. Dann stürzten wir uns ins Meer. Mittags das gemeinsame Essen, Singen, Tanz nach der Grammophonmusik der Gaststätte. Ein wenig Ausruhen. Nachmittags schwimmen und Boot fahren. Oft badeten Deutsche in unserer Nähe. Wir hatten nie Probleme mit ihnen. Wir waren alle ausgezeichnete Schwimmer. Mirto, Mimosa, ich und noch zwei andere Freunde schwammen gern zu einer kleinen Insel, zum Strand von Eden. Dort legten wir uns auf die glatten Felsen in die Sonne und unterhielten uns.

Als wir an einem dieser Tage im Juli von der Insel zurückschwammen, bemerkten Mirto und ich, daß wir allein geblieben waren. Wir schauten uns an, küßten uns und schluckten dabei Wasser. Als wir, ganz verändert, die Meeresgrotten von Kalamaki erreichten, küßten wir uns wieder. Mein Vater, über uns, sah unruhig zum Meer und rief: »Mikis! Mirto! Kommt essen!« Wir lachten und rannten zum Gemeinschaftstisch. Am anderen Tag holte ich sie von zu Hause zu einem Konzert des Staatlichen Orchesters im Herodes-Theater ab. Sie trug ein weißes Kleid. Wir nahmen die Straßenbahn von Kalithea und stiegen in Makrijannis aus. Ein wunderschöner Weg, der zum Hügel des Dionisos Areopagites hinaufführte. Diesen Weg sind wir seitdem oft gegangen. Wir setzten uns auf einen Felsen, fühlten, wie die *Pastorale* uns noch näher brachte. Wir kehrten nach Nea Smirni zu Fuß zurück und beschlossen, für immer zusammenzubleiben. Am nächsten Tag lief ich von zu Hause weg. Ich war so verliebt, daß ich es in den vier Wänden nicht mehr aushielt.

EPON-Angehörige aus Nea Smirni entdeckten, daß die Deutschen in Vuliagmeni die Villen verlassen hatten, und besetzten sie. Auch Mirto und ich sollten dorthin kommen. Wir nahmen den Bus von der Kirche des Heiligen Georgios Karitsis und erreichten zusammengedrängt wie die Sardellen und singend »Solch blaue Augen« und »Zwei grüne Augen«, Hits jener Zeit, die Endhaltestelle. Dort erwarteten uns die Jungen und Mädchen der EPON und führten uns zu unseren Villen. Morgens gingen wir in Lemo baden, ein damals einsamer Ort. Nach dem Essen und der Siesta liefen wir zum See von Vuliagmeni. Eine Woche später streikte der Bus auf der Rückfahrt in Vula, so daß wir von dort zu Fuß nach Nea Smirni gehen mußten. Wir lösten uns von den anderen, wollten allein sein. Sonntags nahmen wir wieder den Bus nach Vuliagmeni, wo wir im dichten Pinienwald von Lemo spazierengingen. Wir entdeckten kleine, völlig vereinsamte Buchten, badeten, legten uns ins Gras oder unter die Pinien. Manchmal liefen wir auch nach Pendeli. Wir stiegen den Berg hinauf und machten auf einer Lichtung Rast. Mirto hatte von zu Hause Konserven mitgenommen und ich Brot aus schönem gelbem Mais, das wir

Bobota nannten. Wir kamen auf unseren Ausflügen sogar nach Salamis. Von Kalithea nahmen wir die Elektrische, von Pireas die Straßenbahn nach Perama und von dort ein Boot oder ein Linienschiff, ich erinnere mich nicht so genau, das uns nach Palukia übersetzte. Dann erklommen wir den Berg, über Mulki. In Athen trafen wir uns am Filopapushügel und im Park von Nea Smirni, wo es jeden Abend von Liebespaaren nur so wimmelte. Wenn wir keinen Platz fanden, gingen wir auf das Grundstück von Papastratos in Vurlopotamos. Einen schönen romantischen Spaziergang konnte man in Kastela machen, wohin wir mit der Straßenbahn fuhren. Dort gab es ein kleines Kafenion, wo man mit einer Portion Vanille beliebig lange sitzen konnte. Unser Geld reichte nur für einen Kaffee, ansonsten setzten wir uns auf die Bänke in den Parks. Ein einziges Mal ging ich mit Mirto zum Essen in eine Taverne, 1948, wenige Tage vor meiner letzten Verhaftung. Mit einer Stange Zigaretten sicherten wir unser Fahrgeld für die Straßenbahn, zwei Theaterkarten und zwei Stück Rosinenkuchen. Wir besuchten oft die verschiedenen Theater, in denen damals hervorragende Schauspieler auftraten. Die Kotopuli, Katerina Andreadi im Theater der Kunst, wo wir das ganze Ibsen-Festival sahen. Natürlich gingen wir auch gern ins Kino, das während der deutschen Besatzungszeit nur deutsche und während der englischen Besatzungszeit nur amerikanische Filme brachte. Am liebsten aber liefen wir durch Athen. Dadurch lernten wir die Stadt sehr gut kennen – die kleinen Cafés in Exarchia, rund um den Sindagmaplatz, auf der Klafthmonosstraße, in der Plaka und in der Nähe des Likavitos-Hügels. Es waren dort unzählige Liebespärchen in unserem Alter.

Als ich in Athen angekommen war, hatte ich zuerst meine ehemaligen Mitschüler und Freunde aus Tripolis aufgesucht. Zu ihnen gehörte Giorgos Papulias, der mich sogar befreien wollte, als ich in deutsche Gefangenschaft kam. Und wenn sich nicht Herr Vugiuklakis eingeschaltet hätte, hätte er es bestimmt versucht. In Athen wurde Giorgos Mitglied der Studentenkompanie »Lord Byron«. Er gab mir eine Pistole, später eine Maschinenpistole und drei Magazine. Ich vergrub alles in unserem Garten in

Nea Smirni. An dem Tag, als die Deutschen Athen verließen, revanchierte ich mich mit einem Lastwagen voll deutscher Waffen, die ich der Kompanie »übergab«. Ich hatte sie vor der Sprengung in der Luftwaffenbasis von Palio Faliro gerettet. Einige Jahre darauf erfuhr ich, daß Giorgos während des Bürgerkriegs gefangengenommen und zusammen mit Hunderten im Nationalgarten hingerichtet und verscharrt worden war. Papulias half mir, Kontakt aufzunehmen. In der ersten Zeit arbeitete ich politisch vor allem im Konservatorium. Damals gehörte der überwiegende Teil der Musiker zur EAM. So wurde ich 1945 Mitglied des Panhellenischen Musikverbands. Der Verband war auf unsere Initiative hin als EAM der Musiker gegründet worden.

Eines Morgens drangen Tsoliades in unser Haus ein. Vater und Onkel waren nicht da. Ich war die einzige männliche Person im Haus. Mutter und Tante schrien. Von überallher waren Schreie zu hören: Razzia! Der ganze Wohnkomplex, das ganze Viertel war von motorisierten Einheiten der Deutschen und von Tsoliades umstellt. Die Straßen füllten sich mit Männern, die unter Gewehrkolbenstößen zum Stadion von Kalithea getrieben wurden. Heute steht dort ein richtiges Stadion, damals war es einfach ein großer freier Platz. Als ich dort ankam, drängten sich im Stadion schon jüngere und ältere Männer. Die Frauen, die den Platz umringten, beschimpften die Soldaten laut, von denen sie zurückgedrängt und geschlagen wurden. Ich hatte das seltsame Gefühl, in einem Kino zu sitzen und einen Film zu sehen. Als sich der Tumult ein wenig beruhigte, hatte man uns bereits in langen Reihen aufgestellt. Ein deutscher Offizier schrie etwas, und der Dolmetscher übersetzte, aber ich verstand nichts und scherte mich nicht darum. Bald bildete sich eine Gruppe von deutschen und griechischen Offizieren, Soldaten und Tsoliades, die durch die Reihen gingen und ihre Opfer aussuchten. Je näher sie mir kamen, um so angestrengter überlegte ich, wie ich dreinsehen sollte. Ernst? Nachdenklich? Dümmlich? Gleichgültig? Noch bevor ich mich entscheiden konnte, winkten sie mich schon aus der Reihe. Die Ausgesuchten sammelten sich an einer Ecke des Platzes. Wir wurden immer mehr. Eine motorisierte deutsche Einheit fuhr vor. Die Soldaten sprangen von den Lastwagen und bauten drei Maschinengewehre auf, die sie auf eine Steinmauer rechts von uns, im rechten Winkel zur Allee, richteten. Hinter jedes Maschinengewehr legten sich zwei Deutsche. Dann kam noch ein kleineres Militärfahrzeug. Zwei SS-Offiziere und ein Maskierter, von Kopf bis Fuß in Schwarz gekleidet, stiegen aus. Uns schauderte. Wir hörten von überall ein Flüstern, das zum Schrei wurde. Nachdem wir den Befehl erhalten hatten, uns in einer Reihe aufzustellen, begannen die drei, begleitet von wutentbrannten SS-Leuten und Soldaten aus dem griechischen Bataillon, sich jeden einzelnen von uns genau anzusehen. Auf wen der Maskierte zeigte, den zerrten die SS-Leute aus der Reihe, schlugen ihn und trieben ihn zur Mauer. Dort folterten sie ihn mit metallbeschlagenen Stöcken, Knüppeln, in die sie Nägel getrieben hatten, und anderen Instrumenten, so daß das Opfer innerhalb von fünf Minuten blutüberströmt zusammenbrach. Zu den Schreien der Gefolterten kamen noch die der Frauen, die ihren Mann, Sohn oder Vater erkannten. Schließlich blieb der Maskierte vor mir stehen. Ich beschloß, ihm direkt in die Augen zu sehen. Herausfordernd. Ich sagte mir: »Das Spiel ist sowieso verloren. Zeigen wir also diesem Scheißkerl, daß es noch Männer gibt.« So ungefähr. Plötzlich merkte ich, daß ich diese Augen kannte. Auch den Blick. Als der Mann die Hand hob, wie um den Leuten zu sagen: »Da, nehmt ihn!«, erkannte ich, daß der Fingernagel seines Daumens in der Mitte bläulich angelaufen war, wie von einer alten Verletzung. Auch das erinnerte mich an etwas. Aber woran? Schon bei seiner andeutenden Handbewegung gingen die SS-Leute auf mich los. Aber er hielt sie zurück. Sein Blick sprach jetzt Bände. Er sagte mir viel. Und ich glaube, ich verstand: »Du bist in meiner Hand. Eine kleine Bewegung genügt, und du wirst gefoltert und getötet. Willst du das? Oder nicht?« Vielleicht erwartete er, daß ich ihm antworte: »Nein, bitte, tu es nicht! Hab Mitleid mit mir.« Ich aber »sagte« ihm mit meinem Blick: »Du bist ein Wichser, und bald wirst du die Stunde deiner Geburt verfluchen!« Während ich das dachte, wurde mir klar, daß ich über das ganze Gesicht lachte. Das brachte den SS-Offizier auf, der mir mit einem Schlagstock ins Gesicht schlug. Aber der Maskierte senkte schnell die Hand, deutete mit einer Kopfbewegung an: »Nein! Nein!« und ging weiter. Ich erinnere mich nicht, wie viele an die Wand gestellt wurden. Ich glaube, siebzehn. Die Mittagsstunde war vorüber, als die Maschinengewehre sie unter der heißen Sonne niedermähten. Dann gaben die Deutschen bekannt, daß die Leichen nicht begraben werden dürften. Das rettete einem Mann der EPON das Leben, der verwundet unter den anderen lag und nachts entkommen konnte. – Ich traf ihn im Keller der Polizeistation von Kalithea Anfang 1945. Er erzählte mir, daß der Maskierte der Sohn eines bekannten linken Intellektuellen war und in Künstlerkreisen verkehrte. Die Deutschen hatten ihn auf dem Schwarzmarkt erwischt und so lange unter Druck gesetzt, bis sie aus ihm einen Verräter machen konnten. Später gestand er alles unseren Leuten, die ihn kannten. Er stellte sich sogar der EAM, wollte vor ein Gericht gestellt und hingerichtet werden. Aber keiner konnte mit Sicherheit sagen, was aus ihm dann geworden war. – Als die Deutschen nach der Hinrichtung begannen, die restlichen Gefangenen in die Lastwagen zu zwingen, um sie als Geiseln nach Chaidari oder Deutschland zu transportieren, gab es ein großes Durcheinander. Ein Parteifunktionär, der die Szene mit dem Maskierten beobachtet hatte, fragte mich, woher ich komme. »Wir kennen dich hier nicht. Wo wohnst du?« Ich sagte es ihm. »Bleib bei uns.« Ich verstand, daß sich die Organisierten aktiv verhielten und daß mein Gesprächspartner eine bedeutende Person sein mußte, weil alle zu ihm gingen, bevor sie in der aufgebrachten Menge verschwanden. Bevor ich zu mir kam, befand ich mich in unserem Wohnviertel. Wir waren ungefähr dreizehn und flohen durch die Gemüsegärten Richtung Tzitzifies. So gelangte ich zum geheimen Stützpunkt der ELAS. Weil es in dieser Gegend nur wenige Intellektuelle gab, wurde ich Mitglied des EPON-Vorstandes im fünften Bezirk.

Kurz vor der Befreiung wartete ich an der Abbiegung nach Nea Smirni auf die sich ewig verspätende Mirto. Da sah ich, daß mir zwei EPON-Mitglieder mit einem Karren entgegenkamen. Ich wußte, daß Propagandamaterial nach Nea Smirni gebracht worden war. Aus konspirativen Gründen schauten wir uns nur flüchtig in die Augen, sie wollten mit dem leeren Karren die

Straßensperre der Deutschen passieren. Dort wurden Fahrzeuge und Menschen kontrolliert, bevor die Schranke gehoben wurde, die Athen von Faliro und Nea Smirni von Kalithea trennte. Der eine der beiden passierte die Kontrolle und verschwand auf der Dimitrastraße, der zweite mit dem Karren wartete noch vor dem Posten. Der SS-Mann durchsuchte ihn gründlich und übergab ihn den Soldaten, die auf dem Bürgersteig neben mir standen. Wieder wechselten wir einen Blick. Er hieß Nikos, wohnte in Moschato und arbeitete als Gehilfe in einer Druckerei. Hatte er Tinte an den Händen? Oder gab es einen Verräter unter uns? Ich versuchte so unauffällig wie möglich weiterzugehen. Von der Kurve bis zur Klinik säumte hoher Stacheldraht den Bürgersteig, weil die angrenzenden Häuser von den Okkupanten beschlagnahmt worden waren. Das Gebäude, das bis heute erhalten ist, mit den zwei Palmen davor, war der Sitz der Gestapo. Um diesen Platz zu verlassen, lief ich auf der Allee Richtung Athen. Parallel zu mir gingen auf der anderen Seite des Stacheldrahts die Deutschen mit Nikos. Vor dem Gestapogebäude stießen sie ihn auf die Erde und rissen ihm Arme und Beine auseinander. Vier SS-Leute hielten ihn in dieser Lage an Händen und Füßen fest. Das Ganze lief ruhig ab. Ohne ein Wort. Ich konnte nicht weitergehen und verharrte zwei Sekunden gebannt vor diesem »Gottesdienst«. Ich sah, wie mich ein Offizier von der Treppe aus beobachtete, und setzte meinen Weg fort. Hinter mir hörte ich Schritte. Der Offizier lief gleichgültig auf der anderen Seite des Stacheldrahts neben mir her. Ich dachte es wäre Zufall. An der Klinik gab es ein Tor mit Wache.

Der Offizier ging langsam auf die Straße, riß plötzlich seine Waffe heraus, drückte sie mir in die Seite und bellte mich im wahrsten Sinne des Wortes an. Ich hob meine Hände und fand mich in der Gestapozentrale wieder. Ich wurde in einen großen halbdunklen Raum geschoben. Hinten an der Wand zogen sie Nikos aus. Mitten im Raum stand ein hoher Tisch, drumherum fünf, sechs SS-Leute zusammen mit dem unentbehrlichen griechischen Dolmetscher, der mir mit seiner singenden und ekelhaften Stimme befahl: »Du wendest deinen Kopf zur Wand! Wehe dir, wenn du dich rührst oder deinen Kopf umdrehst! Verstehst du, was ich sage?« Ich stellte mich an die Wand, hinter mir plazierte sich ein SS-Mann, größer als ich. Dann begannen sie Nikos zu verhören. Der Deutsche sprach, der Grieche übersetzte und gab seinen Senf dazu: »Sei kein Idiot, he!, die nehmen dich auseinander, denk an dein Mütterchen, he!, du bist ein bekotzter Kommunist, du Arsch, du, wir schaffen dich, he!« Oder die andere Tour: »Ich will dir helfen. Ich mein's gut mit dir. Du scheinst ein kluger Kerl zu sein.« Nikos sagte kein Sterbenswort. So etwas habe ich in meinem Leben nie wieder erlebt. Als sie ihn zu foltern begannen, versuchte er sogar sein Stöhnen zu unterdrücken. »Kennst du den Langen da? Ihr habt euch angesehen. – Warum hast du ihm zugelächelt? – Wo druckt ihr die Flugblätter? – Wem gibst du sie? – Wer war der andere, der uns entwischt ist? – Sag uns, wer ist der Lange! – Sieh ihn dir gut an!« Der SS-Mann drehte meinen Kopf in ihre Richtung. Im Halbdämmer sah ich den zerschundenen Körper von Nikos. Dann mißhandelten sie wahrscheinlich seine Genitalien, denn der Grieche lachte und sagte Schweinereien. Nikos konnte nicht mehr an sich halten und schrie. Ich sah unwillkürlich zu ihm hin, worauf mir der SS-Mann einen so starken Hieb in den Nacken versetzte, daß mein Gesicht gegen die Wand schlug und bald von Blut überströmt war. Ich konnte aber nicht anders und mußte mich wieder umdrehen, bis der SS-Mann mein Gesicht völlig verunstaltet hatte. Trotzdem fühlte ich keinen Schmerz, denn das, was ich neben mir hörte und was ich mir vorstellte, überlagerte jeden Gedanken und jedes Gefühl. Plötzlich hörte ich das Wort »kaputt«. Sie stritten sich. Wahrscheinlich hatten sie ihn nicht gleich umbringen wollen. Aber irgend etwas war schiefgelaufen. Hatte er zu viel Blut verloren, als sie ihm die Hoden abschnitten? »Wir machen dich zum Eunuchen, du alter Schwuler, du Kommunistensau!« hatte ihm der Dolmetscher gesagt. »Ruf doch Stalin, daß er deinen Schwanz rettet!« Jetzt war es still geworden. Es roch nach Schlachthof. Ein säuerlicher Geruch. Schweiß. Ich bückte mich und mußte mich übergeben. Da versetzte mir der SS-Mann einen Schlag in die Seite, daß mir die Luft wegblieb. Sie drehten mich um. Gebeugt lehnte ich an der Wand. Ich sah ihre Stiefel, die Messer, die Schlagstöcke. Alles triefte von Blut. Plötzlich richtete ich mich auf und überragte alle außer meinem Bewacher. Ich wischte mein Gesicht ab und sah ihnen in die Augen, zu allem bereit. Nur in meinen Genitalien fühlte ich eine seltsame Schwere. Der Dolmetscher verlangte, daß ich meine Papiere zeigte. Ich holte den roten deutschen Ausweis heraus, den alle Griechen hatten. Der Offizier fragte mit lauter Stimme: »Komponist?« Diese Berufsbezeichnung hatte ich kurz zuvor aus Übermut hineingeschrieben, wie um mir Mut zu machen, es zu werden – und ich antwortete auf deutsch: »Ja, Komponist.« – »Piano?« fragte er und tat so, als würde er Klavier spielen. »Ja.« Die Henker änderten unerwartet ihr Verhalten. Ich war groß. Blond damals. Ich besaß alle Merkmale der arischen Rasse. Positive Zeichen. Aber außerdem Komponist und Pianist! Das entschied alles. »Gut, gut!« – »Was hast du an der Ecke gemacht?« – »Ich habe auf mein Mädchen gewartet.« – »Gut, gut!« Da riefen sie alle durcheinander Namen, mal der eine, mal der andere, warteten auf mein Einverständnis: »Bach? Beethoven? Wagner? Brahms?« Der ganze deutsche Ruhm. Bei jedem Namen schlugen sie mit den Stöcken gegen ihre Stiefel, und das Blut bildete um uns eine Lache. Nikos, neben uns, abgestochen wie Schlachtvieh. Mein Gesicht geschwollen. Und die Henker erinnerten sich, daß sie Nachfahren der großen Geister der Musik waren. Sie beratschlagten. Dann sagte der Dolmetscher zu mir: »Du Schuft! Kommst noch mal davon. Diese dummen Hunde glauben mir nicht, daß man dich hierbehalten und ficken muß wie deinen Kumpan. Wir behalten aber deinen Ausweis ein, und du wirst morgen hierherkommen und ihn abholen. Wenn du nicht kommst . . . Wir finden dich überall und zerdrücken dich wie eine Laus. Weder einer noch tausend Stalins retten dich.« Die Deutschen schlugen mir auf die Schulter, riefen »Auf Wiedersehen!« und schoben mich zum Ausgang. Ich verschwand im Viertel von Kalithea und übernachtete im Kloster von Pendeli. Ich wollte auf keinen Fall dem Dolmetscher über den Weg laufen.

Je näher das Ende der Besatzungszeit heranrückte, desto mehr Stadtteile Athens wurden befreit, und zugleich vergrößerte sich die Reservearmee der ELAS, die in der Stadt über zwanzigtausend Bewaffnete verfügte. Wir brachten unsere Gefangenen zum Vurlopotamos, und ich versuchte mich zu erinnern, ob einer von ihnen an der Ermordung von Nikos beteiligt war.

Bald würden die Deutschen Athen verlassen. Wir spürten es. Gerüchte grassierten: daß sie Athen in die Luft sprengen, daß sie alle Männer umbringen, daß sie die Stadt bombardieren wollten. Eines Nachts weckten uns furchtbare Detonationen. Man dachte, das Ende der Welt sei gekommen. Unser Haus erbebte bis in die Grundmauern. Überall Explosionen und Feuer. Ich ging auf die Terrasse. Die Deutschen sprengten ihre Einrichtungen in Pireas und in Faliro. Ich nahm ein riesiges Küchenblech, um mich vor den Einschlägen und Gegenständen, die vom Himmel herunterfielen, zu schützen, grub die Maschinenpistole aus, füllte meine Taschen mit Ersatzpatronen und rannte, ohne weiter zu überlegen, zur Gestapozentrale. Die Wachen waren verschwunden. Die Häuser der Deutschen schienen bereits verlassen zu sein: zerschlagene Türen und Fenster, zertrümmerte Möbel. Vorsichtig betrat ich das Gestapohauptquartier. Etwas raschelte. Ich schoß. Katzen, die Blut leckten. Als ich aus dem Gebäude trat, sah ich Dunstschwaden über Faliro. Ich beschloß, dorthin zu gehen. Das Küchenblech schützte mich und gab, je nachdem, was herunterprasselte, andere Töne von sich. Links sah ich die deutsche Präfektur.

Da detonierte es in unmittelbarer Nähe. Ich rannte in den Keller, hörte ein Stimme: »Wenn du Grieche bist, rühr dich nicht! Schmeiß deine Waffe weg!« Ich warf die Maschinenpistole auf die Erde. Ein Mann kam näher. »Ich hab hier gearbeitet und kenne die Gegend gut. Wenn du mir hilfst, die Gebäude dort drüben zu retten, sind wir reiche Männer.« »Wie denn?« – »Sie haben überall Dynamit gelegt, und die Kabel führen bis nach Faliro. Von dort aus wollen sie sprengen. Wir haben nur noch ein paar Minuten. Sonst ist hier bald die Hölle los.« Ich folgte ihm. Wir überquerten die Straße. Unmittelbar neben dem Strand hatten die Deutschen das Munitionslager der Luftwaffe eingerichtet. Wir liefen durch das große Eingangstor. Das Kabel führte auf die Straße, Richtung Neo Faliro. Es war dick und sehr stabil. Zuerst versuchten wir, es mit einer Schere zu durchschneiden, die der Unbekannte bei sich hatte. Das gelang nicht. Die Minuten vergingen. Im Pförtnerhaus fand ich ein Bajonett. Ich hielt es über das Kabel, und der andere schlug mit einem großen Stein zu. Geschafft! »Es gibt noch mehr«, sagte er. Er kannte alle Standorte genau. Jeden Augenblick die Explosion erwartend, zerstörten wir das ganze Sprengsystem. »Komm mit!« sagte er. Wir gingen in einen Raum voller Ferngläser, Fernrohre, Fotoapparate. Er nahm eine Tasche und füllte sie. »Nimm, soviel du tragen kannst. Mit so einem Ding kaufst du eine ganze Wohnung!« Ich sah ihn wie ein Idiot an. »Bist du Dolmetscher?« – »Ja, wieso?« – »Was hast du gemacht?« – »Ich war in der Verwaltung, hab Lebensmittel gekauft. Mach schnell. Vielleicht kommen sie wieder.« Er nahm sich ein Fahrrad, befestigte die Tasche daran und verschwand in den Rauchwolken.

Ich blieb allein. Das Dach des Pförtnerhauses brannte. Darunter befanden sich Munitionskisten. Ich begann, sie herauszuziehen. Dann lief ich ins mittlere Gebäude. Alles nur Büroräume. Die Türen verschlossen. Ich trat eine mit einem Fußtritt ein. Überall kaputte Möbel, zerrissene Papiere. An der Wand Maschinenpistolen. Ich nahm eine, lud sie, hängte sie mir über den Rücken und ging auf den Hof. Eine Kellertür stand offen. Dort hingen Hunderte von langen Ledermänteln. Ich sah, daß sich etwas bewegte, und gab ein paar Schüsse ab, mehr zur Einschüchterung und um zu sehen, was geschah. Zwei Jugendliche kamen schreiend heraus. »Bring uns nicht um!« – »Wer seid ihr?« – »Diebe.« – »Wann seid ihr gekommen?« – »Gerade jetzt. Laß uns wenigstens einen Mantel mitnehmen!« In diesem Augenblick explodierte die Präfektur gegenüber, und alles hüllte sich in Rauch.

Ich rannte auf den Hof, weil ich Geräusche hörte. Plötzlich fuhr mir aus den Rauchschwaden, nur fünf Meter entfernt, ein deutscher Panzer entgegen. Auf dem Turm ein Offizier, ungefähr so alt wie ich, der mich verblüfft anstarrte. Die Maschinenpistole hing über meiner Schulter. Ich sah ihm in die Augen. Er war mir sympathisch. Dann dachte ich auf einmal, daß er ein lebender Toter war. Wie wollte er ganz Griechenland und Jugoslawien durchqueren? Er las meine Gedanken und sah mich an, als würde er sagen: »Auch du gefällst mir. Wir sind gleichaltrig. Unter anderen Bedingungen wären wir vielleicht Freunde.« Er lächelte mir zu. Ich lächelte zurück. Der Fahrer schrie etwas von unten, was mich in die Wirklichkeit zurückholte. Jetzt wird er mich unter seinen Ketten zermalmen, dachte ich. Der Offizier gab einen Befehl, und der Panzer begann zu fahren. Nach einem Meter drehte er nach links ab, und der »blonde Jüngling« grüßte mit der Hand. Auch ich grüßte ihn und sagte: »Viel Glück!«

Ein wenig später tauchte ein anderer »blonder Jüngling« auf, diesmal ein Grieche, Vasilis Zannos. Für ihn und für Makis Karlis komponierte ich 1948 auf Ikaria, später auf Makronisos und Kreta meine *Erste Sinfonie*. »Sekretär der Bürgermiliz«, stellte er sich vor. Ihn begleiteten eine Menge bewaffneter Bürger. Alle achtzehnjährig. »Wer bist du?« fragte er. »Und was machst du hier?« In seiner Stimme schwang die Sicherheit und Unverfrorenheit der Macht. »Ich bin spazierengegangen«, antwortete ich, »und habe die Gebäude hier eingenommen. Sie gehören mir.« – »Laß die Späße. Das alles gehört dem griechischen Volk.« – »Dasselbe sag auch ich.« – »Erst einmal gehört es der Bürgermiliz.« Ich beschloß, mit dem Unfug aufzuhören, und sagte ihm, wer ich sei und was ich dort mache. Ein Milizionär kam und berichtete: »Da sind Leute vom Meer gekommen. Sie wollen den Verantwortlichen sprechen.« – »Geh du!« meinten Vasilis und ich zugleich. Wir gingen Richtung Meer und sahen die Eskorte. Als sie uns erblickten, blieben sie stehen. Auch wir hielten inne. Einer von ihnen kam auf uns zu. Dann sprach er. Seine Stimme zitterte vor Erregung, obwohl er versuchte, einen offiziellen Ton anzuschlagen. »Ich bin Luftwaffengeneral Ioanidis und komme aus dem Nahen Osten. Die Helden, die gegen die Okkupanten kämpfen, haben wir uns da unten genau so vorgestellt.« Er ging auf uns zu und öffnete die Arme. Dann machte er uns mit den anderen Offizieren und Soldaten bekannt, die zur EAM der Luftstreitkräfte gehörten. Es wurde beschlossen, daß die großen Einrichtungen unter der Befehlsgewalt der Bürgermiliz und der EAM der Luftwaffe bleiben würden. Ich durfte für meine Kompanie in Nea Smirni und für die Studenteneinheit »Lord Byron« soviel Kampfmaterial mitnehmen, wie ich nur tragen konnte. Ich informierte Freunde in Athen, und sie holten mit einem Lastwagen Waffen und Munition ab.

»Der Krieg geht doch zu Ende, ist zu Ende!« sagte plötzlich der General. »Meinen Sie?« fragte Zannos. Auch ich dachte, daß er für uns jetzt erst beginnen würde. Keiner an der Basis war mit der Lösung Papandreou einverstanden. Und das einzige Argument, das alle Bedenken zum Schweigen verurteilte, war: »Die da oben wissen besser Bescheid als wir. Sie verfügen über Informationen, die wir nicht haben können . . .«

Nach Varkiza wurde ich festgenommen und kam vors Gericht. Ich sollte nach den »Sondergesetzen« (1928) von Venizelos verurteilt werden. Hauptzeuge der Verteidigung war General Ioanidis. Er berichtete, wie ich diese Einrichtungen gerettet hatte, die inzwischen Eigentum der griechischen Luftwaffe waren. Dann sprach er noch von einer Tapferkeitsmedaille, die sie mir geben wollten. Aber sie hatten mich nicht ausfindig machen können. Dann kamen die Dezemberereignisse dazwischen, und nun würden wir uns hier vor Gericht treffen. Das Gericht sprach mich einstimmig frei. Den General sah ich seitdem nie wieder.

So kam die Befreiung. Wir gingen zu jener Versammlung auf dem Sindagmaplatz, auf der Papandreou ausrief: »Wir glauben an die Republik!« Später, während eines Besuchs im Nationaltheater, wo das Publikum in zwei Lager gespalten war, verkündete er unerschrocken: »Und warum nicht eine monarchische Republik oder eine republikanische Monarchie?« – und keiner kam mehr aus dem Staunen heraus.

Wie soll ich die Begeisterung beschreiben, die Freude jener Zeit? Tagelang liefen wir die Singruallee singend und tanzend auf und ab. Auf dem Verfassungsplatz fanden Feste statt. Und immer wieder küßten wir die Erde. »Diese Erde kann uns keiner nehmen.« Ich war stets mit Mirto und einigen anderen Freunden zusammen. Bald fühlten wir uns alle wie eine große Familie. Ich arbeitete inzwischen als Organisator von morgens bis abends vor allem im Kalitheaviertel. Ich war verantwortlich für den fünften Sektor, der mit Kukaki begann und sich über Sfagia, Charakopos, Kalithea, Tzitzifies nach Nea Smirni sowie Paleo und Neo Faliro erstreckte. Jeden Tag legte ich kilometerlange Fußmärsche zurück. Versammlungen, Sitzungen, Demonstrationen. Je ärmer das Viertel, je größer seine Probleme, desto größer und stärker der Einfluß der EAM. Die Deutschen hatten bei ihrem Rückzug alles verwüstet. Wer würde das wieder aufbauen? Es gab de facto keinen Staat. Die Jugend dürstete nach Bildung, Kultur, Sport. Außer der EPON existierte noch die Kinderorganisation »Aetopula«. Angefangen bei den Kinderspielplätzen und Sportanlagen, mußten wir alle Möglichkeiten zur Weiterbildung und zur kulturellen Betätigung suchen und nutzen, ohne natürlich die politische und ideologische Aufklärung zu vernachlässigen – für uns Junge damals das Wichtigste. Zum erstenmal erschienen in unserem Land legal marxistische Bücher und Zeitungen, wie *Rizospastis*, *Freies Griechenland*, *Rizos am Montag*, *Neue Generation*. Unser Satireblatt erreichte den Gipfel seines Ruhmes. Im Propagandabüro unseres Viertels arbeiteten Leute mit ungewöhnlich hohem Bildungsniveau.

Um die heroische Tat der EPON-Mitglieder auf der Bisanistraße in Kalithea zu ehren, komponierte ich eine ganze Oper, die vom Chor des Viertels eines Sonntagmorgens aufgeführt wurde. Aber ich hatte mich von der Musik entfernt. Ich fühlte, daß das, was ich lebte, Musik war. Ich vernachlässigte meine Studien am Konservatorium und arbeitete auch nicht mehr in der Vereinigung der Tabakindustrie. Ich war kein Berufsfunktionär der EPON, weil es damals so etwas noch nicht gab. Aber ich aß mittags in den Büros der Organisation, und nachts schlief ich, wo ich gerade zu tun hatte. Geld brauchte ich nicht. Der Vorstand schlug mich für die Funktionärsschule vor, die sich in den Büroräumen der Zeitung *Freies Griechenland* in der Ermoustraße befand.

Langsam zeigten sich die ersten Wolken. So fragte mich eines Tages der Sekretär des Viertels: »Dieses Mädchen, mit dem du immer ausgehst, wer ist sie?« Ich sagte es ihm. »Was ist sie für dich?« Was sollte ich darauf antworten? »Seid ihr verheiratet?« – »Bist du verrückt? Ich bin neunzehn und sie achtzehn. Wir sind noch Studenten. Womit sollen wir heiraten?« Ich meinte natürlich, mit welchem Geld. »Nun ja, dann kannst du sie nicht mehr treffen. Du bist ein Funktionär, und die Leute reden über uns. Du mußt sie heiraten. Oder dich von ihr trennen.« – »Was soll das denn?« wollte ich wissen. »Das ist die Linie.« So traf ich mich mit Mirto heimlich.

Ich war zuständig für die Aetopula-Organisation. Eines Tages sah ich bei einer Versammlung des Stadtrats die Verantwortliche für den Stadtteil Kukaki. Noch bevor ich etwas sagen konnte, gab der Sekretär bekannt: »Sie wird in den Stadtrat aufgenommen als Verantwortliche für die Aetopula.« – »Wer hat diese Entscheidung getroffen?« fragte ich. »Der Stadtrat«, antwortete er. Ich ließ nicht locker. »Das Thema ist abgeschlossen«, war seine Reaktion. Später erfuhr ich, daß das Mädchen die Freundin des Sekretärs war. Aber es kam noch schlimmer. Auf einer Sondersitzung des Athener Parteibüros wurde unsere »Feier von Bisani« ausgewertet. Ich saß regelrecht als Angeklagter vor einem Gericht. Katsarida, die Sekretärin des Parteibüros, las mir eine offizielle Kritik vor, die besagte, daß die Oper, die ich geschrieben hatte, unvereinbar mit der Parteilinie sei, und zwar nicht ihres Inhalts, sondern der Form wegen. »Das sind zu komplizierte Dinge, Genosse. Das ist nichts für das Volk!« Im Sekretariat des Sektors waren wir zu viert. Der Sekretär, seine Frau, sein Bruder und ich. Jedes Mal, wenn ich sie mit meinen Fragen und Einwänden störte, sagte der Sekretär: »Abstimmung!«, und die anderen drei hoben in familiärer Eintracht die Hand. Das war das Ende jeder Diskussion.

An der Basis gab es Unruhen wegen des Libanon-Vertrags, wegen Papandreou, wegen des Landwirtschaftsministeriums von Zevgos, das, verglichen mit unserer tatsächlichen Macht, sehr wenig war. »Warum?« fragten alle. Viele Grundorganisationen wurden unsicher, stellten Fragen. Auch ich versuchte im Sekretariat darüber zu sprechen. Die stereotype Antwort lautete: »Weil die Lage so ist.« – »Wie ist sie denn?« Sofort darauf: »Abstimmung!« . . . und das Problem des Libanonvertrags wurde mit drei gegen eine Stimme aus der Welt geschafft.

Inzwischen verschlechterte sich die Lage täglich. Die Engländer verschärften zusammen mit der uns aufgezwungenen Regierung die Situation. Sie provozierten den Konflikt. Ich bat um eine Versetzung nach Nea Smirni, wurde in die Partei aufgenommen und erhielt sofort die Funktion des zweiten Sekretärs der Grundorganisation. Ich war verantwortlich für den sogenannten illegalen Mechanismus, für Sprengstoff, Waffen, Versorgung, Verbindung zur ELAS. Ich meldete mich wieder als einfacher Soldat beim

1. Regiment, was etwas Einzigartiges darstellte – denn entweder man arbeitete politisch oder man kämpfte in der Truppe. Ich empfand meine Teilnahme an beidem als notwendig, was ich auch durchsetzen konnte.

Bei der Kundgebung am 3. Dezember 1944 lautete der Befehl, ohne Waffen zu marschieren. Davon ausgenommen waren nur die Sekretäre der Grundorganisationen. Wir bereiteten diese Demonstration sehr gut vor, und als wir um acht Uhr früh sahen, wie viele Menschen aus unserem Viertel sich versammelt hatten, waren wir sehr zufrieden. Der Demonstrationszug aus Kalithea überholte uns. Das mußte er teuer bezahlen, denn er erreichte als erster den Sindagmaplatz, so daß sich der ganze Angriff der bewaffneten Truppen auf ihn konzentrierte: über siebzig Tote, Hunderte von Verletzten. Wir befanden uns auf der Höhe des Eingangs zum Nationalpark, warfen uns sofort auf die Erde und zogen uns langsam Richtung Zappio zurück. Dort formierten wir uns neu. Plötzlich lief ich mit einer blauweißen Fahne zum Sindagmaplatz zurück. Die Panzer feuerten wieder. Aber diesmal über unsere Köpfe hinweg. Es wehte ein starker Wind. Man konnte wegen des Rauches kaum zwanzig Meter weit sehen. Ich erkannte die Silhouette des Panzers an der Ecke Amalia- und Ottostraße und bald auch den englischen Fahrer, der lachend etwas schrie. Da sah ich vor mir die Leichen, die Verwundeten, die stöhnten, das Blut auf dem Pflaster.

Irgendwie überkam es mich, und ich tränkte die blauweiße Fahne in Blut. Als ich sie wieder aufhob, hatte sie überall rote Flecken und triefte vom dunklen Blut. Dieses Bild brachte mich auf. Auf dem Dach des Parlamentsgebäudes die Mörder der Sicherheitspolizei mit ihren Capes. Ich erinnere mich, daß ich ein blondes EPON-Mädchen und einen Verletzten mit Krücken umarmte. Wir bildeten zusammen mit der Fahne eine seltsame Einheit und durchquerten die ganze Strecke bis zum Hotel »Grande Bretagne«. Vor uns – dort, wo jetzt das Hotel »Astir« steht – befand sich das Hauptquartier der Polizei. Hinter dem riesigen Gittertor hatten sie Maschinengewehre aufgestellt, die auf uns gerichtet waren. Während ich voranschritt, hörte ich eine mir sehr bekannte Stimme rufen: »Mikis, bleib stehen!« Es war mein

Vater, der zwischen all den Lebenden, Toten und Verwundeten auf dem Bürgersteig lag, vor den Stufen des Platzes. Er beobachtete mich. Während der Zug aus Kalithea abgedrängt wurde, riß ihn der Menschenstrom mit, uns so gelangte er ins Zentrum des Massakers. Aber wir siegten. Das Volk ergoß sich von überall in die Straßen. Plätze, Straßen und Gassen füllten sich mit Menschen. Die englischen Panzer schossen wieder in die Menge. Auf der Ottostraße wurde ich zusammengeschlagen und in die Büsche geworfen. Mein ganzer Körper war zerschunden. Wutentbrannt lief ich die Singrustraße hinunter.

Ich traf meine Mutter. »Dein Vater stirbt aus Angst um dich. Er denkt, du bist tot.« Ich umarmte sie, und wir gingen nach Hause. Dort grub ich meine Waffen aus und eilte zum Polizeirevier, wo der Kampf schon tobte, und weiter zum Büro meiner Grundorganisation. So verbrachte ich den ganzen Dezember: von der Sitzung zur Schlacht und wieder zur Sitzung. Als die ersten Verwundeten gebracht wurden, richteten wir eine Apotheke ein, ein Krankenhaus (in einem Kafenion!) und eine chirurgische Station. Ich merkte, daß alle EPON-Studenten Krankenpfleger wurden, und machte den Vorschlag, alle außer den Medizinstudenten einzuberufen. Ich erhielt dazu den Befehl und ging ins Krankenhaus. Einige wandten ein: »Die Verwundeten brauchen uns.« Da meldeten sich diese zu Wort und sagten: »Jungs, für uns ist wichtig, daß die Engländer nicht kommen. Wir schaffen es hier schon allein!« So bildete sich der »Seidene Zug«. Der erste theoretische Unterricht fand im Hause von Giorgos Dizikirikis statt. »Von tausend Kugeln trifft nur eine«, versuchte der Verantwortliche die Studenten zu beruhigen. Da sagte Giorgos jenen unvergessenen Satz: »Vor genau dieser einen habe ich ja gerade Angst, Genosse!«

Die praktische Ausbildung erfolgte auf dem Platz vor dem Friedhof. Am nächsten Tag mußten die Studenten entlang der Homerstraße Stellung beziehen. Weil ich die Bildung des Zuges initiiert hatte, übertrug man mir dessen militärische Leitung. Die Jungen kämpften tapfer zwischen den Vierteln Nea Smirni und Neos Kosmos bis zur Beendigung der Feindseligkeiten. Ich beteiligte mich an den Kämpfen in Nea Smirni, Charakopos, Palea Sfagia und zehn Tage lang an der Schlacht im Makrijannisviertel.

Meine Einheit besetzte am Weihnachtstag die Hügel in Neos Kosmos. Abends gingen wir ins Armenische Viertel, wo uns die Mädchen gekochtes Wasser mit Salz in schönen Tassen reichten. Dorthin kam auch ein Zug mit Soldaten aus Messolongi. Kommandeur war der Lehrer Margaritis. Wir zogen nach Nea Smirni und richteten uns in einem zweistöckigen Haus ein. Es war sehr kalt. Wir hatten Hunger und froren in unserer schäbigen Kleidung. Einige von uns legten sich zusammen auf einem Sofa hin. Neben mir spürte ich einen ELAS-Kämpfer. Später merkte ich, daß es eine Frau war. Sie lag zusammengerollt in meinen Armen und zitterte wie ein Fisch. »Halte mich fest, Genosse, ich erfriere.« Wir blieben eine Weile ruhig liegen. Bald fühlten wir unser Blut wieder warm fließen. Da rief mich der Verantwortliche und befahl mir, auf der Terrasse Wache zu halten. »Versteck dich nicht dauernd im Waschhaus«, sagte er. »Bleib hier stehen und paß auf, daß sie uns nicht wieder überfallen ...« Kaum war ich allein, tobten um mich wieder der Schneeregen und der eisige Nordwind. Ich ging zur Kammer, »erblickte« aber mit Schrecken das »Ding«. Es stand dort, lehnte mit seinem Körper gegen die Tür, und seine Augen, zwei silberne Feuer, schauten in die Runde. Es sah mich herausfordernd an, bedrohlich, so daß ich nicht mehr auf die Kugeln achtete, die um mich pfiffen. Zum Glück hellte sich der Himmel bald auf. Dutzende Leuchtkugeln standen hoch am Horizont und erhellten die Landschaft. Die Kanonade begann. Unten auf der Straße erschoß einer unserer Posten einen ELAS-Soldaten, der seine Notdurft verrichten wollte und die Parole nicht kannte. Stimmen, Flüche, Krach. Dann Ruhe. Wieder Schlachtenlärm, Leuchtkugeln und das »Ding« am Eingang zum Waschhaus. »Zum Teufel, was bin ich nur für ein Kämpfer, der sich vor einem Gespenst fürchtet!« Entschlossen näherte ich mich ihm. Da wurde ich von einem grellen Licht geblendet, von einem Windstoß in die Luft gehoben und in die andere Ecke der Terrasse geschleudert. Es war die zweite Granate, die in meiner unmittelbaren Nähe eingeschlagen war, ohne mich zu treffen. Die erste hatte mich an der Ecke Diakos- und Tzireonstraße im Makrijannisviertel erwischt, dort, wo sich heute das Studio meines Sohnes befindet. Auch diese Granate hatte mich drei Meter hochgeschleudert, zusammen mit der ganzen Ecke eines Hauses. Meine Mitkämpfer sahen, wie ich mich, gleich einem Vogel, in die Luft erhob und anschließend auf meine Füße fiel, als wäre nichts passiert. »Ein Wunder«, rief jemand.

Man rief mich herunter. Der Parteiverantwortliche des Wohnviertels kam mit seinem Sohn dazu. Sie gingen nebeneinander vor mir her – ein seltsames Paar. Sie sprachen nie, schauten immer nur nachdenklich geradeaus. Sicher fürchtete der eine um das Leben des andern. »Es ist unmenschlich«, dachte ich, »daß zwei so enge Verwandte zusammen in die Schlacht gehen.« Ihr Gewehr trugen beide über der rechten Schulter. Beide ein wenig schief. Sie bewegten sich ähnlich, und bald würden sie den gleichen Tod finden, durch die MG-Salve eines Flugzeugs, am Fluß, der in Faliro mündet. Wir blieben vor einem einstöckigen Haus gegenüber dem Friedhof der Heiligen Barbara stehen. Wir schlugen an die Tür. Nichts. Dann mit dem Gewehrkolben: »Macht auf! ELAS! ELAS!« Schließlich erblickten wir eine alte Frau, die sich vor die Türschwelle gelegt hatte. »Großmutter, hab keine Angst«, riefen wir, um sie zu beruhigen. Sie ging von der Tür weg und schloß sich in der Küche ein. Das Haus roch nach Weihrauch. »Es stinkt nach Begräbnis«, sagte jemand. Uns fröstelte. Wir setzten uns an den Tisch, um zu beraten. Genau uns gegenüber, in zehn Meter Entfernung, hatten Gurkhas mit ihren gelben Turbanen die Häuser besetzt. Man sagte ihnen nach, daß sie mit Messern mordeten. Wir würden sie von der einen Seite angreifen und Margaritis mit den schweren Geschützen von der andern. Zunächst mußten Posten im Garten aufgestellt werden, um einen Überraschungsangriff zu verhindern. Jeder zog ein Los; ich bekam vier bis sechs Uhr und legte mich ein wenig hin. Der Fußboden war warm und sauber. Dann fühlte ich jenen bekannte Stoß in die Seite, den ich fürchtete, denn ich hatte seit langem nicht mehr geschlafen. Ich hörte mir den Lagebericht an und kroch auf dem Bauch hinaus. Als ich den Garten erreichte, wurde die Erde zu Schlamm. Ich schlängelte mich noch ein paar Meter voran, versuchte meinen Körper hinter den Kohlblättern zu verstecken. Ich hielt meine Maschinenpistole schußbereit in den Händen und war bemüht, in der Dunkelheit etwas zu erkennen. Es begann zu regnen. Später hörte der Regen auf. Ein Hahn krähte. Die Bergspitze des Imitos tauchte langsam aus dem Dunst auf. Es tagte. Ich sollte mit der ersten Salve das Zeichen zum Angriff geben. So war unsere Absprache. Darum mußte ich hundertprozentig sicher sein, daß die Gurkhas nicht mehr im Haus waren. Ich hörte, wie sie sich gleich Schlangen zupfiffen. Ich riß meine Augen auf, sah aber nichts. Dann vernahm ich ein Rascheln und ein unterdrücktes Atmen. Der hat mich gesehen, dachte ich, und will mich jetzt mit dem Messer zerfleischen. Stimmte das aber? Ich durfte mich weder beeilen, also in die Luft schießen, noch zu spät feuern und mich niedermachen lassen. Es wurde immer heller. Noch ein Hahn, der krähte. Da sah ich den Turban, nur einen Meter vor mir, neben einem Kohlkopf. Ein Gurkha wollte sich gerade auf mich stürzen, doch meine Salve streckte ihn nieder. Überall Schüsse. Der Garten voller Turbane. Sie fielen bald im Kreuzfeuer unserer Schützen. Die Schlacht griff um sich. Ich zog mich, wie verabredet, ins Haus zurück, dessen Fenster verrammelt worden waren. Zum Glück, denn bald wurde der Garten von Handgranaten aufgewühlt. Nun kamen auch Engländer, die glaubten, mit uns spielend fertig werden zu können. In diesem Augenblick begannen von den gegenüberliegenden Terrassen die Kanonen von Margaritis zu schießen. Gurkhas und Engländer gaben den Befehl zum Rückzug. Vorsichtig jagten wir ihnen unter dem Schutz der regulären ELAS-Einheiten nach. Als wir ziemlich weit vorgedrungen waren, verstummten plötzlich die Kanonen. Wir sahen uns an, ohne zu wissen, was wir tun sollten. Fünfzehn unendliche Minuten vergingen. Jetzt griffen die Engländer an. Ohne Kanonendeckung konnten wir nichts ausrichten. Als wir den Fluß erreichten, waren von den einhundertzwanzig Leuten der 1. Kompanie nur noch fünf übrig. Tieffliegende Jagdflugzeuge brausten über uns und verstreuten heißen Stahl. Wir versuchten uns in den Vertiefungen der Uferböschungen des ausgetrockneten Flusses zu verstecken. Vater und Sohn fielen getroffen zu Boden. Die übrigen konnten sich nach Dafni retten. Dort sahen wir den ganzen Zug der regulären ELAS auf LKW mit Kanonen. Margaritis, der uns erkannte, sprang vom Auto, kam zu uns herüber und sagte Worte, die die ganze Tragödie des Dezembers offenbarten: »Verzeihung, Kamerad! Aber es sieht so aus, als hätte die ELAS kein Recht, in Athen zu kämpfen. Das heißt, wir regulären Truppen. Mitten in der Schlacht kam der Befehl zum Abzug ...« – »Warum habt ihr uns nicht verständigt?« – »Wir haben es nicht mehr geschafft.« – »Weißt du, wie viele davongekommen sind?« – »Wie viele?« – »Wir drei.«

Als wir zurückkehrten, hatten sich unsere Einheiten zurückgezogen. Ich fand niemanden, dem ich sagen konnte, was geschehen war. Am selben Nachmittag erreichte uns der Befehl, in Gruppen Richtung Artakisstraße vorzudringen. Als wir nach dem Plan fragten, sagte man uns: »Geht da hin! Wir werden euch schon weitere Instruktionen geben!« Wir kamen wieder ins Armenische Viertel. Kaum hatten wir uns eingerichtet, sahen wir die Panzer auf der Artakisstraße, nahe dem Friedhof. Sie schossen sofort auf uns. Gleich darauf schlugen Granaten neben uns ein. Das Aufklärungsflugzeug, das ständig am Himmel kreiste, hatte uns ausfindig gemacht. Da kam der Befehl, ein Grundstück zu durchqueren und die Höhen in Neos Kosmos zu besetzen. Einer nach dem andern rannte hinüber, und die Engländer spielten mit uns Zielscheibe. Als ich an der Reihe war, lachten die andern, die schon drüben in Sicherheit waren, lauthals los. Der Anblick, den ich bot, wurde durch meine Größe noch komischer. Meinen kaputten Schuh hatte ich mit Lappen festgebunden; ich trug einen deutschen Stahlhelm, und auf meinem Rücken wehte eine graue Decke. Die Kugeln pfiffen. Die einen drängten mich hinüberzurennen, die andern lachten mich aus. »Langer, bist noch mal davongekommen!« schrie einer, und alle klatschten. In dieser Situation, auf dem Weg nach oben, stellte sich mir ein Offizier der ELAS in einer tadellosen Uniform in den Weg. Seinen rechten Fuß auf einem Stein, wies er mit der Hand auf die Artakisstraße wie Kolokotronis auf Tripolitsa. »Wohin des Wegs, ELAS-Kämpfer?« fragte er mit feierlicher Stimme. Ich sah ihn mir an und dachte: Was ist denn das für ein Früchtchen? Er aber fuhr unbeeindruckt fort: »Dort ist die Schlacht!« – »Geh doch selbst hin!« antwortete ich und setzte meinen Weg fort. Es war Michalis Katsaros.

Bald kam ein neuer Befehl. Wir saßen zusammen mit Triandafilos, Kommandeur eines Regiments, und unterhielten uns: Die regulären ELAS-Einheiten lassen uns mitten in der Schlacht im Stich. Wieviel sind umgekommen, wurden verwundet oder festgenommen? Und jetzt, nach welchem Plan kämpfen wir? Mit welchem Ziel? Welcher Perspektive? Wir einigten uns, daß es das beste sei, die Höhen zu befestigen und auf den Feind zu warten, statt in den Sumpf hinabzusteigen und mit unserer leichten Bewaffnung eine willkommene Beute zu werden. Damals war ich zweiter Sekretär der Grundorganisation in Nea Smirni. Ich suchte und fand das Haus, in dem das Büro einstweilen untergebracht war. Ich erläuterte meine Ansicht, die mit der von Triandafilos übereinstimmte. Nein, es gäbe einen anderslautenden Befehl. Wir sollten wieder dem Feind in den Rücken fallen.

Ich traf mich mit Triandafilos und mit weiteren fünfzig ELAS-Kämpfern vor der Friedhofsmauer in Nea Smirni. Links von uns der Friedhof der Heiligen Barbara. Um dorthin zu gelangen, durchquerten wir ein von einer hohen Mauer umgebenes Grundstück mit zwei Eingängen. Durch die vielen Überquerungen hatte sich ein Pfad gebildet, der den einen mit dem andern Ausgang des Grundstücks verband. Rechts und links lagen Leichen herum, nur mit einer dünnen Erddecke bedeckt. Mal war eine Hand, mal ein Bein oder ein Kopf zu sehen. Einer lag auf dem Bauch, ein anderer saß mit dem Rücken an der Wand. Wahrscheinlich fanden hier schnelle Hinrichtungen beider Seiten statt. Mitten auf dem Pfad ein Faß, in das sie einen kleinen Menschen hineingesteckt hatten. Nur der Kopf war zu sehen in dem mit Erde ausgefüllten Faß. Seine Augen standen weit offen. Man hatte das Gefühl, er beobachte einen. Triandafilos fragte mich: »Was sagt die Partei?« – »Kann man mit denen sprechen? Katsarida, Chalkidakis, ihr Mann, und ihre Schwester, die Beta, entscheiden jetzt ...« – »Und was haben sie entschieden?« – »Überfälle, Überraschungsangriffe ...« – »Hast du gefragt, was mit den regulären Truppen ist?« – »Sie streiten ab, daß sie mitten in der Schlacht abgezogen wurden.« – »Wenn der Feind uns angreift, wohin ziehen wir uns zurück? Er sammelt neue Kräfte. Sie werden auch mit Panzern vorstoßen.« – »Vielleicht sind wir Todeskandidaten.« Am Gespräch beteiligten sich bald auch die ELAS-Kämpfer. Jemand fragte Triandafilos: »Was denkst du?« Den Rücken an der Mauer, mit den um uns herum explodierenden Geschossen, dem Kanonendonner und dem Pfeifen der Salven von den Marinegeschützen, die unaufhörlich Häuser und Menschen in den Armenvierteln in Stücke rissen, wurde eine Volksversammlung abgehalten, auf der die ganze Politik der Partei während der Dezemberschlacht analysiert wurde.

Ich berichtete über meine eigene Erfahrungen, die mich vom ersten Augenblick an zweifeln ließen. Als wir zum Beispiel das Polizeirevier von Nea Smirni eingenommen hatten, beschlossen wir in der Grundorganisation, die Singruallee zu sprengen. Ich selbst ging zu Anestis, und die ganze Nacht legten wir unter Einsatz unseres Lebens mit den anderen Spezialisten Sprengstoff, denn ständig patrouillierten Engländer auf den Straßen. Als wir am Morgen zurückkehrten, sagte uns der Sekretär. »Ich war bei der Parteileitung unseres Viertels, wo man mir erklärte, daß wir die Engländer nicht angreifen und sie in ihrer Bewegungsfreiheit nicht einschränken dürfen. Geh und entferne das Dynamit . . .« Jeder von uns hatte solche Geschichten erlebt, und zusammengenommen stellten sie uns vor brennende Fragen. Warum greift die reguläre ELAS nicht in den Kampf ein, sondern wartet und schaut zu, wie sie uns das Fell über die Ohren ziehen? Warum benutzen wir keine schweren Waffen im Kampf? Die Engländer greifen uns an mit Panzern, Flugzeugen, Panzerwagen, Marinegeschützen, mit erfahrenen Soldaten, und wir antworten mit Jagdgewehren und mit fünfzehnjährigen Kindern. »Mit ein wenig Hilfe würden wir Athen nicht verlieren.« Als würde es jemand darauf ankommen lassen, daß wir Athen und all unsere Kräfte verlieren sollten. So auch jetzt, da wir diskutierten, im Bewußtsein, daß sie uns kaltblütig opfern wollten. Daher faßte unsere »Volksversammlung« den Entschluß zu »streiken«. Für uns bedeutete diese Entscheidung so etwas wie eine Revolution innerhalb der Revolution. Denn unser Ziel war, sowohl unsere Kräfte zu schonen, als auch Athen zu halten um jeden Preis. Doch dafür brauchten wir eine neue Taktik. Zuerst einmal beschlossen wir, uns auf die Höhen zurückzuziehen und sie zu befestigen. Ein ELAS-Kämpfer war aber anderer Meinung, rannte weg und schrie, daß er es melden würde. Die anderen wollten ihn erschießen, aber wir hinderten sie daran. Nach fünfzehn Minuten erklangen mein und Triandafilos' Name über ein Megaphon. Wir sollten uns in der Kommandantur melden. Wir begriffen. Man hatte uns verurteilt, und wir sollten zu unserer eigenen Hinrichtung antreten.

Die Durchsage war noch nicht verklungen, als der Angriff begann. Ich versteckte mich zusammen mit Triandafilos, so gut es ging, hinter der Mauer. Er drehte sich zu mir um und sprach mit vor Staunen aufgerissenen Augen: »Stell dir vor, Genosse, daß sie uns hinrichten, die Unsrigen!« Genau als er »Unsrigen« sagte, traf eine Kugel seine Schläfe, und alles färbte sich rot. Die Augen behielten ihren fragenden Blick, und ich glaube, daß sie noch heute durch die Zeit reisen, ohne eine Antwort bekommen zu haben.

Diesmal war der feindliche Angriff sehr massiv. Die Panzer zerschossen die Mauer, und alle, die nicht umkamen, flogen mit den Steinen und der Erde durch die Luft. Verwundete stöhnten, Gesunde rannten hin und her, denn die Maschinengewehre und Granatwerfer mähten alle nieder. Ich gelangte bis zur Wand mit den Hingerichteten und dem Mann im Faß. Ich vergaß zu erwähnen, daß es sich um einen Tsolias handelte, also einen vom faschistischen Sicherheitsbataillon, man hatte ihm nämlich die Khakimütze aufgesetzt. Da kam Skulikidis vom »Seidenen Zug« – dessen militärischer Anführer ich damals war – und sagte, ich solle ihm folgen. Wir rannten über eine offene Straße und begaben uns in ein vom Gegner kontrolliertes Viertel. Wir erreichten das Haus, das uns als Beobachtungsposten für unsere Granatwerfer diente. Dort trafen wir eine völlig verschreckte Frau, deren Sohn wahnsinnig geworden war. Man hatte ihn im Waschhaus eingesperrt. Er schlug ständig gegen die Tür und brüllte. Die Frau machte im Kohlebecken Feuer und röstete Kichererbsen. Sie kannte uns. Wir setzten uns hin und nahmen mit den Händen die harten duftenden Früchte vom Feuer, ohne die Glut zu spüren – so hungrig waren wir. Am Tag zuvor hatte ich einen ELAS-Soldaten sich bücken sehen, um ein abgestorbenes Grasbüschel aufzuessen, das noch in der frostigen Erde steckte. Skulikidis bat sie: »Weiter unten ist mein Haus. Kannst du hingehen und herausfinden, ob ich mich dort verstecken kann?« Sie machte sich auf den Weg und kam bald zurück. Skulikidis legte seine Waffen ab – er trug Überschuhe, was sehr komisch aussah –, das Gewehr, die Handgranaten, Patronen, die Mütze, umarmte mich verließ das Haus. Die Zeit verging langsam. Der Schlachtenlärm entfernte sich. Der eingesperrte ELAS-Kämpfer verhielt sich ruhig. Seine Mutter, zusammengekauert auf dem Stuhl, weinte leise. Ich beschloß zu fliehen. Wo soll ich nur hin, überlegte ich. Zu mir nach Hause. Ich mußte das ganze Wohnviertel durchqueren, also von der Artakisstraße bis zur Kirche der Heiligen Fotini, wo sich unsere Stützpunkte befanden – das Regiment, die Partei . . . Was bedeutete, daß mich alle Leute kannten. Ich legte meine Waffe ab, meinen Stahlhelm, die deutschen Handgranaten mit dem Holzgriff. Ich steckte in die rechte Tasche meines Mantels die silberne Pistole mit dem Zünder, der aber nicht immer funktionierte. Kaum trat ich auf die Straße, fühlte ich, daß die Luft nach Tod roch. Ich wollte umkehren, schaffte es aber nicht mehr. Zwei vom Sicherheitsbataillon in Zivil, die an der Straßenecke lauerten, überfielen mich. Ich kannte die beiden; wir hatten sie verfolgt, doch sie konnten damals fliehen und sich verstecken. Der eine drückte mir einen Revolver in die Seite, der andere holte ein langes Messer heraus, das in den letzten Sonnenstrahlen des Tages aufblitzte. Er stach ein paarmal zu, in meinen Rücken und meine Seite, was nicht weiter schlimm war, weil er nicht sehr kräftig und nicht tief traf. Da flogen die Fenster der umliegenden Häuser auf und die Leute riefen: »Nicht hier! Wir wollen keine Schlächterei! Wir haben Kinder!« und ähnliches. »Lauf«, riefen mir die beiden zu und schlugen mich. Sie führten mich auf das Grundstück. Ich sah den Tsolias im Faß. Triumphierend sein Blick. Ich hatte keine Angst vor dem Tod. Aber ich wollte dort nicht sterben. Es ekelte mich an. Ich sagte: »Jungs, gehen wir raus!« – »Knie nieder!« befahl der mit dem Messer, der klein und dick war. »Ich will dich schlachten wie einen gemeinen Hund!« In dem Durcheinander hatten sie vergessen, mich zu durchsuchen, und ich streichelte schon lange mit dem Zeigefinger meiner rechten Hand den Abzug der Pistole, die tief in meiner Manteltasche steckte. Ich trug immer noch die zerfetzte Decke über den Schultern, die meine Hände verbarg. Während ich auf seinen Bauch zielte, dachte ich:

»Erzengel Michail, vollbring das Wunder!« Ich drückte ab, und im selben Augenblick krümmte er sich vor meinen Füßen. Sofort holte ich die Waffe heraus, um auf den andern zu schießen, bevor er es tat. Wir drückten fast gleichzeitig ab. Seine Kugel traf meine rechte Hand, etwas über der Handwurzel. Meine Kugel bohrte sich in seine Schulter; er stöhnte auf und rannte weg. Der andere brüllte auf der Erde.

Ich kehrte zum Haus zurück. »Hör auf mit Schreien und verbinde mir die Wunde«, sagte ich zu der Frau. Sie schüttete Spiritus darüber und verband meine Hand mit einem Streifen von einem Kopfkissenüberzug. Sie bat mich: »Geh bitte zu meinem Sohn und sprich mit ihm.« Ich machte die Tür zum Waschhaus auf. Er saß auf den Betonfußboden und zitterte vor Kälte. Wir sahen uns in die Augen und erkannten uns. Sofort kam er zu sich, stand auf und fragte mich: »Was ist los?« – »Ein Tsolias hat mich verwundet, den andern hab ich getroffen.« Wir erinnerten uns an den Augenblick, der ihn verrückt gemacht hatte: Wir lagen nebeneinander nahe einer Schule von Charokopos, wo sich die Nationalgarde verschanzt hatte. Er bediente das Maschinengewehr. Plötzlich trat ein Nationalgardist auf den Balkon. Der Junge schoß ihn auf so seltsame Weise nieder, daß sein Körper in zwei Teile getrennt wurde und der obere Teil auf die Straße stürzte. Ich weiß nicht, was ich tat. Der sechzehnjährige MG-Schütze verlor jedenfalls den Verstand und wurde ins Haus seiner Mutter gebracht. Jetzt, da er wieder zu sich gekommen war, sagte ich ihm, er solle sich verstecken, denn bald würden sie ihn abholen kommen und ohne größere Zeremonie abknallen. Seine Mutter umarmte und küßte ihn vor Freude, vergaß aber nicht, sich zwischendurch bei mir zu bedanken.

Ich ging auf die Straße. Als ich in Tatavla ankam, erkannten mich die Leute und warnten mich: »Wohin gehst du? Die Nationalgardisten werden dich gefangennehmen!« Einer riet mir: »Versteck deine Hand! Hier, nimm die leere Flasche. Wenn sie dich fragen, sagst du, du willst Öl holen . . . Vielleicht glauben sie dir.« Vor der Ortskommandantur hielt mich ein Soldat an. Ein Flugzeug warf gerade Flugblätter ab. Unterschrift: Giorgos Papandreou. Er forderte uns darin auf, die Waffen niederzulegen. Oben auf dem Blatt das Wort ELLAS. »Ellas mit zwei L«, sagte der Nationalgardist. Und fügte mißtrauisch hinzu: »Gehörst du vielleicht zu denen?« – »Was meinst du?« Ich spielte den Dummen. »Meine Mutter hat mich losgeschickt, Öl holen.« Aus der Kommandantur drangen Schreie. Sie folterten ELAS-Soldaten. »Wir werden ihre Mutter ficken!« rief der Nationalgardist aus, befriedigt durch die Schreie. »Hau ab!« Ich sah, wie mich die Leute heimlich von den Fenstern aus beobachteten. In der Nähe der Kirche der Heiligen Fotini, versteckt in einem Garten, ein englischer Posten: »Halt!« Kein weiser Mann, dachte ich, läßt sich fangen, und rannte fort. Hinter mir war der Teufel los. Schüsse, Stimmen, Schritte. Ich erreichte den Park, den ich sehr gut kannte, und lief quer hindurch. Ich ging ins erste Haus von Nea Smirni. Hier, zwei Straßenecken von meiner Wohnung entfernt, lebten zwei alte Jungfern, Fräulein Avgi und Georgia, die eine Lehrerin für Klavier und die andere für Französisch. Ich hatte bei ihnen ein Zimmer mit einem Klavier gemietet, um zu studieren. Ich stieg durchs Fenster ins Zimmer. Sie starrten mich voller Furcht an. »Verschwinde!« rief mir die taube Georgia zu. »Sie sind im Nachbarhaus und machen eine Durchsuchung.« Ich schaute vorsichtig hinaus und sah einen Panzer vor dem Nebenhaus. Engländer, Griechen und alle Kinder des Viertels – einige von ihnen waren Chites und kannten mich – dösten im Garten herum. Ich sagte den beiden Frauen: »Sie, Fräulein Georgia, gehen zu mir nach Hause und sagen den Meinen Bescheid, daß ich hier bin und auf eine Nachricht warte, ob ich nach Hause gehen kann oder nicht. Sie, Fräulein Avgi, setzen sich neben mich ans Klavier und tun so, als ob Sie mir Unterricht geben ...« Ich öffnete das Klavier und legte meine Pistole unter den Klavierdeckel. Die beiden alten Frauen schrien vor Entsetzen auf. »Was stehen Sie rum! Schnell!« Georgia verließ das Haus. Ich setzte mich ans Klavier und spielte mit der einen Hand. Frau Avgi, neben mir, weinte leise vor sich hin, um ihre Angst herunterzuschlucken. Bis Frau Georgia wiederkam, vergingen zehn Minuten, zehn Ewigkeiten. Erleichtert rief sie mir zu: »Sie können gehen!« Ich nahm meine Pistole und sagte: »Ich danke Ihnen.« Dann sprang ich aus dem Fenster, durch das ich gekommen war.

Meine ganze Familie versteckte sich etwa einen Monat bei Verwandten. Natürlich ging ich tagsüber in die Stadt. Ich suchte neue Kontakte. Aber Athen war wie leergefegt. Alle Grundorganisationen der Partei und zahllose Anhänger flohen nach Thessalien. Die Engländer nahmen Tausende fest. Als Gegenmaßnahme gab die Partei den Befehl, auf den Rückzug Geiseln mitzunehmen. Weil aber die Verantwortlichen nicht einmal für die eigenen Leute genügend Essen auftreiben konnten, starben viele unschuldige Menschen.

Anfang Januar. Kälte, Nordwind. Die Wolken niedrig, als würden sie die Dächer berühren. Ich ging allein auf dem Bürgersteig der Singruallee, auf der verschiedene gepanzerte Fahrzeuge der Engländer fuhren. Es wurde Abend, und ich wollte gerade zur Plaka gehen, als ich den Parteiverantwortlichen für Nachschub traf, unseren Lagerverwalter. Er war ein alter Kommunist, Familienvater, Tbc-krank und Asthmatiker. Man hatte ihn gerade aus dem Iosiphoglio-Krankenhaus entlassen und so zusammengeschlagen, daß er sich kaum auf den Beinen halten konnte. Ich stützte ihn, und langsam erreichten wir die Straßenbiegung. An der Ecke eine Tischlerei. »Es ist ein Genosse«, sagte er, »er wird mich verstecken.« Tatsächlich, der Tischler war sehr gerührt und führte uns in seine Werkstatt im hinteren Raum des Hauses. Dort machten wir Platz zwischen den Brettern und Möbeln, streuten Sägespäne aus und legten den Genossen hin. Als wir allein waren, unterhielten wir uns über alles mögliche, dann kam die Frage: »Was machen wir jetzt?«

Am nächsten Tag schrieb ich einen »Offenen Brief an Winston Churchill« – in dem ich ihm, kurz gesagt, erklärte, daß seine Politik nichts ausrichten und daß der schließliche Sieger das griechische Volk unter Führung der Kommunistischen Partei sein werde.

Der Zustand des kranken Genossen hatte sich verschlechtert. Er spuckte Blut, wurde immer schwächer. Der Tischler half, wo er nur konnte: warme Suppe, Aspirintabletten, Binden, um die Schmerzen zu lindern. Der Kranke setzte sich mit dem Rücken an die Wand. »Lies vor«, sagte er zu mir. Dann: »Es ist gut, aber streich diese Stelle. Das muß hinzugefügt werden.« Fertig. »Was geschieht nun?« Die neue Frage. Wir brauchten eine Schreibmaschine, einen Vervielfältigungsapparat, Matrizen, Papier, Tinte.

Ich ging zur Ionischen Bank, wo einer meiner Freunde als Pförtner arbeitete. Er war nicht da. Ich wußte, hier gab es all die Dinge, die wir benötigten, weil ich sie während meiner Besuche gesehen hatte. Am ersten Tag nahm ich die Schreibmaschine mit und ging sofort zur Tischlerei. Am übernächsten Tag traf ich Elli, heute die Frau von Notis Perjalis. Ich warb sie für unsere Arbeit. Sie brachte noch weiter Leute und diese wiederum andere. Innerhalb einer Woche waren wir soweit. Ich verteilte an die drei Gruppen von je zwei Mann die Erklärungen, nahm selbst einen Stapel und ging mit einem anderen los. Nachts warfen wir die Flugblätter in die Höfe von Nea Smirni. Einmal wurde plötzlich eine Tür aufgestoßen, und englische Soldaten jagten uns in der Plastirasstraße. Sie schossen aus fünfzig Meter Entfernung auf uns. Wir rannten und kamen auch diesmal mit dem Schrecken davon. Wir bildeten die erste kommunistische Parteiorganisation. Der kranke Genosse, Thimios hieß er, glaub ich, sagte mir: »Ich will, bevor ich sterbe, noch eine Parteiversammlung erleben.« Wir brachten ihn ins Haus von Tante Virginia, wohin ich inzwischen gezogen war und wo ich mich versteckte. Während der Versammlung versuchte er wach zu bleiben, um zuzuhören, und manchmal lächelte er, immer mit geschlossenen Augen. Dann schlief er ein. Als wir merkten, daß er sterben würde, informierten wir die Seinen, damit sie ihn abholten. Jetzt gab es keine Gefahr mehr, daß er verhaftet werden könnte. Der Tod hielt ihn fest umschlungen.

Die *Sinfonia Nr. 1*, an der ich damals arbeitete, ist ein Werk, dessen Entwürfe bereits in Tripolis entstanden waren, das aber in Athen zu Ende geschrieben wurde. Ich trug immer alle meine musikalischen Notizen bei mir. Während des ganzen Monats, da ich mich im Plakaviertel aufhielt, arbeitete ich an der endgültigen Niederschrift und beendete diese Arbeit in meinem nächsten Unterschlupf, in Kalithea, im Hause meiner Tante Virginia, der Schwester meines Großvaters aus Tschesme, von dem aus man auf die Singruallee sehen konnte. Meine Tante war eine gottergebene Alte, eine strenge Jungfrau. Ich blieb einige Monate bei ihr, weil man mich nachts im Haus meiner Eltern suchte. Dort also beendete ich die Partitur, die jetzt vor mir liegt. Wie war es möglich, daß ich in jenen »metaphysischen« Zuständen vom Dezember 1944 noch nach Gott suchte? Und trotzdem, es war so. Und wer wird mich verurteilen, weil ich nach alledem, was ich durchgemacht hatte, nach den Dezemberereignissen Gott im Antlitz des Arbeiters entdeckte, im Internationalismus, in der Weltrevolution? Das drückte ich in der *Sinfonia Nr. 1* aus. Aber tief in mir war ich nicht sehr davon überzeugt, daß mich dieser Weg zur ersehnten Harmonie führen würde. Zu meiner und zu der der anderen. Eine Entscheidung war es allemal. Der Bürger traf seine endgültige Wahl. Der Künstler folgte notgedrungen, obwohl er sich weiterhin Fragen stellte, die unbeantwortet blieben. Im Bannkreis des blendenden revolutionären Kampfes war die Einsamkeit für den Künstler noch erstickender, ja, sie ließ ihn verzweifeln. Am Schluß des Werkes fand ich wiederum zu Dionisios Solomos: »Morgen werden wir einige Blumen pflücken / morgen werden wir einige Lieder singen / an diesem blütenreichen ersten Mai.« Ein quälendes Gefühl im Herzen ließ mich ahnen, daß es keinen blütenreichen Ersten Mai gab oder geben würde. Jagte ich also einer Chimäre nach? Was fühle ich jetzt, da ich als Sechzigjähriger bestätige: Ja, ich jagte eine Chimäre? Fühle ich die Bitterkeit der Enttäuschung? Oder die Zufriedenheit, dies sagen zu können? Wichtig ist, wie ich es sage. Jedenfalls nicht wie ein Zuschauer. Immerhin schenkte ich dieser Chimäre fünfundvierzig Jahre meines Lebens. Sie war mein Leben. Ich kostete ihr Dasein bis zum letzten Tropfen aus. Und jetzt, voll schöner Erinnerungen und Musik, kann ich sagen, daß alles eine Chimäre war, eine wunderbare Chimäre, der ich noch einmal mein Leben widmen würde. Aber ich wäre nicht nur ungenau, sondern auch ungerecht, wenn ich eine neue Erfahrung in meinem Leben verschweigen würde.

Zum erstenmal entdeckte ich – außer meinen wenigen Freunden – einen anderen Menschentyp, mit dem ich auf neue Art und Weise kommunizieren konnte. Meine Einsamkeit verflog durch die Kameradschaft von Menschen, die ich nicht kannte, mit denen mich aber ein gemeinsames Ziel verband. Wir hatten keine Zeit für große Worte. Unsere Themen waren immer sehr konkret: Wie machen wir die nächste Aktion? Wer nimmt daran teil? Welche Aufgaben bekommt jeder? Was passiert danach? Wir teilten auch den Zweifel, die Furcht, die Entschlossenheit, den Schmerz, wenn einer der Unsern umkam. Die Wut, wenn einer gefaßt wurde. Das waren Augenblicke, da sich keiner vor dem andern verstecken konnte. Du warst der, der du warst. Auch gab es keinen Spielraum für überflüssige Gespräche, kluge Wort, große Ideen, die gewöhnlich jene äußerten, die sich in der Gesellschaft eingerichtet hatten. So vertrat ich damals die übertriebene Ansicht, daß jeder Gebildete ein Agent der bürgerlichen Gesellschaft sei, ja ein Opportunist!

Meine Antipathie richtete sich auch gegen die Studenten, ausgenommen die engagierten, denn im Vergleich mit den Jungen, die ich im Partisanenkampf von Athen kennengelernt hatte, waren sie Privilegierte. Außerdem interessierte viele nur ihre Karriere. In den Reservetruppen der ELAS – ich spreche über das erste Bataillon des ersten Regiments – waren nur zwei Studenten, ein Mathematikstudent, der im Makrijannisviertel umkam, und ein Schüler von Karolos Kun, ein Schauspieler, der in einer Aufführung des Kunst-Theaters im Ideal-Filmtheater den Lennie in *Von Mäusen und Menschen* spielte. Dann schmiß er alles hin. Er wurde Matrose auf einem Frachter, der durch die Ägäis und das Mittelmeer fuhr. Ich traf ihn 1950 wieder, im Hafen von Chania, und konnte es nicht glauben. »Was sollte ich tun? Mit der Lüge und dem Gehorsam leben?« fragte er. Der Ungebildete dagegen, der zu kämpfen beschließt, ist etwas ganz anderes, und ich glaube, das ist natürlich, denn das einzige, das ihn dazu treibt, ist die Wirklichkeit. Darum klebt er an ihr wie die Perle in einer Auster, und darum ist alles, was er denkt, sagt und tut, in jedem Augenblick eins mit ihr. Er übertreibt nicht. Er investiert auch nicht wie ein gerissener politischer Spekulant aus persönlichen Gründen in die Zukunft. Sein zukünftiges Glück sieht er verwirklicht durch die gemeinsame Anstrengung. Entweder alle, denkt er, oder keiner. Aus diesem Grund kam es zu einer für unsere bürgerlichen

Traditionen ungewöhnlichen Begegnung und harmonischen Koexistenz innerhalb der Partisanengruppen. Dort fühlte man sich wie in einer Familie. Was man sagte, mußte ernsthaft und überlegt sein. Urteilsvermögen wurde sofort anerkannt. Dasselbe galt für Mut oder jede andere herausragende Eigenschaft des einzelnen. Der ist der Stärkste; der rennt sehr schnell; der urteilt richtig, erkennt sofort die Situation, der überlegt sehr gründlich ... Mit anderen Worten: Es gab keine sinnlose Konkurrenz, und das beste war, all seine Fähigkeiten für die Gruppe einzusetzen, was die anderen sofort anerkannten.

Die Entdeckung Gottes im Arbeiter war für mich also keine abstrakte Angelegenheit, vielmehr verband sich diese Vorstellung mit einer gewissen Dankbarkeit, weil ich zum erstenmal erlebte, daß es »gute Menschen« gibt. So konnte ich wie Sokrates sagen: Der Mensch ist gut. Damit er das aber offenbaren kann, bedarf es zweier Voraussetzungen: Er muß in Not geraten und sich selbst um sein Schicksal kümmern. Es ist seltsam, daß diese einfachen Menschen mich niemals als einen Fremden ansahen. Von dem Augenblick an, da ich eins mit der Gruppe wurde, gehörte ich zu ihnen. Wenn ich etwas Positives sagte, nahmen sie es an. Wenn ich mich irrte, sagten sie es mir. Wirklich eigenartig, wie der Dialog stattfand und wie schließlich die richtigen Entscheidungen gefällt wurden, wenn es keine hintersinnigen Gedanken gibt – Karrierismus, Opportunismus, Hinterhältigkeit, keine Papierkriegshelden, die immer – auch während der Revolution – die Proletarier die Kastanien aus dem Feuer holen lassen. In unserem Bataillon kamen alle aus ärmlichen Verhältnissen. Alle kämpften tapfer, viele wurden verwundet, andere starben.

Kaum hatte ich die *Sinfonia Nr. 1* beendet, beschloß ich, meinen Lehrer Filoktitis Ikonomidis zu besuchen. Er empfing mich herzlich in seinem Büro im Museum. Dann begann er, sichtlich erregt, über seine Erfahrungen mit den »Verbrechen der Kommunisten« zu berichten. ELAS-Soldaten hatten das Haus seines Schwagers niedergebrannt. Der Bruder von Gina Bachauer, die an diesem Tag das Klavierkonzert von Grieg mit ihm proben würde, war von ihnen ermordet worden. »Warum das alles?« fragte er und beobachtete mich forschend. Ich schwieg mich aus. Dann referierte er über die große Politik, über die Regierung, über Griechenland, die Nation, die Verbündeten und kam schließlich zur unvermeidlichen »slawischen Gefahr«. Mir schien, daß er imstande war, hätte man ihm einen Kommunisten vorgesetzt, ihn in Stücke zu schneiden und aufzufressen. Aus meinem Schweigen schloß er wahrscheinlich, daß ich mit ihm nicht übereinstimmte, und das brachte ihn immer mehr in Rage: »Was hast du die ganze Zeit gemacht?« – »Ich habe komponiert.« – »So, komponiert. Und was hast du komponiert?« – »Das hier!« Ich legte ihm die Partitur auf den Tisch.

Er beruhigte sich und studierte das Werk Seite um Seite. »Hm, gut . . . Hm, sehr gut . . .«, sagte er verblüfft. Als er zum Chorpart mit dem vierstimmigen Kontrapunkt kam, rief er: »Das wird wunderbar klingen. Du hast plötzlich Fortschritte gemacht. Ich staune . . .« Als er zur zweiten Hälfte des Werkes kam, kurz vor dem Anruf der »Arbeiter Proletarier«, schlug er das Buch zu und sagte: »Mach die Partitur fertig. Ich werde das Werk dirigieren!« Ich wollte ihn küssen. Dann setzte er seine freundliche Miene auf und fragte mich: »Eine Reihe von Dozenten des Konservatoriums und ehemalige EAM-Mitglieder sind zu mir gekommen und haben sich von den Verbrechern distanziert. Warst du nicht auch in der EAM-Front? Was hast du dazu zu sagen?« Was habe ich zu sagen, überlegte ich. Ich hatte viel zu sagen, und da er es hören wollte, sollte er es hören. Ich nahm die Partitur unter den Arm. Ich wußte nun, daß das Werk nicht aufgeführt werden würde. Ich begann zu sprechen. »Sie wissen, wie sehr ich Sie liebe und schätze. Darum bin ich ja auch hier, obwohl ich weder mit Ihren Ideen noch mit Ihren Einschätzungen übereinstimme. Ich hätte gern mit Ihnen eine normale Schüler-Lehrer-Beziehung. Aber das ist, wie es scheint, unmöglich. Es tut mir leid für die Dozenten, die Sie mir genannt haben. Für mich sind das Opportunisten.« – »Was sagst du?« schrie er. »Ja. Gestern mit der EAM, weil sie Macht witterten, heute mit den Siegern. Über welche Verbrechen sprechen Sie übrigens? Über die der Kollaborateure der Gestapo, der Quislinge, der Sicherheitsbataillone, über die Verbrechen dieser Verräter haben Sie nichts zu sagen? Gehen wir doch mal kurz in den Nationalpark, wo ich ihnen Tausende von Leichen von Kommunisten ausgraben kann ...« Er zitterte am ganzen Körper, bereit, sich auf mich zu stürzen. »Dann gehöre ich auch zu den Schlächtern«, fuhr ich fort, »denn ich muß Ihnen gestehen, daß ich ebenfalls mit der Waffe gekämpft habe. Und das war die schönste Tat meines Lebens ...« – »Verschwinde«, schrie er, »ich will dich nicht wiedersehen.« Ich öffnete die Tür, blieb aber stehen: »Noch etwas. Wir werden siegen!« Und eilte fort. Als die Probe mit der Bachauer begann, schlich ich mich in den Probesaal und setzte mich so, daß er mich nicht sehen konnte. Aber ein faschistischer Musiker entdeckte mich und verriet es ihm. Bald kam Nikitas, sein Amtsdiener, der politisch rechts stand, und sagte mir: »Du hast Hausverbot. Du mußt gehen.«

Ich lief zur Haltestelle vor der Athener Akademie, um in den Bus nach Nea Smirni einzusteigen. Vor der Universität ein heilloses Durcheinander. Rufe, Schreie, Schlägereien, Jagd auf Menschen. Es waren die Chites, die sich zu Gruppen zusammenrotteten und die Unseren verprügelten. Der Herr Theotokis, damals ein junger Minister, bezeichnete sie als »empörte Bürger« und gestattete ihnen, im Zentrum Athens nach Belieben zu walten. Es war der Beginn der Terrorzeit. Sie zogen durch die Straßen, in den Händen Stöcke, Prügel, Eisenringe und zersprungene Gläser, und schlugen sofort jeden zusammen, den sie als Linken erkannten oder zu erkennen glaubten. Dann kamen die kleine ESA – Engländer mit roten und Griechen mit blauen Kappen – und die Polizei. Sie nahmen das Opfer gefangen und brachten es zur nächsten Polizeistation. Dort wurde der Gefangene erneut geschlagen. Inzwischen suchten die Diensthabenden nach Informationen über ihn. Am nächsten Tag wurde er vors Gericht geführt, immer mit derselben Anklage wegen »ungerechtfertigten Angriffs auf andere«. Der griechische Staatsanwalt sah den bluttriefenden Angeklagten und fragte ihn streng: »Warum hast du deine Hand erhoben gegen die Polizeiorgane?« Es wurde ein erstes Urteil verhängt, bevor die eingeholten Informationen eine gewichtigere Anklage zuließen. Neue Gerichtsverhandlung. Diesmal vor einem Strafgericht, und man bekam zwanzig Jahre aufgebrummt. Darum hatten die EAM-Rechtsanwälte ein »Erste-Hilfe-Büro«

auf der Stadiustraße eingerichtet und versuchten, den Opfern der Pogrome Rechtshilfe zu leisten. In dieser Zeit gab es jeden Tag etwa hundert solcher Mißhandlungen, und ein bis zehn Morde wurden täglich an unseren Leuten verübt. Wir, die Mitglieder der Organisation, waren dazu angehalten, sofort das Rechtsanwaltsbüro zu verständigen und, wenn möglich, das Polizeirevier anzugeben, in das das Opfer verschleppt worden war.

Aus diesem Grund näherte ich mich dem Schauplatz und fragte mit meiner unschuldigsten Miene einen der »Empörten«: »Entschuldigen Sie, Kollege, wer sind die, die verprügelt werden, Studenten?« – »Studenten!« Er schrie auf, als sei er von einer Wespe gestochen worden. Er sah mich mißtrauisch an. »Ich wollte sagen, Studierende.« – »Hast du einen Ausweis?« Und den andern rief er zu: »Kommt her, wir bekommen Arbeit!« Sie führten mich nach hinten in den Hof, durchsuchten mich und fanden den Rizospastis. Einer schwenkte die Zeitung durch die Luft und brüllte: »Jungs! *Rizospastis*! Wir haben 'ne Kommunistensau erwischt!« Die ließen von den anderen ab und stürzten sich auf mich. Ein Offizier holte seine Pistole heraus und zielte auf meine Schläfe. »Du Wichser, ruf: Es lebe der König! Ich zähle bis drei und bringe dich um. Eins . . . zwei . . .« Ein Mädchen schrie laut auf. Sie gaben mir Tritte und Fausthiebe. Schließlich packten sie mich an Armen und Füßen und warfen mich durch das Tor auf die Straße. Ich flüchtete. Nun jagte mir eine Streife der ESA hinterher. Ihr folgten die empörten Bürger. Ich erreichte das Ministerium des Innern, wo Nikolaos Theodorakis, ein Cousin von mir und überzeugter Faschist, als Pförtner arbeitete. Er packte mich und wollte mich ausliefern. Es mischten sich aber andere ein, so erreichte ich das Büro meines Vaters – Minister war damals Konstandinos Tsatsos –, erklärte ihm: »Heute grabe ich meine Waffe wieder aus«, und fiel in Ohnmacht. Zehn Tage lag ich danach im Volkskrankenhaus, dank der guten dienstlichen Beziehungen meines Vaters.

Diese Aktion gegen mich vor der Universität zog Kreise, so daß die Kunde davon bis ins zentrale Büro der EPON drang, das nach dem Varkiza-Abkommen wieder aufmachen durfte. Ich erfuhr, daß eine Gruppe EPON-Studenten, angeführt von Leonidas Kirkos, beschlossen hatten, mit dem faschistischen Terror in der Universität Schluß zu machen. Sie gingen in den Studentenklub – wo die Chites die Essensausgabe vollständig überwachten –, und ihr Angriff war so massiv, daß sie schließlich die Faschisten in die Essenskübel steckten. Seitdem wagten sich die Chites nicht mehr über die Schwelle nicht nur des Klubs, sondern aller Fakultäten. Die EAM und die EPON waren wieder im Kommen.

Ich nahm erneut meine Arbeit in der Filelinonstraße auf. Da wir aber nun keine Zigarettenstangen mehr bekamen, fiel der Lohn sehr dürftig aus. Ich beschloß, mittags Zeitungen zu verkaufen. Man machte mich mit Vasilis bekannt, der gegenüber in dem neuen einstöckigen Gebäude des *Rizospastis* arbeitete. Er war ein hochaufgeschossener Mann, kantig, mit blonden, kurzgeschnittenen Haaren und trug immer eine knallrote ärmellose Bluse, so daß man seine riesigen Muskelpakete bewundern konnte. Er sah den Leuten in die Augen und rief *Rizospastis*. Er machte mich mit den Unsern bekannt. »Du wirst«, sagte er mir, »nur die *Abendzeitung* von der Likurgstraße abholen und an einem verabredeten Ort sitzen, den wir dir ausgesucht haben. Dorthin bringen dir die Genossen die übrigen Blätter, so daß du ›Abendzeitungen‹ verkaufen kannst.« Es war eine einfache Arbeit. Ich saß auf einer Treppe, die Leute bückten sich, nahmen ihre Zeitung und warfen das Kleingeld auf eine ausgebreitete Zeitung. Gegen vier Uhr ging ich in die Agentur, lieferte die übriggebliebenen Zeitungen ab und wurde bezahlt. Seltener, wenn ich mehr Geld brauchte, verkaufte ich auf dem Omoniaplatz, drehte meine Runden und schrie: Zeitungen! – Große Ereignisse! – Ministerrücktritt! – Sieg der EAM! (bei Gewerkschaftswahlen zum Beispiel). Einmal begegnete ich einem Direktor des Ministeriums, einem Freund meines Vaters, der mich verblüfft anstarrte.

Ich beschloß, wieder in den Chor einzutreten. Sie probten gerade die Neunte. Ich saß auf meinem Platz, also neben Ikonomidis, mit Ioanidis und Tsugiopulos. Mein Lehrer tat so, als gäbe es mich nicht. Er sah mich überhaupt nicht an. Er sprach auch nicht mehr mit mir. Wenn wir aber an eine schwierige Stelle kamen, und er hörte, daß ich es schaffte, und zwar mit der nötigen

Stimmfärbung, bemerkte ich, daß er heimlich vor Genugtuung lächelte.

Ich wurde als Delegierter für den EPON-Kongreß gewählt. Damals war ich verantwortlicher Sekretär für die Künstler. Die Kongreßleitung übte Druck aus und wollte uns nicht sprechen lassen – so lange und was wir wollten. Es kam deswegen zu einer Auseinandersetzung mit dem Vorsitzenden des Kongresses, Nikos Akritidis. Als ich meine Rede begann, kritisierte ich den amerikanischen Einfluß auf die Lieder der EPON. Ich war so kategorisch, daß Porfiris, Sekretär von Athen, dazwischenrief: »Es ist nicht so, Kamerad!«, während Kotzias und Kunadis an der Spitze der Künstler und der größte Teil der Anwesenden mir frenetischen Beifall zollten. Ich sprach sehr engagiert und klagte die Unterschätzung der Kultur durch die Führung an. Daraufhin wurde ich nicht in den Zentralrat der EPON gewählt. Im kulturellen Programm aber wurde mein sinfonisches Werk *Der Friedhof* aufgeführt.

Nach dem Kongreß übernahm ich die Kulturarbeit in der EPON, wurde zweiter Sekretär für Bildung, erster Sekretär war Petros – Dimitris Despotidis, ein anderer »blonder Jüngling«, groß, blaue Augen, stets lächelnd. Mit Petros konnten wir die Visionen der Träumer und der Dichter in die Tat umsetzen. Er sprach so überzeugend, daß er dich schließlich glauben machte, alles sei möglich. Aber nicht nur das! Das Wichtigste war, daß wir diesen idealen Zustand in diesem Augenblick leben konnten. Alles veränderte sich. Das Leben wurde so schön, wie wir es uns erträumt hatten. Enthusiasmus breitete sich aus, von den Sitzungen im Zentralen Klub bis zu den entferntesten Wohnvierteln Athens. Als Petros zum erstenmal meine Musik auf dem Harmonium in Nea Smirni hörte, füllten sich seine Augen mit Tränen. Wir umarmten uns und weinten und wußten nicht warum. Für jede musikalische Phrase fiel ihm ein Bild ein. Er verlieh ihr auch ein gewisse Größe, vermochte plötzlich zum Wesen der Dinge vorzudringen und ihre wahre Natur zu deuten. Revolution war für Petros ein Fest des Schaffens, der Kommunikation und der Liebe. Ein unermeßlicher Raum des Schönen und Guten, der sich erhob über die Realität der Barbarei, Gewalt und Häßlichkeit.

Eines Tages sagte er: »Ich habe den Komponisten ausfindig gemacht, der beim Rückzug ein Oratorium schrieb. Er wird mittags um eins im Klub sein.«

Im hinteren Teil des großen Saals saß ein schmächtiger, bleicher Junge. Als wir mit Petros näher kamen, erhob er sich höflich. Er wirkte sehr beherrscht, was seine Schönheit noch stärker wirken ließ. »Kamerad Manos Chatzidakis. Kamerad Mikis.« Wir gaben uns die Hand, sahen uns prüfend in die Augen. Er hielt einen Umschlag mit Notenpapier. »Ich habe etwas mitgebracht, damit ihr es euch ansehen könnt.«

Ich hatte gerade den EPON-Chor gegründet und suchte nach einem neuen Repertoire. »Du schreibst die Musik für die Vereinigten Künstler«, forderte mich Petros auf. »Du weißt, daß ich keine Zeit habe und kaum zum Schlafen komme.« Etwas später baten sie mich, den Chor auf eine Premiere vorzubereiten. Es war das Theaterstück *Im Sommer werden wir ernten* von Alexis Damianos mit Mimis Fotopulos als Hauptdarsteller. Musik: Manos Chatzidakis. Eines der Chorlieder, die ich dirigierte, den Kalamatianos, nahm Manos später in sein Werk *Achivada* auf. Wir beschlossen mit Petros, neben dem Chor auch ein Orchester zu gründen. Später entwickelten und verwirklichten wir einen Gedanken, der sich als Meilenstein der neugriechischen Literatur erwies. Wir versammelten alle jungen Dichter auf der einen und alle gestandenen Autoren auf der andern Seite: Varnalis, Vrettakos, Ritsos, Rotas, Galatia Kazantzaki. Unsere Idee war einfach. Die Jungen werden ihr Werk vorstellen, und die älteren Autoren werden dieses Werk kommentieren. Wir fanden auch den geeigneten Sekretär für diese Gruppe. Es war Kostas Kotzias, damals ein junger Literat, der gerade zur EPON gefunden hatte. So trafen sich Dutzende junger Leute, von denen einige später eine herausragende Rolle spielen sollten, wie Tassos Livaditis, Notis Perjalis, Iakovos Kambanellis, Alexiou, der sogenannte Kumbis.

Auf diese Weise lebte ich im Zentrum des engagierten geistigen Schaffens jener Zeit. Michalis Katsaros, der als Luftwaffenoffizier vom Dienst suspendiert worden war, brauchte Arbeit, also besorgten wir ihm einen Posten als Sekretär in der Griechisch-Sowjetischen Gesellschaft. Im Gebäude der Gesellschaft organisierten wir regelmäßig kulturelle Veranstaltungen, die stets überfüllt waren. An einem dieser Abende stellte ich meine Kammermusik vor. Zunächst ein Lied auf einen Text von Fotis Angules, erstveröffentlicht auf einer Wandzeitung in El Dampa, dort, wohin die Engländer ihre griechischen Geiseln gebracht hatten: *Schlaf ein, meine kleine Avgula*, mein erstes Lied, das vom griechischen Rundfunk ausgestrahlt wurde, ich glaube 1950, gesungen von Frangia Spiliopulou. Es folgte ein Werk für Klavier und Violine mit dem Titel *Nächtlicher Marsch auf Makrijannis* und schließlich das Lied *Dritter Dezember* für Bariton und Klavier. Es wurde von einem ausgezeichneten Bariton gesungen, von Kolofotias, der, unterstützt von der aktuellen politischen Losung jener Tage, die eine Musikstudentin auf dem Klavier hämmerte – einen gleichmäßigen Rhythmus, der KPG skandierte –, die Zuhörer hochriß. Er mußte es ein paarmal wiederholen.

Kolofotias wohnte in der Xanthosstraße, gegenüber den öffentlichen Bädern, die ich regelmäßig zu besuchen begann, weil auch mich, wie alle Griechen damals, der Reinlichkeitsfimmel überkam. Das traditionelle Waschen wurde jeden Sonnabend durch die Mutter in der Wanne zelebriert. Man bückte sich, und sie mischte das kochende mit dem kalten Wasser, aber bis die richtige Temperatur gefunden wurde, hatte man sich entweder verbrennen oder von eiskaltem Wasser übergießen lassen. Dann das Abrubbeln mit der grünen Seife, dann das Spülen. Das Ganze von vorn, insgesamt dreimal. War man mit dem Haarewaschen fertig, setzte man sich auf den Hocker und stellte die Füße in die Wanne. Die Füße mußte man selbst waschen, und zwar zweimal in der Woche. Der Körper blieb ungewaschen, bis auf das Baden im Sommer. Wenn man im Gebirge wohnte, fiel auch das aus. Nach der Befreiung entdeckten wir die öffentlichen Bäder und unseren Körper. Duschen war schließlich was ganz anderes.

Jannis Gionis, einer unserer Kommilitonen aus der Klasse von Ikonomidis, bekam eine Stelle in der Amerikanischen Bibliothek in der Stadiustraße. In seinem Arbeitszimmer sahen wir zum erstenmal Langspielplatten, die für die amerikanische Armee bestimmt gewesen waren, Liveaufnahmen mit der New Yorker Philharmonie unter Toscanini und mit der Philharmonie von

Minneapolis unter Mitropulos. Als Jannis die Nadel auf die Platte setzte, überflutete Klanghelligkeit das Zimmer: *Petruschka*, *Feuervogel*, *Frühlingsopfer*. Strawinsky blendete uns im wahrsten Sinne des Wortes durch das Leuchten seiner Musik. Wir hörten ebenfalls die *Nocturnes*, *La Mer*, *Der Nachmittag eines Fauns* von Claude Debussy. Kurz gesagt, ab 1945 begann für mich die Epoche der Musik unseres Jahrhunderts, die ich mit großer Verspätung hörte. Ravel, Hindemith, Darius Milhaud, Honegger, Prokofjew, Kodaly, Bela Bartok, Bernstein, Copland, Schönberg, Berg. Schließlich Dmitri Schostakowitsch, der uns mit seiner gänzlich anderen Stimme auffiel und der der Sinfonie neue Gestalt verlieh. Wir versammelten uns im kleinen Büro des Amerikanischen Informationsdienstes (es war eine Leihbibliothek) und hörten stundenlang Musik. Zur gleichen Zeit kamen die ersten, relativ billigen Partituren zeitgenössischer Werke nach Athen.

Argiris Kunadis, ein gleichaltriger ehrgeiziger Komponist, glaubte wie Debussy, daß Beethoven »ein großer Tauber« gewesen sei. Er sprach sarkastisch über die gesamte Musik, die vor dem Meister des musikalischen Impressionismus hervorgebracht worden war, und spielte ständig Werke von Debussy auf dem Klavier. Wir wohnten in Nea Smirni nah beieinander. Er hauste in einem riesigen Zimmer mit Garten und besaß einen Flügel. In der Wohnung lebten noch seine Mutter und seine Tanten, höfliche, freundliche, wunderbare Damen, die ihren Argiris bewunderten und seine Freunde liebten. Kostas, sein Bruder, war damals der Parteiverantwortliche für unser Wohngebiet. Argiris sui generis. Den ganzen Tag riß er Witze, aber er war auf seine Art treu. Ich hörte sehr viel Musik. Auch seine. Sie war, beeinflußt von Debussy, am weitesten fortgeschritten, verglichen mit der von uns anderen, vor allem hinsichtlich ihrer harmonischen Sprache.

Giorgos Sisilianos war Schüler von Georgios Sklavos. Er hörte die *Sinfonia Nr. 1* und war begeistert. So begann unsere Freundschaft. Er komponierte gerade ein Werk für Klavier. Er sah damals in Schumann seinen Gott. Ich machte ihn mit Kunadis bekannt. Sie spielten sich gegenseitig ihre Werke vor. Später sagten mir beide unabhängig voneinander, daß ihm der andere nicht gefallen habe.

Dasselbe geschah mit Chatzidakis. Argiris haute impressionistisch in die Tasten. Dann setzte er sich hin, zündete sich eine Zigarette an und harrte des Kommenden, um sich zu amüsieren. Manos stand unsicher auf. Er hatte das Lied *Mein kleiner Rosenkranz* für Klavier bearbeitet, das er mit seinem einfachen, transparenten und charakteristischen Stil spielte. Nach dem Treffen begleitete ich ihn zur Bushaltestelle. »Er wollte uns beeindrucken«, sagte er. Ich kehrte zu Argiris zurück, der noch immer lachte. »Das ist ja lächerlich! Das hat mit Musik nichts zu tun.« Die Zusammenarbeit zwischen Künstlern gestaltete sich immer sehr schwierig. Das ist normal, bedenkt man, daß jeder seine eigene Welt hat und von seiner Einzigartigkeit überzeugt sein muß. Zum Teil stimmte meine Meinung mit der von Argiris überein. Mit dem Unterschied, daß mich Musik und Spieltechnik von Manos bezauberten: Grundlage für das Werk, wie ich mich in jener Zeit ausdrückte.

Ich brachte Manos dazu, sich für das Spezialseminar für Harmonie von Ikonomidis zu bewerben. Inzwischen hatte sich die Beziehung zu meinem Lehrer wieder verbessert. (Sie blieb allerdings etwas frostig.) Ich beendete gerade das Fach Harmonie, hatte den halben Lehrstoff in Kontrapunkt hinter mir und begann mit Fugentheorie. Ich sprach mit dem Lehrer. Er bat mich, Manos zu helfen, daß er bis zum Herbst die Pflichtfächer (besonders Harmonie) absolvierte, um in seine Klasse eintreten zu können. Jeden Tag, wenn ich mittags von der Arbeit nach Hause kam, wartete er mit meiner Mutter auf mich. Wir aßen zusammen und gingen dann am Harmonium die Übungen durch. Selten kamen größere Fehler vor. Die Lösungen für die Themen waren zwingend und erfinderisch.

Leider beschloß Manos kurz vor Beginn des Studiums am Konservatorium – im Herbst 1945 –, nicht zu studieren. Wir fuhren oft zusammen nach Athen. Der Bus war um diese Zeit immer leer. Wir nahmen in der hintersten Sitzreihe Platz, und jeder erzählte dem andern seine letzte Komposition. In unserer Phantasie dirigierten wir große Sinfonieorchester. »Das Thema übernehmen sechs Posaunen«, sagte er zum Beispiel über eine Komposition, die er sich gerade vorstellte. »Und plötzlich setzen drei Harfen ein . . .«

Später begann er für das Theater zu arbeiten. Das gefiel ihm so sehr, daß ich ihn eines Tages im Peroke-Theater als Statisten auf der Bühne herumlaufen sah. Er folgte den »Vereinigten Künstlern« auf ihrer Tournee durch die Provinz. In Larissa drangen Surlides ins Theater ein, um die kommunistischen Künstler zu verprügeln. Aber sie fanden nur Manos, der allein im Saal Klavier spielte. Er bekam die Schläge für die anderen gleich mit ab; sie schlugen ihm die Zähne ein.

Der Einfluß der EAM-Bewegung wurde immer größer. Wir gewannen wieder, was wir während der Dezemberschlacht und nach dem Einmarsch der Engländer verloren hatten. Der Höhepunkt waren die ersten Wahlen im März 1946. Bekanntlich beschloß die Kommunistische Partei den Boykott. Ich war traurig, besonders weil mein Vater sich bereiterklärt hatte, für die EAM in Ipiros zu kandidieren. Wenn die Wahlen unter normalen Bedingungen stattgefunden hätten und mein Vater Abgeordneter der EAM geworden wäre, hätte sich alles in unserem Leben verändert. Aber Partei ist Partei. Wir folgten alle enthusiastisch dem Aufruf und gingen zur großen Versammlung, auf der Nikos Zachariadis vom Balkon des Bretagne-Theaters sprach, also Ecke Panepistimiu- und Bukareststraße. Von einem ganzen Monatsgehalt ließ ich mir eine grüne Jacke anfertigen, die ich zum erstenmal trug. Ich sagte zu Mirto: »Wir treffen uns an der Säule gegenüber dem Balkon. Komm etwas früher, ich habe eine Überraschung.« Aber Mirto verspätete sich und kam nicht mehr durch. Sehr viele Menschen. Mein Vater, der unsere Zahl vom Ministerium aus schätzen konnte, sagte, daß etwa fünfzigtausend die Stadiustraße entlangmarschiert seien. Natürlich hingen wir alle an den Lippen des Generalsekretärs der Partei. Das Wort Verehrung sagt nichts aus über das wirkliche Pathos jener Zeit. Dann strömten alle Richtung Omoniaplatz mit einer Losung: Demokraten, Boykott!

Als wir den Platz erreichten, sahen wir, daß ringsum starke Polizeikräfte und viele Militärwagen konzentriert waren. Damals gab es auf dem Omoniaplatz viele Holzbuden, wo Blumen verkauft wurden. Auf dem Weg tanzten wir nach einem Volkslied, das alle gemeinsam sangen. Ein Tanz mit tausend Leuten! Begeisterung. Plötzlich fuhren die Lastwagen los. Was hatten sie vor? Sie kreisten um den Platz herum, auf dem wir uns befanden. Da begriffen wir ihren Plan. Sie wollten uns von den anderen isolieren, kleinere Gruppen einschließen, um dann die Leute zusammenzuschlagen. Als wir abgeschnitten waren – so um die tausend, vielleicht zweitausend Menschen –, riefen einige: »Greift zu Steinen!«, »Bewaffnet euch mit Ästen!«, »Selbstverteidigung!« Andere hatten Einwände. »Die Partei sagt: Keine Gewalt!« Aber noch während wir stritten, umringten uns starke Polizeieinheiten und kamen immer näher. Die Polizisten schwenkten Revolver, Maschinenpistolen und Gummiknüppel. Ihre Uniform war schwarz, daß man das Gefühl hatte, von einer eisernen Zange eingezwängt zu werden. Sie bewegten sich langsam auf uns zu. Bedrohlich. Als sie nah genug waren, begannen sie mit aller Kraft zu rennen. Sie schlugen zu. Man konnte nicht wissen, woher der Schlag kommen würde. Plötzlich stand ein Offizier vor mir. Er fuchtelte wild mit den Händen, schrie und hatte einen Goldzahn, vor dem es mich ekelte. Er hielt einen Revolver, mit dem er wahrscheinlich meinen Kopf treffen wollte. Und während ich innerlich noch mit der Parteilinie rang – also: Gewalt gegen Gewalt, oder: Bleib stehen und laß dich verprügeln? –, griff ich nach seiner Hand, riß ihm den Revolver weg und schlug ihm damit auf den Kopf. Natürlich bemerkten das die Polizisten, die um uns herum standen. Sie sahen ihren Chef blutüberströmt und warfen sich alle auf mich. Die Gummiknüppel schlugen wie die Lettern einer Schreibmaschine auf mich ein. Dann fing ich den Blick eines Polizisten auf, der mit seiner Maschinenpistole ausholte und sie auf meinen Kopf niedersausen ließ. Ich stürzte bewußtlos und blutend zu Boden. Aus Erzählungen Dritter erfuhr ich, daß sie mich bis zur Kreuzung Panepistimiustraße schleiften und mich weiterschlugen, obwohl ich bewußtlos war. Da intervenierte ein Armeeoffizier, der dagegen protestierte, daß man einen Verwundeten mißhandelte. Zwischen ihnen entstand ein Streit. In diesem Augenblick gelang es den Unseren, mich mitzunehmen. Sicher ist, daß sie mich sonst entweder sofort oder später in aller Ruhe umgebracht hätten. Während ich weggetragen wurde, schossen die Polizisten, und den Mann rechts von mir traf eine Kugel ins Gesäß.

Nach vielem Hin und Her brachten sie mich in eine Privatklinik auf der Pireasstraße. Dort kam ich wieder zu mir. Der Arzt, zugleich Inhaber der Klinik, fragte mich: »Was sind Sie? Wenn ihr Kommunisten seid, so nehmt ihn und verschwindet!« – »Er verliert doch Blut«, mischte sich eine Frau ein. »Er wird sterben.« – »Zum Teufel mit euch . . .« Sie hoben mich auf und trugen mich in ein Taxi. Ein Ehepaar. »Genosse, ich arbeite in der Stadtparteileitung. Wie heißt du, wo arbeitest und wohnst du?« Ich sagte es ihm. Daraufhin die Frau: »Ziehen wir ihm die Jacke aus. Sie ist voller Blut. Ich wasche sie ihm.« So mußte ich, in diesem Zustand, meine Jacke ausziehen. Wir erreichten die Erste-Hilfe-Station. Ich wurde wieder bewußtlos, hörte nur noch die Frau fragen: »Ob er stirbt?« Als ich wieder erwachte, merkte ich, daß ich allein in einem dunklen Raum lag. Ich erinnerte mich, wer ich war, an das Geschehene. Blut tropfte auf den Fußboden. Ich faßte das Bett an, marmorn. Mich schauderte. Ich befand mich in der Totenkammer.

Ich dachte an die Polizisten, die Hinrichtungen, die Verschwundenen. Wie aufstehen, da der Körper wie Blei war? Ich laß mich fallen, beschloß ich. Wird zwar weh tun, aber vielleicht erreiche ich die Tür. Nach großen Anstrengungen prallte ich auf den Zementfußboden auf, wo ich die Sinne verlor. Ich kam wieder zu mir, überlegte. Durch den offenen Türspalt fiel Licht herein. Stimmen. Wo bin ich? Wem falle ich in die Hände? Egal, besser als die Totenkammer. Als ich schließlich die Tür aufbekam und mich in den Korridor schleppte, kam von der anderen Seite des Gangs eine Delegation der EPON unter Leitung von Kostas Kotzias, um meine Leiche abzuholen. Sie nahmen an, daß ich auf dem Omoniaplatz umgebracht worden war. EPON-Gruppen legten auf meinem Blut Kränze nieder. Despotidis war im Zentralen Klub der EPON auf einen Stuhl gestiegen und hatte erklärt: »Genossen, sie haben Mikis auf dem Omoniaplatz umgebracht. Seine Leiche befindet sich in der Erste-Hilfe-Station. Wir müssen eine Delegation zusammenstellen und ihn abholen.« Als sie sahen, daß ich lebte, wußten sie nicht, was sie sagen sollten. »Was ist los?« fragte ich. »Wer sind die Leute da hinten?« – »Das sind englische Parlamentarier, die eine Untersuchung über den Terror machen.« – »Sie sollen mich sehen!« rief ich. »Das ist wichtig. Sie müssen mich sehn!« Aber meine Kameraden beeilten sich, mit mir zu verschwinden, bevor mich die Polizei gefunden hätte. Im Volkskrankenhaus unzählige Verwundete. Und der mit der Kugel im Gesäß flennte vor sich hin: »O Mutter, mein Arsch!«, ständig »O Mutter, mein Arsch!« Ich wurde sofort in den Operationssaal gebracht. Mein rechtes Auge war ruiniert. Von der Augenbraue bis zum Scheitelbein verlief die Platzwunde.

Ich erwachte bei mir zu Hause. Außer meinen Verletzungen bescheinigte mir die Diagnose eine schwere Gehirnerschütterung. Darum mußte ich liegenbleiben, und die Meinen mußten mir ständig Beutel mit Eis und kaltem Wasser auf die Schläfen legen. Meinem Vater war es gelungen, mich aus dem Krankenhaus zu kidnappen. Die meisten der anderen Verwundeten kamen bald darauf zur Sicherheitspolizei, um als Verwundete erneut ins Krankenhaus eingeliefert zu werden ... Mein Vater wurde zum technischen Direktor für die Wahlen berufen. Die Ergebnisse gingen durch seine Hände. Vor der offiziellen Bekanntgabe mit den berühmten 9,3% fragte ihn ein Korrespondent einer Zeitung aus Chicago (glaube ich), wie viele sich am Boykott beteiligt hätten. Mein Vater nannte die für ihn wahre Zahl von 38%. Am nächsten Tag veröffentlichte die Zeitung *Griechisches Blut* einen Artikel unter der Überschrift »Der Vater des ELASiten«, in dem er als kommunistischer Agent beschimpft wurde. Natürlich bekam er Probleme, und nach zwei Jahren mußte er seine Demission einreichen und sich nach Galata zurückziehen.

Als ich wieder gehen konnte, meldete ich mich in der Stadtleitung der Partei, um meine Jacke wiederzubekommen. »Warum ist dein Kopf verbunden, Genosse?« – »Ich bin der Verwundete der Auseinandersetzung. Der ›Tote‹ des *Rizospastis*.« – »Und was willst du?« Ich wollte meinen Retter sprechen. »Tatsächlich? Der hat sich lange nicht mehr sehen lassen.« – »Er hat meine Jacke mitgenommen, um sie vom Blut zu reinigen. Sie war ganz neu.« – »Seltsam.« Da kam ein hoher Funktionär die Treppe herunter. »Sag es ihm.« Ich ging hin und erzählte es ihm. »Junge, wir werden uns doch nicht mit deiner Jacke beschäftigen ...« Solche Leute, dachte ich, die ihre Seele für eine Jacke verkaufen. Aus ihnen mußten ja die Feiglinge von später werden.

Wie viele EPON-Mitglieder gab es in Athen? Wenn es in ganz Griechenland 500 000 waren, so lebte die Hälfte von ihnen in der Hauptstadt. Die wirkliche Macht in der Hauptstadt lag in unseren Händen. Die Regierungen fielen eine nach der anderen. Der politische Überbau der bürgerlichen Fraktion stank nach Fäulnis. Einzige Stütze waren die Engländer und alles, was sie nach dem Dezember in unserem Land aufbauen konnten: Polizei, Gendarmerie, Armee, der staatliche Mechanismus und vor allem die Terrorgruppen. Schon die 38%, die sich am Wahlboykott beteiligten – die Regierung gab, wie gesagt, die Zahl 9,3% bekannt –, bedeuteten einen gewaltigen Erfolg, bedenkt man die getroffenen Maßnahmen. In aller Eile brachten sie uns noch den König zurück, um die Nationalisten unter seinen Fittichen zu vereinigen und ein sicheres Fundament für ihre Politik zu haben. Heute, aus dem zeitlichen Abstand, denke ich, daß der Erfolg die EAM-Führer selbstsicher gemacht hatte. Die damalige Argumentation lautete etwa: »Was macht's! Sollen die bürgerlichen Politiker kommen, damit wir zusammen ein neues Griechenland bauen. Auch sie haben ihre Anhängerschaft.« Natürlich war das zu weitherzig, denn wir hatten es mit entschlossenen, kaltblütigen und ausgekochten Berufspolitikern zu tun. Was geschah im Dezember? Von zehn Opfern waren acht Linke. Dabei lernten wir, wie man richtige Propaganda macht. Allen meinen ermordeten Kameraden aus Nea Smirni rissen sie die Augen heraus und erklärten sie zu Opfern kommunistischer Übergriffe. Als wir 180 Polizisten nach der Schlacht um die Polizeizentrale von Nea Smirni gefangennahmen, schickten wir sie nach Hause. Keinem ist ein Haar gekrümmt worden. Ich selbst begleitete den Chef der Sicherheitspolizei nach Hause, weil er sich fürchtete. Und 1948 kam derselbe Mann, mich gefangenzunehmen, nachdem er sich dafür bei meiner Mutter »entschuldigt« hatte. Er stecke mich in Isolationshaft.

Als Kulturverantwortlicher der EPON in Athen 1945/46 wußte ich sehr genau, was die EAM-Bewegung plante: Aussöhnung, Eintracht, Demokratie. Hätte sie wirklich damals den Bürgerkrieg gewollt, wie uns heute ein gewisser Herr Gage weismachen will, wäre ihre Politik wahrlich eine andere gewesen. Man hätte uns 1947 nicht zu Hause gefunden, um uns auf die Verbannungsinseln zu deportieren. Zehntausend Festnahmen an einem Tag! Wir wären auf den bewaffneten Kampf vorbereitet gewesen, in der Stadt und auf dem Land. Wir kümmerten uns um unsere Dichter, brachten einen Livaditis, einen Perjalis hervor, und die anderen schärften die Messer. Man konnte nachts nicht in Athen ausgehen. Banden mit Chites und parastaatlichen Beamten – frühere Kollaborateure und Gestapo-Mitarbeiter – machten die Straßen unsicher und terrorisierten die Leute. Eines Tages griff eine Gruppe von jugendlichen Chites mich und Mirto mit Messern und Keulen an. Wir retteten uns nur, weil ich auf der Hut war und meine Taschen ständig mit Steinen gefüllt hatte, so daß wir uns wehren konnten.

Eine Kommilitonin von Mirto verlor all ihre Verwandten, als Surlides die Häuser der Linken in einem Dorf verbrannten und alle erschossen, die versuchten, den Flammen zu entkommen. Vrettakos band seine Opfer hinten an seinem Jeep fest und schleifte sie zu Tode. Das Ziel all dieser Terrorakte waren die 38% der EAM, die, nach dem Willen Churchills, eliminiert werden mußten. So hatten wir zwei Bürgerkriege. Einen »einseitigen« 1945/46 und den »zweiseitigen« 1946/49. Die Tragödie Griechenlands bestand darin, daß die eine Seite, die EAM-Bewegung, eine Hoffnung für die Zukunft darstellte. Diese Hoffnung wurde auf Befehl Londons zunichte gemacht, leider mit Hilfe unserer eigenen Landsleute. Die andere Seite konnte sich nur auf die ehemaligen Gestapo-Mitarbeiter und Kollaborateure stützen, die nun willfährig dem Intelligence Service gehorchten. Als wir im Oktober 1945 unsere erste große Versammlung im Kalimarmaros-Stadion veranstalteten, um den Jahrestag der Gründung der EAM zu feiern, wurden jene, die »Es lebe Zypern!« schrien, am brutalsten zusammengeschlagen – und dies, weil es damals die englische Besatzungsmacht gab.

Als ich Anfang 1945 gefangengenommen wurde, brachten sie mich ins Polizeirevier von Kalithea. Der Raum war mit Gefangenen total überfüllt. Sie hatten mein Versteck im Wohnviertel ausfindig gemacht und bestimmte Unterlagen gefunden, aus denen hervorging, daß ich ein bedeutender Funktionär sei. Die Polizisten beeilten sich, mich in den Verhörraum zu bringen, um sich »um mich zu kümmern«. Zuerst mußte ich aber meine Personalien angeben. Nach den Routineangaben fragte mich der Polizist: »Wie viele hast du umgebracht?« – »Was soll das heißen?« – »Wie viele hast du abgeschlachtet?« – »Ich verstehe Sie nicht.« – »Schreib ihm dreißig auf«, schrie einer. »Vierzig!« ein anderer. Der Offizier, etwas beherrschter als sie, meinte: »Schreib ihm sieben auf.« Dann gaben sie mir den Federhalter zur Unterschrift. Zum Glück platzte mein Vater, den man benachrichtigt hatte, in diesem Augenblick herein: »Direktor im Innenministerium!« Alle standen sofort stramm. Damals unterstand die Polizei dem Ministerium meines Vaters. »Zu Befehl, Herr Direktor. Was wünschen Sie?« – »Ich will den Mikis.« Er zeigte auf mich. »Er ist mein Sohn.« Sie wußten nicht wie ihnen geschah. Darauf er, mit barscher Stimme, zu mir gewandt: »Steh auf, mein Sohn, wir gehen!«

Sie versuchten ihn mit allen Mitteln zurückzuhalten. Inzwischen war der »Vertrag von Varkiza« unterzeichnet worden. Es gab kein Gesetz, wonach sie mich wegen der gefundenen Unterlagen und meiner politischen Zugehörigkeit ins Gefängnis stekken konnten. Sie telefonierten fieberhaft im Nebenzimmer, um noch etwas zu finden. Schließlich fanden sie ein Gesetz. »Ihr Sohn muß hierbleiben.« – »Aus welchem Grund?« – »Gemäß dem Sondergesetz von Venizelos aus dem Jahre 1928!« Wenn also mein Vater nicht zufällig Direktor in einem Ministerium gewesen wäre, hätten sie mich wegen siebenfachen Mordes angeklagt. Ich blieb im Revier bis zur Gerichtsverhandlung und zu meinem Freispruch. Jeden Abend wurde ich ins Zimmer des Vorstehers gerufen, wo sich alle Offiziere versammelten. Sie wollten sich unbedingt über die Lage unterhalten und darüber, »was die EAM nun machen« werde. Die meisten von ihnen waren Gemäßigte oder sogar Sympathisanten.

Dieser Sturm der Ereignisse verband sich mit der Musik und mit Mirto. Einmal in der Woche ging ich zusammen mit der

Gruppe der Dichter und mit Petros in die unterirdische Taverne von Patsias. Wenn wir viel getrunken hatten, überkam mich immer der Liebeskummer. Ich kehrte nach Nea Smirni zurück und legte mich auf die Straße unter ihren Balkon. Gleichgültig, ob es stürmte oder regnete. Mirto war eine sehr disziplinierte Studentin und lernte so viel, daß sie nur dreimal in der Woche Zeit zum Ausgehen hatte. Oft auch nur zweimal. Meine Sehnsucht war aber größer. Um mit dieser Situation fertig zu werden, schrieb ich Gedichte, Lieder, Musikstücke, so daß schließlich Eros und Kunst in mir verschmolzen. Wenn wir eine Verabredung hatten, ging ich immer eine halbe Stunde eher zum Treffpunkt, um die Vorfreude zu genießen. In diesen Augenblicken komponierte ich in Gedanken. Die meisten Themen jener Zeit entwickelte ich beim Warten auf Mirto.

Im Mai 1945 schrieb ich vor dem alten Gestapo-Gebäude folgendes Gedicht: »Der Liebe Worte wie des Frühlings Blätter / Sonne, die kam und unsre Lippen küßte / fünf Jungen und ein Mädchen tanzten, Herz im Mund. / Gleich erblühten Zweigen freudig / fünf Liebeshungrige vereinen sich, küssen das Gras.« Ich summte die Melodie vor mich hin, als Mirto kam. Später, an derselben Stelle, ein pathetisches Lied: »Wenn du von der Sonne die Freude erbittest / und von dem feigen Licht der Sterne die Ruhe / entferne nicht dein Herz von meinem / wie tot werd ich sein. / Wie die Sonne die stets erlischt und immer wieder lebt / werden unsere Herzen durch die Stille gleiten.« Als ich 1948 in Dafni auf Ikaria die Gedichte *Vergessen* und *Liebe und Tod* von Mavilis vertonte, nahm ich die vier Lieder in den Zyklus *Liebe und Tod* auf. Eine solche innere Harmonie und Aussöhnung mit dem Leben fand ich nur noch zur Zeit der Lambrakis-Jugendbewegung 1963 bis 1967 wieder. Mag sein, es waren harte Zeiten. Aber wer achtete darauf? Wir fühlten in uns eine erstaunliche Kraft, eine im Grunde beglückende Kraft, die uns stärkte, jeden einzelnen und alle zusammen. Wir hatten das sichere Gefühl und den Glauben, daß das Leben schließlich jene Form annehmen würde, die wir ihm in unseren kühnsten Träumen gaben.

Von all meinen Werken vermag nur das Finale der *Siebenten Sinfonie* mit dem Text aus dem Gedicht *Herrin der Weingärten* von Ritsos das Glücksgefühl jener Zeit auszudrücken. Ein Gefühl, das ich auch in den Menschen um mich herum erkannte. Das war wahrscheinlich das Wichtigste: Ich hörte auf, ein Fremder zu sein. Ich wurde in eine Gemeinschaft Gleichgesinnter aufgenommen, die alle vom selben Wein trunken waren. Es gab eine Art Konkurrenz, wer den anderen das meiste geben konnte. Es handelte sich dabei aber nicht um eine parteiliche Pflicht, wie wir sie heute verstehen. Diese völlige Identifikation mit den anderen, die bis zur Hingabe des eigenen Lebens führte, kam aus der Seele. Heute könnte ich die Ideologie jener Zeit als einen marxistisch-existentialistischen Kommunismus bezeichnen, der nicht abstrakter, sondern sehr konkreter Natur war. Darin besteht, meiner Meinung nach, das Besondere der griechischen revolutionären Bewegung.

Keiner anderen Zeit entspricht diese Ruhe, dieses Gleiten über die Unendlichkeit des leuchtenden Meeres der Töne mehr als dieser Epoche, da Musik und Eros mit der Liebe verschmolzen. Vergessen wir nicht, daß nur die griechische Sprache die Unterscheidung zwischen einem egoistischen Gefühl, dem Eros, und der Liebe, die zum Wir gehört, also einem altruistischen Gefühl, erlaubt.

Ich hatte das Glück, während der Lambrakis-Jugendbewegung dieselbe erhebende Erfahrung – mit einer völlig anderen Dimension – zu machen. Ausgestattet mit dem Wissen und der praktischen Erfahrung einer volksrevolutionären Bewegung, verwirklichte ich in der neuen Realität der sechziger Jahre die gleichen Methoden mit einer unvorstellbaren Resonanz. Mit dem Unterschied, daß ich in der zweiten Periode auch den künstlerischen Ausdruck dieser Bewegung gefunden hatte: die künstlerische Volksmusik. Dagegen tat sich in der ersten Periode die Kluft auf zwischen dem reinen volkstümlichen Charakter der Bewegung und der damaligen Kunstmusik sowie dem sich an ausländischen Vorbildern orientierenden Kunstausdruck allgemein. Die Dichtung, die ich las, hörte und schrieb, hatte natürlich mit der griechischen Wirklichkeit zu tun. Ohne daß man sagen kann, daß sie der Jugend oder dem Volk zugänglich war. Sie kam zwar aus dem Volk, war aber nicht für das Volk rezipierbar. Der Intention nach schon, nicht aber im Ergebnis. Die alltägliche künstlerische Nahrung des einfachen Mannes und Kämpfers waren die Produkte der »Massen«-Kunst. Wir kämpften, starben – und hörten dabei Schlager vom Typ *Zwei grüne Augen mit blauen Wimpern*. Die Widerstandslieder? Unser Regiment beispielsweise sang das Lied *Voran, verteidigt unsre Heimat* mit der Melodie aus einer französischen Operette, die die Sehnsüchte einer Marquise beschrieb. Das Lied *EPON, EPON, du bist der Feind der Faschisten*, hatte eine Melodie, die einem Hollywood-Film entnommen worden war.

Meine gesamte erotische Dichtung war inspiriert durch Mirto und ist ihr gewidmet. »All mein Denken ist ein erblühter Mandelzweig, der an meinem Fenster hängt.« So beginnt das *Erotische Lied*. »Meine Stimme spricht zu dir in tausend Farben, in tausend heimlichen Reflexen / und doch bleibst du versunken im Traum deines Lebens. / Aber erwache nicht. Hier würdest du nichts kennenlernen, was du nicht schon wüßtest / da sogar der Schmerz, der mit einem Stern die nachdenkliche Stirn des Lebens trifft, sich selbst verneint / und heute selbst zur Freude wurde!«

Das 1946 geschriebene etwas längere Gedicht *Die Metamorphose des Dionysos* endet wie folgt: »Das Blut bildete einen See / etwas höher, über der Stelle, wo wir standen / der Mythos dieses Stammes berichtet, daß auf seinem Grund / die Abgötter aller Menschen wohnen / wenn jemand sich selbst sehen möchte / muß er sich nur über seine unbewegte Oberfläche beugen.« Man erkennt die Furcht vor dem brudertötenden Kampf, die täglich größer wurde. Schon zeichnete sich am Horizont die schreckliche Erscheinung des kommenden Bürgerkrieges ab.

Durch meine Gedanken und Gedichte bereitete ich mich darauf vor, mich über das Blutmeer zu beugen und zu warten, bis ich mein Gesicht sähe. Daß ich ich selbst war und nicht ein anderer. Jede Epoche hat zweifellos ihren Preis. Immer wird von dir verlangt, dich kreuzigen zu lassen, um wieder auferstehen zu können. Aber in jener Zeit war es die einzige Möglichkeit, sich selbst treu zu bleiben: sich in die andern aufzulösen, die in jenem Augenblick Kopf oder Zahl mit der Geschichte spielten. Ihr werdet mich fragen: Und, was ist geschehen? Haben wir Ithaka erreicht?

Die Antwort gab der Dichter bereits vor langer Zeit: Von Bedeutung ist nur die »Fahrt«. Die Entscheidung, die du selbst fällst und die dich ins Zentrum der Ereignisse schleudert. Du wirst eins mit ihnen. Wenn du aber überlebst, hast du den Menschen vieles und Bedeutendes zu sagen. »Das Wort ›Sensibilität‹ ist etwas, das paßt / zu den reifen Früchten, die voller Leben / vor allem, wenn es die mütterlichen Brüste sind / obwohl es eine Stimme ist, die dich um Hilfe anruft / Außerdem können diese Erinnerungen des Bluts nicht / unbeeindruckt lassen ein kleines Weizenkorn / Schon beim Essen des Brotes / nährst du dein Fleisch / mit Schmerzen und Schulden« (*Metamorphose des Dionysos*).

Zusammen mit Dionysos, dem Symbol der körperlichen und geistigen Trunkenheit, kam, ganz anders aber als in Tripolis, die Liebe zur Erde und zur Natur zurück. Die Natur war damals für mich das andere Gesicht der Metaphysik, also der einzigen Wahrheit und Realität. Es gab den Versuch einer grundsätzlichen Wende. Ein harter und verzweifelter Versuch, würde ich sagen, weil mein wahres Ich die musikalische Komposition als eigentliches Ausdrucksmittel erkannt hatte und sich in geistige und psychische Bereiche versenkte, die kaum noch mit dem Erfahrungsbereich der Menschen, Freunde, Kameraden um mich herum in Beziehung standen. Der Zwiespalt wurde tiefer. Die Entfremdung von den anderen tragischer. Sogar meine Kollegen im Konservatorium – bis auf einige Ausnahmen, wie beispielsweise Tatsis Apostolidis, der mir sehr nahestand – verstanden die Werke, vor allem die Kammermusik nicht, obwohl sie diese damals selbst spielten. Ich höre heute die *Elf Präludien für Klavier*, 1947 komponiert, und überlege, wie es möglich war, daß ich meinen musikalischen Ausdruck und meine Ausdrucksmittel so weit entwickeln konnte. Trotzdem, keiner verstand diese Musik, keiner wollte sie aufführen. Wenn man dieses Werk oder auch das *Trio* hört und überlegt, daß sie im Athen der EAM-Zeit von 1947 geschrieben wurden, wird meine damalige Einsamkeit deutlich.

Mirto, eine fanatische EPON-Angehörige, begann sich vor meiner Leidenschaft zu fürchten. Sie wurde mit jedem Tag konservativer. Ihre Kommilitonen aus dem dritten Studienjahr, zukünftige Ärzte, träumten von ihrer beruflichen Karriere, die gewöhnlich mit einer privaten Arztpraxis in Kolonaki endete. Sie sagte mir nichts, aber ich fühlte, daß sie mit mir Probleme hatte. Was würden wir in Zukunft tun? Von unseren armen Eltern war keine Hilfe zu erwarten. Wir lebten weiterhin im Wohnzimmer von Onkel Andonis, einer neben dem andern, ohne die Chance, irgendwo zwei Zimmer mieten zu können. Ende 1946 löste sich die Vereinigung der Tabakindustrie auf, und ich war ohne Arbeit.

Meine einzige Hoffnung: das Diplom für Harmonielehre. Vielleicht hätte ich damit eine Stelle als Musiklehrer bekommen. Bei der Prüfung aber ließen sie mich durchfallen. Die politische Auseinandersetzung tobte nun innerhalb des Konservatoriums. Die studierenden Chites kamen bewaffnet zum Unterricht. Andererseits mußten wir uns organisieren, damit wir nicht ganz rausflogen. Es fanden täglich Kämpfe um die Unterrichtsräume statt. Als Anführer der linken Studentenschaft bin ich dem Direktorat ein Dorn im Auge gewesen. So bekam ich damals kein Diplom. Der Grund: Bei der Musikgeschichtsprüfung kannte ich Herrn Grétry nicht. Ich sprach aber über Herrn Heinichen, von dem keiner der Prüfungskommission auch nur gehört hatte. Heinichen war ein Physiker und Komponist, der eine große Rolle bei der Entwicklung der temperierten Stimmung gespielt hat. Sie ermöglicht die Teilung der Oktave in 12 mathematisch gleiche Teile. Derjenige aber, der das neue System anwandte und durchsetzte, war Bach mit seinen *Präludien und Fugen für wohltemperiertes Klavier*.

Zum Glück sprach Menelaos Palandios mit dem Besitzer des Lyzeums »Athina«, der mich auch ohne Diplom anstellte. So wurde ich Musiklehrer. Das Lyzeum befand sich damals auf dem Victoriaplatz. Mittags aß ich immer ein Sandwich im Klassenraum, um Klavier üben zu können. Anschließend empfing ich die Jungen und Mädchen. Letztere kamen zum Musikunterricht vor allem, um zu lachen.

Vergeblich versuchte ich sie zu interessieren, indem ich über die großen Komponisten und die wichtigsten musikalischen Formen sprach. Die Voreingenommenheit war enorm. Die Mädchen, etwas jünger als ich, zogen Vamp-Grimassen, um mich zu beeindrucken. Ein erotisches Spiel, das auf Spaß beruhte. Ich hatte ein paar Lieder für die Schule geschrieben. Eines davon war die Vertonung des Gedichts *Unser Hahn* von Vasilis Rotas. Mitten im Lied rief eine Schülerin »Kikeriki!«, woraufhin ich ihr eine Ohrfeige verpaßte. Sofort wurde es still in der Klasse. Einige sahen mich bewundernd an. Was für eine Schlußfolgerung sollte ich ziehen? Das Lehrerdasein währte nicht lange. Nur ein paar Monate, denn im Juli 1947 wurde ich verhaftet und verbannt.

Eine Woche vor meiner Verhaftung ging ich zu Herrn Farandatos, einem Pianisten, zugleich einer der Direktoren des Konservatoriums sowie Direktor des Rundfunkmusikprogramms. Er wunderte sich sehr über meinen Besuch, weil er dachte, ich wolle mich beschweren, denn er hatte mir dic Frage zu Grétry gestellt. Ich aber ging zu ihm, um ihm die *Präludien für Klavier* zu zeigen, die ich gerade komponiert hatte. Er sah sie durch, sah mich an – und gab sie mir zurück. So halfen damals die Älteren den Jüngeren. In meinen Papieren fand ich ein paar Briefe, die sich mit dem Problem meiner nicht bestandenen Prüfung beschäftigen. An Farandatos schrieb ich: »Die Tatsache, daß keiner aus der Prüfungskommission auch nur den Namen des ersten Komponisten kannte, der die temperierte Stimmung angewandt hatte, nämlich David Heinichen, erlaubt mir, die Kommission zu fragen: Mit welchem Recht läßt sie mich durchfallen, nur weil ich Grétry nicht kannte, obwohl sie selbst einen Komponisten von ebenfalls großer Bedeutung, wie Heinichen es war, nicht einmal dem Namen nach kannte?«

Mein Leben – meine musikalische Karriere – entschied sich zwischen Grétry und Heinichen. Es gewann Grétry und mit ihm die Weisheit und Macht des musikalischen Establishments. Im Juni, einen Monat vor meiner Verhaftung, schrieb ich auch an Dimitris Mitropoulos. Ich bin mir aber nicht sicher, ob ich den Brief abgeschickt habe: »Vor einigen Tagen legte ich meine Examen fürs Diplom ab. Ich wurde aber voller Abneigung und Fanatismus angegriffen (. . .) Dieser Vorgang spiegelt, bis zu einem gewissen Grad, die Misere in meiner Heimat wider. Die Musik ist heute in Griechenland beinahe zu einem Wirtschaftsbetrieb verkommen, geleitet von den Schlauen und Durchtriebenen, die die ehrlichen und die fähigen Kunst-Arbeiter versklaven.«

Ende 1946 begann der Partisanenkampf in den Bergen sich langsam auszubreiten. Je länger der Terror dauerte, desto mehr Patrioten beschlossen, ihm mit der Waffe in der Hand zu begegnen. Alles verlief so, daß man den Eindruck gewann, ein unbarmherziges Gehirn würde die Ereignisse vorantreiben. Die KPG, die EAM, der *Rizospastis*, alles legal in Athen, in den Bergen der Krieg. Die reinste Schizophrenie. Anfang 1947 sollte mein Jahrgang einberufen werden. Die Jungen fragten uns: »Was sollen wir tun?« Die Partei antwortete: »Geht zur Musterung, kämpft innerhalb der Reihen der Armee!« Das übermittelte ich ihnen. Ich selbst aber fälschte mein Geburtsdatum im Ausweis. Ich glaubte nicht, mich in der Nationalen Armee für die Sache einsetzen zu können, wollte unbedingt zu den Partisanen gehen. Da traf ich eines Tages neben dem Kino »Orfeas« Pindaros, einen Parteiverantwortlichen. »Nein«, sagte er, »wir gehen nicht in die Berge. Die Partei glaubt, daß die entscheidende Schlacht in Athen stattfinden wird. Von hier bekommt der Feind seinen Nachschub. Hier ist seine Schaltzentrale.« Meine Gedanken jedoch waren bei den Kämpfern der neuen Partisanenarmee.

Ikaria
1947

Juli 1947. Ich schlief mit meinem Vater und meinem Bruder auf Matratzen auf der Veranda von Onkel Andonis' Haus. Im Morgengrauen, noch bevor die Sonne richtig herausgekommen war, hörten wir Stimmen im Garten, dann Klopfen an der Tür. Als ich meinen Kopf durch die Tür steckte, sah ich, daß alles von Polizisten wimmelte. »Bist du Mikis?« – »Ja!« – »Komm sofort runter, so wie du bist.« – »Was ist los?« mischte sich mein Vater ein. »Wer bist du denn?« – »Sein Vater. Direktor im Innenministerium.« – »Was du nicht sagst! Und hast einen solchen Sohn? Ich wünsche ihm alles Gute!« Sie machten sich lustig. »Mit welchem Recht nehmen Sie uns fest? Haben Sie einen Haftbefehl vom Staatsanwalt?« Der Polizist erwiderte darauf kühl: »Es handelt sich lediglich darum, einen Sachverhalt im Revier zu klären. Ihr Sohn kann sich anziehen . . .« Inzwischen hatte ich ein Hemd, eine Hose und Sandalen angezogen. Meine Mutter, die Tante, der Onkel fragten verschlafen, was passiert sei. Kaum war ich in den Garten hinuntergegangen, faßten mich zwei Polizisten fest an den Ellenbogen. Einige von ihnen kannte ich von der Dezemberschlacht. Daß wir sie gefangengenommen und anschließend unversehrt nach Hause geschickt hatten, machte ein paar nun nur noch fanatischer. Es bildete sich ein Gefolge, und wir zogen zum Polizeirevier von Nea Smirni.

Davor eine aufgebrachte Menge, Männer, Frauen, schreiende Kinder. Die Polizisten drängten die Männer ins Gebäude und die Frauen davon weg. Die Büros, Flure und alle übrigen Zimmer voller Menschen. Die meisten in ihren Schlafanzügen, viele nur mit Unterwäsche bekleidet. Natürlich kannten wir uns alle. Alle EAM-, EPON- und KPG-Funktionäre aus Nea Smirni. Hunderte. Darunter der rote Bürgermeister Giorgos Eleftheriadis. Als wir unter uns waren, wurde die Stimmung etwas besser. Als träfen sich früh am Morgen einige Freunde, um wandern zu gehen. Bald wurden auch Witze gerissen, weil die meisten bunte Unterhosen anhatten. Seriöse Rechtsanwälte oder Ärzte, die dich mit der rechten Hand begrüßten und mit der linken ihre Unterhose festhielten, daß sie nicht herunterrutschte. Mein armer Vater folgte uns. Er wollte die Polizeikette passieren und wurde brutal zusammengeschlagen. Das erzählte mir aber keiner. Ich erfuhr erst viel später davon, natürlich nicht von meinem Vater. Darum war auch ich ganz gelöst, und als wir in die Militärwagen verfrachtet wurden, sah ich von weitem meine Mutter und etwas verdeckt meinen Vater und grüßte sie, als wollte ich in den Urlaub fahren oder eine Vergnügungsreise antreten.

Wir mußten in Pireas vor der Offiziersschule absteigen. Der Platz sehr voll. Jeden neuen Wagen begrüßten die Anwesenden herzlich. »Hallo, Jungs!« – »Ich grüße euch, Kameraden.« – »Was ist passiert?« – »Was soll passiert sein? Sie verlieren die Schlacht und versuchen sich noch irgendwie zu retten.« – »Wir werden siegen.« – »Es lebe die EAM!« – »Hoch!« – »Da ist auch Siandas, der zusammen mit Glezos die Nazifahne von der Akropolis holte!« – »Gott, welche Persönlichkeiten!« Sie brachten uns auf verschiedene Kutter und kleine Schiffe. Als wir ausgelaufen waren, begannen wir zu singen. »Der Faschismus versklavt unsere Heimat, erniedrigt uns . . .« Im Boot nebenan die anderen: »Es lebe Lenin! Es lebe Stalin! Es lebe die Rote Armee! Es lebe Nikos Zachariadis, der große Führer!« Im dritten Boot: »Eure Köpfe werden rollen durch das Partisanenschwert . . .« Während die Sonne das Wasser des Saronischen Golfs golden färbte, wachte Pireas mit unseren Liedern auf. Keiner von uns fragte: »Wohin bringen sie uns?« Es überwog das Bewußtsein, daß wir alle zusammen waren. Hunderte. Tausende. Und um uns herum, in den schweigenden Häusern von Pireas, war das Volk. Unser Volk. Wir waren die Starken. Und Zervas, den die Partisanen in Mani gejagt hatten, war rasend geworden und tobte sich nun an uns aus: spastische Zuckungen. Alles nützte unserer Bewegung. Wir sangen. In Psitalia mußten wir an Land gehen. Am Ankunftsort und in der Umgebung überall Gendarmen mit Feldausrüstung und

Maschinenpistolen. Sie zwangen uns, dem Pfad zu folgen, der den Berg hinaufführt. Dort, auf dem Plateau, weitere Begegnungen, Überraschungen und Freudenausbrüche. Wer alles dort war! In der Mehrzahl junge Leute, Zwanzigjährige, aber auch viele Erwachsene. Einige von ihnen hatten Krawatten, es waren also viele angesehene Bürger darunter. Ein Zeichen dafür, daß der Einfluß der EAM sehr groß war. Einige waren versehentlich festgenommen worden. Zum Beispiel ein Homosexueller, der die Gendarmen anschrie: »Was habe ich denn damit zu schaffen?«

An der gegenüberliegenden Küste wachten die Viertel Keratsini und Perama auf. An den Anlegestellen versammelten sich Menschen, während dauernd die kleinen Schiffe mit Singenden anlegten. »Was haben sie mit uns vor auf diesem Felsen? Wollen sie uns deportieren?« – »Es ist eine Einschüchterungsmaßnahme.« – »Ob das eine Übung ist?« – »Am Abend werden wir wieder zu Hause sein.« Plötzlich kam Bewegung in die Menge. In den ersten Reihen ertönten Hochrufe. »Genossen, was ist los?« – »Unsere Führung kommt.« – »Wer? Wer?« – »Man sagt, Mitsos Partsalidis und Gavrilidis.« – »Welch Ehre für uns!« Jetzt sangen die Tausende von Gefangenen wie aus einem Munde. Die Gendarmen tobten.

So verging die Zeit, ohne daß wir es merkten. Inzwischen war es ein Uhr mittags geworden, und die Sonne im Zentrum der Kuppel verschwand in jener feurigen Emulsion, die einen regelrecht schmoren läßt wie in einem Tiegel. Über dreißig Grad im Schatten. Und Psitalia ein Felsen, der sich mit der Zeit immer mehr erwärmte, gleich einem Ofen. Da sagte jemand: »Es gibt kein Wasser.« Und sofort wurde uns bewußt, daß wir kein Wasser getrunken hatten und daß unsere Zunge rissig war. »Und wie können wir etwas zu Trinken bekommen?« – »Sie haben nicht daran gedacht.« Langsam wuchs ein unterschwelliges Murren an. Dann begannen einige zu rufen: »Wasser! Wasser!« Schließlich, als sich die Menge erhob, waren alle verändert. Der Ausdruck in ihren Gesichtern hatte etwas Tierisches angenommen. Ihre Augen blickten irr umher. Auf einmal kannte der eine den andern nicht mehr. Wir rannten sinnlos hin und her, in der Hoffnung auf irgendwelche Auskunft über Wasser. Einige fluchten auf die

EAM-Bewegung: »Die sind daran schuld, daß wir nun hier in der Hölle schmoren.« Wortgefechte begannen und arteten in Schlägereien aus. Je mehr Zeit ohne Wasser verging, um so stärker wuchs die Unruhe in der Menge, die immer lauter nach Wasser schrie. Wir waren sicher am andern Ufer zu hören, wo sie glauben mußten, daß man uns abschlachtete.

Ein Bekannter kam auf mich zu und sagte, ich solle ihm folgen. Um Partsalidis hatten sich viele Funktionäre geschart, um zu beschließen, was zu tun sei. Wir Jüngeren sollten Zellen einer Art Bürgermiliz bilden, um die Ordnung aufrechtzuerhalten und die Verteilung des Wassers zu organisieren. Das Problem bestand darin, daß es nicht viele Fässer gab, um das Wasser zu transportieren. Außerdem: Womit sollten wir es trinken? Mit den Händen? Es würde auf die Erde verschüttet. Wir hatten keine Becher. Wir bildeten ein Spalier für unsere beiden berühmten Führer, die zur größten und aufrührerischsten Menschenansammlung gehen wollten. Wir halfen dem Sekretär der EAM, auf ein Faß zu steigen. Aber keiner kümmerte sich um ihn. Er rief: »Genossen ... Genossinnen!« Die anderen schwirrten umher wie Bienen, als wären sie allein auf der Welt. »Ich bin Mitsos Partsalidis.« Wir standen um das Faß, stolz auf die Ehre, die uns zuteil wurde. Aber auch jetzt zeigte keiner Interesse für den Redner. So hörte ich Gavrilidis sagen: »Komm, Mitsos, steig runter, sonst passiert dir noch was ... Sie beachten uns nicht.« Sich auf die Schultern des Vorsitzenden der Bauernpartei stützend, stieg er unter Schwierigkeiten vom Faß herunter, und die beiden entfernten sich mit langsamen Schritten, verloren sich in der Menge. Diese Szene prägte sich mir unauslöschlich ein.

Jemand sagte mir: »Sie bringen ab und zu ein Faß. Aber der ganze Inhalt ergießt sich auf die Erde, weil sie sich darum prügeln, wer sich der Wasserstelle nähern darf. Die einzige Chance, an Wasser heranzukommen, ist, entweder ein Faß oder einen Stöpsel zu ergattern.« – »Wie muß ich das denn anstellen?« – »Versuche nicht zu trinken. Umklammere das Faß fest, und laß es nicht mehr los.« Schließlich sagte ein Matrose: »Die, die das Faß und den Stöpsel haben, sollen kommen.« Ich ging zum Hügel, wo die Wache stand. Je näher ich kam, um so lauter und turbulenter wurde es. Wie ein Bienenschwarm stürzten sich alle zusammen auf das hinabrollende Faß. Der eine schob den andern weg, sie kämpften verbissen gegeneinander, um mit ihren Lippen an die Öffnung des Fasses zu gelangen. Sie bildeten zusammen mit dem Faß ein Knäuel, das den Abhang hinunterrollte.

Ich entdeckte ein Faß. Ich rannte mit aller Kraft los und umfaßte es. Ich wurde eins mit ihm. Jemand schraubte den Stöpsel ab. Das Wasser floß auf die Erde, bevor jemand es trinken konnte. Ich drehte mich mit dem Faß um meine Achse. Einige versuchten, mich wegzudrängen. Sie bissen in meine Hände, zerrten an mir herum. Ich ließ nicht los. Schließlich sagte mir der Matrose: »Nimm es und geh es füllen!« Mit mir kam auch der andere mit dem Stöpsel. Kaum sah ich die Wassertanks links und rechts von mir, begriff ich, daß es nichts Schöneres als Wasser gibt, das kristallene, transparente Wasser. »Trink, soviel zu willst«, sagte mir der Matrose. Ich trank, trank und trank. Ich machte meinen Kopf naß, meine Brust, den ganzen Körper. Ich trank, bis ich fast platzte. Dann füllten wir das Faß, traten aus dem Wachhaus und gaben ihm einen Tritt, daß es auf die verzweifelt wartende Menge zurollte. Nach zwanzig Minuten wurde der Durst wieder zum Martyrium. Ich ging in eine ruhige Ecke der Insel und legte mich auf einen Felsen. Drumherum lagen einige andere und weinten leise. Sie litten furchtbar unter der Hitze. Keiner sprach. Als die Sonne unterging und es ein wenig kühler wurde, ging es uns etwas besser. Doch der Felsen unter uns kochte noch. Man vernahm die ganze Nacht, wie sich Klagen in die lauwarme Luft erhoben.

Im Morgengrauen standen alle auf. Sie hatten sich vom ersten Schock erholt. Nun lag in der Luft eine Proteststimmung. Einige bildeten kleine Gruppen, entschlossen, aktiv einzugreifen. Sie begannen sich Richtung Wachhaus zu begeben, und andere, die meisten, gingen zur Anlegestelle, wo sich die Hauptmacht der Gendarmerie befand. Sie riefen, drohten. Die Gendarmen gingen in Kampfstellung. Endlich kam die Nachricht, daß uns Transportschiffe abholen würden. Das erste legte gegen neun an. Ein Teil der Gefangenen verschwand darin, und es fuhr los. Gegen Mittag kam das zweite. Auch ich ging zum Strand und befand mich bald im Bauch des riesigen Schiffes. Von oben, vom Deck aus, trieben die Matrosen ihre Späße mit uns. Um unseren Durst wissend, hatten sie Wasser in kleine Blechkanister gefüllt, sie an Stricke gebunden und schwenkten sie über unseren Köpfen. »Kamerad, greif zu!« Anfangs sprangen wir. Als sie aber mit ihrem Spiel zu weit gingen, fluchten wir immer unverschämter. »Arschkriecher von Frideriki!« Daraufhin drohten sie, uns zu erwürgen. Es wurde Mittag, und wir hatten noch nichts zu trinken bekommen. Mein Cousin Stefanidis kam zu mir und sagte: »Geh weiter nach vorn. Dort gibt es ein paar Ölfässer, die aber zuletzt mit Wasser gefüllt waren. Da ist noch was übrig. Ich habe schon getrunken. Vielleicht findest du auf dem Boden noch ein wenig.« Ich rannte hin und sah die Fässer, um die erbittert gekämpft wurde. Nur eins stand verloren etwas abseits. Auf dem Boden, bedeckt mit Öl und Haaren, etwa zwei Fingerbreit Wasser. Ich beugte mich hinunter, um mit der rechten Hand Wasser zu schöpfen, während ich mich mit der linken auf die Blechumrandung des Fasses stützte. Als ich mich wieder aufrichtete, sah ich, daß mein Daumen fast zerfetzt war. Ich hatte nichts gespürt. Bis zum heutigen Tag erinnert mich die Narbe an damals, und was hatte ich getrunken? Nichts.

Die Matrosen zielten jetzt mit riesigen Wasserschläuchen von oben auf uns. Der Wasserstrahl kann einen Stier umbringen. Für uns jedoch war er ein göttliches Geschenk. Wir drehten uns im Kreis, während der Wasserstrahl unsere Körper peitschte. Wir versuchten ein paar Tropfen in den Mund zu bekommen. Andere legten sich hin, liefen auf allen vieren und leckten mit der Zunge das Wasser, das über den dreckigen Blechboden floß. Immerhin, wir tranken. In dieser Hinsicht waren wir beruhigt. Wir sahen uns an. Unsere Gesichtshaut war geplatzt oder übersät von Sommersprossen. Die Zungen, die gerade noch geschwollen aus dem Mund hingen, erholten sich. Der Hunger kam. Jeder erhielt ein halbes Kommißbrot und ein Stück Käse. Wir hatten seit über vierzig Stunden nichts gegessen. Jetzt erst wurde uns unser Hunger bewußt. Anschließend wurden wir müde. Wir standen alle dichtgedrängt nebeneinander. Wir beschlossen, daß sich die Hälfte für eine Weile hinlegen konnte, die dann von der andern Hälfte abgelöst wurde. Kaum hatten wir uns ein wenig erholt, begannen die Sorgen und Fragen: »Wohin bringen sie uns?« – »Was haben sie mit uns vor?« Ein Ingenieur, der den Einfall eines Sonnenstrahls durch eine Ritze verfolgte, meinte: »Wir fahren in südwestlicher Richtung. Sie bringen uns nach El Damba.« Es wurde Nacht. Als es wieder tagte, war die Stimmung besser. Wir sangen: »Es lebe Lenin, es lebe Stalin . . .« Eine kleine Luke über uns wurde geöffnet, und der Kapitän sprach: »Ihr Bulgaren, ihr Verbrecher, ihr . . . Entweder ihr haltet euer Maul oder ich ertränke euch.« Von unten verdoppelte sich die Kraft des Gesangs: »Verräter, deutsche Mörder . . .« Da öffnete er die Seitenluken, und das Meerwasser strömte herein. Als es uns bis zu den Knien reichte, schloß er sie wieder. Nun konnten wir uns nicht mehr hinlegen, um uns auszuruhen. Wir hörten, wie das Schiff auf Grund lief und stillstand. Die vordere Luke wurde aufgemacht, und genau uns gegenüber lasen wir auf einer Tafel: Gemeinde des Heiligen Kirikos.

Kaum betraten wir Land, stand Furtunis, der Oboist des Staatlichen Orchesters, vor mir. »Lädst du mich zu einem Glas Wasser ein?« fragte ich. Wir setzten uns in ein kleines Kafenion neben dem Meer. »Bring zehn Glas Wasser«, bestellte ich. »Hab keine Angst«, sagte er, »auf Ikaria gibt es genug Wasser. Mit dem Essen sieht's nicht so gut aus.« Wir versammelten uns vor dem Büro der Gruppe. In jedem Dorf arbeitete die Organisation der Verbannten rund um die Uhr. Der Staat gab jedem monatlich zwei Dollar für den Lebensunterhalt. Aber die Gruppe sammelte das Geld ein und bestellte auf den umliegenden Inseln Mehl, Lebensmittel usw. Depots wurden errichtet, von wo die Waren in die Küche für das gemeinsame Essen kamen. Alle arbeiteten gemäß ihrer beruflichen Qualifikation. An einem bestimmten Ort gab es beispielsweise die »Werkstätten«: Friseur, Schneider, Schuhmacher. In einem dafür eingerichteten Haus befand sich die Klinik, das Krankenhaus. Des weiteren arbeiteten ein Klub und ein Restaurant. Verschiedene Unterrichtsfächer wurden angeboten: Mathematik, Jura, Philosophie, außerdem existierten künstlerische Gruppen zur Unterhaltung. Ein Verantwortlicher sagte uns Neuankömmlingen: »Hier bleiben nur die Erwachsenen. Wir haben keine Häuser. Die Jugendlichen verteilen sich auf die Dörfer. Die

Jungen aus Nea Smirni gehen ins Dorf Oxe. Dort muß erst eine Gruppe aufgebaut werden. Ihr müßt sofort los, denn ihr habt drei Stunden Weg vor euch.«

Bald wurde es Nacht, und wir setzten unseren Marsch in völliger Dunkelheit fort. Wir kletterten einen steilen Berg hinauf. Das Dorf lag in 600 Meter Höhe. »Vorsicht, Felsen!« schrie der erste, was der nächste immer wiederholte. Nach Mitternacht erreichten wir endlich eine Ebene. In der Ferne sahen wir die Kirche mit dem Nachtlicht. Eine Handvoll Kameraden erwartete uns dort. Sie gaben jedem von uns eine gekochte Kartoffel und sagten, wir sollten uns irgendwie für die Nacht einrichten. Wir, ein paar Jungen vom »Seidenen Zug«, fanden ein halbzerfallenes Haus, wo wir unser Nachtlager einrichteten. Ich teilte mit Tsakiroglos, einem Tbc-Kranken, eine Tür, die wir auf die Erde legten. »Achtet auf die Skorpione. Sie sind schwarz, und ihr Stich ist tödlich.«

Während ich einzuschlafen versuchte, sah ich das Talglicht, das auf einem hölzernen Tischchen flackerte. Davor ein junger Mann, der sich krümmte. Er litt wahrscheinlich an Magenschmerzen. Auf dem Tisch die Kartoffel. Ich erkannte Vasilis Zannos, den ich lange nicht mehr gesehen hatte. »Was ist mit dir?« fragte ich ihn. »Ich sterbe vor Hunger.« – »Warum ißt du deine Kartoffel nicht?« – »Ich bewahre sie auf, falls noch jemand mit Verspätung kommt.« Tatsächlich, er lauschte angestrengt, ob vom Pfad her Schritte zu hören wären. Es kam wirklich noch jemand, und Vasilis rannte ihm entgegen, um ihn willkommen zu heißen. Er machte ihm Platz zum Schlafen und gab ihm auch seine ganze Kartoffel. Ich erlebte so etwas zum erstenmal. »Was will er damit beweisen?« dachte ich. »Daß er über uns steht?« Während ich mich Morpheus ergab, hörte ich eine innere Stimme, wie einen Widerhall auf meinen Gedanken: »Wenn er wirklich über uns steht? Wenn er wirklich über uns erhaben ist?« Am nächsten Tag setzten wir uns mit Vasilis Stamelos auf einen Felsen. Vor uns die Ägäis. Um uns herum Eichen, Nußbäume, blühende Vegetation. Das Wasser blinkte. Vasilis begann mit seiner ihm eigenen Aussprache – »go« statt »ro« – jene pornographischen Gedichte zu rezitieren, die Varnalis geschrieben haben sollte. Aber stimmte das? Wir trafen die anderen. »Es gibt nichts zu essen. Wenn man

Geld hätte, könnte man unter Umständen ein Ei auftreiben. Was machen wir?« Zannos war verschwunden. Den ganzen Tag rannten wir wie irr vor Hunger durchs Dorf. Schließlich kam ein Beauftragter der Gruppe: »Ihr könnt nicht hierbleiben. Ihr müßt auf die andere Seite der Insel, nach Christos.« Gegen Nachmittag stiegen wir den Berg hinunter nach Heilig Kirikos. Meine Sandalen lösten sich langsam auf, immerhin gab es einige Verbannte, die gar keine hatten. In der Stadt saßen die Leute im Kafenion. Ich erkannte den Frauenarzt Tsakiroglos, den Cousin meiner Mutter. »Nimm hundert Drachmen«, sagte er, »du mußt irgendwas essen.« Aber warmes Essen konnte man nur in Evdilos kaufen.

Wir schliefen alle zusammen in einem Garten, auf den Morgen harrend, um mit einem Boot nach Armenistis zu fahren. Unser Magen knurrte. Wir aßen ein wenig Gras. Am nächsten Tag steuerte das Boot auf den Leuchtturm an der östlichen Spitze der Insel zu. Rechts von uns Samos, dessen Wälder sich stolz über dem Wasser erhoben. Jetzt fuhren wir in westlicher Richtung, passierten Karavostamos, dann endlich der große Hafen, Evdilos. Ich lief zur Küche und verschlang für meinen Hunderter fünfzehn Portionen. Mit wurde übel. Ich trank Wasser und ging wieder zur Küste. Wieder im Boot, nun nach Armenistis ausgelaufen, sangen einige Männer aus Pireas das Lied *Kapitän Andreas Zeppos*. Es blieb sofort in meinem Herzen. Inzwischen hatte ich ja gegessen und fühlte mich sehr wohl.

Von Armenistis nach Christos ist es eine Stunde Weg. Als wir im großen Dorf ankamen, war es bereits Abend. Wir wurden sofort in den Klub gebracht, wo es auch zu essen gab.

Am frühen Morgen gingen wir aus Nea Smirni alle los, um eine Gruppe zu gründen, diesmal im Südwesten der Insel, im Dorf Vrakades. Außerhalb von Christos hatten die Verbannten einen Empfang vorbereitet. Unter ihnen auch Petros, Dimitris Despotidis. Freude, Umarmungen, Küsse. Der Weg war bezaubernd, der Pinienwald voller kleiner Seen mit blauem, kristallklarem Wasser. Wir stiegen den Berghang an der Küste hinauf, dreihundert, vierhundert, sechshundert Meter. Links von uns hohe Felsen, rechts bis zum Horizont das Meer. Die Einwohner von Vrakades, fast alles Linke, begrüßten uns herzlich. Jetzt mußten wir sofort eine funktionierende Gruppe aufbauen. Wir alle, etwa siebzig Leute, waren erschöpft. Wir hielten im zentralen Kafenion eine Versammlung ab. Erstens, leerstehende Häuser mußten gefunden, kleinere Gruppen eingeteilt und, zweitens, der Kessel aufgestellt werden. Wir hatten so fünf, sechs Maultiere bei uns, die Lebensmittel von Christos herschleppten.

Die regionale EAM-Leitung teilte uns mit, welche Häuser verfügbar waren. Das Dorf lag an den Berghängen, die ein riesiges natürliches Amphitheater bildeten. Einige Häuser standen nahe dem Zentrum des Dorfes, andere hoch oben und weit entfernt, etwa eine halbe Stunde. Ein paar von ihnen waren gut erhalten, andere fast nur noch Trümmer. In einigen hatten zwei, in anderen zwölf Platz. Wir bekamen das Haus an der Bergspitze, das unbewohnte und fast zerfallene. Dort hätten zwanzig Menschen wohnen können. Wir bildeten eine Kommission zur Beaufsichtigung des Kessels. Vasilis Tsomos wurde zum Händler gewählt, Jannis Paschos zum Verantwortlichen für Feuer und Brennholz. Dazu kam ein Koch mit zwei Gehilfen. Am nächsten Morgen war für alle Kartoffelschälen angesagt. Der Koch versprach uns gutes Essen, Süßigkeiten, Kabeljau mit Kartoffeln. Wir zogen los, zum Haus, bepackt mit Kerzen, Seife, Besen, Kaffee, Zucker, Milch, Brot, einer Lampe mit Batterien. Die Dörfler gaben jedem von uns eine Decke. Wir kamen spät nachts an und beschlossen, uns sofort draußen in den Garten hinzulegen.

Am nächsten Tag wachten wir sehr früh auf. Wir fanden ein paar Gefäße und kochten Wasser für Kaffee. In der spinnenwebverhangenen Küche gab es Gläser, Tassen, Teller. Jeder suchte sich eine Tasse aus, wusch sie und füllte sie mit warmem Kaffee, in den wir auch unser Brot tauchten. Das Leben fing gut an. Von unserem Haus, hoch oben, hatten wir einen wunderbaren Blick auf das Dorf und auf die ganze Ägäis. Nachts sahen wir die Lichter des Klosters von Paros. Links im Haus war die Küche, in der Mitte zwei Lagerräume, und es gab noch drei Zimmer. Zwei im Erdgeschoß, eins im ersten Stock, zu erreichen über eine Treppe, die vom Hof hinaufführte. Wir waren insgesamt dreizehn und teilten uns in Schichten ein; drei gingen zum Kartoffelschälen ins Dorf, die übrigen richteten die Zimmer her, fegten die Küche und hoben eine Sickergrube aus. Wir fanden eine verrostete Wasserleitung und brachten sie wieder in Ordnung. Einer nach dem andern wusch sich die Hände, das Gesicht. Die grüne Seife legten wir auf die Steinbank. Nun fehlte uns nur noch ein Kamm, den jeder kaufen wollte. Neben dem Kafenion im Dorf hatte Tsomos seinen »Kramladen« aufgebaut. Etwas weiter weg hatten sie die Küche eingerichtet. Das Essen duftete. Im Ofen des Dorfes wurde unser Brot gebacken. Der Kafenionbesitzer hatte sich von der Regionalorganisation Zinkteller und -geschirr besorgt. Jeder bekam eine Garnitur und belegte einen Platz im Kafenion oder draußen in der Nähe. Dann stellten wir uns an. Wir mußten in diesen ersten Tagen Tausende von Problemen besprechen und lösen. Wir beschlossen, unseren Familien zu schreiben, daß sie uns Geld schicken sollten, von dem die Hälfte in die Gruppenkasse gehen würde. Wurden Lebensmittel geschickt, hatte die jeweilige Gruppe zu entscheiden, was damit geschah. Wir einigten uns auf eine hundertprozentige Aufteilung, also gehörten alle Pakete allen in der Gruppe.

In unserer Beziehung zu den Einheimischen gab es einen einzigen wunden Punkt. Wir klärten das im 10. Gebot des Gruppen-Reglements: Jede Liebesbeziehung zu einem einheimischen Mädchen oder einer Frau war verboten. Wir ließen uns dabei von dem Gedanken leiten, daß wir nicht in die Verbannung gegangen waren, um Liebesabenteuer zu erleben. Zweitens waren wir so viele Männer, daß die Gefahr bestand, daß wir uns schließlich wegen einer Frau gegenseitig umbringen würden. Und drittens, das Wichtigste: Die Frau war für die Einwohner von Ikaria das Wertvollste, und wir liefen Gefahr, die Ikarioten zu unseren Feinden zu machen. Das Problem dabei aber war, daß die Mädchen aus Ikaria uns nachstellten. Sie liefen uns nach, riefen: »Sieh mich an, Kamerad! Sprich mit mir, Kamerad!« und lachten. Wir versuchten zu entkommen.

Wir bauten die Werkstätten auf, organisierten Gruppen für Bildung, Fremdsprachen, allgemeinen Unterricht und künstlerische Betätigung. Jeder Haushalt mußte selber seine Aufgaben lösen, einen Verantwortlichen für jedes Quartier, für Finanzen und für Bildung wählen. Wir brauchten Zement und Tischlereien, um die halbzerfallenen Häuser wieder herzurichten. Der Winter stand bevor, darauf hatten wir uns vorzubereiten. Unser Agronom machte uns Vorschläge für Getreide- und Gemüseanbau. Dazu war die Erde von den Bergen in Säcken herunterzuholen. Wir beschlossen, mit Hilfe der Einheimischen eine Imkerei aufzubauen. Wir gingen in den Wald zum Holzfällen. Die gefällten Baumstämme mußten wir ins Dorf transportieren und aus ihnen Balken machen. Andere beschäftigten sich mit dem Zement und den Steinen. Langsam trafen die ersten Pakete unserer Verwandten mit Kleidung, Lebensmitteln und Büchern ein. Als mein Vater erfuhr, daß wir im Quartier dreizehn Leute waren und daß alle Lebensmittel in dreizehn gleiche Teile geteilt wurden, rechnete er sich aus, wieviel ich brauchte, multiplizierte das mit dreizehn, verkaufte unseren Weinberg in Galata und schickte uns mit meinem Cousin Stefanidis ein Maultier beladen mit Vorräten.

Inzwischen hatte ich auch die bestellten Bücher, Partituren und das Notenpapier bekommen. Ich schrieb Mirto, sie solle kommen, mich heiraten und mit mir in einem kleinen Häuschen am Bergrand leben. Manos beschrieb ich das sinfonische Werk, das mir gerade vorschwebte, über das »Haus mit den Skorpionen«, also über unser Haus. Er fragte mich in einem Brief: »Das Totenhaus von Dostojewski?« Ich hatte beschlossen, ein sinfonisches Werk zu komponieren. Das »Haus mit den Skorpionen« wurde zu einem Gedicht und *Andreas Zeppos* der erste Teil des später geschriebenen Balletts *Griechischer Karneval.*

Wir machten oft Ausflüge zu den Seen des Pinienwaldes oder gingen nach Christos, wo wir unser Haus hatten: Dort wohnten die anderen aus Nea Smirni. Auf dem zentralen Platz von Christos hatte man das Gefühl, auf dem Sindagmaplatz in Athen zu sein. Und Damaskinos, der Leiter der Gruppe, mit seinem Riesenschnurrbart und seiner auffälligen Erscheinung, war überall zugleich, bemüht, alle Probleme zu lösen. In Christos gab es eine Einheit der Gendarmerie. Eigentlich hatte sie nichts mit uns zu schaffen, da wir uns frei auf der Insel bewegen konnten. Ikaria war damals wirklich ein Freies Griechenland! Nur, daß ringsum Kriegsschiffe patrouillierten und keinen aus unserem Paradies entfliehen ließen. Eines Tages öffnete ein Bordell mit dem Segen der Gendarmerie in Christos. Eine Abordnung von uns ging zu den Mädchen, erklärte ihnen, aus welchem Grund wir hierher verbannt worden waren. Nicht, daß wir keine Männer wären und Bedürfnisse hätten, sie sollten uns aber verzeihen, wir wollten sie nicht verletzen, aber auch die Abstinenz gegenüber Frauen gehörte zum Spiel. Die Mädchen waren gerührt, weinten sogar. Sie riefen alle zusammen: »Es lebe die EAM!« und verabschiedeten sich von uns.

Auf einer unserer Reisen in die Hauptstadt von Ikaria riefen sie mich ins Parteibüro. Die Partei wirkte in der Verbannung »illegal«, sie war geheim, damit sie kein Ziel für die Gendarmerie abgab, denn das interessierte sie am meisten, wer die Kommunisten waren, was sie vorhatten; die meisten Verbannten gehörten nämlich nicht der Kommunistischen Partei an. Bei solch einer Sitzung des Parteibüros fragten sie mich über die Lebensbedingungen in Vrakades aus, über die Zusammensetzung der Verbannten, ihre Moral, ihre Probleme, über eventuelle Spitzel und anderes mehr. Sie teilten mir mit, daß ich zum Parteiverantwortlichen ernannt und bald mit den anderen Parteimitgliedern in Kontakt kommen würde. »Übermorgen früh mußt du außerhalb des Dorfes sein, der Parteiverantwortliche der Region wird dich treffen. Du kennst ihn. Letztes Mal habt ihr euch in Oxe gesehen ...«

Ich richtete es so ein, daß ich nichts zu tun hatte, um pünktlich am Treffpunkt zu sein. Als mein Verbindungsmann näher kam, von den Felsen auf den Pfad gegenüber springend, erkannte ich ihn: Es war Vasilis Zannos. Wir gingen einen anderen Weg als den, der zum Dorf führte, und erreichten einen riesigen Felsen, gleich einem Balkon über dem Meer, das sechshundert Meter unter unseren Füßen schäumte. »Hier wird unser Treffpunkt sein.« Wir sprachen über unsere Probleme. Eine Menge Fragen. Das schlimmste Problem: die Frauen. »Nachts erzählt man sich im Quartier Liebesgeschichten. Es folgen die Träume und Samenergüsse. Wenn es so weitergeht, werden wir Ikaria in unserem Sperma ertränken.« In unserem Raum wohnte zudem ein ganz geiler Typ, dünn, gelb im Gesicht, mit verfaulten Zähnen – wir glaubten nicht, daß er erst dreißig Jahre alt war. Er sprach stotternd, und ich hatte den Eindruck, er kaue die Geschichten, die er erzählte, bis sie ihm selbst schmeckten. »Während der Okkupation«, erzählte er, »wohnte ich am Ende der Patisionstraße. Zu essen gab es nichts. Die Beine schlotterten. Ich fuhr mit dem Bus nach Athen, um etwas aufzutreiben. In der Warteschlange vor mir stand ein tolles Mädel. Etwas verschämt. Ich fasse sie an, aber sie ziert sich. Schließlich steigen wir ein. Dicht aneinandergedrängt habe ich sie vor mir. Um es kurz zu machen, ich hebe ihren Rock hoch, ziehe ihren Schlüpfer ein wenig nach unten, hole meinen raus und stecke ihn bei ihr rein. Wir kommen zum Omoniaplatz. Keiner hat was mitgekriegt. Am nächsten Tag warte ich wieder an der Schlange. Kaum seh ich sie kommen, stell ich mich hinter sie. Wir steigen ein und noch mal dasselbe. Das machten wir jeden Tag. Meine armen Beine . . .« Ich setzte den Bericht an Zannos fort: »Armer Kerl. Er sagte uns, daß seine Frau betteln muß. Wir wissen nicht, was er für einer ist. Ich habe ihn mal beiseite genommen und ihm gesagt, er soll uns abends nicht solche Geschichten erzählen, er sieht doch, was los ist, wir sind total aufgeweicht von den ständigen Ergüssen, was er nur will, wir sind zwanzig Jahre alt, und unser Blut ist in Wallung, wir müssen diese Dinge jetzt vergessen . . . Aber er erzählt jeden Abend neue Geschichten. Ich habe kein gutes Gefühl dabei, irgendwas stimmt da nicht. Kürzlich sagte mir der Parteiverantwortliche der Dorfbewohner, daß einer von uns etwas mit einer Kleinen aus dem Dorf hat, was einen schlechten Eindruck macht. Es war dieser Typ . . .«

Zannos meinte: »Bring ihn am nächsten Donnerstag mit.« Ich gab ihm Bescheid. Das schien ihm nicht zu passen. »Was wollen wir denn da machen?« – »Uns unterhalten!« – »Mit wem?« – »Wir werden allein sein.« – »Sag es mir hier!« – »Du hast Beziehungen zu einer aus dem Dorf. Das ist verboten. Soll ich es der Gruppe verraten?« – »Wer hat es dir gesagt?« – »Stimmt das?« – »Nein.« – »Dann laß uns mittags die Sache im Kafenion besprechen.« – »Wer wird noch dabeisein?« – »Nur noch einer, ein Freund von mir. Aus Christos.« Ich überzeugte ihn schließlich. Als er Vasilis auf dem Felsen liegen sah, blieb er kurz stehen und steckte die Hand in die Hosentasche. Er hat ein Messer, dachte ich. »Hab keine Angst, es ist ein Freund.« Zannos stand auf. Seine blauen Augen blitzten. Ich sah ihm in die Augen. »Durchsuch ihn!« sagte er mir. Ich durchsuchte ihn und fand ein aufklappbares Stilett. Vasilis sagte ruhig: »Setz dich und erzähl uns alles der Reihe nach. Ansonsten gehst du diese Muschel da unten suchen«, und warf einen kleinen Stein in den Abgrund. »Wie heißt du?« – »Tsoflis.« – »Das ist ein Spitzname.« – »So kennt man mich.« – »Also erzähl.« Und er erzählte. Die übliche Geschichte. Ein Dieb, verstrickt in dunkle Affären. Die Polizei schnappt ihn und stellt ihn vor die Wahl: »Was willst du? Drei Jahre Haft oder drei Monate Verbannung? Dort wirst du unseren Befehlen gehorchen und wirst dann mit reiner Weste in die Gesellschaft entlassen.« – »Was solltest du machen?« – »Namen erfahren, Funktionäre, die Organisation, den Mechanismus. Die Moral zerstören.« – »Wie denn?« – »Indem ich sage, daß die Schlacht sowieso verloren ist, die Führer uns verkauft haben.« – »Und die Geschichten, die du uns abends erzählst?« – »Das sind meine. Sie gefallen mir. Aber sie hatten mir auch befohlen: Du mußt ihre Moral untergraben. Mach, daß sie eine Frau wollen. Sie sollen unterschreiben und zurückkehren.« – »Und das Mädchen aus dem Dorf?« – »Das gehört dazu, die Einheimischen sollen wild werden. Was werdet ihr jetzt tun?« Er sah unruhig in den Abgrund.

»Wir sind noch nicht fertig. Wir beginnen jetzt erst. Wer gibt dir die Befehle? Und hier im Dorf, bist du allein oder gibt es noch andere?« – »Im Schiff war ein Offizier mit mir. Er wohnte in Heilig Kirikos. Er befahl mir, zum Hauptmann der Gendarmerie zu gehen – nur zu ihm – und ihm zu sagen: ›Ich bin der Enkel von Plastiras.‹ Er sollte mir antworten: ›Bist du gegangen?‹ Weil er aber letztes Mal nicht da war, werde ich übermorgen hingehn.« – »Du wirst nirgendwo hingehen. Du bist ein guter Junge, nur daß du Pech hattest. Dein Atem stinkt. Hast zwei kleine Kinder und eine Bettlerin als Frau. Für wen kämpfen wir denn, Tsoflis? Wofür? Für dich. Gib uns deine Adresse, damit sich die Organisation um deine Familie kümmern kann. Du aber bist hier mucksmäuschenstill. Und daß du Bescheid weißt: Das Auge der Organisation wacht über dich. Sobald du dich rührst, machen wir Schluß. Einverstanden?« – »Einverstanden.« – »Was wir besprochen haben, wissen nur wir drei ... Geh jetzt.« Er ging fort. Vasilis sagte mir: »Verlier ihn nicht aus den Augen. Aber Vorsicht! Wir müssen herausfinden, ob er eine Gruppe hat aufbauen können. Die Sicherheitspolizei hat uns sehr viele Spitzel geschickt. Paß auf ihn auf. Er ist gefährlich. Es kann sogar sein, daß ihm auch Morde befohlen wurden. Jetzt weiß er, daß du in der Gruppe die Partei bist. Sprich über ihn nur zu zwei, drei absolut zuverlässigen Kameraden. Dann müssen wir dafür sorgen, daß sich ein ›Cousin von Plastiras‹ beim Gendarmerie-Hauptmann meldet. Verstehst du?«

Wie ich sagte, die Parteizelle war »illegal«. Sie übernahm die Analyse der politischen Situation, den Schutz der Gruppe, die Lösung aller anstehenden Probleme. In Vrakades waren in der ersten Zeit wenig Kommunisten. Aber die Lage veränderte sich ständig. Bei den letzten Verhaftungen hatte man eine Menge unterschiedlicher Leute festgenommen, unter denen auch genügend Spitzel wie Tsoflis waren. Ich wechselte das Quartier, um mich neben ihm hinlegen und besser auf ihn aufpassen zu können. Am gleichen Abend warteten alle auf die neue Schock-Story. Aber Tsoflis tat so, als sei er krank, und gab keinen Ton von sich. Wir beobachteten ihn den ganzen Tag. Sogar die Blicke, die er mit den anderen wechselte. Eines Nachts fühlte ich noch im Halbschlaf, daß er mich beobachtete. Tatsächlich, ich öffnete die Augen und sah ihn, halb aufgerichtet, mich beobachten. Ich zeigte keine Furcht, obwohl mir klar war, daß es für mich gefährlich werden könnte.

Am Donnerstag darauf sagte mir Zannos, daß die Sache erfolgreich angelaufen sei. Der Hauptmann, der überhaupt keinen Verdacht schöpfte, wollte sofort den »Enkel von Plastiras« kennenlernen. Er sagte dem Genossen, der zu ihm hingegangen war, wen er treffen mußte, in welchen Dörfern was zu tun sei. Wir erfuhren, wie wir angenommen hatten, daß seine Aufgabe zunächst war, die Moral zu zerstören und Informationen zu sammeln. »Was später passiert? Komm in vierzehn Tagen wieder . . .«, sagte ihm der Hauptmann. »Es stehen Ereignisse bevor. Wir werden sie schon zum Tanzen bringen . . .«, meinte er mit einem Unterton in der Stimme. »Was wird mit Tsoflis?« – »Ich lege mich neben ihm hin. Die anderen beobachten ihn.« – »Noch bist du nicht in Gefahr«, sagte er. »Aber wenn er einen Verbindungsmann hat und ihm alles erzählt, dann wird's für uns alle gefährlich.« Nach zehn Tagen kamen Briefe von Tsoflis' Frau. Er konnte nicht lesen, darum las ihm ein Kamerad vor. Sie schrieb: »Deine Cousine aus Kalamata ist gekommen und hat mich besucht. Ich wußte gar nicht, daß du eine Cousine hast. Sie brachte mir Lebensmittel und Kleidung für die Kleinen und sagte mir, daß sie sich darum kümmern würde, mir Arbeit zu beschaffen im Geschäft des Bruders ihres Mannes ...« Tsoflis freute sich sehr, er kam und küßte mich. »Ich danke euch«, sagte er, »ich bin erleichtert.« Dann verfiel er wieder ins Grübeln. »Ich weiß«, sagte ich ihm, »du hast Angst vor dem Offizier. Darum verlasse nicht das Dorf. Wenn er uns besuchen sollte, sag es mir. Hab keine Angst. Außerdem, siehst du nicht, daß die Demokratische Armee von Sieg zu Sieg geht? In sechs Monaten wird sie in Athen sein. Wir werden die Regierung bilden.«

Als es Abend wurde, machte ich den Leuten im Quartier den Vorschlag, zusammen ein Lied zu schreiben. Ich sagte den ersten Vers, um das Eis zu brechen: »Meere umspülen uns«, »Wellen verschlingen uns« sagte ein zweiter. Jeder fand einen Vers, und wir wählten den besten aus. »Im rauhen Gebirge wachen unsere Jungen.« Am nächsten Tag nahm ich die Verse und ging zum Felsen. Abends brachte ich ihnen unser neues Lied bei. Wir studierten es dreistimmig so gut ein, daß wir auf den Hof traten, der über dem ganzen Tal lag, und laut sangen, um von den anderen gehört zu werden. Am nächsten Tag fragten sie uns mittags: »Was ist das für ein Lied, das ihr gestern in der Nacht gesungen habt?« Am selben Abend, nach dem Essen, sangen wir es der Gruppe vor. So entstand *Das Lied der Verbannung*.

Ich schrieb damals noch zwei weitere Lieder. Das eine über den Artikel 10, der uns verbot, eine Frau zu haben, das andere über die »drei Verlobten aus Ikaria« im Kalamatianos-Rhythmus, nach dem wir auch während unserer Tanzabende tanzten. An diesen nahmen auch die Einheimischen teil. Sie brachten ihre Instrumente mit, sangen und tanzten ikariotische Tänze. Eines dieser Tanzthemen verwendete ich im zweiten Satz der *Sinfonie in drei Sätzen*, die ich in jener Zeit schrieb. Diesen Teil mit dem Untertitel *Variationen auf ein Inselthema* dirigierte später Bustindui mit dem Rundfunk-Sinfonieorchester. Die Ikarioten tanzten vorwiegend einen Tanz, bei dem sich ein Mann und eine Frau gegenüberstanden und die Bewegungen des Geschlechtsaktes nachahmten. Sie bewegten ihre Hüften nach vorne und rissen ihre Schultern nach hinten, so daß sich ihre Hüften aneinanderrieben. Schon beim Hinsehen drehte sich alles vor unseren Augen. Aber der Tanz entrückte die Tanzenden, das sah man an ihrem Gesichtsausdruck, in andere, ich würde sagen, »hieratische« Sphären. Ein bacchantisches Fest. Diese Abende beeindruckten mich sehr. Sowohl musikalisch als auch tänzerisch. Die Ikarioten waren wunderbare Menschen. Aber die Zeit, der Hunger und die Entbehrung zermürbten sie. Darum verließen auch alle, die konnten, die Insel. Die meisten Auswanderer aus Vrakades arbeiteten als Bergarbeiter in Nordgriechenland. Andere wiederum verdingten sich als Matrosen. Manchmal besuchten sie die Insel, machten Kinder und brachten schlimme Krankheiten mit. Im Dorf gab es sogar Fälle von Syphilis.

Unser Leben hatte einen schnellen Rhythmus angenommen. Die Anforderungen in der Verbannung waren groß; zunächst die persönlichen Bedürfnisse: Waschen, Trocknen und Bügeln der Kleidung und Strümpfe. Das Lesen der eigenen Bücher und der Unterricht. Der Briefwechsel. Die Arbeiten im Quartier: Jeder kam an die Reihe mit dem Saubermachen der Schlafräume, der Küche, des Hofes und der Toilette. Wir organisierten einen Wettbewerb: Wer sammelt das meiste Brennholz für den Winter. Der erste, Bakas, schleppte an einem Tag dreihundert Oka. Andere mußten dann das Holz im Wald zersägen. Wasser vom Brunnen holen. Dann kamen die Arbeiten der Gruppe, Dienst in der Küche, Transport der Lebensmittel aus Christos und, wie ich bereits schrieb, Holzfällen und Zement mischen. Wir begannen das Haus neu herzurichten. Anschließend transportierten wir Erde, um pflanzen zu können. Die jeweiligen Berufsgruppen eröffneten Werkstätten. Alle nahmen am Unterricht und den kulturellen Veranstaltungen teil. In unserer Freizeit machten wir Ausflüge, und natürlich konnten alle, die wollten, nach Christos oder in andere Dörfer gehen.

Ich machte in dieser Zeit die Entwürfe für meine *Sinfonie in drei Sätzen.* Vater schickte mir Notenpapier, Bleistifte, Radiergummis, weißes Papier. Parallel zur Sinfonie begann ich mit den Skizzen zu *Andreas Zeppos.* Eines Donnerstags sang ich Vasilis alle Variationen, die ich zum Thema geschrieben hatte, vor. Er war begeistert. »Erzähl mir was über die Musik.« Ich begann, ihm das große Märchen der Musik zu erzählen. Jeden Donnerstag, kaum hatten wir unsere Parteiangelegenheiten besprochen, machte ich mit der Musik weiter.

Vasilis wurde später in Athen in Zusammenhang mit der Affäre Christos Ladas inhaftiert, als er sich im Haus meiner Tante Stefanidi versteckt hielt. Als man sie zur Sicherheitspolizei holte, um ihn zu identifizieren, sagte sie: »Wie Christus. Man hatte ihn nackt an einen Pfahl festgebunden, wie Christus!« An dem Tag, da sie ihn zusammen mit Makridis, Psomiadis und den anderen hinrichten wollten, wurde wegen Platzmangels in ihre Zelle ein Musiker gesteckt, den sie aus Ikaria kannten. »Weswegen seid ihr hier, Jungs?« – »Wir werden hingerichtet.« Da wendete sich Zannos an ihn und sagte: »Erzähl uns was über die Schule des Verismo!« Wozu brauchen sie dieses Wissen, fragte sich der Musiker, wenn ihr Gehirn in wenigen Stunden zu Erde wird? Was sollte er aber tun? Er begann, über Leoncavallo und Pucchini zu erzählen. Vasilis fragte ihn über dies und jenes aus. Als würde ihn diese Frage wirklich interessieren, dachte der Musiker, und als müßte er das unbedingt kurz vor seinem Ende erfahren. Dann wurde es still. Jemand sagte zu Psomiadis: »Sing uns einen Psalm vor!« Er stammte aus Pontos und konnte wunderbar singen. Der Psalm wurde jäh unterbrochen, denn die Wachleute stürzten herein. Zannos und Makridis, die mit Ketten festgebunden waren, befahlen sie: »Aufstehen! Bald werdet ihr tot sein und keine Schmerzen mehr empfinden. Bis dahin werden wir euch aber foltern.« Sie nahmen die beiden mit.

Ein Schauspieler, den ich später traf, diente in Gudi. Er war zusammen mit den anderen gerade eingezogen worden. Man gab ihnen ein Gewehr mit Patronen. »Morgen früh bringen sie uns Kommunisten zur Hinrichtung. Ihr werdet nur einen Schuß abgeben. Zielt gut. Bei einem von euch ist keine scharfe Munition drin.« Lange vor Sonnenaufgang kam das Auto mit den Verurteilten. »Ich war«, erinnerte sich der Schauspieler, »Posten an der Toreinfahrt. Als der Wagen kommt, gehen die Scheinwerfer der drumherum geparkten Autos an. Da seh ich einen blonden Engel als ersten aus dem LKW steigen, mit Ketten festgebunden, und höre ihn seinen Kameraden zurufen: ›Tanzend, Genossen, tanzend und singend in den Tod!‹ Er stimmt ein Volkslied an. Einer nach dem andern springt aus dem Wagen, singend und tanzend. Man stellt sie an die Wand. Ihnen gegenüber bezieht das Exekutionskommando Stellung. Die Hände der Soldaten zittern. Der Blonde ruft ihnen zu: ›Brüder, wir empfinden keinen Haß auf euch. Wir sterben für die Heimat. Wir sterben für die Freiheit. Wir sterben auch für euch!‹ Da befiehlt der Offizier: ›Feuer!‹ Stell dir vor«, erinnerte sich der Schauspieler, »die Soldaten treffen nicht alle. Ein paar fallen um, ein paar stöhnen am Boden. Ein Kleiner legt seinen Kopf auf die Schulter eines Kameraden. Der Lange stürzt auf die Erde, der Kleine verharrt in dieser Stellung. Da erschießt der Offizier fluchend mit seiner Maschinenpistole die noch Lebenden.«

Wir erfuhren, daß uns eine Abordnung von Richtern besuchen würde. Sie klapperte die Dörfer nacheinander ab, um die Verbannten zu treffen. Jeder, der wollte, konnte vorsprechen, befragt werden und, wenn er als ungefährlich eingestuft wurde, einen Entlassungsschein bekommen. Die Partei beschloß, daß sich keiner melden sollte, ja, daß die Verbannten vor der Ankunft der Richter die Dörfer räumen sollten. Mein Vater hatte mit dem Vorsitzenden der Kommission – einem höheren Beamten und guten Freund – gesprochen, der mir den Entlassungsschein sofort gegeben hätte. Ich mußte aber als Parteiorganisator das Dorf verlassen, weil sich die Abordnung aus Christos Richtung Vrakades bewegte. Inzwischen kannten wir, dank der Informationen des Gendarmeriehauptmanns, die Spitzel und Provokateure in jedem Dorf, die sich in unseren Reihen befanden. Der »Enkel von Plastiras«, das heißt Ektoras, ging immer zu den regelmäßigen Treffen, um seinen »Führer«, den Hauptmann, zu sprechen.

Eines Tages war der Hauptmann zusammen mit einem andern: »Du kannst ruhig sprechen«, sagte er, »er gehört zu uns.« Nachdem sie sich eine Weile unterhalten hatten, fragte der andere: »Du also bist Tsoflis?« – »Ja, warum?« – »Kennst du mich?« – »Nein.« – »Und doch habe ich dich zum Herrn Hauptmann mit der Losung ›Enkel von Plastiras‹ geschickt.« Völlig außer sich schrie er dann: »Sag, was habt ihr mit Tsoflis gemacht?« und schlug ihm mit der Faust aufs linke Auge. Man brachte ihn ins Revier. Nachts von dort nach Evdilos, um ihn in Ruhe verhören zu können. Gefesselt und zusammengeschlagen verfrachteten sie ihn ins Schiff nach Athen. Er wurde verurteilt und 1948 in Gudi hingerichtet. Wutentbrannt, weil er aus Ektoras kein Wort herausbekommen hatte und alle seine Spitzel unbrauchbar geworden waren, begleitete der Offizier die Abordnung der Richter, um seine Leute in den Dörfern zu treffen.

Unsere Gruppe floh auf dem Pfad Richtung Meer. Wir fanden einen Hang mit Bäumen, setzten uns hin, tranken Wasser von der Quelle, aßen und schliefen müde ein. Morgens sahen wir die Gendarmen vom gegenüberliegenden Hang mit Gewehren auf uns zielen. Wir konnten nicht entkommen. Wir beschlossen abzuwarten. Eine Gruppe kam näher. Ein Offizier, drei Gendarmen und einer in Zivil. Der Offizier fragte: »Warum seid ihr abgehauen?« – »Wir sind nicht abgehauen. Wir machen Picknick.« – »Wer die Richter sehen will, ist frei. Wehe, es versucht einer, ihn daran zu hindern.« Keiner rührte sich. »Denkst du nicht an deine Familie«, fragte er den Ältesten. »Was geht's dich an?« Er versuchte es auf die sanfte Tour. »Das ist keine Reueerklärung. Die Herren sind oberste Richter. Ihr braucht euch nur vorzustellen und seid bald zu Hause. Dann haben auch wir Ruhe . . .« Der Mann in Zivil erkannte Tsoflis. Ich wollte schon abhauen, aber es wäre schlimmer geworden. »Bist du nicht Tsoflis?« – »Jawohl.« – »Erinnerst du dich an mich?« – »Wie soll ich mich an dich erinnern?« antwortete der weinerlich. »Nehmt ihn«, befahl er den Gendarmen. Die Verbannten staunten über den Vorgang. »Tsoflis?« fragte einer den andern, »was hat er mit denen zu tun?« Die Gendarmen blieben weiter unten stehen. Der Polizist in Zivil schlug auf Tsoflis ein, damit er etwas über uns aussagte, ihm einen Verantwortlichen verriet. Die Abordnung der Richter, die im Dorf wartete, verließ es ergebnislos. Und mit ihr alle Gendarmen und der Polizist mit Tsoflis.

Am nächsten Tag kam ein Verbindungsmann aus Christos. »Geh sofort nach Evdilos«, sagte er. »Dort findest du ein großes Geschäft, das von Spanos. Die rechte Seitentür hat einen runden Türgriff. Schlag daran, dir wird ein einbeiniger Mann öffnen. Sag ihm, daß du der Cousin von Thanasis bist. Nichts weiter.« Ich kehrte in mein Quartier zurück und sammelte meine Sachen ein. Ich stopfte sie in einen weißen Seesack, sagte den Jungen: »Ich muß fort«, und verabschiedete mich. Ich lief nicht durchs Dorf, sondern nahm den Pfad durch den Wald. Wenn ich mich einer bewohnten Gegend näherte, machte ich einen Bogen darum. Keiner durfte mich sehen. Jetzt würden sie den armen Tsoflis foltern, dachte ich, wer weiß, wie lange er es aushält. Wenn die uns kriegen, ist es aus mit uns. Wir hatten ihr teuflisches Spitzelnetz hochfliegen lassen, wußten, was sie vorhatten. Von Vergewaltigungen einheimischer Mädchen, um die Ikarioten gegen uns aufzubringen, bis hin zu Brandstiftung und Mord an Funktionären. Natürlich erwartete nach deren Plan die organisierten Kommunisten das Schicksal von Ektoras.

Nachmittags sah ich Evdilos von oben. Ein schöner Hafen, ein schönes Dorf, amphitheatrisch aufgebaut, mit hellweißen Häusern, zwischen denen enge, saubere Pflasterwege lagen. Es war die Zeit des regsten Verkehrs. Alle Verbannten auf den Straßen, den Plätzen, im Hafen. Die Geschäfte übervoll. Zwei, drei erkannten mich. »Grüß dich, Mikis. Du auch hier?« – »Ich bin auf der Durchreise.« Ich fand das Geschäft. Ich schlug an die Seitentür, und der Einbeinige öffnete mir. »Mensch, Mikis, du?« – »Ilias, du?« Wir fielen uns in die Arme. Ilias war während der Schlacht im Makrijannisviertel schwer verwundet worden: Eine Granate hatte sein Bein erwischt. Er merkte aber nichts und wollte aufstehen. Da löste sich sein Unterschenkel und baumelte an seinem Knie. Ilias stöhnte auf und hielt sich an mir fest. Die Sanitäter nahmen ihn auf einer Trage mit, und ich verlor ihn aus den Augen. Dann, Ende 1945, öffnete sich die Tür des Zimmers Nummer 9 im Seitenflügel des Athener Konservatoriums, wo ich Musiktheorie lehrte, und Ilias kam herein. Er hatte sich in meiner Klasse eingeschrieben, ohne es zu wissen. In der Schule studierte er als Hauptfach byzantinische Musik. Jetzt traf ich ihn zum drittenmal. Die Partei mußte großes Vertrauen in ihn setzen, daß sie ihm einen Treffpunkt anvertraute. Für ihn mit seinem Bein war es so auch am besten.

Während der Illegalität 1948 in Athen, also einige Monate später, sagte man mir: »Laß dich auf dem Platz des Ares nicht blicken. Dort ist ein furchtbarer Spitzel. Sobald er einen von uns sieht, gibt er ein Zeichen, daß sie ihn festnehmen. Ihm fehlt ein Bein, und er hat Krücken.« Ich erkundigte mich nach Einzelheiten und kam zu dem Schluß, daß es Ilias sein mußte. Ist es möglich?, fragte ich mich.

Ich ging auf besagten Platz und sah ihn auf der Bank sitzen. Er sah mich, und sein Körper erbebte, als würde er erschauern. Ich setzte mich neben ihn und sah ihm in die Augen, so wie ich für ihn fühlte. Er senkte den Blick. Dann sah er unruhig nach allen Seiten. »Weißt du es?« fragte er mich flüsternd. »Ich kann es nicht begreifen, Ilias. Ich glaube nichts.« – »Und doch! Es ist alles wahr!« – »Was heißt das?« – »Ich bin ein Vieh.« – »Aber warum?« – »Ich werde dir nur eins sagen, und wenn du willst, kannst du es glauben. Ich habe alles ausgehalten, aber beim einfachsten bin ich zerbrochen. Ich habe nichts gesagt. Was für ein perverses Denken sie haben müssen. Kennst du die ›Penicillin‹-Methode? Sie umschnüren dir ganz fest die Beine, ich habe nur eins, mit einer ganz dünnen Schnur. Ganz fest, damit das Blut nicht durchfließt. Und dann schlagen sie dich. Der Schmerz trifft sofort die Knochen. Doch das Blut, das nicht zirkulieren kann, schlägt dir aufs Herz. Also? Das habe ich ausgehalten! War ein Spielchen für mich. Und dann taten sie was ganz Einfaches, darum sage ich dir, perverses Denken: Sie führten mich zur obersten Treppenstufe, nahmen mir die Krücken weg und gaben mir einen Tritt. Was soll ich dir sagen. Mit dem einen Bein hatte ich kein Gleichgewicht, das hat mich verrückt gemacht. Glaubst du es? Es hat mich verrückt gemacht!« Er blieb an dem Wort hängen und kam wieder zu sich. Er sah mich erregt an. »Mensch, Mikis! Erinnere dich an Evdilos. Erinnere dich ans Makrijannisviertel. Schöne Tage ...« – »Und jetzt?« fragte ich. Ich unterbrach jäh seine Träume. »Jetzt muß ich zwei, drei Leute jeden Tag verraten, sonst ... Ich bin zum Spitzel geworden, Mensch!« sagte er herausfordernd, und sein Gesichtsausdruck wurde gemein. Ich begann mich zu fürchten. Er merkte es. »Wie hast du es erfahren?« – »Sie wissen es.« – »Wer? Die Genossen? Du bist also organisiert?« – »Was soll ich denn tun, Ilias? Zu Hause bleiben und mit meiner Mutter stricken ...« Er lachte. Ihm gefielen der Witz und meine Ehrlichkeit. »Du hast also Vertrauen zu mir?« – »Ich bin gekommen, um dich mit eigenen Augen zu sehen. Du hast dein Blut vergossen ... Wie ist es möglich?« – »Also, hör zu! Jetzt beobachten sie uns, und sie warten, daß ich meinen Krückstock hebe und auf dich zeige. Ich werde ihnen aber sagen, daß du mein Kommilitone der byzantinischen Musik am Konservatorium warst, daß du mich über den Unterricht ausgefragt hast und ich dich nach dir ... Du arbeitest jetzt als Psaltis. In welcher Kirche, wollen wir sagen? Sagen wir, in der Kirche des Heiligen Wichsers, der uns ins Elend gestürzt hat ... Geh jetzt! Ich will dich nicht wiedersehen! Es wird besser sein.« Ich stand auf ... »Noch etwas«, sagte er mit Nachdruck, »ich danke dir.« Ich ging weg, aufrecht, kerzengerade wie ein Psaltis. Am besten, ich singe laut ein Troparion, dachte ich, so werde ich noch glaubhafter. Die Passanten drehten sich nach mir um, und eine alte Frau schlug andächtig ihr Kreuz ... Zum letztenmal traf ich Ilias, als ich etwas später auf eine Straßenbahn aufsprang. Er stand vorn, neben dem Fahrer, und sah sich die Fahrgäste an. Neben ihm zwei Sicherheitspolizisten. Wir sahen uns in die Augen. Aber ich suchte in ihnen vergebens den Ilias, den ich kannte. Der war endgültig gestorben. Ich sprang schnell wieder von der Straßenbahn herunter und verschwand in den verwinkelten Gassen der Plaka.

Kehren wir nach Evdilos zurück, zu unserem Ilias. Im Stützpunkt wohnten noch zwei weitere Kameraden, die sich auf der Durchreise befanden. Hier wurde nicht viel gesprochen. Je weniger du weißt, um so besser für dich und die anderen. Ich ging durch die Tür und stieg eine Holztreppe zum ersten Stock hinauf. Dort gab es drei geräumige Zimmer mit geschlossenen Fensterläden und eine Küche. Die Toilette, hinten, auf einem kleinen Hof, war über eine Wendeltreppe zu erreichen. Die Betten in den zwei Schlafzimmern hatten dicke Decken und wollene Überzüge, das dritte war eine Art Büro- und Wohnzimmer. »Hast du Hunger?« fragte Ilias. Er hatte etwas Schönes gekocht, mein Lieblingsessen: Bohnensuppe mit vielen Möhren und viel Paprika. Warmes Gerstenbrot. Junge Zwiebeln. »Welche Meinung hat das Quartier«, fragte ich, »zum Furzen?« – »Wieso, habt ihr einen Beschluß dazu gefaßt?« – »Natürlich! Ein bedeutendes Thema. Nur daß die Mehrheiten bei uns ständig wechselten. An einem Abend dafür, am nächsten dagegen.« – »Habt ihr alle zusammen gefurzt?« – »Ein ganzes Konzert haben wir gegeben!« – »Sag bloß, es hätte dich gar inspiriert?« – »Eines Nachts sagte ich den anderen Kameraden: ›Ich will ein Lied mit Furzen schreiben. Also, der Reihe nach‹ . . .« Ilias lachte lauthals los. »So begann der erste, das war ein h, der zweite, ein g, der dritte, ein e, der vierte, ein a . . . Ich hatte mein Thema. Dann pfiff ich es ihnen vor, gab einen Rhythmus vor und schrieb den ersten Vers ›Meere umspülen uns‹ und bat sie weiterzumachen.« – »Was erzählst du uns hier, Mikis! Sing uns das Lied vor . . .« Die anderen rückten näher heran, und ich begann zu singen. »Schön, sehr schön, auch der Vers ›wenn Markos zuschlägt, erbebt die ganze Erde‹ . . .«

»Aber Genosse!« fuhr einer dazwischen, der eine Aussprache wie die Bewohner der Bergregionen hatte, »sag niemandem, daß dieses heroische Lied mit Furzen geschrieben wurde!« – »Ich werde es im hohen Alter erzählen. Dann werden wir den Kommunismus aufgebaut haben . . .« Da mischte sich auch der andere ein, mit schlauer Miene, der Aussprache nach aus Kefalonia: »Was heißt hier Alter, Genosse? Kommt erst hier raus . . .« Um die Atmosphäre nicht zu zerstören, sagte ich abschließend: »Derjenige, der hier lebendig rauskommt, wird es sagen.« – »Seid ihr damit einverstanden?« – »Natürlich!« Da klopfte es an der Tür. Ilias stieg hinkend die Treppe hinunter und brachte uns Vasilis Zannos. Nach der üblichen Begrüßung nahm er mich beiseite. »Wir haben ihnen durch die Informationen sehr übel mitgespielt. Sie sind außer sich! Sie foltern Tsoflis. Im ganzen Dorf hört man seine Schreie. Die Bewohner haben sich in der Gendarmerie beschwert. Sie haben ihn hierher nach Evdilos gebracht. Wir beide werden verschwinden. Jemand wird uns mit seinem Boot nach Chios fahren. Von dort geht es nach Mitilini weiter, wo die Gebietsorganisation sehr stark ist. Sie könnten uns sogar nach Athen schleusen.« Nach dem Abendessen legten wir uns mit dem Rükken zur Wand und deckten uns mit den wollenen Decken zu. Einer drehte Zigaretten. Der andere machte seine Pfeife an. Ich rauchte damals Karelia-Zigaretten. Aber wie sollte man in der Verbannung solche Luxussachen finden. Ich spielte mit der Rosenkranzkette, um meine Hände zu beschäftigen. Die Nachrichten aus den Bergen waren gut. Die Demokratische Armee errang einen Sieg nach dem andern. Im feindlichen Lager mehrten sich täglich die Auflösungserscheinungen. Die Person Stalins hatte große internationale Ausstrahlung. Er spielte mit allen. Um ihn herum große Volksführer, alles seine Kinder. Dimitroff, Tito, Enver Hodscha, Mao, Togliatti, Maurice Thorez und unser Nikos. Wir sangen damals mit Begeisterung das Lied »Zachariadis, Kämpfer, der Barbarei Bezwinger, Tausende Arme beschützen dich, Gedanken fliegen zu dir, du hältst hoch oben die Fahne, und dem Faschismus hältst du den Stalinismus entgegen«!

»Genossen, ihr entschuldigt«, nahm der aus Kefalonia das Gespräch wieder auf, »ich weiß nicht, was ihr für welche seid, und ich will auch nichts weiter sagen, aber ich habe euch zugehört, und ich empfinde es als meine Pflicht als Kommunist, euch ein paar Dinge zu sagen. Gestattet ihr?« – »Was denn für Dinge?« fragte Vasilis zweifelnd. »Ihr habt euch über den Kommunismus unterhalten. Also, wie wir ihn aufbauen wollen. Über die Prämissen . . . Ist ja alles schön . . .« – »Na und?« wieder Zannos. »Also«, der Kefalonite änderte den Tonfall, sprach nun streng wie ein Lehrer, der seinen Schüler ermahnt, »zuviel Griechenland, immer wieder höre ich Griechenland.« Vasilis, Ilias und ich sahen uns an, schwiegen aber wie verabredet, um zu sehen, wohin er wollte. »Ich sag ja nichts, wir sind Griechen, leben in Griechenland. Aber als Kommunisten, Internationalisten dürfen wir nicht vergessen, daß unsere Heimat ein anderes Land ist, das große Land Stalins. Wenn wir das nicht richtig begreifen, jeden Augenblick daran denken, gelangen wir unweigerlich auf nationalistische Irrwege, die ganz woandershin führen, nämlich zum Revisionismus.« Zannos konnte nicht weiter an sich halten: »In welchem Parteidokument, Kamerad« – nun sagte er Kamerad und nicht Genosse – »hast du so etwas gelesen?« – »In vielen!« –

»Nenne uns eins! Zum siebenten Parteitag? Was hat da Genosse Zachariadis gesagt? Was hat er uns gesagt?« – »Mir scheint«, werfe ich ein, weil er mir mehr durch seine Art als durch das Gesagte auf die Nerven ging, »daß der Kamerad hier die Dinge auf den Kopf stellt. Den Zweck macht er zum Mittel, und das Mittel zum Zweck.« – »Mensch, was gibt's nur für ein verstaubtes Denken!« rief Ilias aus.

Der andere Genosse schwieg. Er hörte zu, ohne zu sagen, mit wem er übereinstimmte. Er zündete sich die Pfeife an und beschloß, sich am Gespräch zu beteiligen. »Was hat diese Diskussion für einen Sinn, Jungs? Wir müssen erst einmal dahin kommen. Ihr habt schon den Kommunismus aufgebaut, und hier laufen wir Gefahr, an die Wand gestellt zu werden.« – »Also hab ich nicht recht?« beharrte der Kefalonite. Und der andere: »Wir sind alle in derselben Armee. Das ganze Weltproletariat. Wir sind aber auf unserem Posten, in Griechenland, Mao ist in China ..., verstehst du? Und Stalin sagte, es lebe der Vaterländische Krieg! Und Zachariadis rief uns auf, in Albanien zu kämpfen. Wofür? Für Griechenland! Ich sehe keinen Widerspruch. Vielleicht wissen die Jungs noch nicht sehr gut Bescheid ... Aber warum forderst du sie heraus? Hört mal, Genossen«, wandte er sich an uns, »wir brauchen ein wenig Härte. Nennt es ideologische Borniertheit ...« Der andere wurde böse: »Du bist borniert ... Hast du dieses EPON-Mitglied gesehen?« Er zeigte mit dem Kopf auf mich. »Er hat ein heroisches Lied mit Furzen gemacht ... und sagt es noch und schämt sich nicht.« – »Von was für Furzen spricht er?« fragte Vasilis, der die Geschichte nicht kannte. Ich erzählte sie ihm. »Siehst du? Das ist der Beweis ... Darum säuselt uns der Lange ständig Griechenland und Griechenland ins Ohr ...« – »Sag mal, Freund«, fragte ich ihn, »warum sprichst du zu mir auf griechisch?« – »Ist meine Sprache, nicht?« – »Wo hast du sie denn gefunden? Ich, Kamerad bin Kommunist für Griechenland geworden. An erster Stelle steht für mich Griechenland, dann die Partei. Die Partei ist das Mittel, Griechenland ist der Zweck.« Der Kefalonite stürzte sich auf mich, um mich zu verprügeln. Der andere stand auch auf, während Zannos vor Wut kochte. »Verdammt!« polterte er los. »Morgen werden sie uns vielleicht windelweich geschlagen haben, und der hier gibt uns Unterricht! Wer bist du denn, Freund? Du kennst wohl alle, die hierherkommen, weißt, wer sie sind und was sie machen? Wir sind Kinder Stalins, mehr noch als du ... Darum kämpfen wir in unserem Land. Das will auch er. Jedes Land, jedes Volk hat seine eigene Physiognomie.« Er stand auf und winkte mir, ihm zu folgen. »Mensch, was gibt's nur für verqualmte Gedanken. Kämpfe auch noch mit solchen Typen ...« Er sagte nicht Kommunist zu ihm. Der andere mit der Pfeife kam. »Der Genosse«, sagte er flüsternd, »ist sehr eigen. Aber treu und mutig. Ich kann euch nichts weiter sagen ... Jedenfalls ist es gut, wenn solche Gespräche stattfinden, damit sich bestimmte Dinge klären. Uns steht noch einiges bevor. Solche Streitereien sind Luxus, vor allem an diesem Ort. Findet ihr nicht? Gehen wir rein. Also, Genossen, gebt euch die Hand«, sagte er mit jenem singenden Ton, den man anschlägt, um eine schwierige Situation zu meistern. »Morgen, übermorgen treffen wir uns vielleicht vor einem Hinrichtungskommando«, sagte er, was uns erschauern ließ. Wir gaben uns die Hand. Aber der Kefalonite wollte das letzte Wort haben: »Die Furze sind an allem schuld!« Er sah mich schräg an.

Nach einem mißglückten Fluchtversuch mit einem Kutter suchten wir einen anderen Unterschlupf. Ich blieb vor dem Dorf Oxe, und Vasilis ging, um die Situation zu erkunden. Zum Glück kam er bald zurück, und wir versteckten uns in einem Haus, das die Gruppe als Klinik benutzte. Im Parterre erwarteten uns Genossen des Apparats. Eine Frau servierte uns Tee mit Milch und Brot mit hartem salzigem Käse. »Oben ist Fivos Anajanakis«, sagte Zannos, »ich glaube, wir können ihn sehen.« Wir stiegen hinauf und trafen vor der geschlossenen Tür Professor Despotopulos. »Es geht ihm besser«, sagte er, »ihr dürft ihn aber nicht zu sehr in Anspruch nehmen.« Er arbeitete als freiwilliger Krankenpfleger und nahm seine Arbeit sehr ernst. Anojannakis grüßte uns mit erschöpfter Stimme, die gerade noch zu hören war. Wir wechselten ein paar Sätze und gingen wieder. An der Tür sagte mir der Professor: »Wenn du als erster nach Athen gehst, sag ihnen, daß alle meine Gedanken in meinen Briefen niedergeschrieben sind, daß es Text-Briefe sind!« Ich versprach, es zu tun. »Aber wie soll ich als erster nach Hause kommen?« fragte ich. »Ich hab das nur so hingesagt, ich weiß es nicht. Vielleicht eine Vorahnung.« Als wir hinuntergingen, wartete der Verantwortliche des illegalen Apparates. Er gab uns einen Sack mit Lebensmitteln und eine Feldflasche mit Wasser. Er sagte uns, wohin wir zu gehen hatten, wo wir Wasser finden würden. »Die Quellen sind leicht zu finden, weil drumherum üppige Vegetation ist. Geht Richtung Karavostamos, das erste Haus rechts ist das von Delivorias.« – »Von Nikos?« fragte ich. »Ja, aus Tripolis. Dort werdet ihr auf weitere Befehle warten. Macht's gut, und gute Reise.«

In Karavostamos trafen wir keine Seele. Die Tür des ersten Hauses stand offen. Ein großes Zimmer mit Fenster aufs Meer, und die Wände beladen mit Büchern. Wir blieben stehn, nicht wissend, was wir tun sollten. Da kam Nikos wie ein Wirbelwind herein, der Rechtsanwalt, den vor vier Jahren eine durchdrehende Klientin angezündet hatte und bei lebendigem Leibe verbrennen wollte. Kaum sah er mich, war er außer sich vor Freude. Ich machte ihn mit Zannos bekannt, und dann klebte alles an den Lippen des berühmten Rhetors. Zum Glück gab er uns zwischen seinen endlosen Erzählungen noch zu essen und Wein aus dem Faß eines Freundes. Nikos beschäftigte sich, glaube ich, mit einer geschichtlichen Studie. Ich erinnere mich nicht genau. Jedenfalls, er hatte die gesamte Sekundärliteratur bei sich. Wie hatte er die vielen Bücher herbekommen? »Anderen schickt man Kleidung, ich bestelle nur Bücher.« Bevor wir richtig zu Ende essen konnten, kam unser Verbindungsmann, um uns abzuholen. Am selben Abend schliefen wir auf Matratzen im Haus von Ilias. Der Plan war jetzt, mit falschen Papieren wegzukommen, mit dem Linienschiff. Wir gingen alle Möglichkeiten durch. Eins zu fünf standen unsere Chancen. Sollten wir es tun?

Da erreichte uns die Nachricht von der Amnestie. Die alte Regierung war gestürzt, und Sofulis übernahm die Amtsgeschäfte. Wir hätten also ganz legal nach Hause fahren können, nur hatten wir Tsoflis und diese Sache am Halse. Der Stützpunkt füllte sich plötzlich mit Genossen des Apparats, die mit falschen Papieren die Insel verlassen wollten. Das Schiff kam am frühen Morgen aus Samos. Am Kai standen dichtgedrängt die Verbannten. Wir nahmen unsere Sachen und mischten uns unter die anderen. Ich hatte eine Schirmmütze gefunden und schob sie, soweit es ging, ins Gesicht. Ich bückte mich, so sehr ich konnte. Wir stiegen in die Boote ein, weil das Schiff auf dem offenen Meer geankert hatte. Zwei Gendarmen sahen sich die Papiere an und sagten: »In Ordnung!«, »Ist gut!«, »Geh weiter!« Als ich die Treppe des Schiffes betrat, sah ich oben Tsoflis mit dem Polizisten. Vasilis gab mir mit dem Ellenbogen einen Stoß. Der Strom der Hinaufsteigenden riß uns mit. Wir kamen genau vor Tsoflis oben an, er verzog aber nicht sein Gesicht. Wir stiegen noch ein Stockwerk höher und setzten uns gemeinsam hin, mit dem Rücken an der Esse. Was geschehen würde, müßte sich im nächsten Augenblick zeigen.

Es geschah nichts. Das Schiff legte ab, und wir wußten nicht, ob Tsoflis mit uns reiste, ob er uns verraten hatte, ob unsere Festnahme nach Pireas verschoben worden war. So oder so, sie hatten uns in ihrer Hand. Wir kamen im Hafen von Pireas spät an, nach Mitternacht. Unruhig schauten wir uns um, jeden Augenblick das Unglück erwartend. Aber alles verlief normal. Auf dem Kai wartete niemand auf die Verbannten, außer natürlich einer, mein Vater. »Wir werden uns bald sehen«, verabschiedete ich mich von Zannos, nachdem ich mit ihm unseren Kontakt verabredet hatte. »Macht's gut, Jungs. Ich grüße dich«, sagte ich zu meinem Vater und küßte ihn. Wir fuhren mit der Elektrischen, stiegen in Kalithea aus und liefen von dort nach Nea Smirni zu Fuß. Manchmal begegneten wir einer Polizeistreife. »Ihre Papiere«, und natürlich führte der Ausweis meines Vaters immer dazu, daß die Polizisten nicht wußten, wie sie sich verhalten sollten.

Das also waren meine Universitäten. Natürlich erwuchs für uns Zwanzigjährige das morgige Griechenland in leuchtenden Farben aus dem großen Leid. Alle Schönheiten, die wir uns heimlich aus unserer Dichtung zusammengesucht hatten, würden wir mit starker Hand in der neuen Gesellschaft zu Gesetzen erheben. Keiner wird heute begreifen können, wie stark man in jener Zeit als ein gejagter Mensch sein konnte. Ich beeilte mich sehr, mich beim

Komponieren technisch zu vervollkommnen, weil ich nicht wollte, daß der erwartete Aufbau des Kommunismus mich unvorbereitet träfe. Ich glaubte felsenfest, daß das sinfonische Werk, entstanden aus der Tiefe der Seele jener Zeit, zu einem der zentralen Stützen des neuen Menschen werden könnte. Nicht vielleicht, sondern ganz bestimmt beeinflußte mich Dmitri Schostakowitsch in dieser Hinsicht, dessen Sinfonien für mich die sowjetische Gesellschaft symbolisierten. Unser eigenes Morgen. Mein Denken flog dem neuen Griechenland und der neuen Musik entgegen. So fand ich im Geiste viele der Themen der *Sinfonie in drei Sätzen*, die ich zu schreiben begonnen hatte und an der ich sofort nach meiner Ankunft in Nea Smirni weiterarbeitete. Das ist ungeheuerlich, aber das Klima der Unsicherheit und zugleich der Glaube an den endgültigen Sieg hatten angefangen, das für meine Arbeit notwendige Umfeld zu werden. Beweis dafür sind die Partituren – die fertigen – und die unzähligen musikalischen Entwürfe aus dieser Periode. Natürlich war für mich und für diese Zeit das Bewußtsein ausschlaggebend, daß wir bald den Kommunismus aufbauen würden, so daß ich ständig nach dem ihm entsprechenden musikalischen Ausdruck suchte – und der war für mich die sinfonische Musik.

Dem griechischen Kommunismus von 1950 widmete ich *Themen und Zyklen*, genauso wie alle Werke zwischen 1947 und 1950. Die Wörter Grieche – Sinfoniker – Kommunist – 1948, all diese Wörter und die Jahreszahl, nebeneinander, erinnern mich an Eugène Ionesco. Kazantzakis würde sagen, daß er in sich Dämonen habe, die er bändigen müsse. Irgendwie ist es so. Ein Dämon der Musik, ein anderer der Gegen-Gewalt, der mit der Vision der EAM verschmolz. Die Gewalt des griechischen Faschismus hatte die Gewalt der Deutschen abgelöst. So wie ich die einen haßte, haßte ich die anderen, und der Haß, stark, ungehalten, beherrschend, führte mich mit sicherer Hand – gleich dem Ariadnefaden – ins Labyrinth und ließ mich hoffen, den Minotaurus zu treffen und ihn zu vernichten. Ich lebte in einer übersteigerten Stimmung. Weil ich es so wollte, glaubte ich, daß mein sinfonisches Werk geschrieben werde nach dem Bilde von Takis, Nikos und Lambrini, die während der Demonstration neben mir schritten. Aber wenn wir in Freundeskreisen Tangos und Partisanenlieder sangen, war das etwas anderes. Etwas anderes auch, daß ich viel später der Meinung war, das Lied bildete das Fundament, um darauf ein zeitgenössisches sinfonisches Werk aufbauen zu können, oder das Lied als solches würde in mir diese universelle und allmächtige Dimension annehmen.

Athen
1947-1948

Zu Hause herrschte eine gedrückte Stimmung. Nach den ersten Augenblicken des Wiedersehens bemerkte ich, daß es zwischen den Familien Spannungen gab. Onkel Andonis, mein zukünftiger Schwiegervater, und Jannis Isigonis, beide »Venizelosanhänger«, waren fanatische Antikommunisten geworden. Sofulis, der Venizelist Nummer eins, übernahm 1947 die Regierungsgeschäfte. Gewöhnlich aßen wir zu Hause alle zusammen. Am zweiten oder dritten Abend nach meiner Rückkehr setzte ich mich nach dem Essen ans Harmonium. Nach einigen anderen Liedern sang ich auch ein Partisanenlied. Der Onkel erhob sich plötzlich. »Keine Hymnen von Schlächtern hier drin!«, und zum erstenmal geriet mein Vater außer sich, schlug mit der Faust auf den Tisch, hundertprozentiger Kreter, und erwiderte: »Ruhe! Ihr werdet uns zuhören, wir sind die Mehrzahl.« Seitdem aßen wir nie wieder gemeinsam und grüßten uns nicht mehr. Damit der eine dem andern nicht begegnete – weil wir alle im Haus schrecklich beengt wohnten –, spionierten wir hinter den Türen. Sowohl sie als auch wir. Wann der eine zur Toilette gehen würde, wann er durch das Vorzimmer laufen würde, um hinauszugehen, wann die eine und wann die andere Familie essen würde.

Der Zeitungsverkäufer warf unsere Zeitungen in den Hof, für uns *Rizospastis*, für die anderen *Embros*. Eines Morgens hörte ich meinen Onkel rufen: »Wirf sie nicht zusammen, wirf sie einzeln über den Zaun!« Der hinkende Zeitungsverkäufer, ein Faschist, begriff und freute sich. An einem anderen Tag brachte Tante Stasa den Embros hinauf, war aber zerstreut und hatte auch den *Rizospastis* mitgenommen. Als Onkel Andonis sie sah, traten ihm fast die Augen aus den Höhlen. »Was machst du da? Was hältst du in den Händen?« Als sie sich ihres Verbrechens bewußt wurde, klagte sie: »O weh, was ist mir passiert! Hab nicht achtgegeben!« – »Los, schnell, in die Küche, desinfiziere dich!« Wir standen alle dabei. Sie gingen in die Küche, er nahm die Flasche mit dem Spiritus und goß ihn auf ihre Hände. »Wasch sie gut ab, daß du alle Bakterien loswirst ...« Zu solchen lächerlichen Szenen führte der Fanatismus. Wenn wir aus dem Haus gingen, blieben Mutter und Tante Stasa allein da. Sie studierten gründlich ihre Zeitung und gingen anschließend in die Küche. Dort kochten sie getrennt, ohne ein Wort zu wechseln. Aber jede sprach, angeblich mit sich selbst, während der Arbeit. »Die Banditen haben die Brücke gesprengt. Aber unsere Nationale Armee hat ihnen eine tüchtige Lektion verpaßt. Sie hatten zehn Tote«, die eine. Und die andere erwiderte: »Die Partisanen gewinnen an allen Fronten. Währenddessen morden die Faschisten sogar unschuldige Mädchen!«

Mirto setzte ihr Studium fort. Wir begannen wieder unsere langen nächtlichen Spaziergänge Richtung Vurlopotamos. Wir besuchten das Kino und das Theater. Ich war so fanatisch und schwebte so über den Dingen, daß sie umsonst versuchte, mich in die Wirklichkeit zurückzuholen. Mit der Regierung Sofulis kam es zu einer gewissen Beruhigung, was die Polizeimaßnahmen betraf. Die Kämpfe in den Bergen wurden aber um so erbitterter geführt. Präsident Truman hatte seine Doktrin bekanntgegeben, was in Wirklichkeit bedeutete, daß die Amerikaner die Engländer in Griechenland ablösten. So scheiterte die Politik der KPG mit dem Versuch, eine friedliche Lösung zu finden. Die einzige realistische Chance bestand nun in der Weiterführung und Zuspitzung der Auseinandersetzung.

Wo hatte innerhalb dieser Bedingungen die Zukunft zweier Verliebter Platz? Welche Träume konnte man haben? Welche Pläne? Um sie nicht noch mehr zu quälen, erzählte ich ihr nichts mehr über meine Aktivitäten. Sie fühlte das und wurde immer nachdenklicher, melancholischer. Sosehr wir uns auch mühten, vor uns sahen wir nur ein endloses Chaos. Die plötzliche Einmischung der Amerikaner veränderte das Kräfteverhältnis. Nun war es unmöglich zu glauben, wir könnten 1948 den Kommunismus aufbauen. Ich mußte zugeben, daß wir unseren endgültigen Sieg um zwei Jahre verschieben müßten, ins Jahr 1950. Dann sah ich die Volksherrschaft endgültig triumphieren. Aber dafür mußten wir alles geben. Ins Konservatorium ging ich nicht, weil ich wegen der Verbannung ein Jahr verloren hatte. Auch nicht ins Lyzeum »Athina«, weil ich eine Bescheinigung meiner sozialen Gesinnung hätte vorweisen müssen. Ich ging aber zum Athener Chor. Dort war nicht nur mein Lehrer mir gegenüber sehr reserviert, sondern auch die meisten Choristen, die der nationalen Fraktion angehörten. Wir Kommunisten waren nur zu zweit; Tsakonas, der Komponist der ELAS-Hymne, und ich. Ich tat sehr naiv und setzte mich in eine der hinteren Stuhlreihen, da für mich Bach, dessen *Johannes-Passion* gerade geprobt wurde, objektiv zum progressiven Lager der Geschichte gehörte. Was wäre der Kantor der Thomaskirche Johann Sebastian Bach geworden, wenn er in Griechenland von 1947 gelebt hätte? Doch sicher ein EAM-Mitglied?

Vasilis Zannos agitierte meinen Bruder und nahm ihn in die Organisation des Wohnviertels auf. Ich traf Petros, der zu einem unserer Treffen auch Pavlos Papamerkuriu mitbrachte. Ein seltsames Trio, denn wir waren alle fast gleich groß. Die beiden anderen hatten blonde Haare, während meine ehemals blonden allmählich die heutige hellbraune Färbung annahmen. Während der Besatzungszeit war Pavlos an den Füßen furchtbar gefoltert worden, so daß er einen eigenartigen, tänzelnden Schritt hatte. Wir lachten immer. Uns gefielen die Witze und der Retsina-Wein, wenn wir im Keller von Patsias saßen und die Spezialität des Kochs probierten, Kabeljau in Knoblauch ... Drei Superoptimisten; wir stritten uns nur über das genaue Datum des endgültigen Sieges. Petros hatte den genialen Plan von Mao begriffen. Den Plan der drei Flüsse. Sagen wir blau – rot – gelb. 1948 werden wir den blauen überqueren, 1949 den roten und 1950 den gelben. Das heißt ganz China. Wir sprachen stets im Wir-Ton. Die Volksarmee Chinas war ein Teil unserer Demokratischen Armee und umgekehrt. Wenn man die Zeitungen jener Zeit durchforsten würde, könnte man ein getreues Bild unserer Gespräche gewinnen, die den Weg der ganzen Weltbewegung umfaßten.

Unsere konkreten organisatorischen Probleme sahen wir innerhalb dieser kolossalen Entwicklung. Vielleicht war das der Grund, weshalb wir nicht enttäuscht waren, daß Athen durch die Festnahmen und den Terror sich langsam geleert hatte. Kaum stellten wir unter tausend Schwierigkeiten eine Organisation auf die Beine, wurde sie am nächsten Tag schon zerschlagen. In Nea Smirni spielte ich Petros und Pavlos meine neuen Kompositionen auf dem Harmonium vor. Ich hatte das Glück, daß die *Sinfonie in drei Sätzen*, obwohl niemals aufgeführt (außer ihr Finale), gehört wurde – und sei es auch nur auf dem Harmonium – von zwei großen Revolutionären, die nun tot sind. So glaube ich, daß sie ihren Zweck erfüllt hat. Wie tief empfanden sie meine Melodien und Harmonien. Vielleicht, weil sie aus denselben Erlebnissen entsprungen waren wie den ihren. Und obwohl sie nichts von sinfonischer Musik verstanden, entsprach doch die Größe, auf die das Werk zielte, wenigstens vom Anspruch her vollkommen den seelischen und geistigen Werten, die drei junge Träumer trunken machten und sie zusammen mit Tausenden anderer zur gemeinsamen und enthusiastischen Übersteigerung des eigenen Ich führten. Vielleicht riß sie mein Enthusiasmus, mein Glaube mit, daß sie die Illusion hatten, eine neue Welt zu entdecken. Eine Welt, die dem irdischen Paradies glich, das wir in unserem Land aufbauen wollten, sehr bald, nach dem erwarteten Sieg.

Jetzt, da ich uns 1947 sorglos durch die Straßen Athens gehen sehe, überlege ich mir, welche gewaltige, gleichsam elektrische Aufladung wir in uns hatten, um lachend am Rande des Abgrunds zu wandeln. Wir wußten es aber damals nicht. Noch hätte uns einer das glauben machen können. Das Problem, das uns immer mehr beschäftigte, wie wir nämlich in die Berge kommen könnten, beantwortete die Partei damit, daß unser Platz in der Athener Organisation sei. Aber ich war eins neunzig groß und kaum zu übersehen. Man muß sich vorstellen, was für ein dankbares Ziel wir für die Sicherheitspolizei waren, wenn wir auch noch zu dritt durch die Stadt gingen. Aber zunächst verhielt sich die Polizei ruhig. Vielleicht bereitete sie einen großen Schlag vor.

Im Dezember 1947 wurde die Bildung der Provisorischen Regierung in den Bergen bekanntgegeben. In der Nacht darauf kam die Ortspolizei, um mich festzunehmen. Da wir aber ständig so etwas erwarteten, hatten wir unsere Maßnahmen getroffen. Wir schliefen, wie immer, alle zusammen im Wohnzimmer. Mitternacht vorbei. Zeit für schmutzige Arbeit. Sie klopften an die Tür. Ich sprang hoch, zog mich sofort an, während mein Vater versuchte, sie hinzuhalten: »Was ist los?« – »Polizei.« – »Und was wollt ihr?« – »Mikis.« – »Er ist nicht hier.« – »Laß uns suchen.« – »Habt ihr einen Gerichtsbeschluß?« – »Willst du, daß wir die Tür aufbrechen?« – »Zu wem sprichst du so, weißt du, mit wem du sprichst?« Ich küßte inzwischen Mutter und Bruder, gab meinem Alten, der sich als Direktor eines Ministeriums aufspielte, einen leichten Schlag auf die Schulter und rannte zur Treppe. Ich öffnete das Fenster und sprang in den Nachbargarten.

Ich hatte dem Hausmädchen von Pandazis, das einen Bruder in der Verbannung hatte, gesagt, sie solle die Küchentür immer offen lassen. Tatsächlich, ich öffnete sie und trat aus dem Eingang, der zur Nebenstraße führte. Ich rannte ins Kalitheaviertel und klopfte, so leise ich konnte, an die Tür des Hauses, wo ich mich versteckte und wo jetzt Tante Virginia lebte, die Schwester meines Großvaters. Sie öffnete mir. Als sie mich sah, bekam sie große Augen vor Angst. Sie nahm die Ikone der Jungfrau und näherte sich mir, ihr Kreuz schlagend. »Im Namen des Vaters, des Sohnes und des Heiligen Geistes. Mikis, ich bin eine alte Frau. Gott behüte dich. Ich bitte dich, geh mit dem Segen der Jungfrau.« – »Aber Tante, sie bringen mich um!« – »Mit Gottes Segen, mein Kind. Bleib nicht hier. Ich fürchte mich. Denk an mein Herz.« – »Gut, Tante. Gib mir einen Kognak, weil ich so durchgefroren bin, und dann verschwinde ich.« Mit zitternder Hand brachte sie mir das Gläschen aus ihrem Brautservice. Sie war unverheiratet geblieben. Ich trank ihn langsam aus. Ich liebte sie sehr, genauso wie meine Mutter sie liebte, weil sie stets bedacht war, sauber und schön zu sein, trotz ihres Alters. Ich merkte, daß der erste Schrekken verflogen war. »Sie sind nach Hause gekommen, um mich festzunehmen«, fing ich mit Sprechen an, so ruhig ich konnte. »Ich sprang aus dem Fenster und bin abgehauen. Jetzt werden sie unser Haus durchsuchen. Die arme Mutter ist krank.« Meine Mutter war ihre große Schwäche. »Meine kleine Aspasia«, sagte traurig Tante Virginia. »Was macht sie nur mit dir durch, die Arme.« – »Ich bin zu plötzlich weggegangen und habe keine Unterkunft. Es ist drei Uhr morgens. Wenn ich auf die leere Straße rausgehe, werden sie mich wie einen Hund erschießen, Tante.« – »O nein, mein Kind! Sag nicht so etwas. Der Allmächtige sieht alles. Das wird er nicht zulassen.« – »Was ist, kann ich bis zum Morgen bleiben, und dann sehen wir weiter? Hier werde ich sitzen bleiben. Auf dem Sofa.« Die Arme ging das Weihrauchfaß anzünden. Sie füllte es mit Weihrauch, und das Zimmer duftete.

Hier hatte ich den größten Teil der *Sinfonia Nr. 1* komponiert. Daran mußte ich denken, während sie auf mich zukam und mich mit dem Weihrauch segnete, über mir das Kreuz schlagend. »Ich glaube, auch wenn ich sage: Ich werde sehr geplagt. Ich sprach in meinem Zagen: Alle Menschen sind Lügner.« Zufällig trug ich während der Dezemberschlacht eine alte wunderschöne Ausgabe des Alten Testaments bei mir. Die Schrift war sehr klein und der Satzspiegel großzügig gestaltet, so daß ich auf die relativ großen weißen Ränder eine Art Tagebuch schreiben konnte. Leider ging dieses Dokument, das mir sehr geholfen hatte, verloren. Ich kannte also David und den Psalm 116, den mir Tante Virginia vorsang, während sie mich beweihräucherte. Viel später, nach vierzig Jahren, verwendete ich den gleichen Text als Grundlage für die Komposition der *Göttlichen Liturgie*. »Leg dich hin«, sagte sie, nachdem sie sich vollkommen beruhigt hatte. »Ich werde mich auf dem Sessel ausruhen.« Am Morgen weckte mich der Duft von Brot im Ofen. Ich trank heißen Tee, in den ich das warme Brot tunkte. Mit der linken Hand führte ich den Käse zum Mund. Das gehörte zu meinen Lieblingsessen.

Auf der Singruallee nebenan herrschte inzwischen reger Verkehr. Ich beschloß, die gewöhnlich menschenleere Skrastraße entlangzugehen, um zur Haltestelle der Elektrischen in Kalithea zu gelangen. Dort würde ich weitersehen. Ich küßte meine Tante und trat auf die Straße hinaus. Sofort umklammerte mich die Kälte, obwohl ich zwei Pullover und zweimal Unterwäsche angezogen hatte. Vielleicht, weil der Mantel zerschlissen war. Die Elektrische bedeutete für jeden Illegalen ein Risiko, weil die Sicherheitspolizei in jedem Wagen einen Spitzel hatte, der die Gesichter der Fahrgäste prüfte. Ich kaufte den *Embros* und vertiefte mich darein. Als ich in den Zug einstieg, fand ich sofort einen freien Platz, auf den ich mich setzte. Im Sitzen war ich nicht so sehr im Blickfeld. Ich erkannte den Spitzel. Sie sahen alle gleich aus.

Als ich am Omoniaplatz ausstieg, pfiff mir der eiskalte Nordwind entgegen. Die Menschen liefen eingemummt, als würde man sie jagen. In zwei Minuten war ich im Konservatorium. Ich fürchtete, daß ich Nikitas treffen würde, das Auge der Sicherheitspolizei in der Hochschule. Zum Glück war nur Christos am Eingang, der sofort begriff und mir mit dem Kopf ein Zeichen gab weiterzugehen. Ich öffnete die Tür zu Raum neun und schlüpfte hinein. Es war sehr kalt, denn die Luft drang durch die Fensterritzen. »Was ist los?« fragte Christos, der mir gefolgt war. »Sie sind heute nacht gekommen, mich festzunehmen.« – »Und nun?« – »Jetzt Illegalität und Gott helfe!« – »Wo wirst du wohnen?« – »Für nachts werd ich schon was finden. Aber was mache ich tagsüber? Wo werde ich mich rasieren können? Die halten mich sofort an, mit Bart.« – »Also«, entschied Christos, »du wirst hierbleiben, in Raum neun, und erst rauskommen, wenn ich es dir sage. Waschen kannst du dich in der Toilette, die unter der Treppe ist. Warte, ich bring dir noch Seife und alles Notwendige.« Christos Mutsis stammte aus Evia. Alle seine Verwandten waren damals entweder Partisanen in den Bergen oder Gefangene in den Lagern.

Mit Petros und mit Pavlos hatte ich einen festen Treffpunkt. Falls jemand nicht erschien, gab es Sonderverabredungen. »Treffpunkt« bedeutet, daß genau um fünf Uhr nachmittags der eine vom Omoniaplatz und der andere vom Verfassungsplatz in die Solonosstraße einbogen und sich auf der Höhe des Chemischen Instituts trafen. Dort ging der eine um die Ecke, gefolgt vom anderen, durch die Gassen und Nebenstraßen, bis man ganz sicher sein konnte, nicht verfolgt zu werden. Dann verlangsamte der erste seinen Schritt, und beide gingen drei, fünf Minuten nebeneinander her. Man sagte sich, was man sich zu sagen hatte, und trennte sich sofort wieder.

An diesem Tag machte ich mir Sorgen, ob Petros erscheinen würde oder ob sie ihn bei der gestrigen Razzia gefaßt hatten. Am nächsten Tag sollte ich Pavlos treffen, aber wer sagte mir, daß er nicht gefangengenommen worden war? Im *Embros* stand nichts über die Verhaftungen. Die Provisorische Regierung in den Bergen tat ein übriges, daß die Sicherheitspolizei vor Wut schäumte. Genau um fünf traf ich mich mit Petros auf der Hephaistosstraße in Monastiraki. Ich folgte ihm bis vor eine Schuhmacherwerkstatt. Wir gingen weiter, bis uns ein junger, etwa achtzehnjähriger Arbeiter anhielt. Wir sprachen über den Organisationsgrad der Schuhmacher und allgemein der Arbeiter in diesem Stadtteil. Petros war ein Pseudonym. Ich wurde von ihm als Orestis vorgestellt. Dann sagte Petros zu ihm: »Orestis wird die Arbeit hier koordinieren. Ihr müßt einen Treffpunkt vereinbaren. Nur nicht hier, wo man dich kennt. Wie heißt du?« – »Nikos.« – »Für uns bist du Pelopidas.« Als ich wegging, fragte Petros: »Wo wirst du wohnen? Hast du eine Unterkunft?« – »Nein«, antwortete ich. »Pavlos auch nicht. Kauf dir ein paar Zeitungen und schieb sie dir unter den Rücken, daß du nicht erfrierst. Geh zur Hippokratesstraße. Dort ist ein Unterschlupf. Ist noch sicher. Steig hinauf in den dritten Stock, dort findest du einen kleinen Lagerraum, wo du schlafen kannst. Nur, du mußt in aller Frühe dort weg! Ich habe gestern dort übernachtet, heute bin ich woanders untergebracht. Provisorisch.« Nach einer Weile, als habe er etwas vergessen: »Wie ist's mit Essen? Hast du Geld?« – »Meine Mutter hat mir einen Fünfziger gegeben.« – »Nur zwei Kellerküchen sind zur Zeit sicher in Athen. Besser, wir gehen zusammen dorthin. Einer allein zieht abends die Aufmerksamkeit auf sich.« Ich freute mich, nicht allein sein zu müssen, und besonders, mit Petros sprechen zu können. In jenen Tagen war er in Majakowskis Verse verliebt. Auf dem ganzen Weg zur Taverne rezitierte er mir *Wolken in Hosen* vollständig und erklärte mir die damals offiziell bekanntgegebenen Gründe für seinen Selbstmord. Es stand für uns fest, daß Stalin ihn als einen echten Dichter des Proletariats ansah.

Petros war ein sokratischer, peripatetischer Philosoph. Er hatte eine seltsame Abneigung gegen das geschriebene Wort. Ich besitze keine drei Briefe von ihm. Seine Sprache aber war geschliffen, reich, und er überraschte stets mit neuem Wissen und unschlagbarer Argumentation. Seine blühende Phantasie machte aus jeder Mücke einen Elefanten, daß man nur so staunte. Zwei Dinge charakterisierten ihn: Er glaubte sehr an den anderen. In jedem Menschen entdeckte er eine Stärke, die er unterstützte. Wenn er gar dachte, daß der andere irgendeine Begabung hatte, hielt er sich regelrecht an ihm fest. Er sagte einem solches Lob, daß man unweigerlich als Dichter zu einem Sikelianos wurde, oder, wenn man Architekt war, zu einem Le Corbusier. Zweitens, er war ein Visionär. Er trug in sich das Bild der neuen Gesellschaft, des neuen Menschen, der neuen menschlichen Beziehungen im neuen Griechenland. Er verfügte zugleich über die Kraft, diese innere Vision den verschiedensten Bedingungen anzupassen. Als würde er die Wirklichkeit, um sie zu verändern, allein mit der Kraft seines Denkens und seiner Seele anreichern! Er wurde später, während eines Verhörs, schwer mißhandelt und verlor für eine Zeit sein Augenlicht. Vor die Militärrichter wurde er auf einer Trage gebracht, und als ihn der Vorsitzende des Gerichts fragte, was er zur Anklage zu sagen habe, antwortete er mit dem Satz: »Ich liebe Griechenland!« Er wurde natürlich zum Tode verurteilt.

Im Dezember 1947, gejagt, obdachlos, ohne Geld, aßen wir in einer Taverne der Athinasstraße. Viele Menschen aus dem Arbeitermilieu, miteinander befreundet, saßen um die Tische. Alle über vierzig. Die Jugend kämpfte, gespalten in zwei Lager. Die Friedhöfe füllten sich mit den jungen Körpern derer, die begraben werden konnten, denn die meisten vermoderten zwischen den Klippen der Berge. Andere litten in der Verbannung, im Gefängnis, warteten auf die Vollstreckung des Todesurteils. Wie viele erleben heute, dachte ich, ihre letzten Stunden. Jeden Morgen erschießen die Hinrichtungskommandos Dutzende von Verurteilten. Die Zeitungen berichten tagtäglich: »Heute morgen wurden folgende Kommunisten und Kommunistinnen hingerichtet . . .« Zehn in Gudi. Zwanzig in Thessaloniki. Fünf in Tripolis. Drei in Chania. Fünfzehn in Ianena. Endloses Leid. Wie viele andere in den Zellen der Sicherheitspolizei. Beim Martyrium des Verhörs: Falanga, Aufhängen, Penicillin, Fingernägel, Genitalien. Gerichtsverhandlung. Verurteilung, Hinrichtung. Wir lebten so, als würde uns das alles nichts angehen. Wir stritten uns über einen Dichter, Philosophen oder Politiker, ließen uns den gebratenen Kabeljau schmecken, tranken Retsina und trumpften wieder mit unseren Argumenten auf. Als würden wir am folgenden Tag irgendeine Schule besuchen oder eine Vorlesung halten. Solch eine Verachtung des Todes hatte es nie gegeben. Dabei lauerte er überall. Er würde einen Mantel anhaben, einen Schnurrbart tragen und einen Ring an seinem kleinen Finger mit dem gepflegten langen Fingernagel, beredtes Zeichen für die Koketterie der Spitzel.

Wir verließen das Lokal früh, um nicht durch vereinsamte Straßen zu unserer Unterkunft gehen zu müssen. Der eine lief nach Osten, der andere nach Westen, jeder mit seinem Schicksal, wie der Dichter sagt. Ich war spezialisiert, auf Straßenbahnen aufzuspringen, in einer Kurve wieder abzuspringen und auf diese Weise umsonst zu fahren und umzusteigen. Ich ging zur Hippokratesstraße. Als ich den Straßennamen auf dem blauen Schild am Eckhaus erblickte, sprang ich ab und verbarg mich im Dunkeln. Ich sah mich um. Keine Seele. Der Unterschlupf drei Häuser weiter, rechts von mir. Versunken im Schneeregen, flößte er mir Furcht ein. Das Haus mit seinen nackten Säulen, wie eine Spinne. Wenn mir die Polizei auflauert?, dachte ich. Aber was tun? Ich hatte auch vergessen, Zeitungen zu kaufen. Ich bekam schlechte Laune. Schließlich trat ich in den Hausflur. Komme, was wolle! Alles still. Ich stieg die nackte Treppe hinauf. Dritter Stock. Der Lagerraum. Ich drückte gegen die Tür. Sie war offen. Säcke mit Zement und Gips. Ich fand dreckige, aber warme Sachen, mit denen ich mich in einer Ecke zudeckte. Nur nicht schlafen, nahm ich mir vor, vielleicht wache ich nicht auf, und sie kriegen mich. Je mehr ich versuchte, wach zu bleiben, desto öfter fielen mir die Augen zu. Ich erinnerte mich an Mirto. Wenn sie wüßte, die arme. Meine Mutter wollte ich aus meiner Erinnerung verdrängen. Für sie war ich eine Wunde, und ich wußte es. So schlief ich ein.

Die erste Straßenbahn fuhr die Hippokratesstraße um fünf Uhr früh entlang. Da die Straße leer und der Fahrer noch verschlafen war, raste er über die Schienen. Die Häuser wankten regelrecht.

Die Einwohner hatten sich daran gewöhnt. Ich aber sprang auf, glaubte, das Ende der Welt sei nah. Nachdem ich zu mir gekommen war, öffnete ich die Tür. Draußen noch Nacht. Ich beschloß, bis zur Morgendämmerung zu bleiben. Es gelang mir, wegzugehen, ohne daß mich jemand bemerkte. Ich kletterte wieder auf eine Straßenbahn und fuhr bis zum Konservatorium. Um diese Zeit herrschte hier Einsamkeit. Besser so. Nur Christos wartete auf mich mit einem sauberen Handtuch. Ich rasierte mich, wusch mich und ging in Raum neun.

Das Treffen mit Pavlos wäre beinah unser letztes geworden. Wir trafen uns in einer einsamen Straße, nahe dem Larissa-Bahnhof. Wir ließen uns nichts anmerken, auch nicht, daß wir uns über unser Wiedersehen freuten. Wir sprachen kühl, uninteressiert, wie zwei Makler, die ein Geschäft abschließen. Wir verabredeten und trennten uns. Ich ging geradewegs ins Konservatorium, weil ich eben die *Sinfonie in drei Sätzen* orchestrierte und weiterarbeiten wollte. Als ich durch die Tür ging, war nur Frau Fani dort, mit ihren hundert Jahren das Gespenst des Konservatoriums. Christos sah mich nicht. Mittags brachte er mir gewöhnlich Brötchen mit Käse gegen meinen Hunger. Diesmal kam er nicht. Auch nicht am Abend, um mich rauszulassen. Als es richtig dunkel geworden war, trat ich auf den Hof. Seine Fenster waren erleuchtet. Ich rief seinen Namen. Er kam herausgerannt und bekreuzigte sich. »Jesus Christus siegt«, sagte er, »bist du es?« – »Ich bin's, wieso?« Er stieg die Treppe hinunter, faßte mich an, um zu sehen, ob ich aus Fleisch und Blut sei, und erzählte: »Eine Professorin kam, eine halbe Stunde nachdem du weggegangen bist, ins Konservatorium, ging ins Dozentenzimmer und rief: ›Ich war zufällig in der Nähe. Ich habe es gehört. Sie haben Mikis gefaßt. Der arme Junge.‹ – ›Wie?‹ fragten die anderen. ›Ich sah ihn vor meinem Fenster gehen, zusammen mit einem anderen jungen Mann. Kaum waren sie um die Ecke gegangen, kamen Autos, von denen Dutzende Polizisten heruntersprangen und wie Wölfe hinterherrannten. Die armen Jungs ...‹ Also, was ist passiert?« fragte mich Christos. »Ich verstehe gar nichts«, sagte ich. »Alles verlief normal. Wahrscheinlich hat uns einer gesehen und die Polizei angerufen. Wir hatten ein Wahnsinnsglück ...«

Ich ging regelmäßig zum Athener Chor, wo keiner wußte, daß ich gesucht wurde. Außerdem gab es dort nicht nur Bach, sondern auch einen Ofen und Holz. Ich wärmte mich und sang. Diesmal war Freitag, und ich überlegte ängstlich, wie ich die Nacht verbringen sollte, vor allem jedoch den Samstag und Sonntag, wenn auf den Straßen kein reger Verkehr herrschte und man sich als Illegaler schwer verstecken konnte. Als die Probe zu Ende war, kam Herr Alkis, der Typograf, zu mir. Er war dünn, höflich, hatte etwas Glatze und ein ständiges Lächeln auf den Lippen. Er sagte: »In welche Richtung gehst du?« Wir waren gerade auf der Benakistraße. Ich antwortete nicht. »Du weißt, daß wir Genossen sind?« Ich erinnerte mich nicht. »Tsakonas hat uns miteinander bekannt gemacht.« – »Ach so, ja ...« Ich tat so, als würde ich mich erinnern, voller Euphorie, um ihn nicht zu kränken. Wir gingen Richtung Akademiestraße. »Wenn du nichts dagegen hast, lade ich dich zum Essen ein, ich bin jung verheiratet. Wir haben auch ein Baby, ein Mädchen. Wir wohnen in der Doxopatristraße, weißt du?« Obwohl ich hin und her überlegte, schien es mir nicht verdächtig zu sein. Während wir weitergingen, fiel mir endlich das Bild ein. Mir fiel auch wieder ein, wann mich Tsakonas mit ihm bekannt gemacht hatte. »Wo arbeitest du?« – »In einer Druckerei gegenüber der Börse. Wir sind noch mehr. Aber in letzter Zeit schlagen sie immer gezielter zu.« Wir unterhielten uns über die politische Situation, die Probleme, die Perspektiven. Als wir die Heilig-Nikolas-Kirche erreichten, schenkte ich ihm reinen Wein ein: »Sie jagen mich. Ich bin illegal. Wenn sie mich bei dir zu Hause erwischen, gehen du und deine Frau ins Gefängnis. Denk an die Kleine ...« – »Ich hab alles verstanden, Genosse. Ich weiß es. Ich habe mich mit meiner Frau öfter über dich unterhalten, seitdem sie dich auf dem Omoniaplatz zusammengeschlagen haben.« Er sah mich von oben bis unten an. »Du bist nur Haut und Knochen und dabei im besten Alter. Du mußt viel essen. Denk immer daran, daß der Kampf dich braucht.« Seine Tonlage verändernd, fragte er: »Was ist mit der Musik? Schreibst du noch?« – »Klar schreibe ich. Nichts kann mich daran hindern.« – »Woran arbeitest du jetzt?« – »An einer Sinfonie für großes Orchester.« – »Ist sie für die Befreiung bestimmt?« – »Wo soll sie denn jetzt gespielt werden? Im Gebäude der Sicherheitspolizei? Oder in Gudi?« Für den nächsten Tag waren wieder Gruppenhinrichtungen angekündigt worden. »Zu ihnen gehört auch ein Kollege von mir«, sagte er. »Er läßt eine Frau mit zwei Kindern zurück, fünf und zwei Jahre alt. Ich habe mit Ikonomidis über ihn gesprochen.« Er winkte ab. Wir standen vor dem Haus, in dem helles Licht brannte. Es war gemütlich, wozu auch Schönheit und Gutmütigkeit der Hausherrin beitrugen. Wenn man hereinkam, sah man rechts das große Doppelbett und daneben die Wiege für das Kind. Rechts davon ein viereckiger Tisch, darauf eine weiße Tischdecke und ein schönes Service. Auf dieser Seite war auch die Tür zur Küche. Sie hatten mit meinem Kommen gerechnet und sich darauf vorbereitet. »Ein wenig Brühe?« fragte sie mit süßer Altstimme. »Für diese Umstände ist es genau das Richtige. Schmeckt es Ihnen?« fragte sie und sah mir in die Augen. Neben ihr strahlte der Typograf vor Freude. Ich aß zwei Teller, dann schüttete ich reichlich Öl und Essig auf das gekochte Fleisch. Ich platzte fast. Alkis bot mir eine Zigarette an. Das Kind wachte auf, und sie ging es stillen. Ich drehte meinen Kopf zur Seite. Alkis sagte: »Wir haben warmes Wasser für dich in der Wanne. Du wirst es wohl brauchen. Dann machen wir das Bett, damit du schlafen kannst.« – »In der Küche«, sagte ich, »ich will nämlich nicht stören.« – »Die hat einen Zementfußboden ...« In diesem Augenblick hörten wir draußen Schritte. Sicher eine Streife. Die Fensterläden waren geschlossen. Trotzdem standen ich und Alkis auf. Wir gingen in die Küche. Er zeigte mir eine Ecke. »Setz dich und ...« Er legte seinen Finger auf die Lippen. Die Streife zog an der Häuserwand entlang. Sicher schauten sie durch die Spalten der Fensterläden. Die Frau stillte ruhig ihr Kind. Dieser Moment erinnerte uns wieder an die Gefahr, in der wir schwebten. Ich sah, wie sie sich ängstliche Blicke zuwarfen. »Besser, ich gehe«, sagte ich. Sie schien mir mit den Augen zuzustimmen. Sie drückte das Kind an sich, als wollte sie mir sagen: »Erbarme dich unser.« Aber Alkis entschied anders: »Wasch dich, und dann legst du dich hin. Und hör zu«, sagte er entschlossen, »wenigstens einmal in der Woche steht dir unser Haus offen. Wir müssen auch etwas für den Kampf tun. Andere sterben«, setzte er hinzu und sah bedeutungsvoll zu seiner Frau hinüber.

Als ich am nächsten Morgen, dem Sonnabend, die Straßen des Likavitos-Hügels hinunterging, wußte ich, daß die Freitag-Übernachtung gesichert war. Ich müßte noch für die nächsten sechs Tage etwas finden, um nicht im Unterschlupf übernachten zu müssen. An diesem und auch am nächsten Tag war das Konservatorium geschlossen. »Es ist gefährlich«, sagte Christos. »Irgendeiner könnte dich sehen.« Wohin sollte ich gehen? Das nächste Treffen war am Montag. Wir organisierten gerade etwas, das Überlegung und Geduld brauchte. Das Problem bestand darin, daß wir unsere Leute verloren und von neuem anfangen mußten, Zellen zu gründen und Verbindungen zu knüpfen. Ich nahm die Elektrische und fuhr nach Pireas. Mit dreißig Drachmen in der Tasche, frisch gewaschen und rasiert, nach einem ausgiebigen Frühstück mit dem Ehepaar und dem Baby, sah ich den wolkenlosen Himmel und die Schiffe, die mich wie immer bezauberten. Was brauchte ich mehr, um mich glücklich zu fühlen? Die Meinen, Mirto, das Zuhause . . . Ich schlenderte durch den Hafen und ging dann am Kai entlang. Nach dem Mittag erreichte ich Faliro mit seinen berühmten Fischtavernen. Die Tavernenbesitzer hatten bei diesem Sonnenschein ihre Tische unmittelbar am Meeresufer aufgestellt. Familien und Paare, völlig hingegeben dem Essen, Trinken, Plaudern. Ich wählte einen Tisch, etwas weiter abseits, um nicht aufzufallen. Fisch, Kräuter, Käse und Retsina, ein rundes Mahl.

Ich kaufte den *Embros*, stieg in die Straßenbahn nach Athen ein und nahm dann die nächste Richtung Pangrati. Um drei Uhr nachmittags klingelte ich bei Manos Chatzidakis. Ich wußte, daß er um diese Zeit aufstand und seinen Morgenkaffee trank. Seine Mutter öffnete mir. »Sei willkommen«, sagte sie freundlich. »Manos ist soeben aufgestanden und trinkt seinen Kaffee. Willst du auch welchen?« – »Sehr gern! Vielen Dank.« Ein winziger Vorraum. Links das Klavier. Weiter hinten ein anderes kleines Zimmer, in das gerade so das Bett von Chatzidakis paßte. Rechts der Flur, der zum übrigen Haus führte. Dort drin, in diesem Nest, wurden einige der Meisterwerke der neugriechischen Musik geschrieben: *Karagiozis*, *Achivada*, *Sechs volkstümliche Skizzen*, *Die Vögel*, *Zyklus CNR*. Viele Filmmusiken. Und jene wunderbaren Lieder wie *Frage nicht den Himmel.* Manos arbeitete hart, denn er mußte Mutter und Schwester ernähren.

Manos freute sich, als er mich sah, er stand auf, zog seine Robe de Chambre an und küßte mich. »Was machst du jetzt?« fragte er mich. »Ich bin in der Illegalität. Ich weiß nicht, wohin ich gehen soll . . . Aber lassen wir das. Ich bin hierhergekommen, um Musik zu hören.« Ich blieb bis zum Abend. Manos spielte damals sehr viel Klavier. Es machte ihm Spaß zu spielen und vor allem zu improvisieren. Je mehr ich mich in Richtung der sinfonischen Musik bewegte, um so besser begriff ich, daß sich unsere Wege trennten. Obwohl sich Manos stets für meine musikalischen Vorhaben interessierte. »Weißt du«, sagte er, »ich habe Sherman, den Mann der Bachauer, kennengelernt und bin öfter mit ihm zusammen. Bring mir Partituren von dir, die ich ihm zeigen kann. Nächste Woche organisieren sie einen besonderen Empfang für mich. Das ist eine gute Gelegenheit.«

Die High-Society von Kolonaki mit ihren Gewissensbissen, weil sich das gemeine Volk für sie und ihren Interessen zuliebe gegenseitig abschlachtete, hatte sich den Orgien und der hohen Kunst zugewandt. Sie wurde von Alpträumen geplagt, die verdrängt werden mußten. Alle Töchter aus aristokratischen Familien arbeiteten in Armeekrankenhäusern. Dort erlebte man den Zusammenhalt der Klassen. Die eine gab ihren Körper hin, die andere streichelte nur. Die Pförtner brachten für die oberen Etagen Haschisch in Mengen. Und die beliebteste Sportart dort oben: Bleich bei der Ankunft wurde man ausgezogen in den Salon gebracht, wo man sich eine aussuchen konnte. Das war die eine Seite. Die andere bestand in der Flucht zur Kunst. Da sie unter sich keine Talente fanden, vergöttlichten sie alle, die sie fanden. Manos, mit seinen Fragen zur Zukunft der EAM, erwies sich als der beste Komponist von Theatermusik jener Zeit. Eine Premiere, inszeniert von Kun mit der Lambeti und Melina in den Hauptrollen, war damals das Superereignis.

So spielte sich unser nationales Leben auf drei Ebenen ab. Die erste war die der Kämpfe, die zweite die der Not, der Angst und der Illegalität in den Städten und schließlich die dritte des glitzernden Kolonaki, das die Unterhaltung und das geistige Leben monopolisierte. Zwischen den beiden ersten und der dritten gab es absolut keine Kommunikation, als würde sich deren Leben auf verschiedenen Planeten abspielen. Während das mondäne Athen in einem warmen Salon zusammenkam, um Manos zu hören, schlief ich im Unterschlupf in der Hippokratesstraße, von anderen, die unter viel schlimmeren Bedingungen lebten, ganz zu schweigen.

Wie die Raben stürzten sie sich auf Talente. Natürlich mit höflichen Manieren. Mit schöner Kleidung und feinen Düften. Ein Talent erschien ihnen wie eine Oase in ihrem sündhaften Leben. Denn die Aristokraten, die Armee und Regierung stützten, wußten, daß das Blut, das in Mengen floß, ihr Werk war. Es floß für ihre Interessen.

Wir gingen erst nach elf Uhr abends hinaus, nahmen die Straßenbahn und fuhren zum Verfassungsplatz. Von dort zu Fuß Richtung Kolonaki. Wir klopften an das große, geschnitzte Tor eines alten Herrschaftshauses. Das Hausmädchen öffnete. Wir stiegen die Treppe hinauf und liefen durch einsame Korridore. Manos kannte sich hier gut aus. In der Tiefe war die Tür halb geöffnet. Als wir ins Zimmer traten, verblüffte mich eine schöne, angenehme Unordnung. Ein blonder Junge grüßte uns herzlich. Es war Nikos Kunduros, damals noch Maler. Manos machte uns bekannt, und weil wir allein waren, sagte er mit dem Blick auf die Tür gerichtet: »Mikis ist ein Illegaler, und du mußt ihn bis Montag früh beherbergen. Wenn nötig, bleib auch ich, damit deine Mutter keinen Verdacht schöpft!« Nikos hatte Brüder. Russos war auf Makronisos, und Giorgos war Funktionär der ultrarechten Organisation CHI. »Natürlich wird er bei uns bleiben«, sagte Kunduros mit Nachdruck. »Er bekommt ein Zimmer. Nur«, er packte meinen Arm und sah mir in die Augen, »paß auf, daß du nicht meinem Bruder auf dem Flur begegnest. Er ist in der Lage, dich umzubringen. Weißt du«, sagte er, zu Manos gewandt, »er kommt mit seinen Freunden hierher. Sie sind alle bewaffnet und laufen durchs Haus. Nur hierher kommen sie nicht. Hier ist das Freie Griechenland. In der Küche ist jeden Morgen, wenn Mutter Frühstück macht, Kampfpause.« Ich verbrachte schöne Abende im Atelier von Nikos. Nach Mitternacht kamen alle übernächtigten Intellektuellen und angehenden Künstler Athens zusammen. Lebhafte Diskussionen – fast niemals über die politische Situation – über Personen, Tendenzen und Probleme der Kunst. Ich hörte zu, aber verfiel, müde und kaputt, bald in einen lethargischen Dämmerschlaf. Sie weckten mich, gaben mir ein Sandwich, und ich nickte sofort wieder ein, eingehüllt von dem lebhaften Stimmengewirr. Morgens huschte ich ins Bad, um keine unangenehmen Begegnungen zu haben, wusch und rasierte mich. Dann ging ich in die Küche. Am großen Tisch, gleich einer Königin aus der kretischen Dichtung, koordinierte die Mutter von Nikos die Vorbereitungen für das Frühstück. Brote, Marmeladen, warmer Kaffee und Tee. Manos war frühmorgens weggegangen. Die Tür ging auf, und Giorgos, der Chitis, kam herein. Er sah mich an, grüßte mich aber nicht. Wahrscheinlich stand auf meiner Schläfe »Kommunist« geschrieben. Er beteiligte sich schweigend an der Liturgie des Frühstücks. Anschließend legte sich Nikos schlafen, und ich betrachtete seine Bilder. Nachmittags wachte er auf. Er brachte mir Sandwiches. Spät abends kam Manos mit den anderen. So verbrachte ich diese Tage.

Ich schloß die *Sinfonie in drei Sätzen* ab und brachte sie Manos. Nun begann ich im Konservatorium mit der Arbeit an einer anderen Komposition. Ich wollte ein neues sinfonisches Werk schreiben. Ich stützte mich zunächst auf das Material des *Sextetts*, das mir noch unvollkommen schien hinsichtlich seines ästhetischen Anspruchs. Langsam nistete sich jedoch in mein Denken die Gestalt des Ödipus ein. »Blind die Augen, das Denken, taub die Ohren ...« Die Tragödie der Griechen. Unsere Tragödie. So beschloß ich, das neue Werk *Ödipus der Tyrann* zu taufen. Am Dienstag darauf wartete mein Vater in der Eingangshalle des Athener Chors auf mich. Ich freute mich riesig. Wir verabredeten uns für den nächsten Tag nach seiner Arbeit, um zwei Uhr nachmittags, kurz nach meiner Verabredung mit Petros und Pavlos, um gemeinsam essen zu gehen. Wir trafen uns vor der Taverne auf der Athinasstraße. Wir sahen uns die Speisen in den Kochtöpfen genüßlich an. Mein Vater sah unseren Blick, verstand und sagte, bevor wir noch bestellen konnten: »Heute werden wir königlich essen. Koch, bring uns vier Portionen gefüllte Milz.« Ein für uns viel zu teures Essen. »Wein? Brot? Gebratene Kartoffeln?« Inzwischen fragte er uns aus, um unsere Pläne herauszukriegen. Zumindest, was wir glaubten, das mit uns passieren würde. Er hätte bestimmt direkt fragen mögen: Seid ihr organisiert? Wie sehr hängt ihr drin? Aber er getraute es sich nicht. Er erkannte die Gefahr, in der wir schwebten, und seine Augen füllten sich mit Trauer. Wie sehr wollte ich ihn umarmen, dort, mitten in der Taverne, und ausrufen: Lach doch! Werde glücklich! Traurigkeit und Schmerz passen nicht zu dir. Sieh, alles ist vorbei! Der Bürgerkrieg war ein Alptraum. Wir gehen jetzt alle nach Hause und feiern ... Die Jungs fanden meinen Vater in Ordnung. Bis zu unserer Festnahme bestand er darauf, uns mindestens einmal wöchentlich zum Essen einzuladen, fast immer in der Athinasstraße, weil dort viele Fremde waren und wir nicht auffielen. Immer aßen wir gefüllte Milz. Über meinen Vater nahm ich wieder den Kontakt zu Mirto auf. Sie konnte von zu Hause für mich nichts heimlich mitnehmen außer Keksen, die sie in Kakao tauchte und die wunderbar schmeckten. Ich nannte diese Kekse Mirtoetten. So bezwang ich meinen Hunger, denn das Geld, das mir Vater gab, teilte ich mit den beiden anderen, die gar nichts hatten. Darum reichte das Geld nicht für das Essen an allen Tagen. Selten ging ich mit Mirto ins Kino, weil es dort von Spitzeln nur so wimmelte. Wir setzten uns öfters in eines der Cafés von Faliro oder schlenderten durch die Orte, wo sich traditionell die Verliebten trafen und wo die Überwachung nicht ganz so schlimm war. Wir bestellten eine kleine Süßigkeit, sahen uns in die Augen, berührten heimlich unsere Finger. Und schwiegen. Jeder Versuch, ernsthaft miteinander zu reden, führte in eine Sackgasse. Wir sahen nicht die geringste Perspektive für uns. Je mehr sich der politische Horizont verdunkelte, um so geringer waren unsere Chancen, ein gemeinsames Leben aufzubauen. Wir hatten keine Zukunft. Das wurde uns immer mehr bewußt. Ich war sicher ein Todeskandidat. Die Aussicht, in die Berge zu entkommen, war gering, aber das erzählte ich ihr nicht. Athen glich einem Aquarium. Wir waren die Fische. Und über uns gebeugt die Sicherheitspolizisten, um uns mit dem Kescher zu fangen. Dann brieten und servierten sie uns dem Moloch. Man konnte nur beten, durch eine Kugel getötet zu werden. Darum erwartete auch ich in jeder Fluchtsituation die Salve, die mich töten würde. Das Gebäude der Sicherheitspolizei stöhnte. Es genügte, daß man es von ferne sah, Ecke Patision- und Solomosstraße, und man mußte kotzen. Und doch, für dieses Gebäude waren wir bestimmt. Wenn ich auch in einem kleinen Café in Kastela sitzend mit Mirto auf den Saronischen Golf hinaussah, wußte ich doch, daß dies ein provisorischer Zustand war. Die Sicherheitspolizei gewährte uns noch eine kleine Frist. Wie der Koch, der im Topf die gefangene Forelle betrachtet. Die werde ich morgen braten, nimmt er sich vor. Weil es ihm so paßt.

Bei den Chorproben traf ich Giorgos Sisilianos. Wir saßen gewöhnlich nebeneinander und unterhielten uns auch dabei. Eines Abends gingen wir nach der Probe die Straße entlang und wußten nicht wohin. Wir traten in eine Kneipe ein, tranken Faßbier und aßen Blätterteig mit Käse. Giorgos bezahlte, trotz meiner schwachen Einwände. Dann schlug er vor, daß ich mit ihm nach Hause gehen und mir seine neuen Kompositionen ansehen sollte. Seine Familie besaß ein riesiges Grundstück. Das Eckgebäude war zu einem Militärgericht gemacht worden. Er wohnte im Nebenhaus, auf der Akademiestraße, und dessen riesige Tür befand sich neben dem Eingang zum Militärgericht. Der Flur war gigantisch, mit hohen Wänden, langgezogen, eisig, führte zu einer Steintreppe. Sehr weit oben der erste Stock, wo in der Tiefe des Flurs sich die Tür zu Giorgos' Wohnung befand. Ein riesiger Salon auf der Seite der Akademiestraße und links ein kleineres Zimmer, das er zum Arbeiten benutzte. Dort tagte 1946 die »Vereinigung junger griechischer Musiker« und probte ein kleines Orchester, das wir gegründet hatten. Seine Mutter und seine Großmutter wohnten weiter oben in einer Wohnung mit Küche. Die Okkupation hatte die Familie gezwungen, zusammenzurücken. Sein Vater, der als Botschafter in Washington gearbeitet hatte, war gestorben. Die Deutschen und später die Griechen hatten ihren Besitz konfisziert. Sie machten während der Okkupation viel durch, mußten hungern, und die Sorgen gingen weiter, denn ihre Güter waren noch immer beschlagnahmt. Oftmals führte mich Giorgos hinauf in die obere Wohnung. Es gefiel ihnen, über Kunst und besonders über Musik zu reden. Seltsam, wie diese zwei Frauen, mit ihrem ehemals bequemen Leben, in diesem Käfig aus Küche, Wohn- und Schlafzimmer lebten, dem sie aber etwas von ihrer Höflichkeit verliehen. Sie verehrten Giorgos, und er verehrte sie. Die Großmutter nahm mich beiseite und fragte: »Was meinst du, mein Kind? Macht Giorgos Fortschritte im Konservatorium? Was sagen die anderen über ihn?« Sie sorgten sich, denn sie hatten all ihre Träume und Hoffnungen in meinen Kommilitonen gesetzt. Giorgos, der von Gouvernanten in völliger Sicherheit erzogen worden war, halfen diese schwierigen Situationen, seinen ebenso höflichen wie direkten Charakter auszubilden. Er war allem gegenüber offen, versuchte in allem, was man ihm sagte, das Gute zu finden.

Wir traten in das riesengroße Zimmer, das von den Straßenlaternen erhellt wurde. Das Zimmer hatte weder Fensterläden noch Vorhänge. Die Kälte hier drin schien größer als die draußen zu sein. Das kam vielleicht von der Nacktheit der Wände und der Feuchtigkeit. In seinem Arbeitsraum war es etwas wärmer. Wir versenkten uns wie immer in seine Partituren. Plötzlich stand er auf und spielte mir auf dem Klavier eine Passage vor. Ich sagte ihm meine Meinung. Wir machten weiter. Später unterhielten wir uns über die Situation am Konservatorium, über unsere Studien, das Staatliche Orchester, die griechische Musik. So kamen wir zur Politik. Giorgos war das, was man apolitisch nennt. Er gehörte keiner konkreten Fraktion an. Emotional sympathisierte er mit dem Kampf der EAM. Wahrscheinlich, weil er mit einigen Leuten befreundet war, die in deren Reihen kämpften. Er meinte, daß der Bürgerkrieg der reinste Wahnsinn sei. Eine Katastrophe. Er glaubte, daß hinter alledem die Fremden steckten.

Es war schon spät. Ich mußte gehen. »Wohin gehst du?« fragte er. Ich wußte es nicht. Vielleicht zum Unterschlupf, dachte ich. Vielleicht in den Park, mich unter irgendwelchen Sträuchern zu verkriechen. Vorgestern hatte das Pavlos getan und es als machbar bezeichnet. Ich sagte ihm schließlich alles. »Aber ausgeschlossen, daß ich hierbleibe, weil ich an deine Mutter und Großmutter denke. Wenn dir was zustößt, werden sie sterben.« Er beharrte aber darauf, öffnete die Schranktür und holte eine uralte Matratze heraus, die löchrig war und aus der das Stroh herausfiel. »Morgen früh werden wir das zusammenkehren«, sagte er, während er sie auf den Fußboden legte. »Zum Zudecken müssen wir die Gardinen abmachen. Mach du das, du bist groß genug.« Ich stieg auf einen Stuhl und löste mit einiger Mühe die Gardine. Ich legte mich hin, und Giorgos deckte mich mit der Gardine zu. Dann zog er sich aus und legte sich auf den Diwan, der bezogen war. Wir unterhielten uns noch ein wenig. Ich schlief ein, und er las beim gelblichen Licht, das die Straßenlaterne in seinen Arbeitsraum warf.

So fand ich noch eine Unterkunft. Hinter der Wand tagte das Militärgericht von Athen, das Tausende zum Tode verurteilte. »Laß uns hier eine Tür reinmachen«, sagte ich aus Spaß, »dann kann ich gleich rübergehen.« Eines Abends im März, als ich meine Lungenentzündung hatte, zitterte ich vor Kälte und Fieber unter den dünnen Gardinen. Das einzige, woran ich dachte, war, daß ich am andern Morgen wie immer auf den Stuhl steigen und die sechzehn Halterungen der Gardine an der Stange befestigen müßte. Dann das Stroh zusammenkehren, es in die Matratze füllen und sie an ihren Platz stellen. Dann in die Kälte hinaus. Mit vierzig Grad Fieber durch die Gegend rennen, in der Seite jenen stechenden Schmerz. Als ich gerade daran dachte, wurde unten an die Haustür geschlagen. Sie stießen mit Gewehrkolben gegen die Tür. Der riesige Flur verstärkte den Lärm, der unser Zimmer überflutete. Giorgos machte das Licht an. Er sagte: »Mein Gott, was ist los?« Ich erwiderte: »Sei still!« Unten traten sie die Tür ein. Schwere Schritte von Stiefeln kamen die Steintreppe herauf. Giorgos stand auf. Machte mechanisch sein Bett. Rückte seine Bücher auf dem Schreibtisch zurecht und murmelte ständig, wie eine Platte, deren Nadel hängenbleibt: »Steh auf. Zieh dich an. Versteck dich. Steh auf. Zieh dich an. Versteck dich!« Ich zitterte vor Kälte und dachte nur: Noch ein wenig Wärme. Noch ein wenig Wärme. Schließlich hielt Giorgos nicht mehr an sich: »Bist du ganz von Sinnen, Mensch!« – »Wohin soll ich gehen, Giorgos? Auf den Balkon? Ist doch klar: Sie haben mich gekriegt. Ich sage ihnen, daß du nichts weißt. Daß ich dich belogen habe . . .« – »Es geht nicht um mich. Tu's für dich. Steh auf. Zieh dich an. Gleich sind sie da.« Tatsächlich, die Schritte änderten ihre Richtung. Sie traten auf den Holzfußboden des Flurs, der zur Wohnung führt. Da richtete ich mich auf. Sie sollen mich sitzend finden. Aber an unserer Tür blieb es ruhig, keiner schlug daran. Eine dämonische Stille. Bis plötzlich der durchdringende Schrei einer Frau zu hören war. Dann viele Kinderstimmen. Was war passiert? Sie hatten den Lehrer festgenommen, der mit seinen fünf kleinen Kindern in der konfiszierten Wohnung vor der unseren lebte. Wir konnten nicht mehr einschlafen. Seltsam, Giorgos' Mitgefühl mit mir kühlte ab. Meine Teilnahmslosigkeit irritierte ihn. »Du bist wirklich ein Ungeheuer«, sagte der nachdenklich. »Wie kannst du nur in solcher Gefahr sein und dich so gehen lassen?« Ich hätte es ihm gern erklärt, aber ich konnte nicht sprechen. Nur derjenige, der eine Lungenentzündung durchgemacht hat, weiß, in welcher körperlichen und psychischen Verfassung sich der Kranke befindet. Als ich am nächsten Tag das Haus verließ, brachten sie gerade in Gefängniswagen eine Menge Kommunisten zum Gericht. Ich drehte ihnen den Rücken zu, um nicht erkannt zu werden, und lief in Richtung Kolonaki. Ich ging ins Kafenion »Byzanz« und bestellte Tee und vier Aspirintabletten. »Für einen Selbstmord?« fragte der Kellner.

Weihnachten 1947 beschlossen Petros, Pavlos und ich, im Unterschlupf zu übernachten. Es war riskant, aber es lohnte sich. Petros hatte drei Stück Chalva besorgt. Wir ließen die Tür des Lagerraums offen, damit ein wenig Licht der Straßenlaterne hineinfiel. Wir gewöhnten uns an die Dunkelheit, und mit der Zeit konnten wir einander deutlich erkennen. Als gute Kommunisten analysierten wir gründlich die Situation. Die Regierung in den Bergen bedeutete ganz einfach den Anfang vom Ende. Warum sollte sie gebildet werden, wenn die Nachbarländer Albanien, Jugoslawien, Bulgarien nicht hinter ihr standen? Nicht zu vergessen die Sowjetunion. Griechenland wird geteilt; eine Hauptstadt wird sich schon finden. Kozani? Karditsa? Vielleicht sogar Thessaloniki. Militärische und finanzielle Unterstützung wird folgen.

Panzer, Luftwaffe, alles, was wir brauchen. Also? Nächstes Jahr ist das Jahr des Sieges. Natürlich wird es für uns schwieriger werden, wird der Terror zunehmen. Auch wir müssen uns den neuen Bedingungen anpassen. Mit den neuen ökonomischen und technischen Mitteln und einer gestärkten Moral werden wir sehr bald die Demokratische Armee Athens aufbauen und die einzelnen Wohnviertel nacheinander befreien, wie zur Zeit der Okkupation. Bis zum letzten Gefecht. Zufrieden mit unserer Analyse, aßen wir mit Appetit die Süßigkeit, leckten unsere Finger und rieben sie an den herumliegenden Säcken ab. Wir wünschten uns gute Nacht, schlossen die Tür zu und schliefen ein. Das war Weihnachten. Für die Neujahrsnacht ließ sich Pavlos etwas besonderes einfallen. Am 31. abends schlossen wir uns in den Lagerraum eines Schuhgeschäfts in der Äolosstraße ein. Nachdem die Türen geschlossen waren, konnten wir den ganzen Raum für uns beanspruchen. Wir wurden mit einem Eimer für unsere Notdurft, zwei Broten und Quark ausgestattet. Das Geschäft war fast luftdicht geschlossen. Keine Tür, kein Fenster. Nicht ein Spalt Licht. Bald brannte der beißende Geruch vom Leder in unseren Gaumen, griff unsere Mägen an, daß uns übel wurde. Wir drehten langsam durch. Pavlos meinte: »Ruhig. Der Sauerstoff reicht. Wir müssen im Lagerraum suchen, irgendwo wird sich doch eine Öffnung finden.« Die Dunkelheit war so dicht, daß sie unsere Bewegungen störte. Vor dem Eingang gab es eine Jalousie. Aber wir trauten uns nicht, sie hochzuziehen, weil wir ständig Schritte von Fußgängern oder Militärstreifen hörten. Manchmal kamen Betrunkene vorbei, die zu singen versuchten. Das neue Jahr brach an. Im hinteren Raum, im Lager, standen an der Wand bis obenhin Schuhkartons. Wir nahmen sie herunter und suchten einen Luftschacht. Nichts. Völlig durchschwitzt, fingen wir an zu husten. Das war unklug, denn offensichtlich hatte man das Husten draußen gehört. Einer rief: »Ist jemand drin?« Dann ging er fort. Wir legten uns hin, entschlossen, unsere Kräfte zu schonen, um den Sauerstoff nicht zu verbrauchen. Wahrscheinlich fielen wir in Ohnmacht. Am zweiten Januar, nach sechsunddreißig Stunden, fand man uns reglos. Die Ladenbesitzer verschlossen die Tür und schleppten uns ins Lager. Sie ließen frische Luft herein, netzten uns mit Wasser und massierten uns. Wir kamen langsam zu uns. »Gott sei Dank, Mensch, Kinder!« sagten die beiden Brüder. »Ihr habt uns einen Schreck eingejagt.« Der eine rannte los, brachte uns heißen Kaffee in einer Kanne und warmes Brot. Petros sah ganz bleich aus. »Was ist mit dir passiert?« fragte er. »Bist gelb im Gesicht geworden.« Wir versteckten uns bis zum Abend im Geschäft und verschwanden. Stell dir vor, wegen Luftmangels in einem Athener Schuhgeschäft umzukommen, dachte ich. »Glückliches neues Jahr«, wünschte mir Pavlos. »Eine unvergeßliche Neujahrsnacht. Wie wahr«, erwiderte ich, als wir uns trennten.

So verbrachte ich meine Nächte abwechselnd beim Typografen, bei Manos, bei Sisilianos und in Pireas. Außerdem ging ich manchmal auch zum Haus des Generals Chatzitzanis, dem Cousin meines Vaters. Er hatte zwei Töchter, die mit britischen Offizieren verheiratet waren, die auf dem Luftwaffenstützpunkt bei Athen dienten. Die zwei Frauen erzählten ihnen sofort, daß ich Kommunist und illegal sei. Sie fanden das sehr interessant. Lokalkolorit. Aber sie sympathisierten im Grunde mit uns. Sie waren in der Labour Party und fragten mich neugierig über die Situation aus. Schließlich waren sie so von unserer Sache überzeugt, daß sie mir schworen, mich mit ihren Waffen zu verteidigen, wenn die Polizei mich festnehmen würde. Der General hatte 1941 in seiner Eigenschaft als Arzt einem deutschen General, der mit den Fallschirmeinheiten auf Kreta gelandet war und während der Schlacht um das Dorf Galata verletzt wurde, erste Hilfe geleistet. Weil die Deutschen im Kampf um unser Dorf große Verluste hatten, beschlossen sie, es niederzubrennen. Auf Bitten des Onkels setzte sich der General für das Dorf ein und rettete es. Ich traf ihn später im Militärkrankenhaus 401 wieder, wohin sie mich nach den Folterungen auf Makronisos brachten.

Am 23. Februar entschloß ich mich, zu unserem Haus in Nea Smirni zu gehen. Ich hatte zwei Monate lang keine Unterwäsche gewechselt und stank. Die beste Zeit ist, dachte ich, gegen fünf Uhr nachmittags. Als mich Mutter erblickte, fiel sie in Ohnmacht. Als sie wieder zu sich kam, sagte ich: »Schnell, ich muß Wäsche wechseln und hau gleich wieder ab. Mach mir auch was zu essen.« – »Gestern ist Makis Karlis gekommen, um sich von mir zu verabschieden.« – »Sag ihm, daß ich ihn sehen will, morgen abend. Also, Mutter, wir werden uns jetzt regelmäßig sehen.« – »Wie?« – »Jeden Mittwoch werde ich vor dem Kafenion auf dem Klafthmonasplatz entlanggehen. Du wirst drin sitzen, aufstehen und mir folgen. Hab immer saubere Wäsche und etwas zu essen bei dir. Ich werde ins Attikon-Kino gehen. Dann kaufst du dir eine Eintrittskarte und setzt dich neben mich. Ich nehme das Paket, gehe in die Toilette, ziehe mich um und bringe dir die schmutzigen Sachen. In Ordnung?« – »In Ordnung, mein Kind, Gott soll dich erleuchten.« Als ich die Gartentür öffnete, kam mir mein Bruder entgegen. Er freute sich und rannte auf mich zu. Aber er wurde beobachtet. Von beiden Straßenseiten sprangen Spitzel mit Pistolen in den Händen vor. »Was hast du getan?« schimpfte ich ihn aus. »Mir die Sicherheit auf den Hals gehetzt!« – »Woher sollte ich das wissen, Mikis?« – »Los«, sagte ich, »mach, daß du hier wegkommst, aber laß die Wohnungstür auf.« Kaum hatten mich die zwei Spitzel erblickt, hielten sie inne. Sie fürchteten, daß ich einen Revolver bei mir trug. Sie sahen sich an und begannen langsam vorzupreschen. Wir sahen uns in die Augen, wie der Dompteur und seine wilden Tiere. Mein Plan war, sie zu überraschen. Ich holte tief Luft, rannte in den Garten, um bis zur Tür zu kommen. Die Entfernung nur sechs, sieben Meter. Sie schossen und liefen hinter mir her. Ich schloß die Tür hinter mir, stieg die Treppe hinauf und sprang aus dem Fenster, das ich auch im letzten Dezember für meine Flucht benutzt hatte. Meine Verfolger schlugen inzwischen die Tür ein, die Frauen oben kreischten. Ich rannte vom Haus aus in die Küche von Pandazis' Haus, in der gerade seine Frau stand. Sie sagte mir: »Geh nicht hinaus! Hoch mit dir, aufs Dach!« Ich legte mich oben hin, von wo ich die Sicherheitspolizei unser Haus durchsuchen sah. Das ganze Viertel wurde abgeriegelt. Sie durchsuchten die Gärten, die umliegenden Häuser, auch das von Pandazis. Es wurde Nacht. Da sah ich Mirto, wie sie von der Universität kam und meine Mutter besuchen ging. Man nahm sie fest, durchsuchte sie und ließ sie wieder laufen. Mir wurde leichter ums Herz. Plötzlich erhellten Leuchtkugeln den dunklen Himmel. Natürlich, dachte ich, 23. Februar, der Jahrestag der EPON. In unserer Nähe hatte mein Bruder ein bengalisches Feuer angezündet. Er wurde gejagt. Nach Mitternacht lösten sie die Belagerung auf. Ich stieg in den Salon hinunter. Ich bat das Dienstmädchen, zu Mirto hinüberzugehen und ihr Bescheid zu geben. Sie kam zurück und sagte, daß Mirto im Garten warte. Ich ging auf die Straße, auf der lauter Bitterorangen und andere Bäume standen. Ob die Spitzel versteckt sind und auf mich warten, fragte ich mich. Mich schauderte. Nach hundert Metern erreichte ich Mirtos Garten. Dort verbrachten wir die ganze Nacht bis zum Tagesanbruch.

Anfang März erhielten wir den Befehl, zur Partisanenarmee in die Berge zu gehen. Mittwochs, wie immer, ging ich an dem Kafenion entlang, gefolgt von meiner Mutter. Im Zuschauerraum des Kinos drei Menschen. Sie setzte sich neben mich und umarmte mich. »Nicht, Mutter!« flüsterte ich. »Bring mir nächstes Mal zwei lange Unterhosen und zwei Wollpullover.« Petros hatte mir gesagt, ich solle sie immer tragen, weil es in den Bergen kalt sei. Das erste Treffen mit unserem Verbindungsmann. Er kam nicht. Beim zweiten auch nicht. Beim dritten erschien Petros und sagte mir: »Sie haben die Übergänge dichtgemacht. Zieh deine Unterhosen aus. Aus den Bergen wird nichts.« Nun ist die Falle zugeschnappt, dachte ich. Inzwischen blieb die erhoffte diplomatische Anerkennung unserer neugebildeten »Provisorischen Regierung« aus. Die Partisanen hatten die militärische Initiative auf ihrer Seite. Noch. Also mußte dahinter ein gerissener Plan stehen, auf dessen Realisierung wir tagtäglich warteten.

Eines Mittags traf ich mich mit Mirto, und die Märzsonne führte unsere Schritte auf das Rondell mit den Büsten der Helden von 1821. Da erinnerte ich mich an den Rat der Partei, öffentliche Parkanlagen wegen der Spitzel zu meiden. Aber um uns herum war es einsam. Wir setzten uns auf eine Bank, wo ich die Süßigkeiten essen konnte, die sie mitgebracht hatte. Als Mirto Nadel und Faden herausholte, um die losen Knöpfe meiner Jacke festzunähen, kam ein Kerl auf uns zu, der sich auf die gegenüberliegende Bank setzte. Er trug am Jackenaufschlag das Abzeichen der Verwundeten des Albanienkriegs, was uns ein wenig beruhigte. Wir standen auf und machten uns auf den Rückweg, langsam und wie trunken vom Sonnenschein und der eine vom anderen. Wenn ich mit ihr war, leerten sich die Straßen, als wären wir die ersten Menschen im Paradies. Auf der Solonosstraße sollte ich mich mit Pavlos treffen, ich mußte um fünf genau von der Kanigosstraße einbiegen und er von der Chemischen Fakultät. Die Straße war voller Menschen. Damals fuhr durch die engen Straßen höchstens alle fünf Minuten ein Auto. Darum gingen wir mitten auf dem Asphalt. Wir sahen Pavlos, der uns schnell entgegenkam. Als er drei Meter von uns entfernt war, zischte er: »Sie beschatten dich!« Das war unsere letzte Begegnung. Kurz darauf wurde er gefaßt. Bei den Verhören brachen sie ihm einen Wirbel des Rückgrats. Er wurde zum Tode verurteilt und zusammen mit den anderen Verurteilten im Averof-Gefängnis eingesperrt. An einem Donnerstag teilte man ihnen mit, daß die Hinrichtung am folgenden Dienstag stattfinden würde. Ich weiß nicht genau, wie viele zu dieser Gruppe gehörten. Ich glaube, etwa zehn. Am Sonnabend beschlossen ihre Angehörigen, sich persönlich an Stalin zu wenden. Nur der Vater von Pavlos, ein Priester, unterzeichnete das Telegramm nicht. Eigentlich glaubte keiner an den Erfolg dieses Unternehmens. Aber vom Kreml wurde das Telegramm sofort an die UNO in New York weitervermittelt, wo Wyschinski darüber sprach und Protest einlegte. Am Dienstagmorgen fuhr der LKW mit den Verurteilten nach Gudi. Das Hinrichtungskommando wartete bereits. Auch der Priester und der Staatsanwalt. Die Gefangenen wurden an die Wand gestellt. Ein Motorradfahrer brachte die Begnadigung. Pavlos blieb allein. Die ganze Nacht beschäftigte ihn das Problem, wie er sterben würde. »Ich will aufrecht sterben«, sagte er immerzu. Bis zur Wand halfen ihm die anderen, aber er schaffte es nicht, zu stehen. So setzten sie ihn auf einen Stuhl und erschossen ihn. Diese Einzelheiten über Pavlos' Tod erfuhr ich später von Tsibukidis, dem Sekretär des fünften Sektors, der mit zu den Begnadigten gehörte.

Aber zurück zur Solonosstraße. Kaum war Pavlos an uns vorbei, sagte ich zu Mirto: »Sieh du nach hinten, vorsichtig!« – »Es ist der Kriegsinvalide.« Als wir vor der Chemischen Fakultät waren, bat ich sie, wegzugehen. Sie krallte sich trotzig an meinem Arm fest und ließ nicht los. »Ich schrei hier los!« warnte ich sie. »Es ist dumm, daß sie dich mit einsperren. Ich werde versuchen abzuhauen.« – »Was hast du vor?« – »Ich weiß es noch nicht. Geh weg!« Sie ging fort. Ich ließ mir nichts anmerken. Ich setzte meinen Weg scheinbar sorglos fort, als würde ich zu irgendeiner Feier gehen, sah mir die Schaufenster an. Meine Verfolger würden jetzt denken: »Der Wichser, weiß nicht, was ihm blüht, und stolziert herum.« Ich erreichte die Juristische Fakultät, die ich sehr gut kannte. Eigentlich sehnte ich mich regelrecht nach der Salve, wie ich bereits schrieb, um den Folterungen zu entgehen. Darum hatte ich keine Angst. Ohne vorher erkennen zu lassen, daß ich reingehen wollte, verschwand ich plötzlich in der Fakultät, rannte durch den Korridor, dann über die Treppe, die zur Massliastraße hinausführte. Ich spürte, wie sie hinter mir her waren. Aber in den von Studenten gefüllten Gängen konnten sie nicht schießen. Einige Studenten begriffen, was vor sich ging, und stellten sich ihnen in den Weg oder ließen sie nur langsam passieren, so daß ich ungestört den Ausgang erreichen und hinauslaufen konnte. Ich bog links in die Akademiestraße ein und rannte, um eine der grünen Straßenbahnen zu erwischen.

In jenen Tagen erkältete ich mich. Ich aß auch nicht genügend, so daß mich jähe Schmerzen plagten. Ich glühte und zitterte am ganzen Leib. Ich setzte oder legte mich hin, wo es nur ging. Ich verlor auch Petros und blieb ohne Kontakt. Eines Tages traf ich mich mit Mutter und Vater in einem Café in Pireas. Mir ging es sehr schlecht. Sie bestellten mir Tee, und mein Vater ging hinaus und kehrte mit einer Packung Aspirintabletten zurück. Meine Mutter bekam einen Schreck. Sie glaubte, ich würde sterben. Der Vater fuhr nach Kreta, weil seine Schwester Chrisi im Sterben lag. Ich nahm mit Mutter die Straßenbahn Richtung Palio Faliro. Sie stieg aus, um den Bus nach Nea Smirni zu erwischen. An der nächsten Haltestelle mußte ich auch raus. Ich kaufte fünf Zeitungen und lief hinunter zum Vurlopotamos. Ich fand eine halbzerfallene Hütte, breitete die Zeitungen aus, ließ mir drei Aspirintabletten auf der Zunge zergehen und legte mich in eine Ecke. Sofort verfiel ich in Lethargie, träumte Schreckliches und wachte immer wieder auf. Schließlich sank ich in tiefen Schlaf. Ich öffnete die Augen. Es war Nacht. Durch das kaputte Dach sah ich die Sternbilder. Ein trockener Nordwind wehte, der die Hütte erschütterte. Mir war kalt, und ich hatte Schmerzen. Ich schluckte dauernd Aspirintabletten, bis ich glaubte, daß an der Tür der Hütte der Tod stand. In jenem Augenblick wünschte ich ihn herbei, mit meiner ganzen Seele, um Ruhe zu finden. Ich legte mich auf die linke Seite, weil die rechte so schmerzte. Nachdem ich später auf Ikaria eine zweite Lungenentzündung an derselben Stelle bekam, erkrankte ich an Tuberkulose. Aber ich war scheinbar aus gutem Holz, denn nach drei Tagen Fieber mit den Aspirintabletten als einziger Nahrung und dem Regen, der seit der ersten Nacht floß, fühlte ich mich schon viel besser. Im Morgengrauen des dritten Tages hörte es auf zu regnen. Ich war total durchnäßt. Mit großer Mühe richtete ich mich auf, um mich abzutrocknen. Ich ging hinaus, zog meine Hose herunter und verrichtete meine Notdurft. Ich wischte mich mit Gras ab. Ich reinigte in der Hütte meine Hände sehr gründlich. War's zufrieden. Wollte nun ins Konservatorium. Aber so, wie ich aussah, konnte ich nicht durch die Straßen laufen oder die Straßenbahn nehmen. Nur zu Fuß durch abgelegene Gassen. Ich überquerte die Singruallee und erreichte die Elektrische. Mein Vater hatte mir einen Hunderter gegeben. Ich ging in eine Gaststätte und bestellte Flecke. Ich aß fast ein ganzes Brot dazu. Das half mir auf die Beine.

Es war fast Nacht, als ich die Stufen des Konservatoriums hinaufstieg. Dort traf ich Herrn Likudis, Professor für Violine und einer der Direktoren des Staatlichen Orchesters, der gerade nach Hause gehen wollte. »Gott und Christus!« rief er aus. »Wie siehst denn du aus?« Er faßte mich unter und begleitete mich in die Bibliothek. »Sag mir nichts, ich weiß!« sagte er streng, während er mich voller Sympathie ansah. »Bleib hier, ich bringe dir zu essen. Du brennst ja richtig. Ich bringe dir eine Tablette. Warst du beim Arzt?« Ich lächelte. Und er wiederholte: »Sag mir nichts, ich weiß!« Als ich mich mit seiner Hilfe erholte, sagte er: »Ich habe keine Angst. Ich gebe dir Arbeit. In diesen Tagen wird im Demotischen Theater Pireas ein Stück inszeniert. Mit Musik. Also, du wirst sie schreiben und dort zugleich als Musiker arbeiten. Du brauchst nur ein Harmonium.« Körperlich und moralisch aufgerichtet, ging ich zur Chorprobe und von dort mit Sisilianos zu ihm nach Hause. Zum letztenmal. Dann traf ich mich mit Likudis. Er gab mir das Textbuch des Stücks sowie ein Buch mit den Chorälen von Bach und sagte: »Wähl die aus, die dazu passen. Verständige dich mit Michailidis. Geh jetzt. Ich habe mit ihnen gesprochen. Sie warten auf dich.«

Ich fuhr mit der Elektrischen zum Demotischen Theater. Auf der Bühne probten Melina Mercouri und die Vergi. Das Stück hieß *Wiegenlied*. Ich setzte mich hinter den Regisseur und wartete auf eine kleine Pause, um mich vorzustellen. Mit geschultem Auge suchte ich nach einem ruhigen Plätzchen, wo ich übernachten könnte. Ich ging hinaus, kaufte Brot und Käse, trank im Flur Wasser, und ohne daß mich jemand bemerkte, stieg ich hinauf und versteckte mich in einer Loge. Ich legte mich hin und wartete, daß alle verschwänden. Dann aß ich mit viel Appetit. Ich schluckte drei Aspirintabletten und versuchte zu schlafen. Den Kopf legte ich auf meine Schuhe. Ich vergaß aber, Zeitungen unten auszubreiten, so daß ich bald vor Feuchtigkeit und den furchtbaren Schmerzen erwachte. Es gab Augenblicke, in denen ich glaubte, meine letzte Stunde habe geschlagen. Weil ich fühlte, daß meine Lungen eine Wunde berührten, war ich bestrebt, kaum zu atmen. Ich hielt es kaum aus. Morgens schlief ich ein und wurde von den Stimmen während der Probe geweckt. Ich stieg hinunter, trank Wasser, wusch mich, wischte mich mit dem Taschentuch ab und ging auf die Straße, um einen Barbier zum Rasieren aufzusuchen. Zum Glück gab es einige in unmittelbarer Nähe des Theaters gegenüber den öffentlichen Toiletten. In der Probenpause traf ich Michailidis auf der Hinterbühne. Jemand hatte ein kleines Harmonium gebracht. Ich fragte ihn: »Was für eine Art Choral brauchen wir?« Er erklärte mir alles. Ich begann, ihm verschiedene vorzuspielen. Er wählte aus und meinte: »Ich benötige noch zwei, drei Lieder. Hier sind die Texte.«

Bald war Ostern. Das Stück wurde aufgeführt. Ich suchte Grigoris Konstandinopulos auf, der, genauso wie seine Frau, als Lehrer an einem Gymnasium arbeitete. Er hatte geheiratet und wohnte im Haus seines Schwiegervaters, in Nea Ionia, neben der Filiale der Nationalbank. Sie begrüßten mich herzlich. Seine

Schwiegereltern und sein Schwager sympathisierten mit der EAM. Ich hatte schon lange nicht mehr an einem Familientisch gegessen. Abends deckten sie mir ein Bett im Keller, aus Vorsicht. Weil mir aber die Feuchtigkeit Schmerzen verursachte, holten sie mich ins Zimmer hinauf. Grigoris kümmerte sich so liebevoll um mich, daß Maria eifersüchtig wurde. Ich bat sie daraufhin, mich wieder in den Keller zu lassen. Das waren die eher lustigen Erlebnisse.

Mit meinem ersten Verdienst in der Tasche schlug ich Mirto vor, nach Vuliagmeni zum Mittagessen zu gehen. Am Strand reihten sich die Tavernen aneinander. Ich blieb vor einer stehen. Kein Mensch weiter da. Wir waren die einzigen Gäste. Der Besitzer und die Kellner schauten uns von oben herab an, als wollten sie sagen: »Die armen Kleinen. Ihr Geld wird nicht mal für Limonade reichen.« In meiner Hosentasche ein paar Hunderter streichelnd, fühlte ich mich stark genug, ihnen mit der Miene eines Industriellen zu befehlen: »Stellt uns einen Tisch ans Meer.« Und weil sie mich regungslos anstarrten, als hätte der Wind mit ihnen gesprochen, holte ich das Geldbündel heraus und winkte damit vor ihren Augen. Blitzartig kam alles in Bewegung, nur daß Mirto, sehr traurig, mir Vorhaltungen machte: »Du bist verrückt! Laß uns gehen!« Sie rannte weg. Ich holte sie zurück. »Heute bist du meine Prinzessin, und wir werden königlich essen.« Wir setzten uns ans Meer. Sie legten eine schneeweiße Tischdecke auf und standen stramm, unsere Bestellung abwartend. »Fisch. Appetithappen. Salate. Wein . . .« Die Sonne blinkte. Die Wellen rauschten uns zu. Um uns herum die Hügel mit den Fichten. Die Welt wurde klein. Ihre Augen wurden größer. Schließlich blieben nur unsere Blicke, in denen die Aprilsonne unterging. Und ich. Ich wußte, daß ich sie nicht mehr sehen würde, nie wieder. Auch sie wußte es und spielte mit mir das Spiel der absoluten Glückseligkeit. Wir lebten jenen Augenblick, als lebten wir in einer Zukunft, die wir niemals erleben würden. Ich bezahlte. Mein Trinkgeld war reichlich bemessen. Wir gingen auf die Straße, als würde ein Rolls Royce auf uns warten, um uns zu unserer Jacht zu fahren. Königskinder, verurteilt durch den Monarchofaschismus, der uns an der Straßenecke erwartete. Wir verabredeten uns nicht. Mirto bestand darauf. Ich fühlte mich so krank, hatte so große Schmerzen, das Fieber brannte so sehr in mir, daß ich mir sicher war, noch am gleichen Abend zwischen den Sesseln der Loge im Theater zu sterben. »Wo wirst du heute übernachten?« fragte sie mich, während sich unsere Körper im Bus berührten. »Ich habe ein gutes Haus. Saubere Bettwäsche. Decken. Vor allem gute Gesellschaft«, antwortete ich und dachte an die riesigen, aber netten Ratten, die über meinen Rücken liefen, als sei nichts dabei.

Während der Osterwoche ließ die Regierung auf Ägina achtzehn Linke erschießen. Am nächsten oder übernächsten Tag bestrafte eine illegale Organisation den Minister, der diese Entscheidung gefällt hatte, Christos Ladas. Mutsojannis – wenn ich mich recht entsinne –, also der, der geschossen hatte, wurde verwundet. Umsonst rief er seinen fliehenden Kameraden zu, sie sollten ihn erschießen. Er wurde festgenommen und ins Krankenhaus gebracht. Einige Sicherheitspolizisten verkleideten sich als Ärzte und konnten sein Vertrauen gewinnen. Als er den ersten Namen verriet, offenbarten sie sich. Sie machten ihn zu ihrem Mann. Mit seiner Hilfe wurde die ganze Gruppe festgenommen – die meisten von ihnen waren mit mir von Evdilos gekommen –, darunter befand sich auch Vasilis Zannos.

Mirto hatte mir die Partitur von *Assi-Gonia* mitgebracht. Ich saß in einer Ecke und schrieb die Orchestrierung. Ich wollte optimistisch sein. Ich wollte glauben, daß ich leben würde und daß eines Tages meine Werke gespielt werden würden, so daß ich sie hören könnte. Während ich schrieb, war ich immer auf der Hut. Ich hörte die Stimmen von Melina, von Vergi und der anderen, und immer wenn ich dran war, setzte ich mich schnell ans Harmonium und spielte. Aber meine Aufmerksamkeit galt nicht so sehr dem Theater, sondern den Dingen, die draußen vor sich gingen. Den Illegalen. Den Festgenommenen, die gerade gefoltert wurden. Schließlich kletterte ich auf die Berge und rief den Partisanen zu: »Schlagt sie, Brüder!« Als ich auf dem Flur darauf wartete, daß die Schauspieler mit dem Bus wegführen, fragte mich jemand: »Wo wohnst du? Warum kommst du nicht mit?« Ich folgte ihm mechanisch. Ich hatte unsägliche Schmerzen. Ich beschloß, zu Sisilianos zu gehen. Der Bus fuhr die Singruallee hinauf. Kurz vor der Haltestelle an der Klinik stand ich auf und bat den Fahrer zu halten. Ich wünschte allen eine gute Nacht und stieg aus. Alles einsam. Meine innere Stimme sagte mir, wenn ich schon sterben muß, so sollte ich es in der Nähe meiner Mutter tun, in einem sauberen Bett. Ich hob ein Steinchen auf, schmiß es gegen ein Fenster. Mein Vater begriff. Er kam sofort zur Tür und öffnete mir. »Du stirbst doch!« sagte er angstvoll. Wir stiegen leise die Treppe hinauf, um den Onkel und die Seinen nicht aufzuwecken. Meine Mutter wollte schon losschreien vor Freude und zugleich aus Sorge um mein Aussehen. Auch mein Bruder wachte auf. »Zieh dich aus«, sagte sie, »wir machen eine Massage.« Sie kochten mir Tee. Ich schluckte Aspirintabletten, sie massierten mich. Ich wechselte die Sachen und schlüpfte ins warme Bett. Meinem Bruder wurde eine Matratze auf dem Fußboden hergerichtet. Ich schlief sofort ein, fiebrig und erschöpft. Sicher schlug in diesem Augenblick meine Mutter mit der Ikone des Erzengels Michail über mir das Kreuz.

Die Stimme meines Vaters weckte mich, der durch das halbgeöffnete Fenster fragte: »Wer ist da? Wen wollen Sie?« Wieder dasselbe. Bruder und Mutter lagen noch im Bett. Ich sagte zu Jannis: »Geh und sieh aus dem hinteren Fenster«, und richtete mich auf, um mich anzuziehen und abzuhauen. »Sie sind im Garten von Pandazis. Es sind viele.« Ich legte mich wieder hin, versuchte noch ein wenig Wärme und Schlaf zu gewinnen. Von unten rief jemand: »Ausweiskontrolle!« Vater nahm meinen Ausweis, den er selbst wegen des Militärdienstes gefälscht hatte, und korrigierte seinen Eingriff. Zu Jannis gewandt sagte er: »Geh und mach die Tür auf!« Die Bullen kamen hereingerannt und leuchteten uns mit Lampen ins Gesicht. »Ist Mikis hier?« fragte jemand. Und meine Mutter, die noch im Bett lag, sagte mir: »Steh auf, Mikis, man will dich sprechen. Das ist nicht höflich!« Ich sah mir die Polizisten an und erkannte den Offizier, den ich selbst bei seinen Kindern abgeliefert hatte. »Schämst du dich nicht? Vor meiner Mutter? Konntest du nicht abwarten, bis es Tag wird?« fragte ich ihn. Meine Mutter durchschaute die Lage nicht. Mein frecher Ton störte sie. »Mikis, wie sprichst du denn? Das ist keine

Art!« – »Was sagst du, Mutter! Der Herr weiß schon, warum ich so rede!« Und zu ihrer großen Überraschung erklärte ihr beschämt der Herr: »Glauben Sie mir, es handelt sich nur um die Klärung eines Sachverhalts. Es tut mir wirklich leid, aber ich führe nur einen Befehl aus.« – »Führ ihn nicht aus!« schrie ich außer mir beim Gedanken, daß ich die wohlige Wärme verlassen mußte. »Es gibt auch Grenzen!« Schließlich stand ich auf und zog mich an. Im Flur wurde es hell, die anderen kamen. Tante Stasa sah die vielen Leute und verhielt sich wie eine Hausfrau. Sie, die Höflichkeit in Person, sagte ihnen: »Guten Tag. Setzen Sie sich. Bitte. Was kann ich Ihnen anbieten?« Die Polizisten sahen sich ungläubig an. Sicher war ihnen das noch nicht passiert. Der Offizier bat mich, sehr höflich und offenbar geplagt von Gewissensbissen, mich zu beeilen. »Hast viel Arbeit, was?« ärgerte ich ihn. Auf der obersten Treppenstufe verabschiedete mich vor den Polizisten als letzter Jannis, der damals sechzehn Jahre alt war. Er drückte mir demonstrativ die Hand und rief mir mit starker Stimme ein »Mach's gut, Genosse!« zu, sehr melodramatisch. Ich strich über sein Haar, sah Mutter noch einmal an, um ihr mit meinem Blick alles zu erklären, denn ich las in ihren Augen, was sie sagen wollte. »Ich bin nicht schuld, Mutter. Die Situation!«

Sie brachten mich zum Polizeiquartier. Dort war für diese Uhrzeit ungewöhnlich viel los. Die Polizisten rannten hin und her. Während sie mich hineinbrachten, sagten die Wachen etwas. Ich war ein alter Bekannter. Ich hatte sie einst festgenommen, dann sie mich und jetzt sie zum zweitenmal. Ich würde sie wieder kriegen. Das wollte ich ihnen mit meinem Auftreten zeigen. Ich unterstrich es noch mit einem Lächeln, das im hiesigen Jargon, den sie gut kannten, bedeutete: »Ihr könnt uns am Arsch lecken! Wir werden das letzte Wort haben ...« – »Guck ihn dir an, wie er herumstolziert«, fing ein Sicherheitspolizist meine Gedanken auf, den wir 1944 als Mitarbeiter der Gestapo verurteilen wollten. Er konnte aber zusammen mit anderen in die Berge entkommen, wo sie die Gegend terrorisierten. 1945/46 ging ich manchmal am Mittwochabend, wenn der Rundfunk eine Stunde klassische Musik ausstrahlte, vor eine Konditorei, um mir die Sendung anzuhören, weil wir kein Rundfunkgerät zu Hause hatten. Der musikliebende Geschäftsinhaber drehte die Lautstärke voll auf. Weil ich kein Geld hatte, setzte ich mich auf den Bürgersteig und hörte zu. Ich erinnere mich, daß ich gerade ein Rhapsodie von Liszt hörte, als die zwei Sicherheitspolizisten auf dem Platz patroullierten. Sie blieben stehen und beobachteten mich. Ich sah sie zwar, verfolgte aber aufmerksam das Werk im Radio. »Was machst du da, he?« Ich antwortete nicht. Einer wurde wütend. »Ich fragte, was du hier machst!« – »Wieso? Ich höre Musik.« Sie lachten und fragten den Konditoreibesitzer. »Kennst du den? Ist das ein Dieb?« – »Ich kenn ihn nicht. Er sitzt oft hier.« – »Wo? Auf dem Bürgersteig?« Sie störten mich beim Hören, und ich wurde ungeduldig. »Steh auf, los!« Ich sah sie an und schwor mir: »Die Hand soll mir abfallen, wenn ich noch einmal einen Sicherheitspolizisten laufen lasse!«

Sie kannten mich gut im Revier. Als wir sie im Dezember 1944 festgenommen hatten, zitterten sie wie Blütenblätter: »Herr Kamerad, hab Mitleid mit uns! Wir haben auch ein Mütterchen und Kinderchen!« Einer fing sogar an, meine Hände zu lecken. »Tu's für meine Mutter. Töte mich nicht! Ich bin schuldig. Ich weiß, verzeih mir! Ich werde gut sein.« Solche Speichelleckerei, ganz würdelos. Sie waren keine Männer. Wir fesselten sie, und während wir sie fortbrachten, fiel der eine auf die Knie und begann zu bitten. Und wir waren in Eile, weil jeden Augenblick die Engländer hätten kommen können, nachdem der Reviervorsteher die Alarmsirene betätigt hatte. Als ich ihn gefangennahm, überreichte er mir seinen Revolver und wiederholte ständig die Sätze: »Für die Ehre der Waffen. Nur für die Ehre der Waffen.« Als wollte er mir sagen: »Wir wollten nicht gegen euch kämpfen. Wir haben es nur für die Ehre der Waffen getan!« Von den dreihundert Polizisten damals waren einhundertachtzig EAM-Mitglieder. Sie kamen sofort heraus, und viele blieben bei uns. Dann schickten wir einige Offiziersgattinnen, die wir in den umliegenden Häusern aufgegriffen hatten, hinein, die ihre Männer aufsuchen sollten. »Geht rein und sagt ihnen, daß sie frei sind. Wir werden ihnen kein Haar krümmen!« Ein Offizier trat aus dem Gebäude. Ich ging zu ihm hin und sprach mit ihm. Ein junger Mann, groß, schön, klug. »Die meisten sind einverstanden«, sagte er. »Nur ein kleiner Kern von Leuten sperrt sich. Wollen wir anfangen?« – »Los geht's«, erwiderte ich. »Ohne Waffen und mit erhobenen Händen.« Sie kamen nacheinander im Eilschritt heraus. Sie liefen vor uns her und verschwanden in den Nebenstraßen. Die Grundorganisationsleitung der Partei hatte beschlossen: »Alle nach Hause!« Während die Soldaten und Offiziere weiterhin herauskamen, unterhielt ich mich ohne Scheu mit dem Offizier und beobachtete die Szene von der Mitte der Straße aus. Es war nicht einmal die Hälfte der willigen Leute herausgekommen, als plötzlich die Sirene ertönte, damit die Engländer zu Hilfe kämen, und der Offizier und ich aus dem Revier beschossen wurden. »Die Ungeheuer!« schrie er und stürzte neben mir auf die Erde. Ich zog ihn mit, und wir versteckten uns in einer Ecke. Ich rannte und fand die Meinen. »Wir haben nicht viel Zeit. Bald sind die Engländer hier, und uns gehen die Waffen und die Munition aus der Station durch die Lappen. Bringt schnell alle organisierten Leute, damit wir alles herausschleppen können, wenn wir das Revier erobert haben. Macht euch fertig. Wir stürmen. Ich steige auf die Terrasse, um Handgranate zu werfen. Gebt mir Feuerschutz!« Unsere begannen mit dem Trommelfeuer, und ich glitt an der Wand entlang bis zum Gebäude. Ich ging in den Garten und stieg über die Feuerleiter auf die Terrasse. Weil dort ein Posten stand, verbarg ich mich hinter dem oberen Treppenabsatz, bis ich die richtige Stellung eingenommen hatte, um die Handgranate werfen zu können. Als hätte er meine Gedanken erraten, spürte ich, wie er wegrannte und sich hinter dem Waschhaus verbarg. Ich warf die Handgranate, die einen eindrucksvollen Krach verursachte – das Merkmal der »Polnischen«, wie wir sie nannten. Während ich die Leiter hinabstieg, schoß der Polizist von oben auf mich. Aber die Handgranate hatte die anderen eingeschüchtert, die mit weißen Taschentüchern an den Gewehrläufen herauskamen und riefen: »Wir ergeben uns! Wir ergeben uns!« Wir rannten in die Polizeistation, und innerhalb von zehn Minuten hatten EPON- und EAM-Mitglieder alle Waffen und die ganze Munition weggeschleppt.

Wie ein Kinofilm, begleitet von einer Liszt-Rhapsodie, liefen mir diese Bilder durch den Kopf. Ich bemerkte, daß verschiedene Passanten stehenblieben, um sich die Szene anzusehen. Der Sicherheitspolizist befahl: »Ausweis!« Noch aufmerksam Liszt hörend, holte ich meinen Ausweis heraus und überreichte ihn den beiden. Da flippten sie aus. Sie stürzten sich auf mich und zerrten mich hoch. »Wenn wir mit dir sprechen, hast du strammzustehen! Verstanden?« Als ich mich aufrichtete, merkten sie, was sie waren: Menschlein. Die Zuschauer um uns herum forderten sie heraus. Der eine gab mir eine Ohrfeige, der andere einen Tritt zwischen die Schenkel. Dann folgten Schläge, Tritte. Sie keuchten. Als sie fertig waren, ging die Sendung im Rundfunk zu Ende. »Sie hörten sinfonische Musik«, sagte die Redakteurin mit ihrer Sexy-Stimme. »Und nun Unterhaltungsmusik.« Nach der unangenehmen die angenehme Musik, dachte ich mechanisch, um mein Denken mit irgendetwas zu beschäftigen. Ich schämte mich, die Leute ringsum anzusehen, die mich apathisch beobachteten, als sei ich ein wildes Tier in einem zoologischen Garten.

Da war er also wieder, mein alter Bekannter, der Sicherheitspolizist. Im selben Flur, wo ich ihn gefesselt hatte und er meine Hände leckte. »Du wirst bereuen, geboren worden zu sein, du alter Wichser!« schrie er und spuckte auf den dreckigen Mosaikfußboden. Sie brachten mich sofort in eine Zelle. Dort saßen nur Leute, die ich aus Ikaria kannte. Wir waren zwölf. Am Morgen brachten sie uns den dreizehnten. Wir kannten ihn nicht. Er stellte sich vor. Ein Lehrer. Er war zum Tode verurteilt worden. Sie hatten ihn hierher nur für eine Identifikation gebracht, und nun wartete er, jeden Augenblick abgeholt zu werden zum Verhör, dann zur Hinrichtung. »Hast du die Deinen gesehen?« fragte jemand. »Sie sind weit weg, in Ipiros. Auch meine Frau ist verhaftet, die Kinder sind bei Verwandten.« Er wählte eine Ecke, legte sich hin, schob seine Hände unter den Nacken und blieb unbeweglich liegen, an die Decke starrend. Er rührte sich nicht, bis sie ihn abholen kamen. Wir sagten nichts. Wir versuchten nur, mit den Blicken unsere Scham zu verbergen, daß wir noch lebten. Er rang sich ein Lächeln ab. Ein bitteres Lächeln. Als würde er sagen: »Scheißleben! Daß du abgeknallt wirst wie ein Hund und wehrlos bist!« Der Offizier ließ mich zum Verhör rufen. Er gab sich Mühe, zivilisiert mit mir umzugehen. Er hatte nicht vergessen, wie wir zwei an dem Morgen im Dezember 1944 an die Tür seines Hauses in Ano Smirni geklopft hatten und er seine Frau umarmte. »Komm rein, Herr Kamerad«, hatte er mir gesagt. »Du mußt meine Kinder kennenlernen. Weck sie auf, Frau!« Die Kinder, total verschlafen, wußten nicht, wie ihnen geschah. Das Mädchen etwa sieben, der Junge etwa fünf . . .

»Wie geht es deinen Kindern?« fragte ich. »Uns geht es sehr gut.« Und wollte hinzufügen: »Dank dir!« Hielt aber inne. »Zigarette? Es handelt sich um ein formales Verhör«, setzte er hinzu. »Was sagst du zum Pädomazoma, zur Kindersammelaktion?« Er antwortete selbst: »Nichts.« – »Was wollen die?« fragte ich. »Du sollst die Aktion verurteilen. Ich schreibe hier: Ich lehne ab. So. Fertig. Wenn alles glatt geht, schicken wir dich in die Verbannung.« Nach einer Pause: »Leider werde ich von hier versetzt, und ich kenne nicht die Pläne meines Nachfolgers.« Der Nachfolger war Herr Angelakos, der später Belojannis und Plumbidis verhörte. Rothaarig, schlau, sehr klug, kannte uns so gut, daß man, wenn er mit einem sprach, das Gefühl hatte, mit einem Parteiinstrukteur zu reden. Nachdem er unsere Dossiers studiert hatte, kam er zu dem Schluß, daß drei von uns die Reueerklärung nicht unterschreiben würden. Darum rief er uns erst gar nicht zum Verhör. Dann fand er das schwächste Glied unter uns heraus, einen jungen Mann mit dem Vornamen Jannis, dessen Frau schwanger war. Während der ersten Verbannung hatte sie ihm geschrieben, daß sie mit dem Kind im Arm und einigen Stücken Stoff durch die Straßen rannte, um etwas zu verkaufen und dafür Milch zu besorgen. Nun war Eleni, so hieß sie, wieder schwanger. Als Jannis vom Verhör kam, stürzte er sich schluchzend auf die Pritsche. Wir ließen ihn sich beruhigen. Auf dieselbe Weise, die schwachen Punkte eines jeden einzelnen ausnutzend, kriegte er alle herum. Zum Schluß blieben nur noch drei übrig. Giorgos Eleftheriadis, Perklis, ein ehemaliger Gendarm, und ich. In dem Monat, den wir zu dritt in Isolationshaft verbrachten, sang ich ihnen das *Requiem* von Mozart vor, das ich kurz vorher im Chor geprobt hatte. Eines Tages kam auch ein Wächter, ein Musikliebhaber, in die Zelle, um zuzuhören. Folterungen fanden in diesem Revier nicht statt. Die Verhöre bauten auf psychologischen Druck. Die Zelle war eng. Kaum Luft. Außer einer elektrischen Glühbirne, von der ein abgestorbener gelber Schein ausging, gab es kein Licht. Wir durften keine Verwandten sehen, nur Lebensmittel empfangen und ab und zu ein Kleidungsstück.

Wie kam es zu meiner Verhaftung? Was war passiert? Mein guter Erzengel Michail führte meinen Schritt zum Theaterbus, der mich nach Hause fuhr. Zufällig in jener Nacht nahmen die Polizeireviere Festnahmen von Verdächtigen vor, um sie in die Verbannung zu schicken. Das rettete mich. Denn wenn mich die Sicherheitspolizei von Athen festgenommen hätte, wären mir die bestialischen Verhöre, die zur gleichen Zeit Petros und Pavlos durchmachten, nicht erspart geblieben. Aber weder der eine noch der andere verrieten mich. Der Beweis ist, daß ich lebe. Angelakos, als methodischer Verhörspezialist, ordnete an, daß wir zur Sicherheitspolizei gebracht werden sollten, um möglicherweise als Mitarbeiter einer illegalen Organisation identifiziert zu werden. Wenn nicht, würde er uns anschließend über die Transportabteilung in die Verbannung schicken. Als das Gefängnisauto das Hadrian-Tor erreichte, öffnete sich ein wenig die Plane, und ich sah die bunten Busse. Da wurde mir bewußt, daß ich im Gefängnis die Farben vergessen hatte. Ich fühlte eine tiefe Befriedigung, als würde ich in jenem Augenblick neu geboren. Wie schön ist das Leben, überlegte ich. Als wir vor dem Tor der Sicherheitspolizei ausstiegen – und bevor wir noch richtig erfaßten, was vor sich ging –, empfing uns eine menschliche Wand, die auf uns einschlug mit Stöcken, Stahlruten, Fäusten und Fußtritten. Gleichzeitig spuckten sie auf uns, fluchten abscheulich, ein seltsamer Sprechchor. Wir wurden hin und her gestoßen, fielen, stürzten Treppen hinunter, wurden wieder hochgezerrt und landeten in einem riesigen Keller. Rundum Gefangene. Aufrecht, mit dem Rücken an der Wand. Auch wir mußten uns aufstellen. Die Wächter standen mitten im Keller mit ihren Peitschen, Schlagstöcken und Maschinenpistolen. Sie wirbelten umher und stöhnten, als hätte man ihre Mütter umgebracht. Die Partisanen hatten tatsächlich an diesem Tag im Parnithagebirge einen großen Sieg errungen, wie wir später erfuhren. Vor ihrer Nase. Nun rächten sie sich an uns. Als sie mit den Maschinenpistolen auf uns zielten, dachten wir, daß sie uns sofort niedermachen würden. Ab und zu ging ein Wächter zu einem Häftling, den er zufällig aussuchte, und schlug ihn zusammen. Ich zog mit meiner Größe, wie immer, alle Aufmerksamkeit auf mich. Als hätten die Prügel nicht gereicht, näherten sich mir zwei Typen in Zivil mit Koteletten und Schnurrbart. In den Händen hielten sie Schlagstöcke. Dann schlugen sie mir blitzschnell ins Gesicht, bevor ich mich mit den Händen schützen konnte. Ich fiel hin, und sie erwischten mit ihren Tritten meine entzündete Lunge. Ich verlor die Besinnung. Ich fühlte vage, daß sie mich zur Identifizierung aufrichteten. Der Erzengel Michail flatterte über meinem Kopf. Ich sah ihn und sagte: »Heb mich hinauf und bring mich in den Himmel!« – »Ich kann nicht. Du bist viel zu schwer und außerdem dreckig. So kannst du nicht vor Gott erscheinen!« Mit der einen Hand hielt er das Schwert nach oben und mit der anderen drückte er meinen Kopf nach unten, damit sie mich nicht an meiner Größe erkannten. Dutzende Spitzel liefen an mir vorbei. Sie faßten mich an den Haaren und zogen meinen Kopf nach oben, um mein Gesicht zu sehen. Aber das Blut und der Schlamm vom nassen Zement hatten es entstellt. Umsonst leuchteten sie mir mit den gelben Scheinwerfern ins Gesicht. Schließlich hoben mich zwei Kameraden auf und brachten mich zum Jeep. Es war Nachmittag. Mildes Wetter. Während wir die Singruallee hinunterfuhren, blies mir der Wind des Saronischen Golfs ins Gesicht. Ich fühlte mich gut. Einer neben mir zog sein Taschentuch heraus und wischte mein Gesicht ab. »Am Kai werden viele Leute sein. Hast du Verwandte?« Ich nickte. »Nicht, daß sie dich sehen und erschrecken.«

Tatsächlich, vor der Anlegestelle wartete eine große Menge. Wir waren drei Jeeps mit Gefangenen. Als ich Mutter, Vater und Mirto sah, schlug mein Herz höher. Die Polizisten hatten einen Kordon gebildet und schoben sie brutal zurück, damit sie uns nicht näher kommen konnten. Ich grüßte sie mit der Hand und mit einem Lächeln. Mutter weinte. Mirto strahlte im Mailicht. Sie trug einen grünen Pullover, der sich abhob von der farblosen Kleidung der Menge. Für einen Augenblick blieb die Zeit stehen. Wir waren allein. Sie und ich. Ein Schlag mit dem Gewehrkolben zwang mich zum Weitergehen. Ich kletterte die Schiffsleiter hinauf und ging an Deck. Auf dem Schiff Gendarmen. Ein dicker Unteroffizier empfing uns. Er nahm ein Paar Handschellen. Die eine legte er mir und die andere einem kleineren Kameraden an, der zufällig neben mir stand. Er wollte sie schließen. »Sie sind zu eng«, sagte ich, »bring andere!« Seine Augen leucheten auf. Er fuhr sich mit der Zunge zufrieden über die Lippen und erwiderte: »Zu eng, ja? Ich brech dir die Knochen!« Er drückter mit ganzer Kraft und schloß sie. Langsam platzte die Haut, und das Blut rann heraus. Ich beachtete es kaum, denn ich wollte meine Eltern und Mirto noch zum Abschied grüßen. Wir gingen, aneinandergekettet, zu einer Bank, von der aus man auf den Hafen sehen konnte. Ich mußte gebückt gehen, um die Höhe seiner Hand zu haben, damit meine Wunde nicht schmerzte. »Was hast du, Genosse?« fragte ich. »Was ist mit deinem Ohr?» – »Sie haben es mir abgeschnitten.« Seltsam, anstelle des Ohres ein Loch zu sehen. Das Blut geronnen. Aber an einigen Stellen tropfte eine schwarzrote Flüssigkeit herunter, auf unsere angeketteten Hände. Er blickte auf das rohe Fleisch meiner Hand und fragte: »Hast du Schmerzen? Leg sie auf die Bank. Wir dürfen keine plötzlichen Bewegungen machen.« – »Wo haben sie dich geschlagen?« – »In Kalamata.« Langsam wurde mir bewußt, daß ich mich auf einem Schiff befand und daß wir bald reisen würden. Mein Denken spaltete sich und beschäftigte sich mit der Reise. Ich fühlte mich so wohl dabei, daß ich beinah den Schmerz, die Meinen zu verlassen, vergaß. Das Schiff legte ab. Während es sich langsam drehte, den Weg aus dem Hafen suchend, trat Mirto aus der Menge und stand allein auf der Kaimauer. Wir sahen uns in die Augen, bis Mirto zu einem grünen Punkt in der Abendglut wurde.

Wir fuhren an Faliro vorbei und sahen ganz Athen. Mach's gut, geliebte Stadt, dachten wir alle. Ob wir dich wiedersehen werden? Bald begann ein neues Martyrium, denn der Kamerad aus Kalamata hatte ein Nierenleiden und urinierte Blut. Er ging und kniete sich an die Reling. Ich mußte ihm gezwungenermaßen folgen, obwohl meine Hand blutete und schmerzte. Er holte ihn raus, über dem Meer. Er blickte mich an, als würde er sich schämen und mir sagen wollen: »Sieh weg, Kamerad! Schau dir nicht mein Elend an!« Er urinierte Blut, versuchte ihn dann mit der Hand abzuwischen und wieder in die Hose zu stecken. Als er fertig war, setzten wir uns auf die Bank. Das wiederholte sich sehr oft. Als wir gegen Mitternacht Siros erreichten, legten wir an, damit Passagiere an Land gehen und andere zusteigen konnten. Dort überkam es meinen Kameraden, und er mußte sich übergeben. Der Wind schleuderte mir sein Innerstes ins Gesicht. Was hast du mir nur beschert, mein Gott? fragte ich mich. Einen Kleinen, aus dessen Ohr es tropft, der ständig Blut uriniert und nun auch noch kotzt. Um uns herum hatten sich die anderen Gefangenen vor der Kapitänsbrücke eingerichtet. Die Gottlosen holten eine Gitarre heraus und sangen, obwohl sie gefesselt waren wie wir. Die Wächter und die Schiffsoffiziere, alles »Schwarze«, ärgerten sich über uns: gefesselt Gitarre zu spielen! Sie taten so, als würden sie nichts begreifen. Am Morgen, vor Mikonos, fuhren wir in einen Sturm. Unser Schiff glich einer Nußschale. Mit geketteten Händen fanden wir keinen Halt. Was passiert, wenn wir sinken?, fragten wir uns. Mit den Handschellen ertrinken wir doch sofort. Als einige Monate zuvor das Schiff »Chimäre« gesunken war, ertranken dreihundert Häftlinge, aneinandergekettet wie wir, wie Hunde. Gemeinsam riefen wir: »Löst die Handschellen! Löst die Handschellen!« Der Kapitän kam heraus. Fettleibig, mit geschniegeltem Schnurrbart. Er spuckte von oben auf uns und rief: »Stalin soll sie euch loslösen!« Sehr mit sich zufrieden, drehte er sich um. Das Schiff prallte auf eine riesige Welle, die das Deck überspülte. Wir wurden alle zu einem Knäuel; Gefangene, Pakete, Gendarmen. Die Frauen, auf der anderen Schiffsseite, kreischten zusammen mit den festgebundenen Hühnern. Der Meerwind brüllte und löste in mir eine Begeisterung aus, auch wenn mein Kamerad, der schon seit längerem in die Hosen machte, auf mir lag. Delos, klar zu sehen unter dem wolkenlosen Himmel, der die Insel kämmte und in den Schlaf wiegte. Rauf und runter. Das Schiff spielte verrückt. Auf der Brücke gab der nun ängstliche Kapitän Befehle und ließ unsere Handschellen überprüfen. Du Wichser, dachte ich, was kann ich nur machen, da du dort oben bist und ich unten und gefesselt. Ich präge mir aber deine Fresse ein. Rache ist süß . . . Wir ertranken beinah, und ich sah mir ständig sein Gesicht an. Ich überlegte, auf welche höllische Weise ich es ihm heimzahlen würde. Wie wichtig sind für die Seele des Menschen solche Vorstellungen, um all das auszuhalten. Unser elendes Geschlecht ist ein Tier. Ein Tier, schlimmer als alle Tiere der Welt. Es verdient nicht die Schönheiten des Lebens, sondern den Tartaros und die Dunkelheit der Unterwelt.

Als wir die Bucht von Ikaria erreichten, ließ der Wind nach. Ein monotones Schwanken, mal nach links, mal nach rechts, ohne Unterlaß, quälte unsere armen Mägen. Uns kam langsam die Galle hoch. So liefen wir in den Hafen von Evdilos ein. Gendarmen erwarteten uns an Land. Was würden sie mit uns tun? An der Treppe öffnete uns der Unteroffizier, angeschlagen und mißmutig, die Handschellen. Als er mich erblickte, lebte er auf. »Nun?« fragte er mich interessiert. Er wollte wissen, ob er mir den Knochen gebrochen hatte und ich ein Krüppel bleiben würde. Als sich die stählerne Zange löste, wurde mir leichter. Ich rieb den Handknochen mit der anderen Hand. Ich sah auf seinen Bauch, dann in seine Augen. Er war ein Tier. Wie sollte er die Sprache der Engel, die ich sprach, verstehen? »Kein Faschist, auch du nicht, wird der endgültigen Strafe entgehen. Du bist verurteilt. Ich bedaure dich im voraus!« Das ungefähr flüsterte ich ihm zu. Durch die kurze Pause war der ganze Zug ins Stocken geraten, der Gewehrkolben des Wächters hinter mir brachte mich in die Wirklichkeit zurück. Auf dem Kai stellten sie uns in einer Reihe auf und befahlen: »Setzt euch!« Wir setzten uns hin und warteten schweigend auf unser Schicksal. Gegen Mittag erschien ein Gendarmeriehauptmann, Herr Alisandrakis. Unser neuer Herr. »Euer Tagesablauf ist strikt geregelt«, so war seine metallische, krächzende Tenorstimme zu vernehmen. »Das, was euch vom letzten Jahr her bekannt ist, könnt ihr vergessen. Ihr werdet in euren Häusern eingeschlossen wohnen und diese nur verlassen, um euch bei mir zu melden. Wer diesen Befehlen zuwiderhandelt, wird vor ein Militärgericht gestellt. Ich hoffe, daß wir gut miteinander auskommen. Ihr werdet euch in Dafni einrichten. Die Einheimischen sind ja auch Genossen. Es wird euch gut ergehen . . .« Er lachte befriedigt den Gendarmen zu, die ob seines schwarzen Humors ein wenig durcheinander waren. Von wegen Genossen!

Ikaria
1948-1949

Die Verbannten, die in Evdilos wohnten, sahen uns von weitem zu. Alisandrakis ging zu ihnen. Sie sprachen miteinander. Dann kam eine kleine Abordnung, die uns begrüßte. Ein Mann mittleren Alters schenkte uns sofort reinen Wein ein: »In Dafni sind noch keine Verbannten. Ihr werdet dort die ersten sein. Aber in Akamatra, dem nächstliegenden Dorf, gibt es eine gut funktionierende Gruppe. Mit ihr werdet ihr zusammenarbeiten. Zunächst bekommt ihr aber von unseren eigenen Vorräten Trockennahrung, Medikamente und Lebensmittel, damit ihr die ersten Tage über die Runden kommt. Wir behalten es dann von den Sachen ein, die euch zugeteilt werden. Jeder kriegt siebzig Drachmen im Monat. Damit haben wir hier unsere Vorratskammern gefüllt. Gibt es einen Arzt unter euch?« – »Ich«, meldete sich ein Dreißigjähriger mit Brille. »Wie heißt du, Kamerad?« – »Aris, ich bin Pathologe.« – »Geh, such dir die Medikamente aus, die du brauchst, und kümmere dich um die Kranken. Euch steht ein langer Weg bevor.« Dann kam es zu Gesprächen zwischen uns und den Verbannten aus Evdilos. Man suchte nach Bekannten, lernte sich kennen. Auch wir suchten nach Bekannten. EAM-, EPON-Mitglieder, Kommunisten bildeten die ersten kleinen Zellen. So wurde deutlich, wer nicht organisiert oder aus Versehen festgenommen worden war, wer zu den Sympathisanten gehörte, die völlig Unbekannten. Wir waren um die neunzig, unter uns auch ein aus öffentlichen Diskussionen bekannter Trotzkist. Natürlich kam es ganz unauffällig zu diesen Kontakten. Vor allem die Kommunisten mußten um jeden Preis unerkannt bleiben, »illegal« sein in der eigenen Gruppe.

Der Arzt kam mit zwei Jungen zurück, die Medikamente, Binden, Flaschen trugen. Er rief: »Alle Kranken hierher!« Ich ging zu ihm hin. Die meisten hatten offene Wunden von den Folterungen und vom Prügeln. Selten gab es einen Patienten mit einer normalen Krankheit. Als ich an der Reihe war, beschäftigte sich Aris zunächst mit meiner Hand. Er schüttete Wasserstoffperoxid auf die Wunde, dann Jod und verband sie. Anschließend nahm er sich mein Gesicht vor. Meine alte Wunde, von der rechten Augenbraue bis über die Stirn, war aufgeplatzt und eiterte. Ich litt sehr, als er sie auswusch. Er wickelte eine Binde drum. Mein Auge, total entzündet, blutete. Der Arzt hatte keine Tropfen und bat den Jungen, der bei ihm war, welche zu holen. Er sah, wie ich mich krümmte. »Hast du noch etwas?« – »Mein Rücken schmerzt.« Er nahm sein Stethoskop und hörte mich ab. »Um Gottes willen«, sagte er, »wie kannst du noch aufrecht stehen? Hast du das schon lange?« – »Seit März.« – »Das ist ein Phänomen! Du kannst gehen? Essen?« Ich dachte an Sisilianos, der mich gefühllos nannte. Hatte er vielleicht recht? Am Ende war ich wirklich gefühllos. »Was soll ich machen, Doktor? Ich muß doch, wissen Sie?« Er sah mich durch seine Brillengläser an. Er verstand. »Trinkst du Milch?« Ich lachte und fragte ironisch: »Sonst noch was?« Er sagte zu dem Jungen neben sich: »Ihr müßt Milch auftreiben!« Dann, zu mir gewandt: »Willst du in Evdilos bleiben? Ich werde darum bitten!« Ich sah in die Runde, die Gesichter meiner Mitreisenden vom Schiff. Sie gefielen mir. »Nein, ich will mit euch kommen.« – »Bist du sicher, daß du gehen kannst?« – »Ich werde es schon hinkend schaffen.« – »Hast du Gepäck?« – »Einen Sack mit meinen Sachen, Büchern, Papier ...« – »Was bist du von Beruf?« – »Ich schreibe Musik!« Seine Augen leuchteten unter den Gläsern auf. »Du schreibst Musik! Das ist doch wunderbar. Wirst du auch etwas für uns schreiben?« Ich nahm meine Medikamente, setzte mich ein wenig abseits und sah mir wieder Evdilos an, das Meer. Ich erinnerte mich an Zannos. Jetzt befindet er sich in der Allgemeinen Sicherheitspolizei. »Wie Jesus Christus!« hatte mir Tante Stefanidi gesagt, die ihn dort gesehen hatte. Wie lang ist das schon her? Ein Jahrhundert? Ob das alles wirklich stattgefunden hat? Ein Lied begann in meinem Gehirn zu entstehen. Ich holte ein Blatt Papier und einen Bleistift heraus und schrieb: »Schlage schlage die Brust die entflammt. / Schlage schlage das Gehirn das aufblitzt. / Die Sklaven werden wild wenn man sie geschlagen / du wirfst uns nieder und wir steigen auf . . .« Der Arzt setzte sich zu mir. »Sing es mir vor!« sagte er lächelnd. Während er zuhörte, nickte er rhythmisch mit dem Kopf. Es kamen noch mehr. Auch Fotis mit seinen Freunden. »Bring die Gitarre! Schnell, die Gitarre!« – »Soll ich es in Moll spielen?« fragte er. »Wie du willst.« Langsam erklang das Lied, von immer mehr Männern gesungen. Der Kreis wurde größer, und der Klang erhob sich zum blauen Himmel, ein Opfer an die alten Götter, die uns verlassen hatten. Aber mir fielen nacheinander die Gesichter und Gesten von Petros, Pavlos und Vasilis ein. Als stünden sie vor mir, lebendig, warm. Auch das Gesicht des todgeweihten Lehrers, seine Augen zur Decke gerichtet, den jetzt die Würmer in der Erde auffraßen. Als wollten diese Augen einen Gedanken lesen, den wir nicht kannten und den wir möglicherweise niemals kennenlernen würden. Und doch, er beherrschte uns . . .

Jemand rief: »Die Jüngeren sollen sich versammeln! Wir gehen zu den Depots!« Nach einer halben Stunde kamen sie zurück, bepackt mit Säcken. Sie hatten auch ein Muli, das zwei Kessel und mehrere Körbe schleppte. Ein Einheimischer führte es an der Leine. Sie blieben vor uns stehen. Alisandrakis tauchte wieder auf: »Nun, fertig? Dann los! Ihr macht in Akamatra halt und meldet euch bei der Polizeistation. Der seid ihr zugeteilt. Und wehe euch, wenn ich von Unregelmäßigkeiten höre . . . Ihr könnt losgehen!« Sie ließen mich nicht, wie alle anderen, Lebensmittel tragen. Ich nahm nur meinen eigenen Sack. An meiner Seite gehend, paßte Aris heimlich auf mich auf. Er glaubte bestimmt, daß ich mitten auf dem Weg zusammenbrechen würde. Wir stiegen nach Evdilos hinauf. Einheimische und Verbannte grüßten uns herzlich. Wir hatten keine Polizeibegleitung. Vorneweg lief der Ikariote mit dem Muli und wir im Gänsemarsch hinterher. Die Sonnenstrahlen fielen schräg auf die Erde. Am Horizont schimmerten die nackten Berge der Türkei. Die Insel Chios verlor sich in zartem Dunst. Die Natur war schön. Hinter uns, weit unten, der Hafen und das Dorf, in einem runden Kreis um die Bucht, gleich einem Teller, bemalt mit weißen Häusern und roten Dächern. Ein Boot, das Richtung Chios auslief. Wir erreichten eine bewaldete Schlucht. Der Pfad zog sich im Zickzack hin. Der Berg verbarg die Sonne. Es kühlte ab. Der Anstieg wurde immer steiler. Einige begannen zurückzubleiben. Jemand schrie nach allen Seiten: »Nur Mut! Bald kommt eine Quelle!« Als wir sie erreichten, machten sich die ersten bereits zum Abmarsch fertig. Wir tranken Wasser. Wuschen uns. Der Arzt sagte: »Das Schwitzen tut dir gut. Aber du könntest dich dabei erkälten. Zieh dich aus!« Er rieb mich mit einem wollenen Kleidungsstück ab. Dann behandelte er meine Seite mit Jod und gab mir Tabletten. »Fertig?« – »Fertig!« Wir rüsteten uns und gingen als letzte los.

Der Pfad schlängelte sich hinauf. Es ging so steil nach oben, daß man außer Atem kam. Wir sahen von unten das Muli, das den Kamm erreicht hatte und von den Sonnenstrahlen erfaßt wurde. Ihm folgten, wie Ameisen, die Menschen, gebückt von der Last. Als wir oben ankamen, veränderte sich die Landschaft. Wir ließen das Meer hinter uns. Vor uns einige Hügel mit Felsen und Sträuchern. Weiter hinten Berge. Wir blieben wieder stehen, um uns auszuruhen. Der Pfad, rot zwischen dem grünen Gras, führte nach links, zum Abhang des ersten Berges. Dort wurde vor uns Akamatra sichtbar. Die anderen waren bereits über eine halbe Stunde da, als wir ins Dorf kamen. Auf dem Platz freudige Begegnungen mit den Verbannten. In kleinen Gruppen diskutierten sie lebhaft. Der Arzt bahnte mir zwischen ihnen einen Weg zum Kafenion. Einige sprachen uns an und schlugen vor, das Lied zu singen. Aber Aris machte ihnen mit seinem Blick klar, daß ich krank sei und Ruhe brauche.

Die Wache marschierte auf. Der Gendarm Dionisis, der den Dienst eines Unteroffiziers versah, dann Psilakis und noch einer. Insgesamt drei Mann. In Akamatra wohnten über hundert Verbannte. Die meisten waren über ein Jahr hier. Sie sahen gepflegt aus, sauber, sorglos, als seien sie in dieser Gegend geboren. Es fand ein Appell statt. Dionisis stieg auf die Treppe der Polizeistation und las die Namen vor. Einer nach dem anderen meldete sich mit »Hier!« Als ich an der Reihe war und gerade zur Seite treten wollte, näherte sich mir ein Gendarm. »Du heißt Theodorakis?« fragte er, »und stammst aus Kreta?« – »Ja.« – »Hast etwas mit dem Geschlecht der Theodorakis zu tun, die Blutrache üben?« –

»Ja.« – »Also dann, paß auf! Ich heiße Psilakis. Aber ich bin nicht mit den Psilakides verwandt. Außerdem wohnen wir auf der anderen Seite Kretas.« Ich lachte. Stell dir vor, dachte ich, um wieviel stärker die Blutrache ist als die Macht. Ich bin ein Gefangener, er ist Gendarm, und er hat Angst, daß ich ihn töte, wegen der Blutrache. »Sei beruhigt«, sagte ich ihm. Er war bleich, ein dunkler Typ mit dem obligatorischen Schnurrbart. Er schien kein schlechter Mensch zu sein. Etwas dümmlich. Das waren oftmals die schlimmsten. »Wir werden uns schon einig werden als Kreter. Was meinst du?« – »Wie soll ich das verstehen?« fragte er. »Keine Bosheiten«, sagte ich, wie die unausgesprochene Drohung eines Theodorakis. Er hob die Schultern und ging nachdenklich fort.

Der Appell mit der Anwesenheitskontrolle dauerte etwa eine Stunde. Als er beendet war, ergriff der Vorsitzende von Akamatra das Wort. »Kameraden«, sagte der, »heute werdet ihr in unserem Dorf irgendwie unterkommen müssen. In der Schule, im Kafenion, in den Häusern. Morgen geht ihr nach Dafni. Das ist eine halbe Stunde entfernt von hier. Dort müßt ihr euch zurechtfinden. Heute abend eßt ihr aus unseren Kochtöpfen. Euer Küchengerät mit den ersten Lebensmitteln ist schon in Dafni. Ab morgen werdet ihr also schon in euren Häusern essen können. Im Laden gibt es Geschirr und alles Notwendige zu kaufen. Wenn ihr kein Geld habt, müßt ihr Kredit aufnehmen.« Dionisis sprach wieder. Ein geschniegelter Held, mit einem Schnurrbart à la Hitler und meliertem Haar, wie ein Bäcker aus Ipiros. »Morgen früh, bevor ihr losgeht, wird die Anwesenheit geprüft. Abends wieder, um sieben. Ab übermorgen habt ihr euch hier dreimal täglich zu melden. Um acht Uhr früh, um zwölf und um sieben abends. Fernbleiben ist nicht erlaubt. In eurem Dorf dürft ihr nicht auf die Straße hinaus, ihr habt in euren Häusern zu bleiben. Nur zum Essen und zur Meldung dürft ihr hinaus. Ihr müßt auch einen Gruppensprecher wählen.«

Auf dem Dorfplatz suchte der Arzt nach mir. »Ich hab ein Haus ausfindig gemacht, wo du heute nacht schlafen kannst. Wenn wir hingehen, werde ich dich untersuchen und deine Wunden neu verbinden.« Es war die Zeit, da alle spazierengingen. Die schon länger hier lebenden Verbannten, mit sauberen Hosen und hellen Hemden, einer mit einem Stock, ein anderer mit einem Hirtenstab, gingen auf und ab in Gruppen, zu zweit, zu dritt. Sie unterhielten sich mit ernster Miene, als wären sie alteingesessene Dorfbewohner. Im Grunde beneidete ich sie, weil sie sich eingerichtet hatten und in Ruhe lebten. Sie hatten ihr Haus, ihre Schlafstatt, ihre Kleidung und Bücher. Sie lasen, studierten, schrieben Briefe. Ihre Gruppe arbeitete optimal. Im Haus, in das mich der Arzt führte, lebten zwei Dozenten aus Athen. Sie hatten ein Wohnzimmer, eine Küche und ein großes Schlafzimmer mit zwei Betten, zwischen denen das große Fenster war mit Blick auf die Berge. Der eine hatte seinen Arbeitsplatz im Schlafzimmer, der andere im Wohnzimmer. An den Wänden, auf den Tischen, auf dem Fußboden stapelten sich Bücher und Papiere. Zwei große Lampen gingen an. Das Zimmer füllte sich mit Schatten. Sie brachten das Essen in zwei großen Schüsseln, stellten sie auf den Tisch, füllten die Zinkteller mit Bohnensuppe. Dazu gab es einen geräucherten Hering in Öl. Das Brot war altbacken, schmeckte aber. Wir hatten Hunger. Aßen schweigend. Als wir fertig waren, stand der eine auf und räumte den Tisch ab. Er brachte das Geschirr in die Küche, band sich eine Schürze um und wusch es ab. Der andere nahm die Lampe und stellte sie auf seinen Schreibtisch im Nebenzimmer. »Ihr werdet in unseren Betten schlafen. Wir übernachten heute draußen auf Matratzen. Macht euch keine Sorgen. Das gefällt uns. Außerdem haben wir viel Kleidung. Die Einheimischen haben uns ihre gegeben.« Aris untersuchte mich inzwischen. Nachdem er mich gewaschen und die Verbände gewechselt hatte, sagte er: »Jetzt sehen wir uns vorsichtig deine Seite an.« Er hörte alles genau ab. »Bravo! Du Ungeheuer!« Er sprach so laut, daß die anderen ins Zimmer kamen. »Er hat eine Lungenentzündung ohne Bettlägrigkeit überstanden«, sagte er ihnen bewundernd. »Jetzt braucht er Medikamente und viel zu essen.« – »Also«, fragte ich, »kann ich mich frei bewegen?« – »Aber aufpassen.« – »Muß ich zu den Appellen gehen?« – »Wenn du willst, befreie ich dich davon.« Dionisis hatte nämlich eingeräumt, daß die wirklich Kranken fernbleiben dürften. Der Arzt müsse ihm das nur bestätigen. »Wißt ihr«, setzte er hinzu, »Akamatra will mich auch haben, weil hier kein Arzt ist, aber ich gehöre zu Dafni, ich fühle mich als Dafniote.« Zum erstenmal hörte ich diese Bezeichnung. Einige Jahre später, 1952, benutzte ich sie als Pseudonym für meine Veröffentlichungen in der Zeitung *Avgi*.

Am nächsten Tag verließen wir das Dorf und nahmen den Pfad, der nach Dafni führte. Vor uns die Mesaria-Ebene. Links der Berg. Unten, erstickt im Grün, unsere neue Heimat. Wer wußte, wie lange wir in diesem Dorf leben würden. Wir stiegen hinunter. Rechts hörten die Felder an einem steilen Abhang auf. Auf der anderen Seite des Abgrunds war der Berg wie abgeschnitten, wie mit einem Messer, roter Fels. Auf der Kuppe ein Dorf mit Häusern, so klein wie ein Fingernagel. Auch dort wohnten Verbannte. Vor uns, jenseits von Dafni, neue Häuser an einem Berghang mit Windmühlen. Ein anderes Dorf ohne Verbannte. Gleich dahinter der große Berg, der ganz Ikaria beherrschte. An der Straße, links von uns, öffnete sich eine Art Platz. Platanen, steinerne Bänke und im Hintergrund ein großes Becken, das das Wasser von der Quelle aufnahm. Das Wasser spritzte anschließend aus einer kleinen Öffnung in eine Zisterne. Unversehens setzten wir uns alle in den Schatten, um auszuruhen. Man beugte sich über das Becken und erkannte das zitternde Gesicht auf der kristallenen Wasseroberfläche. Man konnte das Wasser nicht trinken, so eisig kalt war es. Nach zehn Minuten brachen wir alle wieder auf.

Wir erreichten Dafni. Die meisten Häuser waren verriegelt, Zeichen dafür, daß sie von den Einheimischen verlassen worden waren. Die Schlüssel hatten sie den Verwandten hinterlassen, die sie uns anvertrauten. Vielleicht ahnt man, was das bedeutete, Unbekannten den Besitz anzuvertrauen. Darum versuchten wir nicht nur, alles zu erhalten, sondern wir erneuerten auch. Wir bauten neue Stockwerke, reparierten die Dächer, strichen die Häuser, kümmerten uns um den Garten, um ihn besser abzugeben, als wir ihn bekommen hatten. Die Kirche stand mitten im Dorf. Vor uns ein kleiner Platz mit Platanen, drumherum Bäckerei, Kleinwarenladen, Kafenion. Daneben, in einem leerstehenden Geschäftsraum, hatten die Unseren die Kochkessel aufgestellt. Dort saßen eine Menge Verbannter, die Kartoffeln, Zwiebeln und Linsen schälten, das Gemüse säuberten. Andere wiederum brachten Äste, die sie in der Morgendämmerung oben im Gebirge abgesägt hatten. Angestrengt versuchten sie, mit der Last auf dem Rücken das Gleichgewicht zu halten. Dann schmissen sie alles mit einem Ruck auf einen Haufen vor den Kesseln. Die Kessel blitzten, frisch gewaschen und gescheuert. Jetzt schütteten sie Wasser hinein, das sie in Eimern von der Quelle brachten. Das Büro der Gruppe tagte vor der Kirche. Wir zählten die Häuser, die uns zur Verfügung standen. Die meisten waren in der Nähe. Nur wenige standen weiter entfernt. Dann zählten wir die Zimmer. Die großen für mehr als fünf Personen, die kleinen für weniger als fünf. Nachdem wir uns vorbereitet hatten, wurde eine Versammlung einberufen. Die Verbannten bildeten Gruppen. Die Jüngeren gingen zu den entfernteren Häusern. Die anderen kamen in den umliegenden unter. Wir, eine Gruppe aus Nea Smirni, darunter Vasilis Kutsugeras, mein Freund aus Tripolis, bezogen ein Haus unmittelbar an der Straße vor der Kirche. In diesem Haus würden etwa zwanzig Verbannte wohnen. Wir wollten erst einmal unsere neuen Wohnstätten kennenlernen und verabredeten uns für elf Uhr wieder, kurz vor dem Essen, um die restlichen Probleme zu besprechen. Wir mußten die Werkstätten einrichten und wichtige Einzelheiten klären.

Wir hatten zwei Stunden Zeit. Wir öffneten Tür und Fenster unseres Zimmers, das wer weiß wie lange schon unbewohnt war. Wir kauften im Laden das Nötigste ein, Besen, Bürsten, Eimer, Seife. Die Dielen waren total verdreckt. Wir gossen Wasser darüber und schrubbten sie. Dann fegten wir mit den Besen das Wasser beiseite. Als wir fertig waren, wuschen wir uns, zogen die Schuhe an, ließen alles offen, damit es trocknen konnte, und kehrten auf den Platz zurück. Es gab unter uns einen Friseur, einen Schuhmacher und einen Schneider. Wir hatten drei Häuser, etwas vom Dorfplatz abgelegen, gefunden, wo sie sich niederlassen sollten. Deren Lage erwies sich als vorteilhaft, weil sie am Weg nach Akamatra standen. Für unseren Briefwechsel mußten wir ganz bestimmte gelbe Karten kaufen. Wir durften mit deutlichen großen Buchstaben bis zu zwanzig Zeilen schreiben. Die Briefmarken gab es im Kleinwarenladen. Die Karten mußten wir der Zensur in der Gendarmerie vorlegen. Um zur abendlichen

Anwesenheitskontrolle zu gehen, vereinbarten wir einen Treffpunkt eine Dreiviertelstunde vorher an der Quelle unter den Platanen, also um Viertel nach sechs.

Das alltägliche Leben in der Verbannung war nicht belastend. Im Gegenteil. Es waren schöne Zeiten. Mit den Tagen lernten wir uns besser kennen. Wir wurden langsam eine Familie. Zunächst jedoch machten wir uns auf zu unserem ersten Gang nach Akamatra. So mußten wir, egal ob es regnete oder die Sonne schien, ob Arbeitstag oder Wochenende, tagtäglich fünf Stunden marschieren. Eine Stunde den Berg hinauf, eine halbe Stunde den Berg hinunter. Das Ganze dreimal täglich, damit die Gendarmen uns zählen konnten. Während wir auf dem breiten Pfad gingen, zu zweit oder zu dritt, unterhielten wir uns – und stellten uns vor, daß wir, etwa hundert Personen, von weitem wie eine Partisaneneinheit aussahen. Zur gleichen Zeit machten etwa fünftausend EAM- und EPON-Mitglieder auf Ikaria denselben Gang, während auf den Bergen ganz unpolitische Menschen in den Partisanenkampf einbezogen wurden. Was sagte Stalin? Das grundlegende Problem, das man lösen muß, will man siegen, sind die strategischen Reserven. Der Kampf der Demokratischen Armee war wahrscheinlich schon verloren, als beschlossen wurde, daß die Athener in der Hauptstadt bleiben sollten. Dabei hatten wir die Jugend, den Glauben, den Ehrgeiz. Und jetzt, dachte ich, statt daß wir im Pindos- oder im Agrafa-Gebirge kämpfen, laufen wir sinnlos durch die kleinen Berge von Ikaria. Wie oft sprachen wir darüber während unserer endlosen Märsche zwischen Dafni und Akamatra. Und dabei, muß man sich vorstellen, gab es Dörfer wie Arethusa, die man erst nach einem dreistündigen Anstieg erreichte; für den Abstieg aber brauchte man nur eine halbe Stunde. Die Verbannten mußten diesen Weg zweimal am Tag zurücklegen.

Sei's drum! Wir versammelten uns alle am Brunnen und gingen los. Am Ende des Anstiegs stand ein kleines Haus, das wir später zum Sanatorium für die drei, vier Tbc-Kranken machten. Hier legten wir immer eine Pause ein. Nach einiger Zeit organisierten wir dort Musik- und Theaterveranstaltungen, um uns und zugleich die Kranken zu unterhalten. Genau links über diesem Haus befand sich der Hügel des Heiligen Ilias. Am Hang wuchs Wein, und auf der Spitze des Hügels thronte die hellweiße Kirche. Die Anwesenheitskontrolle in Akamatra verlief normal. Wir gingen alle einkaufen, wofür uns eine halbe Stunde von den Gendarmen eingeräumt wurde. Wir kauften Karten und Briefmarken. Ich schrieb an Mirto und nach Hause und gab die Karten in der Gendarmerie ab. Genau um halb acht gingen wir wieder nach Dafni los. Nach unserer Ankunft tagte das Büro wieder. Wir mußten eine Menge Dinge klären, beispielsweise, wer die siebzig Drachmen in Empfang nimmt und die 50 Prozent von den Geldüberweisungen, die für die Gruppe bestimmt waren. Wer die Lebensmittel bestellt und was überhaupt bestellt werden sollte. Die Lebensmittel wurden uns mit gemieteten Booten von der Insel Siros gebracht. Dann mußten wir sie von Evdilos herholen und lagern. Das zu organisieren war nicht so einfach. Was konnten wir denn mit den uns vom Staat gegebenen zwei Dollar, dreihundert heutigen Drachmen, für einen Monat anfangen? Soviel waren wir dem Monarchofaschismus wert. Wir trugen also eine große Verantwortung, einen Weg zu finden, um als Gruppe zu überleben. Nachdem wir auch unsere Werkstätten aufgebaut hatten, wo man sich frisieren und rasieren, die Schuhe und die Kleider ausbessern lassen konnte, alles umsonst, standen wir vor dem Problem der kulturellen Betätigung und Bildung. Wir führten für alle Interessenten Programme mit Frühgymnastik durch, die Giorgos Thanos leitete, Sieger der Balkanspiele im Speerwurf. Der Dozent Karolos begann sofort mit Englischunterricht. Er lehrte so gut, daß seine besten Schüler, wie Fotopulos, bald selbst unterrichten konnten. Auch ich wurde Schüler von Fotopulos, und meine Englischkenntnisse verbesserten sich entsprechend der Länge der Haftzeiten. Aber das Schicksal wollte, daß ich stets entlassen wurde, wenn ich gerade dabei war, einen entscheidenden Fortschritt im Erlernen der Sprache zu machen. Darum lernte ich sie nie richtig. Heute noch spreche ich das Englisch von Ikaria. Dann gab es Unterricht für die Analphabeten sowie die Fächer Literatur, Geschichte, Mathematik und Jura. Ich unterrichtete Musik: Theorie – Solfeggio – Chorgesang – Musikgeschichte – Formenlehre. Wir kamen bis zur Analyse der Fuge.

Eines Tages hatte ein Muli ausgeschlagen und mich am Knie getroffen. Darum trat ich als Sprecher zurück und übernahm die politische und kulturelle Organisation innerhalb der Gruppe. Außer für den Unterricht in Marxismus-Leninismus war ich verantwortlich für das politische Magazin. Ich hatte Kontakt zu dem entsprechenden Mann in Akamatra. Er seinerseits mit Evdilos. Aus unserer Zusammenarbeit entstand jede Woche ein Informationsbulletin, das die jeweiligen Propagandisten in den einzelnen Quartieren bekanntmachten. Das Magazin vereinte alle militärischen und politischen Informationen, die wir in Erfahrung bringen konnten, sowie die Analyse der internationalen Lage. Ein Schock war die Nachricht von Stalins Entzweiung mit Tito. Der jugoslawische Führer gehörte zu den großen Persönlichkeiten der kommunistischen Weltbewegung. Die griechischen Kommunisten liebten ihn besonders und seit Beginn des neuen Partisanenkriegs noch mehr. Als wir aber den Standpunkt von Stalin und den von Zachariadis hörten, verurteilten wir Tito alle wie ein Mann. Wie viele werden heute diese Haltung in Frage stellen! Sie werden ins Feld führen, daß die Partei ihre Mitglieder damals genötigt habe, und wer wäre gegen die Partei angekommen? Wer hätte es gewagt? Und doch! Diese Ablehnung Titos geschah spontan; sie erfolgte in gewisser Hinsicht auf natürliche Art und Weise. Unser Glaube an Stalin und die KPG war so absolut, daß wir keinen Beschluß in Frage stellten. Alle unsere politischen Analysen strotzten vor Enthusiasmus. Auf der einen Seite – von den griechischen Bergen bis zu den Tälern Chinas – siegten wir und würden überall siegen. Auf der anderen Seite begann die endgültige Krise des Kapitalismus. Alles war nur noch eine Frage von Monaten. So daß nach zwanzig Jahren Thimios, der immer noch im Gefängnis schmorte, jenes unvergessene Wort sprach: »Die außenpolitische Situation gut. Die innenpolitische Situation gut. Zwanzig Jahre sitzt Thimios schon im Gefängnis.«

Während wir nach Akamatra unterwegs waren und uns freudig unterhielten, überholte ich ein Muli, das, wie gesagt, ausholte und mich vom Pfad schleuderte. Die rechte Kniescheibe bekam einen Sprung. Die anderen schleppten mich ins Quartier. Dort behandelte mich Aris so gut er konnte. Er zwang mich, stundenlang in der Sonne zu sitzen, weil die Feuchtigkeit aus dem Knochen entweichen sollte.

Kurz vor diesem Zwischenfall begegnete ich noch einmal Herrn Alisandrakis in Evdilos. Eine Patrouille hatte zwei Verbannte festgenommen, die im Kafenion zu einer verbotenen Zeit Table gespielt hatten. Eine halbe Stunde nach dem Abendessen mußten wir in unseren Häusern sein. Die beiden wurden sofort nach Evdilos mitgenommen und in den Keller der Polizeistation gesperrt. Am nächsten Morgen sagte mir Dionisis nach der morgendlichen Anwesenheitskontrolle: »Du mußt dich sofort beim Herrn Vorsteher melden!« – »Wann?« – »Sofort. Geh los! Er wartet auf dich.« Nach ungefähr anderthalb Stunden befand ich mich im Gebäude der Gendarmerie von Evdilos. Sie steckten mich in eine Zelle. Auf dem Fußboden lag ein blonder junger Mann, ein EPON-Mitglied. Die Zeit verging. Ich holte ein Stück Papier und einen Bleistift heraus und begann zu komponieren. Aus dieser Inspiration entstand die *Übung für zwei Violinen und ein Violoncello*, die ich später in Dafni ins Reine schrieb. Als der andere Gefangene ging, ließ mich Alisandrakis holen. Er holte auch die anderen. Sie sagten: »Ja! Wir haben beim Tablespielen die Zeit vergessen. Wir kriegten nicht mit, wie die Zeit verging!« Er befahl, sie nach unten zu bringen, zu verprügeln und bis zum nächsten Morgen ohne Essen zu lassen. Dann kam ich an die Reihe. »Du also bist der Sprecher der Gruppe. Wer hat dich dazu gemacht, he? Die Partei? Wer ist das? Wieso hast du diese Verbände? Sie kennen dich wohl? Haben dich hierher auf Urlaub geschickt? Du alter Wichser! Kommunist! Du verbrecherischer Bulgare!« Die anderen beiden begannen unten zu schreien. Er war in Rage geraten. Die Schreie hoben sein Gendarmenbewußtsein. Er stellte sich vor mich hin und spuckte mir ins Gesicht. »Bulgare!« Er trug einen Ring. Mein Gott, überlegte ich, nichts wird von meinem Gesicht übrigbleiben. Ich spürte das geschliffene Metall sich in meine Nase bohren. Blut schoß heraus. Das machte ihn offensichtlich noch wilder. Er befahl den zwei Wächtern hinter mir: »Alle zusammen!« Ich hörte auf zu überlegen, aus welcher Richtung es kommen würde. Die eine Hand hielt ich vors Gesicht, die andere vor meine Genitalien. Schrie ich? Ich weiß es nicht. Die beiden anderen erzählten mir später, daß sie mich schreien hörten. Dann wurde mir ein Stuhl untergeschoben. Er setzte sich an den Schreibtisch, tauchte die Feder ins Tintenfaß und befahl mir: »Unterschreib hier das weiße Blatt. Sonst stirbst du. Hörst du, du Schwuler?« Was mir Sorgen bereitete, war, daß ich es mit einem anormalen Menschen zu tun hatte: Alisandrakis, schon der Name! Tobsüchtig, sogar mit Schaum vor dem Mund. Ich hatte Angst. Wie sollte ich mich verhalten, fragte ich mich, wie ein Dummer oder ganz hart? Oft fürchteten diese Leute dann ihre Verantwortung. Im Keller stöhnten die beiden wie Rinder. Das beeinflußte mich. Ich ertrug den Anblick von Schlachthäusern nicht. Wenn ich Blut sah, wurde ich ohnmächtig und fiel um. Das wäre nicht so angenehm, dachte ich. Ich wurde wütend. Sein Ring regte mich auf. Ein Mann, der einen getriebenen Ring trug, an dem mein Blut klebte. Ich nahm ganz langsam die Feder, sah sie mir an und sagte: »Die Feder gefällt mir nicht ... Ich schreibe mit einer X-Feder, diese hier ist anders ...« Im ersten Augenblick dachte er, daß ich es im Ernst sagte. Als er merkte, daß ich mich lustig über ihn machte, stand er wutentbrannt auf, nahm ein großes Lineal und schlug auf meine Wunde ein. Ich wurde bewußtlos. Als ich zu mir kam, erstickte ich fast im Gestank. Ich lag in der Pisse und Scheiße. Tatsächlich, ein Loch öffnete sich über mir und schloß sich wieder. Ich hörte, wie jemand furzte, und dann fiel Scheiße herunter. Die hatten mich in die Jauchegrube, in die sie schissen, gesteckt. Ich erhob mich und stand die ganze Nacht lang an der Wand, bis am Morgen ein viereckiges Fenster in Kopfhöhe aufging und ich herausgezogen wurde. Derjenige, der mich an den Händen zog, schrie: »Der Schwule stinkt! Er hat mich dreckig gemacht.« Die anderen beiden saßen mit dem Rücken an der Wand im Keller. Sie öffneten die Tür zum Meer. Der Wächter sagte: »Renne ins Wasser, daß du sauber wirst.« Ich tauchte ins Wasser, angezogen wie ich war, doch wohin ich auch schwamm, bedeckte sich die Wasseroberfläche mit Scheiße. Sie befahlen uns, in unser Dorf zu gehen. Wie konnte ich so durchs Dorf laufen? Ich beeilte mich, zur Quelle zu gelangen, um mich zu waschen.

Wir wankten alle drei, einer hielt sich die Seite, der andere hinkte. Sie hatten uns elend zugerichtet. Die Dörfler sahen uns und bekamen riesengroße Augen. An der Quelle zog ich mich völlig aus, machte auch meine Verbände ab. Ich schüttete ständig Wasser auf meinen Körper und rubbelte mich ab. Ich gurgelte, wusch meine Wunden aus, meine Nase, die geschwollen war. Dann nahm ich mir meine Sachen vor. Ich sagte den beiden: »Geht zum Arzt und sagt ihm, er soll am Eingang des Dorfes auf mich warten. Die anderen dürfen keine Einzelheiten erfahren. Genau das wollen nämlich die Gendarmen, unsere Standhaftigkeit brechen. Darum sagt dem Arzt, er soll sich von Dionisis die Erlaubnis geben lassen, mich ins Krankenhaus zu stecken. Keiner darf mich sehen, bevor ich gesund bin.« Ich legte meine Sachen in die Sonne und versteckte mich hinter den Sträuchern, damit mich keiner sah, vor allem keine Mädchen oder Frauen. In der Tat! Eine Familie und der Treiber mit dem Muli, das ihre Sachen schleppte, machten an der Quelle halt, um Wasser zu trinken. Wer weiß, vielleicht zogen sie nach Athen, um dort Arbeit zu finden. Sie sahen meine Kleidung, wunderten sich, aber beachteten sie nicht weiter. Als sie weg waren, zog ich sie halbtrocken über. Meine Noten waren zu einer Papiermasse geworden. Doch konnte ich mich noch an jede einzelne erinnern. Am Dorfeingang wartete Aris auf mich und bescheinigte mir sofort: »Irgendwas muß mit dir los sein, daß du immer alles Unglück auf dich ziehst. Beeil dich, jetzt ist gerade die Zeit, da alle in ihren Häusern sind. Kannst du gehen? Wir haben viel zu tun.« Er sagte das, und dabei betastete er meine Seite und sah sich mit geübtem Blick meine Wunden an. Das »Krankenhaus« war in Wirklichkeit das Stockwerk über dem Laden am Hauptplatz von Akamatra. Es hatte ein Zimmer mit zwei Betten und dem Nötigsten, das Werk von Aris, realisiert mit Hilfe beider Gruppen.

Inzwischen war Danis, der Drucker, gestorben. Er wohnte zusammen mit drei anderen in einem Haus, auf dem gleichen Pfad wie wir, hundert Meter weiter unten, nahe der Schlucht. Eines Nachts kamen seine Mitbewohner und weckten mich. Danis hatte ein Magengeschwür, und eine innere Blutung war aufgekommen. Ich mußte sie zum Arzt begleiten, falls sie auf eine Patrouille stießen. Wir gaben Aris Bescheid, und bald wachte das ganze Dorf auf. Im Morgengrauen trat der Arzt aus dem Haus. Er hatte keine Mittel, das Unglück aufzuhalten. Beim Appell meldete ich Dionisis den Toten. Am gleichen Tag kam mit der Post eine Karte für Danis. Von seiner Frau und den Kindern. Wir lasen sie laut vor, als eine Art Gedenkrede, weil sie keinen privaten Charakter trug. Da drin stand ungefähr: »Wir freuen uns, daß es dir gut geht. Wir versuchen zurechtzukommen. Wir warten auf dich.« Die Frauen des Dorfes wuschen ihn und zogen ihm die zerschlissenen Sachen der Verbannung an. Wir sammelten seine spärliche Habe ein, steckten sie in einen kleinen Sack und nähten ihn zu. Wir schrieben darauf mit Tinte den Namen seiner Frau. Athen-Kalithea. Wir übergaben ihn den Gendarmen. Am Nachmittag, kurz bevor wir uns zum Appell aufmachten, beerdigten wir ihn. Wir selbst hoben die Grube aus. Die Tischler bauten den Sarg mit Brettern, die wir im Kleinwarenladen gekauft hatten. Wir stritten uns ein wenig über das Kreuz. Ein paar strenge Marxisten sagten, daß man kein Kreuz aufstellen dürfe. Das passe nicht zu einem Kommunisten. Andere fragten jedoch, wie sonst sein Name auf das Grab geschrieben werden sollte. Thanasis, der in unserem Hof lebte, Tischler von Beruf, übernahm es, ein Kreuz anzufertigen und den Namen und die Lebensdaten einzubrennen.

Es ist schlimm, in der Verbannung zu sterben. Als wir den kleinen Friedhof verließen, schien das Kreuz uns sagen zu wollen: »Auf Wiedersehen, bald sehen wir uns alle!« Am meisten dachten wir an Danis' Frau und seine Kinder, die sich jetzt, in diesem Augenblick, ahnungslos, wer weiß was für Zukunftsträume mit Danis ausmalten. Auf dem Weg nach Akamatra und zurück waren wir alle sehr schweigsam. Fotis schnitt kleine schwarze Streifen von einem Stoff, die er uns an der Quelle vor Akamatra überreichte, damit wir trauernd ins Dorf einmarschierten. Wir waren neunzig Verwandte von Danis. Auf dem Platz erwarteten uns Verbannte und Einheimische, still und trauernd. Sie drückten uns, tief bewegt, die Hände, wie bei einer Trauerfeier den Familienangehörigen. Sie zählten ihn zu unseren Verwandten. Dionisis, umgeben von seiner Wachmannschaft, sah uns mit nachdenklicher Miene an und sagte: »Gott, empfange seine Seele. Vergib uns Lebenden!« Und die beiden anderen Gendarmen zusammen: »Amen!« Alle drei schlugen das Kreuz.

Es war September geworden. Ich erinnere mich, daß die Weingärten rosa schimmerten. Ich saß mit Pandis auf den Stufen der Kirche des Propheten Ilias. Wir sahen, während wir sprachen, auf die Insel Chios und die türkische Küste. Ich hatte gerade mein Quartier gewechselt. Weil der Bruder von Giorgos Eleftheriadis gekommen war – Offizier der ELAS in Nea Smirni –, nun verwundet, zog ich in ein anderes Haus um, das am Weg zwischen Akamatra und Dafni stand, unmittelbar neben dem Häuschen der Tbc-Kranken, am Abhang des Berges mit einer zauberhaften Aussicht. Dort lebten wir wie dreizehn Verwandte zusammen. Vier im kleinen, acht im großen Zimmer und einer, der Lehrer Nikolaos Ambatzoglos, im Erdgeschoß. Pandis und ich verstummten, ganz eingenommen von der Schönheit des Meeres, das an die Olivenhaine grenzte, die sich von Akamatra hinzogen über den ganzen Berghang. Der Abend brach herein. Der Wind wehte stärker, wie bei jedem Sonnenuntergang, wenn er vom Berg hinunter aufs Meer eilt. Wir froren, und Pandis sagte: »Laß uns gehen!« Ich stand auf, schnitt eine Traube ab und wollte sie ihm reichen. Bei dieser Körperdrehung fühlte ich einen Stich, als würden tausend Messer in meine Seite gestoßen. Es kam plötzlich. Ich erstarrte. Pandis rief: »Mein Gott!« Er half mir, mich ins Gras zu legen. Sie brachten mich mit vierzig Grad Fieber ins Zimmer, später ins »Krankenhaus«. Aris wollte eine Punktion machen, aber die Mitbewohner meines Zimmers, unermüdliche Krankenpfleger, waren dagegen. Schließlich willigte er ein, abzuwarten, ob mein Organismus die Feuchtigkeit aufsaugte. Doch in der Praxis war das etwas schwierig. Die einzige vorhandene Medizin: Spiritus und Jod zum Einreiben. Und Aspirintabletten. Wieder warteten die Verbannten auf dem Platz. Meine Pfleger gingen ab und zu zum Fenster und riefen ihnen zu: »Stagnierend sein Zustand!« Die Schmerzen nahmen ständig zu, aber mich umsorgten nicht eine, sondern zwölf Mütter. Als es mir besser ging, nahmen ihre Liebe und Aufmerksamkeit regelrecht tyrannische Züge an.

Danis' Tod wirkte wie ein Schock auf mich. Ich war ganz apathisch gewesen und hatte seit längerem mit keinem ein Wort geredet. Ich wachte auf, zog mich an und ging hinaus. Giorgos sah mich und fragte flüsternd, was ich habe und wohin ich gehe. »Spazieren«, antwortete ich. Meine Schritte führten mich schnurstracks zum Friedhof. Rundherum Totenstille, unterstrichen vom Ruf der Eule. Von weitem sah ich das Kreuz aus Brettern mit den braunen Buchstaben. Ich wußte nicht, wer ich war, noch, was ich wollte. Am besten, überlegte ich, ich gehe bis zum Rand des Abgrunds, um endlich zu sehen, wie tief er ist. Ein Felsen wie der in Vrakades. Unten Chaos. Gegenüber ragte der rote Granit in die Höhe, bildete über mir ein Gewölbe. Ich saß dort bis zum Morgen, ohne an etwas zu denken. Als ich zurückkehrte, tranken die anderen ihren Morgenkaffee. Ich holte zum erstenmal das Notenpapier aus meinem Sack und komponierte *Vergessen* und *Liebe und Tod* auf zwei Gedichte von Mavilis, die ich auswendig kannte. Auf dem Weg nach Akamatra wurde ich melancholisch. Meine Seele leerte sich von jener Freude, die mir die Arbeit in der Gruppe und der Kontakt mit den anderen gewährten. Ich erinnerte mich sehr deutlich an Mirto. Der Wunsch wuchs in mir, etwas für sie zu tun, etwas Berauschendes, Einzigartiges. Ich hatte vor kurzem zwei für mich bedeutende sinfonische Werke abgeschlossen, die *Themen und Zyklen* und die *Sinfonie in drei Sätzen.* Ich beschloß, mich ab jetzt mehr um mich selbst zu kümmern, also mehr zu lesen und Musik zu studieren. Während ich noch auf meine Pakete wartete, also auf Partituren und Musikbücher, beschloß ich, mit dem Sammeln von Liedern zu beginnen, die die Verbannten in den verschiedenen Quartieren sangen. Mich interessierten vor allem jene aus Pireas. Ich hatte mit zwei, drei Leuten gesprochen und nahm sie immer wieder beiseite. Sie sangen, und ich notierte auf Notenpapier die Musik und die Worte.

Im Paket waren der *Feuervogel* von Strawinsky und die *Nocturnes* von Debussy. Dann das musiktheoretische Buch Die Fuge von Gedalgé. Ich begann zu arbeiten. Ich dachte immer an den jungen Bach, der nachts, beim Schein des Mondes, die Werke seiner Vorgänger abschrieb, um ihre Geheimnisse zu ergründen. Die Abschrift der für mich herausragenden Werke half mir vielleicht mehr als alles andere beim Studium der Musik. Aber keine mechanische Abschreibearbeit – die schon an sich ganz nützlich ist, weil sich die Hand und das Auge an diese Arbeit gewöhnen –, sondern eine analytische, wie ich sie nennen würde. Während der Komponist von der Quelle (also dem Grundmaterial) zum Meer (also der Partitur) geht, ging ich den umgekehrten Weg. Kurz gesagt, beim Studium der Orchestrierung versuchte ich, das Werk auf zwei Notenzeilen zu komprimieren. Sagen wir für Klavier. Das half mir, herauszufinden, welches jeweils die grundlegende melodische Idee war, das grundlegende melodische Material, aber auch die Harmonien und die Rhythmen. Ich befreite die Werke von ihren notwendigen Wiederholungen und schälte ihren Kern heraus.

Da erfuhren wir von der Hinrichtung Vasilis Zannos' und seiner Kameraden. Manchmal ist es notwendig, daß sich die Tragödie personifiziert, damit man sie richtig begreift. Man wußte, daß jeden Tag zehn, fünfzig, hundert hingerichtet wurden. Man gewöhnt sich schließlich daran. Es bleibt die anonyme Zahl, die Einzelschicksale verflüchtigen sich. Wenn man aber einen unter den Tausenden kennt, sieht man ihn plötzlich leibhaftig vor sich. Ich ging nachts hinaus, lief durch den Olivenhain, der unser neues Haus umgab. Das Mondlicht brach sich wellenartig auf den silbernen Blättern der Olivenbäume und erzeugte ein überweltliches Glitzern zwischen den Bäumen. Ich brauchte nicht lange, um abzuheben. Die gefolterten Körper nahmen menschliche Gestalt an. Wie die Bürger aus Calais von Rodin. Riesige Gestalten, deformiert von der Last des Schicksals. Wer waren wohl jene, die dem Sarg von Zannos das letzte Geleit gaben? Griechen? Doch welche? Sie waren von zyklopischer Größe, mit Haaren aus Olivenbaumblättern, lichterblühend – Titanen, die lange vor den Menschen gelebt hatten. Griechenland sinkt also, dachte ich, immer mehr in die Geschichte zurück. Das ist der Bürgerkrieg. Die Nation – ein Felsen, der in den Abgrund der Zeit stürzt. Bis er zu den Wurzeln des Lebens kommt. Zum Anfang. Wir sind fertig mit dem Gegebenen, dem Aktuellen, Zufälligen. Wir leben nun nicht mehr in Episoden, mit den Ereignissen, sondern mit dem Jahrhundert. Wir haben die Fundamente erreicht. Die Toten des Bürgerkriegs werden nicht in normalen Gräbern begraben. Aus ihren Körpern werden die Überlebenden die neuen zyklopischen

Mauern errichten. Der Tote wird zum Felsen, an dem die Pfeile der Eindringlinge zerschellen werden. Schließlich aber wird die Akropolis vom Tourismus besiegt werden, genauso wie unser Leben von Importartikeln. Importiert werden auch die Erretter, denen allein es gelingt, mit chemischen Farben die zyklopischen Mauern anzustreichen. Und so das »Gedächtnis meines Volkes, du heißt Pindos, du heißt Athos«, zu bedecken . . .

Ein paar Tage später bekam ich die Nachricht vom Tod Makis Karlis'. Ich suchte im Olivenhain die beiden jetzt vereinten Feind-Brüder, den zarten Karlis und den hartgesottenen Zannos. Vorbei! Dieser doppelte Tod wurde zur Grundlage für Elegie und Threnos für Vasilis Zannos und für die später geschriebene *Erste Sinfonie*. Zum Glück ermöglichte mir die Natur, in die Musik zu fliehen, so daß ich überlebte und nicht durchdrehte. In allen schwierigen Augenblicken öffnete mir die Kunst, vor allem die Musik, die Tür zu meiner Existenz, trat hinein und nahm mein halbes Ich mit. Zurück – zwischen dem Unrat – blieb der andere, der der Gewalt ins Angesicht sehen mußte, ohne beim Anblick ihrer Häßlichkeit zu verrecken. Davor schützte ihn die »Abgehobenheit« seines anderen halben Ichs, das sich in den himmlischen Gefilden tummelte und ab und zu einen Blick auf die Erde warf, um zu sehen, in welchem Zustand sich seine andere Hälfte dort befand.

Mit den ersten Regengüssen kamen auch jene kleinen hellweißen Wolken, die an den Berghängen entlangtrieben. Oftmals hüllten sie uns ein, so daß wir uns vorkamen wie von der übrigen Welt losgerissen. Wir mußten uns auf den Winter vorbereiten. Zugleich begannen die Kämpfe in den Bergen von Ikaria zwischen den einheimischen Partisanen und der Gendarmerie. Nachts vernahmen wir den Widerhall der Schlachten auf Samos, den Kanonendonner und die Bombenangriffe. Der Krieg griff nun auch auf unsere Insel über, auf unser Dorf unmittelbar nebenan. Vom Fenster aus erkannten wir in der Dunkelheit das Blinken der Waffen. Unsere Dörfer füllten sich mit wütenden Gendarmen. Bei jeder unserer Begegnungen dachten wir, daß sie uns auf der Stelle niedermachen würden. Sie schlugen uns grundlos. Sie prügelten und drangen in die Häuser ein. Sie zerrten einen mit und ließen ihre Wut an ihm aus. Ihre Verluste stiegen täglich. Eines Nachmittags sahen wir einen makabren Zug durch das Dorf ziehen. Mulis, beladen mit Toten, wie Schlachtvieh. Das Blut tropfte ununterbrochen auf die Erde, färbte den Pfad rot. Die Gendarmen, die die Toten begleiteten, mit vom Haß entzündeten Augen. Welchen Unterschied gab es zwischen den Partisanen und uns? Den Kommunisten, uns Kommunisten. Der Unterschied, daß wir ihre Gefangenen waren und ihnen somit ausgeliefert blieben. Die Partei wußte nicht, wie sie reagieren sollte. Wie sollten wir uns verteidigen? Den Befehl geben, zu den Partisanen zu flüchten? Mit welchen Waffen und mit welchen Reserven? Sie würden uns bald aufreiben. Andererseits stillhalten, bis sie uns abschlachten würden? Wir machten Dionisis auf seine persönliche Verantwortung aufmerksam. Aber das war lächerlich. Dionisis war ein einfacher Gendarm. Er meinte: »Verbarrikadiert euch und macht nicht auf.« Das hatten wir bereits in unserem Haus getan, als sie eines Abends gekommen waren, um einen von uns abzuholen. Wir stemmten uns gegen die Fenster und Türen. Diese Aktivitäten der Gendarmen waren spontaner Natur. Wenn sie uns töten wollten, hätten sie es offiziell machen können, immer. So erschien oft beim Anwesenheitsappell ein Kommando aus Evdilos, nahm einen, zwei oder fünf Genossen fest, und ohne ein Wort der Erklärung wurden ihnen Ketten angelegt, und sie wurden mitgenommen. Alle kamen zur Sicherheitspolizei, von dort zum Militärgericht und von dort vor das Hinrichtungskommando. Alles dies gesetzlich sanktioniert. Die Macht muß nicht illegal wirken. Sie erklärt einfach ihre illegalen Handlungen zum Gesetz. Die alte Geschichte. Wahrscheinlich fürchtete die Gendarmerieleitung unsere Nähe zum Partisanengebiet, so daß uns eines Tages bekanntgegeben wurde, wir hätten noch eine Stunde, um uns fertigzumachen und nach Evdilos abzumarschieren. Die Gruppen von Dafni und Akamatra wurden aufgelöst. Wir versammelten uns auf dem Platz von Akamatra, über zweihundert Verbannte, beladen mit den Paketen, Büchern, Haushaltssachen, Kleidung, und ich noch mit dem Notenpapier. Ich mußte einen großen Sack kaufen, in den ich alles stopfte. Er wog über dreißig Oka.

Beim Appell wurde Trockennahrung ausgeteilt, und wir machten uns im Gänsemarsch auf den Rückweg. Wir hatten ständig von dieser Stunde geträumt. Aber wir kehrten nicht zurück, um nach Hause zu fahren, sondern um ins Unbekannte zu fallen. Unsere Herzen schlugen voller Sorge. Während wir hinuntergingen, kamen uns bewaffnete Abteilungen der Gendarmerie entgegen. Wir ließen die Berge hinter uns, wo die heldenhaften Ikarioten ihre letzten Schlachten schlugen. Eine Meer-Grenze, das ist wie Stacheldraht, den man haßt. Welche Vorstellung: Ich haßte das Meer! Nur der Krieg und die Gefangenschaft konnten mich dazu bringen. Auf hoher See, zwischen Chios und Ikaria, fuhr ein Zerstörer schnell in Richtung Samos. Dort hatten die Kämpfe ihren Höhepunkt erreicht. Wir beneideten die Partisanen, die frei waren, ihren Weg zu wählen. Wir duckten uns, bepackt wie die Maultiere, unter der Last unseres Schicksals. Es kursierten die unwahrscheinlichsten Gerüchte: Sie werden uns in ein Stacheldraht-Lager einsperren, sie werden uns gruppenweise hinrichten, uns im Meer ertränken. Wir mußten oft anhalten, weil wir sehr beladen waren und Alte und Kranke mit uns führten. Ich hatte meine zweite Lungenentzündung auskuriert. Mein Fieber blieb aber auf niedrigem Niveau konstant. Das Essen spärlich. Zwanzig Bohnen je Mahlzeit, kein Obst, Fleisch, kein Fisch, nur Hülsenfrüchte, Feldsalat, Brot und etwas Öl. Wir waren nur noch Haut und Knochen. Mit meinem Fieber sah ich die Welt ohnehin wie durch einen Schleier. Aber ich schleppte etwa fünfzig Kilogramm auf meinem Rücken und dachte, daß ich ohne diese Sachen verloren wäre. Das, was schwer wog, waren die Bücher und die Partituren. Mit dieser Last aber lebte ich. Meinem Vater hatte ich geschrieben, er solle mir eine kleine Truhe schicken, damit ich sie geschützt aufbewahren könnte.

Wir erreichten mühsam Evdilos. Sie begleiteten uns zur Gendarmerie, wo Alisandrakis und seine Wächter auf uns warteten. Er gab bekannt, daß wir wegen der einheimischen Störenfriede unsere Ruhe und Bequemlichkeit eingebüßt hätten. »Seht ihr, was eure Genossen euch einbrocken? Ihr werdet in der Schule und im Gemeindehaus übernachten. Morgen müßt ihr euch um eine Unterkunft kümmern. Der nächste Appell um acht Uhr morgens.« Er ging. Die Verbannten aus Evdilos sprachen uns an. Wir mußten das Nahrungsproblem von neuem lösen. Am nächsten Tag würden Leute mit Maultieren nach Akamatra und Dafni ziehen, um unsere Vorräte zu holen. In Evdilos waren viele Menschen versammelt. Alle Bergdörfer wurden evakuiert. Unmöglich, Kochkessel aufzustellen. Das Essen wurde je Person oder Quartier ausgegeben, je nachdem wie man entschied. Die Verbannten aus Evdilos würden in ihren Häusern so viele neue Einwohner aufnehmen wie nur möglich. Die übrigen müßten leerstehende Häuser aufsuchen. Inzwischen kam man nicht mehr umsonst unter, die Mieten waren hoch. Wir wurden zur Schule gebracht. Nach vielem Hin und Her fand ich schließlich ein Zimmer in einem Haus gegenüber dem, wo Fivos Anojannakis wohnte. Uns trennte ein ausgetrocknetes Flußbett, und das Haus, in dem ich mein Quartier hatte, lag in einer Senke. Im Zimmer nebenan lebte eine ältere Jungfer mit ihrer greisen Mutter. Ich nahm den Lehrer Ambatzoglos noch mit auf mein Zimmer. Er war immer traurig. Er sehnte sich nach seiner Frau, seinen Kindern und Enkeln. Um zu vergessen, kippte er Ouzo in sich hinein. Wenn er betrunken war, wurde er wild, darum wohnte er allein. Ich sah, wie er über das Pflaster schlurfte. Er hatte kein Haus, er suchte. »Komm mit mir«, sagte ich ihm. So lebten wir in einem Zimmer. Ich schaffte es sogar, seine Dosis Alkohol herabzusetzen. Weil ich soviel arbeitete, wuchs in ihm der Ehrgeiz, und er holte seine Papiere wieder heraus. Er beschäftigte sich mit linguistischen Studien des ikariotischen Griechisch: »Ihre Sprache ist voller antiker Begriffe.« Ich machte Anojannakis den Vorschlag, mit ihm die Sinfonien von Beethoven zu analysieren. Er besaß alle neun Partituren. Wir begannen mit der ersten. Form, Harmonie, Orchestrierung. Ich ging zu ihm ins Haus oder wir unterhielten uns während der ausgedehnten Spaziergänge außerhalb von Evdilos am Strand. Zugleich konzipierte ich *Elegie und Threnos* und komponierte ein neues Werk für Streichorchester: *Präludium – Penja – Tanz.*

In ihren Karten redeten mich meine Eltern mit »Mikis« an und Mirto mit »Michail«. Wenn der Gendarm, der die Briefe austeilte, »Michail« rief, applaudierten die EPON-Mitglieder. Damit begann ein Ritual. Sie wußten, daß ich den Brief nehmen, zum

Hügel über dem Meer rennen, mich konzentrieren und ihn dann ganz langsam lesen würde. Anschließend wäre ich für zwei, drei Stunden verschwunden. Ich wollte keinen sehen.

Der Winter war hart. Am Hafen, wo wir wohnten, herrschte eine hohe Luftfeuchtigkeit. Das Dorf lag direkt am nördlichen Berghang. Wenn der Wind wehte, gefroren sogar unsere Augenbrauen. Ich hatte, weil ich so dürr war, überall Frostbeulen. Die kleine Truhe kam aus Athen. Ich stopfte meine Bücher und Manuskripte hinein. Ich fühlte mich wie ein Bankier, der seine Schätze in den Panzerschrank einschließt. Dann schickten sie mir die Überweisung. Die Gruppe behielt ausnahmsweise nichts davon ein. Ich kaufte Milch und Fischkonserven. Ich bemerkte, daß ich auf meinen Körper, meine Gesundheit zu achten begann. Ich sah mich im Spiegel an und wog mich regelmäßig auf der Waage des Kleinwarenhändlers. Langsam stieg mein Gewicht von anfänglich fünfzig Oka nach oben. Wir bekamen Nahrungsmittel aus unseren gelagerten Beständen, Kartoffeln, Hülsenfrüchte, Zucker, Öl. Die Gruppe mußte nur das Brot selbst backen. Der Lehrer war ein exzellenter Koch und ich ein talentierter Helfer. Diese Ruhe und Selbstkonzentration nach und vor dem Sturm dienten nicht nur der Selbsterhaltung, sondern auch der Selbstgefälligkeit. Da begriff ich, warum die Kranken gern über sich selbst und ihre Krankheit sprechen. Weil sie egozentrisch werden, selbstgefällig, tyrannisch. Dieses Gefühl mochte ich. Es füllte mich aus. Ich wurde jemand, der seine Milch trinken und sich wiegen mußte. Ich glaube, ich fing an, meinen Eltern zu schreiben: Am Soundsovielten soundsoviel gewogen. Der Mittagswind rasierte die vereiste Erde. Nachts saßen wir um die Lampe und studierten. Vor mir lag die *Eroica*. Im ersten Satz mit den drei statt den zwei Themen und all den anderen revolutionären Veränderungen kam mir Beethoven wie ein Halbgott vor. Mein Kopf glühte. Ich dankte Gott, daß es so viele Geister gab, und ging auf den Hof hinaus, um meinen Kopf in das Faß mit dem eiskalten Wasser zu tauchen, um abzukühlen. Dieses eine und ein anderes Mal, als ich die *Kunst der Fuge* analysierte, bekam ich tatsächlich eine bange Ahnung von der unbegreiflichen Kraft der Genies. Als würde ich mich vor ihnen verbeugen und sagen: »Von jetzt an werde ich euch nicht mehr beachten. Ich vermag mir die Kraft eures Denkens nicht einmal vorzustellen.« Katerinis sah mich vom Nachbarhaus und fragte, was ich tue. »Beethoven hat mein Gehirn angezündet«, antwortete ich. »Du wirst dir eine Erkältung holen bei dem Wind«, sagte er und nahm mich mit zu sich hinein, um sich mit mir über Politik zu unterhalten. Tagsüber war ich mit den Problemen der EPON-Arbeit beschäftigt. Natürlich war unsere Organisation illegal. Das Ziel der Gendarmerie bestand darin, uns durch die schlechten Lebensverhältnisse, durch Hunger, Kälte und vor allem Angst und Terror, kleinzukriegen.

Auf der benachbarten Insel Samos zogen sich alle übriggebliebenen Partisanen ins hohe Gebirge zurück. Sie wurden eingekreist und umgebracht, während die Verwundeten Selbstmord begingen. Von der Gendarmerie wurde Druck auf uns ausgeübt. Sie wollten eine erste Auslese vornehmen: psychologischer Krieg, brutales Verprügeln von Zuspätgekommenen, um eine »Erklärung« zu erpressen. Andere wurden ins Revier zitiert und waren verschiedenen Schikanen ausgesetzt. Dann ereignete sich folgender »lustige« Vorfall. Nachdem die Frau eines Verbannten alles versucht hatte, ihren Mann zur Unterschrift zu bewegen, damit er endlich zu ihr zurückkäme, legte sie in ein Paket ihren schmutzigen Schlüpfer als letztes Aufgebot ihrer Anziehungskraft. Sehr schnell wurde die Szene in Evdilos bekannt: Der Empfänger, Schlosser von Beruf, mit Koteletten, Zeichen einer gewissen Eitelkeit, und ein großer Witzbold, begann, kaum hatte er den Schlüpfer erblickt, ihn zu streicheln, zu riechen und zu küssen. Er tanzte mit ihm auf seinen Decken. Er schrie laut: »Liebste, ich komme!«, und im Tanzschritt das Symbol der sexuellen Macht durch die Luft schwingend, lief er zum Revier und setzte breit seine Unterschrift unter die Erklärung der Verurteilung des antinationalen Kommunismus. Übrigens, fast alle, die damals unterschrieben, taten es aus familiären oder sexuellen Gründen. Die Familie hungerte, die Frau bettelte. Die Frau, die Freundin hielten das Warten nicht mehr aus. »Noch ein wenig, dann ficke ich mit einem anderen« – solche Wendungen wurden von der Zensurbehörde in den Briefen nicht gestrichen, sondern *unterstrichen*.

Nachdem sie einige auf diese Weise rumgekriegt hatten, vergrößerten sie den Terror und den Druck auf die übrigen bis zu dem Punkt, daß sie uns während des Appells auf dem Platz umzingelten, sich hinter Maschinengewehre legten und auf uns zielten, als wollten sie uns niedermähen. Während wir einzeln an ihm vorbeigingen, fauchte Alisandrakis ab und zu eine Drohung, um zu betonen, daß sich die Situation für uns grundlegend geändert hatte und daß wir auf das Schlimmste gefaßt sein mußten. Was war das Schlimmste? Die Analyse der internationalen Lage, die in den Quartieren vorgenommen wurde, ergab nur Positives, die der inneren Situation ebenfalls. Nur bei uns liefen die Dinge nicht so recht. Eines Morgens begann Alisandrakis, uns während des Appells in zwei Gruppen aufzustellen, rundherum die Maschinengewehre. Einer hinauf zum Revier, der nächste runter zum Kai. Wir, die oben, waren fast nur Junge. Nach dem Appell brachten sie uns in das Gebäude der Gendarmerie und sperrten uns in den Keller. Wir waren wohl an die zweihundert. Vielleicht auch mehr. Der Raum war sehr klein, wir konnten nicht sitzen, mußten also die Nacht im Stehen verbringen. Da die Tür geschlossen war, herrschte völliges Dunkel. Bald rochen wir auch den Gestank der Jauchegrube in der Ecke des Kellers. Ab und zu öffnete sich der Deckel der Toilette. Wenn der Gendarm, der pinkelte oder schiß, eine patriotische Ader hatte, rief er zu uns herunter: »Trinkt, ihr Bulgaren, erfrischt euch!« Dort blieben wir etwa fünf Stunden. Um ein Uhr mittags ging die Tür auf, und jemand befahl: »Raus!« Wir traten einzeln auf den Hof. Mitten auf der steinernen Mauer hatten sie zerteilte Brote aufgestapelt. Daneben stand ein Kessel mit Wasser, aus dem man mit einer Kelle trinken konnte. Man ging vorbei, trank, nahm das halbe Brot und ging wieder in den Keller. Vorher durfte man im Meer seine Notdurft verrichten, bewacht von allen Seiten. Zu fünft ließen wir unsere Hosen runter und gaben uns jede nur erdenkliche Mühe, weil der Offizier drängte: »Beeilt euch!« Man wischte sich mit einem Kieselstein ab – wenn man Glück hatte –, tauchte die Hände ins Meer, wusch sie mit ein wenig Sand, und fertig war man für das Essen. Im Keller kauten wir schweigend, im Stehen aneinandergepreßt, unser Brot. Nachmittags ging kurz die Tür auf, und der Lehrer wurde hineingeschoben. »Wir grüßen die Jugend«, ärgerten ihn die ihm am nächsten stehenden jungen Leute. Er suchte nach mir. Die anderen traten zur Seite, und ich konnte zu ihm gehen. »Was ist los, Lehrer?« fragte ich ihn, weil er zu weinen begonnen hatte. Als sein Name aufgerufen wurde, erzählte er, sei er vor Alisandrakis getreten, der ihn gefragt habe, warum er so eine Miene ziehe, und habe unüberlegt geantwortet: »Weil du mir meinen Sohn genommen hast.« Daraufhin sei der andere wild geworden und habe ihm befohlen, nach oben zu gehen. »Warum?« fragte der Lehrer. »Geh, und finde deinen Sohn.« Er berichtete mir das alles und wurde böse auf mich: »Deinetwegen bin ich jetzt hier . . .« Wir gaben uns Mühe, ihn zu trösten, umsorgten ihn und Kilaidonis. Wir machten ihnen Platz, damit sie sich setzen konnten, gaben ihnen von unserer Portion zu essen, damit sie satt wurden. Wir waren ja junge Leute, hielten mehr aus. Sie dagegen . . .

Nachmittags, nach etwa fünf Stunden, lief dasselbe noch einmal ab. Hinter der Mauer lag jetzt aber auch das persönliche Gepäck der Verbannten, das jedes Quartier vorbereitet hatte. Nur der Lehrer und ich waren ohne Gepäck geblieben, weil keiner es für uns mitgebracht hatte. Der Lehrer sprach mit dem Unteroffizier. Der befahl, ihn in unser Haus zu eskortieren, um unsere Sachen einzupacken und mitzunehmen. »Nehmt noch zwei Verbannte mit«, sagte er zu den Gendarmen, »der Alte bricht doch gleich zusammen.« Um acht Uhr abends legte das Schiff aus Samos an. Die Straßen von Evdilos waren wie leergefegt. Die Einwohner durften ihre Häuser nicht verlassen. Wir stiegen in die Boote. Ich mußte die kleine Truhe auf meinem Rücken schleppen. Ich warf sie ins Boot und sprang hinterher. Dann quälte ich mich beim Erklimmen der Schiffsleiter. Wir wurden in den Laderaum verfrachtet. Als alle drin waren, schlossen sie die Luke mit den Holzklappen. Es wurde stockdunkel. Zum Glück gab es genügend Platz zum Hinlegen. Alle ließen sich fallen, todmüde vom Stehen. Gegen Mitternacht riefen sie eine Abordnung hinauf, die die Lebensmittel in Empfang nehmen sollte. Die EPON-Leitung hatte inzwischen getagt und alles festgelegt. Drei Jungen standen auf und kletterten an Deck. Ein wenig später schoben sie oben ein paar Holzplanken beiseite und riefen: »Wir schmeißen jetzt die Brote hinunter. Fangt sie auf. Ein Brot für zwei Leute.« Wir verschlangen das Brot und bekamen gleich darauf Durst. Jemand rief: »Kommt immer zu dritt herauf, um zu trinken und zu pinkeln.« Wir rechneten aus, daß es bei etwa zweihundert Menschen, wenn man je Dreiergruppe fünf Minuten brauchte, ungefähr dreihundertfünfzig Minuten dauern würde, also über fünf Stunden für alle. Einer sagte: »Erst die Alten. Dann alle, die unbedingt müssen . . .« Als ich an der Reihe war und aufs Deck ging, war es zwei Uhr nachts. Ich trank Wasser vom Waschbecken der Toilette und trat an die Reling, pinkeln. Das Meer war spiegelglatt, das Schiff glitt wie ein Gespenst zwischen den Inseln der Ägäis dahin, die man in der Dunkelheit mehr fühlte als sah. Über mir, auf der Brücke, sprach Alisandrakis mit jemandem aus Samos: »Was soll ich dir sagen? Das hat mich beeindruckt. Sie haben wie Löwen gekämpft, sag ich dir . . .«

Als ich wieder im Schiffsrumpf war, sank ich in einen traumlosen, tiefen Schlaf. Keiner hatte bis zu diesem Augenblick gefragt, wohin sie uns bringen würden, was sie mit uns vorhätten. Schweigend bereitete sich jeder, eingeschlossen in sich selbst, auf alles vor. Ich entschied, mich hinzulegen und zu schlafen, um ausgeruht und ruhig zu sein. Auch erfüllte mich die Neugier auf das Unbekannte mit einer kleinen absurden Freude. Immerhin, die Überraschung ist ein Element der psychischen Befriedigung. Das Schiff fuhr in einen Sturm hinein und tänzelte wie verrückt, aber ich bekam nichts mit, was mir später keiner glauben wollte. Im Gegenteil, die große Stille weckte mich. Die Maschinen arbeiteten nicht mehr. Das Schiff bewegte sich nicht mehr. Jene seltsame Ruhe bewirkte, daß wir uns fragend ansahen. Eine halbe Stunde verging. Wir standen alle und warteten. Die Luke zur Leiter wurde geöffnet, und jemand rief: »Kommt einzeln heraus!« Die Truhe erschwerte mir das Hinaufklettern. Ich stieg aufs Deck. Draußen war es Nacht. Uns gegenüber, zweihundert Meter entfernt, Land, etwa hundert Meter breit, dahinter erhoben sich Hügel, die auf einen Berg zuliefen, nicht höher als einhundert Meter. Den Blick aber nahm Feuerschein gefangen, der wahrscheinlich von in Reihen aufgestellten Fässern kam. Das erste

Bild, das mir einfiel, war eine Szene aus dem Purgatorium, wie sie von der Volkstradition überliefert wurde: Sie werden uns niedermachen und kochen, es sei denn, sie verbrennen uns bei lebendigem Leib. Wir wichen den Blicken des Nebenmannes aus, damit er unsere Gedanken nicht erriet. Unter völligem Schweigen stiegen wir in die Boote. Je näher wir der Insel kamen, um so deutlicher sahen wir die menschlichen Gestalten im Widerschein des Feuers. Das Boot lief auf Grund, wir sprangen einzeln hinaus und standen bis zu den Knien im Wasser. Jemand reichte mir meine Truhe. Ich ging an Land.

Gendarmen mit über den Schultern hängenden Waffen zeigten uns die Richtung, in die wir zu gehen hatten. Wir sahen ein großes Gebäude am Ufer. Davor eine Zementrampe. Die ersten hatten dort ihre Sachen abgelegt und bewegten sich auf das Gebäude zu. Ich stellte meine Truhe daneben und folgte dem Strom. Das Gebäude bestand aus Kellern und Küchenzimmern. Wir stellten uns davor auf. Die Gendarmen beobachteten uns von weitem. Über dem Berg wurde es hell. Trotz der Kälte hatte man nicht das Gefühl, daß Winter war. Alles blieb ruhig, versunken in Stille. Als es tagte, tauchten vor unseren Augen, wie bei einer Filmentwicklung, wenn das Bild plötzlich sichtbar wird, die Zelte auf. Also sind wir auf Makronisos, schlossen wir.

Makronisos
1949

Punkt sechs wurde gepfiffen. Aus den Zelten traten, Schatten gleich, die Häftlinge. Einige sahen das Schiff, ihr Blick erstarrte. Sie hasteten, als hätten sie schnell noch irgendeine Arbeit zu verrichten. Dann öffnete ein Wächter beide Tore, und aus den getrennten, jeweils von hohem Stacheldraht eingezäunten Lagern kam eine lange Reihe Gefangener, die in den Händen Konservenbüchsen hielten. Sie gingen nach rechts, leerten die Büchsen ins Meer und hockten sich, immer zu zehnt, nebeneinander über entsprechende Löcher in der Erde, um ihre Notdurft zu verrichten. Vor jedem Loch standen die Männer Schlange. Als sie fertig waren, kehrten sie hinter die Umzäunung zurück, verschwanden kurz in den Zelten und traten wieder hinaus, um sich in Reih und Glied aufzustellen. Einige Offiziere kamen langsam von links den Hügel hinunter, teilten sich in zwei Gruppen und nahmen den Morgenappell in beiden Lagern ab. Die Häftlinge marschierten zu ihren Zelten zurück. Inzwischen begann die erste Schicht in der Küche mit der Arbeit; es wurde Tee gekocht. Während sich die ersten Gefangenen bereits mit ihrem Blechgeschirr einfanden, um ihren Tee zu holen, führte man uns auf die andere Seite des Gebäudes. Die Offiziere wandten sich uns zu. Einer von ihnen, der Gendarmerieoberst Vardulakis, informierte uns, daß wir auf Makronisos seien, und erteilte Befehle und Anweisungen. Von unseren persönlichen Sachen durften wir nur Decken, Kleidung und Essen behalten. Bücher, Papier und ähnliches seien verboten und müßten abgegeben werden. Wir hatten im Laufe des Tages unsere Zelte aufzubauen – die Dritte Abteilung, oberhalb der Zweiten. Jedes Zelt für vierzehn Leute. »Die Alten sagen euch, wie man die Zelte aufbaut. Hacken, Schaufeln, Zelte und Seile bekommt ihr aus den Beständen der Lagerleitung. Ihr werdet in

Gruppen aufgeteilt, jede davon hat einen Verantwortlichen, dem ihr gehorchen müßt. Jede Zuwiderhandlung wird streng bestraft.«

Er sprach und verschwand mit seiner Begleitung. Ein verkrüppelter Hauptmann, der bei uns blieb, fügte hinzu: »Ich bin euer Chef. Wenn ihr auf mich hört, werden wir schon klarkommen. Folgt mir!« Er ging los, wir trotteten ihm nach in Richtung der Zelte. Zwischen den getrennten Lagern führte ein Weg den Hügel hinauf. Die Älteren hinter dem Stacheldraht grüßten uns. Bekanntschaften wurden gemacht. Als wir an einer bestimmten Stelle oberhalb der Zelte angelangt waren, hieß man uns anhalten. Der Hauptmann holte ein paar von den älteren Gefangenen, die uns beraten sollten. Fünf, sechs Jungen kamen, begrüßten uns, erklärten uns alles, und wir begannen mit der Arbeit. Inzwischen hatte unser Schiff abgelegt; andere Schiffe brachten neue Gefangene. Am Abend waren wir etwa tausend Personen, die zwei neue Lager – die Dritte und Vierte Abteilung – bauen mußten. Jede Abteilung bestand aus fünfmal fünf Zelten. Die Reihen wurden mit Buchstaben bezeichnet: A, B, C, D, E, die Zelte mit Zahlen, von rechts nach links. Die Standorte für die Zelte wurden festgelegt. Dann bildeten wir Gruppen von jeweils vierzehn Personen. Die meisten aus unserem Zelt stammten aus Thessaloniki. Wir nahmen auch den Lehrer und Kilaidonis zu uns. Jeder bekam eine Arbeit zugewiesen. Die wichtigste war das Steineschleppen, um rechts und links jeweils eine etwa siebzig Zentimeter hohe Steinmauer für die beiden Räume zu errichten. In der Mitte ein Flur von einem Meter Breite. Dann eine Schicht Kieselsteine gegen die Feuchtigkeit sowie Zweige und Blätter, über die die Decken gebreitet wurden. In jedem Raum des Zeltes schliefen sieben Personen, eigentlich reichte der Platz nur für vier. Nachdem wir diese Arbeit gegen Abend beendet hatten, teilte man Trockennahrung, Brot und Zwiebeln aus. Jeder bekam eine Tasse Wasser. Die erste Nacht mußten wir, eingerollt in unsere Decken, unter den Sternen zubringen. Zum Glück herrschte Windstille. Wir fielen sofort in bleiernen Schlaf. Im Morgengrauen weckten uns die Trillerpfeifen der Gendarmen, welche uns zur Arbeit trieben. Einige gingen Zeltplanen, Stäbe, Pfähle und Stricke holen.

Wir rammten den großen Pfahl in die Mitte und hoben die schwere Plane hoch. Dann schlugen wir kürzere Pfähle ringsum in die Erde und befestigten die Plane, alle Stricke sehr straff haltend, um sie zu spannen. Nachdem wir unsere Schlafstätten bestimmt hatten, ordneten wir die Decken auf dem Boden und legten uns nieder. Die besten Plätze bekamen Kilaidonis und der Lehrer – jeweils rechts und links vom Eingang. Der Boden, aus Kiesel, Zweigen, Laub und Decken, glich einer Matratze: man fühlte sich fast im Hotel »Grande Bretagne«. Die Schuhe mußte man im Flur ausziehen und auf Strümpfen weiterlaufen. Hinten im Zelt, auf der Steinmauer, war Platz für Blechgeschirr, Tasse und Handtuch. Man suchte sich noch einige Grasbüschel als Kissen zusammen, legte sich hin und fühlte sich einfach herrlich. Natürlich, sieben Personen statt vier, da ist jedem klar, wie eng es war. Aber nach einer solchen Anstrengung betrachtetest du den Stoff des Zeltes von unten und sagtest: Gott sei Dank, mir geht es blendend! Durch einen Spalt sehe ich sogar den Himmel. Was will ich mehr?

Unser Zelt hatte die Nummer E5 und befand sich oberhalb aller anderen, links außen, am Ende der Dritten Abteilung. Wir hatten keine zehn Minuten in unserer neuen Wohnstatt verbracht, da ertönte die Trillerpfeife. Die Gendarmen rannten auf den Wegen zwischen den Lagern und schrien: »Alle Appellplatz!« Vor jeder Abteilung hatten wir einen eingerichtet, wo morgens, mittags und abends die Appelle stattfanden. Dort pflanzte sich der Hauptmann mit seinem Stock auf und wartete. Wir mußten uns in Fünferreihen aufstellen. Die Gendarmen zählten die Fünferblökke ab, die sie auf dem Papier mal fünf berechneten. Anschließend suchten sie in den Zelten, ob nicht jemand krank sei, der hinzugezählt werden mußte, dann gaben sie Meldung. Sie errechneten selten die richtige Anzahl. Sie machten Fehler bei der Multiplikation oder Addition: Manchmal registrierten sie weniger, manchmal mehr, als wir wirklich waren. Die Zeit verging. Wir standen und schlotterten vor Kälte. »Freuen Sie sich nicht, daß wir mehr geworden sind, Herr Hauptmann?« Er aber sagte: »Von vorne!« Und sie zählten von neuem. Diesmal klappte es. Alle anwesend. Keiner im Zelt. Er sagte: »Bald gibt es Essen. In der Kantine bekommt ihr ein Gefäß für jedes Zelt. Einer wird das

Brot und ein anderer das Essen holen. Ihr eßt im Zelt. Von uns kriegt ihr noch Krüge. Das Wasser wird entsprechend unseren Vorräten ausgeteilt. Morgens um fünf öffnen wir das Meer. Zwei aus jedem Zelt können dort die Teller abwaschen.« Das »Meer öffnen« bedeutete, daß man den Stacheldraht passieren konnte, der den Zugang zum Meer versperrte. »Nach dem Essen beginnt die Arbeit. Ihr müßt den Stacheldraht um euer Lager ziehen.« Wir hoben rund um die Abteilung Löcher für die hohen Metallmasten aus. Nachdem wir sie fest in die Erde gerammt hatten, befestigten wir sie mit Kiesel, Erde und Zement. Die einen schleppten Stacheldrahtrollen heran, die anderen zogen den Draht von einem Mast zum anderen. Wir montierten ein Brettergerüst, das von Steinen gehalten wurde, denn die Höhe des Drahtzauns überstieg zwei Meter fünfzig. So bauten wir unseren Käfig selbst. Diese Arbeit dauerte Tage. Unsere Hände waren völlig zerschnitten vom scharfen Eisen, und unsere Kleidung begann sich aufzulösen. Jeder besorgte sich noch seine persönliche Konservenbüchse, in die wir nachts vor den Zelten pinkeln konnten. Um sechs Uhr früh, wenn die Abteilung geöffnet wurde, gingen wir mit unseren Nachttöpfchen nahe ans Meer, wo wir sie entleeren durften, und stellten uns vor den Sickergruben an, vor den zehn Löchern über einem Graben also, der zum Meer führte. So mußtest du scheißen – vor tausend Augen, die deine Anstrengungen interessiert verfolgten; denn die anderen machten sich beinah ein, was von den Hülsenfrüchten kam. Ich erinnere mich an Vangelis Gufas, der sich mit der Hand an die Stirn schlug und rief: »Diese Entwürdigung halt ich nicht aus!« Wir wuschen uns im Zelt mit Meerwasser. Die dafür Verantwortlichen holten unseren Tee ab. Gleich darauf der erste Appell; anschließend wurden wir in Gruppen aufgeteilt und zur Zwangsarbeit losgeschickt. Mittags: Appell und Essen, eine halbe Stunde ausruhn, dann mußten wir zur Nachmittagsarbeit ausrücken. Gegen Abend der letzte Appell und das Abendbrot. Um acht schlossen die einzelnen Abteilungen ihre Tore. Wir durften unsere Zelte nicht verlassen. Um neun Nachtruhe. Sprechen war untersagt. Streifen patroullierten durch die Abteilungen und machten Kontrollen. Einmal in der Woche, um fünf Uhr früh, mußten zwei von uns zum Meer, um die Teller abzuwaschen. Wenn das Meer hohe Wellen schlug, war der Abwasch fast unmöglich.

Jeden Morgen gingen die Gendarmen zur Küche hinunter, um sich Tee, sonstige Lebensmittel sowie Pakete, die ihnen ihre Angehörigen schickten, zu holen. Wie der Fahrgast an der Haltestelle auf die Straßenbahn, so warteten sie unser Vorbeikommen ab, zu Füßen ihre Habseligkeiten. Sie wählten einen Häftling aus und befahlen ihm: »Trag das!« Es war ein Vorgang, der uns beschäftigte und worüber General Sarafis sich wiederholt beim Lagerleiter beschwert hatte. Zunächst akzeptierten unsere Leute solche Erniedrigungen nicht. Das führte dazu, daß sie geschlagen wurden. Bis eines Tages ein Häftling – ein ehemaliger Ringer – einen Gendarmen, der sich auf ihn gestürzt hatte, zusammenschlug. Er wurde an einem der Elektromasten am Ufer festgebunden, ausgezogen, ausgepeitscht. Sie ließen ihn dort die ganze Nacht in der Kälte stehen. Als unsere Leute ihn abholten, war er kaum noch am Leben. Schließlich beschloß die Partei, daß wir auch diese Arbeiten – für mich Zwangsarbeiten, weil sie allein der Befriedigung von persönlichen Bedürfnissen der Gendarmen dienten – ausführen sollten. Auch ich mußte einen Blechkanister mit Wasser oder eine Kiste mit den persönlichen Sachen eines Gendarmen in dessen Zelt schleppen, das eine halbe bis eine Stunde entfernt lag. Weil es keinen Pfad gab, mußte man den steilen Anstieg hinaufklettern, einen Weg zwischen Steinen, Sträuchern und Brennesseln suchend. Als würde man vom Sindagma-Platz zur Spitze des Likavitos-Hügels gehen.

Die Logik der Partei bestand darin, »ihnen« keinen Anlaß für Terrormaßnahmen zu bieten, weil viele von uns dann unter den ohnehin furchtbaren Bedingungen schneller zur Unterschrift bereit gewesen wären.

Alle, welche die Reueerklärung unterschrieben hatten, wurden in Zelten untergebracht, die in einer Schlucht standen, die unsere Abteilungen vom Hügel der Lagerleitung trennte. Sie wohnten dort isoliert von uns, bis sie nach Athen geschafft und später nach Hause entlassen wurden, nachdem sie zur Teilnahme an Festumzügen gezwungen und durch Fotos in der Presse gedemütigt worden waren. Ich weiß nicht, warum die Häftlinge jene, die unterschrieben hatten, »Krokodile« nannten. Dieses winzige Lager, versteckt in einer Ecke der Schlucht, erinnerte mich an die Viertel in den Provinzstädten, die einen schlechten Ruf hatten. Wenn einer dorthin gebracht wurde, sah man ihn nie wieder. Als wäre er gestorben. Auch er war bemüht, nicht gesehen zu werden, außer bei seinen seltenen Ausgängen aus dem »Zelt der Schande«. In dieser Angelegenheit gab es keine Vernunft. Auch kein sogenanntes Verständnis. Noch weniger eine Rechtfertigung. Wenn wir aufrechte Großväter auf unserer Seite hatten, wie sollten wir da den Jüngeren verzeihen?

Jedenfalls vergrößerte diese Haltung den Appetit der Gendarmen, die sogar drei, vier oder sechs von uns mitnahmen, ihnen ihre persönlichen Sachen zu schleppen, ihr Zelt zu fegen oder das Mauerwerk zu befestigen, das sie vor dem Sturm schützte. Wir wurden gewissermaßen zu Ordonnanzen des jeweiligen Gendarmen. Hatte man aber den entsprechenden Befehl seiner Gruppe, so gehörte auch das zu den Opfern, die man dem gemeinsamen Kampf bringen mußte. Zum anderen änderte sich in solch einer Beziehung auch langsam das Verhalten jedes Gendarmen. Er wurde wieder zu dem armen Bauernjungen, der er war. Er gewöhnte sich an einen. Die Häftlinge begannen zu spaßen, sich mit ihnen zu unterhalten, schließlich politische Gespräche zu führen. Die Lagerleitung erfuhr davon, bekam es mit der Angst zu tun und machte damit Schluß. Jedenfalls mir und meinen Freunden hatte dieser Zustand sehr geholfen.

Einige Zeit nach unserer Ankunft forderte man uns auf, in den Schuppen zu kommen, wo unsere persönlichen Sachen lagen. Ich fand dort meine kleine Truhe, umgekippt, und ihr Inhalt, also meine Noten und Notizen, flog durch die Gegend, einiges blieb am Stacheldraht hängen. Die Häftlinge entdeckten meine Papiere und stürzten sich darauf, denn Drucksachen waren ja verboten. Im Lager begriffen wir, daß der Wert des gedruckten Wortes viel größer war, als wir annahmen. Ein Komponist schrieb einst einem Kritiker, der ihn für gewöhnlich beschimpfte: »Sehr geehrter Herr. In diesem Augenblick sitze ich in der ruhigsten Ecke meines Hauses und lese Ihren Artikel. Jetzt habe ich Sie vor mir. Bald werde ich Sie hinter mir haben. Hochachtungsvoll . . .« Unschätzbar der Wert des gedruckten Wortes in diesen einsamen Augenblicken der Verbannung. Man kann sich vorstellen, wie sie sich auf meine Partituren und Aufzeichnungen stürzten. Von all diesen Benutzern fand sich nur einer, der mir, nach vielen Jahren, ein zerschlissenes Bündel mit meinen musikalischen Skizzen schickte. Die Truhe enthielt noch Bücher, gedruckte Partituren und wenige auf dem Boden liegengebliebene Notenpapiere. Ein Gendarm begutachtete die Bücher. Er hatte den Befehl, nur fremdsprachige herauszugeben. »Was ist mit den Musikbüchern?«, fragte ich. Das brachte ihn durcheinander, weil er keine diesbezügliche Order erhalten hatte. »Wie heißt du?«, fragte er. »Theodorakis.« – »Aus Kreta?« – »Ja.« – »Bist du mit den Theodorakis dort verwandt?« Ich überlegte, ob das auch ein Psilakis sein könnte. Aber das war es nicht. Ihn interessierte, ob ich eine große Familiensippe hatte, die uns unter Umständen verstecken würde. Er hatte den Plan – den er mir später unterbreitete –, zusammen mit mir nach Kreta zu fliehen und sich dort zu verstecken. Während er die Bücher untersuchte, stieß er auf ein Englischbuch und sagte zu Fotopulos: »Wie gern würde ich Englisch lernen!« – »Wir bringen dir das bei!«, riefen wir im Chor, denn wir hofften, dadurch mit ihm ins Geschäft zu kommen und zu nicht so vielen Strafarbeiten verdonnert zu werden. Er wandte sich mir zu und sagte: »Ich bin auch aus Kreta. Ich stamme aus einem Dorf nahe dem deinen. Wähle zehn Bekannte und Freunde, und kommt zu mir ins Zelt, als hätte ich euch zu Strafarbeiten bestellt. Ich will Englisch lernen.« Vom nächsten Morgen an rief er mir jeden Tag zu: »Los, Strafarbeit!«, und wir folgten ihm in sein Zelt. Wir durften nicht die kleinste Arbeit verrichten. Wir setzten uns hin, ruhten aus. Von diesem Hügel aus konnte man Sunion und Lavrion erkennen. Man konnte sich das nahe Athen vorstellen. Ich nahm immer einen Häftling aus Galata mit, den ich aufforderte: »Erzähl was über Galata!«, denn ich hatte das Dorf noch nicht gesehen. Fotis lehrte währenddessen die Gendarmen Englisch. Zur Mittagszeit verabschiedeten wir uns und gingen.

An einem regnerischen und eiskalten Tag kam er in unser Zelt und rief mich. Wir hatten gerade gegessen und wollten uns eine halbe Stunde hinlegen. Ich ging raus. Es regnete. »Zieh deinen

Mantel an und binde deinen Schal um. Wir haben einen weiten Weg.« Er gab mir eine leere Blechkiste zum Tragen. »Als Alibi«, erklärte er mir. Wir nahmen den Pfad zum Meer, der nach St. Giorgis führte. Dort, wo die Kutter anlegten. Zögernd begann er zu sprechen. »Ich muß mit dir reden. Ich kann es arrangieren, daß ich dich offiziell nach Athen begleite. Übernimmst du ab da das übrige? Also, daß wir nach Kreta fliehen können, wo wir uns bei den Deinen verstecken, bis sich das Unheil verzogen hat?« – »Ich weiß nicht. Ich werde es mir überlegen und dir Bescheid geben.« In meinem Zelt lebte Alekos aus Thessaloniki, Mitglied der EPON-Leitung in Evdilos. Als wir auf Makronisos ankamen, nahmen wir sofort mit der Parteileitung Kontakt auf, die uns die Aufgabe übertrug, die Organisation unserer Abteilung zu übernehmen. Ich erzählte Alekos vom Vorschlag des Gendarmen, und am andern Tag kam die negative Antwort der Parteileitung. Nur ein großer Schriftsteller kann sich die Szene ausmalen, in der ein Häftling seinen Wächter zu überzeugen versucht, nicht zu fliehen. Er konnte meine Ablehnung nicht begreifen. Wahrscheinlich war es für ihn beschlossene Sache. Er war hierher strafversetzt worden und sehnte sich nach der Freiheit in den Bergen Kretas. Und ich, der ihn nicht zu trösten vermochte: »Hab dich nicht so. Es ist ein Unwetter, wird schon vorübergehen.« Als würde ich ihm einen Liebestango vorspielen. Etwas später verlor ich meinen romantischen Landsmann aus den Augen.

Das Wetter pegelte sich auf Schneeregen ein, auf jenen von uns so benannten Makronisos-Sturm, der die Büsche ausriß und uns das Wurzelwerk ins Gesicht schleuderte. Wir bewegten uns nur noch mit hochgeschlagenem Mantelkragen und die Schirmmütze bis zur Augenbraue heruntergezogen. Die Nordwinde und die Arbeit am Stacheldraht hatten unsere Kleidung völlig zerrissen; von weitem glichen wir jenen Puppen, die die armen Mädchen aus Lumpen basteln. Wir rasierten uns äußerst selten. Frauen gab es im Umkreis von fünf Kilometern nicht. Für wen solltest du dich schön machen? Der entscheidende Grund aber war, daß es keine Rasierklingen gab. Man hatte eine einzige, und die mußte man ständig an einem Glasrand schärfen, um sich nicht mit dem stumpfen Ding die Haut abzufetzen. Was blieb vom Gesicht? Nur die Augen.

Wir errichteten gerade die Umzäunung und mußten zu zweit große Rollen Stacheldraht schleppen und gegen den scharfen Wind ankämpfen, der einen umwerfen konnte, als ich meinem Gegenüber beim Abstellen der Rolle in die Augen sah. Unsere Blicke trafen sich. Wir sahen uns prüfend an und erkannten einander wieder. Es war Giorgos Kulukis aus Tripolis. Wir umarmten uns. Sofort sprang der Wächter mit seinem Schlagstock hinzu und schlug auf uns ein. Ihn hatte die Szene aufgebracht. Außerdem war es kalt, und er wollte sich wärmen. Wir schleppten weiter. Giorgos war verhaftet worden unter dem Verdacht, Verbindungsmann zu den Partisanen zu sein. Er wurde mit vier gegen eine Stimme zum Tode verurteilt. Inzwischen heiratete seine Schwester Titika. Der Ehemann von Titika, ein Händler, half, die Militärrichter zu bestechen – deshalb auch die eine Gegenstimme – und das Urteil später in eine Verbannungsstrafe umzuwandeln. Giorgos Kulukis lebte jetzt in der Zweiten Abteilung, so daß ich ein weiteres warmes Plätzchen hatte, wo ich meinen türkischen Kaffee trinken und mich unterhalten konnte. Das Steineschleppen war eine schlimme Strafarbeit. Wir bauten die Mauern vor den Zelten der Wächter und der Lagerleitung. Die Steine holten wir vom Berg, etwa eine halbe Stunde Weg.

Alle meine musikalischen Skizzen und auch die fertigen Werke, die ich auf Ikaria komponiert hatte, waren verlorengegangen. Aber die Noten hatte ich im Kopf. Der stürmische Wind auf Makronisos verlieh diesen Kompositionen in meinem Denken eine neue Dimension. Der Lärm des Sturms und der Schlacht sind einzigartig und apokalyptisch für das musikalische Gehör. Während der Schlacht herrscht eine polyrhythmische bunte Farbigkeit von Klängen. Während des Sturms überwiegt das harmonische Element, also viele Töne, die gleichzeitig erklingen. Das Rauschen des Meeres, der Brandung war das Fundament. Darüber erhob sich das, was ich als Brüllen bezeichnete: das Brausen, das im Zentrum des Sturmes existiert, der sich schnell fortbewegt über der Erdoberfläche und den Gewässern. Dann gibt es die verschiedenen Tonlagen der Winde, die mit zunehmender Höhe immer schriller klingen. Ich entdeckte noch eine dritte klangliche Dimension, als ich nach einiger Zeit in der Schlucht des Ersten Strafbataillons tausend Menschen zugleich brüllen hörte. Dieser Klang war jedoch für den menschlichen Verstand unfaßbar. Darum nutzlos für die Komposition. Beeinflußt von diesen neuen Erfahrungen, schrieb ich noch einmal die *Elegie und Klage für Vasilis Zannos* und entwarf zum zweiten Mal die Grundlagen für die *Erste Sinfonie*.

In der Ersten Abteilung wohnte in einem Zelt die Familie Polizoidis aus Makedonien. Der jüngste Sohn war ein begnadeter Violinist. Nur der erfinderische Verstand des Verbannten vermag die verbotenen Instrumente unter der Nase der Wächter ins Lager zu schmuggeln. Sie wurden an geheimen Orten versteckt und in Säcken transportiert. Wenn jemand spielte, paßten einige Häftlinge auf, daß kein Gendarm in der Nähe war. So gab es im Lager viele Mandolinen, Gitarren, Baglamaden und auch Violinen. Wir gründeten ein Orchester. Zu den Werken, die wir spielten, gehörte auch eine Bearbeitung von Auszügen der *Fünften* von Schostakowitsch, die ich angefertigt hatte, sowie die Skizzen der *Elegie* und der *Ersten Sinfonie*. Wir organisierten das erste und letzte offizielle Konzert im Zelt unserer Generäle, in Anwesenheit von Sarafis, Mandakas, Avgeropulos, Iliu und anderen Persönlichkeiten der Bewegung. Rundherum drängte sich das musikliebende Publikum. Draußen standen Verbannte ums Zelt. Es war mein erstes »Volkskonzert«, aber mit sinfonischem Repertoire.

Auf Makronisos überwog die städtische Volksmusik. Viele Lieder, die zu den schönsten ihrer Richtung gehören, erzählen vom Leben der Haschischraucher. Beispielsweise: »Morgens in aller Frühe rauche ich schon das Kraut.« – »Wenn in Perix Feuer brennen, dann trinken die Filous Narghile.« – »Herr Polizist, laß dir doch sagen, / spricht der Filou sehnsuchtsvoll, / auch wenn ich Haschisch rauche, tue ich doch keinem weh.« Wir sangen diese Lieder in schönen Chorfassungen. In einem Zelt wurde der Chasapikos-Tanz gelehrt. Man sah zu, sitzend auf der Schwelle zum Flur, und wenn man glaubte, es zu können, zog man die Schuhe aus und stieg auf die Decken zur praktischen Übung.

Ein paar Männer saßen im Schneidersitz auf der gegenüberliegenden Seite des Raums und sangen im Chor. Es war irgendwie schizophren, in einem heroischen Verbannungslager vom Kiffen zu singen – und sich anschließend an den illegalen Parteisitzungen zu beteiligen, wo die internationale und die nationale politische Situation analysiert wurden. So vermischten sich die Worte Weltbewegung, Demokratische Armee, Politbüro der KPG, Politbüro der KPdSU, Stalin, Markos, Zachariadis, unsere heldenhaften Toten usw. in meinem Kopf mit solchen wie Narghile und Haschisch. Wir führten endlose Gespräche und Auseinandersetzungen mit einigen Verbannten, die sich über diesen Zustand beschwerten. Aber uns gefielen die städtischen Volkslieder und der traditionelle Chasapikos-Tanz. Vielleicht bemängelte ich schon damals die Kluft zwischen Musik und Wort, zwischen einer wunderbaren Melodie und einem rüden und seichten Text. Immerhin, wir sangen diese Lieder, aber nicht der Verse wegen. Das wäre lächerlich gewesen. Für uns war damals der Haschischraucher ein Unding: jemand, der sich nur um seine eigene Angelegenheit kümmerte – und wenn die ganze Welt um ihn herum Kopf stand, auch wenn sich die Wohnviertel mit Körpern von toten Jugendlichen füllten, die für das Recht des Volkes kämpften. Und sie, gebückt und elend, dabei die Haltung des Mir-kann-keiner an den Tag legend, huschten an den Häuserwänden entlang, ohne daß die Leichen und das Blut sie beeindruckten, denn sie hatten eine wichtige »Mission« zu erfüllen: in die Haschischkneipe zu gehen und dort zu kiffen ... In den Gefängnissen waren mir die Haschischraucher sehr sympathisch, weil sie unter den Haftbedingungen ihr eigentliches Problem erkannten, das zumeist soziale Gründe hatte. Mit meiner musikalischen Initiative in den sechziger Jahren habe ich versucht, das Beste aus unserer städtischen Volksmusik mit in das neue Volkslied aufzunehmen. Vielleicht, weil ich all diese Erlebnisse in mir trug. Unter anderem diesen Widerspruch: daß wir, die politisch Verurteilten, Haschischlieder sangen, daß wir also den Mut hatten, dieses Tabu zu durchbrechen und die Qualität und das Avantgardistische, das heißt die Volksmelodie, zu ehren, obwohl sie sich in einer für uns unakzeptablen Hülle präsentierte. Die Generation der sechziger Jahre hatte, wie ich, diesen Widerspruch erlebt. Darum begrüßten sie mein Werk als einen Versuch, die Schönheit der Volksmusik von den Zwängen der Subkultur zu lösen.

Eines Morgens legte der Kutter nicht in St. Giorgis an, sondern bei der Küche. Sie riefen Häftlinge zur Arbeit zusammen, die Zeitungsstapel ausladen mußten. Beim Morgenappell wurden sie an uns verteilt. Neugierig stürzten wir uns auf sie. Auf der ersten Seite (wahrscheinlich in Auszügen) abgedruckt der »Beschluß des sechsten Plenums«. Darin kritisierte der Generalsekretär der KP, Zachariadis, sehr scharf den ehemals verantwortlichen Siandos und sagte klar und deutlich, daß wir im Dezember 1944 die Engländer aus Griechenland hätten hinausjagen müssen. Als Veteran der Dezemberschlacht – sogar als ein von den eigenen Leuten zum Tode Verurteilter, weil ich genau das unterstützt hatte, was jetzt der Generalsekretär der Partei behauptete – fühlte ich bereits beim Lesen Genugtuung. Etwas später befiel mich Melancholie. Was hat es für einen Sinn, dachte ich, das im nachhinein festzustellen? Am selben Nachmittag kam der General der ELAS-Armee Makridis in unser Zelt, um die Leute aus seiner engeren Heimat zu sprechen. Monatelang hatte er mit keinem ein Wort gewechselt. Er lief einsam herum. Er hatte einen Selbstmordversuch hinter sich. Wir erhielten den Befehl, ihn von weitem zu beobachten und, wenn nötig, einzuschreiten.

Seine Zunge löste sich. Er gehörte nun zu den Rehabilitierten. Und er war einer der Großen. Kein kleiner und unbedeutender Soldat wie ich. Ein Offizier mit Karriere, der zur ELAS-Armee übergewechselt und Chef des Generalstabs geworden war. Sarafis, Aris und er waren es, denen Siandos die Entscheidung mitgeteilt hatte, die regulären ELAS-Truppen im Dezember 1944 nicht gegen die Engländer einzusetzen und unseren Widerstand auf Protestkundgebungen gegen die englische Politik zu beschränken. »Sie ließen die Kinder mit den Gewehrchen zurück«, hörte ich ihn sagen, »und uns schickten sie nach Ipiros gegen Zervas.« Seitdem hatte er geschwiegen und den Entschluß gefaßt, seinem Leben ein Ende zu setzen.

Wogegen sollte man zuerst Widerstand leisten? Gegen die Gewalten der Natur? Gegen den Hunger? Die Zwangsarbeit und die Prügel? Oder gegen diese nutzlose und unaktuelle Kritik der nahen Vergangenheit, die von den reaktionären Machthabern propagiert und ausgeschlachtet wurde?

Nachts drangen stöhnende Laute vom Stacheldrahtzaun zu uns herüber. Stimmen riefen um Hilfe. Als wir aus dem Zelt hinaussahen, erkannten wir die Schatten der Gendarmen, die zwischen den Abteilungen herumliefen. Sie warteten nur darauf, daß wir herauskämen, um uns zusammenzuschlagen. Die Stimmen und Hilferufe verstummten nicht. Mal wurden sie stärker, mal schwächer. Der Wind spielte mit ihnen. Mal nahm er sie fort von uns, mal trug er sie über unsere Köpfe. Am Morgen fanden wir zwei zerschundene, blutüberströmte Körper im Stacheldraht hängen. Halb nackt waren ihre Körper schwarz geworden von der polaren Kälte der Nacht. Einer lebte. Wir lösten ihn vom Stacheldraht und brachten ihn in die Ambulanz. Nach zwei Tagen kam er wieder zu sich. Er hatte eine Botschaft für uns. Im ersten Strafbataillon warteten die Gendarmen schon auf uns. Wenn wir nicht endlich Verstand annähmen, würden wir bald dran sein. Der psychologische Terror begann. Die Lagerleitung ergriff neue Maßnahmen. Sie ließ unsere Briefe verbrennen, zwang uns, den ganzen Tag im Zelt zu bleiben, kürzte die Mahlzeiten, die Ration für Wasser und Brot. Die Überfälle der Patrouillen und die Prügelaktionen rissen nicht mehr ab; sie standen auf der Tages- und der Nachtordnung. Nach den ersten beiden Nächten warfen sie in jeder folgenden mißhandelte Häftlinge in den Stacheldraht.

Am 26. März gab der Hauptmann bekannt: »Die Jahrgänge sechsundvierzig und siebenundvierzig packen ihre Sachen und treffen sich sofort am Ofen!« Mehr nicht. Wir waren dreihundert. Die ersten, die zur Folter gingen. Wir versammelten uns und wurden gezählt. Genau dreihundert. Sofort bildeten sich Gruppen. Wir Parteimitglieder trafen uns etwas abseits zum Meinungsaustausch. Wir wurden gefragt: »Bis zu welchem Punkt sollen wir widerstehen? Bis zum Tod?« Eine andere Frage: »Sollen wir unterschreiben, um in die Nationale Armee einberufen zu werden und von dort zu den Unseren zu desertieren?« Unsere Antwort lautete: »Jeder soll aushalten, so lange er kann. Auch bis zum Tod. Wenn du sofort unterschreibst, werden sie dir sagen, du machst es absichtlich! Um zu beweisen, daß du auch wirklich ehrlich bist, prügle einen Kommunisten, foltere ihn. Es gibt keinen Ausweg.« Die Wächter kamen. Die meisten blutrünstig, hatten früher beim

Griechischen Bataillon gedient, angeführt vom berüchtigten Gendarmeriehauptmann. Hinter dem Stacheldraht grüßten uns unsere Mitgefangenen. Offensichtlich betrachteten sie uns als Todeskandidaten. Ernst, traurig die meisten, schauten sie uns an, als würden sie sagen: »Nur Mut, Jungs. Euch fiel das Los zu. Bleibt aufrecht.« Auch das war eine Ansicht: daß du in diesem Augenblick die Vorhut bildest, daß von deiner Haltung vieles abhängt. Wenn du schnell umkippst, tun das andere auch. Daß der Feind dich ausgesucht hatte, bedeutete, daß er mit dir rechnete. Von Angesicht zu Angesicht führtest du den Kampf mit dem griechischen Faschismus. Es war irgendwie eine Ehre, daß die Wahl auch auf dich fiel.

So in etwa dachte ich in jenem Augenblick, als wir den Stacheldrahtzaun passierten und, bepackt mit unseren Sachen, den Weg nach St. Giorgis nahmen. Links und rechts von uns kamen die Gendarmen in voller Montur nur schwer voran auf dem felsigen Boden voller niedriger Büsche. Wir wurden in den kleinen Hafen geführt, wo wir uns hinzusetzen hatten. Der Hauptmann stellte sich uns gegenüber auf. Das war seine große Stunde. Man sah es deutlich. Er sprach etwa zehn Minuten und klärte uns über die Zeitverhältnisse auf. Zum Schluß, als Moral der Geschichte, forderte er uns auf, zusammen auszurufen: »JA zur Nation, JA zum König, und NEIN zu den Bulgaren, NEIN zum Kommunismus!« Er endete mit den Worten: »Es wird sowieso keiner von euch am Leben bleiben. Die auf euch warten, verstehen keinen Spaß.« Und er fragte: »Wer von euch wird erhobenen Hauptes gehen?« Automatisch, als hätten wir es so ausgemacht, senkten alle die Köpfe. Wir sahen auf die unbeteiligten, sorglosen weißen Kiesel. Ich hörte mein Herz wie eine Trommel schlagen. Mir schien, als füllte sich das Ufer mit Trommelschlägen. Der Hauptmann wurde rasend vor Wut und befahl: »Auf sie!« Dieser Wechsel kam sehr plötzlich, vom Lyrismus zur prosaischen Tat, so daß wir uns vor den ersten Schlägen nicht schützen konnten. Sie hatten nichts anderes zum Schlagen als den Gewehrkolben. Schultern, Rücken, Hände krachten unter den Schlägen der Gendarmen. Klagen und Schreie füllten die Luft. Alles lief sehr schnell ab. Wir wurden in Richtung des Zweiten Strafbataillons getrieben. Die Gendarmen griffen uns plötzlich von rechts und links an, schlugen mit den Gewehrkolben zu oder gaben uns zur Abwechslung Fußtritte und Fausthiebe. Sie machten die letzten unseres Zuges fertig. Denkt nur, der Name desjenigen, der als letzter ging, war Grieche! Herr Grieche! Kamerad Grieche! Rosetos, ehemaliger Universitätsprofessor, rothaariger Riese von angelsächsischer Statur, ein kühler Denker, näherte sich mir und sagte: »Der Grieche ist in Gefahr. Laß uns nach hinten gehen, wir halten mehr aus. Die große Dresche beziehen die letzten.« Wir gingen langsamer. Sahen den Griechen stolpern. Er hatte bereits seine Sachen weggeschmissen und griff sich an den blutigen Kopf. Wir ließen ihn vor uns. Rosetos und ich waren jetzt die letzten des Zuges. Der Wichser, der uns von hinten schlug, tat es so, daß der Schlag die Basis der Wirbelsäule und die Nieren traf. Umsonst hatten wir Unterhemden und Handtücher oben um unseren Rücken gewikkelt, um uns vor den Schlägen zu schützen. »Wie geht es dir Rosetos?«, fragte ich ihn. »Ich halt's nicht mehr aus. Ich falle gleich hin.« – »Ich auch. Wie schlägt der Kerl auch! Wird er nicht müde?«

Zum Glück erreichten wir das nördliche Tor des Zweiten Bataillons, und sie hörten mit dem Prügeln auf. Wir sahen die finster dreinschauenden Sicherheitspolizisten. Überall blauweiße Fahnen. Wir erkannten auf einer Tafel die lorbeerumkränzten Häupter des Königspaars und dachten: Hier werden sie uns fertigmachen. Gestern war Nationalfeiertag. Und Königin Frideriki hatte durch ihren Besuch auf Makronisos die hiesigen Truppen beehrt. Der Hauptmann befahl uns zusammenzukommen. »In Dreiergruppen aufstellen!« Als wir fertig waren, ging er voran, und ihm folgten die hundert Dreiergruppen mit den Wächtern an der Seite. Das gesamte Zweite Bataillon schien wie verlassen. Nichts rührte sich, alles glich einem Alptraum. In unserer Phantasie, angefüllt mit den unwahrscheinlichsten Pogromgeschichten, erwarteten wir, daß diese ganze stille Masse sich plötzlich auf uns stürzen und uns zermalmen würde. Der blaue Himmel füllte sich mit weißen Wolken, die, vom Olymp und vom Pindos-Gebirge kommend, über unsere Köpfe hinwegflogen. Es wehte eine leichte Brise, und ich fühlte auf einmal, wie sich meine Nerven strafften.

Ich wurde ruhig: Sicher gehörte diese Szene zu einem kyklopischen Traum. Ich fühlte mich wie ein Unbeteiligter. Als würde der Erzengel Michail an die Tür meines Lebens klopfen, um die eine Hälfte von mir mitzunehmen. Ich drehte meinen Kopf nach links, weil ich merkte, daß mich bekannte Augen beobachteten. Die aufgeregten Gesichter der Offiziere. Die schlaffen, müden, unbeteiligten der Soldaten. Wir gingen immer geradeaus, und es passierte nichts. War das die Hölle? Wir verließen das Lager durch den hinteren Ausgang. Wir kamen auf eine befahrbare Straße. Militärjeeps voller Sicherheitspolizisten überholten uns mit hoher Geschwindigkeit, wendeten und fuhren neben uns her. Sicherheitsbeamte mit riesigen Bambusstöcken droschen auf uns ein. Wir flohen. Die Jeeps fuhren uns hinterher. Wir warfen alles, was wir in den Händen hielten, fort. Wir kamen ins Schwitzen. Die Kleidung lastete auf uns. Wir kriegten kaum Luft. Zum Glück wurde der Himmel schwarz. Der Tag trübte sich ein, und es begann zu regnen. Diese Kühle erfrischte uns. Die Jeeps blieben stehen, die Sicherheitsleute stiegen aus und jagten uns zusammen mit den Gendarmen in Richtung Meer. Wir stolperten über das Geröll. Einige stürzten, andere kamen voran. Wir sahen das Meer, stürmisch, als wollte es uns verschlingen.

Wir erreichten schließlich die Schlucht. Als wir stehenblieben, sah ich die schrecklichsten Bilder meines Lebens. Auf den Hügeln ringsum standen nebeneinander Hunderte Soldaten mit Bambusstöcken in den Händen. Ich erinnerte mich an bestimmte Hollywood-Filme, in denen sich plötzlich der Horizont mit Rothäuten und ihren Speeren füllte. So ist das also, dachte ich. Da erst entdeckten wir die Gruppe der Offiziere, die in der Mitte der Schlucht auf uns wartete. Die Gendarmen drängten uns in ihre Richtung, ich geriet in die erste Reihe, ihnen gegenüber. Die Aktion leitete ein älterer Leutnant, der mit leiser Stimme seine Befehle erteilte. Sie brachten einen Stuhl. Rechts von uns waren kleine Tische mit Papieren darauf, Stühle, Krüge mit Wasser und Emailletassen. Der Ältere befahl einem Unteroffizier: »Steig hoch und sprich zu ihnen!« Ich stand genau vor dem Stuhl. »Ich bin Unteroffizier Ioanidis, und ich heiße euch bei der Nationalen Armee willkommen. Die Heimat kämpft gegen die Verräter. Wir fordern euch auf, eure Seele und euren Körper im Kampf gegen die kommunistischen EAM-Bulgaren zu vereinen. Euren Eid zu leisten auf Ihre Hoheit, König Paul. Dem vaterlandslosen Kommunismus abzuschwören und mit mir auszurufen: Nieder mit den Bulgaren! Nieder mit den Kommunisten! Nieder mit der EAM! Es lebe die Nationale Armee! Es lebe die Nation! Es lebe der König!« Keiner rührte sich. Der Unteroffizier wurde böse. »Ihr Strolche, ihr Landstreicher, wißt ihr, was euch erwartet? Also, kürzen wir's ab. Dort sind die Reueerklärungen. Wer jetzt unterschreiben will, sollte sich beeilen. Die übrigen werden sterben!« Dreizehn Personen traten vor, davon trugen zwölf Pumphosen. Sie waren aus Kreta. Alles junge Leute, von den Partisanen eingezogen, aber nicht aufgrund innerer Anteilnahme mit dem Partisanenkampf verbunden. Unter ihnen ein Freund, der mir geholfen hatte, aus dem Totenzimmer der Erste-Hilfe-Station zu entkommen. Er ging gesenkten Blicks. Ich wollte nicht in seiner Haut stecken. Er setzte sich wie die anderen an einen der Tische, nahm die dargereichte Feder und unterschrieb. Anschließend gab man ihnen Wasser und türkischen Honig – wie ich später erfuhr. Der Unteroffizier stand reglos auf dem Stuhl. Er warf mir einen Blick zu, und ich sah, daß er etwas schielte. Sein Vorgesetzter befahl ihm: »Sag ihnen den Rest!« Ioanidis plusterte sich auf. Ringsum Stille. Das Meer stürmte. Der Wind nahm zu. Die Wolken kamen herunter, als wollten sie uns berühren. Da sagte er: »Wer von euch ein Mann ist, wer von euch Eier hat, wer nicht unterschreiben will, der trete einen Schritt vor.« Wir verständigten uns kurz mit den Augen, und nach etwa drei Sekunden machten wir alle einen Schritt nach vorn. Ich schob ihn gezwungenermaßen etwas beiseite, um ihn nicht vom Stuhl zu werfen. Alle, die in unserer Nähe waren, Offiziere, Gendarmen, Sicherheitspolizisten, schlugen auf uns ein. Ich hörte, wie der Alte wieder seine Anweisungen gab: »Die Pfeife. Hol die Pfeife raus!« Zusammen mit dem Pfiff hörte ich ihn so etwas wie »Prügelkommandos« sagen. Aber eine phantasmagorische Szenerie zog meine Aufmerksamkeit auf sich. Tausende (so schien mir) Soldaten mit Stöcken in der Hand kamen den Hügel heruntergelaufen. Ihr Trampeln übertönte alle Laute der Natur. Unweit von uns brüllten sie los. Spontan drehten wir ihnen den Rücken zu und rannten auf das Meer zu. Je näher wir dem Wasser kamen, um so größer wurde das Gestein, das uns beim Rennen behinderte. Einer fiel über den andern. Die meisten erreichten völlig zerschrammt von den spitzen Steinen das Meer. Nun drohte die starke und hohe Brandung uns zu ersticken.

Die Gendarmen fielen über die langsamsten Häftlinge her. Die spitzen Stöcke bohrten sich tief ins Fleisch. Manche von ihnen wurden an der Wirbelsäule mit solcher Wucht getroffen, daß sie gelähmt liegenblieben. Wir im Wasser hatten zu wählen zwischen dem sicheren Ertrinken und der Prügel. Als ich nach einiger Zeit aus dem Meer stieg, erwartete mich eine Gruppe mit Knüppeln bewaffneter Gendarmen. Schläge auf den Schädel klingen, das erfuhr ich nun, wie Kastagnetten. Ein trockener Klang, nahe dem Gehirn. Während sie mich prügelten, fragten sie: »Wirst du unterschreiben, was?« Als würden sie mich kennen und hätten Streit mit mir. Ich sagte nichts. So viele Schläge kann man gar nicht mehr fühlen. Der einzelne Schmerz verliert sich und wird nur spürbar, wenn der Schlag einen Knochen, die Hände oder die Beine trifft. Die Gruppe, die mich die ganze Zeit schlug, wurde müde. Da vernahm ich wieder jenes Wort: »Prügelkommandos!« und sah, wie sich neue Gruppen von Soldaten ins Getümmel stürzten. Vor mir sah ich plötzlich einen mit einem Speer, mit dem er mir den Bauch streifte und die Kleidung zerriß. Ich ergriff den Speer und stand ihm gegenüber, von Angesicht zu Angesicht. Er versuchte, mich zu beißen, schaffte es aber nicht. Ich stand noch aufrecht und konnte gut beobachten, was um mich herum geschah. Ich sah geöffnete Schädel, blutige Genitalien, zerschlagene Gesicher. Und leider hörte ich. Ich sage leider, weil mich das am meisten quälte. Die Opfer schrien jämmerlich. Die Folterer brüllten. Sie fluchten, schimpften, gaben Befehle. Irgendwann fiel ich hin. Von oben gaben sie mir immer laschere Tritte. Ich begriff, daß auch sie müde geworden waren und daß ich auf das dritte Prügelkommando warten müßte. Tatsächlich, die neuen richteten mich auf und traktierten mich mit Faustschlägen in den Magen und ins Gesicht.

Drei Stunden waren inzwischen vergangen. Langsam füllte

sich die Schlucht mit bewegungslosen blutüberströmten Körpern. Andere wurden zu den Tischchen geschleppt, damit sie unterschrieben, und dann abgeführt. Wir wurden weniger. Die Anzahl der Häscher blieb die gleiche. Ein Sicherheitspolizist kam auf mich zu, fett, mit rötlichem Gesicht. »Was ist los mit dem Langen? Er spielt den Helden, was? Legt ihn hin.« Sie drückten meinen Rücken auf die Erde. Er sprang hoch und rammte seine Stiefel in meine Brust. Während er auf mir herumtanzte, begann ich Blut zu spucken. Er ließ von mir ab und sagte: »Laßt ihn. Er hat nichts. Bald gehört er mir . . .« Das vernahm ich und verließ langsam die Welt. Ich sah jemanden auf mich zukommen und meinen Namen rufen: »Mikis! Mikis!« Mir war schwindlig, aber ich erkannte Nakos, den Medizinstudenten. Er hielt in der Hand seine blutigen Genitalien. Er zeigte sie mir und sagte unter Stöhnen: »Sieh, was sie mir angetan haben! Sieh, was sie getan haben!« In meinem Elend dachte ich ironisch: Guck an, woran er denkt! Sein Schmerz scheint ihn nicht zu stören. Ihn stört nur, daß er impotent bleiben wird. Und ich lächelte, meinen eigenen Zustand vergessend. Ich schloß die Augen. Jemand wischte mir das Blut ab und flüsterte mir ins Ohr: »Mein Junge, mein Junge, das sind Kannibalen.« Mit Mühe öffnete ich die Augen und sah den Hauptmann, völlig aufgelöst . . . Als er merkte, daß ich zu mir kam, freute er sich. »Bravo, mein Junge. Unterschreib doch! Ich bitte dich. Das sind keine Menschen. Das sind Kannibalen.« Das rührte mich. Ich schloß vollkommen aus, daß er den Befehl dazu erhalten hatte. Er steckte in einer tiefen Krise und zitterte am ganzen Leib, fürchtete sich. Was sollte ich ihm sagen? Ich überlegte, dann: »Ich danke Ihnen. Wissen Sie, ich bin Kreter. Ich kann Gewalt nicht ausstehen.«

Sie entdeckten uns und kamen herbeigestürzt, schoben den Hauptmann mit Gewalt beiseite. Der Dicke ergriff das Wort: »Zum letztenmal, unterschreibst du? Ja oder nein?« Ich sah ihm dumm in die Augen. Als wäre ich der heilige Bartolomäus während des Martyriums – falls er ein Martyrium durchgemacht haben sollte. »Was denkst du, was du bist, du Wichser?«, fragte ein anderer. Der Nachmittag war angebrochen, und sie hatten schon viel gearbeitet. Die Verwundeten wurden abtransportiert.

Die meisten Gendarmen waren schon fort. »Zum letztenmal. Paß auf! Du wirst es bereuen!« Was wird er tun, fragte ich mich. Und ich dachte an meine Genitalien. Er wird mich verstümmeln, wie Nakos. Der Dicke befahl: »Haltet ihn fest.« Sie wußten, was er machen wollte. Sie fragten: »Die Hand oder das Bein?« – »Ist doch klar, das Bein! Wo findest du noch so'n langes, he? So'n endloses?« Sie stürzten sich auf mich und hielten mich auf der Erde fest. Da packte Loris, so nannten wir den Würger, meinen rechten Fuß, erst die Ferse, umfaßte dann die Wade, hob sie hoch. Und es krachte. Ich spürte den Schmerz und wurde bewußtlos. Spät in der Nacht weckten mich Stimmen. Ich lag auf einem Bett in einer Zelle. Neben mir, auf dem Fußboden, Rosetos. Gerade, als ich die Augen öffnete, schnitt er sich die Adern durch. Ich wollte schreien, merkte aber, daß ich eine einzige Wunde war. Ich hatte mich erkältet, und es schmerzte überall. Im Dämmerlicht der Zelle sahen wir einander in die Augen. Er schnitt sich mit einem Gegenstand die Adern durch, wobei er unentwegt auf einen Punkt starrte. Sein Blick ruhte in meinem. Ich sagte ihm mit den Augen: »NEIN, tu es nicht!« Neben uns ein heilloses Durcheinander. Die Verwundeten stöhnten. Dann sprudelte das Blut aus seinem Arm. Er legte sich ruhig auf den Rücken, wie immer, wartend.

Ein seltsamer Streit entbrannte in der Mitte der Zelle. Ein Soldat beugte sich über einen Verwundeten. Es war sein Bruder, dem er helfen wollte. Aber der andere schrie ihn ununterbrochen hysterisch an: »Denk an unsere Mutter, du. An unsere Mutter!« und wollte ihn nicht sehen. Der Soldat begann zu weinen. Ein paar Gendarmen suchten jemanden. Sie wurden ruhig, als sie Rosetos und mich entdeckten. Wir hatten noch nicht unterschrieben. Sie wollten Rosetos hochheben. Er war inzwischen bewußtlos. Sie riefen die Krankenpfleger, die ihn mitnahmen. »Was wird mit dir?«, fragte ihr Anführer. »Wenn du unterschreiben willst, schließ die Augen.« Ich sah ihm in die Augen. Sie schlugen mit den Schlagstöcken auf mich ein. Ich verlor die Sinne. Sie legten mich in eine Decke und brachten mich hinaus. In der kalten Luft der Nacht kam ich zu mir. Ich sah, wie sie zu dritt auf jeder Seite die Decke, in der ich lag, festhielten und keuchend den Berg hinaufhasteten. Sternenklarer Himmel. Aber die meisten Sterne verdeckt von ihren Köpfen, die sich im Rhythmus ihrer Schritte hin- und herbewegten. Da hörte ich einen Schrei und sah durch den Spalt des Zelteingangs, vor dem wir standen, eine Petroleumlampe, die an einem Mast hing. Sie brachten mich hinein und warfen mich auf die Erde. Furchtbarer Schmerz. Eine Gruppe von Folterern war gerade damit beschäftigt, die Finger eines Häftlings zu brechen. Sie fragten ihn: »Wirst du unterschreiben?«, und gaben ihm die Feder. Den Zeigefinger hatten sie ihm bereits zermalmt. Er lehnte ab. Sie griffen zu dritt nach seiner Hand und legten sie auf einen Stein. Plötzlich schlug der Verhörer mit voller Kraft zu. Ein erneuter Schrei, der einem das Innerste nach außen kehrte. Sie hatten ein Kohlebecken danebenstehen mit einer glühenden Eisenstange darin. Dem einen brachen sie die Knochen, den anderen verbrannten sie, um Abwechslung zu haben. Ich mußte kotzen. Speichel und Blut kamen mir hoch, die ich wieder hinunterschlucken mußte, weil ich mich nicht umdrehen konnte. Ich war am Ersticken. Ein krampfartiger Husten befiel mich. Mein Blut spritzte bis an die Lampe. Sie traktierten mich mit Tritten und Schlägen, damit ich Ruhe gäbe.

Sie weckten mich. Ich lag auf einer Trage an einem andern Ort. Sie drückten mir die Schlagstöcke in die Rippen, in den Bauch. Sobald sie mein Knie berührten, fühlte ich wahnsinnige Schmerzen. Ich schrie, hörte meine Stimme und bekam einen Schreck. Woher kommt diese Stimme?, fragte ich mich. Aus einem Brunnen. Da führte ein Soldat meine Hand und sagte: »Bleib ganz ruhig. Ich mach das für dich.« Ich verstand nichts, weil die Schmerzen unerträglich waren. Erinnerte mich seelischer Leiden und mußte lachen. Es gibt keinen anderen Schmerz außer dem körperlichen, dachte ich in jenem Augenblick. Alles andere ist Einbildung. Es war wohl am Mittag des nächsten oder übernächsten Tages. Sie brachten mich mit der Trage irgendwohin. Ich sah Professor Despotopulos sich nähern. Er sagte dem Offizier: »Ein Arzt muß ihn untersuchen.« Wir befanden uns wahrscheinlich vor dem Sanatorium, denn ein Arzt im Kittel kam heraus. Da sagte der Professor mit jenem für ihn typischen Nachdruck in der Stimme: »Sie sind persönlich für diesen Jungen verantwortlich. In diesem verletzten Schädel ist ein Gehirn voller Noten ...« In diesem Stil. Sie legten mich auf die Erde. Der Offizier und der Arzt gingen ins Haus. Der Arzt kam wieder heraus. Ich wurde ins Sanatorium eingewiesen. Ich hatte viel Blut verloren. Sie zogen mich aus. Der Arzt sah den Fuß, die Wunden, die Brüche. Die Augenbraue, die erneut aufgerissen war. Sie zogen mich wieder an und wickelten mich in Decken. Der Arzt gab mir eine Spritze, und ich schlief ein. Ich erwachte vom Tuckern der Maschine. Das Meer wiegte den Kutter. Über mir Verwundete und Verrückte, die meisten von ihnen Spastiker.

Militärkrankenhaus Nr. 401

Der Kutter legte in Lavrion an. Sie hoben meine Trage hoch und setzten sie auf der Mole ab. Kaum hatten sie mich auf die Erde gelegt, dachte ich, ich würde verrückt. Der Mann, der sich mir in Zivil näherte, war mein Vater! Mit meinem Vater verband mich eine geheime geistige Kommunikation. Wenn ich in einer großen Schwierigkeit steckte, fühlte er das, wo er sich auch befand. Als ich 1944 in der Universität fast gelyncht wurde, hatte er gerade in seinem Büro im Ministerium eine Besprechung. Plötzlich hielt er inne und sagte seinen Mitarbeitern: »Mikis ist in Bedrängnis. Er wird bald in mein Büro kommen. Warten wir auf ihn.« Alle setzten sich und warteten auf mich. Eine Stunde später stürmte ich ins Zimmer meines Vaters. Ich sah, daß sie mich anstarrten, als wäre ich vom Mars gekommen. »Tatsächlich, Herr Direktor«, stammelten seine Angestellten. Sein einziger Kommentar: »Wir haben auf dich gewartet . . .« Als ich auf Makronisos war, lebten meine Eltern in Galata auf Kreta. Von dort schickten sie mir Karten und Pakete.

Als der große Sturm auf Makronisos tobte, gab es auch in Galata ein Unwetter. Sie fürchteten, daß mir etwas Schlimmes zustoßen könnte. Sie liefen nachts hinaus, um zu sehen, was mit der Zypresse passierte. Sie drohte, klein wie sie war, entwurzelt zu werden. Beide hielten die Zypresse fest und dachten an Makronisos. Am nächsten Tag beschloß Vater, zu mir zu kommen. Er nahm das erstbeste Schiff, das wegen des Sturms zwei Tage bei einer Insel der Ägäis vor Anker gehen mußte. Er kam in Athen an und suchte Livadeas auf, unseren Nachbarn aus Tripolis und Leiter der Gendarmerie. Er gab meinem Vater die seltene Erlaubnis, uns im Vierten Strafbataillon zu besuchen. So erreichte er Lavrion, als wir gerade ins Militärkrankenhaus Nr. 401 gebracht werden sollten. Er fragte nach einem Kutter, der ihn nach St. Giorgis fahren könnte. Er habe die Erlaubnis dafür. Die Gendarmen fragten ihn, wie alt sein Sohn sei. Er sagte es ihnen. Vielleicht habe man ihn ins Erste Strafbataillon überführt. »Frag die. Sie werden es wissen.« Er näherte sich uns. Er warf auch mir einen Blick zu, erkannte mich aber nicht. Ich sah ihn an und sprach mit den Augen zu ihm. Er fragte unsere Begleiter. Die antworteten, daß sich tatsächlich die Jahrgänge 46/47 im Ersten Bataillon befänden. Verzweifelt sah ich, wie er nachdenklich und unruhig fortging.

Sie brachten uns zum Lastwagen. Das Auto hielt vor dem Kostopulos-Gebäude, dem Gefängnis. Ein paar Stufen führten hinauf ins Eingangszimmer. Links der Raum mit den Gefangenen, die in der Nationalen Armee dienten. Rechts ein Korridor. Links zwei kleine Zellen für die Isolationshaft. Rechts die schwere Tür zum Raum mit den Makronisos-Gefangenen. Am Ende des Vorraums die Toiletten, daneben die Wasserhähne über einem Bekken, das so lang war wie die ganze Wand. Weil zu viele Gefangene gleichzeitig verwundet worden waren, hatten sie zusätzliche Betten hereingebracht. Ein großer Raum, in den hundert eng beieinanderstehende Pritschen paßten. Ich wurde im linken Korridor auf dem Fußboden abgeladen. Sie ließen mich dort liegen und vergaßen mich. Kein Arzt oder Pfleger kam vorbei. Es gab Schwerverwundete. Vor allem jene, die mit den Stöcken mißhandelt worden waren und einen Wirbelsäulenschaden hatten. Dann die Patienten mit den schweren Knochenbrüchen, Verrenkungen usw., zu denen ich gehörte. Dazu kamen die »Verrückten«. Der Grieche beispielsweise fürchtete, von Fischen aufgefressen zu werden. Er richtete sich plötzlich im Bett auf und schrie, weil er dachte, die Fische würden in diesem Augenblick seine Füße verschlingen. Die meisten machten unaufhörlich mit der Hand oder mit dem Kopf oder mit beiden zugleich spastische Bewegungen. Einige von ihnen waren sogar klar im Kopf und wunderten sich, daß diese Bewegungen so unabhängig von ihrem Wollen abliefen. Bei einigen vollführte ihre Hand nachts, wenn sie schliefen, weiter diese Auf- und Abbewegung und fiel immer wieder mit Wucht auf das Bett. Man legte ihnen ein Kopfkissen darunter, damit sie sich die Hand nicht brächen. Aber die meisten wußten nicht, wer sie waren, und konnten nicht sprechen. Sie brachten unartikulierte Laute hervor, die im Speichel verröchelten. Andere wiederum, wie der Grieche, hatten furchtbare Wahnvorstellungen. Sie sahen sich von Ungeheuern bedroht. Und bei jedem kam die Krise auf je besondere Art und Weise zum Ausbruch. Die wenigsten wurden aggressiv und gefährlich. Bei einem reichte der Anblick einer Khakiuniform, und er drehte durch. Er stürzte sich mit solch einer Gewalt auf die so gekleidete Person, daß fünf Männer nötig waren, um seine Hände vom Hals des Opfers zu lösen. Weil er einmal versuchte, einen Offizier zu erwürgen, wurde er in die Isolationszelle gebracht und die ganze Nacht geschlagen. Er saß danach eine Woche lang zusammengekauert in einer Ecke, und eines Tages, als es keiner vermutete, sprang er auf und stach mit dem Messer einen Folterer der Sicherheitspolizei nieder, der ahnungslos an ihm vorbeilief. Wir freuten uns alle über diese gerechte Bestrafung, obwohl wir wußten, daß nun das Ende unseres Kameraden gekommen war. Tatsächlich, bald liefen die Folterer in ihren Khakiuniformen in unseren Raum, schlugen auf ihn ein, zerrten ihn in ihr Auto und fuhren mit großer Geschwindigkeit davon.

Es war normal, daß man mich in diesem Chaos nicht besonders beachtete. Ich fühlte mich von den Zehen bis zum Scheitel wie gelähmt. Ich konnte mich weder bewegen noch sprechen. Ich spürte meinen Urin und meinen Kot herausfließen und mich mit einer angenehmen warmen Feuchtigkeit umgeben. Nachdem sich jemand zweimal über den Gestank beschwert hatte, drehte mich ein grober Krankenpfleger um, der eine Khakiuniform trug, und zog mir Hose und Unterhose herunter. Fluchend wischte er mich mit einem Scheuerlappen ab, den er in einen Eimer mit dreckigem Wasser tauchte. Er brachte mir ab und zu Wasser, das er mir mit einer Schnabeltasse einflößte. Ansonsten fühlte ich, wie sich die offenen Wunden entzündeten und allmählich vereiterten. Meine Knochenbrüche und das verrenkte Knie zwangen mich zu stöhnen und manchmal »Ach, Mutter!« auszurufen. Nachts kam es vor, daß ich einen Verwundeten weckte, der seine eigenen Probleme hatte und mir zuraunte: »Kannst du nicht endlich dein

Maul halten, Kamerad?« Nur noch die Augen funktionierten. Richtiger das linke, denn das rechte hatte sich nach den letzten Schlägen wieder mit Blut gefüllt. Mit diesem einen Auge – wie ein Zyklop – sah ich alles und nahm alles auf, denn mein Gehirn arbeitete einwandfrei. Ich fühlte meinen Vater in Athen, und das gab mir Mut. Wird er mich finden? Wie lange wird er dazu brauchen? Ich wußte, daß es ein Spiel gegen die Zeit war. Jenes Kreuz, das ich auf Makronisos unter die Reueerklärung setzen mußte – wobei ein Soldat mir die Hand geführt hatte –, um mich vor dem sicheren Tod zu retten, würde sicherlich nicht als Unterschrift akzeptiert werden. Ich fragte mich: Was wirst du jetzt tun? Wenn sie plötzlich kommen, dich abholen und im Gebäude der Sicherheitspolizei auf deine Wunden einschlagen? Was wirst du tun? Ohne Bedenken war meine Antwort: Ich werde unterschreiben. Wenn sie annehmen, daß du fliehen willst – rein hypothetisch –, und Namen, Adressen usw. von dir wissen wollen? Wirst du verraten? Wiederum ohne Bedenken lautete die Antwort: Dann muß ich eben sterben. Zufrieden ob dieser Einigung mit mir selbst fühlte ich, wie soll ich sagen, Erleichterung. Eine psychische Befreiung, und nicht nur eine psychische. Ich sah wieder meine Genossen vor mir, wie man sie in der Schlucht aufrichtete und zu den Tischchen brachte, wo sie unterschreiben mußten. Wie sie sich dann entfernten, hinkend wegen der Folterungen, sich dahinschleppend. Ich wollte mich um nichts in der Welt von ihnen distanzieren. Ich hätte niemals gesagt: Ich bin der Bessere. Oder hätte mich gar von ihnen losgesagt. Die Vorstellung vom einsamen Helden stieß mich genauso ab, wie die vom einsam Gebrochenen. Ich wollte immer mit den anderen sein – im Sieg wie in der Niederlage. Ich sah die Gesichter heldenhafter Kameraden einzeln an mir vorüberziehen. Sollte ich sie verurteilen, weil man sie in der Schlucht, blutüberströmt, auf den »Stuhl der Schande« gesetzt hatte? Aber, wie ich bereits sagte, die Haltung gegenüber der »Reueerklärung« hatte nichts mit vernünftiger Überlegung zu tun. Man verabscheute denjenigen, der unterschrieben hatte, wie man die dreckigsten Dinge der Natur verabscheute. Es war ein psychisches Syndrom.

Ich war gerade in diesen Gedanken versunken, als ich eine

Frauenstimme über mir fragen hörte: »Wer ist denn dieser Junge? Mir ist so, als würde ich ihn kennen. Kennt ihn jemand?« – »Nein«, antwortete ein Kranker. »Sie haben ihn hiergelassen, und keiner kümmert sich um ihn, weder Ärzte noch Verwandte. Er stinkt nur rum. Er wird verfaulen.« Ich sah sie mir an mit aufgerissenem Auge. »Er kann uns sehen! Er versteht uns! Wie heißt du, Junge?« – »Er spricht nicht«, erwiderte der andere mit tiefer Stimme. »Doch, doch, das ist er!«, sagte die Frau entschieden. »Es ist der ELAS-Kämpfer aus unserem Wohnviertel. Ich kenne seine Verlobte. Seine Freundin, jedenfalls.« Sie betrachtete mich und fragte: »Wohnt sie nicht in der Nähe der Klinik? Studiert sie nicht Medizin?« Ich schloß und öffnete die Augen. »Er antwortet mir, er stimmt mir zu . . . Sieh doch!« Der andere beugte sich etwas vor und fragte: »Ist es so, Kamerad? Hat sie recht?« Ich schloß wieder die Augen. »Du hast recht, man kann sich mit ihm verständigen. Geh sie finden, bevor sie ihn hier wegholen.« Sehr bedrohlich und pessimistisch dieses »bevor sie ihn hier wegholen«. In meiner Phantasie erschien mir Vasilis Zannos, dazu die Stimme meiner Tante, die sagte: »Wie Christus . . .« Ich sah mich über eine ansteigende gepflasterte Straße das Kreuz schleppen. Um mich herum warfen die Leute mit Steinen nach mir, beschimpften mich. Andere schlugen auf mich ein. Ich zog mein Bein nach. Ein Soldat trat auf die Schiene, und mein Bein blieb wie ein Stumpf mitten auf der Straße liegen. Ich bin eine Variation des Sphinx-Rätsels, dachte ich. Wo bist du hier, Ödipus! Welches ist das Tier, das zuerst vier, dann zwei und schließlich drei Beine hat? Wer ist das? Der Greis? Man hat dich belogen! Der Makronisiote ist es!

Die Organisation des Alltags auf Makronisos zielte auf die totale Nivellierung alles Menschlichen. Griechenland würde sich mit Makronisioten füllen, von denen die wenigsten – vielleicht einer von hundert – würden sagen können: »Ich habe durchgehalten.« Aber auch das gehörte dazu. Die Lagerleitung wählte von vornherein einige aus, die im Grunde nie geschlagen wurden – also nicht zu unterschreiben brauchten –, damit die Verzweiflung der anderen wuchs, unter letzteren eine kleine Zahl von Verbannten, die bis zum Schluß durchgehalten hatten. Sogar bis zum Tod. Bedenkt man, daß von den 100 000 Verbannten 99 000 auf die eine oder andere Weise zur Unterschrift gezwungen wurden – von denen sogar einige die Aufrichtigkeit ihrer »Erklärung« mit der Teilnahme an Pogromen gegen ehemalige Genossen unter Beweis stellten –, kann man sich schnell ausmalen, mit Hilfe welcher Art von Bürgern die geheimpolizeiliche Mentalität der Schöpfer des neuesten Parthenon das gesellschaftliche und politische Leben des Landes zerstören wollte; welches ihr Plan für die Auflösung der Linken war. Irgendwann viel später beschloß ein Plenum der KPG beiläufig, die »Erklärungen« von Makronisos bei Beurteilungen nicht zu berücksichtigen. Dieser Beschluß wurde aber so vorsichtig, so allgemein formuliert und niemals wiederholt, daß ich mir sicher bin, daß ihn kaum jemand kennt. Das, was mich am meisten auf Makronisos verwundet hat, war diese raffinierte Trennung zwischen »Gebrochenen« und »Helden«, die die Lagerleitung vornahm und die auch auf unserer Seite von vielen übernommen wurde.

Ich fühlte mich zum Verzweifeln einsam. Ich wußte, daß wir nicht mehr die dreihundert waren, die eines Morgens losmarschierten, um alle gemeinsam, vereint, die glorreichste Schlacht unseres Lebens zu schlagen. Symbolisch kann man sagen: Wir wurden in der Schlucht versprengt. Ein Gefühl der Erniedrigung übermannte mich. Wie könnte ich heute meinen Genossen von gestern fragen? Was sollte ich ihm sagen? Hast du unterschrieben? Er, dem man einzeln die Finger seiner rechten Hand zerquetscht hat, ist er ein Verräter oder nicht? Und wenn er mir mit Ja antwortet? Was werde ich erwidern? Sie haben dir das Rückgrat gebrochen, du bist ein Verräter unserer Volksbewegung? Ich spulte den Faden meiner Erinnerung ab, um vom Schluß zum Anfang zu gelangen. Zu sehen, wie wir so weit gekommen sind und welche Verantwortung ein jeder dafür trägt. Nur über eins gab es keinen Zweifel für mich: Alle, die für Makronisos in dieser oder jener Form mitverantwortlich waren, mußten bestraft werden. Meinen elenden Zustand ignorierend oder im Gegenteil diesen Zustand vollkommen begreifend, hatte ich meine Entscheidung getroffen. Entweder die oder wir. Als ich Präsident der Lambrakis-Jugendbewegung wurde, sagte Vasilopulos, der ehemalige Leiter des Ersten Strafbataillons von Makronisos: »Wenn ich gewußt hätte, was er werden würde, hätte ich ihn umgebracht.« Diese Gedanken – zusammen mit der Hoffnung, daß die Frau, die mich erkannt hatte, Mirto finden würde – festigten meine Moral.

Inzwischen mußte ich vor Schmerzen stöhnen, was die anderen Verwundeten und Kranken störte, die immer wieder riefen: »Was wird mit dem?« – »Nehmt ihn hier weg, daß wir endlich Ruhe haben!« – »Der stinkt uns die Bude ein!« Und einige zu Recht Verzweifelte schrien mich an: »Halt's Maul! Uns reicht's!« Urin und Exkremente erreichten meine Füße und meine Brust gleichzeitig. Ich vermoderte regelrecht, in einem Krankenhaus, drei Meter von meinen Mitmenschen entfernt, die über meine Anwesenheit in Zorn gerieten. Die Verrückten kreischten, die Schwerverwundeten stöhnten, und die übrigen fluchten, weil sie keine Ruhe fanden. Der Arzt war noch gar nicht aufgetaucht, und zweimal am Tag kamen ein Pfleger und eine Krankenschwester in unseren Raum, den sie eilig verließen, als wäre man hinter ihnen her. Sie brachten für die anderen das Essen. Mir reichten sie einen Schluck Wasser. Ich stank so sehr, daß sie mich überhaupt nicht mehr säuberten.

Eines Abends, nach dem Essen, öffnete sich die eiserne Tür, und zwei Herren kamen herein. Der erste war mein Onkel, General Chatzitzanis. Der zweite mein Vater. Sie sahen sich genau die Kranken in den Betten an. Eine schwierige Sache, weil es sich um Doppelstockbetten handelte und die Verwundeten nicht gut zu sehen waren. Sie gingen langsam den Korridor entlang. Leider begannen sie auf der rechten Seite. Meine Unruhe wuchs. Ich hatte das Gefühl, als müßte mir jeden Augenblick die Brust zerspringen, so sehr schmerzten meine kaputten Rippen. Macht schnell! Macht schnell!, schrie ich in Gedanken. Denn mein Mund war zu einer Wunde geworden. Wenn ich zu sprechen versuchte, hörte man so etwas wie ein Gurgeln. Blut und Galle stiegen bei jedem dieser Versuche langsam den Hals hinauf. Dann wechselten die beiden Männer auf die linke Seite des Korridors. Erstes, zweites, drittes, viertes Bett. Am fünften Bett hielten sie, weil davor eine Trage stand. Sie sahen mich fragend an. Zum zweitenmal sprach ich mit meinem Vater mit dem linken Auge: Vater, ich bin's. Mikis. Dein Sohn. Sieh doch ... Wende deinen

Blick nicht ab. Ich habe keine Zeit mehr. Ich habe keine Kraft mehr. Wenn du mich nicht erkennst, bin ich verloren. Ich werde sterben ... Das Licht nahm ab, und eine seltsame Bewußtlosigkeit befiel mich, gleich einer Welle, die von meinen Fersen ausging und sich zum Herzen hin bewegte. Durch die Lider meines halbgeöffneten Auges sah ich zwei Silhouetten von Männern, die verschwanden. Die Sache war verloren.

Während mich jemand rüttelte, fühlte ich mich völlig zerschlagen, als müßte ich meine Bestandteile zusammensuchen. Ich öffnete langsam mein Auge und sah meinen Vater, der, über mich gebeugt, stereotyp den Satz wiederholte: »Es ist alles gut! Es ist alles gut!« Endlich, dachte ich. Er hat mich erkannt. Nun hab ich vor nichts mehr Angst. Bevor ich reagieren konnte, war mein Vater verschwunden. Zwei Pfleger hoben die Trage, auf der ich lag. Ich sah, daß wir das Krankenzimmer verließen. Im Vorraum sah ich Gesichter, die mich interessiert anstarrten. Links vor der Tür standen die Wächter und blickten finster drein. Wir hielten uns rechts und gingen durch die erste Tür. Wir kamen in einen kleinen Raum mit einem hohen Tisch in der Mitte. Onkel Chatzitzanis sagte: »Zieht ihm vorsichtig die Sachen aus, damit es ihm nicht weh tut.« Es dauerte lange, bis sie mich völlig ausgezogen hatten, denn meine vielen Wunden waren eins geworden mit meiner Kleidung. Als sie an meinen Sachen zerrten, wurde mein Onkel böse: »Verschwindet und bringt mir Wasserstoffperoxid. Ihr habt es mit einem Menschen zu tun, nicht mit einem Tier.« Schließlich lag ich nackt unter dem blendenden Licht. Der General schickte die Pfleger hinaus. Wir blieben allein. »Die Unwürdigen, sie haben nicht einen Quadratzentimeter an dir heil gelassen ... Wie fühlst du dich?« Ich gurgelte glücklich. Er verstand. »Du bist unverbesserlich, was?« Wieder gurgelte ich ihm zu, was bedeuten sollte, daß ich der Zukunft optimistisch entgegensähe. Er rief wieder die Pfleger. »Wascht ihn vorsichtig mit warmem Wasser ...« Solange sie mich mit Lappen und Schwämmen wuschen, sah mich mein Onkel melancholisch an. Mit meinem einen Auge fragte ich ihn nach meinem Vater aus. Warum war er weggegangen. Was war geschehen?

Zur gleichen Zeit weinte mein Vater in Mirtos Armen auf einer

Bank des Gartens vor dem Gebäude. »Es ist aus. Er stirbt!« Dann gingen sie nach Nea Smirni. Ohne ein Wort zu sagen, schloß er sich in Elmas Zimmer ein. Die anderen fürchteten das Schlimmste. Er verließ erst am nächsten Morgen das Zimmer, um ins Krankenhaus zu kommen.

Nach dem Waschen rieb mich mein Onkel erst mit Wasserstoffperoxid ab und dann mit Jod ein. »Wir beginnen mit dem Fuß ...« Ich bekam einen Schlafanzug. Sie brachten eine Trage mit sauberen Laken und Decken. Wir verließen das Gebäude und stiegen in ein Auto. In der Orthopädie herrschte großes Durcheinander. Auf den Korridoren hüpften die freiwilligen Helferinnen herum, Puppen aus Kolonaki. Meine Trage wurde abgestellt. Die vier Pfleger und zwei Sicherheitspolizisten standen um sie herum und bewachten mich, was Anlaß für Kommentare bot. »Wer ist denn das?« – »Was hat er gemacht?« – »Ein Makronisiote«, flüsterte jemand, und plötzlich erschienen über mir verschiedene grimassierende Gesichter. Die schönen Puppen und guten Damen vom Griechischen Lyzeum verwandelten sich in Vogelscheuchen, so sehr arbeitete in ihnen die antikommunistische Leidenschaft. Wenn ich ungeschützt dort gelegen hätte, hätten sie mich mit ihren Absätzen zerfetzt. Bald darauf wurde ich in einen Raum gebracht und geröntgt. Drei Rippen waren gebrochen, das linke Knie ausgerenkt, mehrere Knochen gebrochen, und das Wichtigste, die halbe Lunge kaputt. Über das linke Auge wurde gar nicht erst gesprochen. Das war für sie eine Kleinigkeit. »Was haben ihm die zwei Augen genutzt?«, fragte sich bedeutungsvoll ein Arzt im Rang eines Majors. Als er mich ansah, dachte ich, daß er, wenn er könnte, mir mit Genugtuung auch das andere Auge auskratzen würde.

Im allgemeinen kann das Verhalten der Ärzte uns gegenüber nur mit dem der weißen Minderheit gegenüber den Schwarzen in Südafrika verglichen werden. »Dreh dich rum, los! Du Wichser, bleibst du still! Du brauchst keine Therapie, du brauchst 'ne Kugel. Diese Arschlöcher, und wir pflegen sie sogar gesund ...« Böser Blick, rabiate Bewegungen. Obwohl sie wußten, daß meine Rippen gebrochen waren und ich überall Brüche hatte, faßten sie mich hart an, und man merkte, daß ihnen mein Schmerz Befriedigung verschaffte. Sie brachten mich in den Operationssaal, und ich bekam eine Narkose. Zum Glück stand mein Onkel, der General, hinter mir, so daß ich keine Sorge hatte, daß sie nicht machen würden, was sie machen sollten. Die Fußknochen waren aus der Gelenkpfanne gesprungen. Sie mußten die Knochen entweder mit Gewalt wieder einrenken oder aber den Knöchel öffnen. Die Schmerzen wären unerträglich gewesen, darum betäubten sie mich mit Chloroform. Die Atmosphäre im Krankenhaus führte dazu, daß ich in jenem Augenblick mit Fug und Recht glaubte, mich für immer von der Sonne verabschieden zu müssen.

Ich erwachte im letzten Bett am Ende des Raumes, links. Neben mir, auf dem weißen eisernen Nachtschrank, lagen zwei Krücken. Mein Kopf war unter Verbänden verschwunden. Sie hatten meinen Brustkorb mit Leukoplast bandagiert und mit Binden umwickelt, so fest, daß ich kaum atmen konnte. Als ich die Augen öffnete, durchfluteten Sonnenstrahlen den Raum. Seltsamerweise waren keine Stimmen zu hören, da sich die Verwundeten gerade auf dem Korridor vor den Toiletten anstellten – also vor einem Waschhaus mit den Löchern der Aborte rundherum, wo man nur noch in Scheiße trat, wenn man nicht zu den ersten gehörte. Und, welch Wunder!, eine Krankenschwester aus Fleisch und Blut, die sich mir näherte und sich über mich beugte. Ich hatte seit Monaten kein weibliches Wesen von so nah gesehen, so daß mich ihr Anblick in Aufruhr versetzte. Die junge Frau hatte wahrscheinlich den Eindruck, nackt vor mir zu stehen. Ich bemerkte, wie sie kontrollierte, ob ihre Brüste auch nicht zu sehen waren und ob sie wirklich Rock und Schlüpfer trug. Nach dieser ersten Reaktion, ihrer weiblichen Natur geschuldet, erinnerte sie sich, wer ich war. Mit verächtlicher Stimme, als ekelte ich sie an, befahl sie mir, mich umzudrehen, damit sie mir eine Spritze in den Hintern verpassen konnte. Man hatte mir den Mund gespült und einen Napf hingestellt, in den ich ab und zu die schwarze Flüssigkeit spucken konnte. Darum vermochte ich zu fragen: »Warum eine Spritze?« Sie sah mich nun mit einem dritten Gefühl an – nach dem weiblichen und nationalen –, dem des Mädchens, das einen Jungen trifft. Sie maß mich von Kopf bis Fuß und von Fuß bis Kopf. Sie beschäftigte sich ein wenig mit dem Fuß, ging etwas weiter nach oben, und mir kam es vor, als würde ich in meinem Innern den männlichen Sirtaki tanzen. Zu guter letzt färbte sie mit fraulichem Schalk ihre Stimme und sagte: »Damit du fragst ...« Sie packte ihre Utensilien ein und ging, triumphierend mit ihrem Hintern wackelnd. Mir schwindelte.

Im Bett über mir lag ein an Syphilis erkrankter Soldat der Nationalen Armee. Seine Anfälle wurden oft gefährlich. Sie hatten ihn mit Absicht zu uns gesteckt. In kurzen Abständen verließ er unseren Raum, um Informationen weiterzugeben und Instruktionen zu erhalten. Er lag den ganzen Tag im Bett und sang. Neben den Kleftien-Liedern sang er auch solche der Demokratischen Armee. Eines Tages kam mir die Melodie bekannt vor. »Wann hast du das gehört, Kollege?« – »In Kavala. Uns gegenüber lagen eine Woche lang die Mädchen der Demokratischen Armee, die es sangen.« – »Kämpften die Mädchen? Kämpften sie gut?«, fragte ich, um ihn zu ärgern. »Wenn wir es mit den Mädchen zu tun hatten, ging es heiß her. Sie ergaben sich nie. Darum waren wir auch immer sehr vorsichtig ...« – Die Demokratische Armee hatte etwa zwanzigtausend Partisaninnen. – »Und wann sangen sie dieses Lied?« – »Meistens nachmittags ... Sie waren in etwa zweihundert Meter Entfernung, und wir konnten sie gut hören.« Zufällig hatte ich dieses Lied komponiert. Während der Zeit der Illegalität wurde ich ständig gedrängt, den Partisanen Material in die Berge zu schicken.

Viel später, als ich mich an Krückstöcken fortbewegte, versuchte der Syphilitiker – in einem Anfall oder weil er den Befehl erhalten hatte –, seinen Bettnachbarn Charilaos Tandaludis abzuschlachten, der eine Brille trug und einem Funktionär ähnelte. Der Syphilitiker weckte mich, als er aus seinem Bett glitt. Er hielt in der rechten Hand ein Messer. Alle schliefen. Er beugte sich über das benachbarte Bett und sah lange hin. Dann hob er seine Hand. Er zielte genau aufs Herz. Ich weiß selbst nicht, wie ich aus dem Bett sprang und ihn zurückhielt. Es kam zu einem großen Tumult, und schließlich wurde er in einen anderen Raum gesteckt.

Im Zimmer gegenüber waren die eingelieferten Angehörigen der Nationalen Armee. Im Vorraum wurde langsam die zunächst streng eingehaltene Isolation durchbrochen. Ich entsinne mich eines Offiziers, der schwere Krisen durchmachte. Eines Morgens, als seine Sinne intakt waren, setzte er sich zu uns und erzählte seine Geschichte.

Er war Leutnant der Reserve und diente in Thessaloniki. Zu seinem Unglück fanden in seiner Kaserne jeden Tag Hinrichtungen statt. Oft kommandierte er das Hinrichtungskommando. Das bedeutete, daß er den Gnadenschuß abgeben mußte. So weit, so gut. Vergangene Weihnachten jedoch, im Jahr 1948, wurden ihnen zweihundert Personen gebracht, die hingerichtet werden mußten. An jenem Tag hatte es geschneit, was sich als wichtiges Detail für seine Geschichte herausstellen sollte. Weil es so viele waren, wurde beschlossen, sie mit Maschinengewehren zu töten. In Gruppen von zwanzig Leuten. Die wurden vorn aufgestellt. Dann niedergemäht. Dabei färbte sich der Schnee rot. Er ging hin und machte Schluß mit ihnen. Ein, zwei, fünf, zwanzig Schüsse in die Schläfe. Die nach der Salve noch Lebenden erkannte man an dem warmen Atem, der vom roten Schnee in die eisige Luft wie eine dünne Rauchwolke aufstieg. Sie erschoß er. Auf einem seiner makabren Gänge näherte er sich einer kleinen Rauchwolke, die sich über einem der Hingerichteten erhob. Der aber war auf den Rücken gefallen und sah ihn mit aufgerissenen Augen an, flehend. Seine Lippen öffneten sich, und nur ein Wort entglitt ihnen: »Nicht!« Wahrscheinlich brachten dieses Wort und der Blick des Sterbenden in dem vom Blut rot gefärbten Schnee das Faß zum Überlaufen. Seine Widerstandsfähigkeit brach zusammen. Während er uns das erzählte, erlebte er alles noch einmal, und das trieb ihn in eine neue Krise. Erst gab er einen schrillen unartikulierten Laut von sich, dann führte seine rechte Hand, unkontrolliert vom Willenszentrum im Gehirn, die Bewegung der Exekution mit der Pistole aus. Als würde er Tausende von Menschen gleichzeitig hinrichten, rief er: »Bam! Bam! Bam!« und schrie dabei. Er rannte, sprang hin und her wie ein losgelassener Stier, bis sich die Pfleger auf ihn stürzten und ihn festhielten.

Am Ostersonntag kam uns Papagos mit seiner Frau besuchen. Ein sonniger – wahrlich österlicher – Tag. Am Samstag erschien der für das Kostopulos-Gebäude verantwortliche Major, gab uns den hohen Besuch bekannt und setzte hinzu: »Es ist verboten, den Oberbefehlshaber anzusprechen. Wenn er euch fragt, wie es euch geht, dann antwortet ihr: ›Wunderbar!‹« – »Und was wird aus dem morgigen Besuchstag?«, fragte jemand. »Welcher Besuchstag?«, stellte er sich dumm. »Es ist doch Ostern!«, riefen einige. »Ostern ist für die Christen. Ihr seid Anarchisten, Atheisten ... Heimatlose!« Er sprach's, und seine Halsadern traten hervor. Er faßte die eiserne Tür an, drehte sich noch einmal um. Sein Blick versprach nichts Gutes. »Wer einen Arsch in der Hose hat, der kann's probieren ...« Als die Tür morgens gegen zehn Uhr aufging, stand ich daneben, am Bett des Griechen. Der Oberbefehlshaber kam herein, strahlend in seiner goldenen Uniform. »Frohe Ostern, Jungs!« Seine Frau blieb neben mir stehen. Sie sah meine Krücke und fragte mich, während sie meine Wange streichelte: »Wo bist du verwundet worden, mein Kind?« – »Fehlt euch was?«, sprach Papagos weiter. Schweigen. Draußen im Garten hielten die Wächter schon den ganzen Morgen unsere Angehörigen zurück. Wir riefen ihnen durch die Gitter »Frohe Ostern!« zu, und sie schrien, während man sie mit Schlagstöcken traktierte. Eine Sekunde. Zwei. Fünf. Zehn. Im Augenblick, da das Gefolge die Tür erreichte, sah ich, wie sich der Major stolz aufblähte, und das machte mich wütend. »Es ist Ostern«, sagte ich zu Papagos. Er blieb stehen, sah mich zweifelnd an, als wollte er mich fragen: Ja, und? »Sie lassen unsere Verwandten nicht zu uns.« – »Ist das wahr?«, wandte er sich streng an den Major. »Er ist ein Lügner, ein Unruhestifter ...« – »Ist es wahr, Jungs?«, fragte ich nun die andern. Zunächst schauten sie schweigend nach unten, dann hier und da Stimmen: »Ja, so ist es!« Papagos drehte sich um und befahl streng: »Der Besuch wird gestattet. Ich erwarte Meldung ...«, und eilte mit zornigen Blicken hinaus. Die große Tür schloß sich. Als wir allein waren, herrschte Totenstille. Manolis sagte: »Du hättest das nicht tun dürfen. Was wird jetzt aus dir?« Sie redeten alle durcheinander und schimpften freundlich mit mir. Ich hatte es schon bereut. Aber es war zu spät. »Ich weiß auch nicht warum«, gestand ich, »der Nacken des Majors ist schuld.«

Nach einer knappen halben Stunde wurden die ersten in den

Besucherraum gerufen. Gegen Mittag hörte ich meinen Namen. Was erwartete mich? Die Blicke der anderen folgten mir mit Anteilnahme. Ich ging hinaus in den Vorraum. Als erster fiel mir mein Vater um den Hals. Mirto, zurückhaltend, drückte mir die Hand. Wir setzten uns auf die Bank. Sie nahmen mich in die Mitte. Gaben mir die Geschenke. Osterbrot, rote Eier. Wir ließen uns fotografieren. »Du bist sehr nachdenklich«, sagte Vater, »ist etwas passiert?« – »Nein, nichts. Ich denke an Mutter, und an Jannakis.« Bei meiner Rückkehr ins Militärkrankenhaus hielten mich auf dem Korridor zwei Sicherheitspolizisten an. »Hier lang!« befahl mir der eine. Unserem Raum gegenüber befand sich die Isolationszelle. Sie öffneten die Tür und schoben mich hinein. Ein winziges Zimmer mit einem Bett ohne Decken. Ein Loch, fensterlos, stockfinster. »Zieh dich aus«, sagten beide zugleich. Ich rührte mich nicht. Einer schlug mir mit einem dicken weißen Schlagstock genau auf die Stirn, zwischen meine Augen. Mir wurde schwindlig. Die Tür ging auf, der Major kam herein. Er leckte sich die Lippen, spuckte mich an und befahl: »Haltet ihn fest!« Sie faßten mich, und er schlug mir in den Magen. Zum Schluß gab er mir einen Tritt in die Eier. »Er gehört euch«, sagte er und schloß die Tür . . . Sie brachten mich am nächsten Morgen in unsere Zelle und warfen mich, wie ich war, vollkommen nackt, auf mein Bett. Onkel Chatzitzanis war versetzt worden, so daß diesmal der Genesungsprozeß viel langsamer, qualvoller vor sich ging. Ich sah Vater und Mirto nicht wieder. Sie ließen mir aber die Partituren und meine Papiere, so daß ich arbeiten konnte . . .

Die Wunden vernarbten. Nur mit meinem Fuß hatte ich noch Probleme. Ich lernte jedoch schnell, mich an den Krücken fortzubewegen. Es vergingen zwei Monate. Da erfuhren wir, daß einige von uns wieder nach Makronisos verlegt werden sollten.

Ich gehörte zu ihnen. Vater war inzwischen nach Kreta zurückgekehrt. Ich benachrichtigte Mirto. Nach dem Mittagessen holte man uns ab. Die anderen wurden zu zweit mit Handschellen aneinandergekettet; ich nicht, wegen der Krücken. Wir waren fünf oder sechs. Unsere Wächter, Sicherheitspolizisten und hörige Soldaten. Wir gingen zu Fuß bis zur Straßenbahnhaltestelle vor dem Evangelismos-Krankenhaus. Ich sah Mirto. Wir wechselten

Blicke, heimlich, denn sonst hätte man sie verhaftet oder weggeschickt. Wir nahmen den hinteren und Mirto den vorderen Eingang. Die gelben Straßenbahnen waren länglich und schmal. Uns trennten etwa fünfzehn Meter. Unsere Blicke erstarrten, der eine tief im andern. Es war zum erstenmal nach Jahren, daß wir uns so lange ansahen. Ich fühlte, daß sich eine starke Achse zwischen unser beider Augen bildete, die viel würde aushalten können. Alles wurde kleiner, Fahrgäste, Wächter, Häuser, nur wir wuchsen. Schließlich erkannten wir, daß wir nur einen flüchtigen bösen Traum erlebten. Ich war glücklich wie nie zuvor.

In Chaftia mußten wir aussteigen. Auch Mirto stieg aus. Die Leute warfen uns Häftlingen nur verstohlen Blicke zu, denn sie hatten Angst. Keiner blieb stehen, um uns anzusehen. Wir fingen freundliche, gleichgültige, feindliche Blicke auf. Wir überquerten den Omoniaplatz und gingen auf dem rechten Bürgersteig der St.-Konstantin-Straße, in Richtung Larisa-Bahnhof. Mirto lief auf der linken Straßenseite neben uns her. Der Rundfunk spielte gerade »Eines Abends trennten wir uns«. Meinen Kopf nach links gewendet, wäre ich ein paarmal beinah gestürzt. Unsere Begleiter merkten das. Einer überquerte die Straße und ging zu Mirto. Wenn er sie angerührt hätte, wäre ich über den nächstbesten Wächter mit meiner Krücke hergefallen. Aber er sprach sie nur an. Sie warf mir einen letzten Blick zu. Ich sog ihn ein, dann wurde alles wieder dunkel. Ich erinnere mich nicht, wie wir zum Durchgangslager kamen. Einige Tage später ging unser Transport nach Makronisos.

Als wir uns der Mole näherten, sah ich den Schatten der Insel. Bedrohlich. Wie eine satte Schlange, die sich ins Meer gelegt hatte, um die Opfer des Tages zu verdauen. In den Lagern auf der Insel gingen gerade die Lichter an, und ich bekam Schüttelfrost. Ich glaubte, die Schlange habe ihre Augen geöffnet und mich gesehen. »Sei willkommen. Sei willkommen . . .«, rief sie mir zu. »Wo warst du so lange? Du hast mir gefehlt.« Furchtbar der Kahn, der einen direkt in den Schlund brachte. In das Maul der Schlange, die darauf wartete, dich zu verschlingen. Meine Schmerzen, überall am Körper, wurden mir schlagartig bewußt. Ich dachte: »Ich werde ein monströses sinfonisches Werk schreiben. Die Menschen werden es hören und vor Aufregung ins Schwitzen kommen!« – »Aber aus welchen Klängen gemacht?«, fragte ich mich. »Ohne Klänge«, antwortete ich. »Für solch ein Werk gibt es keine Klänge . . .« Ich war mit mir einverstanden, das Nicht-Machbare zu tun. Ich erkannte, daß ich endlich die Entsprechung für die Wirklichkeit gefunden hatte, und freute mich. Ich wendete meinen Kopf nach links, um zu sehen, ob der Erzengel Michail mich von Sunion her anstarrte. Aber das Marmorgestein war wie immer leer. Plötzlich loderte ein glutrotes Feuer über der Ägäis. Dasselbe Licht über Tausende von Jahren. Antike Routine, bevor die Sonne untergeht. Zu hochmütig, um einen Blick auf unsere traurige Mannschaft zu werfen, die verzweifelt versuchte, ihr Schicksal zu begreifen. Da ging erstmals in mir etwas Seltsames vor: elektrische Entladungen, die schließlich alle in meinem Magen oder Kopf endeten. Ich glaubte, in meinem Innern brächen Brände aus. Ich brannte und schmerzte. Mein Körper erbebte unter wellenartigen Zuckungen. Mein Gleichgewichtsgefühl setzte aus. Dieser Zustand umschreibt sich einfach mit: Krise. Du stürzt auf den Boden und zuckst wie ein Epileptiker. Das dauert zehn Minuten bis eine Viertelstunde. Danach erinnerst du dich nicht mehr wer du bist. Du hast, was man Gedächtnisschwund nennt. So begann für mich auf der Überfahrt nach Makronisos die Zeit der Krisen, die genau zehn Jahre währte. Zu Beginn war der Gedächtnisschwund enorm und dauerte Tage. Mit der Zeit ließ er nach. Aber die Trübsal blieb und vor allem das Gefühl, vollkommen kraftlos zu sein. Man wird zu einem lebenden Fetzen.

Zur gleichen Zeit spielte sich in den Bergen Griechenlands der letzte Akt der Tragödie ab. Auf der Peloponnes warteten die zu Wasser und Land belagerten 12 000 Partisanen auf den sicheren Tod. Mehr Glück hatten jene 50 000, die sich in Zentral- oder Nordgriechenland befanden und, zumeist mit ihren Familien, über die Grenzen Albaniens und Bulgariens entkommen konnten. Viele von ihnen sind noch immer nicht aus der Emigration zurückgekehrt. Und die, die wiederkommen, sind im Grunde Fremde im eigenen Land, für das sie alles gegeben haben. In den Gefängnissen und der Verbannung weitere 50 000. Und die Hinrichtungskommandos arbeiteten noch Jahre nach Beendigung des Bürgerkriegs. Griechenland zerstört. Alle Griechen gebeugt. Nur der Thron, die Fremden, die Oligarchie und die ihnen dienenden politischen und militärischen Kreise sowie die Polizei: sie triumphierten. Für wen wohl hatte Odysseas Elytis geschrieben: »Und sie werden mit Blüten schmücken den Sieger, der leben wird im Gestank der Leichen?« Für Papagos? Oder für Königin Frideriki?

Makronisos

Juli-August 1949

Der Schweiß lief mir über die Stirn, und warme Tropfen fielen auf meine Wimpern, die feucht wurden. Die Tropfen glitten auf die Netzhaut und trübten meinen Blick. Die Lichter von Makronisos lösten sich in einem kristallinen Meer auf, und die über der Ägäis nacheinander aufleuchtenden Sterne bildeten eine Krone auf dem Haupt der Nacht. Ich transzendierte in den Rhythmus. Diese Bewegung – des Bootes und des Meeres, der Lichter und der Sterne – löste in mir eine seelische Erregung aus, und ich dachte: »Das ist die Musik, die ich komponieren werde . . .« Auf der einen Seite die Ganzheit. Auf der anderen ich. Ich bin der schwarze Punkt auf dem weißen Papier. Doch ich bin aus Fleisch, Nerven und Knochen, die Schmerz empfinden. In mir fließt Blut, das vergossen wird und stinkt. Ich habe auch dieses Instrument, das Denken, das jede unnütze Einzelheit registriert und jene seelische Regung festhält, die aus Meer, Lichtern, Rhythmus, Sternen, also aus Musik besteht. Wie sollte ich damals wissen, daß all meine Versuche zu komponieren – alle meine Werke – ein Fehler waren.

Heute kann ich diesen Fehler analysieren und erklären. Aber ich verleugne diese Werke nicht. Zumindest jene nicht, die den Regeln gehorchen. Zum Beispiel die bedeutendste Schöpfung dieser Periode: die *Erste Sinfonie*. Da ich keine anderen Vorbilder hatte, keine anderen Gefäße, in die ich meine Inspiration gießen konnte, wählte ich jene, von denen ich dachte, daß sie zu mir passen. Ich nahm fremde Gefäße, um mein Eigenes hineinzulegen. Der Fehler bestand darin, daß das Gefäß geborgt war, während der Inhalt, zu dem ich heute noch stehe, mir gehörte.

Als würde ich auf einem rutschigen Hang sitzen, spürte ich meinen Körper ins Chaos gleiten und verschwinden. Ich verlor den Rhythmus. Die ungehörte Musik erlosch in mir. Ich verlor mich. Ich stützte mich mit meinem ganzen Gewicht auf die Krükken, wobei ich das Gefühl hatte, die Sohle meines linken Fußes hätte sich in das Holz des Kahns gepreßt. Ich fühlte unten das Meer messerscharf über meine Haut gleiten. Ich sah mich um. Schatten Gefangener. Schatten der Wächter mit Maschinenpistolen, bedrohlich gen Himmel gerichtet. »Sie wollen das All töten«, dachte ich dumpf, um überhaupt an irgend etwas anderes als an das Kommende zu denken, das mich zermalmen wollte.

»Also das ist es!«, sagte ich, fast schreiend, als wollte ich das Zeichen geben, damit der Kapitän die Maschine stoppte. Das Ufer zwanzig Meter entfernt. Ein kleiner Kai voller Schatten. Weiter oben das Tor, der »Triumphbogen«, durch das die Todgeweihten immer schritten, umhüllt von der Nacht, so wie wir jetzt. Der Kahn legte an, die Taue wurden festgemacht, die Wächter sprangen heraus. Keiner sprach ein Wort. Die Gefangenen verließen nacheinander den Kahn, der immer wippte, wenn sich einer hinausschwang.

Ich drehte mich mühsam nach links, aus Angst hinzufallen. Zwei Wächter faßten mich an den Schultern und schoben mich nach oben. Ich bückte mich, das Gewicht auf dem linken Bein, um auf den Kai zu springen. »Das ist er«, sagte eine Stimme. Zwei Schatten kamen auf mich zu. Ein Offizier und ein Feldwebel. Zwei andere halfen mir von draußen, sicher ans Ufer zu kommen. Sie reichten mir die Krücken, und sofort fühlte ich mich besser. Sie gaben mir ein Zeichen, zum Ende des Kais ans Meer zu gehen. Dort blieb ich stehen. Auch die anderen kamen näher, der Offizier, der Feldwebel, zwei Wächter, und stellten sich um mich, als wollten sie mich decken, damit ich nicht gesehen wurde.

Die anderen Gefangenen mußten antreten und gingen in Richtung Tor. Der Kahn war fertig zur Abfahrt. Die Leinen wurden losgemacht, die Maschine angelassen. Rückwärts, dann Halt, langsame Fahrt voraus, volle Fahrt. Als fürchtete sich der Kahn vor der Insel und wollte schnell wieder weg. Als alles verschwunden war, Menschen, Geräusche, Schatten, sagte der Offizier: »Los!«

Mit langsamem, aber nervösem Schritt ging er voran. In gebührendem Abstand folgte ihm der Feldwebel, der zuvor die beiden Wächter streng angesehen und ihnen bedeutet hatte, ihren Dienst wie immer auszuführen. Und sie schoben mich gleichzeitig, einer von rechts, der andere von links, wie um ihre Anwesenheit zu unterstreichen. Also versuchte ich, beim Gehen den Rhythmus der Krücken und meines gesunden linken Beins mit dem Rhythmus des Offiziers in Einklang zu bringen. Wenn er seinen linken Fuß aufsetzte, schlug ich meine Krücken in die Erde, wenn er seinen rechten Fuß aufsetzte, war mein linkes Bein dran. Wir liefen so synchron, daß die anderen gleichfalls gezwungen wurden, diesem Rhythmus zu folgen. So entstand in der Stille der Nacht ein an- und abschwellender Rhythmus mit wenigen Variationen, zum Beispiel bei einer Unebenheit des Wegs oder wenn eine Krücke versehentlich gegen einen Stein schlug. Ich glaube, mein Versuch beeindruckte den Offizier, denn seine Schultern und vor allem sein Nacken, der sich weiß abhob, machten einige unmerkliche Bewegungen, ich würde sagen, femininen Charakters. Wie soll ich sie beschreiben? Rundere Bewegungen der Muskelpartien, wie wenn Kinder sich freuen. »Wie schön ist es, den Ton anzugeben, und alle anderen folgen mir . . .« So ging er denn allein voran. Hinter ihm der Feldwebel, auf Befehle wartend. Zwei Meter hinter ihm ich, neben mir, rechts und links, die Wächter.

Völlig eingenommen vom Rhythmus und der Sorge, nicht zurückzubleiben, sah ich nicht um mich. Ich dachte auch nicht darüber nach, wohin wir gingen und warum. Meine Aufmerksamkeit erregten aber dann doch die hellweißen Schlagstöcke, die die Wächter und der Feldwebel am Gürtel hängen hatten. Ebenso die weißen Gamaschen und weitere weiße Utensilien, die sie bei sich trugen. Das Weiße bildete in der Nacht leuchtende Furchen, verschiedene Hieroglyphen, als würde eine Hand auf schwarzem Grund zeichnen. Der Mond war nämlich noch nicht aufgegangen, und die Nacht tief und dunkel. Das Meer, links von uns, eine schwarze Linie. Weit weg, links hinter uns, die gelblichen Lichter, halb tot und lymphatisch, von Lavrion. Rechts der Hügel, vor uns das Tor.

Der Wächter mit aufgesetztem Helm, beladen mit seinem ganzen Marschgepäck, grüßte den Offizier auf englische Art, indem er das Gewehr senkrecht vor seinen Körper hielt und mit dem Fuß auf den Asphalt vor seinem Wachhaus schlug. Das Englische wurde in der Armee mit Schlagstöcken und Beinen gelehrt. Der Offizier erwiderte sehr lässig den Gruß, wie um die Wichtigkeit seines Auftrags zu unterstreichen. Es war seltsam, aber die Art, wie er die Hand hob, ohne den Schirm seiner Mütze zu berühren, überzeugte mich davon, daß er große Macht hatte. Als wollte er mit dieser Bewegung sagen: »Du weißt ja gar nicht, wen du grüßt! Nur Gott hat in diesem Augenblick dieselbe Macht wie ich. Ich bin unterwegs, einen Menschen zu töten. Diesen Krüppel da. Den langen Typen. Siehst du ihn? Jetzt bewegt er sich, sieht, fühlt, denkt. Bald werde ich diese Maschine anhalten. Ich werde Erde aus ihm machen. Ich werde ihn auslöschen. Ja, ich!«

»Mein Gott«, dachte ich, »ich werde sterben, und das bei Nacht. Nicht einmal die Sonne, die Farben werde ich mehr sehen können. Und dann? Werden die Meinen meinen Körper finden? Wird mich meine Mutter, und sei es, daß ich tot bin, noch einmal streicheln? Oder werden mich die Würmer auf dieser Trockeninsel auffressen? Ich werde wohl für immer hier bleiben, und keiner wird je davon erfahren ... Jemand muß mich sehen. Ich brauche einen Zeugen. Vielleicht der rechts von mir oder der links?«

Ich drehte mich um und schaute sie durchdringend an, mal den einen, mal den anderen. Der eine hatte einen voluminösen Schnurrbart, war dick, behäbig; ihm fiel das Ganze etwas schwer, weswegen er wahrscheinlich auch eine verdrießliche Miene zog. Er furzte zwei- oder dreimal, und es stank erbärmlich, woraus ich schloß, daß die Bohnen in seinem Magen aufquollen und dieser Vorgang ihn etwas peinigte. Er würde mich also aus gastritischen Gründen schlagen.

Der andere hatte lange Koteletten, einen dünnen Schnurrbart und ein hintergründiges Lächeln. Er sah aus wie ein Filou, der sich als Sicherheitspolizist durchschlägt. Nach einem Dutzend von Foltereinsätzen, eingetragen ins Buch für »Nationales Verhalten«, bekam er Urlaub, den er dazu nutzte, in den »Garten Allahs« bei Kokinia zu gehen, um Vamvakaris singen zu hören. Als sich unsere Blicke kreuzten, las ich in dem seinen: »Was bist du nur für ein Idiot! Und dabei ein zwei Meter großer Mann ... Spielst den

Helden und machst auch andere Wichsereien ... Du mußt dich beugen, Mensch! Du mußt dich der Situation anpassen, um zum Menschen und nicht zu Gras zu werden!« Er begann, das Soldaten-Lied zu pfeifen, was aber den Offizier aufregte, der »Ruhe!« brüllte.

Inzwischen waren wir im Lager angekommen. Linkerhand einige größere Zelte, dann kleine bis zum Meer. Rechts Gebäude aus Stein. Über einer Tür stand KOMMANDANTUR. Daneben ein »Fertighaus«, weiß getüncht, verdreckt, das bestimmt als »Sanatorium« genutzt wurde. Weiter oben auf dem Hügel waren weitere Gebäude zu sehen, die aus der Ferne Häusern glichen. Und noch weiter oben wieder Zelte. Totenstille herrschte über dieser Landschaft. Nur der entfernte Wellenschlag des Meeres diente als Hintergrund für das monotone Geräusch unserer Schritte.

Schließlich erreichten wir die andere Seite der Insel, von wo der Weg zum Zweiten Bataillon führte. Da schlug uns plötzlich der Nordwind entgegen, ein so sorgloser und lebhafter Nordwind, daß ich wegen seiner Unbeschwertheit tatsächlich traurig wurde. Dieses Gefühl in mir steigerte sich, als ich links deutlich die Schlucht erkannte, wo man uns am 26. März gefoltert hatte.

Wir gingen noch etwa einen halben Kilometer. Der Offizier blieb stehen, drehte sich plötzlich um und schaute uns ins Angesicht. Er gehörte zu jenen mir bekannten Typen mit exzellenter Ausbildung, im Leutnants- oder Hauptmannsrang, die durch Ausnutzung irgendwelcher Beziehungen nicht an die Front mußten. Vielleicht Sohn eines Industriellen, Händlers oder Politikers. Er war als »Umerzieher« hergeschickt worden. Ein Spezialist, um aus Taugenichtsen, aus »EAM-bulgarischem Abschaum« wieder reinblütige »Griechen« zu machen. Aus diesem Grund mußte er erbarmungslos sein, den Fluch locker und zielsicher auf der Zunge. Und natürlich die Kunst der Rute, des Schlagstocks, der Faustschläge und Tritte beherrschen. Zudem mußte er sich in allen möglichen Foltermethoden auskennen.

Am Wochenende wartet stets das Auto von Papa in Lavrion auf ihn, das ihn nach Kifissia oder Kolonaki fährt. Er küßt seine Mutter auf die Wange. »Wie geht's dir, mein Kind?« – »Gut,

Mutter. Ich kämpfe.« – »Ach, ja, du kämpfst, mein Sohn«, erwidert sie sorgenvoll und verflucht die Banditen, die ihr den Sohn nahmen, um ihn in den Krieg zu jagen. Dann nimmt er sein warmes Bad und ruft nach Katina aus Karditsa, die seit ihrem zehnten Lebensjahr bei ihnen als Hausmädchen arbeitet, sie solle ihm den Bademantel bringen. Aber sie weiß, was Bademantel bedeutet; sie bückt sich und bläst ihm einen, schnell, damit die Mutter nichts mitbekommt. Sein Sperma spuckt sie wie immer in die Toilettenschüssel, und wie immer denkt sie: »Es stinkt nach Knoblauch . . .« Aber sagen tut sie nichts. Sie hilft ihm in den Mantel und geht wieder den Flur wischen. Der Leutnant rasiert sich, nimmt etwas Parfüm, reibt sich Wachs ins Haar, damit es glänzt und sagt sich: »Ich bin ein Schmucker! Einfach unwiderstehlich . . .« Da erinnert er sich an Meri, seine letzte Freundin, die Tochter des Admirals, die völlig verrückt ist nach Neunundsechzig. Am Sonnabend abend geht es zunächst in den Tsitsanis-Klub, um die Ninou singen zu hören und Whisky zu trinken; gegenüber die Zypressen von St. Sostis. Später fahren sie nach Faliro, um einen guten Fisch zu essen. Schließlich landen sie in einem von Glifadas Tanzlokalen im Freien, mit den Tischchen zwischen den Bäumen und dem Zwielicht auf der Tanzfläche. Während der Walzer und Tangos küßt er sie auf Ohrläppchen und Schultern, streichelt sie und drückt sie fest an sich und macht dabei den Rest der Nacht mit ihr klar.

Unser Leutnant – nennen wir ihn Lakis – findet keinen Gefallen an Sexpartys. Aber sie sind nun einmal große Mode in der feinen Gesellschaft. Jeder, der nicht an ihnen teilnimmt, wird als zurückgeblieben abgestempelt. Wenn man in einen Salon der feinen Gesellschaft von Kolonaki kommt, muß man seine Unterhose ausziehen, sich in einen Sessel setzen, einen Whisky nehmen, den Diener und Dienerinnen ständig anbieten, und sich so über die brennenden nationalen Probleme unterhalten. So berichtet plötzlich ein höherer Angestellter einer ausländischen Firma über die letzten Verluste der Banditen, und während er die Anzahl der Toten und Verhafteten nennt, bewegen sich seine Hoden mal nach links, mal nach rechts, wie um die Größe des Erfolgs zu unterstreichen. Dann sprechen alle durcheinander über den bevorstehenden nationalen Sieg; währenddessen greift eine Dame nach dem Penis eines Herrn, und ein Herr spielt an der Brustwarze einer Dame, bis alle zu einem Knäuel werden. Sie wälzen sich auf dem Fußboden, wechseln den Partner, stöhnen, schreien, verspritzen ihr Sperma und schlafen schließlich erschöpft ein.

Herr Lakis, wie ich ihn getauft hatte, sah mich voller Abscheu an, während ich vor ihm stand, auf seinen Befehl wartend, was passieren sollte. Mich am Kai auszusondern bedeutete, daß er sich mit meiner Wenigkeit beschäftigt hatte. Er kannte meine Akte, meine Geschichte: wußte alles über Familie, Studium, Inhaftierungen, Verbannungen etc. Also alles über meine sogenannten umstürzlerischen Aktivitäten. Die Tatsache, daß ich der Familie eines höheren Beamten entstammte, ein Jurastudium begonnen hatte und Student am Konservatorium war, vergrößerte seinen Haß, weil er in mir einen Abtrünnigen sah. In solchen Leuten wie mir sahen sie einen, der sich mit doppelter Schuld beladen hatte. »Du bist auch noch gebildet und verführst die unschuldigen Kinder aus dem einfachen Volk!«

Aber in meinem Fall verhielten sie sich aus irgendeinem Grund nicht wie sonst, anders ließen sich diese Vorsichtsmaßnahmen nicht erklären: mich von den anderen zu isolieren, so daß es keine Zeugen gäbe, wenn mir etwas zustöße. Immerhin hatte man schon öfter an den Ufern der Insel eine Hand oder ein Bein aus dem Meer gefischt. Schwierig, deren Besitzer zu finden. So gab es an der Stelle, wo wir Halt gemacht hatten, nichts außer Himmel und Erde, die beobachten könnten, was passieren würde.

Er sah mich mit jenem Blick eines Menschen an, der eine Uniform trägt, die ihm steht, deretwegen auch die Mädchen in Athen verrückt nach ihm sind, und der bereit ist, in der Praxis zu zeigen, wie mit einem kommunistischen Studenten zu verfahren sei, der glaubt, ihm seine Villa in Kifissia wegnehmen und sie dem Volk geben zu können! »Dem Volk«, dachte er und lächelte, »den Faulen, Dreckigen und Fettigen ...«

In diesem Augenblick gingen seine Gedanken zur vorgestrigen Sexparty, während der ein junger Militärrichter aus Chalkida über die Hinrichtung von achtzehn Kommunistinnen berichtete, deren Anführerin, auch bekannt als Katsarida, eine Minute vor dem Feuerbefehl rief: »Ich unterschreibe!« und aus der Reihe genommen wurde ... Auf der nächsten Sexparty überlegte er sich, werde ich ihnen über die heutige Nacht berichten, und ich bin sicher, daß mir das keiner abnehmen wird ...

Im allgemeinen bin ich nicht böse auf meine Folterer. Das ist eine Sache der guten Erziehung. Die Situation ist ja nun mal beschissen. Warum sie noch verschlimmern, dich unhöflich benehmen, um dir selbst anschließend Vorwürfe zu machen? Aber diese jungen Offiziere, Sprößlinge reicher Familien, gingen mir auf den Wecker. Ich verlor die Gewalt über mich, während eine warme Welle voller Haß mich durchströmte und aufregte. Aber in dieser Gesellschaft und in diesem Zustand – was sollte ich tun? Andererseits, dachte ich, je mehr Wut sie auf mich haben, um so besser für mich. Die Frage ist nur, wie du sie so wütend machst, daß sie einfach auf dich eindreschen und du die Besinnung verlierst, daß du keinen Schmerz mehr spürst.

Wie bin ich nur hier gelandet, fragte ich mich. Wie und vor allem warum? Marx brachte Lenin hervor und Lenin die Revolution. Diese wiederum die Konterrevolution, mit der Hitler kam. Und Hitler entfachte den Krieg, und der Krieg kam nach Griechenland und zerstörte alle und alles.

Bis auf eine Handvoll von früher unwichtigen Politikern, die zusammen mit Mitgliedern der KPG beschlossen, die Nationale Befreiungsfront (EAM) zu gründen. Sie suchten nach einem Führer, gingen zu Georgios Papandreou, früherer Minister im Kabinett von Eleftherios Venizelos, der aber das Angebot ablehnte. In diesem Augenblick beginnt die seltsame Beziehung zwischen der Familie Papandreou und der KPG, eine Beziehung, die ein halbes Jahrhundert halten und die geschichtlichen Ereignisse prägen wird. Und zwar in den für Griechenland entscheidenden Momenten. Und die natürlich noch nicht zu Ende ist. Es gibt ja die Kinder von Georgios Papandreou. Und es gibt die Enkel.

Die Delegation der EAM wurde von Theos geleitet, einem bekannten Gewerkschafter und führenden Funktionär der Kommunistischen Partei. Während er sich von Papandreou verabschiedete, sagte er zu ihm: »Ich bin mir sicher, daß Eleftherios Venizelos, wäre er an Ihrer Stelle gewesen, unseren Vorschlag angenommen hätte.« Und Papandreou antwortete: »Sicher. Denn Venizelos hätte über seinem Kopf den Theos (dt.: Gott) gehabt, während ich Theos über mir gehabt hätte.«

So wurde die EAM ohne Georgios Papandreou gegründet und triumphierte. Die KP mit ihren fünfzigtausend Stimmen von 1935 stand Anfang der vierziger Jahre an der Spitze einer gewaltigen Volksfrontbewegung – zusammen mit den Sozialisten von Svolos und Tsiromokos, der Bauernpartei von Gavrilidis, den Liberalen von Chatzimichalis usw. Die Kraft der Bewegung offenbarte sich in ihren fast zwei Millionen Mitgliedern. Die Jugendorganisation EPON hatte fast sechshunderttausend Mitglieder und die Befreiungsarmee ELAS über einhunderttausend bewaffnete Kämpfer. Und das alles in einem Land mit sieben Millionen Einwohnern.

Die Engländer operierten auf drei Ebenen.

Erstens in Kairo, wohin König Georg und das Thronfolgerpaar Pavlos und Frideriki ins Exil gegangen waren. Um den Königshof scharten sich die meisten bürgerlichen Politiker, unter ihnen auch Georgios Papandreou. Hier entschied das Foreign Office über die Zusammensetzung der griechischen Regierung und plante für die Zukunft. Die Zukunft Griechenlands selbstverständlich. Alle Griechen – die einfachen Bürger –, vor allem jene, denen über die Türkei die Flucht aus dem besetzten Griechenland nach Ägypten gelang, landeten im griechischen Armeekorps und nahmen an den bewaffneten Auseinandersetzungen der Alliierten in Nordafrika teil. Weil sie aber in der Mehrzahl Linke waren oder wurden, beschlossen die Engländer, mit Zustimmung der griechischen Exilregierung, sie festzunehmen, zu entwaffnen und sie hinter Stacheldraht zu bringen!

Zweitens in den Bergen Griechenlands. Dort unterstützten sie Napoleon Zervas – einen antikommunistischen Offizier, der Partisan geworden war –, um aus seiner Truppe eine schlagkräftige Einheit zu machen, die später die ELAS angreifen sollte, was gegen Ende des Krieges auch geschah. Natürlich obsiegte die stärkere ELAS und vertrieb Zervas aus Ipiros, seinem ursprünglichen Operationsgebiet. Aber die politischen wie die verbliebenen militärischen Kräfte von Zervas würden nach Abzug der Deutschen wieder ihre Rolle spielen.

Die Engländer operierten auch in den Gebieten, die von EAM und ELAS beherrscht wurden, wahrscheinlich auch innerhalb der EAM. Das Intelligence Service hatte überall seine Agenten. Man stelle sich vor, daß der Führer der KP, Nikos Zachariadis, 1949 seinen Vorgänger Georgios Siandos als Agenten des Intelligence Service anprangerte! Doch wer kann mit Sicherheit sagen, daß es wirklich so war? Nur die Archive des Foreign Office. Sollte es aber wahr sein, dann bedeutete das, daß die Engländer unmittelbar die EAM führten, zumal Siandos in seiner Eigenschaft als Generalsekretär der KP an der Spitze der EAM stand.

Abgesehen von der Agentologie hatte man den Eindruck, daß die Führer der EAM alles taten, um das einfache Volk zu desorientieren und manchmal sogar zu verschrecken. Der Oberbefehlshaber der ELAS-Armee war Aris Velouchiotis, ein ehemaliger Rechtsanwalt, der während der Metaxas-Diktatur (1936-1941) nicht im Gefängnis durchhielt und eine Erklärung unterschrieb, die seine Distanzierung von der Kommunistischen Partei beinhaltete. Er gehörte aber zu den ersten Partisanen von Rumeli, und seine Truppe wurde der Kern der sich langsam herausbildenden ELAS.

Aris wurde zur Legende. Er ließ sich einen riesigen Bart wachsen, trug eine schwarze Mütze, ritt auf einem weißen Pferd und hatte eine eigene Garde, die Schwarzmützen. Er erwies sich als Führer durch sein Schwert. Aber innerhalb der Parteihierarchie galt er nicht viel, weil er für die anderen Mitglieder des Zentralkomitees und des Politbüros immer der Mensch blieb, der die »Erklärung« unterschrieben hatte. Er sah sich selbst als Verräter, als Kommunist zweiter Klasse, und romantisch, wie er war, beugte er sich bei jeder Zusammenkunft der Parteiführung. Doch war er allein, der Befehlshaber der ELAS, wurde er sofort wieder der harte Führer, der auf niemanden angewiesen war.

Die Bauern gehörten damals zu den zurückgebliebenen Bevölkerungsschichten, wofür die griechische Oligarchie die größte Verantwortung trug. Und trotzdem, in diesem Land, in dem vor kurzer Zeit noch eine Diktatur geherrscht hatte, meldeten sich

Zehntausende von Bauern freiwillig bei den Partisanen. Alle, die in den Dörfern blieben, waren dem Druck der Besatzer und ihrer Mittäter ausgesetzt. So wurden viele gezwungen, Gendarm zu werden oder den Sicherheitsbataillonen beizutreten – von den Deutschen ausgebildete Spezialeinheiten zur Bekämpfung der ELAS.

Aris und auch die Kommunistische Partei gingen gnadenlos gegen diese Menschen und ihre Verwandten vor, was den Haß in vielen Dörfern schürte. Das war ein göttliches Geschenk für die englische Politik, die nach der Befreiung in ihrer Vorgehensweise genau auf diesen Haß baute, um die Situation eskalieren zu lassen. Ich meine, den Bürgerkrieg zu initiieren. Natürlich kann man dem entgegenhalten, daß die Besatzer und ihre Kollaborateure gegen die griechischen Patrioten ebenfalls gnadenlos vorgingen. Das ist wahr.

Der Unterschied zwischen Gewalt und Gegengewalt besteht jedoch darin, daß die erste blind gegen das Volk gerichtet ist, um Angst zu säen, um es zu unterwerfen und vor allem zu spalten. Während die Gegengewalt mit kühlem Kopf vorzugehen hat, mit politischem Sachverstand. Sie muß weitsichtig sein. Sie schlägt nicht los, um zu rächen, sondern um Gerechtigkeit wiederherzustellen. Und Gerechtigkeit verbindet immer . . . So hart sie auch sein mag.

Aber es ist auch verständlich, daß die erforderliche Reife fehlt, wenn man sich gleichsam von einem Tag auf den andern an der Spitze eines ganzen Volkes – einer Nation – wiederfindet. Innerhalb von zwei, drei Jahren können Volk und Führer nicht politisch reifen und sich strukturieren. Im Grunde hatten EAM und ELAS zwei Führer, von denen der politische spater durch seinen Nachfolger schwerster Fehler und sogar der Agententätigkeit bezichtigt wurde, während der militärische an einem Verrätersyndrom litt, welches so tief saß und ihn derart beeinflußte, daß wir seine Handlungen nicht objektiv analysieren können, also nicht entsprechend den Aufgaben, die er jeweils zu bewältigen hatte, sondern nur durch das Prisma seines persönlichen psychischen Problems: daß entscheidend für ihn war, wie seine Vorgesetzten über ihn dachten, die ja wußten, daß er »so einer« war, also ein für allemal schuldig in den Augen der Partei.

Diese Unreife und das Fehlen wahrer Führer bewirkten, daß die EAM-Spitze nach Beendigung des bewaffneten Kampfes im Grunde nicht wußte, wie es weitergehen sollte. Obwohl sie das ganze Land kontrollierte, schickte sie 1943 eine Delegation in den Libanon, um mit Giorgos Papandreou zu verhandeln und ihm vorzuschlagen, die zukünftige erste gewählte Nachkriegsregierung zu führen. Natürlich erwies sich Papandreou auch diesmal als schwieriger Verhandlungspartner. Doch diesmal steckten die Engländer dahinter; und zwar Winston Churchill höchstpersönlich.

Drittens nahmen die Engländer Kontakt zu den griechischen Sicherheitsbataillonen, die die Besatzer unterstützten, und zu den Deutschen selbst auf. Gegen Ende des Krieges kam es in Griechenland zu einer Zusammenkunft zwischen englischen Agenten und deutschen Offizieren, die ihre Aktivitäten koordinieren wollten, um die Sicherheitsbataillone zu retten, die später gegen die griechischen Kommunisten, die EAM und ihre Anhänger eingesetzt werden sollten. Als die KP-Führung im Libanon Giorgos Papandreou den Vorschlag machte, zukünftiger Ministerpräsident zu werden, hatten die Engländer bereits alles so vorbereitet, daß Papandreou im gegebenen Augenblick der Auserwählte der Kommunisten und ihr wesentlichster Vernichter zugleich werden würde.

In dieser ersten Regierung, die vom Volk, angeführt von der EAM, stürmisch und feierlich in Griechenland begrüßt wurde, erhielt die EAM zwei oder drei unwichtige Ministerien. Den Oberbefehl über die griechischen Streitkräfte – EAM, EDES und Griechisches Armeekorps – traten die das Land beherrschenden Kommunisten an einen Engländer ab, an General Scobie!

Angesichts dieser paranoiden Aktivitäten war es als erster Widerstandskämpfer Aris Veluchiotis, der »durchdrehte«. Er wurde schließlich 1945 vom Generalsekretär der KP, Nikos Zachariadis, als Verräter bezeichnet – so daß der heimliche Vorwurf endlich ausgesprochen war.

Aris, gefolgt von einigen wenigen Getreuen, suchte in den Dörfern die Kommunisten auf, die alten Kameraden, deren unbestrittener Anführer er noch vor kurzem gewesen war. Aber die treuen

Mitglieder der Partei wußten, daß der einzige Führer die Partei selbst war, und da deren Generalsekretär einen so harten und entlarvenden Vorwurf erhoben hatte, konnten sie ihm nicht helfen und erwiderten, wenn er sie zum Beispiel um etwas Brot bat: »Ich kann dir kein Brot geben.« Zumal dieser ehemalige Führer in ihren Augen seine Position regelwidrig erworben hatte, nämlich nicht aus der Parteihierarchie heraus, sondern durch seinen Kampf gegen die Deutschen, der historischen Umstände halber und selbstverständlich dadurch, daß er von den anderen Kämpfern gewählt worden war, zweifellos Faktoren, die nicht dasselbe Gewicht wie eine Absegnung durch die Partei hatten.

Sie ließen ihn und seine Kameraden hungern, ohne Unterschlupf, Informationen und Unterstützung, bis die Regierungstruppen seine kleine Einheit umstellten und er sich zusammen mit seinem letzten Getreuen, Tzavelas, das Leben nahm, um nicht in die Hände seiner Feinde zu fallen.

Aber bevor Aris »durchdrehte« und liquidiert wurde, geschahen noch viele andere und interessante Dinge, die unter anderem zur Folge hatten, daß ich mich hier an diesem Platz auf Makronisos befand, wenige Meter von meinem »Grab« entfernt.

Der Erzengel Michail veranlaßte, daß sich die Wege meiner Familie oft mit denen von Georgios Papandreou kreuzten. Der unmittelbare Vorgesetzte meines Vaters 1925 auf Chios und von 1926 bis 1930 auf Mitilini war Papandreou. Von dieser Zusammenarbeit hatte mein Vater nur Gutes zu berichten, vor allem über die natürliche Höflichkeit, die Bildung, den Humor, aber auch über Papandreous große Fähigkeiten. Ich aber hatte keine Erinnerung an ihn. Als ich ihn später im Innenministerium traf, wo er Minister und mein Vater Direktor einer Abteilung waren, erkannte er mich sofort, obwohl viele Jahre vergangen waren. Er erzählte, daß er mich in die Arme genommen habe und daß ich sehr ungezogen gewesen sei; aber in seinen Armen wäre ich seltsamerweise immer ruhig geworden. Er habe ja auch einen Sohn, Andreas, der auch auf Chios geboren sei und jetzt in Amerika lebe . . .

Diese Begegnung fand kurz vor dem Bürgerkrieg statt, ich glaube, 1946. Mein Vater schwärmte wieder von seiner Zusammenarbeit mit Papandreou, was mich aufregte, weil die KPG, deren

Funktionär ich damals war, die Losung ausgegeben hatte: »Papandreou – Figurenspieler.«

Der Figurenspieler spielt mit Karten um die Figur. Als ich aus der Provinz nach Athen gekommen war, blieb auch ich auf der Piräusstraße stehen und staunte über die Figurenspieler. Sie legten drei Karten auf die Straße, wobei auf einer von ihnen eine Figur abgebildet war, bewegten sie schnell und gekonnt und riefen dann: »Hier die Figur! Da die Figur! Wo ist die Figur?« Man war sich als Zuschauer seiner Sache sicher und setzte auf eine Karte Geld. Der Spieler drehte die Karte um, und natürlich war das nicht die Karte mit der Figur. Ich versuchte es selbst immer wieder, bis ich mein ganzes Geld verloren hatte.

Was aber bedeutete konkret der Vorwurf der KPG gegenüber Papandreou, er sei ein »Figurenspieler«? Bediente er sich etwa Taschenspielertricks beim Bewegen der Karten? War Papandreou selbst eine Figur für die KPG, auf die sie etwas gesetzt hatte – politische Erwartungen –, aber es kam nichts dabei heraus? Oder wollte die KPG durchblicken lassen, daß er ihre Figur war, daß sich aber diese Annahme im letzten Moment als reine Spekulation erwies?

Ich glaube, daß Georgios Papandreou zu keiner Zeit gesagt oder gezeigt hat, daß seine »Lösung« – also seine Ideologie – irgendeine Gemeinsamkeit mit der der Kommunisten hätte. Ganz im Gegenteil, seine Erziehung, seine Philosophie und sein »Liberalismus«, wie wir es heute nennen, hatten ihn zu einer extrem antikommunistischen Haltung geführt, die in ihrer Subtilität fanatischer was als die von Rechtsextremisten.

Aus seinen diesbezüglichen Anschauungen hatte er nie einen Hehl gemacht. Ich schrieb bereits, daß er sich 1942 geweigert hatte, den Vorsitz der EAM anzunehmen, weil er fürchtete, zum Instrument der Kommunisten zu werden. Wir sahen, daß Georgios Papandreou auch den zweiten Vorschlag der KPG im Libanon nicht gerade enthusiastisch aufnahm, Ministerpräsident der Regierung der Nationalen Einheit zu werden. Er stellte harte Bedingungen und nahm dann an, nicht nur, weil ihn die Engländer dazu überredeten, sondern weil sie ihm zusagten, ihn mit allen Mitteln im gemeinsamen Kampf gegen die griechischen

Kommunisten zu unterstützen. Das alles war der KP-Führung bekannt.

Nicht Papandreou ging zu ihnen, sondern sie wandten sich an ihn. Und als Papandreou während seiner berühmten ersten Rede ausrief: »Wir glauben an die Volksherrschaft!«, war dem ein mehrstündiges Rufen der hunderttausend Demonstranten, ich gehörte zu ihnen, vorausgegangen, das monoton aus einem Wort bestand: »Volksherrschaft!« (Laokratie). Also die Losung der EAM. Papandreou sprach immer von Demokratie. Das Volk antwortete mit Volksherrschaft. Da hatte sich Papandreou wahrscheinlich während seiner Rede auf dem Balkon gedacht: »Was Demos, was Volk! Ein anderes Wort – derselbe Sinn.« Als er dann plötzlich von »Volksherrschaft« sprach, wurde das gleich als Übertritt zur EAM gewertet. Von wem? Von Thanassis, Maria, Andonis, von mir und tausend anderen politisch ungebildeten Linken. Stell dir vor, überlege ich mir heutzutage, die KP-Führung glaubte damals dasselbe wie wir, daß also Papandreou durch die Nennung des Wortes »Volksherrschaft« zur EAM übergegangen wäre! Kurz darauf, während eines Empfangs im Nationaltheater, glaube ich, sagte Papandreou im Spaß: »Wir glauben an die Monarchistische Volksherrschaft oder die Volksherrschaftliche Monarchie.« Worte, Worte, Worte.

Hinter diesen Worten standen Tatsachen, die den Verantwortlichen damals bekannt sein mußten. Zum Beispiel die Veränderung des Kräfteverhältnisses zwischen Oktober und Dezember 1944. Die Rote Armee war an der Ostfront auf dem Vormarsch, die Alliierten waren in Frankreich und Italien gelandet, woraufhin die Deutschen ihre letzten großen Offensiven in den Ardennen und in Italien starteten. Das zwang die Engländer, die nach Griechenland gekommen waren, den größten Teil ihrer Truppen nach Italien zu verlegen.

Die Deutschen hatten Griechenland und Kreta geräumt, wobei auf der Insel durch die Zusammenarbeit zwischen nationalistischen und kommunistischen Partisanen bewaffnete Auseinandersetzungen wie im übrigen Griechenland vermieden werden konnten. Die ELAS kontrollierte – nach der Niederlage von Zervas in Ipiros – militärisch und verwaltungstechnisch das ganze Land. In Athen, wo englische Einheiten und das Griechische Armeekorps aus Ägypten an Land gingen, kontrollierte die ELAS weiterhin alle Wohnviertel.

So nahm die Regierung ihren Sitz – wo sonst? – im Hotel »Grande Bretagne« am Verfassungsplatz. Was kontrollierten also General Scobie und seine Regierung? Das Zentrum Athens! Den Verfassungsplatz und den anderen großen Platz in der Hauptstadt, den Omoniaplatz, wo sich in einigen großen Hotels Männer der Sicherheitsbataillone, einige Polizisten und andere Mitarbeiter der deutschen Besatzer verschanzt hatten.

In einem solchen Hotel wurden von der neuen Obrigkeit auch einige hochrangige Kollaborateure der Deutschen, ein paar Minister und der ehemalige Ministerpräsident Ioanis Ralis, »festgehalten« und warteten auf ihren Prozeß. Solch ein Prozeß hat in Griechenland nie stattgefunden. Denn im Gegensatz zu allen während des Zweiten Weltkriegs besetzten Ländern wurden in Griechenland die Mitarbeiter der Deutschen niemals dem Richter vorgeführt. Die neuen Herrscher benutzten sie erneut, und zwar in Schlüsselpositionen des Staates.

Georgios Papandreou traf ich Ende Mai oder Anfang Juni 1963 in Kastri wieder, wenige Tage nach der Ermordung von Grigoris Lambrakis in Thessaloniki. Zusammen mit neunzehn Freunden hatte ich einen Aufruf unterzeichnet, der die griechische Jugend aufforderte, sich in der Demokratischen Jugend Grigoris Lambrakis zusammenzuschließen. Wir alle wollten, und vor allem ich, daß diese Bewegung politisch alle demokratischen Kräfte repräsentierte, die damals vereint gegen die Regierung Karamanlis und allgemein gegen den rechten Staat kämpften. Zu ihnen gehörten: die Vereinigung des Zentrums mit Georgios Papandreou und Sofoklis Venizelos an der Spitze, die Griechische Demokratische Linke mit Jannis Pasalidis als Präsidenten und die Parteien von Stefanos Stefanopulos und Spiros Markezinis. Wir baten alle Vorsitzenden dieser Parteien um eine Audienz, um ihnen unsere Standpunkte zu erläutern und sie um Unterstützung und Zusammenarbeit zu bitten.

Wir begannen bei Georgios Papandreou. Unsere Delegation bestand aus vielen Leuten. Er begrüßte uns auf der obersten Stufe am Eingang seines Hauses in Kastri und führte uns in sein winziges Arbeitszimmer. Bevor wir uns setzten, fragte er mich nach meinem Vater, meiner Familie und brachte wie immer die Höflichkeit auf, mir zu versichern, daß er mit Sympathie meine künstlerische Karriere verfolge, die sich damals auf ihrem Höhepunkt befand. Dann setzte er sich an seinen Schreibtisch und wartete ab, was wir ihm zu sagen hatten. Ich ergriff, wie wir es vereinbart hatten, als erster das Wort, doch noch bevor ich richtig meinen Gedanken zu Ende führen konnte, unterbrach er mich. Und sein Monolog dauerte etwas über eine Stunde. Er erzählte uns über sein Treffen mit Theos und den Witz mit Theos (Gott).

»Aus welchem Grund lehnte ich es ab, Führer der EAM zu werden? Die Ereignisse haben mir recht gegeben: Es ist unmöglich, gleichberechtigt und klar mit Kommunisten zusammenzuarbeiten . . . Wenn ich damals auf den Vorschlag eingegangen wäre, wie Svolos zum Beispiel, hätte aus mir leicht ein gehorsames und vor allem willensschwaches Instrument werden können, dem Widerspruch und Eingriff in Entscheidungen nicht möglich gewesen wären. Damit wäre ich für die schweren Fehler und, weitaus schlimmer, für die Verbrechen, die die Kommunisten an der Nation und am griechischen Volk verübt haben, mitverantwortlich. Ich erinnere nur an die Ermordung von Oberst Psaros und an soviel anderes. Zum weiteren machten die Kommunisten keine eigenständige Politik. Sie waren Instrumente einer fremden Macht, deren Interessen sie vertraten, blind ihren Befehlen folgend. Aus diesem Grund nahm ich ihr Angebot im Libanon mit großem Mißtrauen an. Was wollten sie von mir, da sie doch fast das ganze Land unter ihrer Kontrolle hatten? Zudem brauchten sie mich auch zum Zeitpunkt ihres ersten Vorschlags eher aus dekorativen Gründen. Sie brauchten eine Marionette . . . Darum lehnte ich ab. Beim zweiten Vorschlag im Libanon konsultierte ich die anderen politischen Persönlichkeiten und natürlich unsere Verbündeten, die Engländer, und stellte sehr harte Bedingungen, unannehmbare Bedingungen, würde ich sagen. Aber wie durch ein Wunder wurden sie alle akzeptiert! Auch die härteste Bedingung: Den Oberbefehl über die ELAS erhielt General Scobie und damit indirekt ich. Aber warum taten sie das? Solch ein Rückzug war sehr verdächtig. Wie dem auch sei, die Geschichte verlief, wie sie verlief, und ich glaube, daß ich dem Land den größten Dienst erwiesen habe, den man sich nur vorstellen kann.« Und fügte hinzu, gleichsam als Abschluß seiner entlarvenden Schlußfolgerung:

»Wenn die Ereignisse anders verlaufen wären, wenn es also nicht zu den Dezemberereignissen 1944, nicht zum Varkiza-Abkommen, zur Auflösung der ELAS und allem anderen gekommen wäre, wenn die Ereignisse einen friedlichen Verlauf genommen hätten, dann wäre es zwangsläufig zu Wahlen gekommen, bei denen die EAM sicher 70% erhalten hätte. Es ist vor allem mein Werk, daß die Geschichte nicht diesen Verlauf genommen hat.«

An dieser Stelle mußte ich ihn unterbrechen, weil mich dieses klare Eingeständnis der tatsächlichen Macht der EAM wirklich überraschte. Ich glaube, daß dieses Gefühl auch die anderen beherrschte.

»Ihre Worte erstaunen mich, Herr Vorsitzender. Sie, als einer der großen Streiter für Demokratie, gestehen, den demokratischen Willen des griechischen Volkes, der bei Wahlen zum Ausdruck gekommen wäre, unterdrückt zu haben . . .«

Ohne zu überlegen und mit etwas nervöser Stimme erwiderte er, daß im Hinblick auf eine kommunistische Partei die Regeln der Demokratie nicht gelten könnten. »Das griechische Volk«, fuhr er fort, »war in einem Irrtum befangen. Es kannte die Wahrheit nicht. Jemand mußte den Kommunisten die Maske herunterreißen. Dieser Jemand war ich . . .«

So vergaßen wir, weshalb wir eigentlich nach Kastri gekommen waren. Als er seine Erklärung beendet hatte, setzte ein tiefes Schweigen ein. »Also«, fragte er mich, »was sagtest du?« Ich wiederholte unser Anliegen und schloß mit dem Inhalt des Aufrufs. »Welche Partei steckt hinter dieser Initiative?«, fragte er uns. Wir protestierten und versicherten ihm, daß unsere Bewegung die ganze Bandbreite der anti-rechten Kräfte repräsentieren wolle. »Sagen Sie uns, welche Person Ihres absoluten Vertrauens in die Führung unserer Bewegung aufgenommen werden soll . . .« Schließlich entließ er uns im Glauben, daß er von unserer Ehrlichkeit überzeugt sei. Er sagte, er wolle es sich überlegen und werde uns dann antworten.

Am selben Tag besuchten wir nach Papandreou die anderen

Parteiführer, also Sofoklis Venizelos, Jannis Pasalidis, Stefanos Stefanopulos und Spiros Markezinis. Am nächsten Tag jedoch las man in der Zeitung *Eleftheria*, einem halboffiziellen Organ der Zentrumsunion, die indirekte, aber klare Diffamierung unserer Bewegung durch Kreise aus der Umgebung Papandreous als »kryptokommunistisch«.

Zusammen mit Andonis Pondikakis besuchte ich Sofoklis Venizelos. Der Vater von Pondikakis war Abgeordneter der Venizelos-Fraktion gewesen, während meine Beziehungen zum Parteichef der Liberalen äußerst freundschaftlich waren. Er empfing uns im Garten seines Hauses. Auch er war überrascht und rief in unserer Anwesenheit den Chefredakteur der Zeitung Vima an, um ihn nach mehr Informationen zu fragen. »Die Veröffentlichung«, antwortete dieser, »kam vom Büro Papandreous selbst. Leider dreht er solche Dinger . . .«

Die EAM hatte also, nach Papandreous eigener Einschätzung, 70% des Volkes auf ihrer Seite, einhunderttausend Mann unter Waffen, die das ganze Land kontrollierten. Was fehlte ihr? Etwa die Absicht oder gar der Wille, in jenem Augenblick die Macht zu übernehmen? Wer weiß . . .

Die sowjetischen Truppen besetzten den Balkan und blieben an der griechischen Grenze stehen. Warum überschritten sie diese nicht? Steckte dahinter die berühmte Abmachung über die Einflußsphären zwischen Churchill und Stalin? Die Engländer, als unsere Verbündeten, landeten in Piräus. So weit, so gut. Doch kurz darauf, im Dezember 1944, kam es zum Krieg. Auf der einen Seite die EAM mit den Kommunisten als wichtigstem Faktor, auf der anderen Seite die Engländer und all jene griechischen Antikommunisten, die von ihnen rekrutiert werden konnten.

Welche Haltung hätten die Sowjets in diesem Fall einnehmen müssen?

»Wenn ihr uns gerufen hättet, wären wir gekommen«, werden später bei Privatgesprächen sowjetische Offizielle sagen. »Keiner hat uns um Hilfe gebeten. Wenn wir ohne Hilferuf einmarschiert wären, hätte man uns der Invasion bezichtigt.«

Zachariadis kommt 1949 in seiner Einschätzung der Dezemberschlacht des Jahres 1944 zu dem Schluß, daß die EAM die Engländer aus Griechenland hätte vertreiben müssen und auch können, ebenso hätte die EAM Papandreou absetzen und eine eigene Regierung bilden müssen. Zachariadis warf in dieser Rede dem damaligen Generalsekretär der KP Siandos vor, die regulären Truppen der ELAS-Armee daran gehindert zu haben, an der Schlacht teilzunehmen, mit dem Ergebnis, daß Athen vollständig in die Hände der Engländer fiel.

Alle Kommunisten, die nicht gefallen waren, hingerichtet oder gefangengenommen wurden, verließen die Hauptstadt. Sie nahmen viele Geiseln mit, von denen zahlreiche wegen der Strapazen umkamen. So grassierte die antikommunistische Hysterie.

Im Februar 1945 wurde das Abkommen von Varkiza unterzeichnet. Die ELAS-Armee gab ihre Waffen ab. Es folgte eine Terrorwelle gegen ehemalige Elasiten. Nach und nach flüchteten die alten Partisanen wieder in die Berge. 1946 griffen sie in Litochoro zum erstenmal organisiert einen Stützpunkt der Gendarmerie an. Das war der Beginn des Bürgerkriegs.

Aber die Kommunistische Partei konnte sich nicht entscheiden. In den Bergen sprachen bereits die Waffen, und in Athen erschien ganz offiziell die Parteizeitung Rizospastis, und es tagte das Politbüro der KP. Dieser Zustand währte bis zum Dezember 1947, als die USA ihre Truman-Doktrin formulierte und sich die Dinge klärten: Es gab keinen Spielraum für einen Kompromiß.

1948 war das kritische Jahr. Es kam zum Bruch auch mit Tito. Sowohl das nationale als auch das internationale Kräfteverhältnis veränderten sich grundlegend. Die USA leisteten umfassende Wirtschafts- und Militärhilfe. Das griechische Volk erkannte, daß die EAM langsam im Kampf unterlag. Den Soldaten der Nationalen Armee, die zu Beginn der Kampfhandlungen wenig motiviert waren, wuchsen eine Art Ideologie und auch Fanatismus zu. Unwichtig das Warum und das Wie. Zumal keiner Sympathie für die Besiegten aufbringt, vor allem nicht für jene, die einst sehr stark waren und denen die Macht regelrecht aus den Händen genommen werden konnte.

Alle Soldaten auf Makronisos, sowohl die Sicherheitspolizisten als auch die Folterer, sogar viele Offiziere, waren frühere

EAM-Mitglieder. Darum haßten sie noch mehr als die Rechten all jene, die darauf beharrten, ihren Glauben an die »ursprünglichen« Ideale nicht aufzugeben.

Ich weiß nicht, ob ich dem Leser, der möglicherweise zum erstenmal von diesen Ereignissen erfährt, die Beziehung zwischen dem Gang der Geschichte und einem auf einer kleinen wasserlosen Insel gestrandeten Individuum verständlich machen konnte.

Meine damals entstandene *Erste Sinfonie* versucht, klanglich jene gewaltige Maschine der Geschichte hörbar zu machen, die den Einzelnen zwischen ihren Rädern zermalmt. Die Entscheidungen des Einen, der Ehrgeiz oder die Interessen des Anderen, die Fehler des Einen und die Erfolge des Anderen, kurz gesagt, die Ereignisse, die durch mächtige Interessengruppen in Gang gesetzt werden, unterdrücken uns, jagen uns durch Labyrinthe und Katakomben, trennen und isolieren uns, schieben uns zwischen die Mühlsteine, bis sie uns schließlich vernichten. Und zwar alle, Folterer und Opfer, die Kinder derselben Dialektik, Instrumente im Dienst desselben Sturmes, der die Menschen wie Halme sich biegen und schließlich brechen läßt.

In jenem Augenblick, zwei Schritte vom sicheren Tod entfernt, war mir, als wäre ich gerade aus der Gebärmutter meiner Mutter, der Nacht, geschlüpft. Links von mir das Meer, schwarzer Fluß, eine weibliche Bucht, aus der dreckige Flüssigkeit rann, wie nach einem ungeheuerlichen Beischlaf. Aber der Gigant bereitete sich gerade vor, zum zweiten Mal, ein wenig über den Schamlippen der Geschichte, die, völlig aufgelöst, mit gespreizten Schenkeln auf ihn wartete, zu masturbieren.

Von diesem Augenblick an würde ich nicht nur unter meinen Freunden wegen meiner Beziehung zu Bach, Brahms und einigen anderen fremd sein, sondern auch unter meinen Genossen, weil unser damaliges Vorbild Marx andere Prioritäten gesetzt haben sollte, die auch noch von verschiedenen Leuten verschieden verstanden und verschieden – auch praktisch – interpretiert wurden. Jeder verstand ihn also so, wie es ihm paßte.

Nehmen wir den Faden wieder auf: Am Anfang war Marx, der Lenin gebar. Lenin gebar die Revolution und diese die Gegenrevolution. Die Gegenrevolution gebar Hitler und dieser den Krieg. Der Krieg gebar die Okkupation unseres Landes und diese den Nationalen Widerstand. Der Nationale Widerstand gebar Papandreou und dieser die Dezemberereignisse 1944. Die Dezemberereignisse gebaren den Varkiza-Vertrag und dieser den Terror. Der Terror gebar den Bürgerkrieg und dieser Makronisos.

Makronisos gebar die Folterer, von denen einer, der Feldwebel, nachdem er fragend zum Offizier geschaut hatte, den Befehl »Rechts um!« gab.

Bevor ich fortfahre, möchte ich feststellen, daß mein heutiges Ich, das jetzt diese Zeilen schreibt, vielleicht, ohne es zu wollen, die schönste Zeit meines Lebens beschmutzt (das ist das richtige Wort: beschmutzt), zumal die Erinnerung, angefüllt mit all dem, was die Zeit in sie preßte – Leiden, Bitterkeit und Haß –, in mir arbeitet, ob ich will oder nicht. Aber ich kann nicht einfach der Beobachter meines damaligen Ichs sein. Damals wußte ich nichts. Jetzt weiß ich. Der höfliche und geduldige Leser wird gebeten, jederzeit diese Unterscheidung vorzunehmen, um besser urteilen, vor allem jedoch, um sich besser jenen Ereignissen und Zuständen nähern zu können.

Denn die Gefahr besteht, daß mein damaliges Leben als ein Fehler angesehen werden könnte. Besonders nach den Enthüllungen, Wahrheiten und Gegen-Wahrheiten von vierzig Jahren. Aber es ist nicht so. Und zwar aus dem einfachen Grund, weil ich den Weg, den ich ging, selbst gewählt hatte. Ich wurde von keinem dazu verführt und hatte auch niemals das Gefühl, anderen Plänen und Zielen zu dienen außer jenen, die mir entsprachen. So hatte ich auch Makronisos freiwillig gewählt. Im Griechenland von 1948-1949 sehe ich auch heute keinen Ort, der meiner würdiger gewesen wäre. Was mir dort geschah, war genau das, was geschehen mußte.

Ich hatte beschlossen, den Weg der Allumfassenden Harmonie, die sich für mich in Gestalt der Musik offenbarte, zu Ende zu gehen. Aber diese Musik lag verborgen hinter Hügeln in einem dichten Nebel, der meine Seele vollständig einhüllte. Ich mußte mir einen Weg bahnen. Dafür reichten aber Studium und eigenes Denken nicht aus. Die Musik bestand nicht aus Noten auf dem

Papier und aus den Klängen eines Orchesters, auch nicht in intellektueller Spielerei. Es war mein anderes Ich, das ich finden mußte. Das Ich, das die Geheimnisse der Harmonie kannte. Die Selbstzerstörung führte vielleicht zu meinem wahren Ich. Vielleicht. Auf jeden Fall ließen diese Erlebnisse in mir zahllose Klänge entstehen, die ich in jenem Augenblick nicht hörte. Sie blieben irgendwo in meiner Seele hängen, darauf wartend, entdeckt zu werden und aufzugehen. Wie die Samen im Frühling . . .

So war auch jene Nacht für mich voller Musik. Auf der einen Seite das Meer, auf der anderen die Felsen und darüber, im Himmelsrund, leuchtende Gänge, die sich in den Galaxien verloren. Aber das Zentrum des Alls war wie immer mein Herz. Dieses menschliche Herz, gepeinigt von Angst, das immer lauter, immer schneller schlug – bis zu dem Augenblick, da das Denken plötzlich, im Bruchteil einer Sekunde, das Unfaßbare erfaßt: das Allumspannende Musikwerk – dessen melodisches Material der alptraumhaften Landschaft, dessen Harmonik der Nacht und dessen Rhythmus meinem Herzen entsprangen.

So entstand, in einem Augenblick, die *Erste Sinfonie*. Nicht die »Sinfonie Nr. 1«, sondern die Erste, die Einzigartige, die Allumfassende. Sie prägte sich in Lichtgeschwindigkeit mit ihrer endgültigen Gestalt in die vierzehn Milliarden Zellen meines Gehirns ein. Bevor ich, dem Befehl des Feldwebels folgend, nach rechts schwenkte und einen letzten Blick auf die dunklen Hügel Attikas warf, war ich bereits zur *Ersten Sinfonie* geworden.

Der Mechanismus des Denkens ist seltsam. Als der Sturm 1948 über unserem Lager auf Makronisos tobte, waren alle meine musikalischen Skizzen verlorengegangen. Darunter auch das Material der »Sinfonie«. Doch die Hauptthemen gingen mir seitdem durch den Kopf und erklangen in meinen Träumen. Und jetzt, einen Augenblick vor dem Tod, in dem, wie man sagt, das ganze Leben wie ein Film vor dem inneren Auge abläuft, fühlte ich direkt aus den Galaxien einen Regen aus tausend Klängen auf mich niedergehen.

Das A der Andromeda, das C des Krebses, das F von Phornax, das H der Hydra, das h-moll des Phönix waren im Meer der Himmelsklänge zu erkennen. Die zwanzig hellsten Sterne schalteten sich im Gleichklang ein und aus. Ein Zeichen, daß sich mein Kindheitstraum bald erfüllen würde: Ich würde Gott sehen. Und vielleicht würde ich mit meinen eigenen Flügeln fliegen. Ich danke dir, Sirius. Ich danke dir, Canopus, Arcturus, Vega, Achernar, Altouz, Aldebaran.

Die während des Januarsturmes dem Wind abgelauschten musikalischen Themen fanden ihre Gestalt, verbanden sich, kreuzten sich in klugen kontrapunktischen Entwicklungen. Als hätten sie auf diesen Augenblick gewartet, um zu erblühen. Vielleicht war es ein letztes Aufbäumen – ein Schrei nach Leben, als sollte ich über den Tod gehoben werden, der hinter den Büschen und Felsen auf mich wartete. Da fühlte ich, daß ich den Tod, bevor ich starb, besiegt hatte.

Aber ich konnte mir überhaupt nicht vorstellen, was auf mich wartete. In mir trug ich, beeinflußt von den antiken Sagen, ein schönes Bild von Charon: Du kämpfst einen Augenblick lang mit ihm, gleich gegen gleich; er besiegt dich auf ehrenvolle Art und trägt dich dann auf seiner Schulter, um dich zum König der Unterwelt, Hades, zu bringen. Wenn du ein aufrechter Kerl warst, wie Charon, lädt Hades dich ein, an seinem Tisch Platz zu nehmen. »Trink einen Schnaps«, gebietet er dir höflich, »daß du dich aufwärmst, denn hier, wohin du gekommen bist, ist es kalt, und du wirst eine Weile hier bleiben . . .«

Plötzlich loderte ein großes Feuer auf, und ich sah mein anderes Ich, das in mir versteckt war, das ich suchte, weil es das Geheimnis der Harmonie kannte. Doch mit dem Auflodern des Feuers vernahm ich dämonische Stimmen, die den magischen Spiegel zum Bersten brachten. Ein kleines Einmannzelt brannte einhundert Meter weiter oben, und im Schein des Brandes waren die Silhouetten jener zu erkennen, die ihn entfacht hatten.

Da rannte plötzlich aus dem Zelt ein brennender Mensch heraus und direkt auf uns zu. Er schrie erbärmlich und versuchte, das Feuer zu löschen, während die Folterer mit schwingenden Knüppeln hinter ihm herliefen. Schließlich fiel er zu Boden, worauf seine Verfolger sich schreiend auf ihn stürzten und unbarmherzig auf ihn einschlugen. Die Prozedur war schnell zu Ende, so daß bald wieder absolute Ruhe herrschte. Sie flüsterten miteinander.

Dann vernahm ich das Geräusch des über den Boden schleifenden Körpers. Ich konnte nicht sehen, ob sie ihn am Kopf oder an den Füßen zogen, weil es wieder dunkel geworden war. Sie brachten ihn irgendwohin und ließen ihn liegen. Sie gingen fort, so daß ich mit meinen Begleitern wieder allein war.

Im Kreml

Ich vernahm ein unwirkliches, aber vertrautes Rauschen über meinem Kopf, und bevor mir bewußt wurde, was geschah, schwebte ich durch die Lüfte. Der Erzengel Michail trug mich immer weiter hinauf. Bevor ich hinter dem silbernen Regen, den tausend Meteoren des Juli, verschwand, sah ich mich und die anderen zwischen den Felsen und Büschen. Die Zeit stehengeblieben, die Körper zu Statuen erstarrt. Im gleichen Augenblick fand ich mich, äußerst bequem sitzend, Stalin gegenüber. Er beugte sich über einige Papiere, die er genau studierte, ab und zu an seiner Pfeife ziehend. Stille. Eine wohlige Wärme umfing mich. Ich war im Kreml. Ein zauberhaftes Zwielicht beherrschte den kleinen Raum mit den holzverkleideten Wänden, der diskreten Beleuchtung und den tiefen karmesinroten Ledersesseln. Hinter Stalin stand Malenkow, leicht vorgebeugt, als warte er auf eine Bemerkung des Generalissimus. Mir waren der Raum und die mich umgebenden Personen seltsam vertraut. Ich beschloß zu rauchen. Bevor ich meine Streichhölzer aus der Tasche nehmen konnte, gab mir jemand Feuer. Langsam und genüßlich den Rauch einatmend, drehte ich mich nach der Person um, zu der diese zuvorkommende Hand gehörte. Ich erkannte Genossen Berija, dessen Anwesenheit ich bis dahin nicht bemerkt hatte. Er hielt noch das brennende Streichholz. Hinter den kleinen Brillengläsern der wie immer funkelnde Blick, auf den Lippen sein unnachahmliches Lächeln.

Diese winzige Regung ließ Stalin aufhorchen. Er hielt inne, sah zu mir hoch und sagte mit seinem charakteristischen georgischen Einschlag in der Stimme, die einen so erstaunt, wenn man sie zum ersten Mal hört: – Wir kennen alle, teurer Genosse, deinen unschätzbaren Beitrag für unseren Kampf. Sicher, nur wenige außerhalb des Politbüros unserer Partei und nur einige Persönlichkeiten unserer Bewegung kennen deinen historischen Beitrag, der, wie wir alle wissen, in einer einzigen Tat zum Ausdruck kommt: in deinem Opfer, also deinem Tod für die Partei . . .

– Und für Sie persönlich, Genosse Stalin, beeilte ich mich hinzuzufügen, wobei meine Stimme wegen meiner inneren Erregung anders klang als sonst . . .

– Wir möchten, fuhr er fort, ohne auf meine Worte zu achten, was ich als Zeichen seiner berühmten Bescheidenheit auslegte, daß Sie uns Ihre Meinung über die letzten Ereignisse mitteilen, die immer noch Ihr Land erschüttern. Wir kennen Ihre Analysen, besonders die zukünftigen, und Ihren Standpunkt hinsichtlich der griechischen linken Bewegung, die gekennzeichnet sind von der Hingabe an die Prinzipien des Marxismus-Leninismus. Wer anders also könnte besser gewisse Aspekte, die uns verschiedene griechische und andere Genossen dargelegt haben, über die tieferen Ursachen der herannahenden schweren Niederlage erklären? Nach dieser Sitzung, können Sie, teurer Genosse, an Ihre Front zurückkehren, wo auf Sie, wie ich bereits betonte, der Tod für unsere ruhmreiche Kommunistische Partei wartet. Grabesstille trat ein. Stalin lehnte sich zurück, sein Rücken berührte die Sessellehne, während sich seine Stirn erwartungsvoll hob. Ich spürte, daß alle drei Männer, tief beeindruckt, an meinen Lippen hingen. Zitternd vor Rührung, ohne zu überlegen, was ich tun und sagen sollte, sprang ich auf. Ich hob meine rechte Hand und ballte sie zur Faust. Den Blick auf die mich magnetisierenden Augen des großen Genossen gerichtet, schrie ich:

– Es lebe die ruhmreiche bolschewistische Kommunistische Partei der großen Sowjetunion! Es lebe der ruhmreiche Führer des internationalen Proletariats, der Nachfahre von Marx, Engels und Lenin, Genosse Stalin!

Mit langsamen, bedächtigen Bewegungen erhob sich Josef Wissarionowitsch von seinem Platz. Er sah mich vom Scheitel bis zur Sohle an. Dann drehte er sich zu Malenkow und Berija um und sagte:

– Also dann Genossen! Gehen wir . . .

Wir senkten den Kopf zum Zeichen unseres Einverständnisses und ließen ihn vorangehen. Er schritt langsam, und an seinen

Bewegungen erkannte man, daß seine Gedanken von den großen Problemen beherrscht wurden, denen er sich gegenübersah, und die er, wie immer, richtig lösen mußte. Plötzlich blieb er stehen. Er drehte sich um und wartete auf mich. Ich näherte mich ihm voller Zweifel und Scham. Doch er hakte sich bei mir ein und sagte im Weitergehen:

– Wir haben uns gedacht, daß es in solch einem wichtigen Augenblick für Sie und für uns nützlich wäre, gewisse Genossen einzuladen, über die Sie viel gehört haben. Leider sind es nicht wir selbst, die unseren Platz in der Geschichte bestimmen. Wissen Sie, was später von mir bleiben wird? Er schwieg eine Weile und sagte dann mit rauher, kaum vernehmbarer Stimme:

– Nichts!

– Aber das ist doch nicht möglich, Genosse Stalin, unterbrach ich ihn. Gibt es heute eine stärkere Persönlichkeit als Sie? Sie haben unsere Epoche unauslöschlich geprägt . . .

Er fuhr jedoch in seinem Monolog fort, als würde er Gedanken aussprechen, die ihn seit geraumer Zeit beschäftigten und die er einem Vertrauten mitteilen wollte.

– Die Geschichte hat mir die Drecksarbeit aufgebürdet . . . Und wie Sie, mein lieber Genosse, besser als alle anderen wissen, meinen die Experten mit »Drecksarbeit« die Praxis. Der große Wladimir Ilitsch hat zwar die Revolution gemacht, aber was haben wir geerbt? Einen Trümmerhaufen. Wie soll die landwirtschaftliche Produktion organisiert, wie vom Punkt Null aus die Industrie aufgebaut werden? Das Bildungssystem, das Gesundheitswesen für Dutzende von Millionen? Die Verteidigung? Alle werden nur über das Deutsche Reich sprechen, so wie es Hitler für tausend Jahre entworfen hatte . . . Kein Historiker oder nur sehr wenige werden sich wenigstens an diesen Fakt erinnern: daß wir den Faschismus zerschlagen haben. Genauso wenig wird sich jemand fragen: »Wie konnte nur dieses Land, das nichts weiter war als ein Haufen Schutt, eine Technologie entwickeln, um die Atombombe zu bauen . . .«

– Genosse Stalin, keiner würde diese klaren Tatsachen bestreiten und vor allem Ihren persönlichen Beitrag. Warum sagen Sie das alles?

– Sie werden bald Genossen Trotzki begegnen. Er hat das Glück, bei der Theorie stehengeblieben zu sein ... Wie ich Ihnen sagte, andere verrichteten die »Drecksarbeit« ... Fragen Sie ihn, und er wird Ihnen sagen, warum mein Name in diesem Land, in der Sowjetunion selbst, für immer verschwinden wird ... Ich war so erstaunt, daß ich stehenblieb. Da drückte Stalin meinen Arm und sagte lachend, mich fast hinter sich herziehend:

– Geben Sie nicht soviel auf diese vertraulichen Erklärungen, die aus meinem Innern kommen. Ich mache sie gegenüber jemandem, der gemäß unseres offiziellen – lassen Sie es mich so nennen – Programms und der materialistischen Anschauung bald, im besten Fall, zu einer astralen Substanz wird.

Mich schauderte. Er spürte es und zog seine Hand von meinem Arm. Ich verstand, daß er von mir die Wahrheit hören wollte, die allein die Toten wissen können.

– Die Geschichte der Menschen, sprach ich mit einer Stimme, von der ich nicht wußte, ob sie die meine war, ist sehr hart. Wir müssen sie nicht noch härter machen.

– Was wollen Sie damit sagen?

– Der Fortschritt kostet uns viel. Das Problem ist nur: wieviel und warum ... Nehmen wir an, Genosse Stalin, daß der große Lenin nicht gelebt hätte, und daß, da er eine entscheidende Rolle gespielt hat, die Revolution nicht unbedingt stattgefunden hätte. Nehmen wir weiterhin an, daß die Revolution in dem Rahmen geführt worden wäre, den Kerenski abgesteckt hatte, so wie in vielen anderen Ländern. Wäre dann nicht Rußland ein modernes Land wie, sagen wir, Italien, Frankreich, Belgien? Also ein bürgerliches, kapitalistisches Land, mit seinen Problemen und seinen Vorteilen ...

– Und Hitler?

– Vielleicht hätte die Geschichte in solch einem Fall keines Hitlers bedurft? Vielleicht war Hitler nur der Antikörper zur Revolution?

– Genosse, Sie negieren die historischen Gesetze?

– Gerade, weil ich an die geschichtliche Gesetzmäßigkeit glaube, frage ich mich, bis zu welchem Punkt der Eingriff des subjektiven Faktors reichen »muß«.

– Denken Sie an Robespierre?

– Natürlich ... Das heißt, ich frage mich, ob nicht diese »Beschleunigung« der gesellschaftlichen Entwicklung eine eigene Dynamik entwickelt. Beschleunigung um der Beschleunigung willen. Eine ungeheure, würde ich sagen, Deformation des historischen Werdens, das plötzlich vom Taumel erfaßt wird, hervorgerufen durch das geschichtliche Chaos.

– Der subjektive Faktor – in unserem Fall die revolutionäre Partei – als Auslöser der Beschleunigung? Oder daß die Partei durch sie benutzt wird? Aber Sie haben den Begriff der »Beschleunigung« nicht geklärt. Wenn er Fortschritt bedeutete ...

– Fortschritt wohin? Wenn wir uns zum Beispiel einig wären, daß Fortschritt Befreiung heißt, dann stellt sich die Frage, bis zu welchem Punkt, und darauf richten Sie bitte Ihre Aufmerksamkeit, also ich wiederhole, bis zu welchem Punkt darf es noch Disharmonie geben, um nicht den Begriff »Widerspruch« zu gebrauchen, zwischen der Befreiung (und damit der Entwicklung) der Produktionsmittel und der Produktionsverhältnisse? Dabei meine ich nicht nur die Arbeitsverhältnisse. Eher die Beziehungen in der Zusammenarbeit, die, von rein marxistischer Warte aus, die Verbreiterung und – warum nicht? – Generalisierung der Verantwortung bedeutet. Zum Beispiel, Genosse Stalin, wer trägt die Verantwortung für die Hinrichtung von mehr als 35 000 Offizieren der Roten Armee wenige Monate vor Ausbruch des 2. Weltkriegs?

– Waren es so viele?

– Wie viele Generäle und Oberbefehlshaber zusammen mit Tuchatschewski?

– Sie werden ihn bald treffen ... Ich verstehe, was Sie sagen wollen ... Aber die Diktatur des Proletariats, ich hoffe, daß Sie ihre historische Notwendigkeit, ähnlich wie Marx und Lenin, akzeptieren, führt für einen geschichtlichen Zeitraum zur Überlappung der kollektiven Verantwortung mit der der Partei ... So und nur so haben wir den Nazismus unter wahrlich unsäglichen Opfern bezwungen. Und gleich danach halfen wir, daß der Kommunismus in vielen Ländern siegte, so daß der Imperialismus in seine Schranken gewiesen wurde ... Soll ich Ihnen unsere Perspektiven nennen? In spätestens zwei Jahrzehnten wird unser

Land in kameradschaftlicher Zusammenarbeit mit der Volksrepublik China, mit Indonesien – das uns bald folgen wird – und den europäischen sozialistischen Ländern seine Produktivkräfte zu einer phänomenalen ökonomischen und damit gesellschaftlichen und kulturellen Blüte gebracht haben! Am Ende unseres Jahrhunderts – wenn bis dahin nicht im restlichen Europa und in den USA schon die Revolution gesiegt hat – werden die sozialistischen Länder die kapitalistischen Staaten eine ganze Epoche hinter sich gelassen haben. Auf solchen Gebieten wie Lebensniveau, Wohnungsbau, Verkehrswesen, Nahrung, Kleidung, soziale Sicherheit, Bildung, Kultur werden die sozialistischen Staaten zwei bis dreimal den kapitalistischen überlegen sein. Also liegt es auf der Hand, daß sich das deutsche, französische, nordamerikanische Proletariat und alle anderen Völker, die sich noch im Machtbereich des Imperialismus befinden, erheben werden. Denn der Unterschied wird so gewaltig sein, daß eben der sowjetische Arbeiter sein Eigenheim besitzt, sein Auto, Radio, seinen Fernseher, Kühlschrank sowie jedwede soziale Absicherung, was Gesundheitswesen, Schule, Arbeit und so weiter betrifft, während sein westdeutscher Kollege in elenden Arbeitermietshäusern zusammengepfercht leben, sich stundenlang anstellen muß, um mit den öffentlichen Verkehrsmitteln zur Arbeit zu fahren oder um Fleisch zu bekommen, das es sehr selten geben wird, genauso wie Kartoffeln ...

Ganz dem Gespräch hingegeben hatte ich nicht bemerkt, daß wir in den luxuriösen Saal des Hl. Georg eingetreten waren, wo Stalin gewöhnlich die auserwählten Gäste zu besonderen Anlässen empfing. Die zahlreichen Leuchter verstromten ein helles Licht. Der Saal hallte von den Gesprächen wider, die die in kleine Gruppen aufgeteilten Anwesenden führten. Als sie uns aber erblickten, verstummten sie sofort, daß man das Knarren der Stiefel des Genossen Stalin vernehmen konnte, während er auf den Genossen Trotzki zuging, um ihn herzlich zu begrüßen. Dieser hielt jäh in seiner Rede inne und drehte sich mit genervter Miene uns zu. Er liebte es offenbar nicht, unterbrochen zu werden.

– Genosse Leo Davidowitsch, ich freue mich, dich wiederzusehen. Aber warum trägst du diese Binde um deinen Kopf?

Tatsächlich war um den Schädel von Trotzki, um Stirn und Schläfen bis über den Hinterkopf, eine hellweiße Binde gebunden. Nur links oben war ein kleiner Blutfleck zu erkennen.

– Ich werde von der Einbildung beherrscht, Jossif Iwanowitsch, in meinem Schädel sei ein tiefes Loch, und keiner kann mich von diesem Wahn befreien.

– Sehen Sie, Genosse Mikis, daß sich meine Ansicht über die »dreckige Arbeit« bewahrheitet? Um wieviel leichter ist es, mit Wahnvorstellungen zu leben, mit abstrakten Begriffen und reinen Vorstellungen, die nur in Büchern schön sind. Genosse Trotzki, du wirst sicher von unserem verehrten Genossen Mikis gehört haben ... Zudem, ihm ist ja unsere heutige Zusammenkunft gewidmet.

– Aber Genosse Stalin, wer wird nicht eine der bedeutendsten Persönlichkeiten unserer revolutionären Bewegung kennen? Obwohl ich furchtbar unter meinem Schädelwahn leide, habe ich sofort Ihre höfliche Einladung angenommen, nur um diese Hand drücken zu dürfen. Während er sprach, sah er abwechselnd zu Stalin und zu mir. Dann nahm er meine rechte Hand zwischen seine beiden warmen Handflächen und streichelte sie.

Plötzlich kam Unruhe auf. Die Eingeladenen schauten voller Erregung um sich. Einige fragten: »Was ist los?« Da stürzte von hinten Majakowski nach vorn und kletterte auf einen Stuhl vor uns. Er trug einen Clownsanzug, weiß mit schwarzen Punkten. An der Stelle des Herzens hatte er rote Kreise eingezeichnet, wie jene auf Schießscheiben. Dann eilte er herbei, mich zu umarmen. Sein Atem duftete merkwürdig, so daß ich mich an meine Kindheit im Garten auf Lesbos mit den Farben von Theophilos erinnerte. Majoran vermischt mit Rosmarin, die wir oft in unserer Hand zerrieben, damit sie ihr Aroma verströmten. Majakowskis melancholische Augen fragten mich nach der Gesundheit der Sonne und des Meeres.

– Ich bin ein Kind der Steppe, sagte er, darum bewundere ich alles, was mich an den Ozean erinnert. Ich war tief bewegt, als ich hörte, daß du eine Oper über Kostas Karyotakis geschrieben hast. Das Wichtigste ist, daß auch er Selbstmord verübt hat.

– Was heißt »auch er«?, mischte sich hoch interessiert Genosse

Stalin in unsere Unterhaltung. Und weshalb tragen Sie dieses lächerliche Kostüm? Ich denke, der Karneval ist schon lange vorbei. Und was bedeuten diese roten Kreise um Ihr Herz? Erzählen Sie mir nicht, wie vorhin Genosse Trotzki, daß Sie an der Wahnvorstellung leiden, Sie hätten ein Loch im Herzen.

– Nein, Genosse Stalin. Es handelt sich um einen Scherz unserer Zeit. Die Dichtung im Visier der historischen Zweckmäßigkeit. Genosse Mikis beendet seine Oper mit dem Satz: »Halt! Ich erschieße die Zukunft!« Diesen für ein Musikwerk unerwarteten Schluß kennend, dachte ich: Vielleicht könnte ich diese Zukunft mit roten Kreisen kenntlich machen, um die Arbeit des Dichters zu vereinfachen.

– Nun, Genosse Trotzki, wandte sich plötzlich Jossif Wissiaronowitsch an seinen alten und in der Hierarchie über ihm stehenden Kameraden. Was haben Sie jetzt zu sagen, da die Vision der Weltrevolution immer mehr in Wirklichkeitsnähe rückt?

– Was meinen Sie, Genosse Stalin?

– Ich meine, daß Ihre Theorie, wonach die Revolution in nur einem Land unmöglich ist, ad absurdum geführt wurde. Heute leben über eine Milliarde Menschen in Ländern, die in dieser oder jener Weise die Ideale des Kommunismus akzeptieren. Und dies dank der Sowjetunion, die Sie so hartnäckig bekämpft haben und weiterhin bekämpfen ... Fast hätten wir noch ein Volk an unserer Seite, ein uns sehr teures Volk, das griechische ... Aber, wie die Dinge stehen, sieht es ganz danach aus, daß die Konterrevolution durch die aktive Einmischung und Unterstützung der USA das Spiel gewinnen wird. Der angesehene Revolutionär, unser Genosse Mikis, wird in wenigen Minuten eines der letzten Opfer dieser ruhmreichen Schlacht sein. Schon Tausende griechische Genossen verfaulen in der griechischen Erde. Ich fürchte, daß ihnen noch Tausende mehr bis zur Beilegung der Feindseligkeiten folgen werden. Wie dem auch sei, ich glaube, meine lieben Genossen – hob er die Stimme an, damit ihn auch die anderen hören konnten –, daß für uns von besonderer Bedeutung ist, unseren Genossen wenige Augenblicke vor seinem Opfer bei uns zu haben. Genau das gibt der Anwesenheit des Genossen Mikis die ganze historische, würde ich sagen, Dimension des Augenblicks, den wir nun erleben. Er hielt kurz inne und sagte zu General Tuchatschewski:

– Wäre es nicht besser, wenn Sie gehen würden? Wie es so schön heißt: Es ist nicht gut, im Haus des Gehängten über den Strick zu reden.

– Genosse Oberbefehlshaber, ich habe, wie Sie wissen, kein Problem. Ob ich ein Verräter war oder nicht, wissen Sie am besten . . . Darum würde ich mich freuen, wenn Genosse Mikis an seinen Kampfplatz mit der Gewißheit zurückkehrt, daß jene Epoche für immer zu Ende gegangen ist, in der die Enttarnung und exemplarische Hinrichtung fiktiver Verräter den tieferen Interessen der Partei dienten.

Der Generalissimus forderte alle Anwesenden auf, sich zu setzen und erteilte mir das Wort. Ich nahm all meinen Mut zusammen und begann:

– Genossen, wir müssen etwas Grundsätzliches klären. Wir, die in den Bergen unserer Heimat und durch die Hinrichtungskommandos umkommen, die gefoltert und von Gefängnis zu Gefängnis, von einem Verbannungslager zum andern geschleift werden, wir, die bald unter der Erde sein werden, können nicht glauben, daß der Kampf der Kommunisten in Griechenland vom internationalen Kampf losgelöst betrachtet werden kann . . . Wir sind einfach die Bauern auf dem Schachbrett der Weltrevolution! Das sind wir, Genossen! Und wir wissen alle, wer mit stählerner Hand die verschiedenen Bauern bewegt.

Da unterbrach mich der Chef des sowjetischen Komponistenverbandes, der Genosse Chrenikow, der voller Enthusiasmus rief: »Es lebe Genosse Stalin!« – »Er lebe hoch! Hoch! Hoch!«, antwortete eilig der Saal, der auf die Fortsetzung meiner Worte wartete.

– Der Opportunist und Apologet des Imperialismus, Marcuse, schreibt in einem Aufsatz, daß Genosse Stalin 1947 die Revolution auf Westeuropa ausweiten wollte. Er habe grünes Licht für einen bewaffneten Aufstand in Griechenland gegeben, um die Absichten und Kampfbereitschaft des Imperialismus zu testen. Das schreibt Marcuse und fährt fort: »So benutzte Stalin die griechischen Kommunisten als Versuchstiere. Als die USA mit der Truman-Doktrin ihre Krallen zeigten, änderte er sofort seine Taktik und überließ die Griechen ihrem Schicksal.« Keiner von uns mißt diesen provokanten Worten eines Schulabgänger-Theoretikers Bedeutung bei, der im Dienste der Konterrevolution steht. Aber für uns alle war eines klar, was auch der Generalsekretär der KP Nikos Zachariadis dem KGB-Chef Andropow 1957 aus seinem russischen Verbannungsort, wohin ihn der Sowjetstaat im selben Jahr geschickt hatte, schreiben würde: daß er nicht allein die Verantwortung für eine solche historische Entscheidung – den Beginn des Bürgerkriegs – tragen konnte, ohne die Zustimmung der Kommunistischen Parteien der Balkanländer, des Politbüros der sowjetischen KP und vor allem von Stalin zu haben. Was sollen wir sonst noch sagen, Genossen? Vielleicht war in Europa die Situation so oder auch anders. Das kann nur einer wissen ... Aber in Asien? Wußten etwa die griechischen Genossen nicht, daß durch das strategische Ablenkungsmanöver in Griechenland – das uns sicher unermeßliche Opfer abverlangte – die Aufmerksamkeit des Imperialismus auf unser Land gelenkt wurde, so daß die chinesischen Genossen ihren Kampf erfolgreich beenden konnten? Was zählt das winzige Griechenland, gemessen am Koloß China? Nein, verehrte Genossen. Wir, die griechischen Kommunisten, sind nicht dumm. Wir wissen, daß wir an einem gigantischen historischen Unternehmen beteiligt sind und daß unsere Rolle genau darin besteht, das auszuführen, was dem Politbüro der KP Griechenlands befohlen wird. Wir haben nichts zu tun mit den nationalistischen Abweichungen der Tito-Clique. Denn welche Bedeutung kann eine angebliche Volksherrschaft schon für das jugoslawische Volk haben, wenn sie zu negativen Auswirkungen auf die Entwicklung der internationalen revolutionären Bewegung führt? Nein! Nein! Tausendmal keine Volksherrschaft in Griechenland. Tausendmal lieber Monarchofaschismus, wenn das unserer internationalen Bewegung in ihrem Kampf um Leben und Tod gegen den Imperialismus hilft!

Der Eindruck, den meine Rede hinterließ, war, so schien es, kolossal. Wie später die sowjetische Presse berichtete, erlaubte es Stalin zum erstenmal, daß Tränen über sein Gesicht kullerten. Er küßte mich, nach altem russischem Brauch, dreimal auf den Mund. Es herrschte eine fröhliche Stimmung. Jemand hatte die schöne Idee, die riesige Glocke der Heiligen Apostel im Kreml-Hof zu läuten, zum ersten Mal seit der Oktoberrevolution wieder. In dieser freudigen und feierlichen Atmosphäre, da alle Anwesenden versuchten, sich mir zu nähern, um mir die Hand zu drücken, fand Genosse Stalin die Gelegenheit, sich bei mir unterzuhaken und mich in eine Ecke des großen Saales zu führen. Die anderen zogen sich langsam diskret zurück.

– Ich möchte wissen, ob Sie wirklich an die Ablenkungstheorie glauben, fragte mich der sowjetische Führer.

– Was kann es denn sonst sein, lieber Genosse? Ich komme zu dem Schluß, daß es einen allgemeineren Plan auf internationaler Ebene gab, in dem die Rolle der KP meines Landes darin bestand, den Stier zu reizen – ähnlich den Toreros mit dem roten Tuch –, damit die Imperialisten ihre wahren Absichten und Möglichkeiten offenbaren. Zum Beispiel begannen die Engländer 1947 die griechischen Monarchofaschisten ihrem Schicksal zu überlassen und langsam abzuziehen. Mit dem damaligen Kräfteverhältnis hätten wir die militärische Übermacht sicher erringen können. Vielleicht wurde auch aus diesem Grund die Regierung in den Bergen gegründet ... Als Vorbote des kommenden Sieges. Doch da kamen die Amerikaner. Das wollten Sie doch auch? Verzeihen Sie, Genosse Generalsekretär, wenn ich etwas indiskret werde ...

– Tatsächlich ist die Haltung der Amerikaner, vor allem in Europa, der Schlüssel der gesamten Entwicklung geworden. Immer, wenn sie eine aktive Rolle spielen, kommt es zu einer neuen historischen Situation. Das hängt mit einer starken separatistischen Tendenz in den USA zusammen, die die USA nicht in die innereuropäischen Auseinandersetzungen verstricken will. Die Präsidenten Wilson und Roosevelt mußten ihre ganze Autorität und Macht aufbieten, um die Amerikaner davon zu überzeugen, sich am Ersten und später am Zweiten Weltkrieg zu beteiligen. Der dritte solche Fall war Truman ... Diesen Aspekt kannten wir aber nicht ...

– Sie mußten jedoch seine Methoden und Absichten um jeden Preis erfahren. Also, zum Beispiel, ob Truman es wiederum schaffen würde, daß seine Landsleute ihren separatistischen Standpunkt aufgeben und sich aktiv – nicht nur durch einen Marshall-Plan –, auch auf die Gefahr eines militärischen Eingreifens in Europa, einmischen würden. So kam es zur Truman-Doktrin.

– Ich muß gestehen, verehrter Freund und Genosse, daß Ihre Logik knallhart ist. Aber erscheinen Ihnen all diese Dinge nicht etwas, ich würde sagen, unmenschlich?

– Unmenschlich? Was ist das für ein Wort? Genosse Stalin, für die Erreichung unseres Zieles gibt es keine menschlichen oder unmenschlichen Mittel. Alle Mittel sind gut!

– Sogar, wenn ein ganzes Volk geopfert wird? Wie es zur Zeit mit dem Ihren geschieht? Und angenommen, daß Stalin, daß der harte Stalin, wie ich genannt werde, diese paranoide, ja, ja, paranoide Idee hätte? Also ein Volk als Versuchstier zu benutzen? Ich verwende Marcuses Begriff. Denn Stalin interessiert sich nur für die Sowjetunion ... Denn die anderen Völker sind Stalin nicht einen Pfifferling wert ... usw. usf. Beunruhigen Sie sich nicht, lieber Genosse, ich weiß alles, was über mich gesagt wird. Also, ich betone es mit der ganzen Kraft meiner Seele, und wägen Sie meine Worte gut: Wenn ich an der Stelle der griechischen Genossen wäre und von einem beliebigen Stalin die Anweisung käme, die Bewegung, die KP-Mitglieder und das Volk zu Aktivitäten zu bewegen, die sie in große Gefahren stürzen würden, nur um die Absichten der Amerikaner herauszufinden und den Chinesen zu ermöglichen – wie Sie sagten –, ihren Sieg ungestört zu erringen, wenn ich also eine solche Anweisung bekäme, ich, Stalin, würde sie nicht befolgen.

– Sie würden zu Stalin Nein sagen?

– Ich würde zu Gott selbst Nein sagen ...

– Sie bringen mich in eine sehr schwierige Lage, Genosse Stalin, denn wenn wir die Ablenkungs-Absicht ausschließen, dann bedeutet das ...

– ... daß die griechischen Genossen weder theoretisch noch politisch durchdacht handeln ... Ich ahne, was es bedeutet, sich für die Partei zu opfern. Bald – in wenigen Augenblicken – werden Sie sich unter der griechischen Erde befinden. Sie werden Tausenden von Gefallenen und Ermordeten begegnen. Ich bin ein realistischer Politiker. Darum vielleicht verstehe ich die Bedeutung der Toten richtig – jener, die sich freiwillig für ihre Ideale opfern. Sie, verehrter Mikis, sind jetzt ihr Repräsentant ...

– Genosse Stalin, verehrte Genossen, rief ich laut, damit mich auch die anderen hörten, denn ich wußte, das, was ich nun sagen wollte, war von solch historischer Tragweite, daß ich Zeugen brauchte.

Als es totenstill wurde, wiederholte ich:

– Genosse Stalin, verehrte Genossen, es gibt keinen einzigen griechischen Kommunisten, und es wird auch in Zukunft keinen geben, der glauben würde, die Führung der KPG hätte auch nur einen Finger krumm gemacht ohne das Einverständnis des sowjetischen Politbüros. Nicht nur die Kommunisten, sondern auch meine Landsleute allgemein glauben, daß hinter den Aktivitäten der Demokratischen Armee Ihre persönliche, würde ich sagen, Einmischung steckt. Aber auch wenn unsere Führer den einen oder anderen Mißerfolg der Bewegung erklären wollen, lassen sie durchblicken, daß alles so gelaufen ist, weil über die nationalen Interessen hinaus auch die allgemeinen internationalen Interessen existierten, die in diesem Augenblick nur durch die sowjetische Führung repräsentiert werden konnten. Warum haben wir 1944 nicht die Macht übernommen? Weil Sie Griechenland an Churchill verschenkt haben. Oder besser, Sie haben Griechenland gegen Polen getauscht. Warum folgt nach anfänglichen großen Siegen mittlerweile eine Niederlage der anderen? Weil Sie, Genosse Stalin, inzwischen Ihre Meinung geändert haben ... Zunächst waren Sie für einen bewaffneten Kampf. Als Sie aber merkten, daß dieser zu Komplikationen führen könnte und zu Nachteilen für die Volksdemokratien auf dem Balkan und für die Sowjetunion selbst ...

Ich merkte, daß in Stalin während meiner Rede der Unmut wuchs. Er spielte nervös an seiner Pfeife. Aber er wartete geduldig auf das Ende meiner Rede, um zu sprechen. Nach meinem letzten Wort breitete sich eine schwere Stille über dem großen Saal aus. Man hatte den Eindruck, Stalin elektrisierte die Stimmung mehr durch sein Schweigen als durch seine Worte.

– Verehrter Genosse, Sie müssen mir gestatten zu bemerken, daß ich absolut anderer Meinung bin.

Er begann zu sprechen und versuchte dabei, seine Leidenschaft, so gut es ging, zu verbergen.

– Ich kenne nicht den Brief des Genossen Zachariadis an den Genossen Andropow. Wie Sie verstehen, gibt es auf der Welt etwa einhundert kommunistische Parteien, und es ist mir einfach unmöglich, mich mit allen zu beschäftigen. Das gilt um so mehr in solchen Fällen wie dem der KPG, deren Führung mit fast astronomischer Geschwindigkeit ihre Ansichten ändert. Zudem, verehrter Genosse, schmerzt es mich, wenn ich merke, wie flott der eine Genosse den anderen als Spitzel hinstellt. Das kann doch nicht sein! Siandos, der Generalsekretär des Zentralkomitees, sei ein Spitzel, sagt Zachariadis. Zachariadis, ebenfalls Generalsekretär des ZK, sei ein Spitzel, sagt Markos Vafiadis! Und schließlich soll nun auch Vafiadis selbst, Oberbefehlshaber der Demokratischen Armee und Präsident der Provisorischen Regierung, ein Spitzel sein . . . Nein! Nein! Genossen . . . Auch bei uns kam es zu tiefen, tödlichen Meinungsverschiedenheiten. Aber gestatten Sie mir, Genosse Trotzki, Genosse Bucharin und so weiter, zu bemerken, daß wir unterschiedliche ideologische Plattformen vertraten, die jede für sich eine völlig andere historische Entwicklung nach sich gezogen hätte. Sie haben einander ausgeschlossen. Was war ich anderes als ein Instrument in den Händen dieses unerbittlichen geschichtlichen Werdeganges? Ich bestreite nicht, daß ich Euch den Tod brachte, unvergeßliche Genossen! Aber Ihr müßt zugeben, daß in dieser Tat eine tragische Größe steckte! Und wie wir gesehen haben, gab mir die Geschichte recht. Und die Zukunft wird mir noch mehr recht geben. Denn der Kommunismus, auserwählte Mitarbeiter, Gegner, Freunde, Feinde und Genossen, ist inzwischen zu einem Weltsystem geworden. Genosse Trotzki, die permanente Revolution vor allem in den Industriestaaten war doch nicht notwendig. Auch Marx hatte unrecht, als er behauptete, der Kommunismus könne sich nur in allen Ländern zugleich durchsetzen! Diese Gleichzeitigkeit haben wir in eine Dreistufigkeit verwandelt. Zunächst in der Sowjetunion. Zweitens, in einer Reihe von Ländern, die sich gerade dem Kommunismus zuwenden . . . Und drittens in der ganzen Welt. China, verehrte Genossen, ist unser treuester Freund und wird es auch bleiben. China verfügt über unversiegbare Quellen an menschlichem Material und wird, dank unserer Hilfe, zum bedeutendsten Faktor für den Sieg des Kommunismus in Asien und bis zu einem gewissen Grad auch in Amerika und Afrika. In einem halben Jahrhundert wird die chinesische Wirtschaft die vom Krieg zerstörte japanische Wirtschaft kolonialisiert haben. Aber ich will meine Visionen nicht weiter ausführen, die allerdings, das können Sie mir glauben, auf unumstößlichen Fakten basieren. Unser Thema ist jetzt Griechenland. Ich sagte, daß ich kategorisch die Behauptung des Genossen Nikos Zachariadis zurückweise, wonach er von mir persönlich grünes Licht bekommen habe, den bewaffneten Kampf gegen die Angloamerikaner und die griechische Regierung zu beginnen. Während einer Begegnung von 1948, also mitten im Bürgerkrieg, mit den jugoslawischen Genossen Kardeli und Tzilas hatte ich bereits meine grundsätzliche Ablehnung gegenüber den Initiativen der griechischen Genossen formuliert. Gestatten Sie mir, verehrte Genossen, Ihnen eine charakteristische Begebenheit zu erzählen. Während meiner Begegnung mit den jugoslawischen Genossen, also letztes Jahr im Frühling, berichteten sie, daß in Kürze eine Delegation der griechischen KP, bestehend aus zwei Funktionären, die zugleich Mitglieder der Provisorischen Regierung seien, nach Moskau zu Gesprächen kommen würden. Daraufhin befahl ich Genosse Berija, dafür zu sorgen, daß sie in einer Datscha außerhalb Moskaus in völliger Isolation untergebracht werden sollten. Warum ich das tat? Ich nahm an, daß ein solch unhöflicher Akt ihnen unsere ablehnende Haltung gegenüber ihrer Politik deutlich machen würde. Berija brachte sie in einer Villa unter – nicht der ersten Kategorie, denn dies alles spielte eine Rolle –, wohin eine Genossin in einem bestimmten Alter ab und zu aufräumen ging. Wir sind keine Barbaren, Genossen. Das ist offensichtlich. Das weiß auch die ganze Welt. Aber wenn es um die Interessen unserer gemeinsamen Sache geht, müssen wir zu Mitteln greifen, die wir unter anderen Bedingungen kategorisch ablehnen würden. So blieben die beiden griechischen Genossen ganze zwei Monate in der besagten Datscha eingesperrt. Manchmal überlegten wir, ob es möglich sei, daß zwei Minister ihre Posten in einem Augenblick verließen, in dem in ihrem Land die Situation kritisch war, und das auch noch, ohne sich zu beschweren! Genosse Berija, der, über eingebaute Mikrofone ihren Gesprächen lauschte – ich finde es nicht angebracht, Ihnen solche bedauerlichen Details zu verschweigen, zumal wir alle hier im Saal darüber bestens Bescheid wissen –, die von uns treuen griechischen Genossen übersetzt wurden, die beim sowjetischen Geheimdienst arbeiteten. Genosse Berija also berichtete mir, daß die beiden griechischen Genossen geduldig auf unsere Entscheidungen warteten. Ihre Gespräche betrafen meistens die Situation in ihrer Heimat und niemals unsere Partei. Sie schienen es als selbstverständlich anzusehen, wochenlang auf eine Begegnung mit uns zu warten. Schließlich regten nicht sie sich auf, sondern ich wurde wütend und bat Genosse Suslow, sie für höchstens eine halbe Stunde zu empfangen (auch das hat seine Bedeutung) und ihnen die Ohren langzuziehen! So geschah es auch. Also spätestens seit dem letzten Jahr wissen die griechischen Genossen sehr wohl, daß die Führung der sowjetischen KP nicht mit der Entscheidung zum bewaffneten Kampf und auch nicht mit der Art, wie der Kampf in Griechenland geführt wird, übereinstimmt.

Stille trat ein. Dann sagte Stalin barsch:

– Damit ist das Thema beendet . . .

– Welches Thema, Genosse, fragte ich ihn.

Aber die Gestalt Stalins löste sich langsam im Zwielicht auf. Ich sah mich um. Der große Saal des Kreml war leer. Keiner zu sehen.

– Genosse Stalin! Genosse Stalin!

In der Kuppel verlosch langsam Stalins Stimme mit den Worten:

– Jetzt kannst Du an Deinen Kampfplatz zurückkehren, um die frohe Botschaft zu überbringen! Was geschehen ist, ist geschehen! Das Wichtigste ist, daß die Verantwortlichen wissen, warum nicht das geschehen ist, was hätte geschehen müssen. Und sie sind bereit, ihre Fehler zu korrigieren, so daß in Zukunft das geschieht, was geschehen muß. Aber auch, wenn das, was geschehen muß, nicht geschieht, wird es immer die Hoffnung geben, daß es einmal geschehen wird, es reicht, daß die verantwortlichen

Führer den Mut aufbringen, jedesmal einzugestehen, warum nicht geschehen ist, was hätte geschehen sollen, und warum schließlich das geschehen wird, was geschehen muß. Das sag den griechischen Genossen, denen Du bald unter der glorreichen griechischen Erde begegnen wirst. Sei gegrüßt für immer, verehrter Genosse Mikis . . .

Makronisos
Fortsetzung

Der Dicke mit dem Schurrbart à la Stalin, geplagt von seinen Magenbeschwerden, schlug mit seinem Stock gegen meinen Schädelknochen, so daß ich tausend Lichter aufleuchten sah.

– Beweg dich, du Wichser! Oder sollen wir dich gleich lynchen?, schrie der Feldwebel unbeherrscht.

Zugegeben, ich hatte Mühe, mich mit meinen Krücken in einer so unebenen Landschaft zu bewegen. Felsgestein, Büsche, Löcher; ich fand nur schwer Halt. Die anderen begannen, mich zu treten, zu schieben und mit den Stöcken zu schlagen. Nur der Offizier war vorausgegangen und wartete in etwa einhundert Meter Entfernung auf uns, so die Stelle anzeigend, die wir erreichen sollten. Wie vorauszusehen war, verlor ich plötzlich das Gleichgewicht und fiel kopfüber auf die Erde. Sie traten mich alle drei, bis sie müde wurden.

– Steh auf, befahl mir der Feldwebel.

Ich richtete mich, so gut es ging, auf und streckte ihnen meine Hände entgegen, damit sie mir halfen, auf die Beine zu kommen. Da fragte der Dicke mit dem Schnurrbart:

– Wollen wir ihn nicht hinschleifen? Dann haben wir es endlich hinter uns.

– Faß ihn unter den Schultern, befahl der Feldwebel.

Sie trugen mich ein Stück, aber das war zu anstrengend für sie, also ließen sie mich fallen.

– Faßt ihn an den Füßen, befahl der Feldwebel.

Während sie mich zogen, schlug mein Kopf gegen den felsigen Boden, die dicken Sträucher, die spitzen Steine, daß ich dachte, mein Ende sei gekommen. Aber bald darauf erreichten wir die vom Offizier gekennzeichnete Stelle.

– Zieht ihn aus, sagte dieser.

Sofort rissen sie mir die Hosen runter. Der Dicke zerrte an meiner dreckigen Unterhose, während mir die beiden anderen das Hemd und das Unterhemd auszogen. Ich war nackt. Neben mir entdeckte ich ein ausgehobenes Loch.

– Schmeißt ihn rein . . .

Sie packten mich an Schultern und Füßen und warfen mich ins Loch. Ich spürte einen wahnsinnigen Schmerz in meiner Magengegend und an meinem kaputten Fuß, der an einem Stein aufgeschlagen war. Ich sah hoch und erkannte, daß sie mich alle vier anschauten. Der Dicke sprang zu mir herunter und richtete mich auf, so daß mein Rücken an der einen Seite des Loches lehnte. Halb stand ich, halb lag ich. Die vier schütteten das Loch zu. Und manchmal sprangen sie auch auf die noch lockere Erde, um sie festzustampfen. Mit der Zeit verschwanden unter der Erde meine Beine, mein Bauch, meine Brust, die Arme. Die Erde reichte mir bis zum Kinn. Sie freuten sich immer mehr und schleppten schließlich große Steine heran, die sie um meinen Kopf aufstellten, doch vorher, einem Befehl des Offiziers folgend, pißten sie meinen Kopf voll.

– Gestatten Sie, Herr Offizier?, fragte ihn der Dicke mit dem Schnurrbart.

– Was ist?

– Ich habe Durchfall, Herr Offizier. Darf ich hier scheißen? Es wird ihm gut tun.

– Scheiß nur!, erlaubte ihm der Offizier und drehte uns den Rücken zu.

Der Dicke hockte sich über meinen Kopf. Ich preßte die Lippen zusammen, daß mir seine Scheiße nicht in den Mund lief. Die anderen machten sich über ihn lustig und beschimpften ihn.

– Komm endlich, du Wichser! Hast die ganze Gegend vollgestunken! Laß uns gehen . . .

– Also, spricht mich voller Freude der Offizier an. Wünsch dir, daß die Krebse rauskommen und dich auffressen, sonst wirst du lebendig vermodern, du Superwichser!

– Was sollen wir mit seinen Sachen und den Krücken machen, Herr Offizier?

– Nehmt sie mit. Und wie abgemacht, wandte er sich dem

Feldwebel zu, stellst du ganz diskret Wachen auf, daß sich ihm keine Seele nähert, verstanden? Bis er seinen Geist aufgibt und wir ihn gleich hier begraben können ...

– Mach's gut, Genosse!, rief der Typ, der wie ein Filou aussah, mir zu.

– Wenn du Hunger kriegst, friß einfach meine Scheiße ... Geschenk der Partei!

Die anderen lachten lauthals über den Gecken und gingen, nach getaner Arbeit, zufrieden schlafen.

Es ist seltsam, die Dinge von der Erde aus zu sehen. Meinen Körper fühlte ich eingekeilt, und das auf ihm lastende Gewicht schien mit der Zeit zuzunehmen. Ich konnte nicht einmal den kleinen Zeh meines Fußes bewegen. Mir war es aber gelungen, mit den Händen meine Scham zu bedecken. Ich spürte, wie mein Penis sich in meiner rechten Hand bewegte. Die Erde war noch warm von der Sonne des Tags. Nur an den Stellen, wo spitze Steine gegen meine Haut gepreßt wurden, bohrten sie sich langsam durch das zunehmende Gewicht in mein Fleisch. Ich fühlte, wie die um mich gruppierten Brocken langsam, fast unmerklich, in der naßgepißten Erde versanken. Vielleicht brauchten sie für einen Millimeter zehn Minuten oder gar eine Viertelstunde. Vor meinen Augen erinnerte mich der Scheißhaufen des Dicken an den Lykabettushügel in Athen. Mit ein wenig Phantasie, dachte ich, siehst du die Pinien und die kleinen Pfade, auf denen ich, Arm in Arm mit Mirto, immer spazierenging. Man gewöhnt sich an den Dreck. Bis er einem sogar gefällt. Der Dreckskerl freut sich über seinen Dreck, wie Shakespeare schreibt.

Meine Aufmerksamkeit richtete sich jetzt auf einige Geräusche. Meine Ohren, einige Zentimeter über der Erdoberfläche, hörten sie aus dem Erdreich dringen. Als wäre ich zum Kriechtier geworden. Wenn die Wellen des Meeres gegen das Ufer brandeten, brach der Klang ab. Anders der Klang, der nach oben geht, und anders der, der sich über die Erdoberfläche bewegt. Letzterer ist trocken und seltsam. Die Erde fungiert als Megaphon.

Plötzlich hörte ich etwas wie das Schlagen von Pferdehufen in einem Western. In Wirklichkeit waren es aber nur Ratten, angelockt vom Gestank des Scheißhaufens. Sie standen plötzlich vor mir, ein ganzes Rudel. Sie hielten inne, mir gegenüber. Mein Atem machte sie unruhig. Ihre Augen fixierten mich. Ekelhafte, schleimige Tiere mit ihrem fettigen Schwanz und dem borstigen Schnurrbart. Und mit spitzen Zähnen. Wir sahen uns in die Augen, und sie begriffen, daß ich ein lebendiges, doch für sie ungewöhnliches Tier war. So einem Tier waren sie zuvor nie begegnet. Was ist das nur?, fragten sie sich mit ihrem mikroskopischen Verstand. Es atmet, also lebt es. Wenn es sich auf uns stürzt? Wenn es eine Katze ist? Oder ein Hund? Eine neue Rasse von Hund oder Katze? Seien wir lieber vorsichtig, dachten sich die Ratten. Vor allem eine etwas dickere, der erfahrenere »Anführer«, wie mir schien. Er machte sogar zwei Schritte nach hinten. Sie sahen sich gegenseitig an, als fragten sie sich: »Was wird mit dem? Ob er gefährlich ist?« Die Lösung offerierte ihnen die kleinste Ratte, die sich dem Scheißhaufen näherte und davon probierte. »Ach, wie gut das schmeckt!«, schien sie zu sagen, und fuhr fort, mit ihrer Nase in der wabbernden Masse zu stochern. Den anderen lief das Wasser im Maul zusammen. Mal schauten sie zum Scheißhaufen, mal zu mir herüber. Bis der »Anführer« mit vorsichtigen Bewegungen und oftmaligem Innehalten sich vorwagte, roch, zu mir sah und dann auch seine Schnauze in das Eingemachte des Dicken mit dem Schnurrbart steckte. Das war das Zeichen für die Gefolgschaft, ich meine, die anderen Ratten. Sie stürzten sich auf den kleinen Haufen. Das gefiel ihnen so sehr, daß sie mich bald ganz vergaßen. Langsam kamen sie auch auf meine Seite, das heißt, sie schoben ihre Ärsche vor meinen Mund, und ihre mit Scheiße bekleckerten Schwänze schlugen gegen mein Gesicht. Manchmal furzten sie auch, und ihr Furz war vollkommen menschlich. Vom Geruch her, meine ich.

Ein schlechtes Gefühl, den Kopf nicht schützen, nicht mit den Händen bedecken und nicht bewegen zu können. Ein in die Erde geschraubter Kopf ist zweifellos ein unnatürlicher Zustand. Doch jenseits meines Ekels bewegte mich ein Gedanke: Was würden die Ratten anschließend machen? Der Blick ihres »Anführers« gefiel mir gar nicht. Als würde er mich kennen. Ob ich einst auch eine Ratte gewesen war, ohne daß ich mich daran erinnerte? Nach ihrem Mahl leckten sie sich, wie es sich gehörte, die Füße, den

Bauch, den Schwanz. Sie sahen sorglos und zufrieden aus. Eine männliche Ratte beschnupperte eine weibliche von hinten. Die sträubte sich, als wäre sie eine unerfahrene Gymnasiastin. Er sprang auf sie drauf, sie schrie und biß böse nach ihm. Gott sei Dank!, dachte ich, alles geht seinen Gang: Sie haben gegessen, sind satt und jetzt bespringen sie sich. Hauptsache, sie vergessen mich.

Aber der »Anführer« lief unruhig hin und her. Ab und an sah er zu mir herüber. Mein Gott, dachte ich, was für einen durchdringenden Blick er hat! Besser, ich tue so, als würde ich ihn nicht sehen! Vielleicht wird er böse ... Doch ich schaffte es nicht; unsere Blicke kreuzten sich. Ich begriff, daß er sich grundsätzliche Gedanken machte und die Situation abwog. Meine Anwesenheit hatte ihn vor ein schwieriges Problem gestellt, das er lösen mußte. In seinem ganzen Leben war er keinem Wesen begegnet, das meinem Kopf glich: ein rundes Tier, ohne Beine, mit einem Mund, in dem sich zwei Reihen riesiger Zähne befanden, einer großen Nase, zwei Augen, so groß wie sein eigener Kopf, Ohren und Haaren. Welche Beziehung hatte dieses Tier zu der Scheiße, die sie gerade verspeist hatten?, fragte er sich. Warum hat es sie nicht selbst gegessen? Und das Wichtigste: Warum hatte es nicht reagiert? Es schaut nur, beobachtet, wartet. Reglos, geheimnisvoll. Und wenn es nun Hunderte ganz kleiner Füße hat und sich plötzlich auf die wehrlosen Ratten stürzt, um sie zu verschlingen? Die Verantwortung ist gewaltig, und er muß sie allein tragen. Darum war er auch etwas beiseite gegangen. Er hatte sich hinter einem Strauch versteckt, um in Ruhe und ungestört das »Tier« beobachten zu können und seine endgültige Entscheidung zu treffen.

Ich sah den »Anführer« halb versteckt hinter einem Büschel dicker Blätter mit kleinen Stacheln an den Rändern mir heimliche Blicke zuwerfen. Ich überlegte mir, daß ich laut schreien könnte, um sie zu erschrecken, doch das müßte vielleicht die letzte Möglichkeit der Verteidigung sein. Ich konnte nichts anderes tun. Wenn mir eine Ratte zu nahe käme, hätte ich ihr in den Schwanz oder das Bein beißen können, zur Not, wenn die Umstände es erlaubten, ihr auch den ganzen Kopf abbeißen. In der Hinsicht war ich überlegen, aber ich konnte nichts tun, wenn sie mich von hinten, am Hals, oder von der Seite, meine Ohren, angreifen würden. Zudem, wenn sie mich alle gleichzeitig angreifen würden, dann könnte ich zwar einer den Kopf abbeißen, aber inzwischen würde mir eine die Nase und die anderen die Augen aufgefressen haben. Diese Gedanken gingen mir durch den Kopf, und als ich merkte, wie mich der »Anführer« beobachtete, überlegte ich, daß es besser sei, ihn nicht in meine Augen sehen zu lassen, damit er nicht meine Gedanken erriet. Ich war mir sicher, es mit einem wirklichen »Führer« zu tun zu haben, der Erfahrung mit Klugheit verband.

Plötzlich regte sich nichts mehr. Die männliche Ratte hatte schon lange ihren Beischlaf mit der verschämten Rättin beendet und leckte sich den Schwanz. Die anderen spielten inzwischen. Doch dann hielten sie alle inne. Die Ratten wurden wieder ernst. Auch der »Anführer« gesellte sich zu ihnen. Sie blickten mich alle kurz an, hoben ihre Schnauzen und schnupperten. Der »Anführer«, der auch der größte war, drehte den Kopf in alle Richtungen und hob dann den Blick gen Himmel. Ich war mir sicher, daß er den Stand der Sternbilder genau studierte. Dann sah er über meinen Kopf hinweg nach Osten zur Spitze des Hügels von Makronisos. Die Zeichen schienen ihn überzeugt zu haben: die Stunde der Rückkehr war gekommen. Ohne mich anzusehen, gab er das Signal, rannte als erster los, gefolgt von allen anderen, in Richtung Lager, wo sie den Tag in den unterirdischen Gängen verbringen würden, die sie unter den Zelten der Soldaten gegraben hatten.

Es wurde still. Der Scheißhaufen vor mir war verschwunden, was mein Sichtfeld erweiterte. Im Umkreis von zwei Metern gab es nur Erde und Steine. Dann begannen Felsen und Büsche, die mir die Sicht aufs Meer versperrten. Weit im Hintergrund lag Attika. Links das Lager. Ich blickte zum Himmel. Er war noch dunkel. Dafür leuchteten die Sternbilder und die Sterne um so heller. Die Milchstraße ist im Juli am hellsten. Für einen Augenblick vergaß ich, wo ich mich befand. Eine Trunkenheit füllte meine Seele. Die Unendlichkeit rief mich wie immer. Schöne Augenblicke!

Je mehr mein Körper, durch das Gewicht der Erde und der um mich gescharten Steine, nach unten sackte, um so deutlicher merkte ich, daß mein Hintern und mein Körper auf einem Gerippe lagen. Sie hatten also eines jener alten Gräber wieder geöffnet, wie sie auf ganz Makronisos zu finden waren, in denen türkische Gefangene im Verlauf des Ersten Weltkriegs begraben worden waren. Und nun lag ich auf dem Skelett eines solchen Türken. Ich spürte immer deutlicher die zwei Schenkelknochen und die Vertiefungen des Beckens. Der Schädel mußte weiter oben sein, aber da mich meine Wächter etwas aufgerichtet hatten, um meinen Kopf draußen zu lassen, hatte ich nur mit dem halben Skelett Kontakt, von der Taille bis unten.

Da wäre ich also im Reich der Toten – genauso wie mir in meinem Alptraum vorhergesagt worden war. Welche Botschaft sollte ich ihnen bringen? Und in welcher Sprache? Ich lachte, und als ich mir dessen bewußt wurde, zürnte ich mit mir, weil ich mir die »richtigen« Augenblicke aussuchte, um Witze zu reißen. Aber womit sollte man in solchen Augenblicken sein Gehirn beschäftigen? Die Erde, die mich bedeckte, wurde mit der Zeit feucht. Ich spürte die Nässe der Pisse meiner Wächter auf der Haut. Ungewollt umklammerte ich noch stärker meinen Penis, um ihn vor der ekelhaften Feuchte meiner Folterer zu schützen. Es ist an der Zeit, dachte ich, darüber nachzudenken, wie es und warum es dazu gekommen ist, und vor allem, wie es noch kommen wird. Ob der Offizier an das glaubt, was er mir zum Schluß zugerufen hatte? Aber warum? Und warum so? Warum sollten sie mich umbringen – und gerade auf diese Art und Weise? Hier wird nicht ohne einen bestimmten Grund gefoltert. Zum Beispiel, um dir die Reueerklärung – deine Lossagung vom Kommunismus – abzutrotzen und dich zu brechen, dich darauf vorzubereiten, in den Bergen gegen deine eigenen Genossen zu kämpfen. Sie töten nicht, um dich zu töten, wie es die Nazis taten. Wenn sie mich andererseits aus dem einen oder anderen Grund liquidieren wollten, hätten sie sich diese Mühe ersparen können. Ein Schuß mit Schalldämpfer in den Kopf und dann vergraben. Den Kopf unter die Erde. Also, kam ich zu dem Schluß, handelt es sich um einen Einschüchterungsversuch. Bald werden sie wiederkommen und mich fragen: Unterschreibst du jetzt oder willst du da drin bleiben, bis du vermodert bist?

Oder . . . Oder? Dieses »oder«, also dieses »andere«, suchte ich zu finden. Ob sie vielleicht etwas Schwerwiegenderes wollten . . . Aber was? Wollten sie aus mir einen Folterer machen? Oder einen Kollaborateur? Einen Spitzel? Natürlich schwebte immer über meinem Kopf das Damoklesschwert: Was genau wußte die Sicherheitspolizei über meine Aktivitäten in der Illegalität? Denn bestimmt hatte jemand von den vielen Inhaftierten, die sie gefoltert hatten, gesprochen. Die Sicherheitspolizisten interessierten sich vor allem für jene, die zu den Selbstschutzgruppen gehörten und damit an bewaffneten Aktionen in Athen teilnehmen würden. Vielleicht hatten sie herausgekriegt, daß mein Vater gute Verbindungen zu hohen staatlichen Stellen hatte, und sie dachten, daß ich bei einer ordentlichen Gerichtsverhandlung um das Hinrichtungskommando herumkommen würde. Darum wollten sie das selbst erledigen. Aber warum zogen sie dann einen jungen Offizier, einen Feldwebel und zwei Soldaten in die Angelegenheit mit hinein? Das waren keine »vertrauenswürdigen« Personen. Irgendwann könnten sie auspacken. Was war es dann? Diese Dinge klärten immer die von der Sicherheit. Und natürlich die Offiziere von Alpha Zwei. Ob der junge Offizier zu denen gehörte? Könnte sein. Und die anderen? Den beiden Soldaten merkte man jedenfalls an, daß sie frühere EAM-Mitglieder waren. Wie fast alle Soldaten auf Makronisos. Also? Ich kam zu keinem Ergebnis.

Mir wurde plötzlich sehr heiß. Ich war eingeschlafen. Als ich meine Augen öffnete, kam die Sonne gerade hinter dem Hügel hervor und sandte ihre ersten Strahlen. Im gleichen Augenblick hörte ich den durchdringenden Klang von Dutzenden von Trillerpfeifen. Und sofort hallte die Erde von tiefen Klängen wider, wie von fernen Trommeln. Es waren die Gefangenen, die sofort aufstehen mußten, um noch einen Platz auf den »Toiletten« zu ergattern. Vor jedem Loch bildeten sich lange Schlangen. Einer nach dem andern rannte anschließend zum Zelt zurück. Innerhalb von fünf Minuten mußten sie die Decken ausschütteln und zusammenlegen, sich anziehen und vor dem Zelt aufstellen.

Das Gefolge aus Offizieren und Unteroffizieren kontrollierte alles sehr genau; ob die Decken ordentlich zusammengelegt waren, ob sich der Soldat richtig gekleidet hatte. Jeder Fehler wurde mit einem Tag oder mit mehreren Tagen »Stacheldraht« bestraft, ohne Schatten und Wasser.

Wieder schlugen die Trommeln. Jetzt rannten die Soldaten zum Kochtopf, um sich eine Flüssigkeit zu holen, die man als »Tee« bezeichnete. Sie tunkten das Brot hinein, das ihnen vom Vortag übriggeblieben war. Dieses Frühstück dauerte weitere fünf Minuten. Erneut das Trampeln, um in die Zelte zu rennen, sich bis auf die Unterhose auszuziehen, um an der einstündigen Morgengymnastik teilzunehmen. Dann wieder innerhalb von fünf Minuten anziehen und heraustreten zu militärischen Übungen.

Nur in der letzten Phase, des »Abfärbens«, wie man die antikommunistische Gehirnwäsche auf der Insel nannte, wurden ihnen für die Militärübungen richtige Waffen gegeben. Um zehn Uhr vormittags kehrten die Soldaten zu ihren Zelten zurück. Sie setzten sich auf die ausgebreiteten Decken, holten Bleistifte und Papier heraus und schrieben Briefe. Über jeden Soldaten wurde ein Buch für »Nationale Erziehung« angelegt und in den Archiven von Alpha Zwei aufbewahrt. Darin hielt der verantwortliche Offizier das Verhalten des jeweiligen Soldaten beim Prozeß seines »Abfärbens« fest. Nach der abgegebenen Reueerklärung und der Distanzierung vom Kommunismus, was den grundlegenden Schritt darstellte, kamen die nächsten Etappen: Briefe der Reue an Einwohner des Wohnviertels, der Stadt und des Dorfes, aus dem der Betreffende stammte. Im Brief erklärte er seinen Werdegang: Ich bin der. Wohne dort. Ich habe in meinem Leben das und das getan. Plötzlich fing mich die Spinne des Kommunismus in ihren Netzen ein. Ich wurde zu einem Verräter an meiner Heimat. Aber heute, hier, im Becken von Siloam, auf Makronisos, auf dem neuen Parthenon, wurde ich wiedergetauft von Griechenland, vom König, vom Nationalbewußtsein. Ich bin wieder zum Griechen geworden. Darum, lieber Herr Sowieso, erkläre ich hiermit, dem Kommunismus abzuschwören, und verspreche Ihnen, ihn mit der Waffe in der Hand zu bekämpfen.

Waren alle Bekannten der Soldaten angeschrieben worden, gab

ihnen die Direktion von Alpha Zwei verschiedene Seiten aus dem Telefonbuch. In diesen Fällen begann der Brief wie folgt: »Sehr geehrter Herr Sowieso, Sie kennen mich nicht. Mein Name ist Sowieso. Ich wohne dort. Ich habe das und das verbrochen. Ich verspreche Ihnen . . .« Der Offizier von Alpha Zwei notierte jeden Tag in der Spalte »Briefe«: 2, 3, 4, 10 usw. Insgesamt: 100, 200, 300 usw. Nach dem Briefeschreiben folgten die Reden mit antikommunistischem Inhalt, die auf dem Hauptplatz des Lagers von 11 bis 12 Uhr mittags gehalten wurden. Nachdem der jeweilige Soldat seine persönlichen Angaben gemacht hatte, verlas er vor dem gesamten Bataillon seine Rede. Danach übergab er sie dem Offizier von Alpha Zwei, der in der Spalte »Reden« deren Anzahl festhielt.

Im vorletzten Stadium, bevor ihm eine Waffe in die Hand gedrückt wurde, mußte er sich an Pogromen und Massenfolterungen, die gegen die »Reulosen« oder die Neuankömmlinge gerichtet waren, beteiligen. Seine Teilnahme und die Qualität seines Einsatzes wurden von einem Zuständigen von Alpha Zwei genau registriert und festgehalten; zum Beispiel: »Am 26. 3. 48: Er schlug brutal 13 EAM-bulgarische Kommunisten nieder.« Auf der Grundlage dieses Buches, also der Zahlen und Beurteilungen, wurde entschieden, ob der Soldat zum letzten Stadium vorrücken durfte, der Übung mit Waffen, um letztendlich zur Spezialeinheit »Makronisos« an die Front abkommandiert zu werden.

Zwischen 11 und 12 Uhr schrieben die Soldaten wie verrückt Brief um Brief. Rede um Rede. Sie alle wollten diese Belastung, die auf ihrer Brust lag, beenden. Sie wollten um jeden Preis weg von diesem Ort. Und sei es auf die Gefahr hin, das eigene Leben an der Front in Gefahr zu bringen. Einige dachten tatsächlich daran, dann die Seite zu wechseln. In Wirklichkeit taten es nur wenige, entweder weil sie nicht konnten oder Angst bekamen oder weil sie inzwischen ihre Meinung geändert hatten.

Fünf Minuten vor 11 Uhr rannten alle aus den Zelten auf den Appellplatz hinaus. Einer nach dem anderen stiegen sie auf die Rednertribüne. Bis zum Mittag hatten zwanzig bis dreißig von ihnen gesprochen, denn sie sprachen laut und schnell. Wenn in der Rede bestimmte Phrasen vorkamen, die von den Zuständigen von

Alpha Zwei vorgegeben waren, zum Beispiel »Glauben Sie mir, Herr Pfarrer!«, skandierten alle fünftausend Soldaten aus Jux mit, doch der Eindruck war überwältigend.

Dann liefen sie zum Mittagessen. Lupinen. Mittags und abends, immer Lupinen. Die Soldaten aßen schnell, sich irgendwo im Gelände hinsetzend. Es folgte das Waschen der Kochtöpfe mit Meerwasser. Fünf Minuten Aufenthalt im Zelt, anschließend zwei Stunden Übungen. Dann wieder fünf Minuten, um die Arbeitskleidung anzuziehen. Säubern der Toiletten, des Lagers, Steineschleppen, Bauen. Um sechs Uhr abends Waschen und Umziehen. Spazierengehen durchs Lager bis zum Abendbrot um acht. Dann Aufstellung vor den Zelten. Nachtruhe mit Sprechverbot bis zum nächsten Morgen.

In Zelten für zehn drängten sich dreißig Leute. Fünfzehn auf jeder Seite. Darum mußten sie auch alle auf einer Seite schlafen, die eine Nacht auf der linken, die andere auf der rechten. Gegeneinander gedrückt wie Sardinen in der Dose. Sie schliefen einen bleiernen, traumlosen Schlaf. Ihre Samenergüsse galten immer, auch wegen der körperlichen Berührung mit den anderen, der letzten Frau, die sie auf der Insel gesehen hatten. Mal einer Journalistin, mal einer Schauspielerin, zum Beispiel Marika Kotopuli, die, wenn auch alt, eine Zeitlang die Träume der Soldaten beschäftigte.

Aber der absolute Star ihrer Pollution war zweifellos Königin Frideriki, die das Bataillon am 25. März, zum Nationalfeiertag, besucht hatte. Also einen Tag vor unserem Abmarsch aus dem Lager des Vierten Bataillons und unserem Martyrium. Die Soldaten stellten sich vom Anlegeplatz bis zur Kommandantur in einer Reihe auf und hatten den Befehl, ununterbrochen das Königshaus hochleben zu lassen, aber sie ließen, trotz der zu erwartenden Konsequenzen, nicht den gebührenden Enthusiasmus erkennen. Zwei Leute von Alpha Zwei versuchten, die Königin, die auf einem Holzstuhl saß, auf ihre Schultern zu hieven. Und das nur, um ihr an die Schenkel zu fassen. Sie war eine schöne Frau. Als ein starker Wind blies, wehte ihr der Rock hoch. Da sahen die Soldaten, vollkommen überrascht, den Schlüpfer der Königin und wurden trunken von diesem schönen Anblick. Sie schrien hysterisch: »Es lebe unsere Königin! Es lebe Frideriki!« – und seitdem sahen alle fünftausend Soldaten des Ersten Bataillons ständig während ihrer Samenergüsse die Königin. In allen Zelten schrien sie im Traum, im Augenblick des Samenergusses, den Namen Friderikis, der Geliebten der Soldaten vom Ersten Bataillon.

Punkt Mitternacht ging etwas wie eine Wellenbewegung durch die Masse der eng beieinander liegenden Soldaten, als wären sie vom elektrischen Schlag getroffen worden. Die Soldaten spürten das, wachten aber nur selten auf. Der Grund waren die Ratten, die aus ihren Löchern, die sie unter den Zelten gegraben hatten, krochen, um die Küche und die Lagerräume zu inspizieren. Einige Ratten wagten sich sogar weit aus dem Lager heraus. Aber alle würden sich gegen vier Uhr früh wieder treffen, um in ihre Nester zu kriechen. Und wieder zuckte die Masse der Soldaten. Mit der Zeit wurden Ausgang und Eingang der Ratten für alle zur Routine. Einige Soldaten warteten sogar, zumeist unbewußt, den Augenblick der zwei »Spasmen« ab, so daß wegen der hinzukommenden Reibung am anliegenden Nachbarn die Chance, zum Samenerguß zu kommen, größer war.

Also, ich hatte erzählt, daß ich mit den ersten Sonnenstrahlen das Trommeln von den Schritten der Soldaten vernahm, während sie von den Zelten zu den Toiletten und von diesen zurück in die Zelte rannten. Dann wurde es wieder still. Wieder waren die Trillerpfeifen zu hören, denen ein neues, viel stärkeres Trommeln folgte. An diesem Tag war das Tagesprogramm geändert worden, und so mußten sich alle Soldaten des Bataillons in voller Ausrüstung auf dem Appellplatz aufstellen. Dort gab der Befehlshaber Vasilopulos höchstpersönlich bekannt, daß vom Standort des Vierten Bataillons achthundert EAM-bulgarische Kommunisten bereits hierher unterwegs wären, die gegen zehn Uhr im Lager eintreffen würden.

Der übliche Empfang sollte ihnen in der Schlucht zuteil werden. Es handele sich dabei um besondere Fälle hartnäckiger Kommunisten, betonte der Lagerleiter, die lange Zeit eingesperrt und verbannt gewesen wären und die natürlich eine Menge Verbrechen verübt hätten. Bislang hätten sie keine Reue gezeigt.

Doch jetzt schlüge die »Stunde der Wahrheit«. Sie würden bald erfahren, daß »wir vom Ersten Bataillon nicht spaßen. Ich verlange von euch, daß ihr sie alle spätestens nach zwei Stunden dazu bringt zu unterschreiben. Darum müßt ihr hart zuschlagen. Es macht nichts, wenn dabei ein paar Reulose draufgehen. Die Heimat braucht solche Verbrecher nicht. Besser ist, wir säubern das Land. Wegen des Umfangs der Aufgabe verlange ich viele Freiwillige für die Schlägerkommandos. Ich habe bereits angeordnet, daß der heutige Einsatz in euren Büchern doppelt gezählt wird . . .«

Einige hundert traten vor. Sie wurden zu den Zelten der Wachmannschaften von Alpha Zwei geführt, die seit dem frühen Morgen alkoholische Getränke und Haschisch zu sich nahmen. Ihr nationaler Enthusiasmus hatte einen solchen Höhepunkt erreicht, daß sie die freiwilligen Schlägertrupps mit freudigen Schreien und nationalen Gesängen begrüßten. Die Freiwilligen wurden mit dicken Schlagstöcken und langen Bambusrohren ausgestattet, mit denen man dem Gegner in den Bauch zielen konnte ohne das Risiko einer körperlichen Berührung. Der Gefangene könnte nämlich leicht ein Bekannter sein, sogar Bruder oder Vater.

Diese Bewegungen der Soldaten teilte mir die Erde durch Klangwellen mit. Während ich diesen Klängen lauschte, die vom Lager zu mir drangen, vernahm ich plötzlich aus der entgegengesetzten Richtung, vom Zweiten Bataillon her, eine neue Art von Klang, zunächst sehr leise, später immer lauter. Ein Tremolo der tiefsten Noten, würde ich sagen, der Kontrabässe und Celli. Es waren die achthundert Gefangenen, die, wie wir vor einigen Monaten, im Vierten Bataillon ihren Marsch begonnen hatten, beladen mit ihren wenigen Habseligkeiten. Diesen Weg zur Schlucht würden insgesamt zwanzigtausend Gefangene gehen. Unter ihnen bekannte Leute wie Ilias Iliou, der spätere Führer der EDA, der Dichter Jannis Ritsos, der Schriftsteller Menelaos Ludemis, der Schauspieler Manos Katrakis und viele andere.

Aber bevor ich mich mit den Klängen befassen konnte, mit den Klängen der Erde, wurde meine Aufmerksamkeit von anderen phänomenalen Dingen in Anspruch genommen. Auf die Reste des Scheißhaufens vor meiner Nase hatten sich Hunderte von Fliegen gesetzt; mikroskopisch kleine Fliegen, mittelgroße Fliegen, dicke, rötliche Fliegen, ähnlich den sogenannten Mistfliegen. Ein paar hatten es geschafft, sich direkt auf der Scheiße niederzulassen, die sie mit Appetit verschlangen. Andere umkreisten im Tiefflug und unter lautem Surren das Geschehen, um noch ein freies Plätzchen auf der wabbeligen Masse zu ergattern, deren braune Farbe mit rotgrünen Flecken durchsetzt war, wie ich nun im Sonnenlicht erkennen konnte.

Ich beobachtete auch, daß mit dem offensichtlich fast zähflüssigen Durchfall auch unverdaute Reste von Bohnen und Lupinen herausgekommen waren. Für einen Augenblick war ich der Meinung, daß der Dicke mit dem Schnurrbart Linsen gegessen hatte. Ich war mir aber nicht absolut sicher. Denn beide festen Bestandteile seines Stuhlganges – Lupinen oder Linsen – hatten eine dunkle Farbe, womit sie im Kontrast zum hellen Durchfall standen. Die Fliegen jedenfalls bevorzugten letzteren. Es gefiel ihnen, mit ihren winzigen Beinen in der feuchten Masse herumzupatschen. Das war sehr gewagt, denn ihre Flügel hätten schnell naß und damit fluguntauglich werden können. Doch, wie die Praxis zeigte, bestand auf Makronisos eine seltene Vertrautheit zwischen Fliegen aller Größen und der Scheiße. Das war die erste wesentliche Schlußfolgerung, die ich nach meinen Beobachtungen ziehen konnte. Zumal sich diese Aktivitäten zehn Zentimeter vor meinen Augen abspielten.

Nach einiger Zeit kamen auch die ersten Bienen. Sie waren sehr klein, fast schwarz, und ihre goldenen Streifen hatten sich so verfärbt, daß diese Farbe, die eine Biene normalerweise charakterisiert, fast ins Braune, ins Rostfarbene ging. Ich stellte fest, daß Gott, der alles so weise eingerichtet hatte, nicht anders konnte, als auf einer Verbannungsinsel mit Bürgern zweiter Klasse auch Bienen zweiter Klasse leben zu lassen. Die Bienen ernährten sich für gewöhnlich von der dahinsiechenden Flora um den Tümpel. Doch völlig benebelt vom betörenden Geruch der Scheiße, flogen auch sie zwischen die Fliegen, bis die erste einen Sturzflug unternahm, um den Platz auf der Scheiße zu erkämpfen, der ihr zustand. Das machten ihr zahlreiche Artgenossinnen nach, so daß schließlich die Fliegen ihr lukullisches Mahl unterbrechen mußten und, verzweifelt summend, über der Szenerie ihre Kreise drehten.

In diesem Augenblick tauchte die erste Eidechse auf. Gerade erwacht, schien sie sehr erstaunt über diesen morgendlichen Lärm zu sein. Vielleicht sorgte sie sich, daß ihre Kinder, die sie am Abend zuvor nach wer weiß wie langer Zeit ins Bett bringen konnte, vom Lärm aufwachten. Die Eidechse war das erste Lebewesen, das mich an diesem Morgen bewußt wahrnahm. Meine Augen und besonders mein Atem beunruhigten sie, gleich nachdem sie das Tun der Fliegen und Bienen beobachtet hatte. Sie streckte, ernst dreinschauend, ihren Hals der Sonne entgegen, als wollte sie die Temperatur messen, und zog sich dann unter einen Busch zurück. Mein Kinn fast streifend, gelangte eine riesige Ameise in mein Blickfeld. Sie erschien mir – aus fünf Zentimeter Abstand – wie ein prähistorisches Monstrum. Braun, ins Rötliche gehend, bestand sie aus zwei, drei winzigen Kugeln, durch Härchen miteinander verbunden. Sie stützte sich auf für ihre Größe überdimensionale, aber sehr bewegliche Beine, dem Kopf mit den Facettenaugen und den riesigen Zangen genügend Freiraum lassend. Sie glich einem mittelalterlichen Ritter, der siegessicher den Kampfplatz betritt. Sie stürzte sich sofort ins Getümmel; räumte Fliegen und Bienen beiseite, die ihr erschrocken Platz machten, um sich eine ganze Bohne zu schnappen – da erkannte ich endlich, daß das Essen des Dicken aus Bohnen bestand, die sich seltsamerweise ihre ursprüngliche Gestalt trotz jener wuchtigen Entleerung des Darms hatten bewahren können. Mit der gewaltigen einzelnen Ameise kamen auch die winzigen Arbeiterameisen, die in einer Reihe liefen. Eine nach der anderen erreichte den Rand des umkämpften Gebietes. Sie stibitzten ein kleines Stück Scheiße und liefen eilig nach hinten links.

In diesem Moment hatte ich durch die Reduzierung meines Seins auf den Kopf und ein Stück Hals sowie durch das Fehlen des übrigen Körpers den Eindruck, daß auch ich zu diesem Reich des Mikrokosmos gehörte. Natürlich viel größer als Fliegen und Ameisen, etwas größer als Eidechsen und nur ein wenig größer als Ratten. Mein Volumen entsprach dem einer gutgenährten Katze. Aber ich war viel kleiner als ein Hund und nicht zu vergleichen mit den Ziegen, Schafen und Rindern. Ich gehörte nicht zu den Vierhufern. Wahrscheinlich aber zur einmaligen Spezies der Huflosen. Warum nicht auch zu einer Pflanzenart, die sieht und einen Verstand hat, der ihr aber in diesem Fall nichts nutzt, und deren Wurzelstock mein ganzer übriger Körper wäre.

So gelangte ich zu einer ersten einfachen Schlußfolgerung hinsichtlich der Möglichkeiten der Gewöhnung des Menschen – und, wie ich glaube, jedes pflanzlichen oder tierischen Wesens – an neue Bedingungen, in die es plötzlich geworfen wird, so neu und feindlich sie auch sein mögen. Welches waren zum Beispiel die unmittelbaren Probleme dieses Augenblicks? Das Bedeutsamste war, daß ich mich nicht verteidigen konnte. Ich konnte mich nicht bewegen. Meine einzigen Waffen waren die Zähne, meine Stimme zur Einschüchterung und das Pusten. Ein starkes Pusten könnte beispielsweise eine Spinne verscheuchen. Sogar eine kleine Eidechse oder einen Skorpion, wobei ich mir bei letzterem nicht so sicher war.

Es folgten im Problemkatalog das Wasser, der Hunger und der Druck der Erde, der von Stunde zu Stunde zunahm. Die riesigen Steine bohrten sich in die frisch aufgeschüttete Erde. Sie drückten gegen meine Haut, besonders an den Armmuskeln, in der Magengegend und auf die Brust. Das Atmen machte mir bereits zu schaffen; noch nicht sehr, aber die Funktionstüchtigkeit der Lungen wurde langsam beeinträchtigt. Einige spitze Steine stachen mir in die Haut, doch zum Glück nicht an neuralgischen Punkten.

Das Wiederauftauchen der Eidechse vom Morgen, diesmal gefolgt von ihren Kindern und einigen anderen weit größeren Exemplaren – möglicherweise männlichen Geschlechts –, beantwortete eine der Fragen, die mich schon lange bewegten: Warum läßt sie sich dieses Mahl entgehen? Denn ich wußte, daß die Eidechsen mit Vorliebe Fliegen und Mücken verspeisen. Tatsächlich, das Gefolge der Eidechsen näherte sich vorsichtig dem übriggebliebenen Scheißhaufen. Ich beobachtete, wie die Eidechsen durch eine plötzliche Bewegung ihrer Zunge eine oder mehrere Fliegen mit einem Mal erwischten und hinunterschlangen. Sie hatten leichtes Spiel, denn die Fliegen waren vollkommen mit der Skatophagie beschäftigt. Um die Fliegen zu schlucken, hoben sie ihren Kopf leicht gen Himmel, während sie mich heimlich beobachteten. Es war klar, daß die Eidechse von heute morgen ihnen über mich berichtet hatte. Das führte auch zum ersten Konflikt während der bisher praktizierten friedlichen Koexistenz. Das Gesetz der Notwendigkeit, das Gesetz des Stärkeren, ein wesentliches Gesetz im Tierreich, aber auch in den menschlichen Gesellschaften, begann jetzt auch in dem Umfeld zu wirken, in dem ich zu existieren gezwungen war, auch wenn es in dieser unerwarteten und einmaligen Form geschah. Ich hatte einst im Kino einen Film gesehen, in dem ein Kopf ohne Körper die Hauptrolle spielte, der sich allerdings frei bewegen konnte. Der Unterschied zu mir war gewaltig. Sogar eine Melone konnte, wenn sie sich von ihrem Wurzelstock löste, hinabrollen, vorausgesetzt, sie wurde an einem abschüssigen Hang gepflanzt. Mein Kopf jedoch war ein Gefangener meines Körpers, fest verbunden mit einem dicken Hals, durch den Muskeln, Nerven und dünne Knochen führen. Da tauchten zwei Vipern auf, die den Scheißhaufen ansteuerten, doch innehielten, als sie mich erblickten. Sie verspeisten, eher beiläufig, ein paar Fliegen und beobachteten mich aufmerksam. Seitdem werde ich den Gedanken nicht los, daß sie von meiner Freundschaft zu ihren Artgenossen, die ich einst in Ipiros hegte, wußten. Die Viper ist ein von den Menschen besonders gehaßtes Reptil. Denn sie ist nicht einfach eine Schlange, sondern sie ist eine giftige Schlange, deren Biß tötet, wenn nicht sofort die erforderlichen Maßnahmen getroffen werden. Während mich die größte Viper anstarrte, schien sie der anderen zu sagen: »Ich bin mir sicher, er ist's! In unseren geschichtlichen Überlieferungen ist der Vorfall von Ipiros ein Einzelfall menschlichen Mitfühlens, den wir niemals vergessen sollten . . . Wie sie ihn zugerichtet haben! Die Menschen haben sich selbst übertroffen!« Langsam bekam ihr Blick etwas Sympathisches. Aber sie konnten ihre wertvolle Zeit nicht vergeuden. Sie hatten an diesem Tag noch viel zu tun. So verschwanden sie, mit dem Kopf wie zum Abschied leicht nickend, hinter den Steinen.

Im selben Augenblick schossen von links zwei schwarze Skorpione hervor, solche, die Menschen zu töten in der Lage wären. Sie rannten so dicht an meinem Gesicht vorbei, daß der Stachel des einen mein Kinn streifte. Handelte es sich um ein erotisches Spiel? Das war am wahrscheinlichsten. Eine riesige Krabbe tauchte auf. Hatte sie sich verirrt? Oder handelte es sich um einen Skatophagen, der vom Gestank angelockt worden war? Jedenfalls stürzte sie sich auf die verbliebenen Scheißreste, die nach so viel und so verschiedenartiger Kundschaft immer weniger wurden.

Ich beteiligte mich nicht nur mit den Augen an dieser für mich neuen Realität. Mein Gehör machte mit der Zeit neue Klänge aus, unerwartete und für das menschliche Ohr ungewöhnliche Klänge. Das Schleichen der Reptilien, das Rennen der Skorpione, sogar das Schreiten der Ameise – verstärkt durch den Lautsprecher Erde – erlangten nicht nur eine klangliche, sondern auch eine ästhetische Dimension. Die vibrierenden Bewegungen, auch wenn sie ganz leicht waren, erzeugten Wellen, die, durch die Erde geleitet, auf meinen Körper trafen. Besonders sensibel war mein Hals, der jede Welle zum Hörnerv weiterleitete. Die Anpassung an meine neue Umwelt machte von Sekunde zu Sekunde größere Fortschritte.

Der Durst schlägt plötzlich zu. Von allen Bedürfnissen ist das Trinken das elementarste. Der Durst gleicht Dutzenden von Rasierklingen, die auf einmal von allen Seiten zugleich in deinen Körper eindringen und dich niederstrecken. So änderte sich in einem Augenblick meine ganze Situation, denn der Schmerz, den der Durst erzeugt, ist nicht auszuhalten.

Die Sonne schickte ihre Strahlen herab. Bald war Mittag. Die Tierchen verzogen sich erschöpft in den Schatten. Nur die Ameisen schleppten weiter winzige Scheißeteilchen, jedenfalls alles, was noch vom Haufen übriggeblieben war. Die Erde glühte. Eine milchige Ausdünstung stieg von ihrer Oberfläche auf. Ich sah die Dinge undeutlich, und auch die Klänge erreichten mich, wegen der großen Hitze, stark deformiert.

Aber da ich es bereits durchgemacht hatte, konnte ich mir vorstellen, was geschah. Die Straße, die zur Schlucht führte, war einhundert Meter von mir entfernt, nur daß ich nichts sehen konnte. Die Geräusche und Klänge von den Füßen der Gefangenen, die um ihr Leben rannten, und der Folterer und Soldaten, die sie jagten, vermischten sich mit meinem Durstgefühl. Alles in mir wurde eins. Ich glitt in die Welt der Wahnvorstellungen. Ich habe ab diesem Augenblick keine Erinnerung mehr. Zudem sind vierzig Jahre seitdem vergangen. Was danach geschah, erfuhr ich aus Berichten Dritter.

Ohne übertreiben zu wollen, gestehe ich heute, daß derjenige, der ich war und der ich geworden wäre, auf Makronisos vergraben wurde, sich auflöste und verschwand. Derjenige, der wieder ausgegraben wurde und behauptete, ich zu sein, war in Wirklichkeit der andere. Um wieder ich zu werden, mußte in der Zwischenzeit all jenes geschehen, was geschehen ist, ich mußte wieder einsam werden, ohne Freunde, ohne Heimat, und diese Erinnerungen niederschreiben, sie dann verbrennen, sie endgültig vernichten (sie somit den anderen aufbürdend), so daß ich, bevor ich endgültig unter die Erde wandere, die einzige Realität erleben kann, die klangliche Realität der allumspannenden Harmonie, der ich in meiner Jugend so nahe gekommen war, als ich allein war, die ich aber für die Liebe der Menschen opferte. Für Menschen, die ich nicht ablehnen konnte, so daß sie mich ablehnen mußten, um wieder und nun endgültig allein zu bleiben, um den Faden wieder aufzunehmen, der zerriß, als mich die Griechen in einem Grab auf Makronisos verscharrten. Nur so kann ich mir diese unbekannte Freude erklären, die ich in diesem Moment spüre, da ich, das Nichterzählbare erzählend, wieder zu einer Art *Ersten Sinfonie* werde, also wieder zu meinem verlorenen Ich, das ich verschenkte, das die anderen verschlangen, das, wie beispielsweise im Falle des Dicken mit dem Schnurrbart, mir als ein Scheißhaufen wieder vorgesetzt wurde.

Aber es gibt noch ein paar andere Erinnerungssplitter. Nicht jene an den Tag, die Schreie, die Sonne, den Durst, die Schritte neben meinem Kopf von Gefangenen, die dachten, sie könnten eher in Richtung der Hügel entkommen. Nicht jene an die Angst, sie könnten mich unter ihren Schritten zermalmen. Das alles nicht. Es sind jene an die Nacht. Der erste leichte Windstoß, der mich wieder zu mir brachte. Leider. Denn kurz nach Mitternacht tauchte der dicke »Anführer« wieder auf, gefolgt von einer ganzen Armee von Ratten, wie mir schien, da ich vor mir Hunderte von winzigen ekelhaften Augen sah, die mich beobachteten, um, so meinte ich, das Rätsel meiner Existenz zu lösen. In der Mitte thronte der dicke »Anführer«, der den anderen scheinbar mit Nachdruck sagte: »Seht ihr? Ich habe nicht übertrieben. Das ist ein neues Tier, das sich nicht bewegt. Was meint ihr? Probieren wir es? Wer macht den Anfang?«

Ich zögerte den Angriff, so lange ich konnte, durch Buhen, Pusten, Zähnewetzen und ständiges Kopfwackeln hinaus. Schließlich griffen sie von allen Seiten an. Nacken, Hals, Ohren, Gesicht. Ich verlor Blut. Sie versuchten, an die Augen heranzukommen, die ich fest geschlossen hielt. Ich spürte im Mund, daß ich mal einen Fuß, einen Schwanz oder ein Stück blutiges Fleisch abgebissen hatte. Ich vernahm mit eigenen Ohren mein Schreien, das bestimmt meilenweit zu hören war.

An dieser Stelle bricht die leidvollste und ekelerregendste Erinnerung meines Lebens ab. Was folgte, weiß ich nicht mehr. Ich bin mir jedenfalls sicher, daß die Ratten es schließlich schafften, meinen ganzen Kopf aufzufressen. Nachdem sie die Kopfhaut verschlungen hatten, fraßen sie sich mit ihren schmalen Mäulern durch die Öffnungen des Mundes, der Augen und Ohren in mein Gehirn, bis schließlich eine kleine Ratte ganz tief ins Innere meines Schädels gelangte. Nichts blieb außer dem Skelett. Am nächsten oder übernächsten Tag wollten ein paar Soldaten, Gefangene oder Folterer, Fußball spielen und gaben dem Schädel, der blitzsauber unter der heißen Julisonne erstrahlte, einen Tritt. Sie schossen ihn eine Weile durch die Gegend, bis die dünnen Knochen unter der Wucht der Tritte barsten und zwischen den Sträuchern und Steinen der Umgebung liegen blieben.

Die andere Variante ist, daß meine Schreie von einer Patrouille gehört wurden. Die Wächter verjagten die Ratten, schoben die Gesteinsbrocken, die sie um mich gestellt hatten, beiseite, gruben mich mit bloßen Händen aus, denn sogar sie waren in Panik geraten, hievten mich aus dem Grab und brachten mich eilig in die Ambulanz. Dort versuchten die Ärzte und Krankenschwestern tagelang heimlich (in einer Ecke hinter aufgespannten Decken), mich wieder zum Leben zu erwecken.

Als ich zu mir kam, konnte ich mich zum Glück an nichts

erinnern. Eines Nachts kamen wieder welche von der Sicherheit und geleiteten mich in eine einsame Bucht. Ich mußte halbnackt fast die ganze Nacht am Meeresufer verbringen. Als die Sonne aufging und ich ganz benommen vom Widerschein der Wellen war, die sich an meinen Füßen brachen, sah ich die Silhouetten der Polizisten auf mich zukommen. Wie ich richtig vermutet hatte, gehörte mein Begräbnis zu einem Plan der Sicherheitspolizei, mich zu brechen und zu ihrem Instrument zu machen. Die unterschriebene Reueerklärung genügte ihnen nicht. Der Krieg würde bald der Vergangenheit angehören. Sie hatten ihn bereits gewonnen. Und wie es sich für ordentliche Hausherren gehörte, dachten sie schon jetzt an die Zukunft. Sie machten sich keine falschen Hoffnungen hinsichtlich der Haltung der Kommunisten. Die würden weitermachen. Vielleicht in der Illegalität, vielleicht innerhalb offiziell zugelassener Organisationen. Oder sowohl illegal als auch legal. In jedem Falle waren die Informationen, über die die Sicherheit verfügte, und die Spitzel innerhalb der Organisationen des Gegners ihre effektivsten Waffen. Sie stellten sich am Ufer rings um mich auf und eröffneten mir, daß sie über alle Unterlagen verfügten, um mich vor das Hinrichtungskommando zu bringen. Mein Genosse Pavlos Papamerkouriou, der zu meiner Gruppe gehörte, sei bereits in Gudi hingerichtet worden. Ob ich auch so enden wolle?

Nein, dachte ich, mein Ende kenne ich bereits. Meine Henker sind mir bekannt: die Ratten, die ungeduldig warten, mir endlich den Garaus zu machen. Mein offenes Grab erwartet mich schon. Das haben die Ratten beschlossen. Hinzu kommt, daß keiner weiß, wo ich bin. Also habe ich von nirgendwoher Hilfe zu erwarten. Was wollen sie von mir?

Zusammenarbeit, sagte einer von ihnen. Der Kommunismus habe nun endgültig das Spiel verloren. Bedeutende Funktionäre der Partei arbeiteten bereits für die Sicherheit. Die Polizei kenne und schätze die Traditionen meiner Familie, die Liebe meiner Familie zu Griechenland. Sie versprachen mir absolute Geheimhaltung. Ich sollte weder an meinen Ideen noch an meinen Beziehungen etwas ändern. Im Gegenteil. Ich würde nur mit ihnen persönlich Kontakt aufnehmen. Außerdem wären wir ja auch alte Bekannte. »Ich bin doch der, der dich in Nea Smirni verhört hat und dich dann nach Ikaria schickte! Weißt du noch?«, fragte mich einer.

Ich sah nichts außer den schwarzen Schatten, die undeutlich im greller werdenden Tageslicht flimmerten. Ich dachte an nichts. Sagte nichts. Ich wußte nicht einmal, ob ich noch Zunge, Lippen, Stimme hatte. Der größte Teil meines Kopfes und Körpers war unter dicken Verbänden verschwunden. Plötzlich wurde mir übel. Ich hatte die Seekrankheit bekommen. Vielleicht von den Wellen des Meeres oder vom Flimmern des Lichts oder von diesen schwarzen Schatten, die mich ununterbrochen umkreisten, oder von dieser bekannten ekelhaften Stimme, die mir das Ende, die Niederlage der fortschrittlichen Kräfte, den Tod eines Traums, den Triumph all jener, die mich folterten, die Apotheose der Ratten ankündigte.

Ich erkannte einen Thron in der Tiefe des Meeres. Einen riesigen Thron, ganz aus Gold. Eine gigantische Ratte, gekleidet wie ein ordensgeschmückter Admiral, grüßte mich. Als wollte sie sagen: »Ich bin der Sieger!« Da kann einem nur übel werden. Ich versuchte, alles, was mir hochkam, weit von mir zu spucken, um nicht daran zu ersticken. Ich traf versehentlich den Sicherheitspolizisten, der sich über meinen Kopf gebeugt hatte. Er trat mich, außer sich, und fluchte. Das rettete mich womöglich, denn nun begannen mich alle zu treten und zu schlagen. Einer riß mir die Verbände herunter, und die anderen schütteten mir Meerwasser und Sand in die offenen Wunden. Der letzte Satz, der in mir haften blieb, war: »Abends wieder eingraben . . .« In diesem Augenblick öffneten sich die inneren Wunden meiner Lunge, denn ich litt an Tuberkulose. Ich erbrach so viel Blut, daß sich auf dem Sand, obwohl er ausgetrocknet und durstig war, eine Lache bildete. Das beeindruckte sogar die Sicherheitspolizisten, die doch in dieser Hinsicht alles mögliche gesehen hatten. Sie glaubten, daß ich nach soviel Blutverlust endgültig am Ende sei. Sie kehrten ins Lager zurück und gingen ins Büro von Alpha Zwei.

Als die Soldaten kamen, meine Leiche abzuholen und sie irgendwo heimlich zu verscharren, so daß keine Spuren zurückblieben – ins Meer werfen, war ausgeschlossen, denn die Soldaten badeten regelmäßig –, stellten sie fest, daß ich noch lebte. Da sie nicht wußten, was sie tun sollten, versteckten sie mich hinter einem Felsen und kehrten zurück, um Instruktionen einzuholen. Als sie Alpha Zwei erreichten, waren die Sicherheitspolizisten schon so weit mit dem Boot hinausgefahren, daß sie nicht mehr zurückgeholt werden konnten. So beschloß der Befehlshaber der Militärpolizei, allein die Verantwortung zu übernehmen. Da die Sicherheitspolizisten mich nicht getötet hatten, sah er keinen Anlaß, sich in eine Angelegenheit einzumischen, in die schon viele Leute verstrickt waren: die ersten vier, die mich eingegraben, und jene, die mich ausgegraben hatten, die Ärzte, Schwestern und nun die, die mich wieder eingraben mußten und sich jetzt fragten: »Was sollen wir mit ihm machen?« – »Wo habt ihr ihn?« – »Am Ufer hinter einem Felsen . . .« – »Kann ihn dort jemand finden?« – »Kaum.« – »Dann laßt ihn dort. Gebt ihm nur Wasser, daß er nicht verdurstet. Und wenn er überleben sollte, werden wir schon was finden . . . Und zu keinem ein Wort!«

Der Soldat, der mir das Wasser zum Felsen brachte, konnte mich gut leiden. Nach vielen Jahren wurden wir Freunde. Er schleppte mich in eine kleine Höhle am Wasser, um mich vor der Sonne zu schützen. Er brachte mir Joghurt, später Brot. Er hatte ein Fläschchen mit Jod, womit er mir täglich die Wunden einrieb. Ich sagte ihm, wer ich war, Namen, Adresse meines Vaters. Eines Tages, nach Wochen, sagte er zu mir: »Ich habe mit einem Freund, der Urlaub bekommen hat, eine Nachricht an deinen Vater geschickt, die er in Athen aufgeben wird. Nur, alles muß schnell gehen, denn ich habe erfahren, daß die Sicherheitspolizisten in den nächsten Tagen wieder auf die Insel kommen . . .«

Mein Vater wandte sich diesmal sofort an die Politiker Venizelos, Papandreou, Tsaldaris, Zervas, Karamanlis . . . Einige empfingen ihn, andere nicht. Nichts geschah. Schließlich wandte er sich an seinen Freund, Herrn Livadeas, Chef der Gendarmerie und auch in der Sicherheitspolizei tätig. So kam der Tag, da sie mich mit einer Trage abholten und in die Ambulanz brachten. Diesmal in aller Öffentlichkeit, ohne Bewachung. Ich war wieder der Soldat Michail Theodorakis des Georgios und der Aspasia geworden. Ich hatte also wieder Identität, Gesicht, Personalität.

Als ich stehen konnte, gaben sie mir wieder Krücken – das rechte Bein war weiterhin gelähmt – und steckten mich in die Uniform der Griechischen Armee. Ich wurde in die 1. Kompanie abkommandiert, deren Befehlshaber, Feldwebel Vasilis Kouropoulos, zufällig mein Mitschüler in Tripolis gewesen war. Er freute sich über unser Wiedersehen und nahm mich unter seinen persönlichen Schutz. Er wies mir ein eigenes Zelt zu. Er befreite mich von allen Verpflichtungen; kein Aufwecken, keine Übungen, keine Briefe der Reue, keine Reden. Er behandelte mich wie einen Gast. Das einzige, was ich tun mußte, war mein Essen holen und vor der Abendruhe in meinem Zelt sein.

Die schönste Zeit auf der Insel war der Nachmittag. Nach den Anstrengungen des Tages, der Hitze, dem Staub während des Laufens und der Übungen setzte ein Augenblick allgemeiner Reglosigkeit ein. Als würde die Zeit plötzlich stehenbleiben. Man spürte den Himmel wie ein riesiges Laken schweben und darunter das Meer die Luft anhalten. Für einen Augenblick nur. Dann füllte sich die Luft mit Brisen: nördlichen aus Evia, südwestlichen vom Saronischen Golf, östlichen von der Ägäis.

Jedenfalls veränderte sich alles wie durch Zauberei. Das Meer nahm die Farbe der Kühle an, tiefblau, durchzogen von Tausenden weißen Linien, die singend in Richtung der Felsen trieben. Die Sonne wurde konkreter und kugelrund, je mehr sie sich auf Asien zubewegte. Die Hügel von Attika gegenüber färbten sich rot und grün, so daß sich die Häuser von Lavrion noch heller abhoben.

Die Soldaten traten nacheinander aus ihren Zelten, frisch rasiert, sauber, gekämmt, das Käppi unter die Epaulette geschoben, was als Zeichen von Lässigkeit galt. Die Schuhe glänzten. Auf den Lippen, unter dem schwarzen Schnurrbart, ein bitteres Lächeln, das die sonnengebräunten Gesichter streng erscheinen ließ. In den melancholischen Augen nicht faßbare Blicke. Auf diese Frage gab es keine Antwort. Dieser Zweifel war nicht zu zerstreuen. In einem Augenblick stürzten die uneinnehmbaren Türme ein. Die Träume glichen den aufgeblühten Mandelbäumen nach einem Märzsturm, kahle Äste, verurteilt bis zur neuen Periode. Aber welche Periode? Und welche Hoffnung? Doch je mehr sich die

Sonne neigte, desto frischer wurde es. Auf Makronisos duftete es nach Meer. Daran berauschten sich die jugendlichen Herzen der Soldaten. Aus den Lautsprechern klangen die städtischen Volkslieder. Das Bouzouki ging wie ein Riß durchs Herz. Ein Messerstich. Danach der Balsam. Auf den Felsen saßen einige Soldaten zusammen und sangen zur Schallplatte.

»Der Soldat geht heute wieder hinaus ...«

Ich blieb etwas weiter abseits stehen. Mit einem Ohr hörte ich die Stimme der Sängerin, mit dem anderen die der Soldaten. Das Ganze klang harmonisch. Ohne es zu wollen, umarmte ich mit meinem Blick die ganze Landschaft. Das Meer kam von Norden und eilte Richtung Ägäis. Die Sonnenstrahlen fielen schräg aufs Meer, tausendmal gebrochen, als wäre es mit Spiegeln übersät. Eine Schönheit, die überquoll und mir die Seele zu ersticken drohte. Viele solcher Augenblicke an den Augustnachmittagen auf Makronisos prägten sich mir für immer tief ein. Sie hatten einen Geschmack von Seligkeit, eines unerklärlichen Glücksempfindens. Ich entdeckte ein neues Griechenland. Vielleicht wegen der Bouzoukiklänge, vielleicht wegen des Anblicks der jungen Soldaten mit ihrem Schnurrbart und den melancholischen Augen. Das Griechenland der Niederlage, des Endes der großen Illusion.

Es war der Moment, bevor meine Gedanken zu den Personen gingen, die ich liebte. In solchen Augenblicken entfuhr einem ungewollt ein Seufzer der Sehnsucht, der aber von der Musik aus dem Lautsprecher aufgenommen und lindernd deinem Herzen zurückgegeben wurde. Unvergessene Augenblicke auf Makronisos, voller Sehnsucht nach Freundschaft, Liebe, Leben ... Was passiert ist, ist passiert, dachte ich. Ich habe das Leben noch vor mir. Wenn ich mich nur neben die Soldaten setzen und mit ihnen singen könnte. Es waren aber altgediente, und sie kannten mich nicht. Da ich an Krücken ging und auch sonst sehr mitgenommen aussah, wichen sie mir aus. Sie schauten nicht einmal nach mir. Als wollten sie mir sagen: »Erinnere uns nicht daran! Wir haben alles schon lange hinter uns. Vergessen. Vorbei!«

Dann traf ich auf einige Kameraden, die im März wie ich die

Folterungen in der Schlucht durchgemacht hatten. Mitverbannte aus Ikaria, vom Vierten Bataillon. Andere Kameraden, die ich kannte, waren von anderen Inseln hierher deportiert worden. Aus den Lautsprechern klang die *Egmont*-Ouvertüre, die überhaupt nicht zur Landschaft und zu unserem Zustand paßte. Ich legte mich auf ein Stück Rasen neben einige Leute vom Vierten Bataillon. Als mich Jannis sah – ein früherer Parteifunktionär –, ließ er sich vornüber fallen und weinte laut schluchzend ... Vielleicht störte ihn, daß ich nicht zu jener Gruppe gehörte, die die »Erklärung« unterschrieben hatte? Als er sich etwas beruhigte, sagte ich ihm: »Diesmal wollten sie nichts von mir. Aber wenn sie es verlangen, werde ich unterschreiben. Beruhige dich. Das ist nicht das Problem ...« Mein Gott, wie schämte ich mich, anders zu sein als diese mutigen Männer. Ich war es nicht! Purer Zufall, daß ich bislang nicht unterschrieben hatte. Nein, gebrochen war ich nicht. Ich glaubte immer noch an dasselbe wie früher. Was ich in Zukunft tun wollte, würde ich tun. Tatsächlich, für mich war die »Reueerklärung« nicht das eigentliche Problem. Aber das Schicksal wollte, daß keiner sie von mir haben wollte. Als gäbe es mich nicht.

Fotis Fotopoulos, Mitverbannter in Dafni auf Ikaria, bekam Urlaub und fuhr nach Athen. Als er zurückkam, fragte er nach mir, weil er mich dringend sprechen wollte. Wir setzten uns auf einen Felsen gegenüber Lavrion. Wir zündeten uns eine Zigarette an, und während wir uns entspannten, erzählte er mir eine Sexstory. Er wußte, daß ich, obwohl vierundzwanzigjährig, noch nie mit einer Frau geschlafen hatte. Und darum hatte er mich wahrscheinlich auch ausgesucht; er wollte mit seinem Bericht einen erschütternden Eindruck machen. Was ihm auch gelang.

Zunächst erzählte er mir, daß er als kleiner Junge seine ersten erotischen Beziehungen mit einem untersetzten Jungen aus seiner Klasse gehabt habe. Mit den Mädchen habe er damals nur gesabbert, nicht geküßt. Ein bißchen habe er auch Hand angelegt, aber nicht mehr. Jetzt sei er nach Athen, genauer gesagt, ins Pangrati-Viertel, mit dem festen Vorsatz gefahren, als Mann wiederzukommen. Er habe seine Bekannte aufgesucht, eine Freundin seiner Schwester – denn er arbeite immer nur perspektivisch –, und sie überredet, mit ihm in die öffentlichen Bäder zu gehen. Dort habe er sie ausgezogen, ihre Brüstchen und dann ihre Muschi gestreichelt und so weiter . . .

Je länger er erzählte, um so konkreter, detaillierter und vor allem poetischer wurde er. Er erreichte das, was er wollte: Jede Wendung, jedes Bild, jede Beschreibung trafen mich wie Blitze. Meine Augen wurden größer. Mein Mund trocknete aus. Mein Puls ging schneller. Mein Penis drückte gegen den Hosenstoff . . . Vielleicht befürchtete Fotis, ich würde mich auf ihn stürzen, trotz seines riesigen Schnurrbarts, weswegen er seine Erzählung abbrach und aufstand. Er lehnte sich an den Felsen, schaute sehnsüchtig in die Ferne, nach Athen, nach Pangrati, zu den öffentlichen Bädern und wiederholte ununterbrochen ein Wort: »Eine Frau! Eine Frau! Eine Frau!« Und kam zum Samenerguß. Er ging weg und ließ mich reglos auf dem Felsen zurück, ausgeliefert der Gefahr zu ertrinken in jenen eingeschlossenen Säften der Jugend, die plötzlich erwacht waren und fast manisch an die Oberfläche meiner unglücklichen Existenz drängten.

Fotis verließ nach dem Bürgerkrieg mit seiner Familie Griechenland und ging als politischer Emigrant nach Ostberlin. Dort beendete er sein Studium und versuchte, sein Leben zu ordnen. Es war Mitte der fünfziger Jahre. Ich lebte in Paris. Ich kann mich nicht erinnern, wie es zu unserem Briefwechsel kam; jedenfalls bat mich Popi, seine Schwester, die sich mit Musik beschäftigte, um Noten von Werken, die ich komponiert hatte. Sie zeigten die *Dritte Suite* einem Dirigenten, einem Herrn Koch, der sie auch aufführen wollte. Aber zuvor mußte eine ideologische Kommission deren Inhalt, also den Text »Die wahnsinnige Mutter« von Dionisios Solomos, überprüfen. Da Fotis die Kommission unbedingt überzeugen wollte, verwandelte er die Mutter aus dem Jahre 1822 kurzerhand in eine Partisanin von 1948, die ihre zwei Kinder, die als Kommunisten kämpften, verliert. Niedergeschlagen schrieb mir Fotis nach Paris: »Als der Verantwortliche den Text las, fragte er mich: Nur zwei Tote? Und lehnte ihn ab . . .« Etwas später starb Fotis an einem Gehirntumor, so daß ich einen weiteren Freund im Exil verlor.

Ich hatte Mut gefaßt und streifte jeden Nachmittag durchs

Lager. Mich auf meine Krücken stützend, ging ich den Hügel hinauf. Plötzlich hörte ich die Trillerpfeifen, die die Nachtruhe ankündigten. Ich beschloß, es zu riskieren, nahm meine Krücken und ging, so schnell ich konnte, durchs leere Lager, um zu meiner Kompanie zu kommen. Vor dem großen Kantinenzelt erwischte mich die Patrouille.

Der Anführer, Soldat wie die anderen, fragte mich: »Wirst du dein Leben lang hinken?« Ich erkannte in seiner Stimme etwas wie eine Bitte, als wollte er hören, daß es nicht weiter schlimm sei. Also sagte ich zu ihm: »Die Ärzte sagen, daß es vorbeigehen wird ...« Die anderen lachten und machten sich über ihn lustig. »Ich bin Loris«, sagte er. »Du hast Glück, daß du mich getroffen hast. Ein anderer hätte dich windelweich geschlagen. Und am nächsten Tag wärst du in den Stacheldrahtverhau gekommen ... Ich habe dir das Bein gebrochen ...« Die anderen hielten sich den Bauch vor Lachen. »Zum Teufel mit euch!«, rief er ihnen zu. »Hör mal, mein Junge, soll ich dich zu einem Joghurt einladen?« Und er wies mir den Weg zur Kantine. Drinnen spendeten die Sturmlampen, die an der Zeltplane hingen, ein trübes Licht, das vom Zigarettenrauch noch trüber wurde. Alle rauchten und unterhielten sich lebhaft. Keiner achtete auf uns. Wir setzten uns an einen Ecktisch. Loris bestellte Joghurt. Schweigen. Er war wohlgenährt, hatte ein aufgedunsenes Gesicht, einen dicken Schnurrbart. Einen traurigen, schuldbewußten, unruhigen Blick. Er probierte appetitlos seinen Joghurt. Ich, ganz im Gegensatz dazu, schlang alles hinunter. Wer war beherrschter von beiden: das Opfer oder der Täter? Loris legte den Löffel beiseite. Er stützte den Kopf in beide Hände und weinte still vor sich hin. »Ich kann nicht mehr ...«, hörte ich ihn kaum hörbar flüstern. Ich bedauerte ihn. Ich faßte sacht seine Schulter und sagte: »Geduld. Alles geht vorüber ...« Schließlich, beruhigte er sich und sagte, seinen Schnurrbart säubernd: »Gehen wir. Ich bringe dich zu deinem Zelt, damit sie dir nichts tun ...«

Bald darauf stieg ich eines Morgens in den Kutter, der mich übersetzen sollte. Ich stand aufrecht und, um der verfluchten Insel ein für allemal den Rücken zu kehren, mit der Stirn nach Lavrion. Trotz des hohen Wellengangs, weswegen ich öfter das Gleichgewicht verlor, hatte ich beschlossen, niemals wieder Makronisos anzusehen. Ich versuchte, mich mit aller Macht auf meinem linken Bein zu halten. Mein Gesicht immer nach vorn gerichtet, geradewegs in die Zukunft. So fühlte ich. Es war Zauberei. Wie die Frau von Lot durfte ich mich nicht umdrehen. Ich mußte bis zum Schluß durchhalten, denn dann würden die Verbannungen und Folterungen endgültig der Vergangenheit angehören. Wenn ich die attische Erde erreichen würde, ohne vorher meinen Blick zu beschmutzen, dann könnte ein neues Leben auch für mich beginnen.

Solche lächerlichen Gedanken, unterbrochen von einigen kleinen spastischen Anfällen, begleiteten mich auf dieser endlosen Reise – bis zum Augenblick, da ich meinen Fuß auf die attische Erde von Lavrion setzte. Lavrion konnte ich nicht einordnen: Gehörte es zu den Alpträumen, die die Pforte zur Hölle öffneten? Oder war es ein Ort der Erzengel, die das Tor zum Paradies öffneten? Wie auch immer . . . Diesmal war Lavrion wie Balsam für mich. Hier begann alles. Von Anfang an. Ich trug Soldatenkleidung. Ich hatte nur das Käppi abgegeben. Ein paar Freunde hatten mir fünftausend Drachmen gegeben, also fünfzig heutige Drachmen. Außerdem brauchte man, wenn man Uniform trug, nichts für die Fahrt mit öffentlichen Verkehrsmitteln zu zahlen, Bus- und Schiffsfahrten waren auch umsonst. Fünftausend Drachmen reichten, um Brot und Käse für einen, höchstens zwei Tage zu kaufen.

Ich fragte nach der Post. Ich schickte ein Telegramm an die Meinen nach Kreta, daß ich übermorgen mit dem Schiff Helena ankommen würde. Dann ging ich zu den Bussen. Hier war ich noch der bei den Folterungen verwundete Makronisiote, doch in Athen und überall sonst galt ich mit meiner Uniform und den Krücken als ein Verwundeter der Nationalen Armee! Die Blicke waren so oder so dieselben: voller Mitleid und Beistand. Alle halfen mir, in den Bus zu steigen. Einige standen auf und boten mir ihren Platz an. Wie gut die Griechen im Unglück sind . . . Wie sehr helfen sie den Schwachen und Unterdrückten! Ich spürte von überall her Wellen der Sympathie und ließ, als wäre ich in einem Bad, meine Seele frei auf der Oberfläche dieses einmütigen Mitleids schwimmen. Keiner sprach. Alle wußten. Einige dachten bestimmt: »Und was wird nun aus dir, du Armer? Was erwartet dich jetzt?«

Freiheit ist, wenn du in zweitausend Meter Höhe aus dem Flugzeug gestoßen wirst und im freien Fall, Vogel ohne Flügel, mit einer schwindelerregenden Geschwindigkeit auf die Erde zusteuerst. Freiheit ist Taumel. Wie sollte ich mir von einem Augenblick zum andern auch bewußt machen, daß ich keine Handschellen mehr trug, nicht mehr bewacht wurde, gehen konnte, wohin ich wollte, ohne jemanden zu fragen? Frei! Ich ließ meinen Blick über die Olivenhaine schweifen.

Meine Gedanken, über das Meer gleitend, gingen zu unserem Haus in Galata auf Kreta. Ich konnte es nicht fassen. Und doch war ich bereits nach Athen unterwegs. Dort, zwischen den Tausenden Häusern, Tausenden Straßen, den Parks, Plätzen, öffentlichen Gebäuden, Polizeistationen, Bussen, dort irgendwo war Mirto. Ob ich sie treffen könnte? Sie zu Hause, in Nea Smirni, besuchen, war unmöglich. Ich wollte nicht, daß mich einer ihrer Verwandten in diesem Zustand sah. Auch nicht mein Onkel, aus dem einfachen Grund, weil sie zu den Siegern gehörten, und ich war nur ein Wrack, das zu jenen Gescheiterten gehörte, die im Pindos-Gebirge ihre letzte große Schlacht schlugen.

Während der ganzen Fahrt nach Athen begegneten wir zahlreichen Autokonvois, mal mit Kriegsmaterial, mal mit Soldaten beladen. Griechenland befand sich mitten im Krieg. Eine unerklärliche Angst beherrschte mich. Was würde geschehen, wenn ich aus dem Bus ausstiege und einer riefe: »Ein Makronisiote! Ein Kommunist! Fangt ihn!« Würden sie mich nicht sofort lynchen? So viele Familien hatten ihre Kinder an der Front, nicht wissend, was aus ihnen geworden war. Andere mußten sich an den Gedanken gewöhnen, daß ihr Sohn, für immer ohne Bein oder Hand, blind, verkrüppelt, eine Last für sich und seine Familie bleiben würde. Und schließlich, wie unzählig viele – Tausende! – hatten das Telegramm mit der Nachricht vom »heroischen« Tod ihres Sohnes erhalten . . . Und wer war an alledem schuld? Dieser lange Makronisiote . . . Es war nur recht, daß sie ihn so zugerichtet hatten! Und er hatte den Tod verdient, nicht die Prügel! Ich spürte in meinem Nacken schon den Blick desjenigen, der bei unserer Ankunft schreien würde.

Bürgerkrieg ist das Schlimmste. In einem Bus zu sitzen und zu wissen, daß mindestens die Hälfte der Insassen deine Todfeinde sind. Und sie haben kein Zeichen auf der Stirn, daß du sie erkennen kannst. Sie sprechen Griechisch wie du, sind Griechen wie du. Aber du hast dich in ihren Augen an die Bulgaren und Russen verkauft, und sie haben sich in deinen Augen an den Thron, an Frideriki und die Amerikaner verkauft. So gibt es in einem Bürgerkrieg – praktisch – keine Patrioten, da die der einen Hälfte in den Augen der anderen Hälfte Marionetten einer ausländischen Macht sind.

Als ich 1962 – dreizehn Jahre nach dem Bürgerkrieg – im Volkstheater von Manos Katrakis mein Werk *Das Lied des toten Bruders* aufführte, akzeptierten im Grunde weder die Rechten noch die Linken, daß beide Hauptgestalten des Stücks, die Brüder Pavlos und Andreas, Griechen waren, und zwar beide Patrioten, jeder entsprechend seinem Glauben. Pavlos, der Kommunist, blieb für die Rechten immer der russische Agent, während Andreas, der Nationalist, für die Kommunisten immer der »Lakai« der Frideriki war. Natürlich wurde diese Stimmung vor allem in den Führungsebenen der jeweiligen Fraktion geschürt – in Parteien, staatlichen Organisationen, Medien, Geheimdiensten –, die sicherlich auch mit den ausländischen Mächten in engem Kontakt standen und von ihrer Warte aus ein elementares Interesse daran hatten, den Riß des Bürgerkriegs zu erhalten, um ihre Wähler bis in unsere Tage zu beeinflussen und zu manipulieren.

Wenn man aber an die Basis geht, zu jenen, die den Bürgerkrieg selbst erlebt hatten, zu den einfachen Soldaten, den Gefangenen, den Makronisioten, den Opfern beider Seiten, wird man feststellen, daß in ihrem Herzen kein Haß gegenüber dem »andern« existiert. Denn der »andere« ist ein Kind aus dem Volke wie man selbst. Nur daß jeder in ein anderes Getriebe dieses riesigen Fleischwolfes, der ja in Wirklichkeit der Bürgerkrieg war, geriet. Auf diese Weise, die meisten meiner Landsleute »an meiner Seite« wissend, verschrieb ich mich mit der Zeit, ruhigen Gewissens, einem einzigen politsch-ideologischen Ziel: der Überwindung der

Folgen des Bürgerkriegs, der Einheit des griechischen Volkes auf der Grundlage seiner wirklichen und nicht der künstlichen Interessen, mit denen es vollgestopft und an der Nase herumgeführt wird von den Falken der Politik. Zweimal in der Geschichte hatten wir die Möglichkeit, den Teufelskreis des künstlichen Hasses zu durchbrechen. Das erste Mal in den Jahren 1963 bis 1967, das zweite Mal zwischen 1967 und 1974. Jene, die Parteifanatismus verkaufen, fielen über das unschuldige Volk her, um es daran zu hindern, seine Scheuklappen abzustreifen und die Wirklichkeit zu sehen. Wenn ein Opfer wie ich verzeiht, ja sogar Mitleid mit dem Soldaten hat, der ihn folterte, dann haben sich die anderen – die keinerlei Beziehung zu dem Ganzen haben – nicht einzumischen. Wir schlachteten uns gegenseitig ab, wir geben uns die Hand.

Ich sehe seitdem meine einzige Bestimmung darin, die Wunde, die der Bürgerkrieg in den Körper meiner Heimat geschlagen hat, zu schließen. Makronisos war das Symbol dieser Wunde. Ohne diese Bestimmung hätte ich nicht weiterleben können. Zumal das nicht nur einen politischen Akt bedeutete, sondern vielmehr ein existentielles Rezept war. Eine Sache auf Leben und Tod. Und alles drehte sich um diese »Wunde«. Einige versuchen, sie zu schließen. Andere reißen sie wieder auf, bringen sie zum Bluten, um sie offen zu halten und mit ihrer Vereiterung die Sonntagswähler zu täuschen. Dieser Zustand charakterisiert unsere gegenwärtige nationale Tragödie.

Ein wunderschönes Land, ein mit natürlichen und geschichtlichen Gaben reich gesegnetes Volk, stagniert in seiner Entwicklung, und der heutige Grieche, verzweifelt, weil seine Heimat nichts für ihn tun kann, sagt sich: »Da wir unfähig sind, alle zusammen etwas zustande zu bringen, muß ich mich wenigstens selbst retten.« So wird das heutige Griechenland von Nomadeneinheiten bevölkert, als die sich die einzelnen Familien herausstellen. Das, was Schattenwirtschaft genannt wird, meint nichts weiter, als ökonomische Politik auf der Stufe der Familie. Der Staat und vor allem das Finanzamt, die Regierung, die Offiziellen, der »andere«, alle und alles andere außer der eigenen Familie sind die Fremden, die Feinde! Es gibt keine moralische – patriotische – Verpflichtung gegenüber irgend jemandem! Nur Zwang und Angst. Das Finanzamt zu beklauen, den Staat, den »anderen« hinters Licht zu führen, ist die neue Moral, da nur so die finanzielle Entwicklung der Familie möglich erscheint.

Moralisch im alten Sinn bedeutet idiotisch im heutigen. Gehetzt bewegt sich der neue Grieche innerhalb des hypermodernen nomadischen Lebens. Aber genau aus diesem Grund gehen das Land und der Staat zugrunde. Eigentlich erweist sich diese individualistische, auf die eigene Familie zugeschnittene Politik als Schwachsinn. Für die Nomadeneinheit, also für die Familie selbst. Denn das Leben bleibt nicht bei dem Lebensmodell stehen, dem die meisten Griechen heute huldigen. In der modernen Welt erringen die Völker nur durch gemeinsame Anstrengung die für den Einzelnen wichtigsten und beständigsten Güter. Die »Familienpolitik« kann einem Menschen Haus, Auto, Fernsehen, Video, Kleidung und die tägliche Unterhaltung in den Restaurants und Nachtklubs garantieren. Auch Reisen ins Ausland . . . Aber Bildung, Gesundheit, Kultur?

Warum erzähle ich das alles? Weil nur die Erinnerung uns noch retten kann. Wenn wir überhaupt noch zu retten sind . . .

Athen

Der Bus hielt am Lavrion-Platz, mittags zur Hauptverkehrszeit. Auf den Straßen ramponierte, bläßlich braune und graue Busse, Militärfahrzeuge jeder Art, Jeeps, Bedfords, wenige Privatautos, die meisten gehören dem Staat. Auf den Fußwegen und Plätzen wimmelt es nur so von Menschen. Die meisten sind Kinder zwischen acht und zwölf, barfuß, mit zerschlissenen Hosen, andere mit dreckigen Hemden, wieder andere mit nacktem Oberkörper, sonnengebräunt, mit wildem und ängstlichem Blick aus Furcht vor den Polizisten. Denn das Gesetz erlaubt es nicht, ohne besondere Genehmigung Brötchen oder Lose zu verkaufen. Um Schuhe putzen zu dürfen, muß eine Gebühr bezahlt werden. Man kann die »illegalen« Schuhputzer sofort von jenen mit Erlaubnis unterscheiden. Letztere sitzen in einer Reihe. Fünfzehn bis zwanzig Kästen, bunt bemalt, sind nebeneinander aufgestellt. Auf die Mitte des Kastens ist ein hölzerner Aufsatz montiert, auf den der Kunde seinen beschuhten Fuß stellen kann. Der Junge sitzt auf einem winzigen Stuhl. Rechts von sich die Bürsten, links die Fläschchen mit den Farben. Während er putzt, singt er den Hit jener Zeit:

> Aber was für ein Held sein Offizier
> der hat ein Herz aus Gold
> er kennt ihn aus dem Thission-Revier
> wo sie beide früher gewohnt.

Ein Schlager aus jener Zeit, der den guten Offizier der Nationalen Armee besingt.

Der »illegale« Schuhputzer trägt sein Kästchen über der Schulter, hält in der rechten Hand den Stuhl und spricht die Passanten an:

– Der nächste zum Schuheputzen! Ich putze Schuhe!

Die Jungen, die Brötchen verkaufen, geben das beste Ziel ab, denn sie müssen das Tablett mit ihrer Ware auf dem Kopf tragen. Der Polizist, der einen »illegalen« Brötchenverkäufer faßt, tritt mit den Stiefeln auf dessen Ware herum, die er auf den dreckigen Asphaltweg geschmissen hat, während er mit der rechten Hand den achtjährigen Gesetzesbrecher im Würgegriff hält, um ihn anschließend aufs Revier und vors Schnellgericht zu bringen.

Kaum machte ich die ersten Schritte mit meinen Krücken, zog ich die Aufmerksamkeit der kleinen Jungen auf mich, die mich voller Sympathie beobachteten. Einer fragte mich, woher ich käme und wohin ich ginge. Ich sagte ihm, daß ich aus dem Krankenhaus 401 käme und unterwegs nach Kreta zu den Meinen sei. Ich müsse nur eine Nacht in Athen bleiben, denn das Schiff laufe erst am nächsten Morgen aus. »Hast du Geld?«, fragte mich ein anderer. Bald umringten mich die Brötchen- und Losverkäufer und löcherten mich mit ihren Fragen. Bei welcher Schlacht ich verwundet worden sei. Ob ich ein Krüppel bleiben würde. Welche Arbeit ich hätte. Ob mein Vater noch arbeiten würde. Diesen eher allgemeinen Fragen folgten die konkreten: Wo ich übernachten würde. Ob ich zu essen hätte.

Unterdessen erreichte ich das erste Hotel, auf der Straße des 3. September.

– Was kostet ein Bett, fragte ich den Hotelier.

Der sah mich von oben bis unten an und erwiderte:

– Es ist kein Bett frei.

– Das machen die mit allen Soldaten, informierte mich ein Junge, als wir wieder auf die Straße traten. Sie fürchten, ihr hättet Läuse . . .

Wir klapperten alle Hotels in der Umgebung ab. Überall derselbe durchdringende Blick, dieselbe Häßlichkeit im Gesichtsausdruck vor dem Bescheid: »Es ist kein Bett frei!« Schließlich stritten meine kleinen Begleiter mit den Hotelbesitzern: »Schämst du dich nicht, den Verwundeten abzuweisen! Der war ein Idiot, daß er sich für dich verwunden ließ, du Wichser!« Und rannten weg, damit der Hotelbesitzer nicht die Polizei rief. Aber das Schicksal blieb mir treu. Die Polizisten gingen damals zu dritt oder zu viert oder gar zu zehnt Streife. Ein Hotelier, der von meinen Begleitern beschimpft worden war, rief die Polizei. Er wird wohl gesagt haben: »Eine seltsame und verdächtige Demonstration findet gerade statt, angeführt von einem verdreckten Krüppel . . .« Kaum tauchten die Polizisten auf, machten sich die fast fünfzig Jungen sofort aus dem Staub.

– Was hast du mit den Strolchen zu schaffen?

– Ich suche nach einem Hotel, antwortete ich.

– Und warum gehst du nicht zur Zentrale für die Frontankömmlinge?

– Bei welcher Division hast du gedient?

– Bei der Fünften, sagte ich, ohne mit der Wimper zu zucken.

– Und wo ist das passiert?, fragte mich einer, mit dem Kopf auf mein verwundetes Bein weisend.

– In Florina, antwortete ich.

So änderte ich innerhalb von Augenblicken Identität und Partei. Ich wurde zu einem Verwundeten der Nationalen Armee. Ein weiteres Opfer der kommunistischen Barbarei. Sie grüßten mich freundschaftlich und gingen.

Inzwischen war es Nachmittag geworden. Ich hatte Hunger und Durst. Ich ging in den Museumsgarten, trank Wasser, kaufte mir etwas Rosinenbrot, um meinen Hunger zu überlisten. Ich setzte mich für eine Weile auf eine Parkbank, mich auszuruhen, denn ich hatte noch einen langen Weg vor mir. Während ich dann in Richtung Universität ging, konnte ich nicht glauben, daß ich mich frei in Athen bewegte. Alle meine Freunde, meine Kameraden waren weit weg. In den Verbannungslagern, in den Bergen, in Gefängnissen oder untergetaucht. Alle, die wie ich freigelassen wurden, mußten sich sofort verstecken, denn sonst wurden sie bald wieder festgenommen. Es gab nicht die geringste Möglichkeit, einen Bekannten zu treffen. Höchstens einen Spitzel. Und dann gute Nacht! Was ich also tat, am hellichten Tag mit meinen Krücken und meinem miserablen Aussehen durch Athens Straßen zu gehen, war der reinste Wahnsinn. Aber ich mußte unbedingt Mirto finden.

Auf den Straßen hielten sich trotz der großen Hitze viele Soldaten auf, entweder verwundet gleich mir oder auf Urlaub. An jeder Ecke ein Bettler oder eine Bettlerin mit einem Kind im Arm und ausgestreckter Hand. Spitzel mit schmalem Schnurrbart, schwarzer Brille, regelrecht Figuren des Malers Bost, an jeder Kreuzung. Einige betrachteten mich interessiert, andere taten so, als würden sie mich nicht sehen. Sie hatten sich mit den Machthabern in Athen arrangiert und ließen Idioten wie mich die Kastanien aus dem Feuer holen. So erreichte ich mit großer Mühe gegen sieben Uhr abends das zentrale Universitätsgebäude. Ich ging in den Vorraum und fiel auf die Bank, auf der ich 1945 geschlagen worden war. Im selben Augenblick sah mich der Komponist Giorgos Sisilianos, der zufällig draußen vorbeiging. Er kam, mich zu begrüßen. Er war bis dahin im Glauben gewesen, ich sei tot. Und der Anblick, der sich ihm bot, das merkte ich, überzeugte ihn nicht völlig vom Gegenteil.

– Mensch, Bruder, wie siehst du aus?

– Wie seh ich denn aus, Giorgos?

– Was weiß ich. Sehr abgemagert. Und warum diese Krücken?

Ich erzählte ihm alles, weil ich ihn beruhigen wollte. Fragte ihn nach Mirto. Er wußte nichts. Hatte sie vor Jahren das letzte Mal gesehen.

– Komm zu mir nach Hause . . .

– Nein, danke. Vielleicht kommt sie hier vorbei.

– Komm morgen.

– Ich fahre nach Kreta. Später . . .

Er ging weg, nachdenklich und traurig. Kurz darauf trat Evgenia, eine Kommilitonin und Freundin von Mirto, in den Uni-Vorraum. Sie erkannte mich nicht. Ich beschloß, sie anzusprechen. Da schaute sie zu mir herüber und bemerkte mich plötzlich doch.

– Ich hole sie schnell! Sie hat Praktikum in der Pathologie.

Ich beobachtete sie, wie sie eilig in Richtung Sinas-Straße lief. Die nächsten zehn Minuten waren die längsten meines Lebens. Die Zeit wollte nicht vergehen.

Da kam Mirto. Aus Fleisch und Blut und mit jenem feinen, flüchtigen Lächeln auf den Lippen und ihrem trunkenen Blick. Ich log, daß ich im Zentrum für Frontankömmlinge untergebracht sei und am nächsten Morgen nach Kreta fahren würde.

Wir saßen stundenlang auf der Bank, doch nicht einmal unsere Finger berührten sich. Sie ging, und ich blieb allein zurück. Ich schloß die Augen, um ihr Bild festzuhalten, es nicht vergehen zu lassen. Der Wärter schubste mich.

– Wach auf! Ich schließe die Türen.

Um auf den Straßen nicht aufzufallen, nahm ich den Weg zur Akademie, ging die Sinasstraße hinab und schwenkte vor den Bushaltestellen in Richtung Nea Smirni nach rechts in den Park. Ich suchte mir einen Busch und legte mich auf die warme Erde. Ich hatte Hunger und Durst und stellte mir darum fließendes Wasser und Leckerbissen vor, bis ich einschlief. Morgens ging ich auf die Panepistimioustraße, die noch menschenleer war. Auf dem Omoniaplatz kaufte ich ein Brötchen, Käse und ein Mineralwasser. Das richtete mich auf.

Unter Schwierigkeiten stieg ich die Treppen hinab und nahm die U-Bahn nach Piräus. Das Schiff sollte abends auslaufen. Ich wählte einen Platz auf ein paar leeren Käfigen und beobachtete von dort, was sich im Hafen tat. Als die Sonne im Zenit stand, suchte ich nach einem billigen Imbißladen. Die Bohnensuppe kostete zweitausend Drachmen. Dann noch etwas Käse, Brot, Zuckermelone. Ich hatte nur noch einen Tausender in der Tasche. Ich ging zur Helena, die seitlich den gesamten Kai vor der Uhr eingenommen hatte. Ein alter, dreckiger Dampfer mit grauem Schornstein. Trotzdem geheimnisvoll und schön wie alle Schiffe. Bei der Kontrolle Beamte des Hafenamtes, Polizei, Sicherheitspolizei. Ich holte meinen »Begleitschein« heraus. Als der ranghöchste Beamte ihn las, wurde er rot vor Wut und hätte mich am liebsten erwürgt.

– Warte an der Seite, schrie er verächtlich, als spräche er mit einem Hund.

Er gab den anderen Bescheid, die mich wutentbrannt ansahen. Ich bekam es mit der Angst zu tun und mußte nun neben der Schiffsleiter warten, um zu sehen, was passieren würde. Inzwischen gingen die ersten Passagiere an Bord. Die meisten waren Bauern mit Körben und Paketen. Aber auch genug Jugendliche, Studenten und Studentinnen, die voller Freude zu den Ihren unterwegs waren. Daneben Soldaten, auf Heimaturlaub, entlassen oder verwundet. Letztere tatsächlich durch Kugeln der Kommunisten.

Wenn ein Schwerverwundeter gebracht wurde – mit nur einer Hand oder einem Bein –, drehten sich die Polizisten zu mir um und sahen mich drohend an, als wäre ich persönlich dafür verantwortlich. Ab und zu machte einer von ihnen eine Handbewegung, als wolle er mir bedeuten, daß sie mich bald zur Sau machen würden . . .

Der Erzengel Michail, der mich in Gefahr sah, veranlaßte, daß plötzlich vor der Schiffsleiter ein Militärjeep hielt. Der Begleitsoldat, gerade wie ein Stock, grüßte den mit langsamen Bewegungen aussteigenden General. Mein Gott, dachte ich, das ist ja Onkel Tsekouras! Der Mitschüler meines Vaters, den wir zwei Jahre lang in unserem Haus in Tripolis beherbergten, als er, völlig zerlumpt, von der albanischen Front kam. Ein Freund der Familie, fast ein Verwandter.

– Herr Tsekouras! Herr Tsekouras!

Vor mir bildeten die Polizisten, in Habachtstellung, eine Wand.

– Wer ruft da? fragte der General.

– Ich, Herr Tsekouras. Mikis.

– Mikis? und durchbrach die Mauer, um mich zu sehen. Tatsächlich! Was machst du hier?

– Ich besitze einen Begleitschein. Ich bin entlassen und nach Galata unterwegs. Aber der Herr Hauptmann hat meine Papiere einbehalten.

– Warum das? fragte er den Offizier.

– Aber, mein General, das ist doch ein Makronisiote! Sehen Sie selbst, und er zeigte ihm die Papiere.

Der General, der die großen Schlachten des Bürgerkriegs mitgemacht hatte, warf einen Blick in die Papiere und sagte dann mit der Gewichtigkeit seines Ranges und der Orden an seiner Brust:

– Das, was Sie gemacht haben, ist gegen das Gesetz. Der Begleitschein des Soldaten ist völlig in Ordnung. Ich bin gezwungen, Sie zu melden. Ihre Daten, bitte!

Dann wandte er sich zu mir und befahl im strengen Ton, ohne die Erregung in der Stimme ganz unterdrücken zu können:

– Nimm deine Papiere und steig aufs Schiff! Ich sehe dich bald.

Die Matrosen vom Schiff, die die Szene beobachtet hatten, halfen mir die Schiffsleiter hinauf und sahen mich voller Sympathie an. Einer nahm die Krücken, und ein anderer stützte mich. So zeigten sie, auf welcher Seite sie standen. Kaum hatte ich das Deck erreicht, schaute ich, wo es zur ersten Klasse ging, um auf den General zu warten. Mit einem bitteren Lächeln auf den Lippen, weil er sich auf der einen und ich mich auf der anderen Seite befand, wo wir doch vor einigen Jahren vom gleichen Tisch aßen, unter dem gleichen Dach schliefen, nahm er meine Hand heimlich in seine und streichelte sie voller väterlicher Liebe.

– Sag, wirst du dein Leben lang ein Krüppel bleiben? Ich denke an deine arme Mutter und an Giorgos, der ein so schwaches Herz hat. Warum hast du ihnen das angetan? – Seine Augen wurden feucht. Ich kann jetzt nichts weiter für dich tun. Brauchst du Geld?

Während er in seinen Taschen kramte, sagte ich:

– Ich danke Ihnen . . . Ich habe genügend Geld. Sie haben mir das Leben gerettet, wissen Sie . . .

– Wenn ich könnte, würde ich dich umbringen, schimpfte er mit mir, um die unerwartete Begegnung zu beenden, die ihn in eine so schwierige Situation gebracht hatte.

Der Sohn seines besten Freundes ein Verbrecher, ein Feind der Heimat . . . Unbegreiflich. Ohne ein weiteres Wort trat er über die Schwelle und verschwand hinter den anderen Passagieren.

Ich ging, voller Melancholie. Ich wollte die Nacht am Bug verbringen, um am Morgen sofort Kreta zu sehen. Ich fand einige Bündel von Seilen genau unter der Kapitänsbrücke. Ich kletterte hoch und richtete mich ein. Vor mir das Deck bis zur Bugspitze. Die Matrosen ließen noch niemanden hinauf, weil der Anker eingeholt werden mußte. Sie standen vor mir, der großen Hitze wegen mit nacktem Oberkörper, und warteten auf den Pfiff des Kapitäns, um die Winde in Gang zu setzen. Andere arbeiteten gebückt an der linken Reling und riefen ihr »Leinen los!« zum Kai hinüber. Wir legten ab.

Mit dem Pfiff des Kapitäns setzte sich das Getriebe in Bewegung und zog den Anker an einer Winde herauf. Das Schiff trieb sacht nach rechts. Dann liefen die Schiffsmaschinen mit halber Kraft. Schon ihr Klang verriet, daß es das älteste und langsamste Schiff der griechischen Flotte war. Als die Matrosen weggingen, kamen die ersten Passagiere. Die Witterung war mild. Doch als wir das Mirtoische Meer passierten, schlug uns der magische kristalline Wind des Ozeans entgegen. Die alten Knochen des Schiffs begannen zu knarren. Wir hatten die letzten Inseln des Saronischen Golfs hinter uns gelassen. Jetzt war nichts weiter zu sehen als Himmel und Wasser. Ich hatte Hunger und fror, fühlte mich aber wunderbar. Auf dem Meer fühlte ich mich immer wunderbar.

Da kamen nacheinander kleine Gruppen von jungen Männern und Frauen, die gerade gegessen und getrunken hatten und voller Frohsinn waren. Sie lachten und erzählten Witze. Sie sprachen alle durcheinander, und das Deck füllte sich mit dem singenden kretischen Dialekt. Es beeindruckte mich, daß so schöne und moderne Mädchen eine solch derbe bäuerliche Aussprache hatten. Sie waren echte Kreter geblieben und noch nicht vom Athener Leben assimiliert worden. Hinter jedem ihrer Worte verbarg sich ein erotisches Spiel. Bedeutungsvolle Witze und Nekkereien. Die Stimmen der Mädchen waren für mich voller Sex. Vielleicht macht das Klima auf Kreta die Frauen feminin. Im Mondlicht guckte ich mir die Augen aus nach den Silhouetten der Mädchen, die sich voller Charme bewegten, während sie auf die Anspielungen der Jungen antworteten. Manchmal kamen sie in meine Nähe. Flüchtige Blicke. Wer achtete aber schon auf einen Soldaten, wahrlich ein Wrack, der wie ein Frosch in einem Bündel von Seilen saß, ohne sich zu rühren? Den Blick einer Schönen und dann sterben, dachte ich. Aber so sehr ich auch stierte, keine sah mich an, so drehte ich mich nach einiger Zeit um und blickte auf Thalassa – unendliches Silber –, die mich, das wußte ich, liebte.

Die Jugendlichen begannen, Mantinaden zu singen. Da tauchte auch ein Kreter in Pumphosen auf, der auf seiner Laute einen Syrtos Chaniotikos spielte. Alle tanzten. Keiner verspürte bei einem solchen Mond und bei einem solchen Wetter die geringste Lust zu schlafen. Der Himmel begann sich langsam aufzuhellen. Noch vor Tagesanbruch sah ich vor uns ein Stück Berg hellweiß in den Himmel ragen. »Das Weiße Gebirge«, rief jemand, und alle rannten zur Reling. Da stand ich auf und ging hinkend nach vorn, noch vor den anderen.

Vor mir Kreta – hinter mir die ganze Welt. Ich reckte mich, richtete mich auf. Jetzt wurde ich wieder zum »Schiffslenker«. Diesmal steuerte ich das morsche Schiff ins Land meiner Vorfahren. Da achteten die Mädchen auf mich. Ich spürte ihre Blicke in meinem Rücken. Aber jetzt war es viel zu spät. Kreta beherrschte mich jeden Augenblick mehr. Was würde mir diese Begegnung bringen?

Eine Stunde war vergangen, seit wir den verschneiten Berg gesehen hatten, seit die Insel plötzlich aus dem Meer aufgestiegen war. Ich spürte eine tiefe Erregung in mir, eine Krise. Ich zitterte am ganzen Leib, mich an der Reling festhaltend, um nicht zu Boden zu stürzen, nicht zu zeigen, daß ich krank war, nicht nur äußerlich, sondern verwundet, tief in meiner Seele.

Ein Soldat kam und umarmte mich. Er sagte nichts. Er hielt mich nur fest, als wollte er die Spasmen zähmen. Er wußte, daß ich mich schämte, und wollte mir helfen, nicht aufzufallen. Denn in jenem Augenblick hatten sich alle Passagiere dort vorn versammelt, auf den Brücken und Decks, um Kreta zu sehen.

In die Bucht von Suda glitt das Schiff wie auf Glas. Nach einiger Zeit, denn die Bucht war sehr tief, war der Kai zu sehen. Davor viele Schiffe, halbversunken während des Bombardements im Krieg. Ich dachte, daß ich warten sollte, bis alle anderen das Schiff verlassen hätten, um bösen Begegnungen aus dem Weg zu gehen. Auf dem Kai viele Menschen. Militärs, Gendarmen, Leute vom Hafenamt. Militärwagen und Jeeps. Ein paar Offiziere, die sicherlich den General erwarteten.

An die Reling gelehnt, hielt ich Ausschau nach den Meinen. Nichts. Der General verließ das Schiff und wurde begrüßt. Die ersten Jeeps verließen den Hafen. Die Militärpolizei überprüfte am Ende der Schiffsleiter die Papiere der Soldaten. Wie tragisch, daß ich kein Geld hatte, ein Hemd und eine Hose zu kaufen. Da bemerkte ich, daß die Militärpolizei alle Jugendlichen überprüfte. Um eventuelle Deserteure oder Dienstverweigerer aufzuspüren. Wir befanden uns immerhin im Krieg. Ich hatte jedenfalls richtige Papiere bei mir, versuchte ich mich zu beruhigen. Nur, wenn ich einem fanatischen Nationalisten in die Hände fiele, der aus den Papieren erkannte, daß ich aus Makronisos entlassen worden war, wäre ich verloren. Darum sollte ich lieber warten, bis meine Familie auftauchte.

In jenem Augenblick fielen Schüsse, und es waren Stimmen zu hören, die aus Richtung Suda kamen. Alle Militärpolizisten und Gendarmen rissen ihre Waffen hoch und rannten dorthin.

Da sah ich sie sich mit schnellen Schritten dem Schiff nähern. Vorneweg Jannakis, mein Bruder, ein siebzehn Jahre junger Mann. Er hatte die Größe meines Vaters erreicht, der ihm folgte. Hinter ihnen meine Mutter, Aspasia. Als sie mich an der Reling ausmachte, schrie sie lauthals: »Mikis! Mein Junge!« Unten, an der Schiffsleiter, stand keine Wache mehr. Alle waren weg. Jannakis stürmte die Leiter hoch und umarmte mich.

– Die Krücken darf Mutter nicht sehen. Sie kriegt sonst einen Herzinfarkt.

– Was machen wir dann?

Mein Vater war inzwischen auch hochgeeilt. Er weinte und hatte zugleich jenes süße Lächeln, das ich so gut kannte. Er griff nach den Krücken und versteckte sie hinter dem Rücken, während mir mein Bruder den Rücken stützte. Auch ich umarmte ihn, und wir versuchten, so »normal« wie nur möglich die Schiffstreppe herunterzugehen. Aspasia fiel in meine Arme. Sie hatte mich Jahre nicht gesehen. Sie schrie vor Rührung, so daß sie mich nach meinem Bein zu fragen vergaß.

– Mikis hat sich seinen Fuß auf dem Schiff etwas verstaucht, sagte mein Vater zu ihr.

Alle vier, einander unterhakend, schritten wir über die Mole und passierten die Hafenumzäunung. Dort erwartete uns das einzige Taxi des Dorfes, groß, amerikanisch und kurz vor dem Auseinanderfallen. Es sprang mit mächtigem Getöse an und jagte über die Straße von Chania.

Anhang

Nachwort des Herausgebers

Mikis Theodorakis gehört zu den wenigen zeitgenössischen Komponisten, die, ohne zur englisch-amerikanischen Popszene zu gehören, weltweit ein großes Publikum besitzen. Ich habe seit 1980 Theodorakis auf vielen Tourneen begleitet und konnte feststellen, daß er der einzige (in Griechenland lebende) griechische Künstler ist, der ein vorwiegend nicht-griechisches Publikum anspricht, gleichgültig ob er Konzerte in Spanien, Frankreich, Finnland, Deutschland, Ungarn, der Türkei, Israel, Australien, Chile oder anderswo gibt. Und dabei handelte es sich nicht ausschließlich um Lied-Konzerte, sondern zum Teil auch um Aufführungen komplexer und »schwierigerer« Werke wie die der Oratorien *Axion esti* und *Canto General* bzw. der 7. *Sinfonie*.

Die Bandbreite seines Schaffens und deren programmatische Ausgestaltung sind das zweite Charakteristikum dieses Musikers, der neben einfachen Liedern auch Kammer-, Ballett-, Theater- und Filmmusik sowie Sinfonien und Opern komponiert hat.

Theodorakis ist jedoch auch in werkimmanenter Hinsicht ein kosmopolitischer Künstler, trotz des ausgeprägt »griechischen Elements« in seiner Musik, die von byzantinischen, demotischen und kretischen Einflüssen geprägt ist; so vertonte er Texte von Federico García Lorca, Brendan Behan, Pablo Neruda (auf spanisch) und Martin Walser (auf deutsch) und schrieb die Musik für zahlreiche internationale Filmproduktionen (unter anderem *Honeymoon* von Michael Powell, *Phädra* von Jules Dassin, *Five Miles To Midnight* von Anatole Litvak, *Zorbas* von Michalis Cacojannis, *Z* von Costa Gavras, *Serpico* von Sidney Lumet). Und schließlich ist bemerkenswert, daß seine Lieder, also Lieder eines zeitgenössischen Komponisten, von so zahlreichen und so unterschiedlichen Interpreten während der letzten 35 Jahre gesungen worden sind; genannt seien hier nur Agnes Baltsa, die Beatles, Markela Chatziannou, Dalida, Maria Faranduri, Lisbeth List, Zülfü Livaneli, Maria del Mar Bonet, Marino Marini, Milva, Mouloudji, Georges Moustaki, Nana Mouskouri, Edith Piaf, Herman van Veen, Arija Sajonmaa und Iva Zanicchi. Theodorakis' Diskographie umfaßt etwa 250 Platten- bzw. CD-

Veröffentlichungen ausschließlich mit eigenen Liedern – verkauft wurden davon schätzungsweise weit über 60 Millionen – und weitere 550 Produktionen, die ein oder mehrere seiner Lieder beinhalten.

Letzteres weist darauf hin, daß Theodorakis in erster Linie ein Melodiker ist. Sein Werkverzeichnis beinhaltet neben 100 größeren Werken über 750 Lieder, die zum überwiegenden Teil nach 1960 entstanden. Während sich Theodorakis nämlich von Anfang der vierziger Jahre bis 1959 ausschließlich mit »ernster« Musik beschäftigte (Kompositions- und Dirigatsstudien in Athen bei Filoktitis Ikonomidis von 1943 bis 1951 und in Paris bei Olivier Messiaen von 1954 bis 1960), wandte er sich 1960 der traditionellen griechischen Musik zu und schrieb bis 1980 fast ausnahmslos Lieder. Anfang der achtziger Jahre gibt es eine Rückbesinnung des Komponisten auf Sinfonik. Es entstanden seitdem mehrere Sinfonien, Chorwerke, Oratorien und die Opern *Die Metamorphosen des Dionysos / Kostas Karyotakis* (1984-86), *Medea* (1988-90) und *Elektra* (1992-93), in denen angestrebt wird, den griechischen melodischen und harmonischen Klang mit der westeuropäischen Musiktradition zu verbinden.

Zwar gingen die Titelmelodien der Filme *Honeymoon* und *Zorbas* sowie andere Lieder bereits in den sechziger Jahren um die Welt, aber international bekannt wurde Theodorakis als Person vor allem wegen seines antidiktatorischen Engagements, seiner Verhaftung und Verbannung während der Juntazeit (1967-74). Theodorakis selbst ist zweifellos dieses anarchische Konglomerat aus einem Musiker, der sich keinem Genre zuordnen und sich eigentlich mit keinem anderen zeitgenössischen Komponisten vergleichen läßt, und einem »Politiker«, der keinem Parteidogma anhängt und seine politische Haltung von seinem »nationalhumanistischen« Instinkt abhängig macht. Allerdings wird dieser Instinkt von einem illusionslosen Realitätssinn geprägt. Das heißt – auf tagespolitischer Ebene –, sich jeweils mit jener Partei oder Gruppierung zu verbünden, die im konkreten historischen Augenblick seiner Ansicht nach die für Griechenland progressivste Rolle spielt. Darin liegt das Spezifische (und für einige zugleich »Problematische«) von Theodorakis' Persönlichkeit begründet; vor allem, wenn man bedenkt, mit welchen Fanatismen und Wunden ein vom Bürgerkrieg gezeichnetes Land geschlagen ist.

Die Autobiographie gibt unter anderem Auskunft über die Ursachen für diesen »Griechenlandzentrismus«, dessen ästhetische Konsequenz Theodorakis 1960 durch die Ablehnung des westeuropäischen Musikbetriebs von Paris und die Hinwendung zum traditionellen griechischen

Lied zog. Seine Rückkehr nach Athen 1960 begründete Theodorakis vor allem mit seinen Erlebnissen in den vierziger Jahren. So fragte er bereits in einem Essay von 1957: »Wie könnte das Publikum eines Komponisten zusammengesetzt sein, der einen Großteil seines Lebens mit Kämpfen, in Gefängnissen und Verbannungslagern zugebracht hat? Wenn ich zurückdenke, stehen vor mir Menschen mit erstarrten Gesichtern und aufgerissenen, lebenden Augen. Diesen meinen getöteten Freunden habe ich fast mein ganzes bisheriges Werk gewidmet.« Und 1984, also ein Vierteljahrhundert später, sagte er in einem Interview: »Das ist ein elementares Erlebnis, mit Menschen zusammenzugehen, die man dann in Kriegen verliert. Das Thema der ›lebenden Toten‹ ist sehr ernst zu nehmen, und es hat große Auswirkungen auf das Leben eines Menschen.«

Der Bruch mit Paris, der Umzug nach Athen, die rigorose Wendung von der Kunstmusik hin zum »zeitgenössischen Volkslied«, wie er das neue Genre nannte, geschahen, nachdem sich Theodorakis Ende der fünfziger Jahre als Komponist im ernsten Musikbetrieb durchgesetzt hatte und sich auf dem Höhepunkt seiner Karriere befand. Fast alle seit 1950 entstandenen sinfonischen Werke (*Erste Sinfonie*, *Klavierkonzert*, *Erste* und *Zweite Suite* usw.) wurden vom Staatlichen Orchester Athens sowie von anderen nationalen Orchestern u. a. in Paris, London, Straßburg und Rom aufgeführt. 1957 verlieh ihm eine internationale Jury unter Leitung von Dmitri Schostakowitsch und Hanns Eisler den Ersten Preis für Komposition in Moskau für seine *1. Suite*. 1959 erhielt er, nach einem Vorschlag von Darius Milhaud, den amerikanischen Copley-Prize als bester europäischer Komponist des Jahres. Und 1963 wurde ihm für sein sinfonisches Gesamtschaffen der englische Sibelius-Preis von einer Jury überreicht, die aus Zoltan Kodaly, Pablo Casals und Darius Milhaud bestand. 1959 hatte er einen Vertrag mit Boosey & Hawkes in London, einem der damals bedeutendsten Musikverlage für klassische Musik, unterschrieben. Nach den erfolgreichen Orchesterkompositionen für die beiden Filme von Michel Powell (*I'll met by moonlight* von 1957 mit Dirk Bogarde in der Hauptrolle sowie *Honeymoon* von 1958) erreichte Theodorakis 1960 ein Exklusivangebot aus Hollywood, in die USA umzusiedeln und Filmkomponist zu werden. Den internationalen Durchbruch schließlich schaffte Theodorakis mit seiner Musik zu dem Ballett *Les Amants de Teruel* (1958, Theater Sarah Bernhardt Paris, Regie: Raymond Rouleau, Hauptrolle: Ludmilla Tscherina) und mit dem grandiosen Erfolg des Balletts *Antigone* (1959, Covent Garden London, Choreographie: John Cranko, Bühnenbild: Rufino Tamayo, Hauptrollen: Svetlana Beriosova, Donald Macleray, Leslie Edwards, Rudolf

Nurejew), das fast hundert Aufführungen erlebte und 1961 auch vom Stuttgarter Ballett in sein Repertoire aufgenommen wurde.

Die in der Autobiographie dargelegten Erlebnisse aus der Kindheit und Jugend ließen Theodorakis nicht nur mit der »aristokratischen Welt der westeuropäischen Musiktradition« brechen, sondern trieben ihn zum Musikstil des Rebetiko sowie zur Zusammenarbeit mit Rebetiko-Interpreten und -Instrumentalisten, die in gewisser Hinsicht das gesellschaftliche Outsidertum in Griechenland repräsentierten. Zugleich führten seine biographischen und die neuen Erfahrungen mit dem Volkslied ihn dahin, sein sinfonisches Schaffen und seine Karriere als Komponist ernster Musik von vor 1960 zu »vergessen«, ja gewissermaßen zu verdrängen, so daß Theodorakis mit der Zeit und besonders seit der Juntaepisode im öffentlichen Bewußtsein immer mehr als Politiker galt, der ab und zu ein Lied schreibt. Zwischen dem Oratorium *Axion esti* von 1964 und dem metasinfonischen Werk *Canto General* von 1981 war Theodorakis ohnehin mit keinem größeren Werk an die Öffentlichkeit getreten. Es mußten fast zwanzig Jahre vergehen, bis der Komponist gleichsam wieder zu sich kam, sich von der »Pflicht« befreite, wie er in der Autobiographie schreibt; er mußte erst die Desillusionierung Ende der siebziger Jahre hinsichtlich des gesellschaftlichen Fortschritts in Griechenland durchleben, um endlich wieder an das musikalische Material, den kompositorischen Impetus der fünfziger Jahre anknüpfen zu können. Nicht zuletzt, um sich auch über diese Prozesse und deren Ursachen klarzuwerden, verfaßte Theodorakis diese Autobiographie, und nicht zufällig entstand, parallel dazu, Mitte der achtziger Jahre, auch seine erste Oper (*Kostas Karyotakis*), mit der er das Genre gefunden zu haben scheint, das seiner kompositorischen Mentalität – des zugleich Melodikers *und* Sinfonikers – entgegenkommt.

Das vorliegende Buch faßt die ersten drei Bände der griechischen Ausgabe zusammen, die den Zeitraum zwischen 1925 und 1950 behandeln, wobei ich mit Erlaubnis von Theodorakis einige Textteile und anderes Material ausgespart habe. Das betrifft vor allem Faksimiles, Fotos, musikwissenschaftliche und -geschichtliche Passagen, so zum Beispiel den Essay *Strawinsky – Schostakowitsch* von 1947 oder Analysen zu einzelnen Frühwerken, Exkurse zur neugriechischen Dichtung sowie einen Großteil des »Alptraums«, also seines fiktiven Kreml-Gesprächs mit Stalin, Chodscha und Zachariadis über die Ursachen des griechischen Bürgerkriegs Ende der vierziger Jahre. Der Autor akzeptierte diese Kürzungen auch deshalb, weil eine vollständige deutsche Ausgabe seiner Autobiographie beim Verlag editions phi in Luxemburg vorliegt. Aus

Anlaß der erneuten Veröffentlichung habe ich meine damalige Übersetzung teilweise erheblich überarbeitet und den Anhang auf Wunsch des Verlags völlig neu gestaltet. Ich möchte an dieser Stelle darauf hinweisen, daß es (neben einigen anderen) zwei in diesem Buch oft benutzte, zentrale Begriffe gibt – nämlich »Volk« und »Volksmusik‹ –, die im Deutschen so anders klingen, daß es mir schwerfiel, sie zu verwenden. Und könnte man beim ersten, guten Willen und Einfühlungsvermögen vorausgesetzt, noch eine gewisse Vorstellung entwickeln, scheint es mir beim zweiten schier unmöglich zu sein, wenn man nicht das sozialgeschichtliche Umfeld Griechenlands sehr gut kennt und sich darauf einzulassen bereit ist.

Schließlich sei noch vermerkt, daß neben ihrer dokumentarischen Bedeutung auch der literarische Stellenwert der Autobiographie, die inzwischen in über zehn Sprachen übersetzt wurde und für die Theodorakis 1987 den Griechischen Staatspreis für Literatur erhielt, von vielen Kritikern herausgestellt worden ist.

Mein Dank gilt Ina Kutulas für die Durchsicht des Manuskripts, aber auch Horst Möller, Tilo Köhler, Thomas Wieke, Dorothea Oehme und Guy Wagner für viele wichtige Hinweise, letzterem auch für seine ermutigende Unterstützung des Gesamtprojekts.

Asteris Kutulas Berlin und Athen, Dezember 1994

Anmerkungen

Seite 15
Plötzlich sah ich den Türken Theodorakis' Vater hatte als Sechzehnjähriger während der ersten Balkankrise 1910-1913 an den Kampfhandlungen gegen die türkischen Truppen in Ipiros teilgenommen.

Seite 16
die Wolken der Diktatur Am 4. August 1936 errichtete der damalige Ministerpräsident und General Ioanis Metaxas eine faschistische Diktatur, die 1941 mit dem Einmarsch der Italiener zu Ende ging.
allesamt Flüchtlinge Nach der griechischen Niederlage im griechisch-türkischen Krieg (1919-1922) aus Kleinasien geflohene Griechen.

Seite 27
Pulakis »pulaki« heißt »Vogel«.

Seite 36
Parlament von Kreta Kreta wurde erst 1913 an Griechenland angegliedert. Bis dahin hatte die Insel ein eigenes Parlament.

Seite 37
im Balkankrieg Der erste Balkankrieg 1912-1913 von Montenegro, Bulgarien, Serbien und Griechenland gegen die Türkei. Im Friedensvertrag vom Mai 1913 trat der Sultan alle Territorien der europäischen Türkei westlich der Linie Enos – Midia, außer Albanien, ab.

Seite 41
»Alala ta chili ton asevon« »Wehe den Lippen der Gottlosen.« Troparion aus der byzantinischen Musik.

Seite 48
Nach der Wahlniederlage von Venizelos Aus den Wahlen vom September 1932 ging Tsaldaris mit seiner Volkspartei als Sieger hervor, im Januar 1933 übernahm wieder Venizelos für zwei Monate die Amtsge-

schäfte, verlor aber im März 1933 die Wahlen und damit die letzte Chance, eine neue Regierung zu bilden. Sein Nachfolger im Amt des Regierungschefs war Panagis Tsaldaris.

Seite 51
Drepanos Eigentlich »Sichel«, »Sense«.

Seite 55
»Kenn dich aus der bluthellen Schneide« Erster Vers der Hymne an die Freiheit (1823) von Dionisios Solomos, der, nach Mantzaros' Vertonung, griechischen Nationalhymne.

Seite 71
Antivenizelismus Venizelos stammte aus Kreta. Es gab eine traditionelle Reibung zwischen den Griechen des Festlandes und denen aus Kreta.
die Auseinandersetzung zwischen den Liberalen und der Volkspartei beherrschte das politische Leben Griechenlands von etwa 1910 bis 1935. Diese Auseinandersetzung wurde sehr erbittert und fanatisch geführt.

Seite 73
Komposition von Joseph Haydn Auch für die meisten anderen im Buch zitierten Lieder nichtgriechischer Autoren gilt, daß auf ihre Musik ein neuer Text geschrieben wurde, der mit dem ursprünglichen kaum etwas gemein hatte.

Seite 92
am 25. März 1942 Der Nationalfeiertag Griechenlands, der an die Erhebung der Griechen gegen die osmanische Besetzung 1821 erinnert.

Seite 95
das Schiff »Elli« Am 15. August 1940, dem bedeutenden religiösen Feiertag der Mariä Himmelfahrt, wurde der vor der Insel Tinos ankernde Kreuzer ELLI von einem unidentifizierten U-Boot torpediert.
28. Oktober Am 28. Oktober 1940 griffen italienische Truppen Griechenland an, mußten sich aber nach der griechischen Offensive bis nach Albanien zurückziehen.

Seite 96
mit NEIN antworten Symbolisch gewordene Antwort von Metaxas auf

das Ultimatum von Mussolini, das ihm der italienische Botschafter in Athen, Grazzi, am 28. Oktober um drei Uhr früh überreichte.

Seite 97

die damals zufällig durch Ipiros verlief 1912/13 während der ersten Balkankrise.

Seite 100

in Koritsa einmarschierten Am 22. November 1940 befreiten die griechischen Truppen die größere albanische Stadt Koritsa.

Seite 101

Engländer und Jugoslawen Mit Griechenland verbündete Truppen.

Seite 102

Die Barbaren ... Lösung Variation der Schlußverse des Gedichtes *Wartend auf die Barbaren* von Konstantinos Kavafis.

verließen die Deutschen Tripolis und Umgebung gehörten zur italienischen Besatzungszone. Griechenland wurde unter Bulgarien, Italien und Deutschland aufgeteilt.

Seite 105

ins hungernde Athen Im »Hungerwinter« 1941/42 büßten Athen und Thessaloniki ein Zehntel ihrer Bevölkerung ein.

Seite 109

»Dodekalog des Zigeuners« Eines der bedeutendsten Gedichte von Kostis Palamas (1907).

Seite 113

Brand Hauptfigur des gleichnamigen Stücks von Ibsen (1866).

Das »große JA und das große NEIN« Vers aus dem Gedicht *Che fece ... Il gran rifiuto* von Kavafis.

Kafenion Das Gedicht *Auf den Eingang des Cafés* von Kavafis.

Seite 121

»La donna e mobile« Arie von Giuseppe Verdi.

Seite 125

das zu tun, was ich nicht kann Abwandlung eines Satzes aus dem Roman *Rechenschaft vor El Greco* von Nikos Kazantzakis.

Seite 137

als 1669 die Türken 1669 verlor die Republik Venedig Kreta an die Türkei.

Seite 138

über die »Freien Belagerten« *Die Freien Belagerten* ist ein – Fragment gebliebenes – Gedicht von Dionisios Solomos über die 1825/26 in Mesolongi Eingeschlossenen.

Seite 139

zu »schönen Trümmern« Vers aus dem Gedicht *Axion esti* von Odysseas Elytis. Theodorakis vertonte 1960 Teile des Gedichts im gleichnamigen Volksoratorium.

Seite 140

den Schlachtlärm . . . nur von weitem Während der zweiten Belagerung von Mesolongi 1824/25 hörte Solomos, der auf der italienisch besetzten Insel Zakinthos lebte, den Kanonendonner aus der belagerten Stadt.

Seite 142

»Jetzt, da die sternklare Nacht . . .« Verse aus dem Gedicht *Die wahnsinnige Mutter* von Dionisios Solomos.

Seite 154

Papastratos, Keranis . . . Magnaten der Tabakindustrie. Zugleich Namen ihrer Zigarettenfirmen und Zigarettenmarken.

Seite 167

aus dem Nahen Osten Sitz der griechischen Exilregierung und ihrer Truppen während des zweiten Weltkriegs (vor allem in Ägypten).

Seite 168

die Befreiung Am 12. 10. 44 verließen die Deutschen Athen.

an die Republik Churchill hatte Papandreou als Ministerpräsidenten eingesetzt, um u. a. mit seiner Hilfe die Rückkehr des Königs nach

Griechenland durchzusetzen. Papandreou benutzte eine linke, zum Teil antimonarchistische Phraseologie. Während seiner Rede am 18. 10. 44 auf dem Verfassungsplatz sprach er den von Theodorakis zitierten Satz aus, um die Massen zu beruhigen.

Seite 169
heroische Tat Während der Schlacht am 24. 7. 44 gegen die Deutschen schloß sich eine Partisanengruppe, die aus EPON-Mitgliedern bestand, in ein Haus auf der Bisanistraße ein. Nachdem ihnen die Kugeln ausgegangen waren, begingen die jungen Männer Selbstmord.

Seite 170
Libanon Zwischen dem 17. und 20. 5. 1944 tagte im Libanon der Nationale Kongreß der verschiedenen Widerstandsorganisationen (u. a. auch die EAM) mit der griechischen Exilregierung, der das Programm von G. Papandreou billigte.

Seite 171
Kundgebung am 3. Dezember Eine große, durch Papandreou verbotene Manifestation der EAM, die von den rechten paramilitärischen Organisationen unter dem Schutz der Engländer angegriffen wurde. 30 Demonstranten wurden getötet und 124 verletzt. An der Kundgebung beteiligten sich mehrere hunderttausend unbewaffnete Menschen. Vorausgegangen waren Verhandlungen zwischen Papandreou und den EAM-Führern zur gleichzeitigen Entwaffnung aller militärischen Einheiten sowie der Gründung einer neuen Nationalen Armee. Papandreou unterschrieb am 22. 11. 44 diese Vereinbarung, distanzierte sich aber bald darauf von ihr, nachdem die Engländer auf eine einseitige Entwaffnung des ELAS drängten. Am 1. 12. 44 befahl der englische General Scobie die Entwaffnung der ELAS bis zum 10. 12. 44, ohne vorher die griechische Regierung konsultiert zu haben. Zur gleichen Zeit rief Papandreou die Regierung zusammen, allerdings ohne die EAM-Minister, und verfügte die Auflösung der Bürgermilizen der EAM in vielen Gegenden Griechenlands. Der Befehl von Scobie und die willkürliche Verordnung von Papandreou lösten eine Protestwelle unter der Bevölkerung aus. Das ZK der EAM beschloß für den 3. 12. eine große Demonstration und für den 4. 12. 44 einen Generalstreik. Das wurde am 2. 12. Papandreou mitgeteilt, der die Genehmigung für die Kundgebung erteilte, sie aber kurz vor Mitternacht wieder zurückzog. Trotz der Angriffe gegen die unbewaffneten Demonstranten am 3. 12.

erreichten sowohl die Kundgebung als auch der Generalstreik am 4. 12. ihr Ziel. Am Abend des 4. 12. mußte Papandreou zurücktreten, nicht ohne vorher Scobie den Befehl zu geben, jeden Widerstand der EAM bzw. der ELAS-Einheiten, wenn nötig, auch in einem »Blutbad«, zu ersticken. So begannen die »Dekembriana« (Dezemberereignisse).

Seite 175

der regulären ELAS Außer diesen gab es die Reserveeinheiten, die den Kampf gegen die Engländer führen mußten, da die ELAS-Führung sich nicht entschließen konnte, gegen die britischen »Verbündeten« ihre in Zentralgriechenland stationierten Divisionen einzusetzen. Zudem erklärte sie sich am 12. 12. in einem Gespräch mit dem englischen Oberbefehlshaber Scobie bereit, unter bestimmten Bedingungen die regulären Einheiten aus Athen abzuziehen. Auf die teilweise Durchführung dieser Abmachung geht die von Theodorakis beschriebene Szene zurück.

Seite 182

ELLAS (Hellas) Griechische Bezeichnung für Griechenland. In dem Fall verwendet als Gegensatz zur Befreiungsarmee ELAS (mit einem L).

Seite 183

flohen nach Thessalien Am 11. 1. 45 wurde ein Waffenstillstand zwischen der ELAS und den Engländern unterzeichnet, der die Zonen festlegte, in die sich die ELAS-Einheiten zurückziehen mußten. Die ELAS räumte ganz Attika und zog sich nach Thessalien zurück, wohin ihr Tausende Athener, aus Angst vor Repressalien, folgten.

Seite 188

zur . . . slawischen Gefahr Von den Engländern durch das eigens 1945 eingerichtete Konsulat in Kastoria (im Nordwesten Griechenlands) geschürte Autonomiebestreben der Slawomazedonen, das der britischen Regierung den offiziellen Vorwand lieferte, ihre Truppen weiterhin in Griechenland zu stationieren.

Seite 190

Studenten . . . Studierende Die »empörten Bürger« sprachen die Beamtensprache (Katharevusa), die sich zum Teil sehr von der Volkssprache (Dimotiki) abhob.

Seite 191

meine Arbeit Als Angestellter/Sekretär in der Vereinigung der Tabakindustrie.

Seite 193

Musik für die Vereinigten Künstler Unter der Leitung bekannter Theaterleute (Veakis, Fotopulos) gegründete progressive Vereinigung.

Seite 201

den König zurück Mit einer manipulierten Volksbefragung am 1. 9. 1946 erzwang die Regierung eine erneute Rückkehr zur Monarchie. Als Reaktion darauf wurde die Demokratische Armee Griechenlands gegründet.

die Regierungen fielen Innerhalb von nur fünfzehn Monaten (Januar 1945 bis März 1946) gab es in Griechenland fünf Regierungen und zehn Regierungsumbildungen.

die damalige Argumentation Sowohl die Verträge von Libanon (Mai 1944) und von Gazerta (September 1944) als auch die von Varkiza (Februar 1945) belegen das. Während die englische Politik und die der bürgerlichen Exilregierung darauf aus war, die Machtverhältnisse in Griechenland um jeden Preis zu verändern, versuchte die EAM/KPG-Fraktion, friedlich ein Volksfrontkonzept zu realisieren.

Seite 202

zwei Bürgerkriege Gemeint ist der weiße Terror von 1945 bis Ende 1946 einerseits und die darauffolgende Gründung der Demokratischen Armee Ende 1946 und der Bürgerkrieg bis 1949 andererseits.

Seite 206

Haben wir Ithaka erreicht Theodorakis spielt auf das Gedicht *Ithaka* von Konstantinos Kavafis an.

Seite 219

»Kapitän Andreas Zeppos« eines der bekanntesten rebetischen Lieder von Jannis Papaioanu. Andreas Zeppos war ein Fischer, den Papaioanu kennengelernt und der ihn zu diesem Lied inspiriert hatte.

Seite 222

Manos Gemeint ist Manos Chatzidakis.

Seite 225

unterschreiben und zurückkehren Die Behörden verlangten zunächst von allen bekannten Kommunisten und Linken eine Unterschrift, daß sie sich der Regierung gegenüber loyal verhalten würden.

Seite 245

Bescheinigung meiner sozialen Gesinnung Bis in die siebziger Jahre mußten alle Beamten und weitere Berufsgruppen ein politisches Unbedenklichkeitszeugnis (d. h. den Freispruch von linker politischer Betätigung) vorweisen, um ihren Beruf ausüben zu dürfen. Diese Bescheinigung wurde seit Ende der vierziger Jahre von einer Art politischen Polizei ausgestellt.

Seite 248

»Ich glaube, auch wenn . . .« Psalm 116, 10/11.

Seite 276

Mitarbeiter der Gestapo Die verschiedenen paramilitärischen Organisationen, auf die sich die Nachkriegsregierungen stützten.

Seite 292

Pseudonym für meine Veröffentlichungen Von Anfang 1952 bis zu seinem Weggang nach Paris 1954 arbeitete Theodorakis als Musikkritiker vor allem für die Tageszeitung der linken EDA-Bewegung *Avgi* (Morgendämmerung), aber auch für andere Zeitschriften und Zeitungen.

Seite 296

Entzweiung mit Tito Der Bruch der Beziehungen zwischen Jugoslawien und der Sowjetunion. Die KPG folgte der Kritik Stalins und sprach ihrerseits von der Zusammenarbeit zwischen der griechischen und jugoslawischen Regierung bei der Bekämpfung der Demokratischen Armee.

Thimios Vorname, repräsentiert den einfachen griechischen Linken.

Seite 298

schon der Name Das im Namen Alisandrakis enthaltene »lisa« bedeutet Tobsucht.

Seite 304
»Gedächtnis meines Volkes ...« Vers aus dem Poem *Axion esti* von Odysseas Elytis, das Theodorakis 1960 vertonte.
Feind-Brüder Zannos kämpfte auf seiten der Partisanen, Karlis starb als Unteroffizier der Nationalen Armee.

Seite 352
»Und sie werden ...« aus dem Poem *Axion esti.*

Seite 402
Alpha Zwei Spezialabteilung der Sicherheitspolizei.

Erläuterungen zu Personen und Begriffen

Aetopula »Kleine Adler«, Kinderorganisation der EAM.

Agas Türkischer Gutsbesitzer bzw. Befehlshaber der Janitscharen und der Hilfstruppen.

Ainite Bezeichnung für die von Kurzhymnen (Troparien) begleitete Psalmengruppe (Ps. 148-150) im Morgengottesdienst.

Albanienkrieg Am 28. Oktober 1940 überfällt Italien Griechenland. Nach einer allgemeinen Mobilmachung schlagen die griechischen Truppen die Invasoren zurück und befreien dabei halb Albanien. Am 6. April 1941 sieht sich Deutschland gezwungen, dem Verbündeten zu helfen, und greift Griechenland von der bulgarischen Grenze aus an.

Altinoglu, Ilias Vater von Mirto, der späteren Frau von Theodorakis.

Altinoglu, Margarita Mutter von Mirto Theodoraki.

Altinoglu, Mimosa Schwester von Mirto Theodoraki.

Altinoglu, Mirto (geb. 1926) Ärztin. Heiratete 1953 Mikis Theodorakis.

Altinoglu, Stasa Schwester von Mirto Theodoraki. Heiratete Jannis Isigonis, einen Verwandten der Familie Theodorakis.

Anagnostakis, Manolis (geb. 1925) Griechischer Schriftsteller und Dichter. Gehört zu den wichtigsten Vertretern der »Generation der Niederlage«, die sich nach Krieg und Bürgerkrieg in den fünfziger Jahren herausbildete.

Angules, Fotis (1911-1964) Eigentlich F. Chondrukakis. Kommunistischer Dichter. 1941 bis 1944 Soldat der griechischen Exil-Armee in Ägypten.

Anojannakis, Fivos (geb. 1915) Musikwissenschaftler und Publizist.

Argostoli An der Westküste gelegene Hauptstadt der ionischen Insel Kefalonia.

Armenistis Küstendorf im Nordwesten Ikarias.

Athener Konservatorium (Odeon) 1871 gegründet. 1919 verlassen Kalomiris und neun weitere Dozenten das A. K. und gründen das Griechische Konservatorium. In den zwanziger Jahren mißlingt der Versuch von Mitropulos, eine Vereinigung der beiden Institutionen durchzusetzen. 1926 gründet Kalomiris das dritte, das Nationale Konservatorium. Später setzt sich das Athener Konservatorium durch. Aus dem Sinfonischen Orchester der A. K. entsteht 1942 das durch Ikonomidis nationalisierte Staatliche Orchester Athen.

Athener Stadtlied Bildete sich zwischen 1880 und 1890 heraus. Stark vom italienischen Belcanto und von der Kantada der Ionischen Inseln beeinflußt. Grundlage für die eigenständige Entwicklung des griechischen Kunstliedes.

Attik (1885-1944) Pseudonym für Kleon Triandafilidis. Komponist leichter Musik. Arbeitete in verschiedenen Ländern Europas und Amerikas. Komponierte etwa 300 recht erfolgreiche Lieder. 1930 Rückkehr nach Athen und bis 1940 Auftritte in ganz Griechenland.

Bachauer, Gina (1913-1976) Griechische Pianistin und Musikpädagogin.

Baglamas Zumeist sechssaitige kleine langhalsige Laute. Begleitinstrument der laizistischen Musik.

Belojannis, Nikos Kommunistischer Politiker. 1952 festgenommen, verurteilt und trotz weltweiter Proteste hingerichtet.

Bisani Ort in Nordgriechenland. Diente während der ersten Balkankrise den türkischen Truppen als Festung. Wurde Anfang 1913 von der griechischen Armee eingenommen. Der Vater von Theodorakis nahm an der Schlacht von Bisani teil.

Bürgerkrieg Bricht am 28. 10. 1946 mit der Gründung der von der Kommunistischen Partei organisierten »Demokratischen Armee Griechenlands« aus. Die Regierung und ihre »Nationale Armee« wird von Großbritannien und ab 1947 von den USA unterstützt. Der Bürgerkrieg endet im Oktober 1949 mit der Niederlage der Partisanen und ihrer im Dezember 1947 ausgerufenen »Provisorischen Regierung«.

Bürgermiliz Bewaffnete Organisation der EAM.

»Bulgare« Vorwurf der griechischen Nationalisten gegenüber den Linken, der verlängerte Arm des kommunistischen Nachbarn Bulgarien zu sein.

Buzuki Sechs- bzw. achtsaitige Langhalslaute arabischer Herkunft. Bevorzugtes Instrument der laizistischen Musik.

Byron, George Gordon (1788-1824) Englischer Dichter. Philhellene. Wurde 1823 Mitglied des Revolutionskomitees zur Befreiung Griechenlands von der osmanischen Okkupation. Starb während der Kämpfe um Mesolongi an Sumpffieber.

byzantinische Melodie Die Melodik der byzantinischen Kirchenmusik hält sich streng ans Traditionell-Typische, indem sie bestimmte melodische Wendungen, Floskeln und Kadenzen verwendet.

byzantinische Musik Vorwiegend die byzantinische Kirchenmusik des

Kaiserreichs – Epoche des alten Gesangs: 9. bis 14. Jahrhundert –, die nachbyzantinische – Mittlerer Gesang: 14. bis 19. Jahrhundert – und die neugriechische Kirchenmusik – Neuer Gesang: seit der Reform des Bischofs Chrysanthos 1821.

Chaidari Stadtteil im Nordwesten von Athen. Während der Besatzung gab es hier das Konzentrationslager Chaidari, wo Antifaschisten und Geiseln festgehalten wurden. Seit dem Dezember 1943 kam es wiederholt zu Massenhinrichtungen durch die deutschen Okkupanten. Etwa 25 000 Menschen wurden bis zum Oktober 1944 eingeliefert.

Chania Bezirksstadt an der nordwestlichen Küste der Insel Kreta.

Chatzidakis, Manos (1923-1994) Neben Theodorakis bedeutendster Vertreter der neugriechischen volkstümlichen Kunstmusik.

Chatzopulos, Konstantinos (1868-1920) Griechischer Schriftsteller, Dichter und Übersetzer.

Cheretizmi »Grüße«. Ursprünglich Teil des Akathistos-Hymnus. Allgemeiner die Lobpreisung bzw. grüßende Anrufung Gottes oder eines Heiligen. Teil der Liturgie.

Cheruvika »Cherubimhymnus«. Feierlicher, während des Großen Einzugs des Priesters mit seinem Gefolge gesungener Hymnus.

Chitis Mitglied der griechischen bewaffneten Organisation Chi, die mit der deutschen Besatzungsmacht zusammenarbeitete. Einige hundert Mitglieder in Athen.

Christos Dorf im Nordwesten der Insel Ikaria.

Chronopulos, Jannis (geb. 1926) Griechischer Violoncellist und Musikpädagoge. Studierte bis 1946 Musik am Athener Konservatorium. Anschließend Zusatzstudium am Pariser Conservatoire.

Dafni Vorort von Athen im Nordwesten Attikas.

Dafni Dorf auf der Insel Ikaria. Während des Bürgerkriegs Verbannungsort. Theodorakis wurde von Juli bis September 1947 und von Mai bis September 1948 hierher verbannt.

Damaskinos, Dimitris Papandreou (1890-1949) Erzbischof (Archiepiskop) von Athen. Von Churchill von 1944 bis zur Rückkehr Georg II. Ende 1946 als Regent eingesetzt. Berüchtigt wegen seines extremen Anti-Kommunismus.

Damaskinos, Johannes (650-754) Bedeutender byzantinischer Kirchenschriftsteller. Theodorakis vertonte 1983 seine *Totenmesse* (Requiem).

Danai Sängerin und Schriftstellerin. Künstlername von Danai Stratigopulu. Nach großen Erfolgen mit Liedern von Attik gehörte sie zu den beliebtesten Schlager-Interpreten der dreißiger Jahre. Während der Okkupation Mitglied der EAM. Haft. Nach dem Bürgerkrieg veröffentlichte sie einige Bücher und übersetzte viele Gedichtbände von Pablo Neruda (u. a. *Canto General*).

Dauli Zylindrische, beidseitig bespannte Trommel. Instrument der demotischen Musik.

Demokratische Armee Am 28. 10. 46 von der KPG und den verbündeten Parteien und Organisationen gegründet. Reaktion auf den rechten Terror und die Nichteinhaltung des »Vertrags von Varkiza«. Ein großer Teil der Armee mußte 1949 über die bulgarische Grenze flüchten.

demotische Musik Traditionelle, regional bestimmte Volksmusik Griechenlands. Entwickelte sich seit dem 9. Jahrhundert. Blütezeit während des Befreiungskampfes gegen die osmanische Herrschaft im 18. und zu Beginn des 19. Jahrhunderts.

Despotidis, Dimitris (1924-1981) Auch Petros genannt. Politiker, Publizist, Verleger. Seit 1944 mit Theodorakis befreundet. 1947 nach Ikaria und 1948 nach Makronisos verbannt. Bis 1957 im Gefängnis.

Dezemberereignisse Die bewaffneten Auseinandersetzungen der EAM/ELAS mit den englischen Truppen in Athen im Dezember 1944.

Diakos, Athanasios (1788-1821) General im Unabhängigkeitskampf gegen die Türken. 1821 von den Türken gefangengenommen und verbrannt. Symbolfigur des Widerstands.

Dimitsana Gebirgsstadt im Zentrum der Peloponnes nordwestlich von Tripolis.

Dizikirikis, Giorgos (geb. 1922) Autor und Regisseur.

Dragumis, Ion (1878-1920) Griechischer Diplomat und Schriftsteller. Demotizist.

Drama Große Stadt im Nordosten Griechenlands (Thraki), unweit der türkischen Grenze.

Drosinis, Georgios (1859-1952) Dichter und Schriftsteller. Neben Palamas einer der wichtigsten Repräsentanten der Generation von 1880.

EAM (Nationale Befreiungsfront) Gegründet am 27. 9. 1941 durch die Kommunistische Partei (KKE), die Vereinigung der Volksdemokratie (ELD), die Sozialistische Partei (SK) und die Bauernpartei (AK). Bedeutendste antifaschistische Organisation. Ihre Befreiungsarmee (ELAS) befreite bis 1943 ein Drittel des Festlands. Zu ihr gehörten die Jugendorganisation EPON und die Marineeinheiten der ELAN. Wurde 1947 verboten.

EDA (Vereinigte Demokratische Linke) Gegründet im August 1951 kurz vor den Wahlen (9. 9. 51) durch fünf linke Parteien bzw. Bewegungen (darunter die Kommunistische Partei).

EDES (Nationale Demokratische Griechische Vereinigung) Im Oktober

1941 gegründete Widerstandsorganisation. Ihr Chef war Napoleon Zervas, der die Interessen Großbritanniens in Griechenland verfocht. Von vornherein als Gegenpol zur EAM und zur Kommunistischen Partei aufgebaut. Ein Teil ihrer bewaffneten Truppen arbeitete mit den Deutschen zusammen.

Eftaliotis, Argiris (1849-1923) Pseudonym von Kleanthis Michailidis. Schriftsteller und Dichter. Lebte in England, Indien und Frankreich.

ELAN *(Griechische Volksbefreiungsflotte)* Die Marineeinheiten der ELAS. Im Herbst 1943 gegründet. Operierte vor allem, um die Verbindung und Nachschubversorgung zwischen dem Festlandsockel und der Peloponnes bzw. den anliegenden Inseln aufrechtzuerhalten.

ELAS *(Nationale Volksbefreiungsarmee)* Gegründet im Januar 1942 durch die Dachorganisation EAM. Erreichte mit den Reserveeinheiten eine Stärke von 120 000 Mann.

Eleftherudakis, Konstantinos (1877-1962) Verleger und Gelehrter. Gründete 1900 das Verlagshaus »Eleftherudakis«. Gab das zwölfbändige *Enzyklopädische Lexikon* heraus.

Elytis, Odysseas (geb. 1911) Pseudonym von O. Alepudelis. Dichter und Essayist. Für seine Gedichtkomposition *Axion esti* (1960), aus der Theodorakis große Teile vertonte, erhielt er 1979 den Literatur-Nobelpreis.

Embirikos, Andreas (1901-1975) Schriftsteller. Geboren in Rumänien. Lebte lange in Frankreich und England. Begründete 1935 mit dem Gedichtband *Ipsikaminos* (Hochofen) den Surrealismus und damit die automatische Schreibweise in Griechenland.

Embros Nationalmonarchistische Tageszeitung.

Engonopulos, Nikos (1910-1985) Dichter und Maler. Wichtiger Vertreter des griechischen Surrealismus. Gehörte zusammen mit Seferis, Elytis und Embirikos zu der literarischen Generation von 1930.

EON *(Nationale Jugendorganisation)* Von Metaxas 1936 gegründete Jugendbewegung mit halbmilitärischer Ausbildung und faschistischer Orientierung. Löste sich 1941 auf.

Epaminondas (Theodorakis/Tsepetis) Sohn von Chrisi Theodoraki und Tsepetis, deren Ehe niemals anerkannt wurde. Starb jung während des Hungerwinters 1941/42.

EPON *(Einheitliche Gesamtgriechische Jugendorganisation)* Jugendbewegung der Befreiungsfront EAM. Gegründet am 23. 2. 1943 durch 10 Jugendorganisationen. 1943 10 000 und 1944 300 000 Mitglieder. Wurde 1947 zusammen mit der EAM und der Kommunistischen Partei verboten. Theodorakis wurde im Gründungsjahr Mitglied.

Eptanisia »Sieben Inseln« des Ionischen Meeres: Kerkira, Paxi, Andipaxi, Lefkada, Ithaki, Kefalonia, Zakinthos. Gehörte als einziges griechisches Gebiet nie zum Osmanischen Reich. Stark von Italien beeinflußt, konnte sich hier Anfang des 19. Jh. eine eigenständige Dichterschule herausbilden (Solomos, Laskaratos, Kalvos usw.).

Erofili Klassizistische Tragödie von Georgios Chortatsis. Zwischen 1585 und 1600 auf Kreta entstanden.

Erotokritos Dichtung von Visentzos Kornaros. Zwischen 1635 und 1648 auf Kreta entstanden. Dieses Liebesepos mit seinen 10 000 Versen markiert den Höhepunkt der kretischen Dichtung.

ESA Griechische Militärpolizei.

Evdilos Zweitgrößter Ort der Insel Ikaria, an deren Westküste gelegen.

Evia (Euboia) Große Insel nordöstlich von Attika.

Falanga Foltermethode, bei der die Fußsohlen mit einem Knüppel geschlagen wurden. Der Fuß blieb dabei im Schuh.

Fotopulos, Mimis Sehr bekannter Schauspieler und Komiker. Starb 1987.

Freies Griechenland Zeitung, Organ des ZK der EAM.

Friderike Gemeint ist die deutschstämmige Königin Friederike-Luise, seit 1938 Frau des ab 1947 herrschenden Königs Paul I.

Fustanella Zur griechischen Nationaltracht gehörender »Männerrock«.

Gage, Nicholas Amerikanischer Journalist, Reporter der *New York Times* und Autor des Bestsellers *Eleni* (1983), in dem der Bürgerkrieg tendenziös beschrieben und die geschichtlichen Tatsachen verfälscht werden.

Galata Dorf im Westen Kretas, aus dem die Familie Theodorakis stammt.

Glezos, Manolis (geb. 1922) Journalist und Politiker. Vollbrachte 1941 die erste Widerstandstat gegen die Besatzer, als er die Hakenkreuzfahne von der Akropolis herunterholte.

Grande Bretagne Größtes Luxushotel auf dem Verfassungsplatz im Zentrum Athens. Diente den Briten 1944 als Hauptquartier.

Gretry, A.E.M. (1741-1813) Belgischer Komponist.

Griechisches Bataillon Griechische militärische Einheit, die während der deutschen Okkupation mit der Wehrmacht kollaborierte und ihr unterstellt war.

Griparis, Ioanis (1870-1942) Dichter und Philologe.

Gudi Ortschaft unweit Athens mit bekanntem Gefängnis; während des Bürgerkriegs auch Hinrichtungsstätte der von den Gerichten zum Tode Verurteilten.

Han Traditionelle türkische Herberge. In neuerer Zeit auch als Wohnhaus benutzt.

Heiliger Kirikos Hauptstadt der Insel Ikaria.

Heinichen, Johann David (1683-1729) Deutscher Komponist.

Herodes-Theater Odeon des Herodes Attikus. Antikes Amphitheater am Fuße der Akropolis. Im Sommer Aufführungsort für Dramen, Ballette und Konzerte.

Ianena Hauptstadt von Ipiros im Nordwesten Griechenlands.

Ikaria (Ikarien) Insel in der südöstlichen Ägäis nahe Samos. Während des Bürgerkriegs Verbannungsort.

Ikonomidis (Economidis), Filoktitis (1889-1957) Dirigent und Musikpädagoge. Studierte Musik in Athen, Wien, München und Berlin. Direktor des Konservatoriums Pireas von 1924 bis 1930, Direktor des Athener Konservatoriums von 1930 bis 1939. Von 1942 bis 1957 Generalmusikdirektor des Staatlichen Orchesters. Professor am Athener Konservatorium.

Ikonostasion »Bilderwand« in der orthodoxen Kirche. Holzgerüst, woran in mehreren Reihen übereinander Ikonen angebracht sind. Kleinere Nachahmungen standen und stehen in vielen griechischen Häusern.

Ilia Landschaft um die Stadt Pirgos auf der Peloponnes.

Iliu, Ilias (1904-1984) Jurist, Publizist, Politiker. Zwischen 1947 und 1951 verbannt. 1951 Mitbegründer und einer der Führer der EDA-Bewegung.

Ioanidis Luftwaffengeneral. Diente während des 2. Weltkriegs in der griechischen Exil-Armee in Ägypten.

Ioanidis, Jannis (geb. 1930) Komponist, Dirigent, Organist und Musikpädagoge. Studierte Musik in Athen und Wien. War lange Zeit auch als Dozent für Komposition in Caracas tätig. Ende der siebziger Jahre Rückkehr nach Athen. Direktor der Musik-Fakultät der Athener Universität.

Ionische Inseln Die sieben Inseln des Ionischen Archipels waren nie ein Teil des Osmanischen Reiches, sondern standen vom 16. bis zum 18. Jahrhundert unter venezianischer Herrschaft. Starker Einfluß der italienischen Sprache und Kultur.

Ipiros (Epirus) Einer der griechischen Regierungsbezirke im Nordwesten des Landes.

Isigoni, Erofili Schwester von Stamatia Pulaki.

Isigoni, Maria Schwester von Stamatia Pulaki.

Isigoni, Stamatia Frau von Ioanis Pulakis, dem Vater von Aspasia Pulaki.

Isigoni, Virginia Frau von Jannis Isigonis.

Isigonis, Jannis Beamter. Arbeitete in der griechischen Nationalbank. Bruder von Stamatia Pulaki. Heiratete Stasa Altinoglu, die Schwester von Mirto Altinoglu, spätere Theodoraki.

Ison/Isokrates Sänger, der während der byzantinischen Liturgie den Protopsaltis (den Vorsänger) mit dem Ison, einem lang ausgehaltenen Liegeton wechselnder Tonhöhe, begleitet.

Junta Die Obristendiktatur 1967 bis 1974.

Kalamata Hauptstadt Messeniens im Süden der Peloponnes.

Kalamatianos Reigentanz im 7/8-Takt der demotischen Musik.

Kalanda-Singen Traditionelles Singen von Kindern zu Weihnachten, die mit kleinen Geschenken oder Geld belohnt werden.

Kalomiris, Manolis (1883-1962) Pianist und Komponist. Studierte von 1901 bis 1906 Komposition in Wien. Lehrte bis 1910 Klavier in Charkow und bis 1919 am Athener Konservatorium. Leitete von 1919 bis 1926 das Griechische Konservatorium und ab 1926 das durch ihn gegründete Nationale Konservatorium. Gilt als Begründer einer Griechischen Nationalen Schule.

Kalvos, Andreas (1792-1869) Zählt neben Solomos zu den Begründern der neugriechischen Dichtung. Arbeitete 25 Jahre als Dozent an der Ionischen Akademie von Kerkira. Lebte von 1852 bis zu seinem Tod in Louth (Irland).

Kambanellis, Iakovos (geb. 1922) Dramatiker, Regisseur, Dichter. 1943-44 Gefangener im KZ Mauthausen.

Kantaden (Cantada) Auf den Inseln des Ionischen Meeres seit dem 19. Jahrhundert verbreitete Gesangsform. Stark italienisch beeinflußter improvisierter Gesang für drei oder vier Stimmen. Zuweilen von Gitarren, Violinen oder Mandolinen begleitet.

Kapetanios Anführer einer Partisanenabteilung der ELAS.

Karagiosis Schattenspiel. Zugleich Bezeichnung für dessen Hauptfigur. Dem deutschen Kasper vergleichbar. Ausgeprägt soziale und politische Funktion. Im 19. Jahrhundert aus Kleinasien übernommen und bis heute wirksam.

Kariotakis (Karyotakis), Kostas (1896-1928) Dichter und Beamter. Von 1913 bis 1917 Jurastudium in Athen. Wurde 1928 wegen seines sozialen Engagements nach Preveza versetzt. Selbstmord. Wichtigster Vertreter der Dichtergeneration von 1920. Theodorakis vertonte aus seinen drei Gedichtbänden 1983 einige Lieder. 1985/86 komponierte er die Oper *Kostas Kariotakis*.

Karlis, Makis (1924?-1948) Freund von Theodorakis in Tripolis. Studierte Jura. Starb als Unterleutnant der Nationalen Armee.

Kassiani (Ikasia) Um 810 geborene Dichterin. Gründete ein Frauenkloster. Theodorakis vertonte 1942 das *Troparion der Kassiani.*

Katharevusa Modifiziertes Altgriechisch, das die Gebildeten bis ins 20. Jahrhundert hinein als Schriftsprache benutzten.

Katsaros, Michalis (geb. 1921) Dichter und Publizist. Gehört zur »Generation der Niederlage« der fünfziger Jahre. Schrieb 1952, als er zusammen mit Theodorakis in derselben Wohnung lebte, sein bedeutendstes Werk *Nach Sadduzäer-Art.* 1982 komponierte Theodorakis nach dieser Textvorlage seine *Sadduzäer-Passion.*

Kavafis, Konstantinos (1863-1933) Dichter und Beamter. Lebte in Alexandrien. Seine 154 Gedichte spielten eine wichtige Rolle bei der Erneuerung der neugriechischen Dichtung.

Kazantzaki, Galatia (1881-1962) Schriftstellerin. Frau von Nikos Kazantzakis.

Kazantzakis, Nikos (1883-1957) Schriftsteller, Dichter und Übersetzer. Theodorakis schrieb die Musik zu einigen seiner Theaterstücke sowie zur Film- und Ballettfassung des *Alexis Zorbas.*

Kefalonia Insel im Ionischen Meer. Hauptstadt: Argostoli.

Kiriakidis, Jannis (Lefteris) Während der deutschen Besatzung einer der führenden Organisatoren des bewaffneten Widerstands in Athen.

Kirkos, Leonidas Kommunistischer Spitzenfunktionär. 1945 in der EPON verantwortlich für die Studentenarbeit.

Kisamos Kleine Stadt am nordwestlichen Zipfel Kretas.

KKE (Komunistiko Koma Eladas) S. u. Kommunistische Partei Griechenlands (KPG).

Kokinia Arbeiterviertel von Athen.

Kolokotronis, Theodoros (1770-1843) Legendärer General im Befreiungskampf von 1821 gegen die Türken.

Kolonaki-Viertel Traditionell aristokratische Gegend in Athen, unterhalb des Likavetos-Hügels.

Kommunistische Partei Griechenlands (KPG) Im November 1918 als Sozialistische Arbeiterpartei gegründet und auf dem zweiten Parteitag 1924 in KPG umbenannt. Erstmals 1926 mit zehn Abgeordneten im Parlament vertreten. 1936 von Metaxas verboten. Seit der Befreiung 1944 wieder legal, wurde sie 1947 verboten und erst 1974 erneut zugelassen.

Kompania Eine Art Musikkapelle, die laizistische Musik spielt. Um die Jahrhundertwende in den Städten entstanden und bis heute existent.

Kotzias, Kostas Bekannter linker Romancier. 1945 verantwortlich in der EPON für die Kulturvereinigung.

Kretische Dichtung Bis zum 16. Jh. erlebte die griechische Dichtung auf der von den Türken noch nicht besetzten Insel Kreta eine große Blüte.

Kretische Revolution Die verschiedenen Erhebungen auf Kreta gegen die türkische Okkupation und für den Anschluß an das seit 1829 befreite Griechenland. Der niedergeschlagene Aufstand von 1866 und die Erhebung von 1897 gegen die türkische Okkupation, die im April 1897 zum griechisch-türkischen Krieg führte, den Griechenland verlor. 1906 bis 1909 erneuter Aufstand. Während der ersten Balkankrise 1912/13 Angliederung Kretas an Griechenland.

Kulukis, Giorgos (geb. 1924) Dichter und Lehrer. In Tripolis Freund von Theodorakis. Veröffentlichte verschiedene Gedichtbände, zum Teil unter dem Pseudonym G. Fotinos. Theodorakis vertonte sein Gedicht *Die Hinrichtung der Athina* 1982 als zweiten Satz der *Siebenten Sinfonie*.

Kumbis Pseudonym von Kostas Argiriu, einem später bekannten Literaturkritiker.

Kun, Karolos Bedeutendster griechischer Regisseur des 20. Jahrhunderts. Gründete 1942 das Theater der Kunst und inszenierte erstmals in Griechenland Autoren wie Williams, Miller, García Lorca, Ionesco, Brecht, Genet, Weiss, Frisch usw.

Kunadis, Argiris (geb. 1924) Komponist und Musikpädagoge. Studierte Jura und Komposition in Athen und Freiburg. Leitete eine Gruppe für Neue Musik an der Musikhochschule von Freiburg. Seit 1963 als Dozent für Theorie und Komposition tätig.

Kunduros, Nikos Bekannter griechischer Filmregisseur.

Kurambiedes Kleinasiatische Süßspeise.

Gurkhas Soldaten der 2. Indischen Division, die zu den britischen Einheiten in Athen gehörte.

Ladas, Christos Im Mai 1948 wird der Justizminister Ladas von einem Mitglied der illegalen »Organisation zum Schutz des Volkskampfes« ermordet, weil er 18 Linke hinrichten ließ. Als Vergeltung für seine Ermordung werden nach einem Beschluß der Regierung über 200 zusammengetriebene Ex-Partisanen exekutiert, was zu internationalen Protesten führt.

laizistische Musik Städtische Volksmusik. Um die Jahrhundertwende entstanden. Stark von orientalischen Elementen beeinflußt. Hauptinstrumente sind das Buzuki und der Baglama.

Lambeti Beliebte Schauspielerin.

Lambrakiden Abkürzung für die Demokratische Jugend Lambrakis, die 1963 von der EDA gegründete Jugendbewegung, die unter dem Vorsitz von Theodorakis bis 1967 zur größten politischen Organisation des Landes wurde.

Lambrakis, Grigoris (1913-1963) Arzt und Politiker. Seit 1961 unabhängiger Abgeordneter und Mitglied der EDA. 1963 von faschistischen Kräften in Thessaloniki ermordet. Symbolfigur der Linken.

Laskaratos, Andreas (1811-1901) Dichter und Philologe. Auf der Insel Kefalonia geboren. Schüler von Kalvos auf Kerkira. Bekanntschaft mit Solomos.

Lavrion Ort im Südosten Attikas, gegenüber der Insel Makronisos.

Levidi Ort auf der Peloponnes, südlich von Tripolis.

Libanon-Konferenz Vom 17. bis 20. 5. 1944 tagte im Libanon der Nationale Kongreß der verschiedenen Widerstandsorganisationen (u. a. EAM) mit der griechischen Exilregierung. Das Programm von G. Papandreou wurde gebilligt.

Liberale Partei Von Venizelos Anfang 1910 gegründet. Spielte bis 1936 eine entscheidende Rolle in Griechenland. Nach dem Weltkrieg büßte sie diese Bedeutung ein. Antimonarchistische Partei.

Likavitos (Lykabettus) Berg im Zentrum Athens. Ehemals auf seiner Spitze ein Kloster, heute Touristenattraktion. Im Freilufttheater am Likavitos finden jeden Sommer Konzerte statt.

Livaditis, Tasos (1922-1989) Dichter. Teilnahme am Widerstand. 1948-1952 deportiert.

Lyra Griechische Fidel. Besonders auf Kreta verbreitet.

Machalas Türkisches Wohnviertel. »Wohnsiedlung«.

Makrijannis(-Viertel) Nach dem General aus den Befreiungskriegen gegen die Türken (1821-1829) benannter Stadtteil von Athen südlich der Akropolis.

Makronisos Trockeninsel nahe der attischen Ostküste. Während des Bürgerkriegs »Umerziehungslager«. Berüchtigte Folterungsstätte.

Mani Region im Süden der Peloponnes mit stark differenzierter Sozialstruktur und nationalkämpferischer Tradition.

Mastromanoli, Froso Geborene Pulaki. Schwester der Mutter von Mikis Theodorakis.

Mastromanoli, Poli Tochter von Froso und Manos Mastromanolis.

Mastromanolis, Manos Ehemann von Froso Pulaki, der Tante von Mikis Theodorakis.

Mavilis, Lorentsos (1860-1912) Schriftsteller und Dichter. Studierte in Kerkira (Korfu) und zwölf Jahre in Deutschland Philologie und Philosophie. Lebte seit 1893 wieder in Kerkira. Teilnahme am Befreiungskrieg gegen die Türkei. Fiel 1912 während einer Schlacht bei Ianena.

Melina (Melina Mercouri) Bekannte Schauspielerin, später mit Theodorakis befreundet und wiederholt seit 1981 Kulturministerin im Kabinett Papandreou. Starb 1994.

Menalos Hauptgebirge auf der Peloponnes.

Mendri, Kakia In den dreißiger und vierziger Jahren berühmte Sängerin leichter Musik. Produzierte sehr viele Schallplatten. Ihre Karriere begann, wie für so viele andere, in dem Varieté-Theater von Attik.

Metaxas, Ioanis (1871-1941) Griechischer General. Kam im August 1936 durch einen Putsch an die Macht. Errichtete eine faschistische Diktatur. Widersetzte sich am 28. Oktober 1940 dem Ultimatum Mussolinis, was zum Einmarsch der italienischen Truppen führte.

Michailidis, Solonos (1905-1979) Dirigent, Komponist und Musikpädagoge. Gründete 1959 das Staatliche Orchester Thessaloniki. Generalmusikdirektor des Orchesters bis 1970. Mit Unterstützung der damaligen Regierung setzte er 1966 die Verstaatlichung des bis dahin halbprivaten Orchesters durch.

Mitilini Name der Hauptstadt der Insel Lesvos (Lesbos). Auch für die ganze Insel verwendet.

Mitropulos, Dimitris (1896-1960) Griechischer Dirigent. Studierte Klavier und Komposition in Athen, Brüssel und Berlin. Dirigierte zwischen 1923 und 1930 griechische Klangkörper und von 1949 bis 1958 die New Yorker Philharmonie.

Monastiraki Athener Stadtteil im klassizistischen Stil am Fuße der Akropolis.

Museum Gemeint ist das Archäologische Museum im Zentrum Athens, ein klassizistischer Bau. Während der Okkupation befanden sich hier die Probenräume des Staatlichen Orchesters.

Nationale Armee Die durch die griechische Regierung 1945 gebildete Armee, deren Führungskader aber nicht, wie im »Vertrag von Varkiza« vereinbart, auch aus den Reihen des ELAS rekrutiert wurden, sondern aus dem profaschistisch-monarchistischen Offizierskorps, das zum größten Teil mit den Deutschen kollaboriert hatte.

Nea Smirni Mitte der zwanziger Jahre entstandener Stadtteil von Pireas. Errichtet von den im Zuge des Bevölkerungsaustausches aus Kleinasien kommenden Griechen. Hier wohnte in den vierziger und später in den sechziger Jahren die Familie Theodorakis.

Neue Generation Zeitung, Organ des Zentralrats der EPON.

Oka 1282 Gramm.

Okkupation Kurzbezeichnung für die deutsch-italienisch-bulgarische Besetzung Griechenlands im Zweiten Weltkrieg (1941-44).

Omonia Das Zentrum Athens. Großer runder Platz.

Pädomazoma Auf deutsch etwa: Einsammeln und Zusammentreiben von Kindern. Denunziatorische Bezeichnung der damaligen griechischen Regierung. Die Demokratische Armee versuchte 1948 durch eine Aktion, die Kinder aus dem Kriegsgebiet zu evakuieren.

Palamas, Kostas (1859-1943) Schriftsteller und Literaturkritiker. Nestor der neugriechischen Literatur.

Palandios, Menelaos (geb. 1914) Komponist und Musikpädagoge. Schüler von Casella. Professor für Musik am Athener Konservatorium.

Panagulis, Alexandros Unternahm am 13. 8. 1968 ein mißlungenes Attentat auf Junta-Chef Papadopulos. Theodorakis widmete ihm mehrere Lieder.

Papadopulos, Giorgos Der spätere Juntachef (1967 bis 1973).

Papamercuriu, Pavlos Freund von Theodorakis. Wurde 1948 festgenommen, gefoltert und hingerichtet.

Papandreou, Georgios (1888-1968) Vom 26. 4. 1944 bis zum 3. 1. 1945 Ministerpräsident – zunächst mit Unterstützung der EAM – der bürgerlichen Exilregierung, die am 18. 10. 44 nach Griechenland zurückkehrte. Noch einmal Ministerpräsident 1962 bis 1965. Vater von Andreas Papandreou.

Papanutsos, Evangelos (1900-1982) Philosoph, Pädagoge und Kulturtheoretiker. Studierte in Deutschland und Frankreich. 1944 bis 1952 Mitarbeiter und 1964 bis 1965 Generalsekretär des Volksbildungsministeriums. Reformer des griechischen Bildungswesens.

Partsalidis, Mitsos Bedeutender kommunistischer Politiker. Mitglied des Politbüros der KPG. Mitglied der »Provisorischen Regierung« und ihr letzter Vorsitzender 1949.

Pasalimani Idyllischer kleiner Hafen in Pireas.

Patriotische Front Kurzform für Patriotische Befreiungsfront (PAM). Theodorakis gründete sie 1967 und war bis zum Sturz der Junta 1974 ihr Vorsitzender. Illegale Widerstandsorganisation.

Penia Typische Verzierungs- und Artikulationstechnik beim Buzukispiel, aus dem Rebetiko stammend.

Perjalis, Notis (geb. 1920) Schauspieler und Dramatiker.

Philopapus-Hügel Der höchste Hügel gegenüber der Akropolis. Auf seiner Spitze ein Marmordenkmal der Athener (116 n. Chr.), geweiht dem syrischen Prinzen und römischen Konsul in Athen Philopapus.

Pindos Gebirgszug in Nord- und Mittelgriechenland.

Pipiza Blasinstrument der demotischen Musik.

Pireas Neugriechische Namensform von Piräus. Hafen von Athen. Selbständige Stadt mit eigenem Bürgermeister.

Plaka Altes Athener Stadtviertel am Fuß der Akropolis.

Plastiras, Nikolaos Liberaler Offizier und Politiker, der im Januar 1945 für einige Wochen Papandreou als Ministerpräsident ablöste.

Plumbidis, Nikos (1902-1954) Seit 1926 Mitglied der KPG, seit 1938 der KPG-Führung. 1952 festgenommen, verurteilt und 1954 hingerichtet.

Polemis, Ioanis (1862-1924) Dichter und Schriftsteller.

Polilas, Iakovos (1826-1896) Philologe und Dichter. Herausgeber der Werke von Dionisios Solomos nach dessen Tod.

Polis Abkürzung von Konstantinopel (Istanbul).

Pontos Region im Nordosten Griechenlands (Thrakien).

Porfiras, Lambros (1879-1932) Dichter. Vertreter des griechischen Symbolismus.

Prevesa An der Westküste Zentralgriechenlands gelegene Stadt.

Provelengios, Aristomenis (1851-1936) Dichter, Vertreter einer nostalgischen Naturlyrik.

Provisorische Regierung Am 23. 12. 1947 in den von der Demokratischen Armee besetzten Regionen gegründet. Ihr erster Präsident war Markos Vafiadis. Löste sich 1949 auf.

Psaltis Der Psalmsänger in der byzantinischen Liturgie.

Psitalia Kleine wasserlose unbewohnte Insel im Saronischen Golf, unweit der attischen Küste.

Pulaki, Stasa Frau von Andonis Pulakis. Schwester von Jannis Isigonis.

Pulakis, Andonis Höherer Beamter im Staatsdienst. Bruder der Mutter von Theodorakis.

Reueerklärung Alle Kommunisten, EAM-Mitglieder und ehemalige Partisanen wurden ab 1947 gezwungen, eine Erklärung zu unterschreiben, in der sie ihren kommunistischen Idealen abschwören, den König anerkennen und jede weitere politische Betätigung ablehnen mußten. Diejenigen, die bis Ende 1948 nicht unterschrieben hatten – auch Theodorakis –, wurden auf die Trockeninsel Makronisos gebracht, wo sie grausam mißhandelt wurden.

Ritsos, Jannis (1909-90) Dichter und Schriftsteller. Neben Seferis und Elytis bedeutendster Vertreter der neugriechischen Literatur. Seit den dreißiger Jahren Mitglied der Kommunistischen Partei. Oftmals verbannt. Theodorakis vertonte von ihm *Epitafios* (1958/59), *Romiosini* (1965), *Achtzehn kleine Lieder* (1973), *Die Viertel der Welt* (1978/79), *Frühlingssinfonie* (1982).

rizitische Lieder Tischgesänge der demotischen Musik Kretas. Metrisch freie Lieder, aus der Improvisation hervorgegangen. Ihr wichtigstes Element ist nicht ein musikalisches Thema, sondern eine Art Verzierung rund um den melodischen Kern.

Rizospastis Tageszeitung, Zentralorgan des ZK der KPG. Wurde Oktober 1947 von der Regierung Sofulis verboten.

Rotas, Vasilis (1889-1978) Schriftsteller und Übersetzer. Gründete 1939 die griechische »Volksbühne«.

Sami Stadt an der Ostküste der Insel Kefalonia im Ionischen Meer. Fährverbindung zum Festland und Peloponnes.

Sandas, Apostolos Holte zusammen mit Glezos am 30. 5. 1941 die Nazifahne von der Akropolis. Kommunistischer Funktionär.

Sangario (Sakarya) Fluß im Westen der Türkei. Mündet in die Ägäis. Hier fand 1921 die gescheiterte Offensive des griechischen Heeres gegen die Truppen Kemal Atatürks statt. Die Niederlage am Sangario leitete die Kleinasiatische Katastrophe ein.

Saronikos Der Saronische Golf vor der attischen Halbinsel.

Scobie, Ronald Britischer Oberbefehlshaber der alliierten Truppen in Griechenland, der 1944 die Dezemberschlacht initiierte.

Seferis, Giorgos (1900-1971) Dichter, Schriftsteller und Beamter im Staatsdienst (Diplomat). Gehört zur Dichtergeneration von 1930. Erneuerer der griechischen Lyrik. Erster griechischer Literatur-Nobelpreisträger (1963).

Se imnumen Gottesdienstlicher Lobgesang.

Seidener Zug Nach Vorschlag von Theodorakis am 5. 12. 1944 aus Studenten gebildete militärische Einheit.

Sfakia Hafenstadt im Südwesten Kretas. Ausgangspunkt vieler nationaler Erhebungen.

Sikelianos, Angelos (1884-1951) Dichter und Schriftsteller. Vertreter des Symbolismus in Griechenland. Theodorakis vertonte 1968 seinen *Marsch des Geistes*.

Sindagmaplatz »Verfassungs-Platz«. Zentraler Platz in Athen vor dem Parlament und dem vornehmen Hotel »Grande Bretagne«.

Singru-Allee Große Straße in Athen, die die Stadt mit dem Hafen Pireas verbindet. Sie verläuft u. a. durch Nea Smirni.

Sirtos (Kalamatianos) Schneller Tanz im 7/8-Takt.

Sisilianos, Giorgos (geb. 1922) Griechischer Komponist. Musikstudium von 1943 bis 1949 am Athener Konservatorium und von 1951 bis 1953 in Paris (Milhaud, Aubin). Ende der fünfziger Jahre Rückkehr nach Griechenland. Präsident des Verbandes Zeitgenössischer Musik.

Skalkotas, Nikos (1904-1949) Komponist und Geiger. Studierte in

Athen und Berlin (u. a. bei Schönberg und Weill). Erster Vertreter der Zwölftonmusik in Griechenland. Theodorakis schätzte ihn sehr und würdigte 1952 in mehreren Zeitungsartikeln seine Leistung.

Sklavos, Giorgos (1888-1976) Musikhistoriker, Komponist und Dirigent. Von 1923 bis 1968 Professor für Musik am Athener Konservatorium. Von 1946 bis 1949 Generaldirektor der Athener Oper.

smirneische Lieder Der Smyrna-Stil war eine griechische Verarbeitung kleinasiatischer Musiktradition. Kam um die Jahrhundertwende auf und behauptete sich neben dem Rebetiko-Stil. Blütezeit Mitte der zwanziger Jahre. Seit 1940 Verschmelzung der beiden Stilarten.

Smirni (Smyrna/Izmir) An der Westküste der Türkei (in Kleinasien) gelegene Hafenstadt. Nach dem griechisch-türkischen Krieg von 1922 mußten alle griechischen Einwohner im Zuge des Bevölkerungsaustausches Smirni verlassen.

Sofulis, Themistoklis (1862-1949) Liberaler Politiker, wurde 1947 Ministerpräsident.

Solomos, Dionisios (1798-1875) Dichter. Lebte auf den Ionischen Inseln. Studierte in Italien. Unter dem Eindruck des Ausbruchs des griechischen Aufstandes 1821 begann er in der Volkssprache (Dimotiki) zu schreiben. Begründer der neugriechischen Dichtung.

Staatliches Orchester Athen (KOA) Entstand im Dezember 1942 auf Betreiben des Generalmusikdirektors Filoktitis Ikonomidis aus dem Sinfonischen Orchester des Athener Konservatoriums, das sich 1940 aufgelöst hatte. Nach dem Tod von Ikonomidis 1957 übernahm Theodoros Vavajannis die Leitung des Klangkörpers.

Surlides Eine mit den deutschen Besatzern, später mit den Engländern kooperierende Terrorbande unter der Führung von Grigoris Surlas.

Tatavla Armenviertel von Athen, zu Nea Smirni gehörend.

Theater der Kunst 1942 durch Karolos Kun gegründet. Zählt seitdem zu den bedeutendsten Bühnen Griechenlands.

Theodoraki, Aspasia Geborene Pulaki. Mutter von Mikis Theodorakis.

Theodoraki, Chrisi Schwester des Vaters von Mikis Theodorakis. Wurde von Tsepetis entführt. Sie hatten einen Sohn mit dem Namen Epaminondas.

Theodoraki, Ekaterina Geborene Spiridaki. Großmutter väterlicherseits. Frau von Michail Theodorakis. 1936 gestorben.

Theodoraki, Marika Tante von Mikis Theodorakis. Frau von Petros Theodorakis.

Theodorakis, Giorgos (1897-1977) Beamter im Staatsdienst. Vater von Mikis Theodorakis.

Theodorakis, Jannis (geb. 1932) Journalist und Dichter. Bruder von Mikis Theodorakis.

Theodorakis, Jannis Bruder des Vaters von Mikis Theodorakis. Starb sehr jung.

Theodorakis, Michail Großvater väterlicherseits.

Theodorakis, Petros Bruder des Vaters von Mikis Theodorakis.

Theophilos der Maler (1870-1934) Wichtigster Repräsentant der naiven Volksmalerei Griechenlands. Wirkte in Kleinasien, Thessalien und vor allem auf Lesvos.

Theotokis, Spiros Erließ als Minister für innere Sicherheit mehrere Verordnungen gegen linke Organisationen. Der Begriff »empörte Bürger« stammt von ihm.

Tripolis (Tripolitsa) Hauptstadt Arkadiens auf der Peloponnes.

Troparion Hymnenform der byzantinischen Kirchenmusik und selbständiges Kirchenlied. Grundeinheit der byzantinischen Kirchendichtung und Kirchenmusik. Seit dem 5. Jahrhundert autonome Entwicklung der Troparien.

Tschesme Stadt an der kleinasiatischen Küste im Westen der Türkei. Wenige Kilometer von der Insel Chios entfernt. Bis etwa 1922 zum größten Teil von Griechen bewohnt. Heimat der Familie von Theodorakis' Mutter.

Tsatsos, Konstandinos (1899-1986) Jurist, Schriftsteller, Politiker. Zwischen 1942 und 1967 wiederholt Minister, Vizepremier und Ministerpräsident in verschiedenen rechten Regierungen.

Tsaldaris, Panagis (1868-1936) Politiker. Ministerpräsident 1932, 1933, 1935. Oftmals Minister. Vorsitzender der Volkspartei.

Tsepetis Arzt. Entführte und heiratete gegen den Willen ihrer Familie Chrisi Theodoraki. Wurde umgebracht.

Tsoliades Zum einen alle, die in griechische Nationaltracht gekleidet sind. Zum anderen die griechischen Soldaten, die an der Seite der deutschen Besatzungsmacht gegen Partisanen kämpften.

Tsugiopulos, Giorgos (geb. 1930) Komponist. Studierte in Athen Komposition. Vertreter der Neuen Griechischen Musik.

Vafiadis, Markos (geb. 1906) Kommunistischer Politiker. Gehörte zum Führungsstab der ELAS-Armee. Während des Bürgerkriegs bis 1948 Kriegsminister und Vorsitzender der Provisorischen Regierung.

Valaoritis, Aristotelis (1824-1879) Dichter und Politiker. Vertreter der Ionischen Schule. Studierte in Italien und Frankreich. Kehrte 1848 auf die Ionischen Inseln zurück und kämpfte für deren Anschluß an Griechenland.

Van Fleet Ab 1947 Chef der amerikanischen Militärmission in Griechenland.

Varkiza Küstenort in Attika, unweit von Athen. Hier wurde im Februar 1945 der »Vertrag von Varkiza« unterzeichnet.

Varnalis, Kostas (1884-1974) Dichter und Schriftsteller. Erster griechischer Schriftsteller, der sich zum Kommunismus bekannte. Nach 1945 Kritiker bei der Zeitung *Rizospastis* und später bei *Avgi*.

Varvoglis, Marios (1885-1967) Komponist und Musikkritiker. 1947 Kodirektor des Athener Konservatoriums.

Vembo, Sofia Griechische Sängerin leichter Musik. Begründete eine neue, unromantisch-natürliche Art der Interpretation. Ende der dreißiger Jahre erreichten ihre Schallplatten Rekordverkaufsziffern. Während des Albanienkrieges Symbol im Kampf gegen die Italiener. Während der deutschen Besatzung Berufsverbot. Flucht in den Nahen Osten. 1945 Rückkehr nach Athen.

Venizelos, Eleftherios (1864-1934) Politiker. Initiierte 1905 eine Vereinigungsbewegung auf Kreta und rief in seiner Eigenschaft als Ministerpräsident der kretischen Regierung 1908 den Anschluß der Insel an Griechenland aus. Gründete die Liberale Partei, als deren Vorsitzender er 1911-1915, 1917-1920 und 1928-1932 Ministerpräsident Griechenlands wurde.

Vissani Gebirgsdorf im Nordwesten Griechenlands (Ipiros) nahe der albanischen Grenze.

Vitina Gebirgsdorf im Zentrum der Peloponnes.

Volkskonzert Alternative Veranstaltungsform. Zu Beginn der sechziger Jahre von Theodorakis in Griechenland eingeführt und praktiziert. Richtete sich gegen die bürgerliche Unterhaltungsindustrie. Korrespondierte mit der neuen ästhetischen Auffassung über die Funktion von Kunst. Stand im Dienst einer linken kulturpolitischen Konzeption. Veranstaltungsorte waren Stadien, große Plätze, Turnhallen usw.

Volkspartei Großbürgerliche Partei, die an der Monarchie festhielt. Wiederholt von Anfang des Jahrhunderts bis 1936 Regierungspartei. Erbitterte Auseinandersetzungen zwischen ihr und den Republikanern (Liberale Partei).

Vrachati Dorf, westlich von Korinth am Korinthischen Golf gelegen (Nordküste der Peloponnes). Seit Mitte der sechziger Jahre hat Theodorakis hier ein Landhaus, in das er sich zum Arbeiten zurückzieht.

Vrettakos Zunächst Offizier der »Griechischen Armee«, einer reaktionären, 1943 gegründeten bewaffneten Truppe, die mit den Besatzern kollaborierte. Organisierte ab Ende 1943 die griechischen »Sicherheitsbataillione«, die mit den deutschen und ab 1944 mit den englischen Truppen zusammenarbeiteten.

Vrettakos, Nikiforos (geb. 1911) Dichter und Schriftsteller. Gymnasiumsbesuch in Gythion mit Ritsos. Teilnahme am Widerstand. Sein Gedichtband *Die Grimasse des Menschen* erschien 1935.

Vugiuklaki, Aliki Bekannte Schauspielerin sowie Schlager- und Popsängerin der sechziger Jahre.

Vula Strandort bei Athen am Saronischen Golf.

Vurla Heute Urla. Stadt südwestlich von Smirni (heute Izmir) an der türkischen Westküste.

Widerstand (andistasi) Bezeichnung für den antifaschistischen Kampf im Zweiten Weltkrieg.

Xenakis, Jannis (geb. 1922) Komponist und Architekt. Von 1940 bis 1946 Ingenieurstudium in Athen. Teilnahme am Widerstandskampf und Haft. Ab 1947 in Paris. Bis 1960 Mitarbeiter von Le Corbusier und Musikstudium (Milhaud, Messiaen). Einer der wichtigsten Vertreter der Neuen Musik.

Zachariadis, Nikos (1903-1976) Kommunistischer Politiker. War nach seiner Rückkehr aus Auschwitz von 1945 bis 1956 Generalsekretär der KPG.

Zakinthos Insel im Ionischen Meer nahe der Westküste der Peloponnes.

Zannos, Vasilis (?-1948) Linker Politiker. Seit 1944 mit Theodorakis befreundet. Wurde wegen seiner Mitgliedschaft in der Demokratischen Armee hingerichtet.

Zappio Klassizistisches Schloß und ein dazugehörender Garten im Zentrum Athens.

Zatuna Arkadisches Bergdorf im Zentrum der Peloponnes. Hierher wurde Theodorakis mit seiner Familie von August 1968 bis Oktober 1969 verbannt.

Zervas, Napoleondas Von den Briten und den Deutschen im 2. Weltkrieg unterstützter Partisanenführer des EDES, der gegen die EAM kämpfte, was schon während der Okkupation zu bürgerkriegsähnlichen Auseinandersetzungen führte. Seine Truppen wurden Ende 1944 von ELAS-Einheiten aufgerieben.

Zevgos, Jannis Kommunistischer Politiker. Landwirtschaftsminister der EAM im Kabinett Papandreou. Als erster EAM-Minister nach Griechenland zurückgekehrt. Fiel 1947 einem Anschlag zum Opfer.

Werkverzeichnis Mikis Theodorakis 1937-1950

Die Werke von Theodorakis sind in der Reihenfolge ihrer Entstehung aufgeführt. Dabei erscheinen Kompositionen desselben Jahres, deren Entstehungszeit belegt ist, vor solchen, deren Datierung nicht gesichert ist. Ausschlaggebend bei Kompositionen, deren Entstehung sich nachvollziehbar über mehrere Jahre hinzog, ist der Beginn. Davon ausgenommen sind Liederzyklen, bei denen von Bedeutung ist, wann der Komponist sie als solche zusammenfügte, auch wenn das eine oder andere früher oder später entstandene Lied in den Zyklus Eingang fand.

Für mein Werkverzeichnis habe ich Mikis Theodorakis gebeten, Opuszahlen für seine Werke festzulegen, die hier zum ersten mal veröffentlicht werden. Sie erscheinen in Klammern nach meiner durchgehenden Numerierung. Verschiedene Fassungen einer Komposition erhalten, wenn sie sich in der Besetzung unterscheiden, verschiedene Nummern.

Unvollendete mehrsätzige Werke erhalten den beabsichtigten Gesamttitel. Als unvollendet wird eine Komposition bezeichnet, wenn sie von Theodorakis nicht vollständig ausgeführt ist. Sind hingegen nur einzelne Stimmen entworfen oder nur der Beginn der Komposition skizziert, dann gilt sie als *Entwurf*.

1 Proto Mussiko Tetradio [Erstes Musikheft]
Stücke für Mundharmonika und andere melodische Entwürfe
Lieder. 1937

2 Deftero Mussiko Tetradio [Zweites Musikheft]
Lieder (12). 1938
Text: G. Drosinis, Martzonis, K. Palamas, Valaoritis und unbekannte Autoren
Uraufführung: 1993, Athen (z. T.)

3 Trito Mussiko Tetradio [Drittes Musikheft]
Monophone Lieder, *Lieder* (20). 1938-40
Text: G. Drosinis, K. Palamas, M. Theodorakis, T. Trifonopoulou, A. Valaoritis
Uraufführung: 1993, Athen (z. T.)

4 Okto Mikra Komatia Gia Violi [Acht kleine Stücke für Violine] davon zwei Duette, *Kammermusik*. 1939-40

5 (1) Pedika Kai Ephivika Tragoudia [Kinder- und Jugendlieder]
Für Gesang und Klavier, *Lieder* (66). 1939-52
Text: K. Chatzopoulos, Demotisch, G. Drosinis, A. Fotiadis, P. Granitis, H. Heine, G. Konstandinopoulos, G. Kouloukis, Nikos Maragoudakis, L. Mavilis, Antigoni Metaxa, K. Palamas, Porfiras, V. Rotas, D. Solomos, M. Theodorakis, A. Valaoritis
Uraufführung: 1993, Athen (z. T.)

6 (2) Tis Exorias A' [Lieder der Verbannung (A)]
Für Stimme und Klavier, *Liedersammlung* (3). (1939) 1942-48
Text: Panos Lampsides, Mikis Theodorakis

7 Eklisiastikes Kantates [Kirchliche Kantaten]
Für vierstimmigen Männerchor (z. T. melodische Skizzen), *Geistliche Chormusik* (26). 1940-43
Text: Byzantinische Verse
Uraufführung: 1942, Tripolis (z. T.)

8 Imnos Ston Theo (unvollendet) [Hymne an Gott]
Für vierstimmigen gemischten Chor, begleitet von einem Harmonium, *Chormusik*. 1942
Text: Grigoris Konstandinopoulos
Uraufführung: 1942, Tripolis

9 Anamnissis [Erinnerungen]
Lied für Klavier, *Kammermusik*. 1942, Früh.

10 Thlimeni Fissi [Betrübte Natur]
Für Gesang und Klavier, *Liederzyklus*. 1942(?)
Text: Mikis Theodorakis (aus dem Gedichtzyklus SIAO)

11 Chorodiaka [Chorstücke]
Für gemischten und Männerchor, *Chormusik* (5). 1942-46
Text: Ioannis Griparis, Dionissios Solomos, Mikis Theodorakis, Angelos Vlachos

12 (3) Tropario Kassianis [Das Troparion der Kassiani]
Für Chor a capella, *Geistliche Chormusik*. 1943
Text: Byzantinische Hymne
Uraufführung: 1942, Tripolis

13 Sonatina pour Piano, *Kammermusik*. 1943

14 Phantasie
Für Klavier, *Kammermusik*. 1943

15 Sinfonie Nr. 1
Für Sprecher, zwei Streichorchester und vierstimmigen gemischten Chor, *Sinfonik*. 1943-45
Text: Mikis Theodorakis

16 Mikri Simfonia (Entwurf) [Kleine Sinfonie]
Für Streichorchester, *Sinfonik*. 1945

17 (4) Askissi [Übung]
Freie Entwicklung eines Themas für zwei Violinen, *Kammermusik*. 1945, 25. 3.
Uraufführung: 1945, Athen

18 Andante
Für Cello und Klavier, *Kammermusik*. 1945

19 Elegio 1 [Elegie Nr. 1]
Für Violoncello und Klavier, *Kammermusik*. 1945, Juni

20 Elegio 2 [Elegie Nr. 2]
Für Violine und Klavier, *Kammermusik*. 1945, Sommer
Uraufführung: 1945, Athen

21 Pende Naftes [Fünf Matrosen]
Für Stimme und Klavier, *3 Lieder*. 1945
Text: Fotis Angules, Mikis Theodorakis
Uraufführung: 1945, Athen

22 Tessera Kommatia Gia Ton Dekembri [Vier Stücke über den Dezember]
Für Bariton, Violine und Klavier, *Kammermusik*. 1945, Dez.-1946, Jan.
Text: Mikis Theodorakis
Uraufführung: Frühjahr 1946, Athen (z. T.)

23 To Kimitirio [Der Friedhof]
Für Chor und Streichorchester, *Chormusik*. 1945
Text: Dionissios Solomos
Uraufführung: 1945, Athen

24 Theatriki Tragodia (Entwürfe) [Theatertragödie]
Für Chor, Oboe, zwei Celli und Percussion, *Theatermusik*. 1945
Text: Vassilis Rotas

25 (5) Eros Kai Thanatos [Liebe und Tod]
Für Stimme und Streichorchester, *Liederzyklus*. 1945-48
Text: Lorentzos Mavilis, Mikis Theodorakis
Uraufführung: 1952, Athen

26 Kuarteto Enchordon No 1 [Streichquartett Nr. 1], *Kammermusik*. 1946, 28. 2.

27 To Kimitirio [Der Friedhof]
Für Streichorchester, *Sinfonik*. 1946
Uraufführung 1946, Athen

28 Promithefs Desmotis [Prometheus in Fesseln]
Für Streicher, Bläser und Percussion, *Sinfonik*. 1946
Uraufführung: 1952, Athen

29 (6) Margarita
Für Sinfonieorchester, Chor und Sprecher, *Sinfonik*. 1946, 18.-21. 11.
Text: Nikiforos Vrettakos
Uraufführung: 1977, Athen

30 [Verschollenes sinfonisches Werk]
Für großes Orchester, *Sinfonik*. 1946

31 Tessera Kommatia Gia Ton Dekembri [Vier Stücke über den Dezember]
Für Streichorchester, Sinfonik. 1946

32 (7) To Panigiri Tis Assi-Gonias [Das Fest von Assi-Gonia]
Kretisches – Für Streichorchester, *Sinfonik*. 1946

33 Passacaglia
Für Violine und Klavier, *Kammermusik*. 1946(?)

34 (8) Trio
Für Violine, Violoncello und Klavier, *Kammermusik*. 1947
Uraufführung: 1952, Athen

35 Paidiko Oneiro [Kindertraum]
Für Klavier, *Kammermusik*. 1947, 9. 2.

36 Themata Kai Kikli [Themen und Zyklen]
Für Sinfonieorchester, *Sinfonik*. 1947, 30. 5.-1949, 12. 4.

37 (9) Preludia [Präludien]
Für Klavier, *Kammermusik* (11). 1947, 3.-19. 6.
Uraufführung: 1952, Athen

38 (10) Suita Gia Pnefsta, Piano Kai Krousta [Suite für Bläser, Klavier und Percussion] *Kammermusik*. 1947, 19. 8.

39 (11) Eliniki Apokria [Griechischer Karneval]
Ballettsuite für Orchester, Ballettmusik. 1947-53
Uraufführung: 15. 11. 1953, Athen (z. T.); 14. 3. 1954, Rom (vollst.)

40 (12) Sextett
Für Klavier, Flöte und Streichquartett, *Kammermusik*. 1947, Febr.-3. 11.
Uraufführung: 1952, Athen

41 (13) Simfonia Se Tria Meri [Sinfonie in drei Sätzen]
Für großes Orchester, *Sinfonik*. 1947, 24. 11.-1948, 21. 11.
Uraufführung: 1952, Athen

42 (7a) To Panigiri Tis Assi-Gonias [Das Fest von Assi-Gonia]
Sinfonisches Scherzo – Für großes Orchester, *Sinfonik*. 1947-50
Uraufführung: 7. 5. 1950, Athen

43 (14) Elegio Kai Thrinos Sto Vassili Zanno [Elegie und Klage für Vassilis Zannos]
Für Sinfonieorchester, *Sinfonik*. 1948-51
Uraufführung: 1949, in einer Fassung für Violinen, Mandolinen und Gitarren im Verbannungslager auf Makronisos; 1952, Athen

44 Anixi [Frühling]
Für Streichorchester, *Kammermusik*. 1948, 9. 11.

45 Preludio – Penia – Choros
Für Streichorchester und Pauken, *Sinfonik*. 1948-49
Uraufführung: 1951, Athen

46 (15) Oedipous Tyrannos
Ode in drei Sätzen für Streichorchester
a) Erste Fassung 1948
b) Letzte Fassung 1956
Sinfonik
Uraufführung: 1958, Athen

47 (16) Proti Simfonia [Erste Sinfonie]
Für Sinfonieorchester, *Sinfonik*. 1948-53
Uraufführung: 13. 11. 1955, Athen

48 Spoudi Gia Enchorda [Studie für Streicher]
Für zwei Violinen und Violoncello, *Kammermusik*. 1949, Jan.

49 To Kimitirio (unvollendet) [Der Friedhof]
Für Chor und großes Orchester, *Sinfonik*. 1949
Text: Dionissios Solomos

Chronologie

1922 Die griechische Intervention in der Türkei ist der Höhepunkt des griechisch-türkischen Krieges (1919-1922). Nach dem Sieg der Armee Kemal Atatürks über die griechischen Truppen (Kleinasiatische Katastrophe) vereinbart die Friedenskonferenz von Lausanne (1923) einen Bevölkerungsaustausch, der 1,5 Millionen Griechen zwingt, ihre Heimat in Kleinasien (Smirni, Ostthrakien, usw.) zu verlassen. Bereits vor dessen Unterzeichnung fliehen Tausende von Griechen – darunter auch Aspasia Pulaki, die Mutter von Theodorakis, mit ihrer Familie – vor den türkischen Truppen auf die griechischen Inseln. König Konstantin muß abdanken.

1924 Ausrufung der Republik.

1925 Mikis (eigentlich Michail) Theodorakis wird am 29. Juli auf Chios geboren. Der Vater stammt aus dem Dorf Galata auf Kreta, die Mutter aus der kleinasiatischen Stadt Tschesme. Der Vater, Anhänger von Venizelos, wird von jeder neuen Regierung, die entweder von Monarchisten oder Venizelisten gebildet wird, an einen anderen Dienstort versetzt. Noch im selben Jahr zieht die Familie nach Mitilini, der Hauptstadt der Insel Lesvos (Lesbos).

1928 Venizelos wird Ministerpräsident (bis 1932). Für einige Monate lebt die Familie Theodorakis auf der ägäischen Insel Siros.

1929 Umzug der Familie von Siros nach Athen.

1930 Der Vater wird stellvertretender Gouverneur in Griechenlands nordwestlichem Bezirk Ipiros. Die Familie siedelt nach Ianena, der Bezirkshauptstadt, über.

1932 Der Bruder Jannis wird geboren. Nach Venizelos' Wahlniederlage im September bildet die Volkspartei unter Tsaldaris zusammen mit den Parteien von Metaxas, Kondylis und Chatzikyriakos die neue Regierung.

1933 Die Neuwahlen Anfang März besiegeln Venizelos' endgültige politische Niederlage. Im Juni wird der Vater nach Argostoli versetzt, der Hauptstadt von Kefalonia, einer Insel im Ionischen

Meer. Theodorakis besucht hier die vierte bis sechste Klasse, singt im Kirchenchor und wird mit der byzantinischen Liturgie vertraut.

1935 Nach einer Reihe von Staatsstreichen und politischen Wirren findet im November eine Wahlparodie statt, die zur monarchistischen Restauration unter König Georg II. führt.

1936 Anfang des Jahres wird der Vater wieder nach Ianena versetzt, wo die Familie nur einige Monate bleiben kann. Als der General Ioannis Metaxas, den der König im April zum Premierminister ernannt hatte, durch einen Putsch an die Macht kommt und eine Militärdiktatur errichtet, muß der Vater nach Argostoli zurückkehren.

1937 Im Juni günstige Versetzung des Vaters nach Patra, der größten Stadt von Peloponisos (Peloponnes). Theodorakis besucht das Gymnasium, singt im Schulchor und lernt Geige. Es entstehen erste Kompositionen.

1939 Im Sommer siedelt die Familie nach Pirgos über, einer Stadt an der Westküste von Peloponisos. Theodorakis wird Mitglied der Nationalen Jugendorganisation EON, die faschistisch orientiert ist. Er gründet ein Mundharmonikaorchester und beschäftigt sich immer intensiver mit Musik.

1940 Im Sommer muß die Familie Theodorakis nach Tripolis, der Hauptstadt Arkadiens auf Peloponisos, ziehen. General Metaxas widersetzt sich dem Ultimatum Mussolinis (Übergabe der Militärstützpunkte an Italien), worauf italienische Truppen am 28. Oktober einmarschieren. Die griechische Armee schlägt sie bis nach Albanien zurück.

1941 Die deutsche Wehrmacht kommt dem italienischen Verbündeten im April zu Hilfe. Griechenland kapituliert und wird in drei Besatzungszonen aufgeteilt. In Peloponisos herrschen die Italiener. Auf Initiative der Kommunistischen Partei wird die Nationale Befreiungsfront (EAM) gegründet, die 1943 die Nationale Befreiungsarmee (ELAS) aufstellt und die Einheitliche Gesamtgriechische Jugendorganisation (EPON) ins Leben ruft. Der Winter 1941/42 bringt vor allem Athen und Thessaloniki eine Hungersnot, in der 300 000 Menschen sterben.

1942 Theodorakis veröffentlicht den Gedichtband »Siao«. Er komponiert die liturgische Hymne *Kassiani*, die mit Erfolg in einer Kirche von Tripolis aufgeführt wird. Während eines Marsches zum Grab von Kolokotronis am 25. März wird er verhaftet, weil er einen italienischen Offizier schlägt. Nach Folterungen wird er für kurze Zeit in ein griechisches Gefängnis eingeliefert, wo er durch Mithäftlinge Grundlagen der kommunistischen Theorie kennenlernt und in die Kommunistische Partei aufgenommen wird.

1943 Theodorakis wird erneut verhaftet und nach Intervention der Familie wieder freigelassen. Im Sommer siedelt er auf Anraten des italienischen Stadtkommandanten von Tripolis nach Athen über. Die italienischen Truppen ziehen ab; an ihrer Stelle marschieren Deutsche ein. Theodorakis wird Mitglied der EPON und beginnt im Athener Konservatorium ein Kompositionsstudium bei Filoktitis Ikonomidis.

1944 Eltern und Bruder von Theodorakis folgen ihm nach Athen. Der Vater findet eine Arbeit im Innenministerium. Bei einem Transport von Flugblättern wird Theodorakis verhaftet, ein Freund vor seinen Augen gefoltert und getötet. Er wird Mitglied einer Reserveeinheit der ELAS.

Die Antihitlerkoalition einigt sich darauf, daß Griechenland zum britischen Interessengebiet gehört. Churchill initiiert die Bildung einer Exilregierung der nationalen Einheit unter Giorgos Papandreou, um der Machtübernahme durch eine sozialistische Regierung vorzubeugen und die Rückkehr des Königs durchzusetzen. (Die Partisanen der ELAS haben zu dieser Zeit etwa drei Viertel des Landes unter Kontrolle.) Die EAM-Führung akzeptiert auf der Konferenz im Libanon im Mai das Programm von Papandreou und später den britischen Oberbefehl über die ELAS. Am 4. Oktober landen britische Truppen und verlangen gemeinsam mit der Regierung Papandreou die einseitige Entwaffnung der Partisanen. Diese weigern sich, und es kommt zur großen Demonstration der EAM am 3. Dezember, die von paramilitärischen Einheiten unter dem Schutz der Briten angegriffen wird. 30 Demonstranten sterben und 124 werden verletzt. Nach einem erfolgreichen Generalstreik am 4. Dezember muß Papandreou zurücktreten. An den nun folgenden Kämpfen zwischen ELAS-Einheiten und Briten (Dezemberereignisse) nimmt auch Theodorakis teil. In Athen müssen fast ausschließlich die schlecht ausgerüsteten Reservetruppen der ELAS die Kämpfe bestreiten, da die EAM-Führung sich nicht entschließen kann, gegen die britischen »Verbündeten« ihre in Zentralgriechenland stationierten regulären Divisionen einzusetzen. Am 12. Dezember erklärt sie sich in einem Gespräch mit dem englischen Oberbefehlshaber Scobie unter bestimmten Bedingungen bereit, die noch in Athen verbliebenen regulären Truppen abzuziehen.

1945 Am 11. Januar wird zwischen den Briten und der ELAS-Führung ein Waffenstillstandsabkommen unterzeichnet, das die Zonen festlegt, in die sich die ELAS-Einheiten zurückziehen müssen. Die ELAS räumt ganz Attika und zieht sich nach Thessalien zurück, wohin ihr Tausende Athener aus Angst vor Repressalien folgen. Im Februar finden im Küstenort Varkiza Verhandlungen zwischen Regierung und EAM-Führung statt, die zum »Vertrag von Varkiza« führen. Die große Kompromißbereitschaft seitens der EAM-Führung bringt eine Verschiebung des Kräfteverhältnisses zugunsten der rechten monarchistischen Kräfte mit sich. Innerhalb von nur fünfzehn Monaten (Januar 1945 bis März 1946) gibt es in Griechenland fünf bürgerliche Regierungen und zehn Regierungsumbildungen ohne Teilnahme der EAM. Durch die Regierung wird die Nationale Armee gegründet, deren Führungskader sich aber nicht, wie vereinbart, aus den Reihen der ELAS rekrutieren; sie stammen aus dem profaschistisch-monarchistischen Offizierskorps, das zum größten Teil auch mit den deutschen Besatzern kollaboriert hatte.
Theodorakis gründet den EPON-Chor, setzt sein Kompositionsstudium fort und wird mit der Musik des 20. Jahrhunderts bekannt.

1946 Für den 31. März werden Parlamentswahlen anberaumt, an denen sich aber die linken Parteien nicht beteiligen, weil überall im Land der weiße Terror herrscht und freie Wahlen unmöglich sind: Während die ELAS-Soldaten entsprechend dem »Vertrag von Varkiza« ihre Waffen abgeben, werden die ehemaligen Nazi-Kollaborateure und die monarchofaschistischen Terrorgruppen, die – mit Duldung der Briten – eine Hetzjagd auf alle Antifaschisten veranstalten, nicht entwaffnet. Am Wahlboykott beteiligen sich mindestens 38% (oder nach anderen Schätzungen fast 50%) der Bevölkerung. Die Regierung gibt am 6. April das Wahlergebnis bekannt, veröffentlicht aber nicht die Zahl der Wahlberechtigten. Bei einer Wahldemonstration wird Theodorakis niedergeschlagen; Freunde finden ihn in der Leichenhalle eines Krankenhauses. Durch eine manipulierte Volksbefragung erreicht die Regierung eine erneute Rückkehr zur Monarchie. Am 28. Oktober wird von der Kommunistischen und den mit ihr verbündeten Parteien die

Demokratische Armee gegründet, um damit auf den rechten Terror und die Nichteinhaltung des Vertrags von Varkiza zu reagieren. Der Bürgerkrieg beginnt.

1947 Griechenland übernimmt die Truman-Doktrin, wodurch die USA anstelle Großbritanniens die innenpolitische Entwicklung des Landes entscheidend mitbestimmen. Paul I. und seine Frau Friderike folgen Georg II. auf dem Thron. Zehntausende Widerstandskämpfer, so auch Theodorakis, werden auf verschiedene Inseln deportiert. Auf der ägäischen Insel Ikaria beschäftigt er sich intensiv mit der demotischen Musik. Eine Amnestie des neuen Premierministers Themistokles Sofulis ermöglicht ihm die Rückkehr nach Athen. Hier muß er untertauchen, weil nach der Bildung der »Provisorischen Demokratischen Regierung« unter Markos Vafiadis – einer Gegenregierung, die am 23. Dezember in den Bergregionen ausgerufen wurde – die Linken wieder verfolgt werden. Die Kommunistische Partei wird für illegal erklärt.

1948 Im Mai wird der Justizminister Christos Ladas von einem Mitglied einer illegalen Organisation ermordet, weil er 18 Linke hinrichten ließ. Als Vergeltung befiehlt die Regierung die Exekution von 200 Ex-Partisanen, darunter auch Theodorakis' Freund Zannos. Im selben Monat verhaftet die Polizei Theodorakis, der wieder nach Ikaria deportiert wird. Den Gefangenen wird eine Reueerklärung zur Unterschrift vorgelegt. Diejenigen, die nicht unterschreiben, erwartet die Deportation auf die Insel Makronisos an der Ostküste Attikas.

1949 Ende Januar wird Theodorakis zusammen mit anderen Mitgefangenen ins »Umerziehungslager« auf Makronisos verlegt.
Die Niederlage der Partisanen ist abzusehen. Im Oktober endet der Bürgerkrieg.